Vahlens Handbücher
der Wirtschafts- und Sozialwissenschaften

Allgemeine Steuerlehre

von

Prof. Dr. Stefan Homburg, StB

Direktor des Instituts für Öffentliche Finanzen,
Universität Hannover
Steuerberater in Hannover

5., erweiterte Auflage

Verlag Franz Vahlen München

VERLAG
VAHLEN
MÜNCHEN
www.vahlen.de

Prof. Dr. Stefan Homburg, StB
Universität Hannover
Institut für Öffentliche Finanzen
Königsworther Platz 1
D-30167 Hannover

Tel.: (0511) 762 – 56 33
Email: *s@steuer-homburg.de*

ISBN 978 3 8006 3349 4

Satz: DTP-Vorlagen des Autors
Druck und Bindung:
Druckhaus „Thomas Müntzer“ GmbH, Neustädter Str. 1–4, 99947 Bad Langensalza
Gedruckt auf säurefreiem, alterungsbeständigem Papier
(hergestellt aus chlorfrei gebleichtem Zellstoff)

Vorwort zur 5. Auflage

I can't make a damn thing out of this
tax problem. I listen to one side and they
seem right, and then – God! – I talk to
the other side and they seem to be right.

Warren G. Harding, 29. US-Präsident, 1922

Die Aufgabe einer *allgemeinen Steuerlehre* besteht darin, Grundfragen der Besteuerung zu erörtern. Das Ergebnis bildet den Ausgangspunkt der *besonderen Steuerlehre*, die sich beschreibend und beurteilend mit den Einzelsteuern auseinandersetzt. Die allgemeine Steuerlehre vermittelt institutionelles und theoretisches Wissen, informiert über Geschichte und Ideengeschichte der Besteuerung, behandelt Steuertechnik und Gerechtigkeitsfragen, und sie richtet ihre besondere Aufmerksamkeit auf Steuerwirkungen, die in juristischen Abhandlungen nur zu oft hintangestellt bleiben. Probleme der *internationalen Besteuerung*, denen frühere Werke einen geringeren Stellenwert beimaßen, als es aus heutiger Sicht angemessen erscheint, bilden einen weiteren Schwerpunkt des Buches. Dasselbe gilt für die finanzwissenschaftliche Sicht der *Unternehmensbesteuerung*, der seit der 2. Auflage ein eigenes Kapitel gewidmet ist.

Anders als das Steuerrecht klebt die allgemeine Steuerlehre nicht am geltenden Recht. Ganz im Gegenteil will sie dem Leser einen Blick über den Tellerrand tagespolitischer Problemlagen eröffnen und hierzu Perspektivisches beisteuern. Der Text ist in Anlage und Stil minimalistisch gehalten, und fast jeder Absatz könnte durch Ergänzungen und Entgegnungen ausgebaut werden. Dies entspricht durchaus der Zielsetzung, die eher darin liegt, die Phantasie des Lesers anzuregen als darin, eine autoritative *Summa Doctrinae Tributariae* vorzulegen, in der alles schon gesagt ist. Denn für kaum ein anderes Wissensgebiet gilt in höherem Maße die Einsicht, daß eine Medaille zwei Seiten hat. Jede Wahrheit, lehrte der dänische Philosoph Kierkegaard, ist nur bis zu einem bestimmten Punkt wahr; wird dieser jedoch überschritten, verkehrt sie sich in ihr Gegenteil.

Das Buch richtet sich an Studenten aller Steuerwissenschaften – also der Finanzwissenschaft, der betriebswirtschaftlichen Steuerlehre und des Steuerrechts – sowie an Administratoren und andere Praktiker, die sich mit steuerlichen Fragen befassen und ihre Kenntnisse auf den aktuellen Stand bringen wollen. In Teilen dürfte der Text auch einem größeren Leserkreis zugänglich sein, vor allem was die einführenden drei Kapitel angeht. Die späteren Kapitel setzen allerdings gewisse methodische und mathematische Vorkenntnisse voraus, wie sie üblicherweise im Rahmen eines Wirtschaftsstudiums erworben werden, und dürften kaum das Prädikat „allgemeinverständlich“ verdienen. In Anspielung auf den Wahlspruch meiner rechtswissenschaftlichen Kollegen kann ich diesen nur zurufen: *Scientia oeconomica calculat!*

Die hiermit vorgelegte 5. Auflage, die erstmals in der Handbuchreihe erscheint, wurde neu gesetzt und stark überarbeitet. Weil inzwischen etliche Steuerrechtsnormen nur vor dem Hintergrund des europäischen Rechts verständlich sind, enthält die Neuauflage auch eine überfällige Erweiterung: Der Rechtsprechung des Europäischen Gerichtshofs ist nunmehr ein eigener Abschnitt (§ 60) gewidmet, der die bisherigen Ausführungen zum nationalen und internationalen Steuerrecht ergänzt. Aus diesem Anlaß wurde die Reihenfolge der Kapitel zur Unternehmensbesteuerung und zur internationalen Besteuerung vertauscht, weil eine Befassung mit dem europäischen Steuerrecht Kenntnisse in beiden Gebieten voraussetzt. Das Kapitel zur Unternehmensbesteuerung ist nun kompakter und für einen Einführungskurs geeignet, das Kapitel zur internationalen Besteuerung ist umfangreicher geworden.

Sehr gefreut habe ich mich über die wohlwollende Aufnahme der 4. Auflage. Mit ihr war ein gewisses Risiko verbunden gewesen, weil sie auf einem neuartigen Zugang zur Theorie optimaler Gütersteuern beruhte (§ 33 ff.). Aus vielen Rückmeldungen weiß ich inzwischen, daß der neue Ansatz – der mathematisch einfacher und ökonomisch gehaltvoller ist als die traditionell gelehrte Theorie Ramseys – allgemein goutiert wird, zum Teil gar bewirkt hat, daß dieser Gegenstand erstmals in die Lehre übernommen wurde. Ähnliches gilt für die ebenfalls mit der 4. Auflage eingeführte Theorie optimaler Einkommensteuertarife (§ 42), einem Forschungsgegenstand, der nunmehr eine verständliche Darstellungsform gefunden hat.

Hannover, im September 2006 Stefan Homburg

Inhaltsverzeichnis

Kapitel 1. Grundbegriffe der Steuerlehre

Literaturhinweise: Birk, D. (2005) *Steuerrecht.* 8. Auflage Heidelberg: C. F. Müller. Schmidt, K. (1980) Grundprobleme der Besteuerung. In: Neumark, F. (Hrsg.) *Handbuch der Finanzwissenschaft Band II.* 3. Auflage Tübingen: Mohr. Juristische Grundlagen: Ohne Verfasser (2006) *Wichtige Steuergesetze mit Durchführungsverordnungen.* 54. Auflage Herne und Berlin: Verlag Neue Wirtschaftsbriefe.

In diesem einleitenden Kapitel geht es nicht um die Analyse tiefsinniger Probleme, sondern mehr um die Schaffung eines gemeinsamen Vokabulars. Der aufmerksame Leser entdeckt schnell, daß vorerst jede Wertung vermieden wird, ob eine bestimmte Steuer gut oder schlecht ist, wer sie trägt oder welche Reaktionen des Besteuerten sie auslöst. All dies sind Themen der späteren Steuerwirkungslehre, und hier gilt in erhöhtem Maße die Warnung, daß persönliche Vorlieben oder Vorurteile gründliches Nachdenken nicht ersetzen können.

§ 1 Steuern

Während die erste Erkenntnis jeder Wissenschaft die Erkenntnis ihrer selbst ist (Schumpeter), besteht die erste Aufgabe einer Disziplin darin, ihren Gegenstand begrifflich zu fassen. Im Fall der Steuerlehre ist das nicht ganz einfach, weil die Steuerwissenschaften unterschiedliche Steuerbegriffe geprägt haben, die ihren jeweiligen Bedürfnissen Rechnung tragen. Eine mustergültige juristische Definition enthält § 3 Abs. 1 der deutschen Abgabenordnung (AO):

> Steuern sind Geldleistungen, die nicht eine Gegenleistung für eine besondere Leistung darstellen und von einem öffentlich-rechtlichen Gemeinwesen zur Erzielung von Einnahmen allen auferlegt werden, bei denen der Tatbestand zutrifft, an den das Gesetz die Leistungspflicht knüpft; die Erzielung von Einnahmen kann Nebenzweck sein.

Diese etwas umständlich anmutende Norm engt den Steuerbegriff in vielfacher Weise entscheidend ein: Erstens fallen Sachleistungen nicht unter den Steuerbegriff der Abgabenordnung, die ausdrücklich von *Geldleistungen* spricht. Demnach sind die Wehrpflicht, der Schöffendienst, andere „Hand- und Spanndienste“ oder die Mitwirkung der Steuerpflichtigen im Erhebungsverfahren nicht als Steuern im Sinne der Abgabenordnung anzusehen. Zweitens stellen Steuern nicht eine *Gegenleistung für eine besondere Leistung* dar, hierdurch unterscheiden sie sich von Gebühren und Beiträgen. Drittens werden Steuern hoheitlich *auferlegt,* so daß zum Beispiel Spenden und Schenkungen an den Staat keine Steuern im Sinne der Abgabenordnung sind. Viertens muß der Ertrag einem *öffentlich-rechtlichen Gemeinwesen* zufließen, also Bund, Ländern, Gemeinden oder Körperschaften, Anstalten und Stiftungen des öffentlichen Rechts, einschließlich der Kirchen. Zwangsabgaben an private Organisationen sind keine Steuern. Fünftens werden Steuern aufgrund eines *Gesetzes* erhoben, und zwar zur *Erzielung von Einnahmen,* diese kann allerdings *Nebenzweck* sein. Bußgelder oder Geldstrafen sind demnach keine Steuern im juristischen Sinn, weil sie zumindest der Idee nach *ausschließlich* auf eine Verhaltensbeeinflussung angelegt sind und der Einnahmezweck völlig in den Hintergrund tritt.

Neben den Steuern dienen Gebühren, Beiträge und Sonderabgaben zur Finanzierung der Staatsaufgaben. *Gebühren* werden bei Inanspruchnahme einer besonderen Leistung erhoben; Beispiele hierfür wären Parkgebühren, Abfallentsorgungsgebühren, Studiengebühren oder Benutzungsgebühren für öffentliche Einrichtungen. Die Gebührenfinanzierung ist nur bei solchen Gütern anwendbar, deren Nutzen sich individuell zurechnen läßt und für die das *Ausschlußprinzip* gilt: Wer nicht zahlt, erhält keine Gegenleistung. Insofern ähneln Gebühren den Marktpreisen.

Beiträge stehen in der Mitte zwischen den marktnahen Gebühren und den marktfernen Steuern. Wie die Gebühren sind auch Beiträge prinzipiell Entgelt für eine besondere Leistung, die allerdings nicht individuell, sondern nur gruppenbezogen zugerechnet werden kann oder soll. Beispiele sind Erschließungsbeiträge oder Kurtaxen. Gebühren und Beiträge bezeichnet man zusammenfassend als *Vorzugslasten*, weil die Zahlung grundsätzlich mit einem Vorzug verbunden ist. Allerdings entsteht eine Beitragspflicht nicht durch die tatsächliche Inanspruchnahme der Leistung, sondern durch die Möglichkeit der Inanspruchnahme. Auf Ebene der Gruppe gilt das *Ausschlußprinzip*; deshalb nennt man durch Beiträge finanzierte Leistungen auch *Clubgüter*. Die Beiträge zu den gesetzlichen Sozialversicherungen, zu den berufsständischen Kammern oder den verfaßten Studentenschaften verdeutlichen dieses Prinzip. Während Steuern nach dem *Grundsatz der Gesamtdeckung* in den allgemeinen Staatshaushalt eingestellt werden und damit für die Finanzierung aller öffentlichen Ausgaben zur Verfügung stehen, fließen Gebühren und Beiträge regelmäßig in einen Sonderhaushalt (*Parafiskus*), aus dem ausschließlich die betreffende Aufgabe finanziert wird; ihre Verwendung ist stets zweckgebunden. Mit Rundfunkgebühren kann keine Autobahn finanziert werden, mit Studentenschaftsbeiträgen kein Altersheimbau. Nach einer einprägsamen Formel werden Gebühren also *privatnützig*, Beiträge *gruppennützig* und Steuern *gemeinnützig* verwendet.

Sonderabgaben schließlich dienen im Gegensatz zu den Steuern nicht der Deckung eines allgemeinen Finanzbedarfs. Sonderabgaben werden von einem begrenzten Kreis Abgabenpflichtiger erhoben, und ihr Aufkommen wird grundsätzlich nicht in den allgemeinen Haushalt eingestellt, sondern einem Sonderfonds zugeführt. Das Bundesverfassungsgericht unterscheidet Sonderabgaben mit *Finanzierungszweck* (z. B. Filmförderungsabgabe, Kopiergeräteabgabe, Stellplatzabgabe) und Sonderabgaben mit *Lenkungszweck* (z. B. Schwerbehindertenabgabe, Wohnraumfehlbelegungsabgabe) und erlaubt Sonderabgaben nur als seltene Ausnahme, weil diese Abgabenart in der Verfassung nicht vorgesehen ist. Sonderabgaben mit Finanzierungszweck sollen nur zulässig sein, wenn sie von einer *homogenen Gruppe* Abgabenpflichtiger unter deren *Mitverantwortung* grundsätzlich *gruppennützig* erhoben werden[1]. Wegen ihrer Vielgestaltigkeit sind die Sonderabgaben begrifflich schwer einzuordnen; manche von ihnen ähneln Gebühren oder Beiträgen, während andere eher als Steuern anzusehen sind. Das wichtigste gemeinsame Merkmal der Sonderabgaben scheint zu sein, daß sie außerhalb der Finanzverfassung stehen[2].

Der Zweck der juristischen Steuerdefinition besteht zunächst darin, einen rechtfertigungsbedürftigen Eingriffstatbestand exakt zu fassen. Zweitens dient der Steuerbegriff zur Abgrenzung von *Verwaltungszuständigkeiten;* Steuern werden grundsätzlich von den Finanzbehörden verwaltet, alle sonstigen Abgaben von anderen Behörden. Schließlich ist die Definition *verfassungsrechtlich* bedeutsam, weil das Bundesverfassungsgericht festgestellt hat, daß der Steuerbegriff der Abgabenordnung auch für das Grundgesetz gilt, vor allem hinsichtlich der Kompetenzverteilung zwischen Bund und Ländern[3]. Im Hinblick auf diese Zielsetzungen wäre es müßig, die juristische Fassung des Steuerbegriffs attackieren zu wollen. Andererseits ist die obige Definition für die Zwecke einer ökonomischen Steuerlehre viel zu eng; sie hebt zu stark auf die äußerliche Form ab. Im weiteren Text werden Steuern als *Zwangsabgaben ohne Anspruch auf Gegenleistung* verstanden.

Dies bedarf einer ausführlichen Erläuterung. Zunächst ist es für den Steuerbegriff und ebenso für den Zensiten gleichgültig, ob die Abgabe als Geldleistung oder als Sachleistung erbracht werden muß, denn diese beiden lassen sich nach dem Opportunitätskostenprinzip direkt ineinander umrechnen[4]. Ob die Erhebung der Steuer im Wege eines rechtsstaatlichen Verfahrens aufgrund eines Gesetzes erfolgt oder durch rohen Zugriff eines Steuerpächters ist irrelevant für den Begriff. Und insbesondere spielt es begrifflich keine Rolle, ob mit der Steuer ein fiskalisches Aufkommen erzielt oder ein bestimmtes Verhalten erreicht oder verhindert werden soll. Kennzeichnend für Steuern ist vielmehr das Zusammentreffen von *Zwang* und *mangelndem Anspruch auf Gegenleistung.* Zwar werden die Steuerpflichtigen zumal in demokratischen Gemeinwesen hoffen dürfen, für ihre Abgaben insgesamt etwas zurückzuerhalten; aber der einzelne Steuerpflichtige bekommt für seine Zahlung nichts. Umgekehrt entgeht ihm nichts, wenn er sich vor der Steuer drückt. Hierin liegt der wesentliche Unterschied zwischen den Steuern einerseits und den Gebühren andererseits, während die Beiträge eine Mittelrolle einnehmen. Die Beiträge zur Bundesagentur für Arbeit werden zwar

---

1 Tipke, K. (1993) *Die Steuerrechtsordnung.* 3 Bände Köln: Schmidt, S. 1070 ff.

2 Isensee hat einmal von „weißen Flecken der Finanzverfassung“ gesprochen und vorgeschlagen, sie mit jenem Warnhinweis zu belegen, der früher bei weißen Flecken auf Landkarten verwendet wurde: *Hic sunt leones!*

3 Vgl. zum juristischen Steuerbegriff auch Jarrass, H. D. und B. Pieroth (1997) *Grundgesetz für die Bundesrepublik Deutschland. Kommentar,* 4. Auflage München: Beck, 961 ff. Klein, F. und G. Orlopp (1995) *Abgabenordnung.* 5. Auflage München: Beck, S. 25 ff. Tipke, K. und J. Lang (2005) *Steuerrecht.* 18. Auflage Köln: Schmidt, S. 45 ff.

4 So entspricht die einem Wehrpflichtigen auferlegte Steuer jenem Einkommen, das der Wehrpflichtige bei einer vergleichbar anstrengenden Tätigkeit im Markt hätte verdienen können, wenn er nicht wehrpflichtig gewesen wäre.

auch unter Zwang erhoben, aber im Gegenzug erhält der Beitragszahler einen Versicherungsschutz, den zum Beispiel Selbständige nicht genießen.

Viele in der Praxis erhobene „Gebühren“ und „Beiträge“ enthalten jedoch einen *verdeckten Steueranteil*, der sich prinzipiell herausrechnen läßt. Wenn, nach einer heute verbreiteten Usance, Gemeinden in die Gebühren für die Mülltonnenleerung auch jene Kosten einbeziehen, die ihnen durch die Beseitigung illegaler Müllkippen entstehen, dann ist die Abfallentsorgungsgebühr zum Teil eine Steuer. Wenn ein pflichtversicherter Arbeitnehmer monatlich 500 Euro in die Gesetzliche Krankenversicherung einzahlt, auf dem Markt aber einen gleichwertigen Versicherungsschutz für 200 Euro erwerben könnte, dann zahlt er in Wirklichkeit 200 Euro Beitrag und 300 Euro Steuer. Entscheidend für die ökonomische Einstufung einer Abgabe als Steuer ist deshalb nicht deren Bezeichnung, Form oder äußere Einkleidung, sondern die von der Abgabe tatsächlich ausgehende Belastungswirkung.

Eine solche wirtschaftlich orientierte Begriffsbildung ist dadurch motiviert, daß Steuern und Beiträge spezifische Verhaltensänderungen, Widerstände und Wohlfahrtsverluste der Zensiten hervorrufen, die bei Marktpreisen nicht auftreten. Gerade am Beispiel der Sozialversicherungsbeiträge wird deutlich, daß diese, sobald ihr Nutzen aus Sicht der Zahler zweifelhaft zu werden beginnt, einen ähnlichen Anreiz zum Wechsel in die Schattenwirtschaft wecken wie die Einkommensteuer. Gleichwohl kann es natürlich sein, daß eine Steuer je nach äußerer Form und Bezeichnung von den Zensiten unterschiedlich *wahrgenommen* wird und insoweit unterschiedliche Reaktionen auslöst.

Abschließend sei hervorgehoben, daß es eine allgemein treffende Steuerdefinition nicht geben kann – zu vielschichtig sind die Erscheinungen, die man möglicherweise unter den Steuerbegriff subsumieren könnte. Von der Einkommensteuer über die Kirchensteuer bis hin zum Mitgliedsbeitrag für den Kegelverein erstreckt sich ein Kontinuum von Abgaben, die der einzelne nicht autonom festgelegt hat und denen er mehr oder weniger unterworfen ist. In der ebenso beliebten wie fruchtlosen Debatte, ob denn die *Kirchensteuer* eine wirkliche Steuer sei, wird zwar regelmäßig auf die Austrittsmöglichkeit verwiesen; aber dieses Mittel der Abgabenvermeidung besteht selbst bei der Einkommensteuer, wie etliche Spitzensportler Jahr für Jahr vorexerzieren[5]. Fest steht jedenfalls, und insofern haben die folgenden Erkenntnisse eine über ihren eigentlichen Gegenstand hinausweisende Bedeutung, daß die Resultate der Steuerlehre für alle Arten kollektiv oder hoheitlich festgelegter Abgaben anwendbar bleiben.

Diese Einführung sollte nicht ohne Hinweis auf eine häufig verletzte Rechtschreibregel beendet werden: *Steuern, die nach dem Gegenstand benannt sind, schreibt man ohne Fugen-s*, weil der Steuergegenstand Akkusativobjekt ist. Also:

---

5 Wegen der Zweckbindung des Kirchensteueraufkommens wäre es allerdings konsequent, die Kirchensteuer als Beitrag oder Sonderabgabe zu klassifizieren. Die bis heute geltende Einordnung als Steuer ist insofern Relikt der Vergangenheit, die keine Trennung zwischen Staat und Kirche kannte.

Einkommensteuer (lies: Steuer auf das Einkommen, nicht: Steuer des Einkommens, also nicht Einkommen*s*steuer), Vermögensteuer, Verbrauchsteuer. Ein Fugen-s steht, wenn die Steuer nach dem Schuldner oder Gläubiger benannt ist und dieser im männlichen oder sächlichen Singular steht. Es heißt deshalb Reichssteuer, Unternehmenssteuer, aber Gemeinschaftsteuer, Gemeindesteuer[6].

§ 2 Steuerzwecke

Es erscheint überflüssig, die Frage nach dem Zweck der Steuern zu stellen, denn ist es nicht völlig klar, daß Steuern der Erzielung von Staatseinnahmen dienen? Ganz so einfach liegen die Dinge nicht, obwohl der hiermit angesprochene *Fiskalzweck* sowohl historisch als auch gegenwärtig den herausragenden Besteuerungszweck darstellt. Neben ihn treten jedoch zwei weitere, nämlich der Lenkungszweck und der Umverteilungszweck[7]. Mit dem *Lenkungszweck* soll ein bestimmtes Verhalten der Besteuerten erreicht oder verhindert werden. Die stark diskutierten Umweltsteuern sollen ein umweltfreundliches Verhalten anregen, zum Beispiel den Verzicht auf die häufige Benutzung des Autos; mit Zöllen wird meist beabsichtigt, inländische Verbraucher vom Kauf ausländischer Produkte abzuhalten; die Tabaksteuer soll dem Vernehmen nach das Rauchen einschränken. Weil diese Steuern auf ein *Unterlassen* gerichtet sind, besteht ein Zielkonflikt zwischen Lenkungszweck und Fiskalzweck. Je stärker nämlich der Lenkungszweck erreicht wird, desto geringer ist das Steueraufkommen; insbesondere sinkt das Steueraufkommen bei maximaler Erfüllung des Lenkungszwecks auf Null: Bei perfekt umweltbewußtem Verhalten entsteht kein Umweltsteueraufkommen, wenn nicht mehr importiert wird, entstehen keine Zolleinnahmen, und wenn niemand mehr raucht, entsteht kein Tabaksteueraufkommen. Dieser Konflikt erscheint freilich in weniger drastischem Licht, wenn man berücksichtigt, daß eine Lenkungszwecksteuer nicht auf *maximale*, sondern auf *optimale* Zweckerfüllung abzielt. So besteht etwa der Sinn einer Ökosteuer nicht darin, die Umweltverschmutzung auf *Null* zu reduzieren – wenn man dies wollte, käme nur ein allgemeines Produktionsverbot in Betracht –, sondern darin, den für optimal gehaltenen Grad an Umweltverschmutzung zu erreichen.

Lenkungszwecknormen sind ein *prinzipiell* geeignetes Instrument der Wirtschaftspolitik, und aufgrund der eingangs zitierten Bestimmung der Abgabenordnung „die Erzielung von Einnahmen kann Nebenzweck sein" sind sie auch rechtlich zulässig. Allerdings bemänteln angebliche Lenkungszwecke häufig nur eine fiskalische Absicht. Der tausendfach wiederholte Hinweis auf den Len-

6 Leider sind diese traditionellen Regeln dem Gesetzgeber nicht mehr bekannt, der 1994 ein „Umwandlungssteuergesetz" (!) (BGBl. I, S. 3257 ff.) beschloß. Der Duden setzt sich hierüber ohnehin großzügig hinweg und läßt die Schreibweise ohne Fugen-s generell nur als „amtlich" gelten.

7 Die hiermit vorgenommene Dreiteilung der Steuerzwecke findet sich etwa bei Elschen, R. (1991) Entscheidungsneutralität, Allokationseffizienz und Besteuerung nach der Leistungsfähigkeit – Gibt es ein gemeinsames Fundament der Steuerwissenschaften? *Steuer und Wirtschaft*, S. 99–115, hier S. 113 f.

kungszweck der sehr ergiebigen Tabaksteuer kann nicht darüber hinwegtäuschen, daß kein Finanzminister es je gewagt hat, den Steuersatz in prohibitive Höhen zu schrauben und damit das Steueraufkommen zu gefährden. Selbst bei der Mineralölsteuer, die hinsichtlich der ihr angedichteten Ziele einen merkwürdigen Wandel durchlaufen hat, sind Zweifel am Lenkungszweck angebracht, denn während sie ursprünglich in protektionistischer Absicht zur Förderung des Kohleverbrauchs eingeführt wurde, erscheint sie heute als eine Art Umweltschutzsteuer. Umgekehrt kommen begünstigende Lenkungszwecknormen in der „Tarnfarbe der Grundstruktur der Besteuerung" (Zitzelsberger) daher, um die Bevorzugung einzelner Interessengruppen zu verschleiern – was in Wahrheit eine Steuersubvention ist, erscheint wie ein Werbungskostenabzug. Die zahlreichen Sonderbestimmungen der Steuergesetze zielen jedenfalls weniger auf Lenkung als auf Umverteilung ab; sie spiegeln damit das Denken im politischen Raum wider, das hauptsächlich auf die Umverteilungswirkungen der Besteuerung schaut und auf Systematik und Effizienz wenig Rücksicht nimmt.

Dies führt unmittelbar zum letzten, dem *Umverteilungszweck* der Besteuerung. Der Umverteilungszweck tritt je nach politisch-ideologischer Position in zwei Ausprägungen auf. Nach *liberalem Verständnis* handelt es sich um einen Grundsatz der Lastenausteilung. Die Bürger sollen zur Finanzierung der gemeinschaftlichen Aufgaben nicht pro Kopf gleiche Beträge beisteuern, sondern nach Maßgabe ihrer wirtschaftlichen Leistungsfähigkeit. Die Frage, ob diese Lastenausteilung besser durch regressive, proportionale oder progressive Steuertarife erfolgen sollte, wird später im Zusammenhang mit den sogenannten Opfertheorien erörtert; grundsätzlich sind alle Tarifformen mit der liberalen Position vereinbar. Nach *egalitaristischer Auffassung* besteht das Kernproblem nicht in einer geeigneten Austeilung von Lasten, sondern in der Ungleichverteilung von Einkommen und Vermögen an sich, die als ein zu beseitigender Unwert begriffen wird. Dementsprechend ist der Umverteilungszweck auf eine Nivellierung der Einkommens- und Vermögensunterschiede gerichtet. Diese beiden idealistischen Positionen zum Umverteilungszweck prägen die Steuerpolitik ebenso wie bloße Gruppenegoismen, auf die das Gros steuerrechtlicher Sonderregeln zurückgeht.

Aufgrund der drei genannten Besteuerungszwecke könnte man an eine Einteilung der Einzelsteuern in Fiskal-, Lenkungs- und Umverteilungszwecksteuern denken; eine ähnliche Abgrenzung stammt von Karl Bräuer, der Verwendungs- und Wirkungszwecksteuern unterschied. Allerdings wäre diese Terminologie etwas grobschlächtig, weil mit fast jedem Steuergesetz mehrere Ziele gleichzeitig verfolgt werden. Insofern ist es genauer, auf der Ebene der Einzelnorm von *Fiskalzwecknormen*, *Lenkungszwecknormen* und *Umverteilungszwecknormen*[8] zu sprechen. Allein das Einkommensteuergesetz enthält zahlreiche Fiskalzwecknor-

8 Eine ähnliche Terminologie verwenden Tipke und Lang (Fußnote 3), die neben den noch zu erörternden Vereinfachungszwecknormen *Fiskalzwecknormen* und *Sozialzwecknormen* unterscheiden. Aufgrund der Belastung des Wortes „sozial" mit allen passenden und unpassenden Konnotationen und wegen der Notwendigkeit, Lenkungsziele und Umverteilungsziele sorgfältig zu unterscheiden, wird der Ausdruck Sozialzwecknorm in diesem Text nicht verwendet.

men (z. B. beschränkte Steuerpflicht), Lenkungszwecknormen (z. B. Energieeinsparung) und Umverteilungszwecknormen (z. B. Steuertarif, Altersentlastungsbetrag).

Zu den drei bisher genannten Zwecknormen tritt eine vierte Kategorie hinzu, nämlich die *Vereinfachungszwecknorm*, mit der eine Vereinfachung der Steuererhebung angestrebt wird. Beispiele für Vereinfachungszwecknormen sind *Freibeträge*, *Freigrenzen*, (widerlegbare) *Pauschalierungen* und (unwiderlegbare) *Typisierungen*. Vereinfachungszwecknormen erfreuen sich beim Steuergesetzgeber wachsender Beliebtheit, stehen jedoch in Konflikt zu den übrigen Besteuerungszwekken und sind vor allem im Hinblick auf das Ziel einer gleichmäßigen Besteuerung nicht unbedenklich.

Nach traditioneller steuerwissenschaftlicher Auffassung hatten Steuern ausschließlich oder zumindest ganz überwiegend dem *fiskalischen* Ziel zu dienen; Lenkungszwecke und Umverteilungszwecke galten als anrüchig. Die ursprüngliche Steuerdefinition der Abgabenordnung reflektierte diese Haltung, da sie den Zusatz „die Erzielung von Einnahmen kann Nebenzweck sein" nicht enthielt. Heutzutage werden die Begriffe Lenkungszweck und Umverteilungszweck in einem wertfreien Sinn gebraucht. Ob das Steuersystem Lenkungszielen und Umverteilungszielen dienstbar gemacht werden sollte, ist nicht abstrakt, sondern nur im konkreten Einzelfall entscheidbar. Denn einerseits wird der teils patriarchalisch, teils lobbyistisch motivierte *Steuerdirigismus*, der die verschiedensten Wirtschaftsbereiche wahllos begünstigt oder belastet und erheblich zur Komplizierung des Steuerrechts beiträgt, wohl niemanden begeistern. Andererseits hat zum Beispiel die Umweltökonomie dargelegt, daß Umweltziele mit Hilfe des Steuerrechts unter Umständen wirksamer erreicht werden können als durch ordnungsrechtliche Auflagen und Verbote. Faßt man den Steuerbegriff etwas weiter und schließt reine Lenkungszweckabgaben wie *Bußgelder* oder *Geldstrafen* ein, dann wird klar, wie wichtig und üblich außerfiskalische Zielsetzungen der Steuerpolitik sind, obwohl sie sich selbst hier mit fiskalischen Hintergedanken vermischen – man denke an die „Knöllchen", deren Aufkommen das Herz jedes Bürgermeisters erfreut und ihn nur zu leicht über die begangenen Parksünden hinwegtröstet.

§ 3 Rechtfertigung von Steuern

Die Frage, ob Steuern im liberalen Rechtsstaat überhaupt gerechtfertigt sind, stellt eine häufig vergessene *Vorfrage* der Steuerwissenschaft dar[9]. Bevor man aber das „wie" der Besteuerung erörtert, ist unzweifelhaft das „warum" zu klären, und hier genügt keinesfalls der Hinweis darauf, daß sich der liberale Rechtsstaat als *Steuerstaat* versteht. Durch diesen Hinweis wird das Problem nicht geklärt, sondern umgangen.

9 Dies betont Vogel, K. (1986) Rechtfertigung der Steuern: Eine vergessene Vorfrage. *Der Staat*, S. 481. Ausführlich auch Tipke, K. (Fußnote 1), S. 253 ff.

Die Notwendigkeit einer *Rechtfertigung von Steuern* entspringt daraus, daß das vom einzelnen Bürger erwirtschaftete Einkommen zunächst einmal diesem selbst gehört. Die Besteuerung stellt eine Wegnahme des Selbsterwirtschafteten durch den Staat dar und bedarf deshalb einer ausdrücklichen Legitimation. Unter allen versuchten Begründungen hat sich in der Geistesgeschichte vor allem eine als tragfähig und als zum liberalen Rechtsstaat passend erwiesen, nämlich das sogenannte *Äquivalenzprinzip* (*benefit principle*). Dem Äquivalenzprinzip zufolge ist die Besteuerung gerechtfertigt, wenn sie keinen endgültigen Nutzenverlust für die Gesamtheit der Bürger bedeutet, sondern eine Leistung für staatliche Gegenleistungen darstellt.

Im Unterschied zum Beitrag oder zur Gebühr sind die staatlichen Gegenleistungen jedoch nicht individuell zurechenbar, sondern können nur größeren Personengruppen (zum Beispiel bei Kommunalsteuern) oder der Gemeinschaft aller Staatsbürger zugeordnet werden. Exemplarisch wird dies am Beispiel der Landesverteidigung deutlich: Von ihrer Existenz profitieren alle Staatsbürger, und niemand kann von dem durch die Landesverteidigung bewirkten Schutz ausgeschlossen werden. Folglich würde niemand freiwillig eine Landesverteidigungsgebühr entrichten, und die Finanzierung der Landesverteidigung durch zwangsweise erhobene allgemeine Abgaben ist unvermeidlich. Auch *umverteilende Steuern* können durch das Äquivalenzprinzip gerechtfertigt sein, wenn man annimmt, daß die Bürger hinter einem „Schleier der Unsicherheit" über das Steuersystem entscheiden[10]: Wer als Mitglied einer verfassungsgebenden Versammlung nicht weiß, ob er später zu den Armen oder zu den Reichen gehört, wird die Existenz eines umverteilenden Steuer-Transfer-Systems befürworten, sofern er risikoscheu ist. Das staatliche Steuer-Transfer-System stellt somit eine Versicherung für Risiken dar, die nicht privat abgedeckt werden können, und seine Existenz liegt im wohlverstandenen (*ex ante*) Interesse aller. Steuern, die nicht durch das Äquivalenzprinzip gerechtfertigt werden können, die also zur Finanzierung von Pfründen einer herrschenden Klasse oder zur Erhöhung von Beamtenbequemlichkeiten dienen und die keinen Nutzen für die Bürger abwerfen, sind *ungerechtfertigt*.

Als Antagonist des Äquivalenzprinzips wird in der Literatur oft das sogenannte *Leistungsfähigkeitsprinzip* (*ability to pay principle*) gesehen; aber dieses Prinzip liegt auf einer anderen Ebene. Es eignet sich nicht zur Rechtfertigung der Besteuerung überhaupt (*allgemeine Steuerrechtfertigung*), sondern nur zur Rechtfertigung bestimmter Einzelsteuern (*besondere Steuerrechtfertigung*). Die Anwendung des Leistungsfähigkeitsprinzips setzt zweierlei voraus: Erstens muß die Erhebung eines gewissen Steueraufkommens bereits anderweitig gerechtfertigt worden sein (nämlich durch das Äquivalenzprinzip), und zweitens muß vorab Einigkeit über den *Maßstab* für Leistungsfähigkeit bestehen. Angenommen, das

---

10 Rawls, J. (1971) *A Theory of Justice*. Cambridge: Harvard University Press. Auf Rawls geht die Fiktion des *veil of ignorance* zurück: Gesellschaftliche Institutionen werden danach beurteilt, ob sie von einer verfassungsgebenden Versammlung beschlossen würden, deren Mitglieder ihre künftige Stellung in der Gesellschaft nicht kennen.

Einkommen bilde einen solchen Maßstab. In diesem Fall fordert das Leistungsfähigkeitsprinzip zunächst, daß Personen mit gleichem Einkommen gleiche Steuerbeträge zahlen. Das Leistungsfähigkeitsprinzip ist insoweit ein Postulat *horizontaler* Steuergerechtigkeit und wird vom Bundesverfassungsgericht als unmittelbarer Ausfluß des Gleichheitsgrundsatzes nach Art. 3 des Grundgesetzes (GG) angesehen. Man spricht synonym vom *Grundsatz gleichmäßiger Besteuerung*. In einer schärferen Fassung verlangt das Leistungsfähigkeitsprinzip, Personen mit höherem Einkommen entsprechend stärker zu besteuern; dies ist ein Postulat *vertikaler* Steuergerechtigkeit. Im vorliegenden Text umfaßt der Ausdruck Leistungsfähigkeitsprinzip stets den horizontalen *und* den vertikalen Aspekt[11]. Weil als Maßstab steuerlicher Leistungsfähigkeit verschiedene Größen in Betracht kommen, ist der Inhalt des Leistungsfähigkeitsprinzips nicht unmittelbar bestimmt, aber *bestimmbar*, indem man über den Maßstab Einigkeit erzielt.

§ 4 Die Akteure der Besteuerung

Hauptdarsteller auf dem Gebiet der Besteuerung sind der *Steuerpflichtige* (*Zensit*) einerseits und der *Steuergläubiger* (*Steuerberechtigte*) andererseits. Im Rechtsstaat regelt das *Steuerrechtsverhältnis* umfassend die Rechte und Pflichten dieser beiden Personengruppen. Das Steuerrechtsverhältnis besteht aus *Verfahrensvorschriften*, zum Beispiel der Mitwirkungspflicht oder dem Recht auf Gehör sowie aus dem eigentlichen *Steuerschuldverhältnis*, das den Zahlungsanspruch des Steuergläubigers abschließend normiert. Der Begriff des Steuerpflichtigen wird in § 33 AO wie folgt gefaßt:

> Steuerpflichtiger ist, wer eine Steuer schuldet, für eine Steuer haftet, eine Steuer für Rechnung eines Dritten einzubehalten und abzuführen hat, wer eine Steuererklärung abzugeben, Sicherheit zu leisten, Bücher und Aufzeichnungen zu führen oder andere ihm durch die Steuergesetze auferlegte Verpflichtungen zu erfüllen hat.

Demnach wird der Begriff des Steuerpflichtigen in Wissenschaft, Verwaltung und Rechtsprechung erheblich weiter verstanden als in der Umgangssprache. Wer eine Steuer schuldet, heißt auch *Steuerschuldner*, wer für eine Steuer haftet, heißt *Haftungsschuldner*, wer eine Steuer abzuführen hat, heißt *Steuerentrichtungspflichtiger* oder kurz *Steuerzahler*. Beim Steuerzahler handelt es sich also um jene Person, die den Steuerbetrag an den Zollinspektor aushändigt oder in die „Rentkammer" bringt oder, wie heute üblich, eine Überweisung an das Finanzamt veranlaßt. Der *Steuerträger*, also jene Person, auf der die Steuerlast schließlich ruht, und der *Steuerdestinatar*, also der vom Gesetzgeber vorgesehene Steuerträger, sind nicht notwendig Steuerpflichtige. Der Steuerdestinatar stimmt oft mit dem Steuerträger überein, aber das muß nicht so sein, weil der Gesetzgeber die komplizierten Überwälzungsvorgänge nicht vollständig übersehen kann.

---

11 In einer anderen Terminologie unterscheidet Pohmer zwischen gleichmäßiger Besteuerung (horizontale Betrachtung) und Besteuerung nach der Leistungsfähigkeit (vertikale Betrachtung). Pohmer, D. (1988) Einige Bemerkungen zu Inhalt und Bedeutung des Leistungsfähigkeitsprinzips. *Finanzarchiv N. F.* **46**, S. 135–153.

Wichtigste Figur in diesem illustren Kreise ist jedenfalls der Steuerträger, denn *er* wird durch die Steuer belastet, und *er* sinnt auf Ausweichmöglichkeiten. Der Steuerträger und der Steuerdestinatar gehören als solche nicht zum Kreis der Steuerpflichtigen, weil es gut möglich ist, daß sie keinerlei Umgang mit den Finanzbehörden pflegen.

Beispiele: Bei der *Lohnsteuer* fällt die Rolle des Steuerzahlers dem Arbeitgeber zu, denn er – und nicht der Arbeitnehmer – hat die Steuer an das Finanzamt abzuführen (§ 38 Abs. 3 Einkommensteuergesetz, EStG). Als Adressat der Lohnsteuer ist der Arbeitnehmer Steuerdestinatar, gewöhnlich wohl auch Steuerträger, und außerdem Steuerschuldner (§ 38 Abs. 2 EStG), der Arbeitgeber wiederum ist Haftungsschuldner (§ 42d Abs. 1 EStG). Bei der *Umsatzsteuer* muß der Verbraucher als Destinatar und oft auch als Träger angesehen werden, während der Unternehmer als Steuerzahler (§ 18 Abs. 1 UStG), Steuerschuldner (§ 13 Abs. 2 UStG) und eventuell auch als Haftungsschuldner (§ 55 UStDV) fungiert.

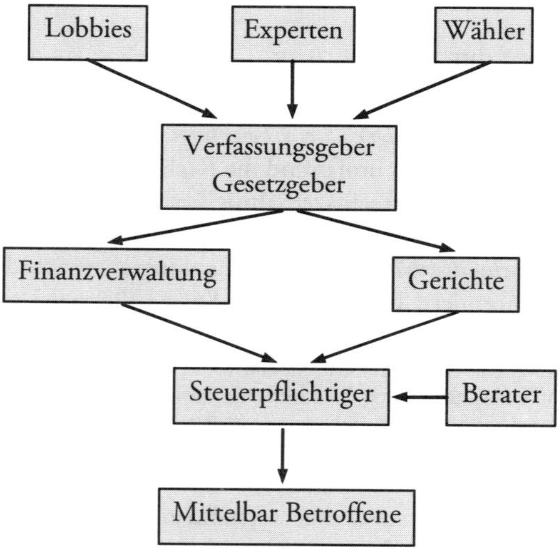

Abb. 1: Akteure der Besteuerung

Die Steuerrechtswissenschaft beschäftigt sich vornehmlich mit dem Steuerrechtsverhältnis und dem darin angelegten Widerstreit zwischen Steuerpflichtigem und Steuerberechtigtem, während eine allgemeine Steuerlehre weitere Akteure ins Blickfeld nehmen muß (siehe Abb. 1). Zunächst sollten die verschiedenen Teile des Steuerberechtigten betrachtet werden. Der *Gesetzgeber* (und Verfassungsgeber) trifft die grundlegenden Wertentscheidungen zur Besteuerung. In seinem Auftrag handelt die *Finanzverwaltung*, deren Wirken aber nicht rein passiv ausgerichtet ist, sondern die durch Richtlinien, Erlasse und die generelle Verfahrensherrschaft das Steuerwesen aktiv mitgestaltet. Ähnliches gilt für die *Gerichte*, insbesondere die *Finanzgerichte*, die einerseits die Verwaltung kontrollieren, andererseits aber das geltende Recht auslegen und fortbilden. In demokratischen

Staaten ist auch der Gesetzgeber selbst nicht autonom, sondern wird bei seinen politischen Entschlüssen durch *Interessengruppen*, *Expertenmeinungen* und die Haltung der *Wählerschaft*, die in demoskopischen Umfragen oder beim Wahlakt selbst zum Ausdruck kommt, beeinflußt und durch das *Verfassungsgericht* in seinem Handeln beschränkt. Auf der gegenüberliegenden Seite des Steuerrechtsverhältnisses wird der Steuerpflichtige bei seinen Entscheidungen häufig von *Beratern* geleitet. Mittelbar trifft die Steuer auch all jene, die in wirtschaftlichem Kontakt zum Steuerpflichtigen stehen, also seine Kunden, Wettbewerber, Auftragnehmer oder Familienangehörigen. Die Beziehung zwischen Steuerpflichtigem und *mittelbar Betroffenen*, also das Problem der Überwälzung, steht im Zentrum der finanzwissenschaftlichen Steuerlehre.

§ 5 Eine Typologie der Steuerarten

Eine Typologie der Steuerarten zu entwickeln, die Vielzahl der Einzelsteuern also sinnvoll und widerspruchsfrei zu gruppieren, diese Aufgabe gehört zu den beschwerlichsten der Steuerwissenschaft, und hierauf sollte auch nicht zu viel Zeit verwendet werden, denn schließlich hatte schon Kurt Schmidt treffend beobachtet, daß derartige Erörterungen „vielen Adressaten wie frustrierende Fingerübungen vorkommen und von der Beschäftigung mit einer so interessanten Wissenschaft wie der von den öffentlichen Finanzen abhalten.“[12] Indessen läßt sich diese Aufgabe nicht ganz beiseite schieben, weil schon einfachste Steuerbroschüren gewisse Kenntnisse der verschiedenen Steuerarten voraussetzen. Dies gilt insbesondere im Hinblick auf die berüchtigte Unterscheidung direkter und indirekter Steuern[13]:

- *Direkte Steuern* knüpfen unmittelbar an Indikatoren wirtschaftlicher Leistungsfähigkeit an, vor allem an Einkommen und Vermögen; man nennt sie deshalb auch *Besitzsteuern*. Direkte Steuern können auf persönliche Merkmale des Steuerpflichtigen Rücksicht nehmen[14]. Es besteht eine Identität zwischen Steuerschuldner und Steuerdestinatar.
- Dagegen erfassen *indirekte Steuern* wirtschaftliche Leistungsfähigkeit auf Umwegen, indem sie eine Einkommensverwendung oder einen Vermögensverkehr belasten. Eine indirekte Steuer wird nicht vom Steuerdestinatar geschuldet, sondern von einem Dritten; Steuerschuldner und Steuerdestinatar sind verschiedene Personen.

---

12 Schmidt, K. (1980) Grundprobleme der Besteuerung. In: Neumark, F. (Hrsg.) *Handbuch der Finanzwissenschaft Band II.* 3. Auflage Tübingen: Mohr, S. 124.

13 Diese Differenzierung stammt von dem Physiokraten Anne Robert Jacques Turgot (1727–1781): „L'impôt que le propriétaire paye immédiatement sur son revenu est appelé *impôt direct.*“ Zitiert nach *Oeuvres de Turgot, Nouvelle Edition.* Paris 1885: Guillaumin et Ce, Libraries, Vol. 1, S. 416. Seither ist die Abgrenzung umstritten, und schon der Anarchist Proudhon meinte 1861, eine solche Klassifikation führe zu „fiskalischem Unsinn“.

14 Diesen Umstand betrachtet Atkinson als das wesentliche Merkmal direkter Steuern. Atkinson, A. (1977) Optimal Taxation and the Direct versus Indirect Tax Controversy. *Canadian Journal of Economics* **10**, S. 590–606.

Im Gegensatz zu dieser Begriffsbildung grenzen Teile der Literatur direkte und indirekte Steuern danach ab, ob eine Identität von Steuerpflichtigem und *Steuerträger* besteht (direkte Steuern) oder nicht (indirekte Steuern). In Kapitel 4 wird allerdings deutlich werden, daß die Überwälzung einer Steuer *nicht eine Eigenschaft der Steuer selbst ist*, sondern von vielfältigen Bedingungen abhängt, etwa von der Wettbewerbsintensität oder den Ausweichmöglichkeiten der Beteiligten. Deshalb ist jede Unterscheidung direkter und indirekter Steuern, die auf die tatsächliche Belastungswirkung abstellt, unhaltbar und die obige Unterscheidung, die sich an der steuertechnischen Erhebung als einem äußeren Merkmal orientiert, vorzuziehen[15]. Ähnliches gilt für die Einteilung der direkten Steuern in Subjektsteuern und Objektsteuern.

- *Subjektsteuern* oder *Personensteuern* knüpfen an die Leistungsfähigkeit natürlicher Personen an, also an persönliche Leistungsfähigkeit. Zu den Subjektsteuern zählen vor allem die Einkommensteuer und die Vermögensteuer natürlicher Personen. Sie sollen entweder Haushalte belasten (*Haushaltsteuern*) oder Einzelpersonen (*Individualsteuern*).
- Demgegenüber stehen *Objektsteuern* im Zusammenhang mit sachlicher Leistungsfähigkeit, wobei die Sache z. B. ein Betrieb oder Grundstück sein kann oder eine juristische Person. Wichtige Objektsteuern sind die Grundsteuer und die Gewerbesteuer, die man zusammenfassend auch *Realsteuern* nennt.

Schließlich können viele Steuern in Verbrauchsteuern bzw. Verkehrsteuern unterteilt werden. Die begriffliche Abgrenzung dieser beiden Steuerarten ist in besonders hohem Maß umstritten. Während etwa die Umsatzsteuer von den meisten Steuerrechtlern als Verbrauchsteuer eingestuft wird, sehen andere sie als eine Verkehrsteuer[16]. Eine ökonomisch tragfähige Definition, die zugleich den historischen Wortsinn wahrt, könnte die folgende sein:

- *Verbrauchsteuern* werden im Zusammenhang mit einer *Wertschöpfung* erhoben, nicht aufgrund eines bloßen Rechtsaktes oder Realaktes. Wesentlich für die Begriffsbildung ist der darin enthaltene Umkehrschluß: Keine Verbrauchsteuer ohne Wertschöpfung.
- *Verkehrsteuern* belasten Rechtsakte (Kaufvertrag) oder Realakte (Besitzwechsel, Überschreitung einer Staatsgrenze), mit denen nicht notwendig eine Wertschöpfung einhergeht[17]. Der Zusammenhang zwischen Steuer und wirt-

---

15 So argumentierte bereits Mann, „die Klassifikation der Steuern kann nur von der äußeren Gestaltung, z. B. vom Steuergegenstand oder von der Bemessungsgrundlage, ausgehen; nicht aber von den Steuerwirkungen. Denn die Steuerwirkungen wechseln mit der ökonomischen Konstellation." Mann, F. K. (1929) *Deutsche Finanzwirtschaft*. Jena: Fischer, S. 134.

16 Insoweit nur scheinbar scharfsinnig der Bundesfinanzhof: „Die meisten Verkehrsteuern *einschließlich der Umsatzsteuer* haben keinen tieferen Sinn als den, dem Staat Geld zu bringen" (Beschluß vom 8. November 1972, Az. II B 24/72, Hervorhebung von mir). Nach Reiß, W., in: Tipke und Lang (Fußnote 3), hat sich die Einstufung der Umsatzsteuer als Verbrauchsteuer auch im juristischen Schrifttum durchgesetzt.

17 Teilweise ist in der Literatur argumentiert worden, daß Verkehrsteuern an eine subjektive *Bewertungsdifferenz* anknüpfen. Das ist zwar grundsätzlich richtig, weil etwa ein Kaufvertrag

schaftlicher Leistungsfähigkeit ist hier gelockert, und bei mehrfacher Erfüllung des Steuertatbestands tritt eine mehrfache Steuerbelastung auf, die man *Kumulationseffekt* oder *Lawinenwirkung* (*cascading*) nennt.

Die Mineralölsteuer, Tabaksteuer und Kaffeesteuer sind eindeutig Verbrauchsteuern. Die Grunderwerbsteuer ist eindeutig eine Verkehrsteuer. Erbschaft- und Schenkungsteuern gehören ebenfalls zu den Verkehrsteuern, weil auch bei ihnen eine Lawinenwirkung auftritt. Durch einen Vergleich von Grunderwerbsteuer und Umsatzsteuer läßt sich der ökonomische Hintergrund der obigen Definitionen veranschaulichen.

Beispiel 1 (Verkehrsteuer): Man betrachte ein Grundstück im Wert von 100.000 Euro und eine Grunderwerbsteuer in Höhe von 3,5 %, also 3.500 Euro. Wird das Grundstück 3mal nacheinander zum jeweils gleichen Preis verkauft, entsteht ein Steuerbetrag von insgesamt 10.500 Euro. Bei 30maligem Verkauf übertrifft die gesamte Steuer den Wert des Grundstücks; die Lawinenwirkung zehrt den Grundstückswert auf.

Beispiel 2 (Verbrauchsteuer): Man betrachte ein Wirtschaftsgut im Wert von 100.000 Euro, das dem normalen Umsatzsteuersatz in Höhe von 19% unterliegt. Die Steuer beim Verkauf beträgt 19.000 Euro. Wird das Gut von Unternehmern 3mal hintereinander zum jeweils gleichen Preis an Unternehmer verkauft, also ohne zusätzliche Wertschöpfung, dann entsteht auch keine zusätzliche Steuer, sofern jeder Unternehmer die abzuführende Umsatzsteuer über den Vorsteuerabzug mit der gezahlten Vorsteuer verrechnen kann. Es kommt nicht zu einer Lawinenwirkung.

Durch die Umsatzsteuer wird folglich entgegen dem ersten Anschein nicht der *Verkehrsakt* (Verkauf) belastet, sondern die *Wertschöpfung*[18]. Wegen des Vorsteuerabzugs entsteht eine Umsatzsteuerschuld auf jeder Handelsstufe nur, wenn der Verkaufspreis über dem Einkaufspreis liegt, deshalb spricht man auch von einer *Netto-Allphasen-Umsatzsteuer* oder kurz von einer Mehrwertsteuer. Die heutige Umsatzsteuer muß demnach eindeutig als Verbrauchsteuer eingestuft werden. Anders lagen die Dinge freilich bei der in Deutschland bis 1967 erhobenen *Brutto-Allphasen-Umsatzsteuer*, die Verkäufe grundsätzlich mit 4 % belastete und keinen Vorsteuerabzug kannte. Hier trat die oben beschriebene Lawinenwirkung auf, und ein Gut wurde um so teurer, je mehr Handelsstufen es durchlief. Bei vier Handelsstufen und konstantem Verkaufspreis wurde aufgrund des Zinseszinseffekts eine kumulative Belastung von fast 17 % erreicht. Obwohl für die Großhandelsstufe ein ermäßigter Steuersatz vorgesehen war, induzierte die Brutto-Allphasen-Umsatzsteuer eine Ausschaltung des Zwischenhandels und begünstigte vertikale Unternehmenszusammenschlüsse. Diese ordnungspolitisch uner-

---

nur zustande kommt, wenn der Käufer den Kaufgegenstand höher schätzt als der Verkäufer. Gleichwohl stellt eine subjektive Bewertungsdifferenz keine Wertschöpfung dar, weil der Marktwert des Gutes unverändert bleibt.

18 Genauer gesagt belastet die europäische Netto-Allphasen-Umsatzsteuer nur Teile der gesamten Wertschöpfung, weil die auf Kapitalgütern lastende Vorsteuer ebenfalls abgezogen werden kann; dies wird in § 26 eingehender erörtert.

wünschte vertikale Konzentration sowie die europäische Harmonisierung führten 1968 zur Einführung des heutigen Mehrwertsteuersystems.

Eine gehaltvolle Abgrenzung von Verbrauchsteuern und Verkehrsteuern hebt also darauf ab, ob es bei der Besteuerung zu *Lawinenwirkungen* kommt und erkennt an, daß alle Steuern, insbesondere Verbrauchsteuern, aus erhebungstechnischen Gründen an einen Rechtsakt oder Realakt anknüpfen, weil der Verbrauch als solcher nicht feststellbar ist. Aus administrativen Gründen sind also viele Verbrauchsteuern in ein verkehrsteuerliches Gewand gekleidet, und die Anbindung an den Akt des „In-den-Verkehr-Bringens" kann nicht das relevante Kriterium zur Abgrenzung von Verbrauchsteuern und Verkehrsteuern sein. Somit ist die Einordnung etwa der Hundesteuer, Kraftfahrzeugsteuer, Rennwettsteuer und Versicherungsteuer nicht zweifelhaft, sie alle sind Verbrauchsteuern.

Freilich betrachten Teile der steuerrechtlichen Literatur die Versicherungsteuer und die Hundesteuer als *Verbrauchsteuern*, die Kraftfahrzeugsteuer oder die Rennwettsteuer hingegen als *Verkehrsteuern*, ohne daß hierfür eine vernünftige Erklärung gegeben würde. Sollte sich das Halten eines Hundes vom Halten eines Kraftfahrzeugs so grundlegend unterscheiden? In Wirklichkeit belasten alle zuletzt genannten Steuern einen Verbrauch bzw. Aufwand, und in keinem Fall kommt es zu Lawinenwirkungen[19]. Kraftfahrzeugsteuer und Hundesteuer sind übrigens direkte Steuern, weil sie vom Halter des Kraftfahrzeugs bzw. Hundes geschuldet werden und dieser auch belastet werden soll.

Nach einer anderen Terminologie sind Verbrauchsteuern solche, die ausschließlich den Privaten Verbrauch im Sinne der Volkswirtschaftlichen Gesamtrechnung belasten, während Vorleistungen an den Unternehmenssektor steuerfrei bleiben. Im Sinne dieser Definition, die hier nicht übernommen wird, wäre die Mineralölsteuer, die auch von den Unternehmen zu zahlen ist, keine Verbrauchsteuer. Schließlich werden sporadisch Verbrauchsteuern im engeren Sinne und Aufwandsteuern unterschieden, wobei *Verbrauchsteuern* wie die Kaffeesteuer einen physischen Güterkonsum belasten sollen, *Aufwandsteuern* wie die Vergnügungsteuer dagegen eine sonstige Konsumaktivität, etwa einen Kinobesuch. Für eine wirtschaftliche Betrachtung ist diese Differenzierung ähnlich belanglos wie die Unterscheidung zwischen Waren und Dienstleistungen im Außenhandel; deshalb wird der Begriff der Verbrauchsteuer hier stets im weiteren Sinn, also unter Einschluß der Aufwandsteuern, gebraucht. Zur Vermeidung dieses terminologischen Wirrwarrs eignet sich der von Hansmeyer vorgeschlagene Begriff

---

19 Bei Steuern, die wie die Kraftfahrzeugsteuer an die *Haltung* anknüpfen, ist dies nicht evident, aber anhand der folgenden Überlegung nachvollziehbar. Angenommen, jedes Auto hätte eine Lebensdauer von 10 Jahren. Dann wäre die Kfz-Steuer äquivalent zu einem im Kaufpreis enthaltenen Verbrauchsteuerbetrag, der in 10 Jahresraten zahlbar ist. Aus dem Umstand verschiedener Lebensdauern ergibt sich eine *typisierende Belastung*, die den Verbrauchsteuercharakter nicht aufhebt.

Steuern auf spezielle Güter, der alle speziellen Verbrauchsteuern umfaßt und damit als Gegenbegriff zur *allgemeinen Verbrauchsteuer* fungieren kann[20].

Eine letzte verbreitete Einteilung der Steuern richtet sich nach dem *Zugriffspunkt* im Wirtschaftskreislauf. Gesamtwirtschaftlich besteht eine Identität zwischen Einkommensentstehung und Einkommensverwendung, die unmittelbar aus dem Definitionensystem der Volkswirtschaftlichen Gesamtrechnung folgt: Entstehungsseitig ist das Nettoinlandsprodukt die Summe der im Inland erwirtschafteten Einkommen eines Jahres. Verwendungsseitig entspricht das Nettoinlandsprodukt der Summe von Privatem Verbrauch, Nettoinvestition, Staatsverbrauch und Außenbeitrag (Exportüberschuß). Alle genannten Größen sind *Stromgrößen* mit der Dimension Währungseinheiten pro Jahr. Jene Teile des Einkommens, die für den Erwerb langlebiger Güter oder für den Erwerb von Forderungen gegen das Ausland verwendet werden, erhöhen das gesamtwirtschaftliche Vermögen. Das Vermögen ist eine *Bestandsgröße* mit der Dimension Währungseinheiten. Die Steuern lassen sich nun danach klassifizieren, ob sie technisch an der *Einkommensentstehung*, an der *Einkommensverwendung* oder am *Vermögensbestand* ansetzen. Mit einer solchen Einteilung ist keine Aussage über die Belastungswirkung der Steuern verbunden.

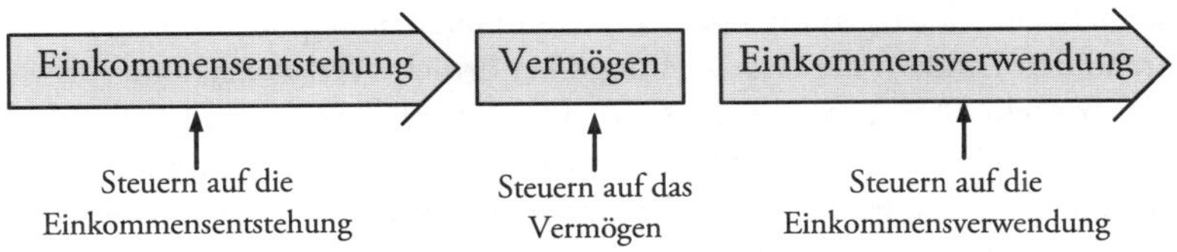

Abb. 2: Der Steuerzugriff im Wirtschaftskreislauf

Im deutschen Steuerrecht knüpft die Einkommensteuer an die Einkommensentstehung an, die Umsatzsteuer an die Einkommensverwendung. Steuern auf das Vermögen heißen auch *Substanzsteuern*; hierzu gehört etwa die Grundsteuer. Das in Abb. 2 gezeigte Schema sollte nicht darüber hinwegtäuschen, daß der Zusammenhang zwischen Volkswirtschaftlicher Gesamtrechnung und Steuersystem locker ist, weil manche Steuern auch dann entstehen, wenn keine Wertschöpfung stattfindet. Dies ist beispielsweise bei Grundstückskäufen der Fall, bei Erbschaften, Schenkungen, unter Umständen auch bei Unterhaltszahlungen. In diesen Fällen könnte man zwar von Steuern auf die Einkommensverwendung sprechen, würde damit aber von der Begrifflichkeit der Volkswirtschaftlichen Gesamtrechnung abweichen, weil die letztere keine Einkommensverwendung ohne eine korrespondierende Einkommensentstehung kennt.

20 Hansmeyer, K.-H. (1980) Steuern auf spezielle Güter. In: Neumark, F. (Hrsg.) *Handbuch der Finanzwissenschaft Band II.* 3. Auflage Tübingen: Mohr.

§ 6 Das deutsche Steuersystem im Überblick

Was dem Bürger als ein unitärer Steuerberechtigter erscheint, der Ansprüche an das privat Erworbene stellt, ist in Wirklichkeit ein Konglomerat verschiedener Steuerhoheiten, die mit Argusaugen über den ihnen zustehenden Anteil am Steueraufkommen wachen und die ebenso zwischen „mein" und „dein" zu unterscheiden wissen wie das Individuum. Dies gilt vor allem in föderativ verfaßten Staaten, deren Steuerpraxis man unmöglich ohne eine Kenntnis der *Finanzverfassung* verstehen kann. Wie der Name bereits andeutet, wird die in der Finanzverfassung geregelte Materie als derart heikel begriffen, daß sie in Deutschland nicht einfachgesetzlich normiert wurde, sondern als Bestandteil des Grundgesetzes nur mit Zweidrittelmehrheiten von Bundestag und Bundesrat geändert werden kann. Die Zuweisung der Steuerhoheiten erfolgt in Art. 105 (Gesetzgebungshoheit), Art. 106 (Ertragshoheit) und Art. 108 (Verwaltungshoheit) des Grundgesetzes. Andere Elemente der Finanzverfassung wie der Finanzausgleich oder die Prinzipien öffentlicher Haushaltswirtschaft bleiben im weiteren ausgeklammert.

Die in Art. 105 GG geregelte *Steuergesetzgebungshoheit* bestimmt, welche Staatsebene zum Erlaß von Steuergesetzen befugt ist. Hiernach besitzt der Bund die ausschließliche Gesetzgebung über Zölle und Finanzmonopole (105 Abs. 1 GG), während den Ländern die Gesetzgebung über örtliche Verbrauch- und Aufwandsteuern zusteht (Art. 105 Abs. 2a GG). Die Gesetzgebungs- und Ertragshoheit über die Zölle hat der Bund inzwischen an die Europäische Union abgetreten[21], als Finanzmonopol ist mit dem Branntweinmonopol[22] nur eines verblieben. Örtliche Verbrauch- und Aufwandsteuern sind solche, bei denen angenommen werden kann, daß sie hauptsächlich Ortsansässige belasten; dies gilt zum Beispiel für die Hundesteuer, Getränkesteuer oder Vergnügungsteuer. Schließlich, und dies ist die weitaus wichtigste Bestimmung, besitzt der Bund gemäß Art. 105 Abs. 2 GG die konkurrierende Gesetzgebung über alle übrigen Steuern, wenn ihm das Aufkommen ganz oder zum Teil zufließt oder wenn ein Bedürfnis für eine bundeseinheitliche Regelung gesehen wird. Die hiermit eingeräumte Befugnis hat der Bund inzwischen so intensiv genutzt, daß heute alle Steuern mit Ausnahme der örtlichen Verbrauch- und Aufwandsteuern bundeseinheitlich geregelt sind. Allerdings bedürfen Bundesgesetze über Steuern, deren Aufkommen ganz oder teilweise den Ländern oder Gemeinden zufließt, nach Art. 105 Abs. 3 GG der Zustimmung des Bundesrates. Auf diese Weise sind die Länder wesentlich an der Steuergesetzgebung beteiligt.

---

21 Zölle und Abschöpfungen sind originäre Eigenmittel der Europäischen Union (EU). Sie werden, soweit sie bei der Einfuhr aus Drittstaaten in Deutschland anfallen, von Bundesbehörden verwaltet und an die EU abgeführt. Vgl. Peffekoven, R. (1994) *Die Finanzen der Europäischen Union*. Mannheim usw.: B. I. Taschenbuchverlag, S. 50–55.

22 Nach § 58 des Branntweinmonopolgesetzes vom 8. April 1922 (RGBl. I, S. 335–405) ist grundsätzlich jeder Branntweinhersteller zur Ablieferung an die Bundesmonopolverwaltung für Branntwein verpflichtet, die ihrerseits den Branntwein nach Aufschlag der Branntweinsteuer verkauft.

Art. 106 GG normiert die *Steuerertragshoheit*, also die Verteilung des Steueraufkommens auf Bund, Länder und Gemeinden[23]. Diese Verteilung kann nach Maßgabe eines *gebundenen Trennsystems* erfolgen, das jede Einzelsteuer ausschließlich einer Staatsebene zuweist, oder im Rahmen eines *Verbundsystems*, bei dem das Aufkommen einer Einzelsteuer verschiedenen Staatsebenen anteilig zusteht. Das Grundgesetz sieht ein *Mischsystem* mit Elementen des Trennsystems und des Verbundsystems vor. Der Ertrag der bedeutenden *Gemeinschaftsteuern* (Einkommensteuer, Körperschaftsteuer und Umsatzsteuer) steht nach Art. 106 Abs. 3 GG Bund und Ländern gemeinsam zu, wobei die Gemeinden aufgrund von Art. 106 Abs. 5 GG einen Teil der Einkommensteuer erhalten. Abgesehen hiervon sind Bund und Länder je zur Hälfte an der Einkommensteuer und Körperschaftsteuer beteiligt, während Ergänzungsabgaben zur Einkommensteuer und Körperschaftsteuer allein dem Bund zufließen. Die *Umsatzsteueranteile* von Bund und Ländern werden als einziges *variables* Element der Steuerverteilung durch zustimmungspflichtiges Bundesgesetz festgelegt. Dieses Verbundsystem umfaßt den größten Teil des Gesamtsteueraufkommens. Die übrigen in Art. 106 Abs. 1 GG aufgeführten Steuern werden durch ein Trennsystem jeweils einer Staatsebene zugewiesen: Die Gemeinden bzw. Gemeindeverbände erhalten die Realsteuern und die örtlichen Verbrauch- und Aufwandsteuern, wobei Bund und Länder am Aufkommen der Gewerbesteuer beteiligt werden können.

Nach dem Wortlaut des Grundgesetzes fließen den *Ländern* die *Verkehrsteuern* und dem *Bund* die *Verbrauchsteuern* zu, sofern nicht ausdrücklich etwas anderes bestimmt ist. Dieser Teil der Finanzverfassung ist von Juristen und Finanzwissenschaftlern vielfach kritisiert worden, weil die Begriffe „Verkehrsteuern" und „Verbrauchsteuern" weder gesetzlich noch durch die Rechtsprechung geregelt sind[24]. Die Tatsache, daß die Grunderwerbsteuer den Ländern zufließt, beruht mangels eindeutiger Definition auf *Gewohnheitsrecht* – ein Umstand, der verwundert, wenn man bedenkt, wie detailliert die Finanzverteilung ansonsten fixiert ist. Schon Enno Becker, Vater der Abgabenordnung, hatte indirekt eine zirkuläre Begriffsbildung eingestanden: „Verbrauchsteuern sind Steuern, die entsprechend ihrer geschichtlichen Entwicklung zum Geschäftsbereich der Verwaltung der Zölle und Verbrauchsteuern gehören"[25].

Bei der in Art. 108 GG normierten *Steuerverwaltungshoheit* haben die Länder ein deutlich höheres Gewicht als der Bund. Von Bundesfinanzbehörden werden die Zölle und Abschöpfungen sowie die allein dem Bund zufließenden Steuern verwaltet. Bundesfinanzbehörden sind insbesondere das Bundesministerium der

---

23 Ob die Vorschrift eine über die Steuerverteilung hinausweisende Bedeutung hat, ist umstritten. Sind die in Art. 106 GG genannten Steuern auf jeden Fall verfassungsgemäß, also auch, wenn sie Grundrechte verletzen? Erfordert die Einführung *anderer* als der dort genannten Steuern eine Verfassungsänderung? Vgl. zu dieser Problematik Vogel, K. (1995) Zur Auslegung des Artikels 106 Grundgesetz. In: Lang, J. (Hrsg.) *Die Steuerrechtsordnung in der Diskussion.* Köln: Schmidt.

24 Grundlegend hierzu Schmölders, G. (1955) *Zur Begriffsbestimmung der Verbrauchsteuern.* Berlin: Duncker & Humblot.

25 Becker, E. (1928) *Die Reichsabgabenordnung.* 6. Auflage Berlin: Heymann, S. 17.

Finanzen als oberste Behörde, das Bundeszentralamt für Steuern, die Bundesmonopolverwaltung für Branntwein sowie das Zollkriminalamt als obere Behörden, die Oberfinanzdirektionen als Mittelbehörden und die Hauptzollämter als örtliche Behörden. Das Bundeszentralamt für Steuern bearbeitet Aufgaben, deren zentrale Erledigung zweckmäßig ist; hierzu gehören vor allem Aufgaben mit internationalem Bezug.

Die Länderfinanzbehörden verwalten Ländersteuern als eigene Angelegenheit und Gemeinschaftsteuern als Auftragsangelegenheit. Länderfinanzbehörden sind die obersten Finanzbehörden der Länder (Finanzministerien bzw. Senatsverwaltungen), die Oberfinanzdirektionen als Mittelbehörden und die Finanzämter als örtliche Behörden. Oberfinanzdirektionen sind also oft Bundesbehörden und zugleich Länderbehörden, bestehend aus einer Bundessteuerabteilung und einer Landessteuerabteilung; allerdings nehmen manche Oberfinanzdirektionen inzwischen nur Bundes- oder nur Landesaufgaben wahr. Im erstgenannten Fall ist der Präsident einer Oberfinanzdirektion zugleich Bundesbeamter und Landesbeamter – ein Unikum im deutschen Beamtenrecht.

Die *Steuerrechtsprechungshoheit* schließlich liegt ebenfalls anteilig beim Bund und bei den Ländern. Im Unterschied zu allen anderen Rechtszügen hat die Finanzgerichtsbarkeit einen nur zweistufigen Aufbau, bestehend aus den Finanzgerichten der Länder und dem Bundesfinanzhof in München als Revisionsinstanz. „Oberfinanzgerichte" als Berufungsinstanzen gibt es nicht.

Tab. 1 zeigt das nach Einzelsteuern gegliederte deutsche Steuersystem, ein Ausdruck, der hier ganz neutral verwendet wird und der dem aufgeführten Sammelsurium keinesfalls Systemhaftigkeit attestieren soll; andere Autoren sprechen deshalb von einem Steuerkonglomerat. Die Tabelle vermittelt einen ersten Eindruck von Vielzahl und Gewicht der in Deutschland erhobenen Steuern; eine eingehende Charakterisierung der Einzelsteuern erfolgt erst später. Die drei Gemeinschaftsteuern machen knapp drei Viertel des Gesamtaufkommens aus; rechnet man noch Mineralölsteuer und Gewerbesteuer als die nächstbedeutenden Steuern hinzu, so wird deutlich, daß nur fünf Steuern rund 83 Prozent des Gesamtaufkommens erbringen. Die meisten speziellen Verbrauchsteuern zeigen wenig Dynamik oder wurden in der Vergangenheit ebenso abgeschafft wie etliche Verkehrsteuern, die in der Tabelle nicht aufgeführt sind.

Die gesamtwirtschaftliche Steuerbelastung mißt man mit der *Steuerquote*, dem Quotienten aus Steueraufkommen und Bruttoinlandsprodukt. Die Steuerquote betrug in Deutschland im Jahre 2004 gut 20 Prozent, die *Staatsquote*, also der Quotient von Staatsausgaben und Bruttoinlandsprodukt, knapp 48 Prozent. Somit wurde weniger als die Hälfte der öffentlichen Ausgaben durch Steuereinnahmen gedeckt, der Rest durch Gebühren, Beiträge, Erwerbseinnahmen und Zuweisungen sowie, nicht zu vergessen, die Staatsverschuldung.

Steuerart	Ertragsberechtigte Körperschaften	Betrag 2005 in Mrd. Euro	Anteil in %
I. Gemeinschaftsteuern			
Einkommensteuer	Bund/Länder/Gem.	145,6	32,4
Körperschaftsteuer	Bund/Länder	16,3	3,6
Umsatzsteuer	Bund/Länder	139,7	31,1
II. Bundessteuern			
Mineralölsteuer	Bund	40,1	8,9
Stromsteuer	Bund	6,5	1,4
Tabaksteuer	Bund	14,3	3,2
Branntweinsteuer	Bund	2,1	0,5
Kaffeesteuer	Bund	1,0	0,2
Schaumweinsteuer	Bund	0,4	0,1
Versicherungsteuer	Bund	8,8	2,0
Solidaritätszuschlag	Bund	10,3	2,3
Zölle	Bund/EU	3,4	0,8
III. Ländersteuern			
Erbschaftsteuer	Länder	4,1	0,9
Grunderwerbsteuer	Länder	4,8	1,1
Kraftfahrzeugsteuer	Länder	8,7	1,9
Rennwett- und Lotteriest.	Länder	1,8	0,4
Biersteuer	Länder	0,8	0,2
IV. Gemeindesteuern			
Gewerbesteuer	Gem./Bund/Länder	31,0	6,9
Grundsteuer	Gemeinden	10,2	2,3
V. Steuereinnahmen gesamt		449,9	100

Tab. 1: Wichtige deutsche Steuern[26]

Ein grundlegendes Problem bei der Interpretation dieser Maßzahlen besteht darin, daß gleiche wirtschaftliche Sachverhalte je nach Steuertechnik und Subventionstechnik zu ganz unterschiedlichen Quoten führen können, was vor allem internationale Vergleiche wesentlich erschwert. Vor allem bewirkt die

26 Quelle: Bundesministerium der Finanzen (2006) *Finanzbericht 2006*. Köln: Bundesanzeiger Verlagsgesellschaft, S. 288. Umsatzsteuer einschließlich Einfuhrumsatzsteuer, Einkommensteuer einschließlich Lohnsteuer, Kapitalertragsteuer und Zinsabschlag. Differenzen durch Rundung und nicht aufgeführte Steuern.

Verbuchung von Ausgaben als Mindereinnahmen (sogenannte *Rotbuchung*) eine Bilanzverkürzung der öffentlichen Haushalte und damit eine bloß optische Verringerung der Staatsquote und Steuerquote. Ein gutes Beispiel hierfür ist die Neuregelung des Kindergeldes ab 1996. Während das Kindergeld vorher von den Arbeitsämtern als offene Subvention an die Familien gezahlt wurde, wird es nunmehr grundsätzlich in Form eines vom Arbeitgeber vorgenommenen Steuerabzugs gewährt. Aus diesem Grund sanken die Ausgaben des Bundes im Jahre der Umstellung technisch um über vier Prozent. Im politischen Raum wurde hierzu ganz offen geäußert, daß neben einer Verwaltungsvereinfachung auch die „Senkung der Steuerquote" ein Grund für die Maßnahme sei. Wer also Statistiken liebt und einen Rückgang der Steuerquote wünscht, mag nun ganz beruhigt sein – obwohl tatsächlich nur ein *change of names* stattgefunden und sich das Ausmaß der Staatstätigkeit nicht im mindesten verändert hat.

Bei internationalen Vergleichen sind Steuerquoten wenig aussagekräftig, weil sie insbesondere die Sozialversicherungsbeiträge nicht umfassen. Die bloße Umbenennung einer Abgabe kann den Wert der Steuerquote verändern. Daher stützt man internationale Vergleiche wie in Tab. 2 vorzugsweise auf *Abgabenquoten*, denen ein einheitlich gefaßter Abgabenbegriff zugrunde liegt. Die Tabelle zeigt, daß die Abgabenquoten seit 1970 tendenziell zugenommen haben und Deutschland einen Platz im Mittelfeld einnimmt.

Staat	Abgabenquote 1970 in %	Abgabenquote 2004 in %
Deutschland	32,3	34,6
Vereinigte Staaten	27,0	25,4
Japan	19,6	25,3
Vereinigtes Königreich	37,0	36,1
Frankreich	33,7	43,7
Italien	26,1	42,2
Dänemark	39,2	49,6

Tab. 2: Abgabenquoten im internationalen Vergleich[27]

Die Industrieländer unterscheiden sich allerdings nicht nur im Niveau der Abgabenbelastung erheblich, sondern auch in den Abgabenstrukturen. Tab. 3 verdeutlicht das außerordentliche Gewicht der *Sozialversicherungsbeiträge*, die in vielen Ländern von einer bescheidenen parafiskalischen Abgabe zur wichtigsten Staatseinnahme wurden. Während Dänemark seine sozialstaatlichen Aufgaben hauptsächlich über Steuern finanziert, sind die Sozialversicherungsbeiträge vor

27 Quelle: Bundesministerium der Finanzen (Fußnote 26), S. 411. Angabe für Japan 2003.

allem in Deutschland, Frankreich und Japan bedeutsamer als jede andere Abgabenart. Daß die Steuerlehre den Sozialabgaben bisher kaum Beachtung geschenkt und selbst die letzte Bagatellsteuer eingehender gewürdigt hat als die gigantische Umverteilungsmaschinerie der Sozialversicherungen, das ist ein auf Dauer wohl unhaltbarer Zustand. Selbst im Bereich der Einkommensteuer wird der Leser eines guten Steuerlehrbuchs mehr zur steuersystematischen Einordnung von Aufsichtsratsvergütungen und ähnlichen Petitessen finden als zum quantitativ viel wichtigeren Problem, wie die Sozialbeiträge und Sozialleistungen einkommensteuerlich behandelt werden sollten. Da diese Beiträge steuerähnlichen Charakter haben, gehört ihre Behandlung eigentlich zu den Aufgaben der Steuerlehre[28].

Staat	Einkommen-steuern	Verbrauch-steuern	SV-Beiträge	Andere Steuern
Deutschland	27,4	29,4	40,5	2,7
Vereinigte Staaten	43,3	18,2	26,4	12,1
Japan	30,6	20,3	38,5	10,6
Verein. Königreich	36,5	32,7	18,5	12,3
Frankreich	23,2	25,5	37,7	13,6
Italien	30,9	25,7	29,5	13,9
Dänemark	59,9	33,0	2,5	4,6

Tab. 3: Abgabenstrukturen 2003 (in %) im internationalen Vergleich[29]

28 „Daß wir bei den Beiträgen und Umlagen der Sozialversicherung die Bezeichnung »Steuer« vermeiden, wird die Aufmerksamkeit des Finanz- und Arbeitsrechtlers verdienen. Der wirtschaftliche Charakter der Leistungen wird von der Terminologie nicht berührt. Die finanzielle Belastung Deutschlands würde nicht vermehrt, wenn in Zukunft alle sozialen Zwangsabgaben »Steuer« genannt und von den Finanzämtern eingetrieben würden.“ Mann (Fußnote 15), S. 88.

29 Quelle: Bundesministerium der Finanzen (Fußnote 26), S. 413. Die rechte Spalte umfaßt Steuern auf Vermögen und Vermögensverkehr wie Grund-, Gewerbe-, Erbschaft-, Schenkung-, Grunderwerb- und Kapitalverkehrsteuern, außerdem Lohnsummensteuern, Berufsteuern u. ä.

Kapitel 2. Geschichte der Besteuerung

Literaturhinweise: Mann, F. K. (1937) *Steuerpolitische Ideale*. Stuttgart, New York: Fischer. Musgrave, R. A. (1985) A Brief History of Fiscal Doctrine. In: Auerbach, A. J. und M. Feldstein (Hrsg.) *Handbook of Public Economics, Vol. I*. Amsterdam usw.: North-Holland. Groves, H. M. (1974) *Tax Philosophers*. Madison: University of Wisconsin Press. Pausch, A. und J. Pausch (1988) *Kleine Weltgeschichte der Steuerzahler*. Köln: Schmidt. Schomburg, W. (1992) *Lexikon der deutschen Steuer- und Zollgeschichte*. München: Beck. Schultz, U. (1992) Hrsg.: *Mit dem Zehnten fing es an*. 3. Auflage München: Beck. Webber, C. und A. Wildavsky (1986) *A History of Taxation and Expenditure in the Western World*. New York: Simon and Schuster.

Da die Geschichtsschreibung überwiegend als Militärhistorie angelegt ist, die von Schlacht zu Schlacht, von Königsmord zu Königsmord voranschreitet und dabei wirtschaftliche und soziale Lebensverhältnisse nur zu oft hintanstellt, wird es manchen erstaunen, welch starken und umfassenden Einfluß die Besteuerung auf die Entwicklung der Menschheit genommen hat. Man wird zwar nicht in Anlehnung an Heraklit behaupten wollen „Die Steuer ist der Vater aller Dinge, sie ist aller Dinge König", aber andererseits dürfte es schwierig sein, die gesellschaftlichen, politischen und kulturellen Auswirkungen der Besteuerung zu überschätzen. Ganz in diesem Sinne schreibt Schumpeter „Welch Geistes Kind ein Volk ist, auf welcher Kulturstufe es steht, wie seine soziale Struktur aussieht, was seine Politik für Unternehmungen vorbereiten mag – das und viel anderes steht phrasenbefreit [in der Finanzgeschichte]. Wer ihre Botschaft zu hören versteht, der hört da deutlicher als irgendwo den Donner der Weltgeschichte."[30]

§ 7 Frühzeit und Altertum

Während Abgaben im Sinne von etwas-abgeben so alt sind wie die Menschheit selbst, setzt der Begriff der Steuer zweierlei voraus, nämlich Staat und Eigentum. Die Steuer als vom Staat auferlegte Abgabe ist begrifflich nur denkbar, wenn ein Staat im Sinne einer Organisation herrschaftlichen Charakters existiert und wenn die Menschen zwischen „mein" und „dein" zu unterscheiden gelernt haben; in diesem Fall macht der erzwungene Übergang eines Eigentums vom Individuum zur Gemeinschaft das Wesen der Besteuerung aus. Nach Wilhelm Gerloff, der sich um die Erforschung der ersten Anfänge der Steuer durch das Studium von Urvölkern verdient gemacht hat[31], wäre es jedoch ein Fehler zu meinen, daß die Begriffe „Staat" und „Eigentum" dem Steuerbegriff zeitlich

---

30 Schumpeter, J. A. (1918) Die Krise des Steuerstaates. *Zeitfragen aus dem Gebiet der Soziologie* 4. Zitiert nach dem Wiederabdruck in: Schumpeter, J. A. (1953) *Aufsätze zur Soziologie*. Tübingen: Mohr, S. 5.

31 Gerloff, W. (1948) *Die öffentliche Finanzwirtschaft Band I*. Frankfurt a. M.: Vittorio Klostermann.

vorgehen. Vielmehr entstammen alle drei gemeinsamen anderen – sippenartigen oder familienähnlichen – Wurzeln des menschlichen Zusammenlebens. Die Abgabe wurde bei den Urvölkern von einer freiwilligen *Dargabe* zur erzwungenen *Hergabe*. Im Altertum entwickelte sie sich von einem religiösen Opfer zur Leistungspflicht.

Schon in sumerischen Keilschriften taucht ab 2900 v. Chr. die Bezeichnung „zag – Zehntel" als Bezeichnung für die *Zehntsteuer* auf. Der Zehnt bezeichnet ursprünglich eine Naturalleistung, die der weltlichen oder religiösen Obrigkeit von jedem Erntegut dargebracht wurde; dementsprechend kennt die Steuergeschichte einen *Weizenzehnt*, *Ölzehnt*, *Rinderzehnt* usw. Typisch für die Anfänge der Besteuerung und üblich bis in die Neuzeit war die Zahlung von Naturalabgaben oder auch die Erbringung von Frondiensten anstelle einer Geldabgabe. Es wäre indes leichtfertig, beim Zehnten an eine zehnprozentige Einkommensbesteuerung zu denken. Erstens konnte der Steuersatz durchaus zwischen 1 % und 20 % schwanken, ohne daß dies an der nominellen Bezeichnung etwas änderte. Zweitens knüpfte der Zehnte meist an den Rohertrag an, ließ also keinen Abzug erwerbsbedingter Ausgaben (*Betriebsausgaben* oder *Werbungskosten*) zu. Bedenkt man, daß noch in der frühen Neuzeit ein Drittel der Getreideernte zur Neuaussaat verwendet werden mußte, so ist klar, daß die prozentuale Belastung des Reinertrags wesentlich höher lag. Noch eine weitere Einschränkung muß bedacht werden. Es ist vom Altertum bis zur Moderne oft schwierig oder unmöglich, zwischen Steuern und Marktpreisen zu unterscheiden. Wenn ein Bauer an seinen Herrscher den Zehnten abführte, lag darin oft eine Kombination von Steuerzahlung und Pachtzahlung.

Aus Mesopotamien, dem Gebiet zwischen Euphrat und Tigris, ist der Nachwelt eine Unzahl derartiger Keilschrifttafeln erhalten geblieben. Der überwiegende Teil dieser Tafeln hat nicht etwa künstlerische oder religiöse Inhalte; vielmehr handelt es sich um Inventare und Buchführungsunterlagen, bei denen man vermuten muß, daß sie aus steuerlichen Gründen erstellt wurden. In derselben Zeit wurden bereits Zehnthelfer tätig, die Vorläufer der heutigen Steuerberater. Die Zehnthelfer waren mit Problemen befaßt, die erstaunlich modern anmuten: persönliche und sachliche Zehntpflicht, Tarif, Zuständigkeit für die Zehnterhebung und Zehntstrafen. Neben Nansche, der Göttin der Gerechtigkeit, sitzt auf einer Keilschrifttafel Nidada, die Göttin der Schreibkunst und Rechnungslegung – ein klares Indiz für die Bedeutung derartiger Angelegenheiten schon in vorantiker Zeit.

Auch *Steuerproteste* lassen sich bis in die Frühzeit nachweisen. Bereits für das Jahr 2400 v. Chr. ist eine Steuerrevolte bezeugt, die sich gegen den Stadtfürsten Entema und die von ihm erhobenen Steuern richtete; der Aufstand der Steuerbürger führte zu blutigen Kämpfen und Plünderungen. Aus Dokumenten der ägyptischen Pharaonenzeit kennen wir die harten Steuerstrafen. Während einfache Hinterziehung mit 100 Schlägen und fünf offenen Wunden geahndet wurden, kam es bei schwereren Vergehen zu drakonischen Sanktionen wie dem Abschneiden von Händen, Zunge oder Nase. Der assyrische König Assurnasipal

II. (883 – 859 v. Chr.) ging gegen Steuerprotestler wie folgt vor: „Ich ließ gegenüber dem Stadttor einen Turm bauen, alle Hauptmeuterer schinden und überzog das Gerüst mit ihren Häuten; einige mauerte ich innerhalb des Turmes ein, andere pfählte ich auf Stangen über dem Turm, weitere band ich an Pfähle rings um den Turm." Der fiskalische Ertrag dieser Schreckenstat, zu der die Strafvorschriften unserer heutigen Abgabenordnung immerhin einen wohltuenden Kontrast bilden, war bedeutend, da sich sogleich auch Nachbarstaaten unterwarfen und Tribut zahlten.

Hammurabi (um 1700 v. Chr.), der kluge Herrscher und Gesetzgeber Babylons, handelte auch finanzpolitisch umsichtig und vorausschauend. Bei ihm sind die Anfänge von *Steuerpacht* und *Repartitionsteuern* zu finden, zwei Instrumenten der Steuererhebung, die bis in die Neuzeit außerordentlich verbreitet gewesen sind. *Steuerpacht* bedeutet, daß einem halbstaatlich agierenden Unternehmer das Recht der Steuererhebung zuerkannt wird, und zwar meist gegen Vorauszahlung einer festen Geldsumme an den Herrscher. Die Effizienzvorteile einer derartigen Privatisierung des Fiskus liegen auf der Hand, aber ihre Nachteile in rechtsstaatlicher Hinsicht sollten ebenfalls klar sein. Auf deutschem Boden waren Steuerpacht und Ämterkauf übrigens bis ins 18. Jahrhundert hinein üblich; diese Varianten der staatlichen Einnahmebeschaffung wurden nicht als anstößig empfunden.

Durch *Repartitionsteuern* werden regionale Gebiete, also Provinzen oder Städte, zur Ablieferung im voraus bestimmter Steuersummen an den Herrscher oder Zentralstaat verpflichtet, wobei die innere Aufbringung dieser Summen lokale Angelegenheit bleibt. Aus dem persischen Achämenidenreich (700 – 300 v. Chr.) sind ebenfalls Repartitionsteuern bekannt. Während die persischen Bürger abgabenfrei waren, erlegte man den beherrschten Gebieten Pauschalsummen auf, die von den örtlichen Statthaltern auf die Provinzbevölkerung umgelegt wurden. Bauern hatten eine *Grundsteuer* zu entrichten, Besitzlose eine *Kopfsteuer*, Handwerker die *Gewerbesteuer* und Händler *Zölle*. Im Unterschied zu späteren Zeiten wurden die Steuern allerdings vornehmlich *in natura* entrichtet. Anstelle von Geld lieferten die Provinzen Elfenbeinzähne, Knaben, Mädchen, Kostbarkeiten. Kopfsteuern haben von der Frühzeit bis in die Moderne zu den beliebtesten Instrumenten staatlicher Einnahmenbeschaffung gehört.

Die biblische Überlieferung, vor allem das Alte Testament, enthält ebenfalls zahlreiche Hinweise auf Steuern. Eine eigentümliche Kopfsteuer, bei der wohl der Strafcharakter im Vordergrund stand, beschreibt 1. Mose 30, 15: „Der Reiche soll nicht mehr geben und der Arme nicht weniger als den halben Taler als Opfergabe für den Herrn zur Sühnung für euer Leben." Fiskalisch wichtigere Abgaben der mosaischen Zeit, also um 1225 v. Chr., waren der *Erstling* und der *Zehnt*. Den Israeliten wurde geboten: „[S]o sollst du nehmen die Erstlinge aller Feldfrüchte, die du von deinem Lande einbringst ... und sollst sie in einen Korb legen und hingehen an die Stätte, die der Herr, dein Gott, erwählen wird" (5. Mose 26, 2), nachdem schon Jakob gelobt hatte, „von allem, was du mir gibst, will ich dir den Zehnten geben" (1. Mose 28, 22). Die Einstellung der

Israeliten zur Steuerzahlung schwankte zwischen euphorischer Freiwilligkeit und Steuerwiderstand, wie die folgenden Zitate verdeutlichen. „[U]nd sie ließen in Juda und Jerusalem ausrufen, daß man dem Herrn die Steuer bringen solle, die in der Wüste von Mose, dem Knecht Gottes, auf Israel gelegt war. Da freuten sich alle Oberen und alles Volk und brachten's und warfen's in die Lade, bis sie voll wurde." (2. Chronik 24, 9). „Ist's recht, daß ein Mensch Gott betrügt, wie ihr mich betrügt? Ihr aber sprecht: »Womit betrügen wir dich?« Mit dem Zehnten und der Opfergabe! Darum seid ihr auch verflucht; denn ihr betrügt mich allesamt." (Maleachi 3, 8). Im Unterschied zur eingangs genannten Kopfsteuer sah 3. Mose 27 eine nach Alter und Geschlecht differenzierte Kopfsteuer vor, die von 3 Lot Silber für ein Mädchen unter 5 Jahren über 15 Lot für einen Mann von mehr als 60 Jahren bis hin zu 50 Lot für einen Mann zwischen 20 und 60 Jahren reichten. Die Differenzierung nach Alter und Geschlecht stellte offenbar eine Typisierung steuerlicher Leistungsfähigkeit dar, freilich so grob, daß neben dem Tarif ein Billigkeitserlaß für jene vorgesehen werden mußte, die zur Zahlung der Steuer nicht imstande waren[32]. Im Zusammenhang hiermit hat man von der frühesten nachweisbaren Steuerprogression gesprochen[33], aber diese Einschätzung ist durchaus fraglich. Ein Vergleich des typischen Einkommens 30jähriger Männer und 4jähriger Mädchen legt vielmehr die Annahme eines *regressiven* Tarifs nahe, bei dem die Steuer langsamer wächst als das Einkommen. Nach allem was wir wissen, scheint die Steuerprogression *grosso modo* eine Erfindung der Neuzeit zu sein[34]. Zumindest als *Ruf* nach einer Progressivsteuer kann man jedoch die neutestamentarische Geschichte vom Scherflein der armen Witwe deuten (Markus 12, 41 – 44): „Und Jesus setzte sich dem Gotteskasten gegenüber und sah zu, wie das Volk Geld einlegte in den Gotteskasten. Und viele Reiche legten viel ein. Und es kam eine arme Witwe und legte zwei Scherflein ein, das macht zusammen einen Pfennig. Und er rief seine Jünger zu sich und sprach zu ihnen: Wahrlich, ich sage euch: Diese arme Witwe hat mehr in den Gotteskasten eingelegt als alle, die etwas eingelegt haben. Denn sie haben alle etwas von ihrem Überfluß eingelegt; diese aber hat von ihrer Armut ihre ganze Habe eingelegt, alles, was sie zum Leben hatte."

In der Blütezeit der griechischen Polis (500 – 400 v. Chr.) blieben die Bürger als Ausdruck ihrer persönlichen Freiheit steuerfrei. Der wohlhabende Grieche zahlte keine direkte Abgabe, sondern erbrachte freiwillige Leistungen zugunsten der Gemeinschaft, die *Liturgien*; er finanzierte Kriegsschiffe, Theateraufführungen oder Festumzüge. Allerdings muß der Begriff der Freiwilligkeit hier wie auch später mit Vorsicht betrachtet werden. Ein stolzer griechischer Bürger konnte

32 „Ist er aber zu arm, diese Schätzung zu zahlen, so soll er jenen Menschen vor den Priester stellen, und der Priester soll ihn schätzen; er soll ihn aber schätzen nach dem, was der zu geben vermag, der das Gelübde getan hat." (3. Mose 27, 8).

33 Dziadkowski, D. (1985) Plädoyer für einen transparenten und realitätsbezogenen („bürgernahen") Einkommensteuertarif. *Betriebs-Berater*, Beilage **9**, S. 6.

34 Auf mögliche Ausnahmen von diesem Grundsatz, wie die athenische εισφορα, verweist Neumark, F. (1947) *Theorie und Praxis der modernen Einkommensbesteuerung*. Bern: Francke, S. 71.

Zwangsabgaben, die er als Symbol der Unterwerfung ansah, nicht akzeptieren, andererseits hatte die Polis einen ständigen Finanzbedarf. Überspitzt gesagt waren die wohlhabenden Griechen zur Entrichtung freiwilliger Abgaben gezwungen. Für diese Sicht spricht auch das ordnungspolitisch raffinierte Instrument der *Antidosis*: Wer höhere Liturgien als ein anderer erbrachte, aber behauptete, weniger Vermögen zu haben, konnte auf Vermögenstausch klagen; der andere konnte dies durch Zahlung höherer Liturgien abwehren. Zugewanderte Gastarbeiter allerdings, die Metöken, hatten eine *Kopfsteuer* in Höhe von 12 Drachmen für den Mann und 6 Drachmen für die alleinstehende Frau zu entrichten. Die Kopfsteuerpflicht kennzeichnet bis in die Neuzeit Halbfreie und Unfreie. Ansonsten finanzierte sich der griechische Stadtstaat vornehmlich durch Ein- und Ausfuhrzölle, Marktabgaben und Verbrauchsteuern, deren üblicher Satz um 1 % lag (*Hundertster*).

Der römische Kaiser Augustus (63 v. Chr. – 14 n. Chr.) unternahm um die Jahrtausendwende eine groß angelegte Finanzreform. Er schuf eine kaiserliche Reichsfinanzverwaltung und schaffte die gewerbliche Steuerpacht gleichzeitig weitgehend ab. Zur Finanzierung der Militärausgaben diente ein Sondervermögen, *fiscus* genannt (Beutel, ursprünglich griechisch Darm oder Blase), in das Augustus anfänglich beträchtliches Privatvermögen einlegte und das sich in der Folge aus den Steuereinnahmen speiste. Das Steuersystem des Reiches wurde vereinheitlicht und ruhte auf zwei direkten Steuern, nämlich einer Grundsteuer (*tributum soli*) und einer Kopfsteuer (*tributum capitis*). Angesichts der gewaltigen Ausdehnung des römischen Reiches erscheint der zweistufige Aufbau der Steuerverwaltung besonders gekonnt. Auf der ersten Stufe wurden alle Provinzen durch einen *census* (Volkszählung) auf ihre Steuerkraft hin eingeschätzt. Besonders bekannt geworden ist der *census* in der Provinz Judäa „zur Zeit, da Quirinius Statthalter in Syrien war", der Josef aus Bethlehem veranlaßte, mit seiner Frau Maria in seine Geburtsstadt zu wandern. Der römische *census* diente also nicht abstrakten statistischen Zwecken, sondern hatte einen ganz handfesten fiskalischen Hintergrund. War die Steuerkraft einer Provinz durch den *census* festgestellt, so oblag die eigentliche Steuererhebung auf der zweiten Stufe den lokalen Machthabern; sie besaßen das *ius subcollectandi*. Damit war das Instrument der Repartitionsteuer vervollkommnet.

Der allmähliche Verfall des römischen Reiches ging mit einem ebenso allmählichen Überdrehen der Steuerschraube einher, wobei Ursache und Wirkung schwer voneinander zu trennen sind. Zunächst verschärfte Kaiser Diokletian im Jahre 297 die Besteuerung des ländlichen Grundbesitzes, indem er die bis dahin vorherrschende Steuer auf den Istertrag durch eine *Sollertragsteuer* ersetzte, die ohne Rücksicht auf jährliche Ernteschwankungen eingetrieben wurde. Dieser Substanzbesteuerung konnten sich die Kolonen (Pächter), die neben der Steuer noch Pacht an den Großgrundbesitzer abzuführen hatten, nur durch Steuerflucht entziehen, wodurch die Ackerböden zu Ödland verkamen und das Steueraufkommen sank. Weil diese Entwicklung der fiskalischen Zielsetzung zuwiderlief, war es nur konsequent, daß Kaiser Konstantin 332 die Versklavung flüchtiger Kolonen erlaubte. Kaiser Theodosius schließlich erklärte die Kolonen 375 allgemein zu Sklaven „obgleich sie dem gesellschaftlichen Rang nach frei geboren scheinen". Diese Entwicklung sollte später in die Bauernrebellionen des 4. und 5. Jahrhunderts münden, die den Niedergang des römischen Reiches beschleunigten.

Dem kulturellen Stand der römischen Zivilisation entsprechend war die Verrechtlichung der Steuerangelegenheiten zuvor ständig vorangeschritten, und mit dem *ius fisci* hatte sich eine Frühform des öffentlichen Rechts entwickelt. Aus dem 4. Jahrhundert n. Chr. stammt die folgende Eingabe eines Steueranwalts: „Wir sprechen in Vertretung von Sambathion und Heras. Viel haben unsere Klienten bei den früheren Census deklariert, an Privatland und Königsland. Aber nachdem nichts von dem Land bewässert worden war, entstand unseren Klienten ein außerordentlich großer Schaden. Während sie nun in dieser Beziehung in Schwierigkeiten gerieten, fügen die Steuererheber noch größeren Nachteil zu"[35]. Offensichtlich zielt die anwaltliche Argumentation gegen eine Sollertragsteuer, für die ein Billigkeitserlaß begehrt wird. Schon in römischen Zeiten ist demnach Anwaltshilfe unentbehrlich gewesen, um auf dem schwierigen Feld der Besteuerung nicht nur Recht zu haben, sondern auch Recht zu bekommen. Etliche Jahrhunderte später stellte der französische Staatswissenschaftler Charles de Montesquieu (1689 – 1755) bündig fest: „Um sich gegen den Steuereinnehmer zu schützen, bedarf es großer Kenntnisse, da diese Dinge spitzfindigen Auseinandersetzungen unterworfen sind."

§ 8 Mittelalter

Das Frankenreich, um 500 vom Merowinger Chlodwig (466 – 511) gegründet, konnte den Stand der römischen Steuerkultur nicht halten, obschon es einen beträchtlichen Teil hiervon übernahm, denn die schreibkundigen romanischen Beamten der fränkischen Herrscher bürgten für eine gewisse Kontinuität. Vor allem Kataster und Kopfsteuerregister, wichtige Erhebungsinstrumente für Grundsteuer und Kopfsteuer, wurden von den Franken weitergeführt. „Allerdings reichte die bürokratische Energie der fränkischen Verwaltung nicht aus, ihre Verwaltungsunterlagen auf aktuellem Stand zu halten. [Die] Steuern einzutreiben, war unter diesen Umständen eine kaum lösbare Aufgabe."[36] Von Brunhilde, der Gattin König Theoderichs, wird berichtet, sie habe ihren Mann überredet, Bertoald, den verhaßten Hausmeier, mit der Steuereintreibung zu betrauen, um ihn auf diese Weise aus dem Weg zu schaffen. Bertoald aber unternahm die Steuererhebung mit einem Heer von 300 Kriegern und überlebte.

35 Pausch, A. und J. Pausch (1990) *Kleine Weltgeschichte der Steuerberatung*. Köln: Schmidt, S. 44.

36 Orth, E. (1992) Vom Königsschatz und Kataster. In: Schultz, U. (Hrsg.) *Mit dem Zehnten fing es an*. 3. Auflage München: Beck, S. 77.

Die *annua dona* (jährliche Geschenke), die im frühen fränkischen Reich dem König als freiwillige Dargabe gebracht wurden, wandelten sich im Laufe der Zeit zu regelmäßigen Abgaben, wobei die Freiwilligkeit ebenso zu relativieren ist wie im antiken Griechenland. Der Eintrag ins Kopfsteuerregister, also die Verpflichtung zur Zahlung der Kopfsteuer, war auch im Frankenreich das äußere Zeichen der Unfreiheit. Neben den *annua dona*, der Grundsteuer und der Kopfsteuer kannte das Mittelalter eine Fülle indirekter Abgaben, die an den wenigen Verkehrsrouten oder an den Stadttoren und Marktplätzen erhoben wurden. Hierzu zählten das *portaticum* (Torgeld), *pontaticum* (Brückengeld), *ripaticum* (Uferanlegegeld), *rotaticum* (Wagengeld), *pedaticum* (Fußgeld) oder *laudaticum* (Lobgeld auf den Marktherrn). Die Bezeichnungen lassen den Schluß zu, daß Verkehrsteuern gegenüber Verbrauchsteuern der Vorzug gegeben wurde, vermutlich aus erhebungstechnischen Gründen. Auch die *Salzsteuer*, bis in die späte Neuzeit eine der aufkommensstärksten und wichtigsten Steuern überhaupt und ständiger Anlaß für Querelen und Verdruß, wurde bereits im Merowingerreich eingeführt, anfangs in Form eines Salzzolls.

Im Jahre 779 bestätigte Karl der Große (742 – 814) die allgemeine *Zehntpflicht* zugunsten der Kirche durch Reichsgesetz. Das Nebeneinander von weltlichen und kirchlichen Abgaben ist bis in die Gegenwart erhalten geblieben, und diese Mehrfachbelastung hat häufig Anlaß zu Klagen gegeben: „Quod non capit Christus, capit fiscus!“, zürnte ein Steueradvokat. Der Zentralstaat finanzierte sich überwiegend durch seine Domänen sowie Zölle und andere Regalien. Im Jahre 806 verfügte Karl: „Bezüglich der Zölle beschließen wir, daß die von alters her bestehenden und gerechten Zölle von den Kaufleuten eingehoben werden sollen, sowohl bei den Brücken wie auch bei den Schiffen und Märkten.“ In diesen Zeilen liegt ein immer wiederkehrendes Muster der Steuergeschichte, nämlich der Grundsatz „Alte Steuern, gute Steuern“, auf den weiter unten noch einzugehen sein wird. Das englische Wort *customs* (Zölle) stammt anscheinend von *customary* (üblich) ab.

Zu den traditionellen *Regalien* (königliche Vorrechte) gehörten in Europa das *Münzregal*, das *Zollregal* und das *Judenschutzregal*. Der König war demnach berechtigt, Münzen auszuprägen, Zölle zu erheben und Schutzbriefe an Juden zu verkaufen. Durch diese Schutzbriefe, die je nach Zeitraum als faire Preise oder als diskriminierende Sondersteuern anzusehen sind, wurden die Juden insbesondere von anderen Steuern befreit; im 13. Jahrhundert war das Judenschutzregal Haupteinnahmequelle des Reiches. Die oben erwähnten Steuergesetze können aber nicht darüber hinwegtäuschen, daß das Reich Karls des Großen ein Domänenstaat war. Der Unterhalt des Königs floß hauptsächlich aus den *Domänen* (Krongütern). Steuern sollten nach einer weit verbreiteten Vorstellung nur in Notfällen erhoben werden; sie galten, in markantem Unterschied zur heutigen Zeit, als *außerordentliche* Staatseinnahmen: „The King should live on his own.“ Der *Domänenstaat* ist erst in jüngerer Zeit allmählich vom *Steuerstaat* verdrängt worden; noch im Preußen des 19. Jahrhunderts überstiegen die Reinerträge der preußischen Eisenbahnen, einer der letzten wichtigen Staatsdomänen, das gesamte Steueraufkommen.

Daß Steuern nicht Haupteinnahmequelle des Staates sein konnten, sondern eine eher ergänzende Funktion wahrnahmen, war fester Glaubenssatz des Mittelalters und der frühen Neuzeit. Steuern wurden, zumindest in der Theorie, nicht als ordentliche Einnahmequelle akzeptiert, sondern nur als außerordentliche Quelle der Bedarfsdeckung in Notzeiten. In seiner höchst einflußreichen *Summa Theologica* meinte Thomas von Aquin (1225 – 1274): „Daher sind den Herren Güter zugewiesen, daß sie daraus ihren Unterhalt bestreiten und sich enthalten, ihre Untertanen zu berauben. Dennoch ereignet es sich manchmal, daß die Fürsten nicht über genügend Einkünfte zum Schutz des Landes und zur Erfüllung der anderen Aufgaben verfügen, die sie vernünftigerweise anzustreben haben." Thomas behandelte das Problem der Besteuerung unter der Überschrift „Kann Raub ohne Sünde geschehen?" Sein abgewogenes Gesamturteil lautete: „Wenn die Fürsten von ihren Untergebenen verlangen, was ihnen gemäß der Gerechtigkeit geschuldet ist, um das Gemeinwohl zu erhalten, so ist das kein Raub, selbst wenn Gewalt angewendet wird. – Wenn aber die Fürsten etwas, was ihnen nicht geschuldet ist, mit Gewalt erpressen, so ist das Raub, genau wie jede andere Räuberei."[37] Die Bürger selbst hatten eine ähnliche Einstellung zur Steuer. Im Florenz des 14. Jahrhunderts riet Giovanni di Pagolo Morelli seinem Erben zwar: „Hüte dich vor Lügen wie vor dem Feuer", schränkte diese Mahnung jedoch ausdrücklich für steuerliche Angelegenheiten ein, denn hier lügst du nicht, „um deines Nächsten Gut an dich zu bringen, sondern um zu verhindern, daß man dir das deine auf ungebührliche Weise raubt."[38]

Um die Jahrtausendwende kam im Abendland die *bede* (Bitte) auf, die neben dem Zehnten erhoben wurde. Die bede war eine mäßige, nach Kopfzahl oder Grundstücksfläche festgesetzte direkte Steuer, deren Ertrag dem jeweiligen lokalen Herrscher zufloß. Anfangs als außerordentliche Einnahme gedacht, wurden die Bürger ab dem 12. Jahrhundert immer regelmäßiger zur Steuerzahlung „gebeten". Örtlich wurde die bede auch als *stiura* oder später *stiure* bezeichnet, was soviel wie Stütze heißt. Von diesem alt- bzw. mittelhochdeutschen Wort stammt der heutige Ausdruck *Steuer* ab. Ein Charakteristikum der deutschen Steuerpolitik bestand darin, daß es der Zentralgewalt (König, Kaiser, Reich) nicht gelang, einen unmittelbaren steuerlichen Zugriff auf das Reichsgebiet zu erhalten; insbesondere verbaten sich Adel und Klerus jegliche direkte Besteuerung. Im Jahre 1158 versuchte Stauferkaiser Friedrich I. Barbarossa (1122 – 1190) vergebens, die traditionellen kaiserlichen Regalien um die Ertragshoheit über Zölle und direkte Steuern zu erweitern; wie die römischen Herrscher wollte er ein *tributum pro agro* und ein *tributum per capite* einheben. Was dem mächtigen Barbarossa mißglückte, und ähnlich Rudolf I. von Habsburg (1218 – 1291),

---

37 Aquin, Th. v. (1953) *Summa Theologica.* Deutsch-lateinische Ausgabe Bd. 18, Quaestio LXVI, S. 216. Heidelberg usw.: Gemeinschaftsverlag Kerle und Pustet.

38 Braudel, F. (1986) *Sozialgeschichte des 15.–18. Jahrhunderts – Der Handel.* München: Kindler, S. 576.

gelang auch keinem ihrer Nachfolger. Auf diese Weise geschah es, daß der deutsche Zentralstaat in markantem Gegensatz zu vielen anderen europäischen Staaten bis ins zwanzigste Jahrhundert hinein nicht über eine einzige direkte Steuer verfügte[39].

Kaiser Maximilian I. (1459–1519), über den der berühmte Florentiner Niccolò Machiavelli äußerte, „seine Verschwendung übersteigt alles, was man heute und früher gesehen hat", sollte zwar 1495 die Ausschreibung des *Gemeinen Pfennigs* durchsetzen, jedoch durfte er diese Kombination von Kopfsteuer und Vermögensteuer nur befristet und nur mit Zustimmung der Reichsstände erheben. Die Reichsstände aber zogen schon bald eine Rückkehr zu den *Matrikularbeiträgen* vor, also summarischen Zahlungen an das Reich, die von den Ständen selbst repartiert wurden. Durch diesen extremen Finanzföderalismus unterschied sich die Finanzgeschichte Deutschlands lange Zeit von der Englands, Frankreichs oder Rußlands.

Einen genauen Einblick in den mittelalterlichen Stand der Steuertechnik eröffnet ein Edikt, das Heinrich II. von England (1133–1189) im Jahre 1166 zur Finanzierung der Kreuzzüge erließ und an dessen Abfassung sicher sein berühmter Schatzmeister Richard von Ely maßgeblich mitwirkte. Der Gesetzestext lautete leicht gekürzt wie folgt:

Zur Verteidigung und Unterstützung der Kirche und des Landes im Oriente soll jedermann in König Heinrichs Landen von allem beweglichen Gute, sei es Gold oder Silber, ausgenommen Edelsteine, oder seien es Tiere oder Münzen oder irgend etwas anderes, ausgenommen ausgeschnittene Kleider, und gleicherweise von Einkünften in diesem Jahre 1166 je 2 Pfennige von jedem Pfunde geben, in den vier folgenden Jahren je 1 Pfennig von jedem Pfunde. Das soll er auch tun von bebauten Äckern und Weinbergen, dergestalt, daß die darauf verwendeten Unterhaltungskosten nicht berechnet werden. Dasselbe soll er auch geben von den Ausständen, die er gewiß ist, einzuziehen. Wer ein Haus hat, aber nicht den Wert eines Pfundes, soll 1 Pfennig geben. Wer nicht den Wert eines Pfundes hat und doch ein Geschäft treibt, soll 1 Pfennig geben. Die Abgabe wird entrichtet innerhalb 14 Tagen nach Remigius. Hinterziehung wird mit der Exkommunikation bestraft[40].

Finanzwissenschaftlich ausgedrückt normiert das Edikt eine kombinierte Vermögen- und Einkommensteuer, deren Bemessungsgrundlage die Summe aus Rohvermögen und Roheinnahmen bildet; nur fallweise können Werbungskosten abgezogen werden. Darin liegen gleich zwei gravierende Verstöße gegen das Gebot einer gleichmäßigen Besteuerung. Erstens trifft eine Vermögensteuer den Pflichtigen ungleich härter als eine Einkommensteuer mit demselben Satz. Zweitens werden Steuerpflichtige mit identischen *Roheinnahmen*, die unterschiedliche Werbungskosten und folglich unterschiedliche *Reineinnahmen* haben, derselben Steuer unterworfen. Das Grundvermögen bleibt wohl steuerfrei, um eine Doppelbesteuerung zu vermeiden, während die Freistellung von Edelsteinen als Steuervergünstigung suspekt erscheint. Ansonsten ist die Bemessungsgrundlage durch die Formulierung „oder irgend etwas anderes" sehr breit gewählt. Der

---

39 Als einzig dauerhafte Ausnahme könnte der sogenannte *Kammerzieler* gelten, eine zweckgebundene Abgabe zur Finanzierung des Reichskammergerichts.

40 Möhring, H. (1992) Geld zum Kampf gegen Ungläubige. In: U. Schultz (Hrsg.) *Mit dem Zehnten fing es an.* 3. Auflage München: Beck, S. 89.

Tarif ist ein Stufenbetragstarif, der Einkommen und Vermögen bis zu einer Grenze von einem Pfund steuerfrei läßt, allerdings nicht bei Haus- oder Grundbesitz, die offenbar als Indiz einer besonderen Leistungsfähigkeit angesehen werden. Im Einzelfall, zum Beispiel bei einem winzigen Haus oder einem verlustbringenden Geschäft, hat diese derbe Typisierung sicher manchen Steuerschuldner überlastet. Schließlich sind Entstehung und Fälligkeit der Steuer sowie die Sanktion für Hinterziehung eindeutig definiert; der ausführliche Quellentext enthält übrigens Hinweise darauf, daß eine Selbstveranlagung stattfand.

Der oben erwähnte Richard von Ely (1130 – 1198) hat das älteste bekannte Lehrbuch der Finanzwissenschaft geschrieben, den *Dialog über das Schatzamt*. Aus seiner Interessenlage als Schatzkanzler heraus ist es verständlich, wenn Ely im Unterschied zu den meisten zeitgenössischen Denkern das *dominium eminens* verteidigte, das Vorrecht des Königs, die Grenzen der Eigentumsordnung zu überschreiten. Ely spricht den Untertanen die Berechtigung, steuerpolitische Entscheidungen zu verurteilen, rundweg ab, „denn wessen Herzensregungen in der Hand Gottes sind, dem Gott selbst die Sorgen für die Untertanen anvertraut hat, dessen Sache steht und fällt allein nach göttlichem und nicht nach menschlichem Urteil." In seinem Lehrbuch berichtet Ely von der *Mordsteuer*, einer sehr bemerkenswerten frühen Lenkungszwecksteuer. Die Mordsteuer war von jedem regionalen Herrscher zu entrichten, in dessen Hoheitsgebiet sich ein unaufgeklärter Mord ereignet hatte; aufgeklärte Morde blieben steuerfrei.

§ 9 Renaissance, Absolutismus und Aufklärung

Die örtlichen Machthaber im Heiligen Römischen Reich Deutscher Nation deckten ihren Finanzbedarf meist auf traditionelle Art durch *Kontributionen*, im wesentlichen Grundsteuern und Kopfsteuern; gleichzeitig wurden weiterhin Zehntabgaben zugunsten der Kirche erhoben. Die Kopfsteuer, auch *Armensteuer* oder *Habnitsteuer* genannt, war von jenen zu entrichten, die vermögensmäßig „gar uff erden nichtsz haben", jedoch über Einkommen verfügten. Der Landmann hatte im 14. Jahrhundert Zehnte von den Ernteerträgen abzuführen, wobei die Abgabetermine saisonal gestaffelt waren: An Walpurgis (1. Mai) war der Lämmerzehnt fällig, an St. Urban (25. Mai) der Wein- und Obstzehnt, an Johannis (24. Juni) der Fleischzehnt, an St. Margarete (13. Juli) der Kornzehnt und an Mariä Himmelfahrt (15. August) der Gänsezehnt. Man kann sich leicht ausmalen, daß diese Feiertage von der Obrigkeit freudiger erwartet wurden als von den Bauern. Augsburg, die Stadt der Fugger, erhob im 16. Jahrhundert eine degressive *Vermögensteuer*, die ab 1549 durch Zahlung eines Pauschbetrags von 600 Gulden abgegolten werden konnte. Um dieselbe Zeit, also Ende des 16. Jahrhunderts, glückte im Deutschen Reich der Aufbau einer bescheidenen Reichsfinanzverwaltung. Als ihr erfolgreichster Leiter galt Zacharias Geizkofler, dessen Aufgabe vor allem darin bestand, die Matrikularbeiträge von den Reichsgliedern einzutreiben – eine schwierige Mission, wenn man bedenkt, daß

Geizkofler über einen Personal- und Sachmitteletat von nur 30 Beamten und 300 Federkielen verfügte.

Neben den obengenannten Kontributionen kam um 1600 vermehrt die *Akzise* auf. Anfänglich eine eher schüchterne Steuer auf wenige lohnend erscheinende Verbrauchsgüter, vor allem Getränke oder Fleisch, entwickelte sich die Akzise mehr und mehr zu einer wichtigen Einnahmequelle, und schon 1669 führte Kurpfalz mit der *Universalakzise* einen Vorläufer der heutigen Umsatzsteuer ein. August der Starke, König von Sachsen, erließ 1708 die berühmte *General-Consumtions-Accis-Ordnung*. Eine Lektüre des 60seitigen Gesetzestextes macht deutlich, daß die Analogie zur zeitgenössischen Umsatzsteuer ein wenig hinkt, denn die General-Consumtions-Accis-Ordnung sah keine synthetische, an den Wert anknüpfende Steuer vor, sondern war eine analytische Verbrauchsteuersammlung, die 1200 verschiedene Waren nach getrennten Tarifen erfaßte. Auch dem Postulat der Allgemeinheit der Besteuerung genügte die Ordnung nicht, indem sie stipulierte: „Die Professores auf Universitäten, wie auch die Geistlichen, Schul- und Kirchenbedienstete [sind steuerbefreit], doch haben sie gleich andern zu veraccisieren und dessen Wiederersetzung dafür aus der Accis-Einnahme Monatlich zu gewarten." Aus erhebungstechnischen Gründen waren die Begünstigten beim Kauf also nicht befreit, vielmehr wurde ihnen die gezahlte Verbrauchsteuer im Nachhinein erstattet. Der Text zeigt, wie das Prinzip gleichmäßiger Besteuerung sogar bei den indirekten Steuern verletzt und das Steuersystem verschiedensten Lenkungszwecken und Umverteilungszwecken dienstbar gemacht wurde. Ausgesprochene Lenkungszwecksteuern waren die *Hagestolzsteuer*, mit der im Anschluß an den 30jährigen Krieg aus bevölkerungspolitischen Gründen heiratsunwillige Männer belegt wurden oder, mit ganz entgegengesetzter Zielrichtung, die preußische *Judenheiratsabgabe* von 1714, die das Wachstum einer als unerwünscht angesehenen Bevölkerungsgruppe hemmen sollte.

Die Bezeichnung der ebenfalls in Preußen ab 1727 erhobenen *Bettensteuer* läßt zunächst aufhorchen. Setzte diese nicht einen ganz unzeitgemäßen Eingriff in die Privatsphäre voraus? Das Rätsel löst sich dadurch, daß die Bettensteuer eine Abgabe war, die nach dem (angeblichen) Verwendungszweck benannt wurde. Der Soldatenkönig Friedrich Wilhelm I. nämlich, durch seine massive Aufrüstung in Finanznot gekommen, verbreitete in der Bevölkerung, daß seine Soldaten auf dem Fußboden schlafen müßten und begründete so die Einführung der neuen Abgabe mit dem Bettenbedarf. Ebenfalls nach dem Verwendungszweck benannt war die Frankfurter *Laternensteuer* von 1761, bei der allerdings wohl tatsächlich eine Zweckbindung des Aufkommens zugunsten der Straßenbeleuchtung bestand.

Ein häufiges Mißverständnis rankt sich um das *ius primae noctis*, dem aufgrund der Übersetzung als „Recht der ersten Nacht" bis heute eine unappetitliche Deutung beigelegt wird. Dabei handelt es sich in Wirklichkeit um eine „Steuer für die erste Nacht", die anläßlich der Vermählung einer Fürstentochter erhoben wurde. Hier richtete sich die Bezeichnung der Abgabe, in Deutschland auch *Fräuleinsteuer* oder *Liebessteuer* genannt, nach dem Anlaß der Steuererhebung.

Noch bis in die heutige Zeit wird oft versucht, Steuerwiderstände durch eine am Verwendungszweck orientierte Etikettierung zu brechen; ein Beispiel hierfür ist der ab 1995 erhobene aufkommensstarke *Solidaritätszuschlag*, dessen Bezeichnung eine in Tat und Wahrheit nicht bestehende Zweckbindung für den Aufbau in den neuen Bundesländern suggeriert[41]. Kurios mutet die *Luftsäulensteuer* an, die auf Gebäudeerker erhoben und damit begründet wurde, daß die unter dem Erker befindliche Luftsäule öffentliches Eigentum sei.

Dem steuerlichen Erfindungsreichtum der Obrigkeit waren allerdings auch Grenzen gesetzt; es kam wieder und wieder zu Steuerprotesten. Steuererhöhungen lösten in Deutschland 1525 den Großen Bauernkrieg aus. Dessen theologischer Wegbereiter, Thomas Müntzer, hatte die Rechtmäßigkeit der Steuerpraxis angezweifelt: „Gott hat gepoten, du solst nit stelen ... Die Herren machen das selber, daß ihn der arme Mann Feindt wirdt.“ Die von den Aufständischen formulierten „12 Hauptartikel aller Baurschaft“ enthielten mehrere steuerpolitische Forderungen. Moniert wurde etwa das *Ungeld*, eine Verbrauchsteuer auf Bier, Wein und andere Produkte, die nicht nur eine „ungerechte Aigenschaft“ habe, gemeint ist die regressive Inzidenz, sondern auch „ainen pössen Namen“, denn das Ungeld wurde in großen Teilen Europas volkstümlich als *Böser Pfennig* bezeichnet. Schon vorher war es immer wieder zu vereinzelten Aufständen gegen Verbrauchsteuern gekommen, so in der Hildesheimer Bierfehde von 1481, die sich gegen die Einführung einer „Bierziese“ durch Bischof Barthold II. richtete. Die Revolte gegen den Bamberger Bierpfennig (1375) und der Breslauer Bierkrieg (1381) zeigen, daß gerade diese Steuer auf des Deutschen Lieblingsgetränk, heute fiskalisch fast bedeutungslos, ständig umkämpft war.

Während die deutschen Bauernaufstände im großen und ganzen erfolglos blieben, stellt die niederländische Erhebung gegen Spanien (1571 – 1581) eine geglückte und folgenreiche Steuerrevolte dar. Habsburg hatte 1569 mit der Einführung einer einprozentigen Vermögensteuer, einer fünfprozentigen Verkaufsteuer und einer zehnprozentigen Umsatzsteuer den fiskalischen Bogen überspannt, und vor allem die Umsatzsteuer traf auf den Widerstand der Geusen (Bettler), die sich unter Wilhelm von Oranien bis 1581 die niederländische Unabhängigkeit erkämpften. Der 1640 erfolgende Austritt Portugals aus der spanisch-portugiesischen Union, die seit 1580 bestanden hatte, war ebenfalls Resultat einer Steuerrevolte; sie richtete sich gegen den Versuch Spaniens, auf portugiesischem Boden eine Vermögensteuer zu erheben.

Erst in der Zeit des beginnenden Absolutismus entwickelte sich allmählich eine *Steuerlehre*, und damit wenden wir uns erstmals der *Ideengeschichte der Besteuerung* zu. Teilweise lesen sich die frühen Autoren, überwiegend Philosophen, Theologen und Kameralisten, verblüffend modern. Wenn Montesquieu in sei-

41 Der österreichischen Finanzpolitik erschien die Bezeichnung Solidaritätszuschlag übrigens so gelungen, daß sie noch im selben Jahr die Einführung einer ähnlichen Abgabe diskutierte – obwohl in Österreich überhaupt keine Wiedervereinigung stattgefunden hatte. „Nichts“, schrieb Adam Smith, „lernt eine Regierung so rasch von einer anderen wie die Kunst, Geld aus den Taschen der Leute zu ziehen.“

nem *Esprit des Lois* schreibt, um die Steuern richtig festzusetzen „gilt es, den Bedarf des Staates und den Bedarf der Bürger gegeneinander abzuwägen; keineswegs darf man dem Volk seine wirklichen Bedürfnisse zugunsten der eingebildeten Bedürfnisse des Staates beschneiden", so kann die zeitgenössische Finanzwissenschaft eine derartige Aussage zwar graphisch durch Transformations- und Indifferenzkurven untermauern, vermag aber in der Substanz kaum etwas hinzuzufügen.

An anderen Stellen freilich gehen die Pioniere der Steuerlehre in einer Weise fehl, die aus heutiger Sicht unfaßbar erscheint. So fehlte beispielsweise die elementare Unterscheidung zwischen *Roheinkommen* und *Reineinkommen*; der Kameralist Caspar Klock (1583–1655) war einer der ersten, die hier sauber trennten, indem er bei der Wahl der Steuerbemessungsgrundlage Werbungskosten zum Abzug zulassen wollte. Klock forderte aus ethischen Gründen auch die Steuerbefreiung des Existenzminimums. Eine solche Sichtweise war durchaus unüblich, da die Mehrheit der Kameralisten rein fiskalisch dachte und höchstens aus Sorge um die *camera* (Schatzkammer) für eine Mäßigung der Steuern eintrat: „Doch wer zugleich das Fell abzieht / Bringt sich um kümfftigen Profit" reimte Karl Ferdinand Pescherinus 1718, und schon 1612 wußte Jacob Bornitz: „Wann die Hüner gar geschlacht werden, so legen sie nimmer Eyer." Der spätere deutsche Reichsfinanzminister Erzberger formte aus dieser Steuerweisheit den noch heute im Volksmund geläufigen Spruch, man solle die Henne nicht schlachten, die die goldenen Eier legt. In der Finanzwissenschaft spricht man in diesem Zusammenhang vom *Swiftschen Steuereinmaleins*, benannt nach dem Schriftsteller Jonathan Swift, der 1728 erkannte, daß auf dem Gebiet der Besteuerung zwei und zwei durchaus weniger als vier ergeben kann – bei einer Verdopplung des Steuersatzes wird das Steueraufkommen im Normalfall auf weniger als das Doppelte steigen.

Akzisen erschienen den absolutistischen Steuertheoretikern als eine „gleichsam göttliche Inspiration". Der Halberstädter Steuerrat Christian Tenzel, der seine Schrift *Entdeckte Goldgrube in der Accise* 1685 unter dem hochgegriffenen Pseudonym Christianus Teutophilus veröffentlichte[42], sah den erhebungstechnischen Vorteil der Akzise darin, daß die Bürger „meistentheils bey deren Einkauff den 4ten, 5ten oder 6ten Pfennig des Kauf-Pretii der Obrigkeit ohnwissend und also gantz freywillig und ohne alle execution abstatten, dadurch ohn ruin und enervierung der Unterthanen eine große Summe Geldes eintzeln zusammen gebracht" werden könne. Tenzel wollte vorwiegend Grundnahrungsmittel und andere Lebensnotwendigkeiten besteuern und erblickte in Steuern, denen die Bürger kaum ausweichen können, einen nicht bloß fiskalischen, sondern auch volkswirtschaftlichen Vorteil[43]. Damit nahm dieser originelle Denker einen

42 Teutophilus, C. (1685) *Entdeckte Goldgrube in der Accise.* Zerbst: Ernst Bezeln. Das Buch erlebte bis 1719 vier weitere Auflagen bei verschiedenen Verlagen.

43 Inama-Sternegg, K. Th. (1865) Der Accisenstreit deutscher Finanztheoretiker im 17. und 18. Jahrhundert. *Zeitschrift für die gesamte Staatswissenschaft* **21**, S. 515–545, hier S. 530.

wenig rücksichtsvollen Besteuerungsgrundsatz vorweg, der knapp 300 Jahre später unter dem Namen *inverse Elastizitätenregel* zu Ehren kommen sollte.

Ihren Protagonisten erschien die Akzise aufgrund der Erhebungsform als *Produzentensteuer* vorteilhaft, die eine unmerkliche Belastung der Verbraucher ermöglichte; jedoch hatte ihre praktische Verbreitung noch einen anderen Grund. Durch die Akzise nämlich ließen sich Steuerbefreiungen für Adel und Klerus unterlaufen. Der französische Finanzminister Jean-Baptiste Colbert (1619–1683) wußte um diesen Zusammenhang und zog die privilegierten Stände indirekt zur Steuer heran, ohne ihre formalen Exemtionen anzutasten. Verbrauchsteuern, die heutzutage aufgrund ihrer Verteilungswirkungen oft scheel angesehen werden, bewirkten im absolutistischen Zeitalter eine gleichmäßigere Besteuerung.

In diese Zeit fallen auch die Anfänge der *Tabaksteuer*, einer bis in die Gegenwart äußerst ergiebigen Akzise. Ursprünglich wollte man hiermit, wie auch bei der Besteuerung von Kaffee, Tee und anderen sogenannten *Lüsternheitswaren*, ein neuartiges und als unfein geltendes Konsumverhalten sanktionieren; aber schon bald erkannte man den fiskalischen Reiz der Tabakbesteuerung. Kurbayern und Tirol etwa erließen 1652 bzw. 1658 Rauchverbote, besannen sich aber kurz darauf eines besseren, indem sie die Verbote aufhoben und das „Tabaktrinken" fortan abgabepflichtig machten.

Eine Besteuerung als Dauerzustand lehnte die Mehrheit der Wissenschaftler in seltsamem Gegensatz zur fiskalischen Praxis auch im 17. Jahrhundert noch ab und berief sich hierbei auf den französischen Staatsphilosophen Jean Bodin (1530–1596). Bodin hatte eine Lehre sieben staatlicher Einkunftsarten verfochten, deren Reihenfolge durchaus nicht zufällig gewählt war. An erster Stelle nannte er die Domänen, dann folgten Kriegsbeute, Geschenke, Zahlungen anderer Staaten, Staatshandel, Zölle und an letzter Stelle die Steuern, die nur erhoben werden sollten, wenn die vorgenannten Einnahmen nicht ausreichten. Im 18. Jahrhundert dachte man hier bereits realistischer und wandte sich stärker der Frage nach dem besten Steuersystem zu. Vor allem in Frankreich wurde als Antwort hierauf die Idee der *Alleinsteuer* (*single tax, impôt unique*) entwickelt. Die Begründung für diesen Plan ist ebenso schlicht wie logisch bestechend: Wenn es eine Steuer gibt, die allen anderen überlegen ist, dann muß jenes Steuersystem optimal sein, daß einzig und allein aus dieser Steuer besteht. Von den französischen Physiokraten unter François Quesnay (1694–1774) und Jacques Turgot wurde, ausgehend von der Vorstellung, daß nur Grund und Boden Werte hervorbringen könnten, die *Grundsteuer* als Alleinsteuer vorgeschlagen[44]. Ein anderer Reformplan sah die Einführung einer *Schornsteinsteuer* von drei Deniers täglich als Alleinsteuer vor. Die Idee einer Grundsteuer als Alleinsteuer sollte rund hundert Jahre später noch einmal in der berühmten *Single Tax Movement* des Amerikaners Henry George (1839–1897) aufgegriffen werden, in Deutsch-

44 Denselben Vorschlag hatte bereits 1692 der Brite John Locke (1632–1704) unterbreitet; seine Idee blieb jedoch vorerst ohne Resonanz.

land vom Anführer der Bodenreformbewegung, Adolf Damaschke (1865–1935); jedoch wurden diese Pläne nie in großem Stil in die Praxis umgesetzt[45].

In schroffem Gegensatz zu den rationalistischen Alleinsteuervorschlägen steht die sogenannte *Diffusionstheorie*, die schon 1771 vom Italiener Di Pietro Verri formuliert, aber erst durch Nicholas F. Canard (1755–1833) zur vollen Entfaltung gebracht wurde. Hiernach diffundiert die Last eines jeden Steuersystems wie in einem System kommunizierender Röhren, und die endgültige Belastungsverteilung ist unabhängig davon, an welchem Punkt die Erhebung technisch ansetzt. Der Steuereintreiber erscheint wie ein Arzt beim Aderlaß: Jene Ader, der er das Blut entnimmt, ist hinterher nicht leerer als eine andere Ader im Körper, kurz, alle Steuersysteme stimmen in ihrer Belastungswirkung überein. Berücksichtigt man unvermeidbare Reibungsverluste, die sich in Form von Überwälzungskämpfen nach einer Steuerrechtsänderung ergeben, führt die Diffusionstheorie unweigerlich auf die *Canardsche Steuerregel*: „Alte Steuern, gute Steuern", weil die Steuerreform an der endgültigen Lastverteilung nichts ändert[46].

Mit Zar Peter dem Großen (1672–1725) regierte in Rußland ein weiterer Herrscher, der nicht nur zu allgemeinem geschichtlichen Ruhm kam, sondern seine Tüchtigkeit auch und besonders auf dem Gebiet des Finanzwesens unter Beweis stellte. Nachdem Iwan IV. dem Schrecklichen (1530–1584) die Errichtung einer russischen Zentralgewalt mit eigener Steuerhoheit gelungen war, baute Peter der Große eine umfassende Finanzverwaltung auf, deren Mitarbeiter wohl vor allem wegen der gewählten Bemessungsgrundlagen als „Steuerschnüffler" angesehen wurden. Peter besteuerte nämlich Bärte, Mützen, Bäder, Hochzeiten oder Eichensärge, er scheute also nicht vor Abgaben zurück, deren Erhebung teilweise ein tiefes Eindringen in die Intimsphäre voraussetzte.

Interessant ist hierbei vor allem die *Bartsteuer*, die von Peter – der sich am westlichen Vorbild des bartlosen Mannes orientierte – als Lenkungszwecksteuer eingeführt wurde. Konsequent im Sinne der Zielstellung, mit den alten Bärten Schluß zu machen, war die Sanktion der Steuerstraftat: Bärtige, die keine Steuerquittung vorweisen konnten, wurden auf der Stelle rasiert. In völligem Gegensatz zu dieser Lenkungszwecksteuer stand die fiskalische Zielsetzung der *Seelensteuer*, bei der Einnahmevolumen und Tarif aus einem vorgegebenen Ausgabenbedarf rückgerechnet wurden: „Man berechnete die Ausgaben für die Armee auf ungefähr 4 Millionen Rubel, schätzte die männliche Bevölkerung auf 5 Millionen Seelen und verordnete im Jahre 1722 ... die Erhebung einer Steuer von 80 Kopeken pro Seele."[47]

---

45 George, H. (1880) *Progress and Poverty*. Nachdruck New York 1954: Schalkenbach Foundation. Damaschke, A. (1922) *Die Bodenreform. Grundsätzliches und Geschichtliches zur Erkenntnis und Überwindung der sozialen Not*. 19. Auflage Jena: Fischer.

46 Canard, N. F. (1801) *Principes d' Économie Politique*. Paris, S. 197, sprach schwärmerisch von der „grande vérité, que tout vieil impôt est bon, et tout nouvel impôt est mauvais".

47 Katzenelsohn, P. (1913) *Zur Entwicklungsgeschichte der Finanzen Rußlands*, Erster Teil (1560–1896). Berlin.

England hat auf dem Gebiet der Besteuerung stets eine Vorreiterrolle in Europa eingenommen. Hatte bereits die Magna Charta von 1215 ein Mitbestimmungsrecht der Stände in Steuerangelegenheiten enthalten, so wurde dieser Grundsatz 1628 in der *Petition of Rights* verschärft, die feststellte, niemand habe „eine Steuer oder sonst eine entsprechende Abgabe zu leisten, ohne allgemeine Zustimmung durch Parlamentsbeschluß". Die hiermit begonnene demokratische Verrechtlichung der Steuerpolitik war die Geburtsstunde des modernen Parlamentarismus. Karl I. von England (1600 – 1649), der sich über diese Beschränkung königlicher Souveränität hinwegsetzen wollte, stieß auf vehementen Widerstand und wurde schließlich enthauptet. Das englische Parlament beschloß in der Folge verschiedenste *excise taxes* (Akzisen), darunter die verhaßte *Herdsteuer*, die das Betreten des Hauses durch Steuerbeamte erforderte. Um diese in britischen Augen unmögliche Verletzung des Grundsatzes „My home is my castle" rückgängig zu machen, wurde die Herdsteuer später durch eine *Fenstersteuer* ersetzt, deren Bemessungsgrundlage von außen kontrollierbar war[48]. Fenstersteuern wurden auch in Deutschland, Frankreich oder den Niederlanden verschiedentlich erhoben, und kaum einer Steuer ist ein seltsameres Schicksal beschieden gewesen als dieser. Der Grundgedanke war durchaus einleuchtend, schien doch die Fenstersteuer den Anforderungen geringer Erhebungskosten und nur mäßiger Eingriffe in die Privatsphäre ideal zu genügen. Doch eine so gefällige Beurteilung der Fenstersteuer übersah die Ausweichmöglichkeiten der Zensiten. Nach und nach kam es zu einer Veränderung des Baustils, der einerseits wegen der resultierenden Lichtverhältnisse gesundheitsschädlich war und der andererseits die Bemessungsgrundlage der Steuer schmälerte. In einer Karikatur von 1851, dem Jahre der Abschaffung der englischen Fenstersteuer, sieht man eine arme Familie, die ein vor die Fensteröffnung genageltes Brett entfernt und geblendet die lachende Sonne begrüßt. Wohl nirgends sonst wird eine steuerliche Verzerrung sinnfälliger.

Ideengeschichtlich interessant ist die Überzeugung der britischen Wirtschaftstheoretiker des 17. und 18. Jahrhunderts, daß alle Steuern letztlich von den reichen Grundbesitzern und Kapitaleignern getragen würden, während die Armen zumindest langfristig steuerfrei blieben. Um diese vielleicht seltsam erscheinende Position zu verstehen, muß man sich kurz die klassische Theorie der Lohnbildung und des Bevölkerungswachstums vergegenwärtigen. Nicht erst seit Malthus galt es als ausgemacht, daß sich die Arbeiter stets so stark vermehren, daß der Lohn durch ihre Konkurrenz auf das Existenzminimum gedrückt wird. Aufgrund dieses ehernen Lohngesetzes, wie es Lassalle später genannt hat, mußte

48 Selbst die bei den Händlern erhobenen *excise taxes* forderten starken Steuerwiderstand heraus. So monierte 1733 ein britischer Pamphletist, „daß es für einen frei geborenen Engländer wirklich eine große Zumutung sein [müsse], daß sein Warenhaus, sein Laden, sein Haus, ja das Schlafzimmer seiner Frau, von jedem unverschämten Radikalen, der es der Mühe wert hält, lästig zu fallen, durchsucht und durcheinandergeworfen werden kann, zumal wenn man bedenkt, daß ein solcher Mensch, wenn man ihn seines Gehaltes beraubte, nicht einen Pfennig wert wäre". Zitiert nach Seligman, E. R. A. (1927) *Die Lehre von der Steuerüberwälzung*. Jena: Fischer, S. 127, S. 36.

der Reallohn auf Dauer jener Gütermenge entsprechen, die zum Überleben und zur Reproduktion notwendig war. Steigende Kosten der Lebenshaltung erhöhten demnach den Lohn, Akzisen mußten aufgrund des elastischen Arbeitsangebots vollständig auf die Reichen überwälzt werden. Der frühe Merkantilist Thomas Mun (1571 – 1641) erkannte diesen Zusammenhang schon in seinem postum veröffentlichten Werk 1664 ganz klar: „[If the food] of the poor is made dear by Excise, so doth the price of their labour rise in proportion; whereby the burden (if any be) is still upon the rich“[49]. Muns Analyse enthält damit eine erstaunlich frühe Unterscheidung zwischen Steuerzahlung und Steuerinzidenz, und anderthalb Jahrhunderte später war der von ihm geschilderte Zusammenhang so bekannt, daß Ricardo seine Ausführungen zur Lohnsteuer kurz und bündig mit den Worten eröffnete: „Eine Lohnsteuer ist durchweg eine Steuer auf Profite.“[50]

Thomas Hobbes (1588 – 1679), der neben Bodin einflußreichste Theoretiker des Absolutismus, wurde vor allem durch seine Rechtfertigungslehre des Staates berühmt, dessen wichtigste Funktion als übermächtiger *Leviathan* laut Hobbes darin besteht, einen *bellum omnium contra omnes* zu verhindern. Weniger bekannt ist, daß Hobbes auch auf dem Gebiet der Besteuerung eine Vorreiterrolle einnahm, indem er als erster Denker von Rang forderte, Ausgaben an Stelle von Einkommen zu besteuern:

> Equality of imposition, consisteth rather in the equality of that which is consumed, than of the riches of the person who consumes the same. For what reason is there, that he which laboureth much, and sparing the fruit of his labour, consumeth little should be more charged, than he that living idely, getteth little and spendeth all he gets[51].

Mit dieser ethisch begründeten Forderung nach Steuerfreiheit der Ersparnisse setzte sich Hobbes in offenkundigen Gegensatz zur scholastischen Tradition, die einer Besteuerung von Kapitaleinkünften wegen des kanonischen Zinsverbots positiv gegenübergestanden hatte, und fachte eine Diskussion an, die im 19. Jahrhundert von John Stuart Mill und im 20. Jahrhundert von Nicholas Kaldor und Irving Fisher aufgenommen werden sollte und die bis in die heutige Zeit vital ist: die Debatte nämlich, ob eine Ausgabensteuer der Einkommensteuer vorzuziehen sei.

Ein Blick in die steuerliche Ideengeschichte des 18. Jahrhunderts kann unmöglich an einem Mann vorbeigehen, der nicht nur das steuerliche Denken und die Volkswirtschaftslehre insgesamt geprägt hat, sondern der als zeitweiliger Zoll- und Salzsteuerkontrolleur auch über beträchtliches praktisches Wissen auf dem Gebiet der Besteuerung verfügte. Vielleicht aus diesem Grund konnte der Schot-

---

49 Mun, T. (1664) *England's Treasure by Forraign Trade*. Zitiert nach der Faksimile-Ausgabe Düsseldorf 1989: Verlag Wirtschaft und Finanzen, S. 154.

50 Ricardo, D. (1817) *Principles of Political Economy and Taxation*. Zitiert nach der deutschen Übersetzung Stuttgart 1972: Fischer, S. 162. Noch ein Denker vom Format des Staatsphilosophen John Locke hatte demgegenüber 1692 angenommen, daß alle Steuern letztlich von den Grundeigentümern zu tragen seien: „Steuern lasten unabhängig vom Destinatar und unabhängig davon, wer sie zuerst zahlen muß, ... zum größten Teil auf dem Grundbesitz“. *The Works of John Locke, Vol. 4,* London 1824: Rivington usw., S. 55, Übersetzung von mir.

51 Hobbes, T. (1651) *Leviathan*. Baltimore: Penguin Classics, S. 386 f.

te Adam Smith (1723 – 1790), Autor des berühmten *Wealth of Nations*, seine bis heute anerkannten vier Grundsätze der Besteuerung mit leichter Hand entwickeln; er stützte sich hierbei auf Vorarbeiten des deutschen Kameralisten Johann Heinrich Gottlob von Justi (1705 – 1771) sowie des britischen Philosophen Lord Kames (1696 – 1782). Smith verlangte:

I. Die Bürger eines jeden Landes sollten eigentlich zur Finanzierung der öffentlichen Aufgaben soweit als möglich im Verhältnis zu ihren Fähigkeiten beisteuern, was bedeutet, daß sich ihr Beitrag nach dem Einkommen richten sollte, das sie unter dem Schutz des Staates erwirtschaften [*Gleichmäßigkeit*].

II. Eine Steuer, die jeder einzelne zu zahlen verpflichtet ist, sollte genau und nicht willkürlich festgelegt sein. Der Steuertermin, die Zahlungsform und der zu entrichtende Betrag sollten für den Steuerpflichtigen und jeden anderen klar und offenkundig sein [*Bestimmtheit*].

III. Jede Steuer sollte zu einer Zeit oder auf eine Art und Weise erhoben werden, daß die Zahlung der Abgabe dem Pflichtigen am leichtesten fällt [*Bequemlichkeit*].

IV. Jede Steuer sollte so erhoben werden, daß sie aus den Taschen der Leute nicht viel mehr nimmt oder heraushält, als sie an Einnahmen in die Kasse des Staates bringt. [*Billigkeit*][52].

Diese Grundsätze der Gleichmäßigkeit, Bestimmtheit, Bequemlichkeit und Billigkeit der Besteuerung haben alle spätere Steuergesetzgebung geprägt. Ihre einleuchtende oder gar selbstverständlich erscheinende Formulierung sollte nicht darüber hinwegtäuschen, daß die Grundsätze ökonomisch tief sind; hierauf wird noch zurückzukommen sein. Vorerst interessiert vor allem Smiths Bezugnahme auf Einkommen, das die Bürger „unter dem Schutz des Staates erwirtschaften". Hierbei handelt es sich um eine typische Denkfigur des frühen Finanzliberalismus, die sogenannte *Äquivalenztheorie* oder *Interessentheorie* der Besteuerung, wonach die Steuerpflicht auf einem genuinen Interesse des Steuerträgers an staatlichen Leistungen beruht; die Steuer ist marktähnliches Entgelt für die Verrichtungen des Staates. Bei der *Assekuranztheorie* als besonderer Spielart der Äquivalenztheorie wurden Steuern als Versicherungsprämien für staatlichen Schutz begriffen. Am weitesten führte diesen Gedanken der Franzose Emile de Girardin, der rundweg behauptete: „Jede Steuer, welche nicht die Versicherung gegen eine Gefahr, der Preis einer Ware oder der gleiche Wert eines Dienstes ist, ist eine Steuer, die aufgehoben werden muß." Girardin entwarf ein Steuergesetz, das sich wie eine Versicherungspolice liest und mit den Worten beginnt: „Die Steuer ist die Prämie, welche der Versicherte zahlt: 1. Um an folgenden Vorteilen teilzunehmen: Recht auf öffentlichen Schutz; Recht auf kostenfreie Justiz; Recht auf kostenfreien Gottesdienst; Recht auf kostenfreien Unterricht..."[53]

Unbeabsichtigte und weitreichende Wirkungen hatte die britische Steuerpolitik in den heutigen USA, wo der Zugriff des Fiskus Steuerrevolten auslöste, die schließlich in den Unabhängigkeitskampf übergingen. Anfangs verlangten die amerikanischen Pioniere bloß eine Vertretung der amerikanischen Interessen im britischen Parlament („No taxation without representation"). Ihr Unmut richtete sich vor allem gegen die hergebrachten *Stempelsteuern*, ein besonders ausgefuch-

52 Smith, A. (1776) *An Inquiry into the Nature and Causes of the Wealth of Nations*. Zitiert nach der deutschen Übersetzung der 5. Auflage München 1974: Deutscher Taschenbuchverlag und Beck, S. 703 f.

53 Zitiert nach Mann, F. K. (1937) *Steuerpolitische Ideale*. Stuttgart, New York: Fischer, S. 218.

stes Instrument staatlicher Einnahmenbeschaffung: Verträge erlangten nur Rechtskraft, wenn sie auf gestempeltem Papier abgefaßt waren, und dieses Papier mußte bei den Behörden erworben werden. Die Steuerprotestbewegungen kulminierten in dem gewaltsamen Widerstand gegen die *Teesteuer* (*Boston Tea Party*, 1773), an den sich der militärische Freiheitskampf anschloß und an dessen Ende die Unabhängigkeitserklärung von 1776 stand.

Fast gleichzeitig, 1789, berief der französische König erstmals nach 175 Jahren die Generalstände (Geistlichkeit, Adel und Bürgertum) ein, um angesichts des Staatsbankrotts vom 5. Mai 1789 Zustimmung zu Steuererhöhungen zu erlangen. Wegen der Steuerprivilegien der ersten beiden Stände fühlte sich der dritte Stand benachteiligt und rief einen steuerlichen Generalstreik aus. Während die Finanzminister Turgot und Necker für derartige Proteste noch einiges Verständnis aufbrachten, blieb der Monarch hart. Necker, der seit 1776 amtierte und der sich vor allem durch die Abschaffung der Steuerpacht und Generalpacht hervorgetan hatte, wurde am 11. Juli 1789 entlassen. Schon drei Tage später kam es zum Sturm auf die Bastille, an den sich Revolten in den Provinzen und Bauernaufstände anschlossen. Keimzelle der französischen Revolution war also ein Steuerprotest. Die Revolutionsverfassung vom 3. September 1791 enthielt folgerichtig einen speziellen Steuerartikel, der besagte: „Für die Unterhaltung der öffentlichen Gewalt und für die Verwaltungsausgaben ist ein gemeinschaftlicher Beitrag unerläßlich; dieser soll unter alle Bürger des Staates im Verhältnis ihres Vermögens gleichmäßig verteilt werden." Das damit verankerte Prinzip der gleichmäßigen Besteuerung war als Absage an ständische Privilegien gedacht.

In England, dem kulturell führenden Land des 19. Jahrhunderts, steht auch die Wiege der modernen *Einkommensteuer*, die dort 1799 erstmals eingeführt wurde. Dabei handelte es sich allerdings nicht um eine synthetische Steuer auf das Gesamteinkommen; vielmehr wurden vier Einkunftsarten (*schedules*) separat erfaßt und nach getrennten Tarifen besteuert. Da die *schedules* separat verwaltet wurden, kannte keiner der Steuerbeamten das Gesamteinkommen des Steuerpflichtigen. Seither bezeichnet man analytische Einkommensteuern, die im übrigen eine Erfassung der wirtschaftlichen Leistungsfähigkeit ausschließen, als *Schedulensteuern*. Eine verbesserte Einkommensteuer wurde ab 1803 erhoben, sie war allerdings als reine Kriegsteuer gedacht. Nach ihrer Abschaffung 1816 beschloß das Parlament die Vernichtung der einschlägigen Bücher und Unterlagen, um eine etwaige Rückkehr dieser verhaßten Abgabe („that odious impost") symbolisch abzuwehren.

Preußen, der seinerzeit in vieler Hinsicht richtungsweisende deutsche Staat, verkündete am 30. Mai 1820 das „Gesetz wegen Einführung einer Klassensteuer", einer an äußeren, leicht erkennbaren Merkmalen orientierten *Haushaltsteuer*, die kein genaues Eindringen in die Verhältnisse der Steuerpflichtigen voraussetzte und im wesentlichen auf Schätzungen beruhte. Das am 1. Mai 1851 verkündete „Gesetz betreffend die Einführung einer Klassen- und klassifizierten Einkommensteuer" untersagte in § 22 Abs. 3 sogar ausdrücklich „jedes lästige Eindringen in die Vermögens- und Einkommensverhältnisse der einzelnen Steuerpflichtigen". Erwähnenswert sind diese beiden preußischen Gesetze auch, weil sie die lange Tradition der deutschen *Haushaltsbesteuerung* begründeten, die heute noch ansatzweise in der Zusammenveranlagung von Ehegatten fortlebt.

Das Zeitalter der liberalen Finanzpolitik akzeptierte inzwischen Steuern als Dauerzustand, doch dachte auch der berühmte britische Schatzkanzler William Gladstone (1809–1891) noch so klassisch, daß er sich eine permanente Einkommensteuer nicht vorstellen konnte. Wenn Gladstone diese Steuer 1853 wieder einführte, so tat er das weniger aus Überzeugung als vielmehr aus finanzieller Not – und mit mäßigen Steuersätzen von 1 oder 2 Prozent. Und doch freundete sich das 19. Jahrhundert Stück für Stück mit der Idee einer Einkommensteuer an, allerdings zunächst nur unter der Voraussetzung eines proportionalen Tarifs. In einer Ausgabe der *Edinburgh Review* von 1833 war der Satz zu lesen: „Keine Steuer ist eine gerechte Steuer, sofern sie die Individuen nicht in derselben relativen Lage läßt, in der sie sie vorfindet." Dieses Postulat verbreitete sich schnell unter der Bezeichnung „leave them as you find them rule of taxation" oder kurz *Edinburgher Regel*; es wurde als klare Absage an die Progression verstanden. In England trat der Ökonom John Stuart Mill (1806–1873) für eine proportionale Steuer oberhalb des Existenzminimums ein und verurteilte die Progression als „mild form of robbery", während die ablehnenden Formeln in Deutschland von „Straßenraub" bis „selbstmörderischer Kommunismus" reichten. Der Franzose Adolphe Thiers (1797–1877), Wortführer des französischen Liberalismus und später Präsident der 3. Republik, stellte bündig fest: „Die Proportionalität ist ein Prinzip, die Progression nur scheußliche Willkür."

Aber abgesehen von der umstrittenen Frage der Progression wandelte sich der europäische Liberalismus des 19. Jahrhunderts allmählich von einem erbitterten Gegner zum glühenden Anhänger der Einkommensteuer, der *Queen of Taxes*. Das zuvor herrschende *Äquivalenzprinzip* der Besteuerung wurde in dieser Zeit zumindest auf der Ideenebene allmählich vom *Leistungsfähigkeitsprinzip* verdrängt. Die Steuer sollte nicht mehr als eine Art Marktpreis festgesetzt, sondern nach der persönlichen Leistungsfähigkeit der Zensiten bemessen werden. Damit wurde ein Besteuerungsziel formuliert, dem die Einkommensteuer viel besser als die überkommenen Objektsteuern entsprechen konnte. Am Ende dieses Prozesses wurde sogar die Forderung einer Einkommensteuer als Alleinsteuer laut. Steuerpolitisch gab es damit einen überraschenden Gleichklang zwischen Liberalen und Sozialisten, die im Gothaer Programm der SPD von 1875 eine einzige progressive Einkommensteuer verlangten. Das Erfurter Programm von 1891 modifizierte diese Alleinsteueridee, indem neben die Einkommensteuer eine Erbschaft- und eine Vermögensteuer traten; alle indirekten Steuern und Zölle waren abzuschaffen.

Allerdings dürfen diese programmatischen Aussagen nicht mit der Realität verwechselt werden, denn in Tat und Wahrheit war die gescheiterte Deutsche Revolution von 1848 auch in steuerlicher Hinsicht wenig folgenreich geblieben. 1850 setzte der König von Preußen das äquivalenztheoretisch gedachte *Dreiklassenwahlrecht* durch, das in puncto Gleichmäßigkeit der Besteuerung einen gewissen

Fortschritt bedeutete. Im Unterschied zum ständischen Prinzip waren nämlich die drei Klassen durch ihre Finanzkraft definiert; der Zuschnitt der Klassen erfolgte so, daß auf jede Klasse ein Drittel des Steueraufkommens und ein Drittel der Parlamentssitze entfiel. Hierdurch hatten Bürger der obersten Steuerklasse bei Wahlen ein stärkeres Stimmengewicht. Mit der Verfassung von 1871 wurde zwar auf Reichsebene ein allgemeines und gleiches Wahlrecht eingeführt, nicht aber auf der Ebene der Einzelstaaten, denen die alleinige Gesetzgebungshoheit über alle direkten Steuern zustand. Auch das Prinzip gleichmäßiger Besteuerung sollte in Deutschland erst viel später, nämlich 1919, mit Art. 134 der Weimarer Verfassung allgemeine Geltung erhalten: „Alle Staatsbürger ohne Unterschied tragen im Verhältnis ihrer Mittel zu allen öffentlichen Lasten bei." Als bedeutsamer für die deutsche Steuergeschichte des 19. Jahrhunderts erwiesen sich deshalb Änderungen auf dem Gebiet der Verkehrsteuern und Zölle. Unter maßgeblichem Einfluß des Volkswirts Friedrich List (1789–1846) wurden die Binnenzölle in der Zeit von der Errichtung des Deutschen Zollvereins 1834 bis zur Reichsgründung 1871 Schritt um Schritt zurückgedrängt. Ein Elbschiffer, der von der Moldau bis zur Nordsee fuhr, hatte noch im 17. Jahrhundert fast 50 verschiedene Zölle zahlen müssen, davon allein vier in Magdeburg, was nicht nur kostspielig war, sondern vor allem einen enormen Zeitverlust bedeutete. Der Wegfall dieser internen Handelshemmnisse begünstigte wesentlich den wirtschaftlichen Aufstieg Deutschlands bis zur Neugründung des Deutschen Reiches.

§ 10 Von der Gründerzeit bis zur Gegenwart

Ab 1870 entwickelte sich in Deutschland aus der Kameralistik – einem traditionsreichen Fach, für das schon im frühen 18. Jahrhundert eine Professur in Halle geschaffen worden war – die *Finanzwissenschaft* als eigenständige Disziplin der Volkswirtschaftslehre. Damit kann die Finanzwissenschaft den Platz der ältesten Steuerwissenschaft beanspruchen; ihre Schwestern, die Steuerrechtslehre und die betriebswirtschaftliche Steuerlehre, sollten erst ein halbes Jahrhundert später begründet werden. Verbunden war diese Frühphase der Finanzwissenschaft mit Namen wie Albert Schäffle, Georg Schanz und vor allem Adolph Wagner (1835–1917), der durch sein „Gesetz vom tendenziellen Wachstum der Staatsausgaben" bekannt geworden ist. Wagner war wohl der erste, der eine Zweiteilung der Steuern in solche „im rein finanziellen Sinne" und solche „im socialpolitischen Sinne" vornahm; mit dieser Unterscheidung entfernte sich die Steuerwissenschaft erstmals von der rein fiskalischen Sichtweise. Daneben feilte Wagner an der Smithschen Lehre von den Steuergrundsätzen und begründete damit eine Tradition, die von Wilhelm Gerloff und anderen weitergeführt wurde und in Fritz Neumarks *Grundsätzen*[54] ihren Höhepunkt und vorläufigen Abschluß fand.

Im Bundesstaat Preußen setzte Finanzminister Johannes von Miquel (1828–1901) im Jahre 1891 die erste progressive Einkommensteuer durch. Das erste deutsche Einkommensteuergesetz überhaupt war bereits, wenn man den gescheiterten Versuch von 1808 im ostpreußischen Königsberg vernachlässigt, 1848 in Bremen in Kraft getreten. Darüber hinaus führte Miquel 1891 eine preußische Gewerbesteuer und Vermögensteuer ein, während die Lancierung einer Erbschaftsteuer scheiterte. Ebenso wichtig war die Neuordnung der Kommunalfinanzen, mit der die Realsteuern den Gemeinden als selbständige Einnahmequellen überlassen wurden. Die Gesamtheit dieser Leistungen ging als *Miquelsche Finanzreform* in die deutsche Steuergeschichte ein, und dieser Ausdruck ist keinesfalls übertrieben. Vor allem das preußische Einkommensteuergesetz von 1891 diente als Vorbild für die späteren deutschen Einkommensteuergesetze und mutet durchaus modern an. Es enthält bereits die Unterscheidung von unbeschränkter und beschränkter Steuerpflicht, vier Einkunftsarten und den Dualismus zwischen Gewinneinkünften und Überschußeinkünften. Ganz seltsam, und doch zeittypisch, erscheint im Rückblick die Debatte um das strittigste Element des Gesetzentwurfs, den Tarif. Während manche Abgeordnete für eine allmähliche Progression von 3 % auf 4 % eintraten, beharrten andere auf einem einheitlichen Satz von 3 %. Hier ging es weniger um Belastungsfragen als ums Prinzip. Die Anhänger der Progression setzten sich schließlich durch und bescherten Deutschland das Zeitalter der progressiven Besteuerung.

Während im Deutschen Reich seit 1871 auf Reichsebene das allgemeine, gleiche und direkte Wahlrecht bestand, sprachen die politischen Verfassungen mancher Einzelstaaten einem zeitgenössischen Verständnis von Demokratie hohn; dort hatten weiterhin Adel und Großgrundbesitzer einen überproportionalen Einfluß. Dieser Umstand ist wichtig im Hinblick auf die *Finanzverfassung* des Deutschen Reichs, welche die Gesetzgebungs- und Ertragshoheit des Zentralstaates auf Zölle und Verbrauchsteuern beschränkte und den Einzelstaaten die Zuständigkeit für Personen- und Objektsteuern vorbehielt. Somit mußte die Oberschicht nicht befürchten, durch eine von den Reichstagsabgeordneten beschlossene direkte Steuer inkommodiert zu werden; erst mit dem Erbschaftsteuergesetz von 1906 gelang dem Reich ein erster Einbruch in das Gebiet der direkten Besteuerung. Bis dahin finanzierte sich das Reich vor allem durch Zölle und durch vier der fünf wichtigen Verbrauchsteuern, nämlich die *Salzsteuer*, *Tabaksteuer*, *Zuckersteuer* und *Branntweinsteuer*; allein die *Biersteuer* wurde zwischen Reich und Ländern nach einem komplizierten Verfahren geteilt, da Bayern dies zur *conditio sine qua non* seines Beitritts zum Reich gemacht hatte[55]. Hinzu kamen als anfänglich wichtige Finanzquelle des Reichs die Matrikularbeiträge

54 Neumark, F. (1970) *Grundsätze gerechter und ökonomisch rationaler Steuerpolitik*. Tübingen: Mohr.

55 Siehe hierzu Hansmeyer (Fußnote 20), S. 806.

der Einzelstaaten, so daß das Reich, wie man sagte, „Kostgänger der Länder" war. Die Konstruktion des Artikels 70 der Reichsverfassung von 1871 war eine unverkennbare Nachempfindung der deutschen Steuergeschichte seit dem fränkischen Reich: „Zur Bestreitung aller gemeinschaftlichen Aufgaben dienen zunächst die etwaigen Überschüsse der Vorjahre, sowie die aus den Zöllen, den gemeinschaftlichen Verbrauchsteuern und aus dem Post- und Telegraphenwesen fließenden gemeinschaftlichen Einnahmen. Insoweit dieselben durch diese Einnahmen nicht gedeckt werden, sind sie, so lange Reichssteuern nicht eingeführt sind, durch Beiträge der einzelnen Bundesstaaten nach Maßgabe ihrer Bevölkerung aufzubringen." Aufgrund des starken Wachstums der Zolleinnahmen erhielt das Reich jedoch bald ein finanzielles Übergewicht, und schon 1879 wurde mit der *Franckensteinschen Klausel* bestimmt, die über 130 Millionen Mark hinausgehenden Einnahmen aus Zöllen und Tabaksteuer (später erweitert auf Verbrauchsteuern) an die Länder zu verteilen. Indes wurden die Länder damit nicht „Kostgänger des Reichs"; vielmehr zementierte die dem Reich aufgezwungene Franckensteinsche Klausel dessen finanzielle Abhängigkeit durch Einzug einer Obergrenze für die reichseigenen Mittel.

Es ist kein Zufall, daß die bei weitem bedeutendste deutsche Steuerreform in das Nachkriegsjahr 1919 fällt. Hier, wie auch schon früher, trug ein verlorener Krieg wesentlich zur Brechung des Steuerwiderstands bei. Aber die Reform von 1919/20, nach ihrem Architekten, dem Finanzminister Matthias Erzberger (1875–1921), als *Erzbergersche Finanzreform* bezeichnet, brachte nicht nur eine wesentliche Erhöhung der Steuerquote mit sich, sondern ebenso eine tiefgreifende Vereinheitlichung und Systematisierung des Steuerrechts. In nur einem halben Jahr, zwischen dem 10. September 1919 und dem 30. März 1920, peitschte Erzberger nicht weniger als 16 Einzelsteuergesetze durch das Parlament, darunter die Reichsabgabenordnung, das Umsatzsteuergesetz, das Körperschaftsteuergesetz, das Gesetz über die Reichsfinanzverwaltung und das Landessteuergesetz, das den Finanzausgleich zwischen Reich, Ländern und Gemeinden regelte.

Diese Leistung ist bewundernswert, wenn man bedenkt, daß es vor 1919 praktisch keine Reichsfinanzverwaltung gab, keine Abgabenordnung als Mantelgesetz für das Steuerverfahren, keine Umsatzsteuer und keine Körperschaftsteuer; der Reichsfinanzhof in München war gerade erst 1918 errichtet worden, das Reichsfinanzministerium 1919 aus dem früheren Reichsschatzamt hervorgegangen. Die Einkommensteuer war zwar nicht neu, ersetzte aber als unitäre Steuer die äußerst verschiedenartigen Einkommensteuern der Länder: „Während der preußische Einkommensbegriff nur die im Gesetz aufgezählten Einkommensquellen umfaßte, dehnte er sich in Sachsen auf »die Summe aller in Geld oder Geldeswert bestehenden Einnahmen« aus. Die Hansestädte Bremen, Hamburg und Lübeck hatten die Quellentheorie aufgegeben und waren zur Besteuerung des Reinvermögenszuwachses übergegangen. Sachsen-Weimar gewährte kein allgemeingültiges Existenzminimum. Von den beiden Fürstentümern Schwarzburg hatte Sondershausen keine Kinderprivilegien. Das Einkommensteuergesetz für Reuß ä. L. enthielt eine »Junggesellensteuer und Jungfernsteuer« in Form von Zuschlägen.

Einige Länder wie Sachsen-Meiningen kannten noch keine allgemeine Steuererklärungspflicht. ... Im Kleinstaat Waldeck war überhaupt noch die alte Klassensteuer beibehalten worden.“[56] Diesen Wirrwarr ersetzte Erzberger durch eine reichseinheitliche Einkommensteuer, die sich an das von Miquel geschaffene preußische Vorbild anlehnte.

Im Anschluß an die Erzbergersche Finanzreform kamen weitere Steuerprotestbewegungen auf. Zunächst ist hier der nationalsozialistische Steuerprotest zu nennen, dessen Vorwurf des „organisierten Volksbetrugs“ sich freilich weniger gegen die Mittelaufbringung richtete als gegen die Mittelverwendung für Reparationszahlungen an die Siegermächte. Erzberger, der auch Verhandlungsführer des Deutschen Reichs nach der Niederlage gewesen war und dem nationale Kräfte die finanziellen Folgen des Vertrags von Versailles anlasteten, wurde 1921 von nationalsozialistischen Fanatikern ermordet. Aber auch unabhängig von der nationalen Bewegung formierte sich Widerstand gegen die hohen Steuern. Berühmt und bis heute spürbar ist der *Bernkasteler Winzeraufstand* von 1926, der sich gegen die *Weinsteuer* richtete. Erboste Winzer stürmten das Finanzamt von Bernkastel, verprügelten die Beamten und verbrannten die Steuerakten. Die verängstigte Regierung schaffte die Weinsteuer umgehend ab, und seitdem ist Wein in Deutschland das einzige alkoholische Getränk, das keiner speziellen Steuer unterliegt. Die erweiterten Ermittlungsbefugnisse der Finanzbehörden stießen ebenfalls auf breiten Widerstand und Unverständnis. So verlieh die Reichsabgabenordnung (RAO) von 1919 den Finanzämtern erstmals das Recht zur Prüfung von Aufzeichnungen und Unterlagen; eine nach heutigem Verständnis ganz unverfängliche und selbstverständliche Kompetenz. Der Deutsche Juristentag indes forderte schon 1922 die Aufhebung der einschlägigen §§ 162 und 198 RAO, und der erbitterte Protest der Wirtschaft gipfelte in Vorwürfen wie „finanzielle Nacktkultur“ oder „Finanzmilitarismus“.

Ein gemeinsames Merkmal der Steuerpolitik des Nationalsozialismus, Faschismus und Stalinismus, somit ein weiteres Indiz für deren enge geistige Verwandtschaft, waren eklatante Verstöße gegen die Gleichmäßigkeit der Besteuerung. Hitler, Mussolini und Stalin machten die Besteuerung rücksichtslos ihren politischen Zielen dienstbar. Nach dem sowjetischen Einkommensteuergesetz vom 1. Januar 1940 zahlten Arbeiter und Angestellte bei gleichem Einkommen dieselbe Steuer. Handwerker hatten hierauf einen Zuschlag von 10 % zu entrichten, wenn sie genossenschaftlich organisiert waren, und 35 %, wenn sie es nicht waren. Geistliche und andere Personen, deren Einkommen „nicht aus Arbeit“ stammte, schuldeten noch höhere Beträge. Somit betrug die Steuer eines Arbeiters mit 6.000 Rubeln Einkommen 168 Rubel, die eines Geistlichen mit demselben Einkommen das sechsfache, nämlich 1.126 Rubel[57]. Die sowjetische Steuerpolitik folgte allerdings nicht einer Lenkungsidee von Karl Marx, der 1850

---

56 Pausch, A. (1992) *Persönlichkeiten der Steuerkultur*. Herne, Berlin: Verlag Neue Wirtschaftsbriefe, S. 37 f.

57 Mann, F. K. (1959) *Finanztheorie und Finanzsoziologie*. Göttingen: Vandenhoeck und Ruprecht, S. 119.

in seinem *Londoner Rundschreiben* gefordert hatte: „Wenn die Demokraten selbst eine gemäßigte Progressivsteuer beantragen, bestehen die Arbeiter auf einer Steuer, deren Sätze so rasch steigen, daß das große Kapital dabei zugrunde geht." Derart schroffe Lenkungszwecksteuern, die auf die Zerstörung der Bemessungsgrundlage abzielen, bezeichnet man als *Erdrosselungsteuern*. Ihre Erhebung ist heute verfassungsrechtlich nicht zulässig.

Im Deutschland der 30er Jahre hatten Junggesellen einen Zuschlag zur Einkommensteuer zu entrichten, dessen Aufkommen zweckgebunden in einen Fonds floß, aus dem Jungverheiratete Darlehen erhielten[58]. Gleichzeitig wurde die jüdische Bevölkerung mit Erdrosselungsteuern auf Einkommen und Vermögen belegt; die Familienkomponente der Einkommensteuer fand auf jüdische Bürger keine Anwendung. Bei der Besteuerung von Ehegatten wurden die Einkünfte der Frau mit den Einkünften des Mannes zusammengerechnet und die Summe dieser Einkünfte dem progressiven Tarif unterworfen. „Die Maßnahme diente nach einer Äußerung des damaligen Staatssekretärs im Reichsfinanzministerium arbeitsmarktpolitisch bedingten Bestrebungen, die Frau vom Arbeitsmarkt zu verdrängen."[59] Auch im faschistischen Italien wurde Junggesellen im Alter von 25 bis 65 Jahren eine altersabhängige Zusatzsteuer auferlegt. Diese war bei Junggesellen im Alter von 30 bis 50 Jahren am höchsten und bei den 50 bis 65jährigen am niedrigsten, nur Geistliche, Militärs, Ausländer und Geisteskranke mußten sie nicht entrichten[60]. Somit hatte das Steuersystem sowohl in Deutschland als auch in Italien eine starke bevölkerungspolitische Ausrichtung, deren Ziel in einer möglichst hohen Reproduktion der als wertvoll angesehenen Volksteile bestand. Ein derart rohes und willkürliches Umspringen mit den Steuerbürgern ist Indiz für den totalitären Staat.

Die europäische Steuerpolitik nach dem zweiten Weltkrieg stand im Zeichen der Schaffung einer Europäischen Wirtschaftsgemeinschaft (EWG), die später zur Europäischen Gemeinschaft (EG) und zur Europäischen Union (EU) fortentwickelt wurde. Schon im Gründungsvertrag von 1957 war der Wegfall aller europäischen Binnenzölle in einem Stufenplan festgelegt; heute werden in den Mitgliedstaaten der EU nur noch Zölle gegenüber Drittstaaten erhoben. Der ab 1993 geschaffene gemeinsame Markt führte darüber hinaus zum Wegfall nichttarifärer Handelshemmnisse und zu einer weitgehenden Harmonisierung der Verbrauchsteuern. Ohne den Einfluß der EU würden in Deutschland vermutlich noch heute die *Salzsteuer*, *Essigsäuresteuer*, *Spielkartensteuer* oder *Leuchtmittelsteuer* erhoben, die alle erst der Verbrauchsteuerharmonisierung zum Opfer fielen. Auch der Übergang von der Brutto- zur Netto-Allphasen-Umsatzsteuer, für den sich die Finanzwissenschaft lange eingesetzt hatte, erfolgte 1968 unter heilsamem europäischen Zwang. Man muß kein fanatischer Befürworter der EU sein, um zu erkennen, daß die steuerpolitischen Konsequenzen der europäischen

58 Mann (Fußnote 57), S. 113.

59 Bundesverfassungsgericht (1957) Urteil vom 17. Januar 1957, Az. 1 BvL 4/54.

60 Neumark, (Fußnote 34), S. 391 f. sowie Mann (Fußnote 57), S. 114.

Einigung für Deutschland ähnlich vorteilhaft waren wie die Entwicklung der deutschen Einzelstaaten zum Reich.

Selbst die Nachkriegszeit kennt zahlreiche Steuerprotestbewegungen, die sich heute meist nicht gewaltsam, sondern demokratisch vollziehen. So gründete in Frankreich der Unternehmer Pierre Poujade 1953 eine „Union zur Verteidigung der Händler und Handwerker Frankreichs", die für eine Steueramnestie und eine generelle Abschaffung von Steuerprüfungen eintrat. Zum Entsetzen der etablierten Parteien und zur allgemeinen Überraschung erlangten die Poujadisten 1956 bei der Wahl zur französischen Nationalversammlung auf Anhieb 11,6 % der Stimmen, verschwanden aber schon 1962 nach internem Zwist aus dem Parlament.

In Kalifornien wurde 1978 durch ein Volksbegehren die bekannte *Proposition 13* beschlossen. Dieser für den kalifornischen Staat geltende Verfassungszusatz halbierte das Aufkommen der *property tax* (Grundsteuer) und begrenzte zudem das künftige Wachstum dieser bedeutendsten Kommunalsteuer. Initiator des Steuerprotests war Howard Jarvis, ein Immobilienmakler aus Los Angeles, der eine gekonnte Medienkampagne betrieb und im Laufe des Volksbegehrens nachgerade zur Kultfigur aufstieg[61].

Europaweite Proteste löste andererseits die Einführung einer *poll tax* (Kopfsteuer) im Vereinigten Königreich durch die Regierung Thatcher aus[62]. In steuertheoretisch ungeschulten Augen erscheint die Ursache des Aufruhrs nur zu verständlich, denn Kopfsteuern verstoßen gegen einen weithin anerkannten Grundsatz vertikaler Belastungsgerechtigkeit. Doch liegen die Dinge nicht so einfach, wenn man bedenkt, daß nicht die Verteilungswirkungen der Einzelsteuern zählen, sondern die Inzidenz des Gesamtsteuersystems. Wird die Kopfsteuer mit einer verschärften Einkommensteuerprogression bei gleichzeitiger Senkung der Verbrauchsteuern kombiniert, kann das ursprüngliche Umverteilungsniveau durchaus beibehalten werden. Insofern scheint die Kopfsteuer auf eine kulturell, vielleicht sogar genetisch verwurzelte Opposition zu stoßen, die in ökonomischen Kategorien nicht mehr faßbar ist. Die britische Regierung jedenfalls war schon bald zur Abschaffung der Kopfsteuer gezwungen.

§ 11 Resümee

Was kann man aus diesem kurzen Abriß der Steuergeschichte lernen? In der Zeit vom Altertum bis zur Gegenwart gibt es einige unverkennbare Entwicklungstendenzen der Besteuerung: Die zunehmende Verrechtlichung und Demokratisierung dieses Gebietes, der fast völlige Wegfall von Naturalleistungen und Dienstbarkeiten, die Milderung der Steuerstrafen bei paralleler Verdichtung der

61 Hansen, S. B. (1983) *The Politics of Taxation. Revenue without Representation.* New York: Praeger Publishers, insbesondere S. 212–250.

62 Butler, D., A. Adonis und T. Travers (1994) *Failure in British Government: The Politics of the Poll Tax.* Oxford: Oxford University Press.

Kontrolle, der Wandel der Steuer von einer ergänzenden oder außerordentlichen zur dominanten ordentlichen Staatseinnahme, die Zurückdrängung von Zöllen und Verkehrsteuern bei gleichzeitig höheren Verbrauchsteuern und direkten Abgaben, die allmähliche Herausbildung synthetischer, ökonomisch-abstrakter Bemessungsgrundlagen wie Einkommen oder Umsatz und schließlich eine höhere Gleichmäßigkeit der Besteuerung.

Überraschender als diese Unterschiede zwischen gestern und heute sind die beträchtlichen Gemeinsamkeiten: Der sowohl individuelle wie auch kollektive Steuerwiderstand, die ausgefuchste Wahl beschönigender Steuerbezeichnungen per Bagatellisierung („Kohlepfennig") oder durch Verweis auf einen anerkannten Verwendungszweck („Notopfer Berlin"), die rechtliche Komplexität des Gebiets und das daraus folgende Problem der Dummensteuer[63], die besonders ausgeprägte und nicht leicht erklärliche Aversion der Zensiten gegenüber direkten Steuern und nicht zuletzt ständige Veränderungen der geopolitischen Landschaft als Folge gewaltsamer Steuerproteste – all dies scheint unveränderlich zu sein. Was die *Ideengeschichte* der Besteuerung angeht, so sollte ein großes und wahres Wort von Fritz Karl Mann zur generellen Vorsicht mahnen: „Allzu häufig bestätigen sich auch auf [dem Gebiet der Besteuerung] die Beobachtungen Paretos: daß die logischen Begründungen den menschlichen Handlungen nachhinken und daß sie weniger der objektiven Erkenntnis als der Verschleierung jener praktischen Ziele dienen, die von Leidenschaften, Instinkten und Interessen gesteckt worden sind."[64] Dies anzuerkennen bedeutet keine Herabwürdigung der großen analytischen Leistungen der frühen Denker, sondern feit gegen manche Gefahr im Steuerdschungel.

63 Unter *Dummensteuer*, einem von Gerd Rose eingeführten Fachbegriff, versteht man den Sachverhalt, daß komplizierte Steuern nicht das Vorhandensein *wirtschaftlicher* Leistungsfähigkeit, sondern das Nichtvorhandensein einer spezifischen Form *intellektueller* Leistungsfähigkeit belasten.

64 Mann (Fußnote 53), S. VI.

Kapitel 3. Steuertechnik und Tariflehre

Literaturhinweise: Bräuer, K. (1923) Steuertarife. In: *Handwörterbuch der Staatswissenschaften*. 4. Auflage Jena: Fischer. Bös, D. und B. Genser (1977) Steuertariflehre. In: *Handwörterbuch der Wirtschaftswissenschaften*. Stuttgart: Fischer. Pfähler, W. und P. Lambert (1992) Die Messung von Progressionswirkungen. *Finanzarchiv N. F.* **49**, S. 281–374. Vogel, H. A. (1980) Steuertechnik und Steuerverwaltung. In: Neumark, F. (Hrsg.) *Handbuch der Finanzwissenschaft Band II*. 3. Auflage Tübingen: Mohr.

Einen abstrakten Steuergedanken, eine vage *Steueridee*, in die Tat umzusetzen – das ist die Aufgabe der *Steuertechnik*. Die hiermit zusammenhängenden Probleme sind weder trivial noch bedeutungslos, und es wäre ein kardinaler Fehler, die Steuertechnik als bloßes Geschäft der Verwaltung anzusehen, denn erst die konkrete rechtliche Ausgestaltung und Erhebung einer Steuer entscheidet über deren tatsächliche Wirkungen. Einen augenfälligen Beweis hierfür liefert die preußische Getränkesteuer der dreißiger Jahre, die in Ergänzung zur Biersteuer den Ausschank *alkoholfreier* Getränke belasten sollte. Weil über die letzteren keine Aufzeichnungen geführt wurden, wohl aber über den Bierumsatz, wußten sich einige Gemeinden nur durch Annahme eines festen Verhältnisses zwischen Bierausschank und Ausschank alkoholfreier Getränke zu helfen. Die Gemeinden besteuerten die Wirte folglich indirekt nach dem *Bierumsatz*, wodurch eine zweite Biersteuer eingeführt und die ursprüngliche Steueridee in ihr Gegenteil verkehrt wurde[65].

§ 12 Aufgaben der Steuertechnik

Im demokratischen Rechtsstaat beginnen die steuertechnischen Probleme nicht erst mit der Verabschiedung des Steuergesetzes oder mit dem Erhebungsverfahren, sondern schon im Vorfeld anläßlich der öffentlichen Erörterung von Steuerrechtsänderungen. Die Steuergeschichte belegt eindrucksvoll, daß bereits eine solche Debatte Verhaltensänderungen und Ausweichversuche auslöst[66]. Der Vorschlag einer schärferen Kapitaleinkommensbesteuerung etwa kann selbst dann erhebliche Kapitalabflüsse bewirken, wenn die tatsächliche Einführung der Steuer später scheitert. Hierfür hat man den Ausdruck *Signalwirkungen der Besteuerung* geprägt.

---

65 Nach Schmölders, G. und K.-H. Hansmeyer (1980) *Allgemeine Steuerlehre*. 5. Auflage Berlin: Duncker & Humblot, S. 91 f.

66 Dies zeigte sich exemplarisch, als der Bundesfinanzminister am 11. Oktober 1987 die Einführung einer zehnprozentigen Quellensteuer auf Zinseinkünfte zum 1. Januar 1989 ankündigte. Siehe hierzu die Studie von Nöhrbaß, K.-H. und M. Raab (1990) Quellensteuer und Kapitalmarkt. *Finanzarchiv N. F.* **48**, S. 179–193.

Schon in diesem Stadium stellt sich die Frage nach der *Bezeichnung* der Steuer, die durchaus über Erfolg oder Mißerfolg des Vorschlags entscheiden kann. Die Politik hat hierbei eine bemerkenswerte Kunstfertigkeit entwickelt, indem sie statt „Steuer" ein beschönigendes Synonym wählt (-pfennig, -opfer, -zuschlag) oder in die Bezeichnung ein schändliches Verhalten (Vergnügungsteuer, Tabaksteuer) oder einen mißliebigen Destinatar (Reichensteuer) einschließt; ebenso beliebt ist die Benennung nach einem anerkannten Lenkungszweck (Ökosteuer). Allerdings sind solche Versuche einer Senkung des Steuerwiderstandes nur kurzfristig erfolgreich, wie das Wort „Steuer" selbst zeigt, das ursprünglich als „Stütze" positiv besetzt war, im Zeitablauf aber zum ausgesprochenen Reizwort mutierte. Wohl deshalb wird oft der ehrliche Weg beschritten und die Steuer erstens als solche und zweitens nach dem Steuergegenstand benannt.

Der *Steuergegenstand*, auch *Steuergut* genannt, konkretisiert die anfänglich vage Steueridee, ist aber seinerseits noch nicht bestimmt genug, um als *Steuerbemessungsgrundlage* zu taugen. Die Steueridee könnte zum Beispiel darin bestehen „den Autoverkehr" zu belasten, Steuergegenstand wäre dann das Kraftfahrzeug, Steuerbemessungsgrundlage der Hubraum. Oder die Steueridee zielt auf eine Belastung „wirtschaftlicher Leistungsfähigkeit" ab, Steuergegenstand ist das Einkommen, Steuerbemessungsgrundlage das im Einkommensteuergesetz exakt definierte zu versteuernde Einkommen. Die Formulierung der tatbestandlichen Voraussetzungen für den Steuerzugriff ist eines der wichtigsten und zugleich schwierigsten Probleme der Steuertechnik. Um rechtsstaatlichen Ansprüchen zu genügen, sollte die Abgrenzung genau und damit eng sein; die Begriffsbestimmung des amerikanischen Steuergesetzes „income means all income from whatever source derived"[67] besticht zwar durch pragmatische Souveränität, ist aber logisch anfechtbar. Umgekehrt beinhaltet eine enge Fassung der Bemessungsgrundlage – wie die abschließende Aufzählung von Einkunftsarten im deutschen Einkommensteuergesetz – die Gefahren legaler *Steuervermeidung* oder gesetzwidriger *Steuerumgehung*, die ihrerseits fiskalische Verluste und Ineffizienzen verursachen. Das Schaumweinsteuergesetz etwa spricht nicht einfach von Sekt, sondern, grob gesagt, von alkoholischen Getränken, die in der geschlossenen Flasche bei 20° C einen Oberflächendruck von mindestens 3 bar erzeugen[68]. Diese Gefahren sprechen für eine möglichst breite Definition der Bemessungsgrundlage, eine Forderung, der viele Steuergesetze genügen.

Neben dem Steuergegenstand, auch *Steuerobjekt* genannt, legt das Steuergesetz mit dem *Steuersubjekt* jenen Personenkreis fest, an den sich die Steuer wendet. Die Entscheidungen über Steuerobjekt und Steuersubjekt müssen gleichzeitig getroffen werden, wie das Beispiel einer Biersteuer zeigt. Mit dem Steuerobjekt „getrunkenes Bier" wäre der Biertrinker selbst Steuersubjekt, mit dem Steuerobjekt „verkauftes Bier" der Einzelhändler, mit dem Steuerobjekt „erzeugtes Bier"

---

67 Internal Revenue Code (IRC), Subtitle A, Chapter 1, Subchapter B, Sec. 61.

68 Gesetz zur Besteuerung von Schaumwein und Zwischenerzeugnissen vom 21. 12. 1992 (BGBl. I S. 2176), § 1 Abs. 2.

die Brauerei. Die Anzahl der Steuersubjekte und damit die *Kosten der Steuererhebung* nehmen in dieser Reihung ab. Bei einer Ausgestaltung als *Konsumentensteuer* würde die Biersteuer vielleicht 30 Millionen jährliche Veranlagungen und eine sehr aufwendige und geradezu skandalöse Kontrolle erfordern. Die Zahl der Steuerschuldner vermindert sich erheblich, wenn die Biersteuer statt dessen als *Einzelhandelsteuer* ausgestaltet wird, und sie sinkt nochmals bei einer Erhebung als *Produzentensteuer*. Adam Smith ging im Bemühen, die Kosten der Biersteuererhebung zu senken, noch einen Schritt weiter und empfahl die Besteuerung der Mälzereien, von denen es im England des 18. Jahrhunderts nur wenige gab, anstelle der Brauereien. Ist die Zahl der Steuerpflichtigen groß, dann können die Erhebungskosten durch *Quellenabzug* vermindert werden, wie bei der Kapitalertragsteuer oder der Lohnsteuer (*Abzugsteuern*). Der Quellenabzug bedeutet zwar einerseits eine Verlagerung der Erhebungskosten auf die Erfüllungsgehilfen des Fiskus, also Ertragsschuldner bzw. Arbeitgeber, andererseits aber auch unverkennbar eine Kostenersparnis im volkswirtschaftlichen Sinn, weil Spezialisierungsvorteile durch Automatisierung ausgenutzt werden können und sich der Aufwand für Schriftverkehr oder Vollstreckungsmaßnahmen verringert.

Allerdings sind Produzentensteuern und Quellenabzüge nicht nur *kostengünstig*, sondern auch *unmerklich*. Der Durchschnittsverbraucher dürfte über die Höhe der Kraftfahrzeugsteuer, die jährlich offen durch Bescheid festgesetzt wird, einigermaßen orientiert sein; wie hoch aber seine Biersteuerbelastung ist, vermag er wahrscheinlich kaum zu sagen. Ob eine Steuer merklich oder unmerklich sein sollte, wird in der Literatur unterschiedlich beurteilt. Während F. W. Taussig die Unmerklichkeit als „zynisches Prinzip" sah, weil sie den Bürger über die Kosten der Staatsführung täuscht, stellen manche Steuerjuristen die Unmerklichkeit auf eine Stufe mit den obersten Grundsätzen der Besteuerung[69]. In der Finanzwissenschaft wird heute überwiegend[70] die Haltung vertreten, daß der mündige Bürger nicht vernünftig zwischen Privatkonsum und öffentlichem Konsum wählen kann, wenn er seine Steuerbelastung nicht kennt. Insoweit gilt das Wort von Wilhelm Gerloff: „Ein gutes Steuersystem soll ... die Steuerlast nicht verschleiern, sondern erkennen lassen."[71]

Schließlich erstrecken sich die Aufgaben der Steuertechnik nicht allein auf die Gesetzesformulierung, sondern ebenso auf organisatorische und administrative Fragen. Hierzu gehören der Aufbau der Finanzverwaltung und Finanzgerichtsbarkeit, eine wirksame Kontrolle der Steuerpflichtigen sowie das Steuerstrafrecht. Die Steuertechnik hat hierbei eine Vielzahl einander widerstreitender Ziele zu berücksichtigen und ist eingebettet in das allgemeine gesellschaftliche System. Im liberalen Rechtsstaat sind sowohl die Kontrollmöglichkeiten als auch die

69 Taussig, F. W. (1920) *Principles of Economics*. 2. Auflage New York usw.: Macmillan, S. 486 f., Tipke und Lang (Fußnote 3), S. 188.

70 Einen Überblick zu den verschiedenen Standpunkten gibt Keller, T. (1968) Merkliche oder unmerkliche Steuern? *Finanzarchiv N. F.* 27, S. 110–120.

71 Gerloff, W. (1950) *Die öffentliche Finanzwirtschaft Band II*. 2. Auflage Frankfurt a. M.: Vittorio Klostermann, S. 169.

erlaubten Vollstreckungsmaßnahmen und Steuerstrafen stark beschränkt, was die Steuererhebung erschwert. Die Steuertechnik muß auf Widerstände Rücksicht nehmen und darauf bedacht sein, die Steuermoral nicht durch Gesetze oder Verfahren zu schwächen, die als ungerecht oder schikanös empfunden werden. Im Hinblick auf dieses Dickicht antinomischer Zielsetzungen erscheint es nicht übertrieben, von einer *Kunst der Besteuerung* zu sprechen. Zwar ist der Überblick zur Steuertechnik hiermit abgeschlossen, jedoch wird auf ihre Besonderheiten und Probleme im weiteren Text wieder und wieder zurückzukommen sein.

§ 13 Die Kosten der Besteuerung

Die schon von Adam Smith geforderte *Billigkeit der Besteuerung* ist ein hohes steuerpolitisches Ziel. Durch die Besteuerung entstehen nämlich vielfältige Kosten, deren Gesamtbetrag vom Steueraufkommen abgezogen werden muß, wenn man die für die eigentlichen Staatsaufgaben verfügbaren Finanzmittel berechnen will.

Traditionell unterscheidet man die Ziele der Erhebungsbilligkeit und Entrichtungsbilligkeit. *Erhebungsbilligkeit* meint geringe Kosten für die Verwaltung, *Entrichtungsbilligkeit* meint geringe Kosten für die Steuerpflichtigen. Eine Steuer, die sich an nur wenige Pflichtige wendet, verursacht geringe Erhebungskosten *und* geringe Entrichtungskosten, sofern man unter Entrichtungskosten den aggregierten Aufwand des privaten Sektors versteht. Fritz Neumark, der meinte, eine kleine Zahl von Steuerpflichtigen sei ein Vorteil „nur für den Fiskus“[72], ging mit dieser Einschätzung fehl, denn auch die Privaten profitieren von dem Umstand, daß sich beispielsweise die Kaffeesteuer nicht an Millionen Kaffeetrinker wendet, sondern nur an einige Dutzend Kaffeeimporteure, und der Gesamtaufwand des privaten Sektors für die Entrichtung der Kaffeesteuer minimal ist.

Erhebungs- und Entrichtungskosten heißen zusammen genommen *Vollzugskosten* (*compliance costs*) und bilden den bekanntesten Kostenblock. Bei einer weiteren Begriffsbildung müßte man indes auch den Aufwand für die *Steuergesetzgebung* und die steuerpolitische Einflußnahme durch *Interessenverbände* dazuzählen. Ein weiterer bedeutender Faktor sind die Kosten der *Steuerplanung*: Oft maximieren die Steuerpflichtigen ihr Nettoeinkommen durch Sachverhaltsgestaltung und wenden viel Zeit und Geld auf, um der Steuer auszuweichen[73]. Darüber hinaus lösen Steuern unsichtbare *Zusatzlasten* aus, indem sie wirtschaftliche Entscheidungen verzerren; diese Zusatzlasten stehen im Zentrum des fünften Kapitels. Und schließlich entstehen *Ungerechtigkeitskosten*, wenn die Verteilung der Steuerlast – wie im sechsten Kapitel thematisiert – als ungerecht empfunden wird. Das häufig beschworene steuerpolitische Ziel einer *Steuervereinfachung*

---

72 Neumark (Fußnote 54), S. 380.

73 Wagner, F. W. (2006) Was bedeutet Steuervereinfachung wirklich? *Perspektiven der Wirtschaftspolitik* 7, S. 19–33.

muß, wenn man es recht versteht, die Summe all dieser Kosten minimieren und darf sich nicht auf die Minimierung der Erhebungskosten beschränken[74].

Von den genannten Kostenarten sind die *Erhebungskosten* am besten dokumentiert. Hierzu gehören die Kosten der Veranlagung, der Außenprüfung, der Bearbeitung von Einsprüchen und Klagen, der Zahlungsüberwachung sowie der Vollstreckung. Der Gesetzgeber kann diese Kosten wesentlich beeinflussen – und zwar zum Guten wie zum Schlechten. Durch Wahl komplexer Bemessungsgrundlagen entstehen Bewertungsprobleme, bei unklaren Begriffen oder willkürlichen Abgrenzungen kommt es zu Streitigkeiten. Die *Entrichtungskosten* der Steuerpflichtigen umfassen den Zeit- und Geldaufwand für die Erstellung von Jahresabschlüssen, Steuererklärungen und Voranmeldungen, die Prüfung der Steuerbescheide und die steuerlichen Aufzeichnungspflichten. Dabei spielt es keine Rolle, ob diese Aufgaben von den Steuerpflichtigen selbst wahrgenommen oder honorarpflichtig an Steuerberater delegiert werden. Volkswirtschaftlich gesehen gehört das Gesamteinkommen der Steuerberater nämlich ebenfalls zu den Entrichtungskosten.

Steuerart	Erhebung	Entrichtung	Vollzug
Lohnsteuer	1,9	4,3	6,2
Einkommensteuer	5,2	3,8	9,0
Körperschaftsteuer	1,4	2,8	4,2
Umsatzsteuer	1,5	2,4	3,9
Gewerbesteuer	3,1	5,4	8,5
Vermögensteuer	20,0	12,3	32,3
Kfz-Steuer	7,5	0,7	8,2
Grundsteuer	5,5	0,7	6,2
Grunderwerbsteuer	6,8	4,7	11,5
Sonstige Steuern	0,2	1,9	2,1
Insgesamt	2,3	3,3	5,6

Tab. 4: Kosten der Besteuerung 1984 in % des Aufkommens[75]

Die Angaben in Tab. 4 beruhen auf einem Gutachten, das vom Rheinisch-Westfälischen Institut für Wirtschaftsforschung (RWI) im Auftrag des Bundesministeriums der Finanzen erstellt wurde. Sie zeigen, daß die Kosten der Einzelsteuern sehr stark streuen. An der Spitze rangiert die frühere Vermögensteuer, die komplizierte Bewertungsvorschriften mit hohen Freibeträgen bzw. Freigrenzen

74 Dies betont Wagner (Fußnote 73) zurecht. Vgl. zu diesem Thema auch: Schön, W. (2002) Vermeidbare und unvermeidbare Hindernisse der Steuervereinfachung. *Steuer und Wirtschaft*, S. 23–35.

75 Rappen, H. (1989) Vollzugskosten der Steuererhebung und der Gewährung öffentlicher Transfers. *RWI-Mitteilungen* **40**, S. 221–246, hier S. 232.

verband und bei der die Vollzugskosten ein knappes Drittel des Aufkommens verschlangen. Die Kfz-Steuer verursacht wegen der großen Zahl Entrichtungspflichtiger hohe Vollstreckungskosten. Als für beide Seiten teuer erweist sich die veranlagte Einkommensteuer, die auf Einzelfallgerechtigkeit abzielt und entsprechend komplex konstruiert ist[76]. Manche Bagatellsteuern nehmen sich vergleichsweise günstig aus. So schätzt Bauer in einer anderen Studie die Erhebungskosten der Lotteriesteuer und der Versicherungsteuer auf 0,01 Prozent des jeweiligen Aufkommens[77].

Nach den Berechnungen des RWI betrugen die Vollzugskosten im Jahre 1984 insgesamt 5,6 Prozent des Steueraufkommens. In einer aktuelleren – wenngleich weniger detaillierten – Untersuchung desselben Instituts zeigt, sich, daß die Vollzugskosten und vor allem die Erhebungskosten tendenziell sinken. Dies beruht zum Teil auf dem Siegeszug der elektronischen Datenverarbeitung[78]. Gleichwohl dürfen die Vollzugskosten bei der Gestaltung eines guten Steuersystems nicht vernachlässigt werden, denn eine vollkommen effiziente und gerechte Steuer, deren Vollzug 100 Prozent des Aufkommens kostet, wäre zu nichts nütze. Deshalb sollte man an das Steuersystem in puncto Raffinesse keine überzogenen Anforderungen stellen. Etwas weniger kann durchaus mehr sein.

§ 14 Mengen- und Wertsteuern

Nach einer geläufigen Ausdrucksweise unterscheidet man Mengensteuern (*specific taxes*) und Wertsteuern (*ad valorem taxes*). Während *Mengensteuern* an Bemessungsgrundlagen wie Stück, Liter oder Kilogramm anknüpfen und Tarife von Währungseinheiten pro Stück, pro Liter oder pro Kilogramm vorsehen, werden *Wertsteuern* als prozentuale Aufschläge oder Abschläge von Wertgrößen wie Umsatz, Einkommen oder Zollwert erhoben. Spezielle Verbrauchsteuern sind meist als Mengensteuern ausgestaltet, Zölle und Verkehrsteuern fast immer als Wertsteuern. Allein die Höhe der Tabaksteuer als einer kombinierten Mengen- und Wertsteuer hängt sowohl von der Stückzahl als auch vom Endverkaufspreis ab. Weil die Tabaksteuer als Produzentensteuer erhoben wird, muß bereits der Hersteller den Endverkaufspreis festsetzen; somit liegt eine steuertechnisch bedingte Preisbindung der zweiten Hand vor – ob Kiosk oder Supermarkt, die Zigarettenpackung kostet überall dasselbe. Mengensteuern sind historisch älter als Wertsteuern, weil sie auf Seiten der Finanzverwaltung nur die Fähigkeit des Zählens voraussetzen, während Wertsteuern Lese- oder Rechenfertigkeiten erfordern.

76 Slemrod und Sorum schätzen die Vollzugskosten der amerikanischen Einkommensteuer auf 7 Prozent des Aufkommens. Slemrod, J. und N. Sorum (1984) The Compliance Cost of the U. S. Individual Income Tax System. *National Tax Journal* 37, S. 461 – 474.

77 Bauer, E.-R. (1988) *Was kostet die Steuererhebung?* Göttingen: Vandenhoeck & Ruprecht, S. 386.

78 Rheinisch-Westfälisches Institut für Wirtschaftsforschung (2003) *Arbeitsbericht 2002*. Essen: RWI, S. 73 f.

Darüber hinaus wäre die Unterscheidung zwischen Mengensteuern und Wertsteuern belanglos, wenn es nicht eine menschliche Wahrnehmungsschwäche gäbe, die – in unheiliger Allianz mit einem sprachlichen Fehler – den beiden Steuerarten eine ganz unterschiedliche *Dynamik* verleiht. Die Wahrnehmungsschwäche besteht darin, daß sich die menschliche Wahrnehmung auf *Änderungen* konzentriert, der sprachliche Fehler liegt in einer Verwechslung zwischen absoluten und relativen Größen, und beide zusammen begünstigen das Wachstum der Wertsteuern zu Lasten der Mengensteuern. Wenn in einer stationären Wirtschaft alle Geldgrößen mit einer inflationsbedingten Rate von jährlich 5 Prozent wachsen, steigt das Aufkommen proportionaler Wertsteuern automatisch um 5 Prozent, ohne daß dies in der Öffentlichkeit als Steuererhöhung begriffen würde. Versuche aber, die Tarife der Mengensteuern um jährlich 5 Prozent anzuheben, hätten zwangsläufig den Vorwurf einer Steuererhöhungspolitik zur Folge.

Aufgrund dieser Wahrnehmungsschwäche haben Wertsteuern in der Vergangenheit eine erheblich größere Dynamik entfaltet als Mengensteuern; die meisten Mengensteuern degenerierten im Gefolge von Inflation und realem Wachstum zu Bagatellsteuern und wurden abgeschafft. Der im vorigen Beispiel beschriebene Aufkommenseffekt ist im Fall progressiver Wertsteuern noch ausgeprägter, denn bei steigenden Nominaleinkommen rücken die Steuerpflichtigen von Jahr zu Jahr in höhere Progressionsstufen vor (*kalte Progression).* Für die Regierung hat die kalte Progression den angenehmen Effekt, daß ihre Einnahmen automatisch steigen und in gewissen Abständen „Steuersenkungen" verkündet werden können, in denen eigentlich nur jene Mehreinnahmen nachgelassen werden, die in den Vorjahren einkamen. Zusammengefaßt ist die Unterscheidung zwischen Mengensteuern und Wertsteuern zwar theoretisch gehaltlos, aber von großer praktischer Bedeutung.

Dasselbe gilt für die folgende Abgrenzung von Bruttowertsteuern und Nettowertsteuern, die darauf abhebt, ob die Steuer von der Bemessungsgrundlage abgezogen oder zur Bemessungsgrundlage hinzugerechnet wird. Im weiteren bezeichnet q einen *Bruttobetrag (tax-inclusive base)* und p einen *Nettobetrag (tax-exclusive base).* Die Differenz $q-p$ entspricht dem *Steuerbetrag.* Mit τ (tau) als Steuersatz der Bruttowertsteuer und θ (theta) als Steuersatz der Nettowertsteuer bestehen zwischen Bruttobetrag und Nettobetrag die folgenden Beziehungen:

(1) *Bruttowertsteuer:* $p = q\,(1-\tau)$,

(2) *Nettowertsteuer:* $q = p\,(1+\theta)$.

Bei der Bruttowertsteuer ergibt sich der Nettobetrag durch Abzug der Steuer τq vom Bruttobetrag. Bei der Nettowertsteuer ergibt sich der Bruttobetrag durch Aufschlag der Steuer θp auf den Nettobetrag.

Unter dem *Effektivsteuersatz* versteht man das Verhältnis von Steuerbetrag und Bruttobetrag, also den Ausdruck $(q-p)/q$. Der Effektivsteuersatz gibt demnach jenen Anteil des Wertes an, der dem Steuerpflichtigen vom Staat entzogen wird. Aus den Formeln (1) und (2) lassen sich die Effektivsteuersätze leicht errechnen

(3) *Effektivsteuersatz Bruttowertsteuer:* $\frac{q-p}{q} = \tau$,

(4) *Effektivsteuersatz Nettowertsteuer:* $\frac{q-p}{q} = \frac{\theta}{1+\theta}$.

Während der Effektivsteuersatz einer Bruttowertsteuer mit dem nominalen Steuersatz übereinstimmt, ist er bei einer Nettowertsteuer mit positivem Steuersatz geringer. Deshalb kann die Steuer durch geeignete Vertragsgestaltung gesenkt werden, sofern der Steuergesetzgeber eine Bruttowertsteuer und eine Nettowertsteuer mit identischen Sätzen vorsieht und den Vertragsparteien freie Wahl läßt. Dies kommt tatsächlich manchmal vor, wie das folgende Beispiel zeigt.

Beispiel: Bemessungsgrundlage der Grunderwerbsteuer ist die im Kaufvertrag festgelegte *Gegenleistung*. Die 3,5 %ige Grunderwerbsteuer darf dieser Gegenleistung nach § 9 Abs. 3 GrEStG weder hinzugerechnet noch von ihr abgezogen werden. Eine *Nettowertsteuer* liegt vor, wenn die Grunderwerbsteuer vom *Käufer* übernommen wird. Verlangt der Verkäufer 100.000 Euro, dann zahlt der Käufer insgesamt 103.500 Euro, davon 100.000 Euro an den Verkäufer und 3.500 Euro an den Fiskus. Eine *Bruttowertsteuer* liegt vor, wenn die Grunderwerbsteuer vom *Verkäufer* übernommen wird. Will der Verkäufer annahmegemäß 100.000 Euro haben, muß der Kaufpreis auf 103.626,94 Euro heraufgesetzt werden. Nach Abzug von 3,5 % Grunderwerbsteuer, also 3.626,94 Euro, verbleibt ein Nettobetrag von 100.000 Euro. Weil die Steuer in diesem Fall höher ist, sind bei Grundstückskaufverträgen Nettowertvereinbarungen üblich.

In fast allen Fällen stellt der Steuergesetzgeber allerdings eine einheitliche Effektivbelastung her, indem er die nominalen Steuersätze τ und θ entsprechend differenziert. Die Frage, wie θ bei vorgegebenem τ gewählt werden muß, damit sich in beiden Fällen dieselbe Effektivbelastung einstellt, durchzieht das gesamte Steuerrecht. Zur Beantwortung setzt man die beiden Effektivsteuersätze aus (3) und (4) gleich und gewinnt durch Auflösen die

(5) *Umrechnungsformeln*: $\boxed{\theta = \frac{\tau}{1-\tau} \quad \text{und} \quad \tau = \frac{\theta}{1+\theta}}$.

Beispiel: Schuldner von Kapitalerträgen haben in bestimmten Fällen eine Quellensteuer an das Finanzamt abzuführen. Diese *Kapitalertragsteuer* (KapSt) beträgt laut § 43a Abs. 1 Nr. 1 EStG entweder 20 % des Bruttobetrags oder 25 % des Nettobetrags. Eine Umrechnung mittels Formel (5) zeigt, daß die Steuerbelastung nicht davon abhängt, ob sie vom Gläubiger oder vom Schuldner der Kapitalerträge übernommen wird, denn es gilt 0,2 = 0,25/1,25.

Die Umsatzsteuer ist eine Nettowertsteuer im Sinne der obigen Terminologie. Durch Aufschlag von 19 Prozent auf das (Netto-) Entgelt gelangt man zum

(Brutto-) Rechnungsbetrag. Umgekehrt kann man, wie jeder kaufmännische Azubi weiß, das in einem Rechnungsbetrag enthaltene Entgelt herausrechnen.

Beispiel: Eine Nettowertsteuer von 19 *vom Hundert* entspricht gemäß Formel (5) einer Bruttowertsteuer von 0,19/1,19= 15,97 *im Hundert*. Somit zerfällt ein Rechnungsbetrag von 100 Euro in 15,97 Euro Umsatzsteuer und 84,03 Euro Entgelt.

Demgegenüber gehört die Einkommensteuer zur Gruppe der Bruttowertsteuern, weil sie mit dem jeweils anzuwendenden Prozentsatz vom Bruttoeinkommen abgezogen wird. Aus der oben entwickelten Beziehung zwischen Bruttowertsteuern und Nettowertsteuern folgt, daß sich die Belastungswirkungen einer Umsatzsteuer und einer mit demselben Satz erhobenen Einkommensteuer erheblich unterscheiden. Sieht man von Ersparnissen ab, hat eine 100 %ige Umsatzsteuer ($\theta = 1$) dieselbe Belastungswirkung wie eine 50 %ige Einkommensteuer ($\tau = 0{,}5$), wie man anhand der Formel $\tau = \theta/(1 + \theta)$ leicht nachprüfen kann. Der heutige Umsatzsteuersatz von 19% käme nach der obigen Beispielrechnung einer ungefähr 16 %igen Einkommensbesteuerung gleich, wenn die Bemessungsgrundlagen identisch wären. Im Interesse einer schlüssigen Notation werden Bruttowertsteuern im weiteren immer mit dem Symbol τ bezeichnet, Nettowertsteuern stets mit dem Symbol θ. Bei Mengensteuern symbolisiert t den Steuerbetrag pro Mengeneinheit.

§ 15 Steuergesetze

Die wohl wichtigste Aufgabe der Steuertechnik besteht in der Formulierung von Steuergesetzen. Ein *Steuergesetz* ist mathematisch gesehen eine Funktion, die jedem zulässigen Vektor von Tatbeständen genau eine Zahl zuordnet, nämlich den geschuldeten Steuerbetrag. Die Formulierung eines Steuergesetzes erfordert die Lösung dreier Teilaufgaben.

1. Definition der steuerrelevanten Tatbestände: Der Gesetzgeber hat die Tatbestände so auszuwählen, daß die Steuer den angestrebten fiskalischen, Lenkungs- oder Umverteilungszwecken genügt; er muß hierbei bedenken, inwieweit die Tatbestände von der Verwaltung feststellbar sind und wie leicht es den Steuerpflichtigen fällt, die Erfüllung steuerbegründender Tatbestände zu vermeiden oder zu umgehen. Mathematisch lassen sich alle Tatbestände durch *Zahlen* darstellen, und zwar durch rationale oder natürliche Zahlen wie bei Einkommen, Stück oder Hubraum, mindestens aber durch die Dualziffern 1 und 0, wobei eine Eins bedeutet, daß der entsprechende Tatbestand erfüllt ist und eine Null, daß er nicht erfüllt ist. Demnach bilden alle in einem Steuergesetz aufgeführten Tatbestände einen *Tatbestandsraum*, und jeder *Tatbestandsvektor* $\mathbf{z} = (z_1, \ldots, z_n)$ ist ein Punkt in diesem Raum.

2. Aggregation der Tatbestände: Das Steuergesetz muß weiterhin eine Aggregationsfunktion enthalten, mit der die Tatbestände zur Steuerbemessungsgrundlage zusammengefaßt werden. Die Aggregationsfunktion $y = A(\mathbf{z})$ ordnet jedem Punkt des Tatbestandsraums genau eine Zahl zu, nämlich die Steuerbemessungsgrundlage y.

3. Festlegung des Steuertarifs: Schließlich muß das Steuergesetz den Tarif T(y) festlegen, der jeder Steuerbemessungsgrundlage y genau einen Steuerbetrag T zuordnet. Indirekt ergibt sich damit der Steuerbetrag nach Maßgabe der verketteten Funktion $T = T(A(\mathbf{z}))$ aus den zugrunde liegenden Tatbeständen[79].

Beispiel: Das deutsche Einkommensteuergesetz definiert einen vieldimensionalen Tatbestandsraum. Der Vektor $\mathbf{z} = (z_1, ..., z_n)$ ist ein Punkt in diesem Raum. Seine erste Komponente z_1 könnte beispielsweise angeben, ob der Steuerpflichtige beschränkt (0) oder unbeschränkt (1) steuerpflichtig ist, z_2 könnte die Einkünfte aus selbständiger Tätigkeit messen, z_3 das Alter usw. Nach den Gesetzesvorschriften läßt sich jeder Tatbestandsvektor in das zu versteuernde Einkommen $y = A(\mathbf{z})$ als Bemessungsgrundlage umrechnen. Der Tarif schließlich ordnet jedem zu versteuernden Einkommen genau einen Einkommensteuerbetrag T(y) zu.

Durch die Aggregation der komplexen Steuertatbestände zu einer eindimensionalen Bemessungsgrundlage gehen viele rechtlich und wirtschaftlich wichtige Sachverhalte verloren, und Belastungsvergleiche anhand des Tarifs sind nur eingeschränkt sinnvoll. Denn die meisten Umverteilungselemente der Besteuerung, zum Beispiel spezifische Steuerbefreiungen oder Freibeträge, sind nicht im Tarif enthalten, sondern auf der vorgelagerten Aggregationsebene angesiedelt. Die *Aggregation* ist deshalb selbst dann nicht bloße *Addition*, wenn die Tatbestände in ihren Dimensionen übereinstimmen: Fließt einem Einkommensteuerpflichtigen ein Geldbetrag von 1.000 Euro zu, muß zunächst geprüft werden, ob ein steuerbegründender Tatbestand erfüllt wurde, was bei einer steuerfreien Einnahme (§ 3 EStG) nicht der Fall ist. Kann die Einnahme einer der sieben Einkunftsarten (§ 2 EStG) zugeordnet werden, stellt sich sodann die Frage, ob das Gesetz für die betreffende Einkunftsart eine Freigrenze oder einen Freibetrag vorsieht. Das schließlich berechnete zu versteuernde Einkommen stellt alles andere dar als die Summe der dem Steuerpflichtigen zugeflossenen ökonomischen Einkommen.

Der mathematische Begriff der Funktion ist wie geschaffen für das rechtsstaatliche Erfordernis, jedem Tatbestandsvektor *genau einen* Steuerbetrag zuzuordnen. Ein Steuergesetz wird durch die *Steuergesetzfunktion* $T(A(\mathbf{z}))$ umfassend beschrieben, aber diese ist im allgemeinen so kompliziert, daß ein genaues Aufschreiben nicht lohnt. Steuergesetzfunktionen spielen deshalb in der Theorie kaum ein Rolle, sind aber von großer Bedeutung für die Praxis, weil sie den Computerprogrammen der Finanzverwaltung und privater Anbieter zugrunde liegen. Ein derartiges Programm akzeptiert die Komponenten des Vektors **z** als Eingaben und liefert den Steuerbetrag als Ergebnis, es setzt das Gesetz buchstabengetreu um. Während die Definition der Tatbestände und die Vorschriften

79 Im deutschen Einkommensteuergesetz heißt $T(A(\mathbf{z}))$ die *tarifliche Einkommensteuer*. Aus dieser berechnet man die *festzusetzende Einkommensteuer* durch weitere Transformationen, die *Tarifvorschriften*.

über deren Aggregation zur Bemessungsgrundlage oft und zu Unrecht als eher „technisches Problem“ angesehen werden, findet der nachgelagerte Tarif größtes Interesse sowohl seitens der Öffentlichkeit als auch seitens der Wissenschaft, die hierzu eine feinsinnige Steuertariflehre entwickelt hat. Hierauf wird nun einzugehen sein.

§ 16 Steuertarife

Rechtsstaatlich erhobene Steuern sind *tarifierte* Steuern. Aus dem vom Gesetzgeber beschlossenen und veröffentlichten Steuertarif kann jeder Steuerpflichtige seine Steuerschuld vorab ersehen und sich beizeiten darauf einrichten. Tarifierte Steuern bezeichnet man auch als *Quotitätsteuern*. Die früher verbreiteten *Repartitionsteuern* waren *nichttarifierte* Steuern; hierbei setzte die Obrigkeit den in einer Provinz zu erhebenden Gesamtbetrag fest und überließ die spätere Verteilung des Steuerbetrags auf die Individuen den Steuerbeamten oder Steuerpächtern. Freud und Leid sind bei diesen beiden Methoden der Steuererhebung reziprok verteilt: Während Quotitätsteuern dem individuellen Bürger Sicherheit bezüglich der auf ihn zukommenden Steuerforderung geben, schaffen sie beim Steuerberechtigten Unsicherheit über die zu erwartenden Einnahmen, die bei mangelnder Vorhersehbarkeit der Bemessungsgrundlagen nur geschätzt werden können. Umgekehrt unterliegt der Bürger bei den Repartitionsteuern einem hohen Steuerrisiko, wohingegen der Steuerberechtigte mit einer im voraus bestimmten Einnahme fest kalkulieren kann.

Die *Steuertariflehre* beschäftigt sich nicht mit dem Zusammenhang zwischen steuerbegründenden Tatbeständen und Steuerbetrag, sondern mit dem viel einfacheren Zusammenhang zwischen Bemessungsgrundlage und Steuerbetrag. Wie schon erwähnt, handelt es sich beim Steuertarif um eine (nicht identisch verschwindende) *Funktion*, die jeder Bemessungsgrundlage einen Steuerbetrag zuordnet.

(6) *Steuertarif*: $T\colon\ D \rightarrow W, \quad T = T(y) \quad \text{mit } D, W \subset \Re, W \neq \{0\}$.

Prinzipiell können sowohl die Bemessungsgrundlage als auch der Steuerbetrag negative Werte annehmen. Beispiele hierfür wären der Verlustabzug nach § 10d EStG ($y < 0$) oder die Erstattung von Vorsteuer gemäß § 15 UStG an Unternehmer ($T < 0$). Aus diesem Grund wurden in der obigen Definition weder der Definitionsbereich D noch der Wertebereich W der Tariffunktion auf die Menge der positiven reellen Zahlen eingeengt. Bei den meisten Steuern allerdings sind y und T nicht-negativ. Manche Steuertarife haben einen mehrdimensionalen Definitionsbereich, zum Beispiel die Biersteuer oder die Erbschaftsteuer[80]. In diesen Fällen empfiehlt es sich, den Tarif als einen Vektor eindimensionaler

80 Die *Biersteuer* nimmt einerseits progressiv mit dem in Hektoliter gemessenen Bierausstoß des Produzenten zu; andererseits hängt der Durchschnittsteuersatz vom Stammwürzegehalt des Bieres ab. Die *Erbschaftsteuer* wächst einerseits progressiv mit dem Erbanfall; andererseits hängt der Durchschnittsteuersatz vom Verwandtschaftsgrad zwischen Erblasser und Erben ab.

Tarife zu betrachten. Durch diesen Kniff bleiben die nachfolgend geschilderten Analysemethoden weiter anwendbar.

Je nach Art des funktionalen Zusammenhangs zwischen Bemessungsgrundlage und Steuerbetrag unterscheidet man verschiedene Tarifformen. Die wichtigste Tarifform ist der proportionale Steuertarif.

(7) *Proportionaler Tarif:* $T(y) = a\,y \quad \text{mit} \quad a > 0\,.$

Die meisten Tarife von Steuern auf spezielle Güter sind von dieser Art, zumindest bei idealisierender Betrachtung. Der Zusammenhang zwischen Bemessungsgrundlage und Steuerbetrag ist graphisch ein Ursprungsstrahl. Außerdem weisen proportionale Steuertarife konstante Durchschnitt- und Grenzsteuersätze auf. Diese beiden wichtigen Maßzahlen sind folgendermaßen definiert:

(8)

$$\textit{Durchschnittsteuersatz:} \quad t(y) = \frac{T(y)}{y},$$

$$\textit{Grenzsteuersatz:} \quad T'(y) = \frac{dT(y)}{dy} \approx \frac{\Delta T(y)}{\Delta y}.$$

Der *Durchschnittsteuersatz* ist das Verhältnis von Steuerbetrag und Bemessungsgrundlage. Er entspricht, ausgewertet an einem beliebigen Punkt, der Steigung eines Ursprungsstrahls durch diesen Punkt. Demgegenüber ist der *Grenzsteuersatz* das Verhältnis von zusätzlicher Steuer ΔT und einem Zuwachs Δy der Bemessungsgrundlage. Er entspricht, ausgewertet über einem beliebigen Intervall, der durchschnittlichen Steigung des Tarifs auf diesem Intervall, also der Steigung einer Sekante. Bei einem differenzierbaren Tarif[81] ist der Grenzsteuersatz $T(y)/dy$ oder $T'(y)$ die Steigung einer Tangente an der Stelle y[82]. Im Fall proportionaler Steuertarife stimmen der Durchschnittsteuersatz und der Grenzsteuersatz mit der Konstanten a aus Formel (7) überein. Nur proportionale Steuertarife weisen konstante Durchschnittsteuersätze auf.

(9) *Linearer Tarif:* $T(y) = a\,y - b \quad \text{mit} \quad a > 0 \quad \text{und} \quad b \neq 0\,.$

Der lineare Tarif hat mit dem proportionalen die Eigenschaft eines konstanten Grenzsteuersatzes gemein; auch hier gilt $T'(y) = a$. Dagegen nimmt der Durchschnittsteuersatz entweder ständig zu oder ständig ab, wie man nach Division durch y sofort erkennt: $t(y) = a - b/y$. Bei $b < 0$ fällt der Durchschnittsteuersatz mit zunehmender Bemessungsgrundlage, bei $b > 0$ wächst er. Engt man den Wertebereich eines Tarifs mit $b > 0$ auf die Menge der nicht-negativen Zahlen ein, ergibt sich der sehr verbreitete

---

81 Im weiteren werden Differenzierbarkeitsannahmen meist stillschweigend gemacht, um den Text zu entlasten. Der mathematisch geschulte Leser denke sich Stetigkeit, Differenzierbarkeit oder stetige Differenzierbarkeit hinzu, wann immer dies erforderlich ist.

82 Dem einheitlichen angelsächsischen Sprachgebrauch *marginal tax rate* entsprechend bezeichnen wir sowohl $\Delta T/\Delta y$ als auch dT/dy als Grenzsteuersatz. Manche Autoren reservieren diesen Begriff für den Differentialquotienten dT/dy und bezeichnen $\Delta T/\Delta y$ als *Differenzsteuersatz.*

(10) *Tarif mit Freibetrag:* $T(y) = \max\{a\,y - b;\ 0\}$ mit $a, b > 0$.

Der Steuerbetrag wird durch den größeren der beiden Werte $a\,y - b$ und Null gegeben. Bis zur Bemessungsgrundlage $y = b/a$ entsteht keine Steuer, anschließend wächst die Steuer linear. Der implizit in der Formel enthaltene *Freibetrag* ist die Zahl b/a.

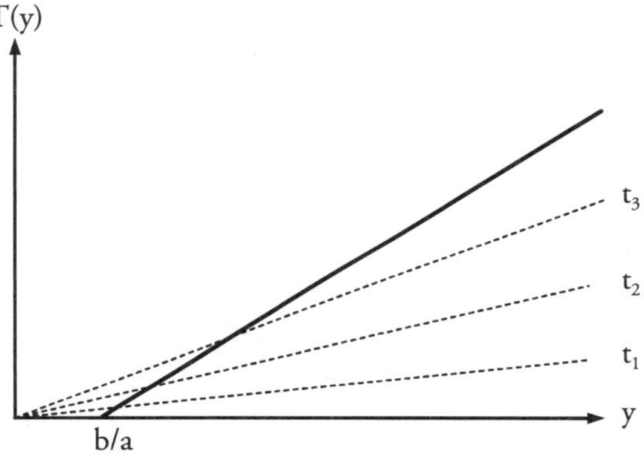

Abb. 3: Ein linearer, indirekt progressiver Tarif

Abb. 3 veranschaulicht die Wirkung des Freibetrags. Der Durchschnittsteuersatz entspricht graphisch der Steigung der gestrichelt skizzierten Ursprungsstrahlen. Mit wachsender Bemessungsgrundlage steigt der Durchschnittsteuersatz allmählich von Null auf den Wert a. Die Steigungen der Strahlen t_1, t_2 und t_3 zeigen drei Stationen auf diesem Weg.

Steuertarife mit wachsendem Durchschnittsteuersatz nennt man *progressiv*. Die Progression äußert sich darin, daß bei steigender Bemessungsgrundlage immer größere Teile weggesteuert werden, wobei die Durchschnittsbelastung freilich nach oben beschränkt ist. Beispielsweise läßt sich ein Tarif mit einem konstanten Grenzsteuersatz von 20 % und einem Grundfreibetrag von 20.000 Euro als $T = \max\{0{,}2\,y - 4.000;\ 0\}$ schreiben. Der Durchschnittsteuersatz wächst bei diesem Tarif allmählich von Null auf 20 %.

Freibeträge werden im Steuerrecht durch Redewendungen wie „*soweit* das Einkommen 1.000 Euro übersteigt" normiert. Sie sind scharf zu unterscheiden von *Freigrenzen*, bei denen die entsprechende Formulierung „*wenn* das Einkommen 1.000 Euro übersteigt" lautet. Während lineare Tarife konstante Grenzsteuersätze und proportionale Tarife außerdem konstante Durchschnittsteuersätze aufweisen, kann ein Tarif mit Freigrenze weder linear noch proportional sein. Der einfachste derartige Tarif lautet

(11) *Tarif mit Freigrenze:* $T(y) = \begin{cases} a\,y & \text{falls} \quad y > b\,, \\ 0 & \text{sonst.} \end{cases} \qquad a, b > 0\,.$

Die Wirkung der Freigrenze verdeutlicht Abb. 4. Bis zur Freigrenze b entsteht keine Steuer. Liegt die Bemessungsgrundlage geringfügig über der Freigrenze, dann wird die *volle* Bemessungsgrundlage besteuert, nicht wie beim Freibetrag der *übersteigende* Betrag. Alternativ entsteht bereits dann eine Steuerschuld, wenn die Freigrenze erreicht wird; in diesem Fall wäre in Formel (11) ein unechtes Größerzeichen einzusetzen. In beiden Fällen ist der Durchschnittsteuersatz entweder Null oder gleich a. Der Grenzsteuersatz $\Delta T/\Delta y$ beträgt zuerst Null, schießt dann auf sehr hohe Werte, die deutlich über Eins liegen können, und fällt hernach jäh auf den Wert a zurück. Grenzsteuersätze über Eins bewirken eine *Reihenfolgeumkehr* der Steuerpflichtigen.

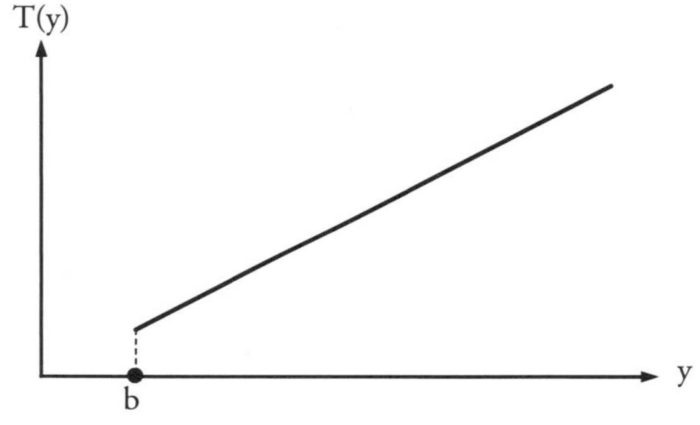

Abb. 4: Ein Tarif mit Freigrenze

Beispiel: Betrachtet sei ein Einkommensteuertarif mit einem Steuersatz von 20 % und einer Freigrenze von 10.000 Euro. Bei einem Einkommen von 10.000 Euro entsteht keine Steuer. Wächst das Einkommen auf 11.000 Euro, so beträgt die Steuer 2.200 Euro, und das Nettoeinkommen sinkt auf 8.800 Euro.

Quantitativ ins Gewicht fallende Freigrenzen kennzeichnen eine *fehlerhafte* Steuertechnik, weil dem Zensiten jeder Anreiz genommen wird, zusätzliches Einkommen zu erwirtschaften und weil die dadurch bewirkte Reihenfolgeumkehr als ungerecht empfunden wird. Das Einkommensteuerrecht sieht in § 23 Abs. 3 EStG eine insofern dubiose Freigrenze von 512 Euro für Gewinne aus privaten Veräußerungsgeschäften vor. Allerdings sind mäßige Freigrenzen als *Vereinfachungszwecknormen* unbedenklich. Während Freigrenzen meist Vereinfachungszwecknormen sind, können Freibeträge je nach Absicht des Gesetzgebers einem Vereinfachungszweck, Lenkungszweck oder Umverteilungszweck dienen.

Beispiele: Die Sonderregelung zur Besteuerung der Kleinunternehmer nach § 9 UStG begrenzt die Zahl jener Personen, die zur Abgabe einer Umsatzsteuererklärung verpflichtet sind; es handelt sich um eine Vereinfachungszwecknorm. Der Freibetrag von 3.835 Euro nach § 24 Körperschaftsteuergesetz (KStG) ist eine Umverteilungszwecknorm; die mit einem konstanten Grenzsteuersatz erhobene Körperschaftsteuer wird hierdurch indirekt progressiv. Offensichtliche Umverteilungszwecknormen sind spezifische Freibeträge, die nur bestimmten Steuersubjekten (§ 25 KStG) oder nur bei bestimmten Einkunftsarten (siehe § 13 Abs. 3 EStG) gewährt werden. Solche Freibeträge verletzen den Grundsatz einer gleichmäßigen Besteuerung.

§ 17 Steuerprogression

Im vorigen Paragraphen wurden proportionale Tarife durch konstante Durchschnittsteuersätze definiert, lineare Tarife durch konstante Grenzsteuersätze. Tarife mit streng abnehmendem Durchschnittsteuersatz heißen *regressiv*, Tarife mit streng zunehmendem Durchschnittsteuersatz heißen *progressiv*. Wenn der Tarif differenzierbar ist, lassen sich regressive, proportionale und progressive Steuern danach unterscheiden, ob die Ableitung des Durchschnittsteuersatzes negativ, null oder positiv ist, ob also der Durchschnittsteuersatz bei einer Zunahme der Bemessungsgrundlage fällt, unverändert bleibt oder steigt.

$$(12) \qquad \frac{dt}{dy} \begin{cases} < 0 & \textit{regressiver Tarif,} \\ = 0 & \textit{proportionaler Tarif,} \\ > 0 & \textit{progressiver Tarif.} \end{cases}$$

Der Durchschnittsteuersatz t wurde in Formel (8) als T(y)/y definiert. Führt man in diesem Ausdruck die Ableitung gemäß der Quotientenregel aus, dann zeigt sich, daß der Grenzsteuersatz an jeder Stelle eines progressiven Tarifs den Durchschnittsteuersatz übersteigt[83], es gilt also:

$$(13) \qquad \textit{Progressiver Tarif:} \quad T'(y) > \frac{T(y)}{y} \quad \text{für alle } y > 0 \,.$$

Die Steuerprogression läßt sich durch zwei gänzlich verschiedene Methoden erzeugen. Erstens kann eine Kombination von Freibetrag und konstantem Grenzsteuersatz vorgesehen werden; diesen Fall bezeichnet man als *indirekte Progression*. Zweitens kann der Tarif zunehmende Grenzsteuersätze aufweisen; hierbei spricht man von *direkter Progression*. Während der Fall der indirekten Progression bereits in Abb. 3 veranschaulicht wurde, zeigt Abb. 5 einen direkt progressiven Tarif ohne Freibetrag. Selbstverständlich muß ein Tarif nicht auf seinem gesamten Definitionsbereich progressiv oder regressiv sein. Ein Tarif mit Freibetrag und fallendem Grenzsteuersatz wird oft progressive und regressive Zonen aufweisen. Zusammengefaßt sind progressive Tarife durch einen mit der Bemessungsgrundlage wachsenden Durchschnittsteuersatz definiert: Aus $y_2 > y_1$ folgt $t(y_2) > t(y_1)$. Diese Definition der Progression ist die allgemeinste, weil sie nicht Differenzierbarkeit des Tarifs voraussetzt.

83 *Beweis*: Die Voraussetzung $d[T(y)/y]/dy = [T'(y)\, y - T(y)]/y^2 > 0$ ist unter der Annahme $y > 0$ äquivalent zu $T'(y) > T(y)/y$.

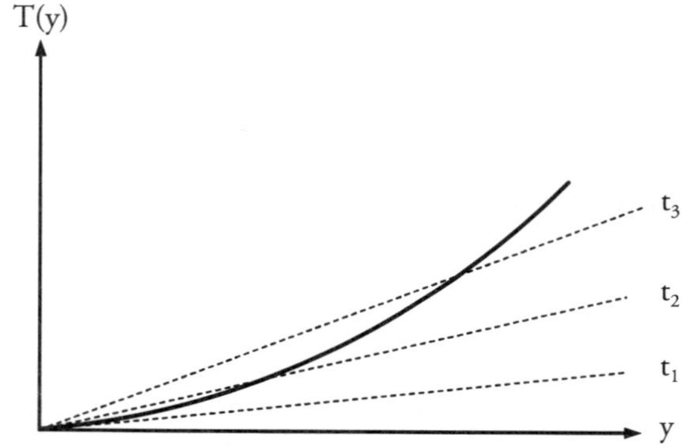

Abb. 5: Ein direkt progressiver Tarif

Der in Abb. 5 gezeigte direkt progressive Tarif ist *streng konvex* (aufwärts gekrümmt): Beliebige Sekanten, die den Graphen der Tariffunktion an zwei Stellen schneiden, liegen stets oberhalb der Funktion. Demnach bedeutet strenge Konvexität, daß die folgende Ungleichung für alle $y_1 \neq y_2$ und alle Zahlen λ (lambda) mit $0 < \lambda < 1$ erfüllt ist:

(14) $$\lambda T(y_1) + (1-\lambda) T(y_2) > T[\lambda y_1 + (1-\lambda) y_2)] .$$

Auf der linken Seite dieser Gleichung erkennt man Werte einer Sekante, die den Tarif an den Stellen y_1 und y_2 schneidet; auf der rechten Seite sind die Werte der Tariffunktion selbst abgetragen. Aus der Tatsache, daß die Sekante oberhalb der Funktion liegt, ergibt sich die Aufwärtskrümmung. Gilt Formel (14) nur mit einem unechten Größerzeichen, dann nennt man den Tarif schwach konvex. Wie Abb. 5 zeigt, unterwerfen streng konvexe Einkommensteuertarife jeden *zusätzlich* verdienten Euro einer höheren Belastung als das bisherige Einkommen; der Grenzsteuersatz, also die erste Ableitung der Tariffunktion, nimmt ständig zu. Hinreichend für strenge Konvexität ist deshalb eine strikt positive zweite Ableitung der Tariffunktion.

(15) *Streng konvexer Tarif*: $T''(y) > 0$ für alle y .

Mit jedem streng konvexen Tarif ist unvermeidlich eine sogenannte *Degressionswirkung* verbunden. Der Ausdruck Degressionswirkung besagt, daß Abzüge bei steigender Bemessungsgrundlage eine zunehmende Entlastungswirkung entfalten, und das muß so sein, weil umgekehrt Zuwächse eine zunehmende Belastungswirkung bedeuten. Obwohl es sich hierbei um eine mathematische Selbstverständlichkeit handelt, stellt die Degressionswirkung in der steuerpolitischen Diskussion einen ständigen Stein des Anstoßes dar.

Beispiel: Der Handwerksmeister A unterliege einem Grenzsteuersatz von 50 Prozent, sein Kollege B einem Grenzsteuersatz von 20 Prozent. Aufgrund einer neuen gesetzlichen Bestimmung zur Arbeitssicherheit müssen beide für ihren Betrieb Aufwendungen in Höhe von 1.000 Euro tätigen. Das Nettoeinkommen des A sinkt hierdurch um 500 Euro, das Nettoeinkommen des B aber um 800 Euro. Der Handwerksmeister mit dem geringeren Gewinn wird also durch die Ausgabe stärker belastet.

Zu diesem Problem hat der 57. Deutsche Juristentag im Jahre 1988 festgestellt: „Die Degressionswirkung bei steuermindernden Abzügen ist keine Steuervergünstigung, sondern die systemnotwendige Kehrseite der Progression bei den steuerbegründenden Zuflüssen."[84] Diese Aussage trifft zu, sofern sie sich auf direkt progressive, also streng konvexe Tarife bezieht. Bei einem nur indirekt progressiven Tarif kommt es oberhalb des Freibetrags *nicht* zu einer Degressionswirkung, weil jeder Zuwachs der Bemessungsgrundlage mit demselben Steuerbetrag belegt wird und jeder Abzug zur selben Verringerung der Steuer führt. Bei Abzügen von der Bemessungsgrundlage ist die Degressionswirkung streng konvexer Tarife unvermeidbar. Dies ist nicht der einzige Nebeneffekt solcher Tarife; sie verhindern ebenso eine *horizontal gleichmäßige* Besteuerung, sofern die Steuer nach dem Jahreseinkommen festgesetzt wird.

Beispiel: Der Steuerpflichtige A hat in zwei aufeinanderfolgenden Jahren die verschiedenen Einkommen y_1 und y_2 bezogen, der Steuerpflichtige B in beiden Jahren das Einkommen $(y_1 + y_2)/2$. Bei Vernachlässigung von Zinseffekten haben A und B dasselbe Gesamteinkommen, nämlich $y_1 + y_2$. Während B aber zweimal den Steuerbetrag $T[(y_1 + y_2)/2]$ entrichtet, zahlt A im ersten Jahr $T(y_1)$ und im zweiten $T(y_2)$ und damit insgesamt einen höheren Betrag. Denn wählt man in Formel (14) den Wert $\lambda = 1/2$ so folgt nach Multiplikation mit der Zahl 2 sofort

$$(16) \qquad T(y_1) + T(y_2) > 2\,T[(y_1 + y_2)/2]\ .$$

Bei streng konvexem Steuertarif werden *schwankende* Einkommen deshalb stärker belastet als *konstante* Einkommen gleicher durchschnittlicher Höhe. Ebenso zahlen Steuerpflichtige, die ein gegebenes Gesamteinkommen während einer *kürzeren Lebensarbeitszeit* verdienen, mehr Steuern. Um diese Nebenwirkungen zu vermeiden, müßte man die Steuer aus der Summe der in den Vorjahren bezogenen Einkommen berechnen und die in den Vorjahren gezahlte Steuer abziehen. Dieser von Vickrey stammende Vorschlag[85] dürfte in einer Welt mit ständig wechselnden Steuergesetzen allerdings schwer umzusetzen sein. Wohl auch aus diesem Grund werden Erbschaften und Schenkungen, die ja ganz unregelmäßig anfallen, nicht in die Bemessungsgrundlage der Einkommensteuer einbezogen, sondern nach separaten Tarifen besteuert. Bei einem linearem Einkommensteuertarif könnte man Erbschaften und Schenkungen wie andere Einkünfte behandeln.

Alle genannten Nachteile streng konvexer Steuertarife werden in Kauf genommen, weil diese Tarife in der Regel progressiv sind; die Progression ist insofern

---

84 Deutscher Juristentag (1988) *Verhandlungen des Siebenundfünfzigsten Deutschen Juristentages*, Bd. II Sitzungsbericht N, München, S. 214.

85 Vickrey, W. (1939) Averaging of Income for Income Tax Purposes. *Journal of Political Economy* 47, S. 379–397. Hierzu ausführlich Hackmann, J. (1979) *Die Besteuerung des Lebenseinkommens*. Tübingen: Mohr.

der Zweck, die Konvexität das Mittel. Exakt gilt: *Ein Tarif mit* $T''>0$ *und* $T(0)\leq 0$ *ist progressiv*[86]. Oder anders ausgedrückt: Ein Tarif mit wachsendem Grenzsteuersatz hat mindestens dann auch einen wachsenden Durchschnittssteuersatz, wenn bei einem Einkommen von Null keine Steuer entsteht. Die Bedingung $T(0)\leq 0$ erweist sich in der Praxis als nicht einschränkend, weil fast alle konvexen Tarife Freibeträge vorsehen und bei einer Bemessungsgrundlage von Null keine Steuer entsteht. Daß die Umkehrung des Satzes nicht stimmt, progressive Tarife also nicht streng konvex sein müssen, wurde bereits durch die linearen Tarife gezeigt.

Bis zu dieser Stelle sollte klar geworden sein, daß es eine eindeutige Unterscheidung zwischen proportionalen, progressiven und regressiven Tarifen gibt, die sich danach richtet, ob der Durchschnittssteuersatz gleich bleibt, zunimmt oder abnimmt. Ein hieran anschließendes Problem lautet, ob man progressive Tarife ordnen kann, um Aussagen wie „der Tarif T_1 ist progressiver als der Tarif T_2“ zu ermöglichen. Hiermit ist die Frage nach einem *Progressionsmaß* gestellt. Ein erstes naheliegendes Progressionsmaß wäre die zweite Ableitung der Tariffunktion, $T''(y)$, die angibt, wie stark der Grenzsteuersatz bei einer Einkommenserhöhung zunimmt. Zweitens könnte man den *Progressionsgrad* dt/dy, also den Zuwachs des Durchschnittssteuersatzes bei einem Anstieg der Bemessungsgrundlage, als Progressionsmaß verwenden. Ein weiteres Progressionsmaß ist die Aufkommenselastizität α (alpha) der Steuer.

(17) *Aufkommenselastiztität:* $$\alpha(y)=\frac{dT}{dy}\frac{y}{T}\approx\frac{\Delta T/T}{\Delta y/y}\,.$$

Die Aufkommenselastizität einer Steuer gibt näherungsweise an, um wieviel Prozent das Steueraufkommen steigt, wenn die Bemessungsgrundlage um ein Prozent zunimmt. Wichtig für das Verständnis der Aufkommenselastizität ist, daß es sich um eine lokale Maßzahl handelt, die je nach Wert der Bemessungsgrundlage verschieden sein kann. Weil der Grenzsteuersatz eines progressiven Tarifs, wie schon mehrfach erwähnt, stets über dem Durchschnittssteuersatz liegt, $dT/dy > T/y$, erhält man durch Multiplikation mit y/T unmittelbar $\alpha(y) > 1$. Progressive Tarife sind deshalb *aufkommenselastisch*, die Aufkommenselastizität ist größer als Eins; regressive Tarife sind *aufkommensunelastisch*, die Aufkommenselastizität ist kleiner als Eins. Im allgemeinen wird die Aufkommenselastizität einer Steuer variieren. Ist sie aber konstant, dann heißt der Tarif isoaufkommenselastisch.

(18) *Iso-aufkommenselastischer Tarif:* $$\alpha(y)=\alpha \quad \text{für alle } y\,.$$

86 *Beweis*: Aus einer Taylorreihenentwicklung mit dem Restglied zweiter Ordnung nach der Stelle $y>0$ folgt $T(0) = T(y) + T'(y)\,(0-y) + \tfrac{1}{2}\,T''(y^*)\,(0-y)^2$, wobei das Restglied an einer Stelle aus dem Intervall [0; y] ausgewertet wird. Auflösen ergibt $T'(y) = T(y)/y - T(0)/y + \tfrac{1}{2}\,T''(y^*)\,y$ und damit wegen $T(0)\leq 0$ und $T''>0$ auch $T'(y) > T(y)/y$. Laut (13) definiert diese Ungleichung den progressiven Tarif.

Tarife der Form $T(y) = a\,y^{\alpha}$, und nur diese, sind iso-aufkommenselastisch, wobei der Exponent α der Aufkommenselastizität entspricht und die Konstante a beliebig gewählt werden kann[87]. Somit sind proportionale Tarife ($\alpha = 1$) *einheitselastisch*, parabolische Tarife wie $T(y) = y^2$ *elastisch* und konkave Tarife der Form $T(y) = y^{0,5}$ *unelastisch*. Bei fast allen in der Praxis angewandten Tarifen, mit Ausnahme der proportionalen, variiert die Aufkommenselastizität. Deshalb kann es gut sein, daß von zwei progressiven Tarifen an manchen Stellen der erste und an anderen Stellen der zweite aufkommenselastischer ist.

Die Aufkommenselastizität läßt sich mikroökonomisch für einen einzelnen Steuerpflichtigen oder makroökonomisch für die Gesamtheit der Steuerpflichtigen interpretieren, ohne daß dies einen Unterschied in der Notation macht. Aus Sicht des *Steuerberechtigten* hängt die Ergiebigkeit einer Steuer von der Dynamik der Bemessungsgrundlage ab und von ihrer makroökonomischen Aufkommenselastizität. Bei paralleler Entwicklung der Bemessungsgrundlagen und unverändertem Steuerrecht ist eine progressive Steuer ($\alpha > 1$) ergiebiger als eine proportionale Steuer ($\alpha = 1$), ihr Aufkommen wächst rascher.

Aufkommenselastizitäten sind ein wichtiges Element der staatlichen Haushaltsplanung, mit ihrer Hilfe können die Steuereinnahmen des kommenden Haushaltsjahres abgeschätzt werden[88]. Hierzu bedarf es erstens einer Prognose über die zu erwartende Entwicklung des Inlandsprodukts, zweitens einer Schätzung für die Reaktion der Bemessungsgrundlage auf Änderungen des Inlandsprodukts und drittens einer Angabe über die Aufkommenselastizität. Durch Multiplikation dieser drei Größen erhält man die zu erwartenden Steuermehreinnahmen. Ein Teil der Literatur spricht auch dann von aufkommenselastischen Steuern, wenn die betreffenden Einnahmen im Zeitablauf rasch zunehmen. Im Unterschied zu dieser Begriffsbildung, die verschiedene Sachverhalte miteinander vermengt, wird die Aufkommenselastizität hier als Eigenschaft des Tarifs begriffen.

Beispiel: Der Arbeitskreis „Steuerschätzungen" rechne mit einem nominalen Wirtschaftswachstum von 2 Prozent. Aus den vergangenen Jahren sei bekannt, daß die Ausgaben für Kaffee bei einprozentigem Wachstum des nominalen Inlandsprodukts um 0,6 Prozent steigen. Der Kaffeesteuertarif ist proportional und damit einheitselastisch ($\alpha = 1$). Also sind bei der Kaffeesteuer Mehreinnahmen in Höhe von 1,2 Prozent zu erwarten.

Der *Steuerpflichtige* interessiert sich weniger für die Entwicklung der Steuereinnahmen, sondern eher dafür, wie stark sein Nettoeinkommen im Zeitablauf

---

87 *Beweis:* $\alpha(y) = \alpha$ oder ausführlich $dT/dy \cdot y/T = \alpha$ ist eine Differentialgleichung mit getrennten Veränderlichen. Allgemein gewinnt man die Lösung $y(x)$ einer solchen Differentialgleichung $y'(x) = f(x)\,g(y)$ durch Auflösen von $\int 1/g(y)\,dy = \int f(x)\,dx$ nach y. Im hiesigen Fall folgt aus $dT/dy \cdot y/T = \alpha$ heuristisch $1/T\,dT = \alpha/y\,dy$, also $\int 1/T\,dT = \alpha \int 1/y\,dy$ und durch Ausrechnen $\ln T = \alpha \ln y + \ln a$ oder $T = a\,y^{\alpha}$. Vgl. hierzu etwa Walter, W. (1996) *Gewöhnliche Differentialgleichungen*. 6. Auflage Berlin usw.: Springer, S. 13 f.

88 Körner, J. (1983) Probleme der Steuerschätzung. In: Hansmeyer, K.-H. (Hrsg.) *Staatsfinanzierung im Wandel*. Berlin: Duncker & Humblot.

steigt. Mit y als der Bemessungsgrundlage einer Steuer und T(y) als Steuerbetrag nennt man $x(y) = y - T(y)$ das *Residuum*. Bei der Einkommensteuer entspricht das Residuum dem Nettoeinkommen. Die Frage, wie stark das Nettoeinkommen bei einer Zunahme des Bruttoeinkommens steigt, beantwortet die Residualelastizität ρ (rho):

(19) *Residualelastizität:* $$\rho(y) = \frac{dx}{dy}\frac{y}{x} \approx \frac{\Delta x / x}{\Delta y / y}.$$

Die Residualelastizität einer Steuer gibt näherungsweise an, um wieviel Prozent das Residuum steigt, wenn die Bemessungsgrundlage ausgehend vom Wert y um ein Prozent zunimmt. Ist die Residualelastizität ρ(y) etwa konstant gleich ½ und steigt das Bruttoeinkommen des Steuerpflichtigen um 6 Prozent, dann nimmt sein Nettoeinkommen um 3 Prozent zu.

Bei progressivem Tarif nimmt die Residualelastizität Werte $\rho(y) < 1$ an, denn diese Ungleichung ist äquivalent zu $dT/dy > T/y$, wie man leicht nachrechnet. Je geringer die Residualelastizität, desto schärfer die Progression. Im Fall $\rho(y) = 0$ würde der gesamte Einkommenszuwachs weggesteuert und das Nettoeinkommen unverändert bleiben, bei einer negativen Residualelastizität ergäbe sich sogar eine Reihenfolgeumkehr. Andererseits definiert $\rho(y) = 1$ eine proportionale und $\rho(y) > 1$ eine regressive Steuer. Tarife, bei denen die Residualelastizität für alle Bemessungsgrundlagen denselben Wert hat, nennt man iso-residualelastisch.

(20) *Iso-residualelastischer Tarif:* $$\rho(y) = \rho \quad \text{für alle } y.$$

Iso-residualelastische Tarife haben folgende Eigenschaft. Werden im Zuge einer proportionalen Gehaltsanpassung alle Bruttoeinkommen um denselben Prozentsatz erhöht, dann steigen auch die Nettoeinkommen alle um denselben Prozentsatz. Tarife der Form $T(y) = y - a\,y^{\rho}$, und nur diese, sind iso-residualelastisch, wobei der Exponent ρ der Residualelastizität entspricht und die positive Konstante a beliebig gewählt werden kann[89]. Zwischen der Residualelastizität und der Aufkommenselastizität besteht offenbar die Beziehung

(21) $$\rho(y) = \frac{y - \alpha(y)\,T(y)}{y - T(y)}.$$

Deshalb ist eine aufkommenselastische Steuer ($\alpha > 1$) residualunelastisch ($\rho < 1$) und umgekehrt; der Grenzfall $\alpha = 1$ impliziert $\rho = 1$. Allerdings konfligieren die bisher erörterten Vorstellungen gleichmäßiger Progression: Ein Tarif mit gleichmäßigem Anstieg des Grenzsteuersatzes, also konstanter zweiter Ableitung, kann nicht zugleich iso-residualelastisch sein, weil die zweite Ableitung des letztgenannten Tarifs nicht konstant ist. Ebenso kann ein progressiver iso-

89 Der Beweis hierfür entspricht dem vorigen, wobei einfach x statt T(y) gesetzt wird. Aus der Lösung $x = y - T(y) = a\,y^{\rho}$ folgt durch Auflösen $T(y) = y - a\,y^{\rho}$.

aufkommenselastischer Tarif nicht zugleich iso-residualelastisch sein[90]. Schließlich führen die beiden Elastizitäten zu verschiedenen Ordnungen hinsichtlich der Progression. Ein Tarif mit geringerer Residualelastizität hat nicht notwendig eine höhere Aufkommenselastizität.

Als wichtiges Beispiel für diesen Sachverhalt sei ein *linearer Zuschlag* zu einer progressiven Einkommensteuer betrachtet. Derartige Zuschläge kann die Bundesregierung gemäß § 51 Abs. 3 EStG zur Abwendung einer Störung des gesamtwirtschaftlichen Gleichgewichts beschließen (*Konjunkturzuschlag*); auch der ab 1995 erhobene *Solidaritätszuschlag* bedeutet eine lineare Erhöhung der Einkommensteuer. Durch den Zuschlag wird der Einkommensteuertarif T(y) in einen Tarif $\lambda\,T(y)$ überführt, wobei λ eine Zahl größer Eins ist. So nimmt λ bei einem 10 %igen Zuschlag den Wert 1,1 an. Symbolisiert man den neuen Tarif, seine Aufkommens- und seine Residualelastizität jeweils durch ein Zirkumflex (^), ergibt sich durch Einsetzen und Ausrechnen

$$\text{(22)} \qquad \hat{\alpha}(y) = \frac{d\hat{T}}{dy}\frac{y}{\hat{T}} = \lambda\frac{dT}{dy}\frac{y}{\lambda T} = \alpha(y)\,.$$

Die Aufkommenselastizität wird demnach durch den linearen Zuschlag nicht verändert. Aus der Beziehung (21) zwischen Residualelastizität und Aufkommenselastizität folgt jedoch

$$\text{(23)} \qquad \hat{\rho} = \frac{y - \alpha\hat{T}}{y - \hat{T}} = \frac{y - \alpha\lambda T}{y - \lambda T} \quad \Rightarrow \quad \frac{d\hat{\rho}}{d\lambda} = \frac{(1-\alpha)\,y\,T}{(y - \lambda T)^2} < 0\,,$$

so daß die an einer bestimmten Stelle ausgewertete Residualelastizität mit wachsendem Zuschlag sinkt. Durch lineare Zuschläge wird ein Steuertarif demnach progressiver im Sinne einer geringeren Residualelastizität, bleibt aber gleich progressiv im Sinne einer unveränderten Aufkommenselastizität.

Zusammengefaßt gibt es bei der Beurteilung der Steuerprogression zwei gravierende Probleme, die Behauptungen oder politische Absichtserklärungen der Art „Wir wollen die Progression verschärfen!" in einem fragwürdigen Licht erscheinen lassen. Erstens ist nicht klar, ob man die Progression anhand der Aufkommenselastizität oder mittels der Residualelastizität messen sollte; beide Meßmethoden können im Extremfall zu einander widersprechenden Ergebnissen führen. Zweitens, und wichtiger, ist die Progression eine lokale Eigenschaft des Tarifs, und beim Vergleich zweier Tarife kann in der Praxis das Problem auftreten, daß etwa die Aufkommenselastizität des ersten an manchen Stellen größer ist als die des zweiten, es sich aber an anderen Stellen genau umgekehrt verhält.

Alle bisher erörterten Progressionsmaße sind Eigenschaften des Tarifs selbst. Ein Tarif mit einer Aufkommenselastizität größer als Eins wirkt *steuerbetragsdifferen-*

---

90 *Beweis*: Durch Ableitung von (21) nach y ergibt sich unter Annahme einer konstanten Aufkommenselastizität $\rho'(y) = -T \cdot (1-\alpha)^2 / (y-T)^2 < 0$, so daß die Residualelastizität bei wachsender Bemessungsgrundlage abnimmt.

zierend; die Steuerbeträge wachsen mit steigender Bemessungsgrundlage überproportional. Dies paßt zum Konzept der Progression als einem Instrument der Lastenausteilung. Ein Tarif mit einer Residualelastizität kleiner als Eins wirkt *nettobetragsnivellierend*; die dem Steuerpflichtigen verbleibenden Nettobeträge wachsen mit steigender Bemessungsgrundlage unterproportional. Dies paßt zum Konzept der Progression als einem Instrument der Umverteilung.

Keines der Maße nimmt jedoch auf folgenden wichtigen Umstand Rücksicht: Die Umverteilungswirkung eines gegebenen progressiven Tarifs hängt nicht allein vom Tarifverlauf ab, sondern auch von der Verteilung der Bemessungsgrundlagen. Angenommen, ein Einkommensteuertarif sehe einen Grenzsatz von 20 % bis zum Einkommen 100.000 Euro vor und einen Grenzsatz von 50 % für alle darüber hinausgehenden Einkommen. Haben alle Steuerpflichtigen ein Einkommen von weniger als 100.000 Euro, dann *wirkt* der Tarif wie eine proportionale Steuer, obwohl er der *Form* nach progressiv ist. Dieses Beispiel ist extrem vereinfacht, es verdeutlicht jedoch das auch in komplexeren Situationen bestehende Problem, daß die progressionsbedingte Umverteilung nicht nur vom Tarifverlauf abhängt, sondern auch von der zahlenmäßigen Besetzung der Einkommensklassen. Ein weithin akzeptiertes Instrument zur Beschreibung der Einkommensverteilung, das zudem die Möglichkeit eröffnet, den unklaren Begriff der Einkommensungleichheit begrifflich exakt zu fassen, ist die Lorenzkurve.

Definition: Sei $\mathbf{x} = (x^1, x^2, \ldots, x^H)$ mit $x^1 \leq x^2 \leq \ldots \leq x^H$ eine geordnete Einkommensverteilung, die jedem Konsumenten $h = 1 \ldots H$ ein Nettoeinkommen x^h zuordnet. Dann heißt die durch

$$(24) \qquad L(i/H) = \sum_{h=1}^{i} x^h \Big/ \sum_{h=1}^{H} x^h \quad \text{für } i = 1 \ldots H\,.$$

definierte Funktion *Lorenzkurve*; sie gibt an, welchen Prozentsatz des gesamten Nettoeinkommens die ersten $100\,i/H$ Prozent der Einkommensbezieher erhalten. Gilt für zwei geordnete Einkommensverteilungen $\mathbf{x}_1$, $\mathbf{x}_2$ und die zugehörigen Lorenzkurven L_1 und L_2 überall $L_1 \geq L_2$, dann heißt die Einkommensverteilung $\mathbf{x}_1$ *lorenz-dominant* gegenüber der Einkommensverteilung $\mathbf{x}_2$.

In Abb. 6 sind zwei Lorenzkurven skizziert. Die Seitenlängen des Diagramms betragen jeweils Eins; auf der Abszisse sind die Anteile der Einkommensbezieher abgetragen, auf der Ordinate die ihnen jeweils zufließenden Anteile am Gesamteinkommen. Definitionsgemäß bedeutet eine völlige Gleichverteilung der Einkommen, daß die ersten 10 % der Einkommensbezieher genau 10 % des Gesamteinkommens erhalten usw. In diesem Fall entspricht die Lorenzkurve der eingezeichneten Diagonalen. Empirische Einkommensverteilungen weisen stets eine gewisse Streuung auf, wie bei den Lorenzkurven L_1 und L_2. Hierbei ist die Einkommensverteilung $\mathbf{x}_1$ *gleicher* als die Einkommensverteilung $\mathbf{x}_2$, weil die Kurve L_1 oberhalb der Kurve L_2 und damit näher an der Diagonalen verläuft. Bei der Einkommensverteilung $\mathbf{x}_1$ erhalten die ersten 50 % der Einkommensbezieher ungefähr 30 % des Gesamteinkommens, bei der Einkommensverteilung $\mathbf{x}_2$ erhalten sie nur 20 %. Man beachte hierbei, daß die „ersten" Einkommensbezieher zugleich die „ärmsten" sind, weil die Einkommen aufsteigend geordnet wurden. Das begriffliche Verständnis von *Gleichheit* im Sinne von Lorenz bedeutet demnach, daß bei einer gleicheren Verteilung die jeweils unteren Einkommensschichten höhere Anteile am Gesamteinkommen haben. Das Kriterium erlaubt keine vollständige Ordnung der Einkommensverteilungen nach dem Grad Gleichheit, weil sich zwei Lorenzkurven schneiden können. In diesem Fall sind die Verteilungen *lorenz-nichtvergleichbar*. Einen Zusammenhang zwischen der Gleichheit im Sinne von Lorenz einerseits und der Steuerprogression andererseits beschreibt der Satz von Jakobsson, der als ein Kernstück der Steuerprogressionslehre angesehen werden kann.

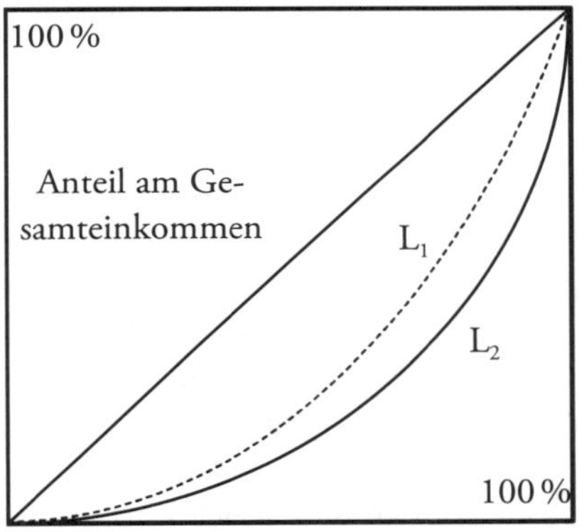

Abb. 6: Lorenz-Dominanz

Satz von Jakobsson: Gegeben seien eine Verteilung $\mathbf{y}$ der Bruttoeinkommen und zwei Steuertarife T_1 und T_2 mit $\mathbf{x}_1$ und $\mathbf{x}_2$ als den zugehörigen Verteilungen der Nettoeinkommen. Hat der erste Tarif überall eine geringere Residualelastizität als der zweite, dann ist die Nettoeinkommensverteilung $\mathbf{x}_1$ lorenz-dominant gegenüber $\mathbf{x}_2$[91].

Mit der zweiten Ableitung der Tariffunktion, dem Progressionsgrad, der Aufkommenselastiztität und der Residualelastizität sind bisher vier denkbare Progressionsmaße vorgestellt worden. Der Satz von Jakobsson hebt mit der Residualelastizität eines dieser Maße heraus, indem er einen Zusammenhang herstellt zwischen der Gleichheit der Einkommensverteilung und der Residualelastizität. Ein solcher Zusammenhang besteht bezüglich der anderen Progressionsmaße nicht. Will der Gesetzgeber also eine größere Gleichheit der Nettoeinkommens-

91 Jakobsson, U. (1974) On the Measurement of the Degree of Progression. *Journal of Public Economics* 5, S. 161–168. Eine Formulierung des Satzes in „starker" Form (mit $L_1 > L_2$) bieten Eichhorn, W., H. Funke und W. F. Richter (1984) Tax Progression and Inequality of Income Distribution. *Journal of Mathematical Economics* 13, S. 127–131.

verteilung erreichen, dann sollte er einen Tarif mit geringerer Residualelastizität wählen, nicht einen Tarif mit höherer Aufkommenselastizität oder mit einem steileren Anstieg des Grenz- oder Durchschnittsteuersatzes. In dieser Erkenntnis liegt die Bedeutung des Satzes von Jakobsson. Eine offensichtliche Konsequenz des Satzes von Jakobsson besteht darin, daß bei einer progressiven Einkommensteuer die Nettoeinkommen gleichmäßiger verteilt sind als die Bruttoeinkommen[92].

Dividiert man die Fläche zwischen Lorenzkurve und Diagonale durch die Fläche unter der Diagonalen, ergibt sich der bekannte *Gini-Koeffizient* als Maß der Ungleichverteilung. Ein Gini-Koeffizient von Null bedeutet eine völlige Gleichverteilung der Einkommen; ein Gini-Koeffizient von annähernd Eins zeigt an, daß ein Individuum fast das gesamte Einkommen bezieht. Ein *globales Progressionsmaß*, das die Umverteilungswirkung des Tarifs in Abhängigkeit von der Einkommensverteilung abbildet, ist die von Musgrave und Thin vorgeschlagene effektive Progression[93]:

$$\text{(25)} \qquad \textit{Effektive Progression} = \frac{1 - G_x}{1 - G_y}.$$

In dieser Formel repräsentiert G_x den Gini-Koeffizienten der Nettoeinkommensverteilung und G_y den Gini-Koeffizienten der Bruttoeinkommensverteilung. Weil eine Progressivsteuer den Gini-Koeffizienten senkt, gilt $G_x < G_y$, und das Maß für die effektive Progression ist größer Eins. Umgekehrt führt ein regressiver Tarif zu einer effektiven Progression kleiner Eins. Beim proportionalen Tarif als Grenzfall ist die effektive Progression gleich Eins. Allerdings hängt die effektive Progression auch von der Einkommensverteilung ab; insbesondere ist das durch (25) definierte Maß für *alle* Tarife gleich Eins, wenn die Bruttoeinkommen gleichverteilt sind. Aus diesem Grund sind Ländervergleiche problematisch. Es kann durchaus sein, daß der französische Einkommensteuertarif progressiver als der deutsche ist, wenn man die französische Einkommensverteilung zugrundelegt, aber weniger progressiv, wenn man statt dessen von der deutschen Einkommensverteilung ausgeht[94].

Zum Abschluß dieses Überblicks sollte hervorgehoben werden, daß jede Messung der Tarifprogression nur sinnvoll ist, wenn die Verteilung der Bruttoeinkommen durch die Steuer nicht verändert wird. Die Steuerwirkungslehre wird indes zeigen, daß diese Voraussetzung im allgemeinen unhaltbar ist, weil fast jede

---

92 Statt der Verteilung der *Nettoeinkommen* könnte man jedoch auch die Verteilung der *Steuerbeträge* als Umverteilungsmaß heranziehen. Ein Tarif mit höherer Aufkommenselastizität, so ließe sich beweisen, induziert eine höhere Ungleichverteilung der Steuerbeträge im Lorenzschen Sinn, also eine größere Steuerbetragsdifferenzierung.

93 Musgrave, R. A. und T. Thin (1948) Income Tax Progression, 1929–1948. *Journal of Political Economy* **56**, S. 498–514. Die Autoren verwenden eine andere Definition des Gini-Koeffizienten, so daß die obige Darstellung von ihrer abweicht.

94 Seidl, C. (1994) Measurement of Tax Progression with Nonconstant Income Distributions. In: Eichhorn, W. (Hrsg.) *Models and Measurement of Welfare and Inequality*. Berlin usw.: Springer.

Steuerrechtsänderung mit einer zumindest teilweisen Überwälzung einhergeht. Wenn aber zum Beispiel hohe Bruttoeinkommen nach einer Progressionsverschärfung stärker zunehmen als niedrige Bruttoeinkommen, weil den Beziehern hoher Einkommen die Überwälzung der Steuer leichter fällt, dann erlaubt der Satz keine Aussage mehr darüber, ob die Verteilung der Nettoeinkommen gleicher oder ungleicher wird. Auch die praktische Steuerpolitik orientiert sich kaum am Kriterium der Lorenz-Dominanz oder anderen Progressionsmaßen, und mit guten Gründen. Denn erstens wird man kaum verlangen wollen, daß *jede* Tarifreform lorenz-dominant sein sollte; eine solche Politik würde nämlich, wenn man sie konsequent zu Ende denkt, auf eine mit der Marktwirtschaft unverträgliche Gleichverteilung der Einkommen hinauslaufen. Zweitens interessieren sich auch die Bürger und Wähler, wenn eine konkrete Tarifreform ansteht, weniger für die Änderung eines abstrakten Gleichheitsmaßes als vielmehr dafür, ob sie persönlich durch die Tarifänderung besser oder schlechter gestellt werden. Die aus Sicht des Finanzpolitikers wesentliche Nebenbedingung einer Steuerreform lautet demnach, daß durch den neuen Tarif möglichst wenige Steuerpflichtige schlechter gestellt und möglichst viele besser gestellt werden; diese Nebenbedingung ist der Schlüssel zum Erfolg des Reformvorschlags.

§ 18 Formen progressiver Tarife

Hat die Politik zugunsten eines progressiven Tarifs entschieden, dann stellt sich für den Steuerfachmann die Frage, wie er eine solche Vorgabe technisch umsetzen soll. Hiermit ist das Problem der Gestaltung progressiver Tarife angesprochen, das seit gut hundert Jahren eine ausführliche wissenschaftliche Behandlung erfahren hat. Die Form eines progressiven Tarifs hängt zwar von den zugrundeliegenden Zielen der Steuerpolitik ab, ist aber andererseits ein genuin steuertechnisches Problem, wie sich im weiteren zeigen wird. Ein Steuertarif muß jeder Bemessungsgrundlage genau einen Steuerbetrag zuordnen, jedoch braucht der Tarif diesen Betrag nicht direkt anzugeben und wird dies in der Praxis auch nur selten tun. Vielmehr stehen dem Gesetzgeber prinzipiell drei Möglichkeiten offen. Er kann erstens den jeweils geschuldeten Steuerbetrag durch einen *Betragstarif* T(y) ausdrücklich angeben. Der Gesetzgeber kann zweitens einen *Durchschnittsatztarif* t(y) vorsehen, aus dem nur die Durchschnittsteuersätze hervorgehen, anhand derer die jeweilige Steuer durch Multiplikation mit der Bemessungsgrundlage errechnet wird. Drittens könnte ein *Grenzsatztarif* T'(y) beschlossen werden, der nur die Grenzsteuersätze ausdrücklich aufführt und zusätzlich den Steuerbetrag bei einer bestimmten Bemessungsgrundlage angibt; hieraus lassen sich die Steuerbeträge durch Addition bzw. Integration ermitteln. Die folgenden Beispiele zeigen, daß die deutsche Steuergesetzgebung alle drei Wege beschreitet.

Beispiele: Aus § 32a EStG, einem Betragstarif, läßt sich der Steuerbetrag für jedes zu versteuernde Einkommen direkt entnehmen. In § 19 des Erbschaftsteuer- und Schenkungsteuergesetzes (ErbStG) sind Vomhundertsätze des erbschaft-

oder schenkungsteuerpflichtigen Erwerbs angegeben, der Tarif ist ein Durchschnittsatztarif. Nach § 23 Abs. 1 KStG schließlich beträgt die Körperschaftsteuer 25 % des zu versteuernden Einkommens. Wegen der in §§ 24 und 25 KStG vorgesehenen Freibeträge handelt es sich hierbei nicht um einen Durchschnittsatztarif, sondern um einen Grenzsatztarif.

Der Steuertarif wird entweder durch eine oder mehrere mathematische Formeln angegeben (*Formeltarif*) oder abschnittsweise durch eine Treppenfunktion definiert (*Stufentarif*). Diese Unterscheidung ist mit der vorigen frei kombinierbar; insbesondere kann sich der Stufentarif auf den Steuerbetrag, den Durchschnittsteuersatz oder den Grenzsteuersatz beziehen. Bereits an dieser Stelle zeigt sich, daß die handwerkliche Ausführung der Progression kein bloß technisches Sonderproblem ist, sondern gravierende unerwünschte Nebenwirkungen entfalten kann. Abb. 7 zeigt einen *Stufenbetragstarif*. Der Stufenbetragstarif ist (von der Idee her) progressiv, falls die Stufen zunehmend schmal oder zunehmend hoch werden, denn in diesen Fällen steigt der Durchschnittsteuersatz allmählich. Innerhalb jeder Stufe freilich nimmt der Durchschnittsteuersatz, also die Steigung der gestrichelten Ursprungsstrahlen, mit wachsender Bemessungsgrundlage ab. Diese unvermeidliche Eigenschaft eines Stufenbetragstarifs nennt man *innere Regression*. Der Stufenbetragstarif ist deshalb nur „im großen“ progressiv, nicht „im kleinen“.

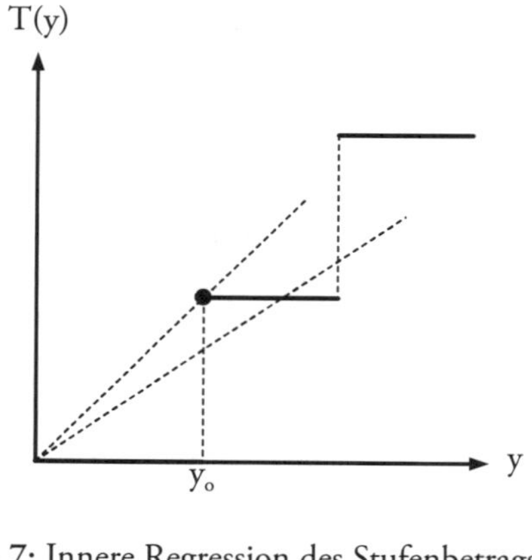

Abb. 7: Innere Regression des Stufenbetragstarifs

Ein Blick auf Abb. 7 zeigt weiterhin, daß es in der Nähe der Sprungstellen zu einer *Reihenfolgeumkehr* kommt. Bei einer Bemessungsgrundlage von etwas weniger als y_o entsteht keine Steuer; steigt aber die Bemessungsgrundlage auf y_o, dann sinkt der dem Steuerpflichtigen verbleibende Nettobetrag auf $y_o - T(y_o)$. Die Stufung hat deshalb Wirkungen, die von den Zensiten als ungerecht empfunden werden und auch unter Anreizgesichtspunkten fatal sind, weil ein Steuerpflichtiger mit einem Einkommen knapp unterhalb von y_o alles daran setzten wird, nicht etwas mehr zu verdienen. Eine solche Steuertechnik kann nur als mangelhaft bezeichnet werden und kommt in der Praxis kaum noch vor.

Der *Stufendurchschnittsatztarif* vermeidet zwar die innere Regression, verschärft aber das Problem der Reihenfolgeumkehr. Nach § 19 Abs. 1 ErbStG beträgt der Steuersatz in Steuerklasse III bei einem steuerpflichtigen Erwerb von 512.000 Euro genau 29 %, bei einem Erwerb in Höhe von 513.000 Euro aber 35 %, so daß dem Erben im ersten Fall 363.520 Euro und im zweiten Fall nur 333.450 Euro verbleiben würden, wenn nicht § 19 Abs. 3 ErbStG eine komplizierte *Grenzberichtigung* vorsehen würde, die diese Reihenfolgeumkehr verhindert. Ein Stufendurchschnittsatztarif ist demnach entweder unnötig kompliziert oder mit problematischen und unter Umständen sogar verfassungswidrigen Belastungswirkungen verbunden.

Steuertechnisch überlegen ist der *Stufengrenzsatztarif*, bei dem die Probleme der Reihenfolgeumkehr und der inneren Regression kaum unbeabsichtigt auftreten können. Ein Stufengrenzsatztarif, der vielen ausländischen Einkommensteuergesetzen zugrunde liegt, unterwirft beispielsweise die ersten Euro 10.000 der Bemessungsgrundlage einem Steuersatz von 20 %, die darüber hinausgehenden 10.000 Euro einem Satz von 30 % usw. Der Stufengrenzsatztarif heißt auch *Teilmengenstaffelung* (oder Durchstaffelung), weil der Definitionsbereich der Tariffunktion in Teilmengen zerlegt und jeder Teilmenge ein besonderer Grenzsteuersatz zugeordnet wird, der nur für die betreffende Teilmenge gilt. In einer dritten Terminologie werden Stufengrenzsatztarife als *Anstoßtarife* bezeichnet.

Dieser Ausdruck rührt von der Tatsache her, daß bei einem Stufengrenzsatztarif sowohl die Tariffunktion als auch die Durchschnittsteuersatzfunktion *keine Sprünge* aufweist, sondern nur *Knicke*. An den Grenzen der Teilmengen stoßen die Steuerbeträge bzw. Durchschnittsteuersätze aneinander. Unabhängig von der Gestaltung des Grenzsatztarifs sind sowohl der Steuerbetrag als auch der Durchschnittsteuersatz *stetige Funktionen* der Bemessungsgrundlage[95]. Insofern liefert der Stufengrenzsatztarif auch nach hektischen parlamentarischen Beratungen robuste Ergebnisse: Um eine Reihenfolgeumkehr auszuschließen, muß der Gesetzgeber nur Obacht geben, daß die Grenzsteuersätze zwischen Null und Hundert Prozent liegen. Im Hinblick auf so manche verunglückte Tarifreform ist dieser Vorteil nicht zu unterschätzen.

Einen progressiven Stufengrenzsatztarif stellt Abb. 8 dar. Der mager skizzierte Grenzsteuersatz nimmt in diesem Beispiel drei verschiedene Werte an, zum Beispiel 10, 20 und 30 Prozent. Diese Werte entsprechen der Steigung der halbfett gezeichneten Tariffunktion. Immer wenn der Grenzsteuersatz auf einen höheren Wert springt, zeigt die Tariffunktion einen Knick. Zwischen Bemessungsgrundlage und Steuerbetrag besteht folglich ein *stetiger* Zusammenhang. Dies wird gelegentlich von jenen Juristen verkannt, die „Progressionssprünge" für ungerecht halten, weil sie nicht wischen Stufengrenzsatz- und Stufendurchschnittsatztarifen unterscheiden.

---

95 *Beweis:* Der Steuerbetrag ist eine stetige Funktion der Bemessungsgrundlage, weil er andernfalls nicht differenzierbar wäre, der Grenzsatztarif folglich gar nicht existieren würde. Die Stetigkeit des Durchschnittsteuersatzes $T(y)/y$ (für $y \neq 0$) ergibt sich aus der Tatsache, daß der Quotient zweier stetiger Funktionen selbst stetig ist.

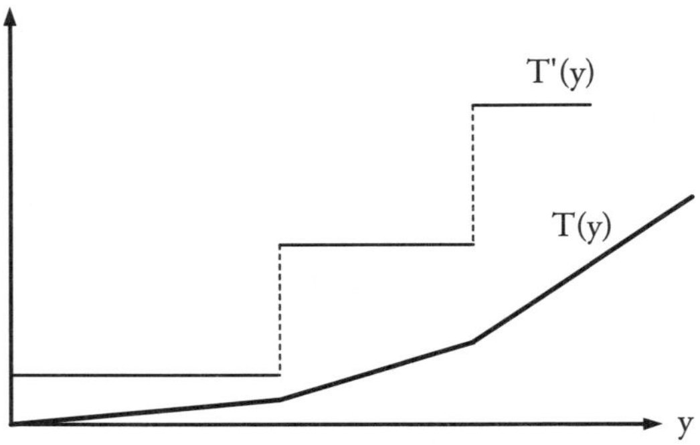

Abb. 8: Ein Stufengrenzsatztarif

Der Stufengrenzsatztarif bzw. Anstoßtarif hat den Vorteil, daß er die allmähliche Zunahme des Grenzsteuersatzes transparent macht; dem steht als Nachteil gegenüber, daß die Berechnung des Steuerbetrags einigen Aufwand erfordert. Der *durchgerechnete Anstoßtarif* berücksichtigt dies und enthält in jeder Stufe die fertig ausgerechneten Steuerbeträge. Tab. 5 zeigt am Beispiel der Einkommensteuer einen durchgerechneten Anstoßtarif und die Teilmengenstaffelung, auf der er beruht.

Klasse i	Untergrenze U_i	Grenzsteuersatz τ_i	Steuerbetrag T_i
1	0	0 %	0
2	10.000	10 %	10 % y − 1.000
3	30.000	20 %	20 % y − 4.000
4	50.000	30 %	30 % y − 9.000

Tab. 5: Teilmengenstaffelung und durchgerechneter Anstoßtarif

Der Definitionsbereich der Tariffunktion wird in Tab. 5 in vier *Teilmengen* zerlegt. Die Teilmengen sind durch die *Untergrenzen* 0, 10.000, 30.000 bzw. 50.000 Euro definiert. Jeder Teilmenge ist ein separater *Grenzsteuersatz* von 0, 10, 20 bzw. 30 Prozent zugeordnet. Die hiermit vorgenommene Teilmengenstaffelung beschreibt den Tarif vollständig, weil sie den Steuerbetrag für jede Bemessungsgrundlage eindeutig festlegt. Ganz rechts ist zusätzlich der durchgerechnete Anstoßtarif angegeben, der weiterhin die Grenzsteuersätze erkennen läßt, zusätzlich aber den Rechenaufwand für Verwaltung und Steuerpflichtige reduziert. Die in dieser Spalte aufgeführten Abzugsbeträge ergeben sich, weil auf die anfänglichen Einkommen geringere Steuersätze angewandt werden. Bei einem Einkommen von 12.000 Euro etwa beträgt die Steuer zehn Prozent, also 1.200 Euro, abzüglich zehn Prozent auf die steuerfreien ersten 10.000 Euro, somit insgesamt 200 Euro.

Allgemein besteht die Teilmengenstaffelung aus einer *Klassifikation* $i = 1 \ldots I$ sowie *Untergrenzen* U_i und *Steuersätzen* τ_i für jede Klasse. Bemessungsgrundlagen bis U_1 bleiben steuerfrei. Bemessungsgrundlagen, die jenseits der Untergrenze U_i liegen, werden mit dem Steuersatz τ_i belegt, soweit sie nicht auch die etwaig folgende Untergrenze U_{i+1} übersteigen. Die für diese Bemessungsgrundlagen entstandene Steuer T_i beträgt demnach

$$(26) \qquad T_i = \tau_i (y - U_i) + \sum_{j=1}^{i-1} \tau_j (U_{j+1} - U_j) .$$

Den durchgerechneten Anstoßtarif gewinnt man hieraus durch eine einfache Umformung als

$$(27) \qquad T_i = \tau_i \, y - c_i \quad \text{mit} \quad c_i = \tau_i \, U_i - \sum_{j=1}^{i-1} \tau_j (U_{j+1} - U_j) .$$

Die Konstanten c_i sind die in Tab. 5 aufgeführten Abzugsbeträge, wie man durch Ausrechnen leicht nachprüft. Der durchgerechnete Anstoßtarif ist transparent und übersichtlich und nicht mit den Problemen der inneren Regression oder der Reihenfolgeumkehr behaftet. Deshalb wird er in vielen Ländern verwendet. Deutschland allerdings hält seit 1955 bis heute einen *Formeltarif* für die Krönung der Steuerkunst. Formeltarife können von bestechender Eleganz sein und besitzen eine hohe Flexibilität. Prinzipiell läßt sich der gesamte Tarifverlauf durch eine geschlossene Formel beschreiben, doch wählt man in der Praxis meist stückweise definierte Funktionen. Hierdurch sind die Tarife regelmäßig nicht differenzierbar, und ein Gutteil der Eleganz ist wieder verloren.

Formeltarife werden in der älteren Literatur häufig Linientarife oder Kurventarife genannt, je nachdem ob der Grenzsteuersatz linear verläuft (*Linientarif*) oder nichtlinear (*Kurventarif*). Tarife mit linear wachsendem Grenzsteuersatz heißen auch linear-progressiv:

(28) *Linear-progressiver Tarif*: $T''(y) = \text{const.}$ für alle y .

Offensichtlich sind nur Tarife der Form $T(y) = a\,y^2 + b\,y + c$, also Polynome zweiten Grades, linear-progressiv. Ihre zweite Ableitung hat den konstanten Wert $T''(y) = 2\,a$. Die deutschen Einkommensteuertarife sind seit 1990 zumindest stückweise linear-progressiv. Deshalb kommt das deutsche Einkommensteuerrecht seit 1990 mit Polynomen zweiten Grades aus, während in den 70er und 80er Jahren Polynome dritten oder vierten Grades zur Erzeugung von Kurventarifen mit verzögerter Progression verwendet wurden.

Abb. 9 zeigt den ab dem Jahre 2007 geltenden Einkommensteuertarif. Zu versteuernde Einkommen bis 7.664 Euro bleiben steuerfrei (*Grundfreibetrag*). Darüber hinausgehende Einkommen werden direkt progressiv mit Sätzen zwischen 15 % (*Eingangssteuersatz*) und 42 % belastet. Ab 52.152 Euro mündet die direkte Progression in eine Proportionalzone mit konstantem Grenzsteuersatz, doch unterliegen Einkommen ab 250.000 Euro einem um weitere drei Prozentpunkte erhöhten Grenzsteuersatz (*Spitzensteuersatz)*.

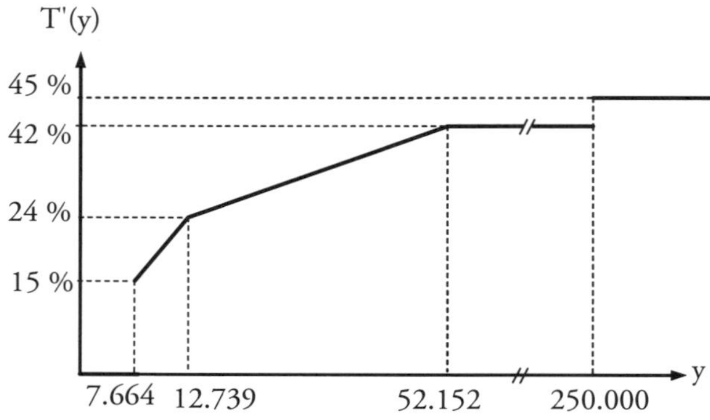

Abb. 9: Der deutsche Einkommensteuertarif 2007

Das seltsame Eselsohr im unteren Tarifbereich hat seine Ursache in der Medienberichterstattung, die Tarife kurz und bündig durch Eingangssteuersatz und Spitzensteuersatz charakterisiert. Aus politischen Gründen muß jeder Tarifvorschlag einen niedrigen Eingangssteuersatz vorsehen, aber dieser kostet bei einer Verdrehung der gesamten Tarifkurve viel Steueraufkommen. Der Knick hingegen erlaubt eine ebenso medienwirksame wie fiskalisch schonende Senkung des Eingangssteuersatzes. Der Sprung von 42 auf 45 % am oberen Ende des Tarifs wird seitens der Politik als „Reichensteuer" apostrophiert. Dieser Sprung – der mit dem sonst geltenden Formeltarif nicht in Einklang steht – erbringt kaum Steuereinnahmen, weil nur wenige Steuerpflichtige über derart hohe Einkommen verfügen und Gewinneinkünfte im Jahre 2007 zudem ausgenommen bleiben, doch bedient er wirkungsvoll die in Deutschland verbreiteten Neidgefühle.

Sieht man einmal von persönlichen Gerechtigkeitsvorstellungen ab und überlegt, welche allgemeinen Anforderungen an einen Tarif gestellt werden könnten, dann scheint es, als gäbe es insbesondere zwei Werturteile allgemeiner Geltung:

Erstes Monotoniepostulat (Leistungsfähigkeitsprinzip): Steuerpflichtige mit höherem Bruttoeinkommen sollen mehr Steuern zahlen, Steuerpflichtige mit niedrigerem Bruttoeinkommen weniger. Somit müssen der Unterschiedsbetrag der Einkommen und der Unterschiedsbetrag der Steuern stets dasselbe Vorzeichen haben; für alle $y_1 \neq y_2$ muß gelten:

$$\frac{T(y_2)-T(y_1)}{y_2-y_1} > 0 . \qquad (29)$$

Zweites Monotoniepostulat (Reihenfolgeerhaltung): Steuerpflichtige mit höherem Bruttoeinkommen sollen auch ein höheres Nettoeinkommen haben, Steuerpflichtige mit niedrigerem Bruttoeinkommen ein geringeres. Somit muß für alle Bruttoeinkommen $y_1 \neq y_2$ gelten:

$$(30) \qquad \frac{T(y_2)-T(y_1)}{y_2-y_1}<1\,.$$

Die letzte Ungleichung ergibt sich folgendermaßen. Aus $y_2 > y_1$ folgt bei Reihenfolgeerhaltung $y_2 - T(y_2) > y_1 - T(y_1)$: Wer brutto mehr hat, soll auch netto mehr haben. Nach Umstellung der Summanden und Division erhält man sofort die gewünschte Ungleichung. Dieselbe Ungleichung ergibt sich bei Annahme von $y_2 < y_1$, wie man leicht nachrechnet. Aus den beiden Monotoniepostulaten folgt insgesamt die Forderung nach Grenzsteuersätzen, die stets zwischen Null und Hundert Prozent liegen.

Eine dritte Anforderung an Steuertarife besteht in einer Verallgemeinerung des Gleichheitsgrundsatzes. Hiernach sollen nicht nur Steuerpflichtige mit gleichem Einkommen gleichviel Steuern zahlen, sondern auch Steuerpflichtige mit fast gleichem Einkommen fast gleich besteuert werden. Schärfer formuliert soll der Unterschiedsbetrag der Steuerzahlungen gegen Null gehen, wenn der Unterschiedsbetrag der Einkommen gegen Null geht, kurz: der Steuertarif soll eine *stetige Funktion* sein. Diese Anforderung muß jedoch nicht separat formuliert werden, sondern ist bei Verwirklichung der obigen Monotoniepostulate automatisch erfüllt.

Satz: Jeder Tarif, der den beiden Monotoniepostulaten genügt, ist stetig. Jeder differenzierbare Tarif mit Grenzsteuersätzen zwischen Null und Hundert Prozent genügt den beiden Monotoniepostulaten.

Beweis: Gemäß (29) und (30) gilt für alle Bruttoeinkommen die zusammengefaßte Ungleichung $0 < (T(y_2) - T(y_1))/(y_2 - y_1) < 1$. Die Tariffunktion ist also lipschitz-stetig[96] und damit erst recht stetig. Der Beweis des Umkehrschlusses ist offensichtlich. *q. e. d.*

Hier zeigt sich erneut, daß der Gesetzgeber mit einem Anstoßtarif wenig falsch machen kann, sofern er nur darauf achtet, daß die Grenzsteuersätze zwischen Null und Hundert Prozent liegen.

§ 19 Ehegattenbesteuerung

In allen Staaten, die progressive Personensteuern erheben, hat sich das Problem einer sachgerechten Besteuerung von Ehegatten als besonders hartnäckig erwiesen; und die teils heftigen Debatten um die Ehegattenbesteuerung sind so alt wie die Steuerprogression selbst. Im steuertechnischen Kontext kann es nicht darum gehen, die komplexe Frage der Besteuerung von Ehen und Familien erschöpfend

96 *Lipschitz-Stetigkeit*: Die Funktion $f(x)$ heißt lipschitz-stetig (oder dehnungsbeschränkt), wenn es zwei feste Zahlen a und b gibt, so daß auf dem gesamten Definitionsbereich der Funktion $a < (f(x_2) - f(x_1))/(x_2 - x_1) < b$ gilt. Jede lipschitz-stetige Funktion ist offensichtlich stetig, aber nicht umgekehrt, wie $f(x) = x^2$ zeigt.

zu behandeln[97]; vielmehr interessieren an dieser Stelle vor allem die mathematisch-tariflichen Eigenheiten des Problems.

Die Besteuerung von Personen folgt gewöhnlich dem *Individualprinzip*, das jede natürliche Person als eigenständiges Steuersubjekt betrachtet. Es ist strittig, ob dieses Prinzip auch auf Verheiratete angewandt werden soll, weil die Ehe ihrer Natur nach eine auf Dauer angelegte Lebens- und Wirtschaftsgemeinschaft bildet. Aus diesem Umstand erwachsen Ehegatten einige Vorteile, zum Beispiel im Erbrecht und Erbschaftsteuerrecht, aber auch etliche Nachteile. Einem Verheirateten, der für sich genommen mittellos ist, wird nicht nur Sozialhilfe verweigert, sondern ebenso Leistungen nach dem Bundesausbildungsförderungsgesetz, Bausparprämien oder Wohngeld, sofern sein Ehegatte finanziell gut gestellt ist. Diese Regelungen, die den Staat auf der Ausgabenseite entlasten, beruhen auf der Einsicht, daß die Ehegatten eine *Wirtschaftsgemeinschaft* bilden und sind international üblich. In bezug auf die Einnahmenseite des Staates haben sich jedoch verschiedene Methoden der Ehegattenbesteuerung herausgebildet, und zwar die *Haushaltsbesteuerung*, die *Individualbesteuerung* und das *Ehegattensplitting*.

Zur Analyse dieser drei Methoden der Ehegattenbesteuerung sei folgende Notation vereinbart. $T(y)$ bezeichnet den geltenden Individualsteuertarif, also jenen Steuerbetrag, den eine Einzelperson mit Einkommen y schuldet. $E(y_1, y_2)$ ist der Ehegattentarif, der jedem gemeinsam veranlagten Ehepaar eine Steuerschuld zuordnet. Dabei sind y_1 und y_2 die Einkommen der beiden Ehepartner. Zur Vermeidung von Nebensächlichkeiten werden *positive* Bemessungsgrundlagen angenommen[98]. Die Funktion $E(y_1, y_2)$ kann vor allem eine der drei folgenden Formen annehmen:

(31) *Haushaltsbesteuerung:* $$H(y_1, y_2) = T(y_1 + y_2)\ ,$$

(32) *Individualbesteuerung:* $$I(y_1, y_2) = T(y_1) + T(y_2)\ ,$$

(33) *Ehegattensplitting:* $$S(y_1, y_2) = 2\,T[(y_1 + y_2)/2]\ .$$

Bei der Haushaltsbesteuerung (H), die in der Bundesrepublik Deutschland bis 1957 angewandt wurde, werden die beiden Ehegatten als ein Steuersubjekt begriffen und demselben Tarif unterworfen wie ein Lediger. Bei der Individualbesteuerung (I) gilt das Individualprinzip für Ledige wie für Verheiratete. Beim Ehegattensplitting (S) zahlen Verheiratete das Doppelte jenes Steuerbetrags, der nach dem Individualsteuertarif auf die Hälfte ihres gemeinsamen Einkommens entfällt. In Deutschland können Ehegatten gemäß § 26 EStG zwischen getrenn-

---

97 Ausführlicher zur Ehegattenbesteuerung: Homburg, St. (2000) Das einkommensteuerliche Ehegattensplitting. *Steuer und Wirtschaft*, S. 261–268.

98 Der geneigte Leser mag nachprüfen, daß die Ergebnisse bei Zulassung negativer Bemessungsgrundlagen (unwesentliche) Änderungen erfordern. Ein Ehepaar mit $y_1 > 0$ und $y_2 < 0$ beispielsweise kommt bei der Haushaltsbesteuerung besser weg als bei der Individualbesteuerung, wenn die Steuerschuld bei der Individualbesteuerung nicht negativ werden darf.

ter Veranlagung und Zusammenveranlagung wählen. Nach § 2a Abs. 5 EStG wird im Fall der Zusammenveranlagung das Ehegattensplitting angewandt, sonst die Individualbesteuerung. Wie sind die drei Methoden der Ehegattenbesteuerung zu beurteilen? Gerade bei einem werturteilsanfälligen Problem wie diesem empfiehlt es sich, die zugrundeliegenden Werturteile ausdrücklich herauszuarbeiten und anschließend zu sehen, inwieweit sie verwirklicht werden (können). Vor allem zwei Forderungen werden bei der Diskussion um die Ehegattenbesteuerung häufig genannt[99]:

Nichtdiskriminierung der Ehe: Zwei Ehegatten sollen nicht schärfer besteuert werden als zwei Unverheiratete, die über dasselbe Gesamteinkommen verfügen: $E(y_1, y_2) \leq T(y_1) + T(y_2)$ für alle y_1, y_2.

Mit der Forderung nach Nichtdiskriminierung der Ehe wird ausgeschlossen, daß sich die Gesamtsteuer zweier Personen allein durch den Akt der Eheschließung erhöht. Das Bundesverfassungsgericht hat dies aus dem in Art. 6 Abs. 1 GG normierten Schutz von Ehe und Familie hergeleitet[100]. Würde nämlich für gewisse Einkommen $E(y_1, y_2) > T(y_1) + T(y_2)$ gelten, dann wäre damit zu rechnen, daß manche Verlobten allein aus Sorge vor einer höheren Steuer die Ehe nicht eingehen. Eine solche Regelung wäre nach Ansicht des Bundesverfassungsgerichts verfassungswidrig, weil sie vor der Ehe geradezu abschreckt.

Globaleinkommensbesteuerung: Die gemeinsame Steuer der Ehegatten soll nur von der Summe ihrer Einkommen abhängen und nicht von deren Verteilung: $E(y_1, y_2) = \text{const.}$ für alle y_1, y_2 mit $y_1 + y_2 = \text{const.}$

Dem Werturteil der Globaleinkommensbesteuerung muß man beipflichten, wenn man die Ehe als eine *Wirtschaftsgemeinschaft* ansieht, bei der die Ehegatten in eine gemeinsame Kasse einzahlen und mit dieser gemeinsamen Kasse ihre Ausgaben bestreiten. In diesem Fall läge nämlich eine Verletzung des in Art. 3 GG verankerten Gleichheitsgrundsatzes vor, wenn die Steuerbelastung der Ehegatten von der Verteilung der Einkommen abhängig wäre. Zwei Ehegatten, die jeweils 50.000 Euro verdienen, haben dieselbe gemeinsame steuerliche Leistungsfähigkeit wie ein ansonsten identisches Paar, bei dem der eine Ehegatte 80.000 Euro verdient und der andere 20.000 Euro. In beiden Fällen fließen jährlich 100.000 Euro in die gemeinsame Haushaltskasse. Mit dem verfassungsrechtlichen Gleichheitsgrundsatz ist es nach Ansicht des Bundesfinanzhofs „nicht vereinbar, Ehen mit eigenen Einkünften beider Ehegatten ohne besondere stichhaltige Gründe günstiger zu besteuern als Ehen, in denen der Ehemann die gesamten Einkünfte bezieht“[101].

---

99 Siehe zum folgenden auch Richter, W. F. (1984) Steuertarifliche Entlastung beim Ehegattensplitting. *Wirtschaftswissenschaftliches Studium* **13**, S. 8–12.

100 Bundesverfassungsgericht (Fußnote 59), insbesondere S. 201: „Aus all dem folgt, daß § 26 EStG 1951 [die Haushaltsbesteuerung, St. H.] eine benachteiligende Ausnahmevorschrift gegen Verheiratete bildet und damit zu Lasten der Ehe gegen die Wertentscheidung des Art. 6 Abs. 1 GG verstößt.“

101 Bundesfinanzhof vom 2. April 1957, Az. I 336/56 U, *Bundessteuerblatt 1957 III*, S. 162 ff.

Satz (Verfassungswidrigkeit der Haushaltsbesteuerung): Die Haushaltsbesteuerung und das Postulat der Nichtdiskriminierung sind bei jedem progressiven Steuertarif unvereinbar.

Beweis: Sei etwa $y_1 = y_2 = y$, so daß beide Ehegatten gleich viel verdienen. Sie zahlen $H(y, y) = T(2y)$. Bei einer progressiven Steuer, also steigendem Durchschnittssteuersatz, gilt aber definitorisch:

$$(34) \qquad \frac{T(2y)}{2y} > \frac{T(y)}{y} \quad \Rightarrow \quad T(2y) > 2T(y)\,,$$

die Steuer der Ehegatten $T(2y)$ übersteigt also die Steuer $2T(y)$ der beiden Ledigen. *q. e. d.*

Im System der Haushaltsbesteuerung kann die gemeinsame Steuer der Ehegatten allein durch den Akt der Eheschließung zunehmen, ohne daß sich an der wirtschaftlichen Leistungsfähigkeit der zuvor Verlobten irgend etwas geändert hätte. Aufgrund dieses Sachverhalts verwarf das Bundesverfassungsgericht in seiner oben zitierten Entscheidung vom 17. Januar 1957 die bis dato geltende Haushaltsbesteuerung als verfassungswidrig und forderte den Gesetzgeber auf, nach einer anderen Lösung zu suchen. Der Gesetzgeber führte mit Wirkung ab 1958 das Ehegattensplitting ein und nicht (ausschließlich) die Individualbesteuerung. Der Grund hierfür findet sich im folgenden Satz.

Satz (Verfassungswidrigkeit der Individualbesteuerung): Die Individualbesteuerung und das Postulat der Globaleinkommensbesteuerung sind bei einem progressiven Steuertarif mit $T(0) = 0$ unvereinbar.

Beweis: Ein Ehepaar mit Einkommen $2y$ und 0 hat dasselbe Gesamteinkommen wie eines mit Einkommen y und y. Bei der Individualbesteuerung zahlt das erste Paar jedoch den Steuerbetrag $T(2y) + 0$, das zweite den Steuerbetrag $2T(y)$. Nach (34) gilt $T(2y) > 2T(y)$, das erste Paar zahlt also mehr Steuern. *q. e. d.*

Damit scheidet neben der Haushaltsbesteuerung auch die Individualbesteuerung aus der Menge verfassungsrechtlich zulässiger Methoden der Ehegattenbesteuerung aus, und als einzige der bisher betrachteten Methoden verbleibt das Splitting. Dieses Verfahren genügt in der Tat beiden genannten Werturteilen, wie der folgende Satz zeigt.

Satz (Verfassungsmäßigkeit des Ehegattensplittings): Das Ehegattensplitting und die Postulate der Nichtdiskriminierung und der Globaleinkommensbesteuerung sind bei jedem konvexen Steuertarif vereinbar.

Beweis: Die Vereinbarkeit mit der Globaleinkommensbesteuerung folgt unmittelbar daraus, daß die Steuer beim Ehegattensplitting nur von der Summe der Einkommen abhängt. Damit das Splitting und die Forderung der Nichtdiskriminierung verträglich sind, muß zusätzlich gelten:

$$(35) \qquad S(y_1, y_2) \le T(y_1) + T(y_2)\,,$$

$$(36) \qquad \Leftrightarrow \quad 2T[(y_1 + y_2)/2] \le T(y_1) + T(y_2)\,.$$

Im Umformungsschritt wurde auf der linken Seite die Definitionsgleichung (33) für das Ehegattensplitting eingesetzt. Die letzte Ungleichung ist bei einem konvexen Tarif für alle Einkommen notwendig erfüllt; dies wurde bereits mit Formel (16) gezeigt. *q. e. d.*

Das Ehegattensplitting erweist sich demnach als verfassungsgemäß, wenn der Grenzsteuersatz entweder zunimmt (strenge Konvexität) oder gleichbleibt (Linearität). In beiden Fällen ist der Tarif unter der Annahme $T(0) = 0$ auch schwach oder stark progressiv, so daß der Satz für alle in der Praxis auftretenden progressiven Steuertarife gilt.

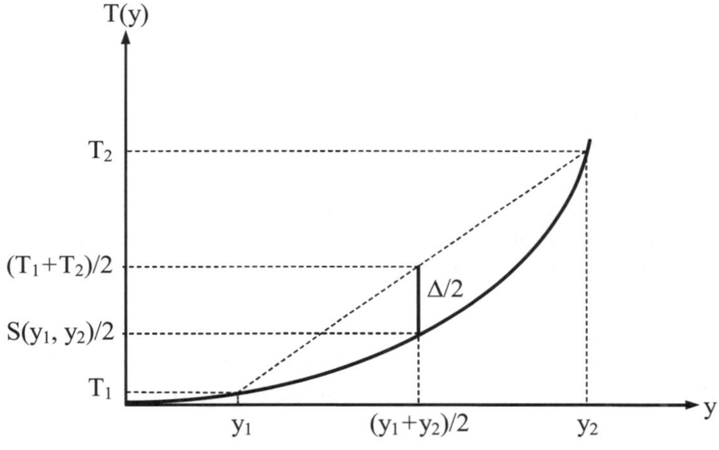

Abb. 10: Individualbesteuerung und Ehegattensplitting

Abb. 10 veranschaulicht die Wirkung des Ehegattensplittings bei einem streng konvexen Tarif. Die Ehegatten erzielen die Einkommen y_1 und y_2. Beim Ehegattensplitting wird der Steuerbetrag durch Anwendung des Tarifs auf diesen Mittelwert berechnet und anschließend verdoppelt. Weil die Verdopplung nicht dargestellt ist, ersieht man aus der Graphik den halben Steuerbetrag $S(y_1, y_2)/2$. Bei Individualveranlagung ist dieser halbe Steuerbetrag unmittelbar als Ordinatenwert der eingezeichneten Sekante abzulesen; er liegt genau in der Mitte zwischen $T(y_1)$ und $T(y_2)$. Das Ehegattensplitting führt zu einer um Δ geringeren Steuer. Der Betrag Δ wird häufig „Splittingvorteil" genannt; wir sprechen im folgenden neutral von einem *Splittingeffekt*. Der Splittingeffekt ist also die Differenz $\Delta = T(y_1) + T(y_2) - S(y_1, y_2) \geq 0$. Er beruht auf der *Konvexität* des Tarifs oder auf einem etwaigen *Grundfreibetrag*, wie in Formel (10). Bei einem linearen, indirekt progressiven Tarif der Form $T(y) = a\,y - b$ wäre der Splittingeffekt für beliebige Einkommen der Ehegatten gleich Null, wie man leicht nachrechnet.

Im obigen Satz zur Verfassungsmäßigkeit des Ehegattensplittings wird nicht auf die Progression des Tarifs, sondern auf seine Konvexität abgestellt. Die Bedeutung dieses subtilen Unterschieds mußte der deutsche Finanzminister Theo

Waigel im Jahre 1994 erfahren, als er einen progressiven Tarif mit streckenweise *fallendem* Grenzsteuersatz vorschlug. Im Bereich fallender Grenzsteuersätze ist der Tarif streng *konkav*. Ehegatten mit Einkommen in diesem Bereich werden bei Zusammenveranlagung schärfer besteuert als bei getrennter Veranlagung; der Splittingeffekt wirkt sich zum Nachteil der Ehegatten aus. Dieser Benachteiligung könnten sich die Ehegatten theoretisch zwar durch Wahl der getrennten Veranlagung entziehen, aber nur, wenn sie den Zusammenhang durchschauen und in der Lage sind, ihr zu versteuerndes Einkommen vorab exakt zu berechnen, was im heutigen Steuerrecht wohl kaum einem Steuerpflichtigen gelingt. Der schnell als *Waigel-Buckel* in Verruf geratene Tarifvorschlag mußte deshalb nach kurzer Zeit zurückgezogen werden[102].

In der steuerpolitischen Diskussion bildet der Splittingeffekt einen ständigen Stein des Anstoßes und wird häufig als eine Art Steuersubvention angesehen. Ist das tatsächlich der Fall? Aus Abb. 10 erkennt man, daß der Splittingeffekt wegfällt, wenn die Ehegatten beide gleich viel verdienen oder wenn der Tarif im betrachteten Bereich *linear* verläuft. Bei verschiedenen Einkommen und steigendem Grenzsteuersatz allerdings zahlen zwei Ehegatten weniger Steuern als zwei Unverheiratete mit entsprechenden Einkommen. Um dieses Ärgernis zu beseitigen, könnte man die Forderung der Nichtdiskriminierung in der Weise verschärfen, daß Ehegatten stets genau *dieselbe* Steuer wie Unverheiratete zahlen sollen. In diesem Zusammenhang spricht man von *Heiratsneutralität* der Besteuerung[103]. Offensichtlich ist nur die Individualbesteuerung, die bei progressivem Tarif das Postulat der Globaleinkommensbesteuerung verletzt, heiratsneutral. Insofern sind Heiratsneutralität und Globaleinkommensbesteuerung einander widersprechende Forderungen.

Bei den drei bisher erörterten Methoden der Ehegattenbesteuerung zeigte sich, daß die Haushaltsbesteuerung zu einer Mehrbelastung von Verheirateten im Vergleich zu Ledigen mit entsprechenden Einkommen führt, während die Steuer bei der Individualbesteuerung nicht nur von der Summe der Ehegatteneinkommen abhängt, sondern auch von deren Verteilung. Das Ehegattensplitting schließlich bewirkt einen häufig als unerwünscht angesehenen Vorteil bei Ehegatten mit verschiedenen Einkommen. Damit drängt sich die Frage auf, ob es möglich ist, den Splittingeffekt unter Beachtung der beiden obigen Werturteile zu reduzieren. Gesucht ist also ein bisher nicht bekannter Ehegattentarif, der den Forderungen nach Nichtdiskriminierung und Globaleinkommensbesteuerung genügt und der gleichzeitig den hieraus folgenden Steuervorteil gegenüber dem Splitting vermindert. Der folgende Satz zeigt, daß es einen solchen Tarif nicht gibt.

---

102 Zu diesen und anderen Merkwürdigkeiten der Tarifreform 1996: Krause-Junk, G. und M. von Oehsen (1994) Tarifmanipulation und Splitting-Vorteil. *Wirtschaftsdienst* 74, S. 122–126. Richter, W. F. (1995) Zur Grenzbelastung nach dem Einkommensteuertarif 1996. *Betriebs-Berater* **50**, S. 282–283. Homburg, St. (1995) Progressionsvorbehalt und Grundentlastung. *Betriebs-Berater*, **50**, S. 849–850.

103 Vgl. hierzu Fraser, J. M. (1986) The Marriage Tax. *Management Science* **32**, S. 831–840.

Satz (Schärfe des Ehegattensplittings): Unter allen Ehegattentarifen, die bei konvexem Steuertarif den Forderungen der Nichtdiskriminierung und Globaleinkommensbesteuerung genügen, bewirkt das Splitting die höchste Steuerbelastung der Ehegatten.

Beweis: Es sei umgekehrt die Existenz eines Tarifs E unterstellt, der für manche y_1, y_2 eine höhere Steuer $E(y_1, y_2) > S(y_1, y_2)$ als das Splitting bewirkt. Weil sowohl der behauptete Tarif als auch der Splittingtarif dem Postulat der Globaleinkommensbesteuerung genügen sollen, muß mit $y = (y_1 + y_2)/2$ auch gelten

$$(37) \qquad E(y, y) > S(y, y) = 2\,T(y) = T(y) + T(y)\ ,$$

wobei sich die Gleichung in der Mitte aus (33) ergibt. Wegen der strikten Größerrelation verletzt E offenbar das Postulat der Nichtdiskriminierung. Also existiert der behauptete Tarif nicht. *q. e. d.*

Insofern ist der Splittingeffekt *keine* Steuersubvention, sondern unvermeidliche Folge einer Ehegattenbesteuerung, die den beiden genannten Werturteilen Geltung verschaffen will. Man kann den Splittingeffekt nicht isoliert abschaffen oder auch nur begrenzen, ohne eines dieser aus der Verfassung hergeleiteten Werturteile zu verletzen. Unter Voraussetzung der Forderungen nach Nichtdiskriminierung und Globaleinkommensbesteuerung verbleiben der praktischen Steuerpolitik deshalb nur zwei Möglichkeiten. Entweder nimmt man den Splittingeffekt hin, oder man ersetzt den konvexen Tarif durch einen proportionalen und beseitigt damit die eigentliche Ursache des Splittingeffekts. Bei einem proportionalen Tarif führen die Haushaltsbesteuerung, die Individualbesteuerung und das Ehegattensplitting alle zur selben Steuerschuld. Damit würde das Splitting als besondere Tarifvorschrift entbehrlich, und die Einkommensteuer wäre heiratsneutral.

Kapitel 4. Überwälzung

Literaturhinweise: Kotlikoff, L. J. und L. H. Summers (1987) Tax Incidence. In: Auerbach, A. J. und M. Feldstein (Hrsg.) *Handbook of Public Economics, Vol. II.* Amsterdam usw.: North-Holland. Musgrave, R. A., P. B. Musgrave und L. Kullmer (1993) *Die öffentlichen Finanzen in Theorie und Praxis Band 2.* 5. Auflage Tübingen: Mohr. Seligman, E. R. A. (1884) *The Shifting and Incidence of Taxation.* Deutsche Übersetzung *Die Lehre von der Steuerüberwälzung* Jena 1927: Fischer.

Mit diesem Kapitel beginnt die *Steuerwirkungslehre.* Sie bildet das Herzstück einer wissenschaftlichen Beschäftigung mit den Steuern. Denn während ein Pamphletist seine fixe Steueridee mit Mitteln der Überredungskunst verbreiten mag, interessiert sich die Wissenschaft für die umfassende Beantwortung der Frage: *Welche Wirkungen gehen von der Besteuerung aus?* Die Vielschichtigkeit dieser Frage macht es erforderlich, diverse Teilprobleme auseinanderzuhalten, auf deren Unterscheidung die folgende Gliederung beruht. Erstens muß geklärt werden, wie sich eine gegebene Steuer auf die Bewohner eines Landes verteilt, wer die Steuer also tatsächlich trägt. Dies ist das Problem der *Überwälzung.* Zweitens wird deutlich werden, daß Steuern Zusatzlasten verursachen und daß Art und Ausmaß dieser Zusatzlasten von der gewählten Steuerart abhängen. Somit stellt sich die Frage *effizienter Besteuerung.* Ausgerüstet mit dem hierbei entwickelten theoretischen Arsenal können sodann nicht minder wichtige Aspekte der Besteuerung behandelt werden, etwa die Fragen der Steuergerechtigkeit oder der internationalen Besteuerung.

§ 20 Einführung in die Steuerwirkungslehre

Eine *lege artis* betriebene Steuerwirkungslehre argumentiert zunächst modellhaft-abstrakt und ist damit leicht dem Vorwurf einer praxisfernen Kunstlehre ausgesetzt, die keinen Bezug zur Realität hat. In Wirklichkeit verhält es sich genau umgekehrt: Wer zum Beispiel rundheraus behauptet, die Umsatzsteuer werde „als durchlaufender Posten auf die Verbraucher überwälzt“, der muß entweder eine Begründung ganz schuldig bleiben oder versteckte Annahmen treffen, die erheblich abstrakter sind als die hier gemachten. Die entscheidende Frage lautet demnach nicht, ob die Analyse abstrakt oder praxisnah ist, sondern vielmehr, ob die zugrundeliegenden Annahmen offen genannt oder verschwiegen werden. In diesem Sinne beginnt die Steuerwirkungslehre zunächst mit einem hohen Abstraktionsgrad, der Schritt für Schritt zurückgenommen wird. Parallel hierzu wird die Argumentation realitätsnäher, aber auch schwieriger.

Wer trägt die Steuer? Die hiermit gestellte Frage nach der *Steuerinzidenz* ist die wichtigste unter den eingangs genannten, und von der Antwort hierauf hängt alles weitere ab. Eine Erörterung der Steuergerechtigkeit ist bestenfalls vage, schlimmstenfalls bloße Phantasterei, wenn ihr nicht eine klare Vorstellung von den Belastungswirkungen der Besteuerung zugrunde liegt. Der Versuch, ein „optimales Steuersystem“ zu konstruieren, muß fruchtlos bleiben, so lange die Belastungswirkungen verschiedener Steuerarten nicht bekannt sind. Demgemäß stellt die Lehre von der Inzidenz eines der ältesten und bedeutendsten Forschungsfelder der Steuerwissenschaft dar, und ihre Mißachtung hat schon so manchen in selbstverschuldete Schwierigkeiten gebracht. Kern der Lehre ist die Unterscheidung zwischen formeller und materieller Steuerlast. Die *formelle Steuerlast*, auch Steueranstoß oder Anstoßeffekt genannt, bezeichnet jene Geldbeträge, die von den Steuerpflichtigen an die Finanzbehörden abgeführt werden. Die *materielle Steuerlast (Inzidenz)* beschreibt jene Wohlstandseinbußen, die bei den Steuerpflichtigen *oder anderen Personen* nach Abschluß aller Überwälzungsvorgänge verbleiben.

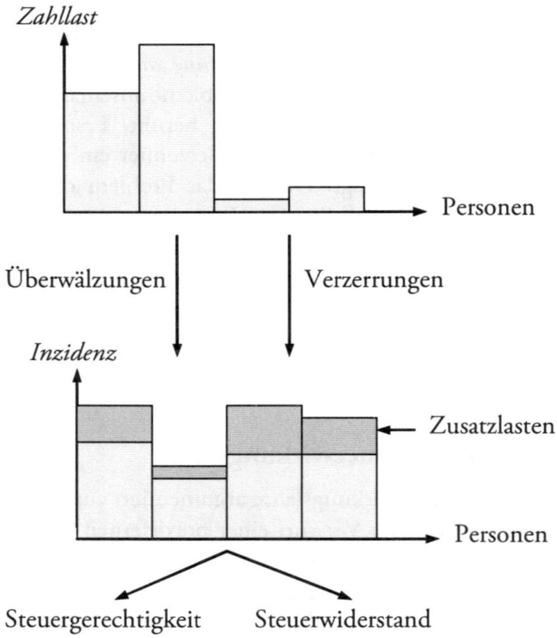

Abb. 11: Modell der Steuerwirkungen

Abb. 11 zeigt eine Modellwirtschaft mit vier Personen. Durch die Steuergesetze entsteht zunächst für jede Person eine *formelle Steuerlast* oder *Zahllast*, verstanden als der an die Finanzbehörde zu entrichtende Steuerbetrag. Die Ermittlung der formellen Steuerlast ist eine *juristische* Aufgabe; für jeden denkbaren Tatbestand muß entscheidbar sein, welche Steuerpflicht er auslöst. Die anfängliche Zahllast der vier Personen ist durch die Rechteckflächen dargestellt, deren Summe dem Steueraufkommen entspricht. Jene Personen, die nach Maßgabe der Gesetze die Steuern zu entrichten haben, werden nun versuchen, die Last auf andere zu überwälzen, und in vielen Fällen wird ihnen dies zumindest teilweise gelingen. In Abb. 11 überwälzen die ersten beiden Personen die Steuer teilweise auf die anderen beiden. Die Summe der vier hell schraffierten Rechteckflächen ist in den beiden Darstellungen identisch.

Gleichzeitig versuchen alle, die Steuerlast durch Verhaltensänderungen zu verringern; hierdurch entstehen Zusatzlasten der Besteuerung. Die Gesamtheit der Zahllasten und der durch die Steuer verursachten Zusatzlasten entspricht der *materiellen Steuerlast* oder *Steuerinzidenz*. Die Analyse der Inzidenz ist eine wirtschaftswissenschaftliche Aufgabe. Aufgrund der das Steuerrecht prägenden *wirtschaftlichen Betrachtungsweise* wirken ihre Ergebnisse aber auf die juristische Auslegung der Steuergesetze zurück. Bis zu dieser Stelle sollte deutlich geworden sein, daß mit der Steuerinzidenz die personelle Verteilung jener Wohlstandseinbußen gemessen werden soll, die nach Abschluß aller Überwälzungsvorgänge verbleiben und die von der formellen Steuerlast erheblich abweichen können. Freilich reicht eine solche Charakterisierung noch nicht aus, um die Inzidenz begrifflich scharf zu fassen, sie verbleibt noch zu sehr im Ungefähren.

Anhand eines einfachen gesamtwirtschaftlichen Modells soll die Inzidenz jetzt präzise definiert werden. In der betrachteten Modellwirtschaft leben *Konsumenten*, die durch die Nummern h = 1 ... H identifiziert werden. Bei den Konsumenten mag es sich um Haushalte oder Einzelpersonen handeln. In einem gedachten Zustand ohne Steuern wählt jeder Konsument nach Maßgabe seiner finanziellen Möglichkeiten einen bestimmten Konsum und erreicht hierdurch den *Nutzen* u^h. Nach Einführung eines beliebigen Steuersystems zahlt jeder Konsument insgesamt den *Steuerbetrag* T^h an die Finanzbehörde. Formelle und materielle Steuerlast werden durch einen Vergleich des fiktiven Zustands *ohne Steuern* und des Zustands *mit Steuern* charakterisiert. Diese beiden unterscheiden sich oberflächlich durch die Zahlbeträge T^h. Wichtiger ist aber, daß auch die Marktpreise, Einkommen und Nachfragen in den beiden Zuständen verschieden sind. Normalerweise wird ein Konsument durch die Besteuerung zu einem Konsumverzicht gezwungen, und sein Nutzen sinkt um den in Geldeinheiten[104] gemessenen Betrag Δu^h. Damit lassen sich formelle und materielle Steuerlast begrifflich klar fassen:

Die *formelle Steuerlast* oder *Zahllast* wird durch $(T^1, ..., T^H)$ beschrieben. Eine Komponente dieses Vektors entspricht dem Steuerbetrag, den der Konsument h an die Finanzbehörde abführt.

Die *materielle Steuerlast* oder *Steuerinzidenz* wird hingegen durch den Vektor $(\Delta u^1, ..., \Delta u^H)$ beschrieben. Eine Komponente dieses Vektors entspricht der Nutzeneinbuße, die der Konsument h durch die Besteuerung erleidet.

Formelle und materielle Steuerlast sind verschieden, weil es einerseits zu Überwälzungen kommt und weil die Besteuerung andererseits Zusatzlasten auslöst. Das hiesige Kapitel behandelt das enger gefaßte Problem der *Überwälzung*, das

---

104 Das Problem der Umrechnung von Nutzeneinbußen in Geldbeträge wird im folgenden Kapitel behandelt. An dieser Stelle reicht ein naives Verständnis des Begriffs „Nutzeneinbuße" völlig aus.

folgende Kapitel die Zusatzlasten. Beide Wirkungen vollziehen sich in der Realität natürlich gleichzeitig und werden nur aus Gründen der Darstellung voneinander getrennt[105].

In einem geschlossenen ökonomischen Modell verwendet der Staat die eingenommenen Steuerbeträge für den Kauf von Gütern oder für die Zahlung von Transfers an Haushalte und Unternehmen. Die Steuereinnahmen stimmen mit den Staatsausgaben überein[106]. Eine Analysetechnik, bei der nicht nur die Steuerzahlungen berücksichtigt werden, sondern auch die mit den Staatsausgaben verbundenen Nutzengewinne der Privaten, bezeichnet man als *Budgetinzidenz*. Die Budgetinzidenz stellt die zusammengefaßte Belastungswirkung von Staatseinnahmen und Staatsausgaben dar. Bei ihrer Herleitung gilt stets die staatliche Budgetgleichung; alle Steuereinnahmen decken staatliche Güterkäufe oder Transferzahlungen. Im Rahmen der Steuerlehre bleiben die mit den Staatsausgaben verbundenen Nutzen öffentlicher Güter außer Betracht; es werden höchstens *Geldrückflüsse* an den privaten Sektor modelliert, damit sich ein geschlossener Wirtschaftskreislauf ergibt. Die vergleichende Gegenüberstellung der steuerlich verursachten Nutzeneinbußen und der durch öffentliche Güter und Transfers verursachten Nutzengewinne – also die Frage nach dem *optimalen Umfang der Staatstätigkeit* – ist Gegenstand der allgemeinen Staatslehre und Finanzwissenschaft.

Oft erscheint das mit der Budgetinzidenz verfolgte Erklärungsziel zu ambitioniert, und man beschränkt sich auf die sogenannte spezifische Inzidenz. Bei der Untersuchung der *spezifischen Inzidenz* wird gedanklich eine einzelne Steuer erhöht oder gesenkt und gleichzeitig angenommen, daß sowohl die Staatsausgaben als auch die übrigen Steuern unverändert bleiben. Streng genommen kann dies natürlich nicht der Fall sein. Die spezifische Inzidenz ist aber im Rahmen einer *Partialanalyse* legitim, die nicht die Gesamtwirtschaft, sondern einen einzelnen Markt betrachtet. Allerdings muß in jedem Einzelfall geprüft werden, ob die hierbei gewonnenen Ergebnisse eine Transplantation auf die Makroebene vertragen.

Eine dritte Analysetechnik bezeichnet man als *differentielle Inzidenz*. Hierbei werden die Staatsausgaben konstant gehalten, und eine Steuer wird zu Lasten einer anderen Steuer erhöht oder gesenkt. Die differentielle Inzidenz eignet sich vor allem zur Untersuchung von *Steuerreformen*. Gefragt wird beispielsweise, welche Wirkungen von einer Senkung der Einkommensteuer bei gleichzeitiger aufkommensneutraler Erhöhung der Umsatzsteuer zu erwarten sind. Ebenso wie die Budgetinzidenz kann die differentielle Inzidenz in einem geschlossenen Modell studiert werden, in dem die staatliche Budgetgleichung stets erfüllt ist.

---

105 Die folgende Darstellung bleibt theoretisch. Zur Empirie Fritzsche, B. et al. (2003) *Empirische Analyse der effektiven Inzidenz des deutschen Steuersystems*. Essen: RWI.

106 Kurzfristig können Steuereinnahmen und Staatsausgaben voneinander abweichen, wenn der Staat Schulden macht oder tilgt. Die Staatsverschuldung ist jedoch nur eine aufgeschobene Steuerlast, so daß Steuereinnahmen und Staatsausgaben langfristig übereinstimmen.

Zusammengefaßt liegen Budgetinzidenz und differentielle Inzidenz logisch auf einer Ebene; diese beiden Techniken unterscheiden sich nur in der Fragestellung. Die spezifische Inzidenz hingegen bildet eine *Vorstufe* zur Untersuchung der Budgetinzidenz oder der differentiellen Inzidenz, und die hierbei gewonnenen Resultate sind mit Vorsicht zu genießen. Der Vorteil einer Beschäftigung mit der spezifischen Inzidenz liegt im didaktischen Bereich, weil die partialanalytische Behandlung eines einzelnen Marktes allemal einfacher ist als der Umgang mit gesamtwirtschaftlichen Modellen; und in vielen Fällen stimmen die dabei gewonnenen Erkenntnisse mit denen Ergebnissen einer gesamtwirtschaftlichen Analyse überein. Deshalb beruht die folgende Überwälzungslehre hauptsächlich auf der Technik der spezifischen Inzidenz.

§ 21 Überwälzung einer Pauschalsteuer

Eine *Überwälzung* erfolgt, indem der formell Steuerpflichtige die Zahllast oder einen Teil davon durch Verhaltensänderungen an andere weitergibt. Wenn ein Unternehmer im Anschluß an eine Steuererhöhung seine *Verkaufspreise* heraufsetzt, spricht man von *Vorwälzung* der Steuer. Senkt der Unternehmer statt dessen seine Einkaufspreise oder die von ihm gezahlten Löhne, spricht man von *Rückwälzung*. Manchmal kann es sein, daß ein Unternehmer in Reaktion auf die Erhöhung einer speziellen Gütersteuer nicht den Preis des besteuerten Produktes heraufsetzt, sondern den eines anderen Produktes; diesen Fall bezeichnet man als *Querwälzung*. Auch seitens der Verbraucher kann es zu einer Querwälzung kommen, wenn sie im Anschluß an eine Steuererhöhung nicht die Nachfrage nach dem besteuerten Gut einschränken, sondern die Nachfrage nach einem anderen Gut, dessen Preis daraufhin sinkt.

Gibt es Steuern, die nicht überwälzt werden können? Der Steuerlaie nimmt gewöhnlich an, daß diese Frage für direkte Steuern zu bejahen sei; die folgenden Erörterungen werden jedoch zeigen, daß eine solche Ansicht unbegründet ist. Beginnen wir mit der Analyse einer Pauschalsteuer. Bei der *Pauschalsteuer* wird dem Steuerpflichtigen ein fester Geldbetrag auferlegt, dessen Zahlung er durch keine wie immer geartete Verhaltensänderung vermeiden kann. Pauschalsteuern sind nicht realistisch, sondern bilden den *analytischen Nullpunkt* der Steuerwirkungslehre. Die in der Vergangenheit erhobenen Kopfsteuern kommen ihnen am nächsten, können aber z. B. durch Auswanderung vermieden werden, während bei Pauschalsteuern selbst diese Ausweichmöglichkeit nicht besteht. Manchmal wird behauptet, die Erhebung von Pauschalsteuern sei nicht möglich; richtig ist aber, daß Pauschalsteuern erhebungstechnisch zu den einfachsten Steuern gehören und jederzeit erhoben werden könnten. Ob dies unter Gerechtigkeitsgesichtspunkten wünschenswert ist, steht allerdings dahin.

Wesentlich für den Begriff der Pauschalsteuer ist nicht, daß jeder Steuerpflichtige denselben Betrag zu leisten hat, wie bei der Kopfsteuer, sondern daß der möglicherweise differenzierte Steuerbetrag für jedes Individuum unabänderlich feststeht. Unter dieser weitgehenden Annahme erscheint die Pauschalsteuer als *prototypische direkte Steuer*, und wenn es überhaupt eine Steuer gibt, bei der eine Identität zwischen Steuerzahler und Steuerträger besteht, sollte es diese sein. Die folgenden Beispiele zeigen indes, daß selbst die Pauschalsteuer überwälzt werden kann, wenn man nicht nur ihre *Nahwirkungen*, sondern auch die *Fernwirkungen* betrachtet.

Beispiel (Freiwilliger Transfer): Der vermögende A zahlt seiner studierenden Nichte N jeden Monat einen beträchtlichen Zuschuß zum Studium. Nach Einführung einer Pauschalsteuer reduziert A diesen Zuschuß, weil er nicht an anderer Stelle sparen will. Somit trägt N einen Teil der A auferlegten Pauschalsteuer.

Beispiel (Preisänderung): B ist Weinliebhaber. Seinen jährlichen Weinbedarf deckt er bei dem kleinen Winzer W. Dort kauft B ausschließlich sehr hochwertige und teure Weine, und bei diesen Weinen ist er der beste Kunde des W. Nach Einführung einer Pauschalsteuer kann B die bisherigen Weinpreise nicht mehr zahlen. Er handelt mit W einen Preisnachlaß aus. Somit trägt W einen Teil der B auferlegten Pauschalsteuer.

Selbst eine direkte Steuer, deren Zahlung durch keine Verhaltensänderung vermieden oder umgangen werden kann, ist demnach in mindestens zwei Fällen überwälzbar, nämlich wenn der Steuerpflichtige *freiwillige Transfers* an andere leistet oder wenn er eine gewisse *Marktmacht* hat. Der Begriff Marktmacht bedeutet, daß der Steuerpflichtige Einfluß auf den Marktpreis nehmen und den Marktpreis in gewissen Grenzen verändern kann. Angenommen nun, der Zensit leiste keine freiwilligen Transfers und besitze keine Marktmacht. In diesem Fall wird die Pauschalsteuer nicht überwälzt, sofern sie einem *einzelnen* auferlegt wurde; der Besteuerte muß seinen Konsum entsprechend der Steuererhöhung vermindern. Aber selbst diese Feststellung gilt *nicht*, wenn die Pauschalsteuer mehreren oder allen Nachfragern auferlegt wird, denn die Gesamtheit der Nachfrager besitzt notwendig eine gewisse Marktmacht.

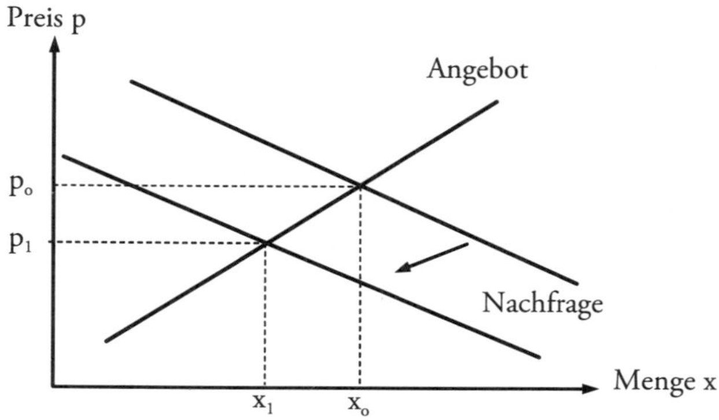

Abb. 12: Überwälzung einer Pauschalsteuer

Als Illustration hierzu zeigt Abb. 12 das Angebot und die Nachfrage auf einem Konsumgütermarkt, zum Beispiel auf dem Markt für Kartoffeln. Im ursprünglichen Gleichgewicht wird beim Preis p_0 die Menge x_0 umgesetzt. Wird nun allen Nachfragern eine Pauschalsteuer von beispielsweise 10.000 Euro im Jahr auferlegt, dann sinkt vermutlich die Nachfrage auf dem betrachteten Markt; die Nachfragekurve verschiebt sich nach links. Im neuen Gleichgewicht wird beim Preis p_1 die Menge x_1 umgesetzt. Wegen der Preissenkung tragen die Anbieter der Kartoffeln einen Teil der den Nachfragern auferlegten Pauschalsteuer; die Pauschalsteuer wurde zum Teil überwälzt.

Zusammengefaßt kann eine Pauschalsteuer nicht überwälzt werden, wenn sie einem einzelnen oder einer kleinen Gruppe auferlegt wird und wenn die Besteuerten weder Einfluß auf die Marktpreise haben noch freiwillige Transfers leisten. In diesem Fall besteht eine Identität von Steuerzahler und Steuerträger. Die hierbei getroffenen Voraussetzungen sind aber derart einschränkend, daß man umgekehrt eine zumindest teilweise Überwälzung der Pauschalsteuer als Regelfall ansehen muß. Des weiteren ist die Pauschalsteuer *keine neutrale Steuer* in dem Sinn, daß sie keine Verhaltensänderungen auslöst; ganz im Gegenteil sind Verhaltensänderungen wegen des mit der Steuer verbundenen Einkommensentzugs unvermeidlich.

Wenn aber schon die Pauschalsteuer als prototypische direkte Steuer im allgemeinen überwälzt wird, dann kann man mit Grund vermuten, daß andere Steuern erst recht überwälzbar sind. Diese Einsicht brachte Canard zu seiner berühmten *Diffusionstheorie*, wonach sich die Steuerlast stets wie Flüssigkeit in einem System kommunizierender Röhren verteilt und es mehr oder weniger gleichgültig ist, an welcher Stelle des Wirtschaftskreislaufs die Steuer technisch ansetzt (siehe § 9). Die Diffusionstheorie beruht auf der tiefen Einsicht, daß Steuern, die äußerlich völlig verschieden erscheinen, in ihrer Belastungswirkung äquivalent sein können, doch entgegen der Meinung Canards wird deutlich werden, daß der Anknüpfungspunkt der Steuern in vielen Fällen sehr wohl einen Unterschied bezüglich der personellen Belastungsverteilung macht.

Schließlich ist in diesem Paragraphen ein allgemeines Prinzip klar geworden: Jede Überwälzung vollzieht sich durch *Änderungen freiwilliger Transfers* oder über *Preisänderungen*. Weil die Beweggründe für freiwillige Transfers noch wenig erforscht sind[107], sieht die Theorie hiervon meist ab und unterstellt, daß die Individuen nur erzwungene Zahlungen leisten. Darin liegt allerdings eine wichtige Einschränkung, weil Grund zu der Vermutung besteht, daß jede Ausweitung steuerfinanzierter Transfers eine gewisse Verminderung der freiwilligen Transfers bedingt. Im Unterschied hierzu gehören Analysen von Preisänderungen als dem zweiten Überwälzungskanal zum interessantesten und wichtigsten Teil der Steuerwirkungslehre.

107 Siehe jedoch das bemerkenswerte Buch von Stark und die darin zitierte Literatur: Stark, O. (1995) *Altruism and Beyond.* Cambridge: Cambridge University Press.

§ 22 Steuern auf spezielle Güter: Theorie

Die Untersuchung der Inzidenz einer *Steuer auf ein spezielles Gut* ist ein finanzwissenschaftlicher Klassiker, und obwohl formal wenig aufwendig, führt sie auf elementare und unentbehrliche Ergebnisse der Steuerwirkungslehre. Analysetechnik ist hierbei die *spezifische Inzidenz*: Die Verwendung des Steueraufkommens und die Reaktionen auf anderen Märkten werden also vernachlässigt, was eine gewisse Berechtigung hat, wenn das erzielte Steueraufkommen gering ist. Allerdings geben die folgenden Überlegungen nur Aufschluß darüber, welche Wirkung eine Steuer auf die unmittelbar am Markt Beteiligten hat. Ob die Marktteilnehmer es verstehen, einen Teil der Steuer auf *anderen* Märkten als dem gerade betrachteten an Dritte weiterzugeben, bleibt offen. Kurz gesagt studiert die folgende Analyse nur die *Nahwirkungen* der Besteuerung, nicht deren *Fernwirkungen*.

Zunächst sei angenommen, daß auf einem *Wettbewerbsmarkt*, in dem kein einzelner Anbieter oder Nachfrager Einfluß auf den Preis nehmen kann, eine *Mengensteuer* eingeführt wird. Die Menge des auf dem Markt gehandelten Gutes wird durch x gemessen. Der in Geldeinheiten pro Gütereinheit ausgedrückte *Steuerbetrag pro Mengeneinheit* heißt t als Abkürzung für *tax*. Die Anbieter auf dem betrachteten Markt erhalten den Erlös p pro Gütereinheit; die Größe p heißt *Nettopreis* oder *Preis vor Steuern*. Die Nachfrager auf dem betrachteten Markt zahlen den Betrag q pro Gütereinheit; die Größe q heißt *Bruttopreis* oder *Preis nach Steuern*. Der Bruttopreis entspricht der Summe von Nettopreis und Steuerbetrag:

$$\text{(38)} \qquad \textit{Mengensteuer:} \quad \underbrace{q}_{\textit{Bruttopreis}} = \underbrace{p}_{\textit{Nettopreis}} + \underbrace{t}_{\textit{Steuerbetrag}} .$$

Die grundlegende Verhaltenshypothese lautet nun, daß die Nachfrager ihre Entscheidungen am Bruttopreis q orientieren, während sich die Anbieter nach dem Nettopreis p richten. Denn aus Sicht der Nachfrager ist der Bruttopreis jene Geldausgabe, die sie leisten müssen, um die Verfügungsmacht über das Gut zu erhalten; umgekehrt verbleibt den Anbietern nur der Nettopreis als eigene Einnahme. Akzeptiert man diese Hypothese, dann ist es Nachfragern und Anbietern gleichgültig, welche Marktseite formal zur Zahlung der Steuer verpflichtet ist. Weil sich die beiden Marktseiten an unterschiedlichen Preisen orientieren, sehen sie die Einführung einer Mengensteuer, verstanden als Zunahme des Steuerbetrags von Null auf t, aus verschiedenen Perspektiven.

Den *Anbietern* erscheint die Einführung der Mengensteuer als eine Verringerung der Nachfrage. In Abb. 13 wurde auf der Ordinate der für die Anbieter relevante Nettopreis p abgetragen. Weil es den Nachfragern auf den Bruttopreis q ankommt, verringern sie die von ihnen jeweils gebotenen Nettopreise auf $p = q - t$, während die gebotenen Bruttopreise unverändert bleiben. *Die Nachfragekurve verschiebt sich um den Steuerbetrag t parallel nach unten.* Als Folge fällt der Nettopreis. Allerdings ist die Preissenkung Δp *geringer* als der Steuerbetrag t.

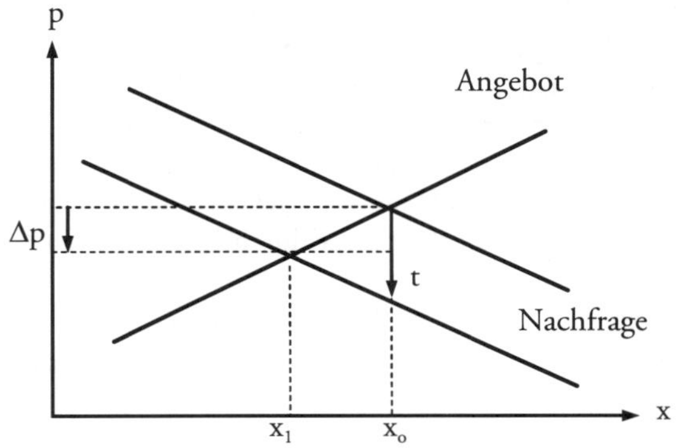

Abb. 13: Mengensteuer aus Sicht der Anbieter

Den *Nachfragern* erscheint die Einführung der Mengensteuer als eine Verteuerung des Angebots. In Abb. 14 wurde auf der Ordinate der für die Nachfrager relevante Bruttopreis q abgetragen. Weil es den Anbietern auf den Nettopreis p ankommt, erhöhen sie die von ihnen jeweils verlangten Bruttopreise auf $q = p + t$, während die verlangten Nettopreise unverändert bleiben. *Die Angebotskurve verschiebt sich um den Steuerbetrag t parallel nach oben.* Als Folge steigt der Bruttopreis. Allerdings ist die Preiserhöhung Δq *geringer* ist als der Steuerbetrag t.

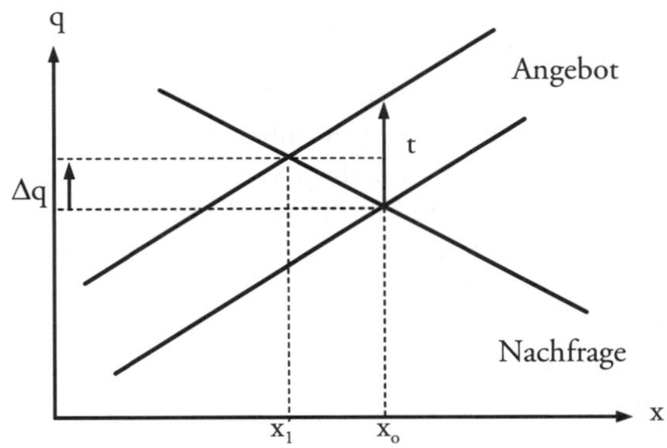

Abb. 14: Mengensteuer aus Sicht der Nachfrager

Zusammengefaßt hat die Einführung der Mengensteuer im dargestellten Fall folgende Wirkungen: Erstens sinkt die umgesetzte Menge des besteuerten Gutes, zweitens steigt der Bruttopreis, und drittens sinkt der Nettopreis. Im neuen Gleichgewicht müssen die Nachfrager um Δq höhere Bruttopreise zahlen, während die Anbieter um Δp verringerte Nettopreise erzielen. *Beide Marktseiten tragen somit einen Teil der Steuer.* Die Summe der absoluten Preisänderungen entspricht dem Steuerbetrag[108]. Dieses Resultat gilt allgemein, sofern die Angebotskurve eine endliche positive Steigung und die Nachfragekurve eine endliche negative Steigung besitzt, und zwar unabhängig davon, welche der Parteien formal zur Steuerzahlung verpflichtet ist. Sind die Nachfrager zahlungspflichtig, dann werden sie einen Teil der Steuer durch Verringerung der Nettopreise auf die Anbieter *rückwälzen* (Abb. 13). Sind umgekehrt die Anbieter zahlungspflichtig, dann werden sie einen Teil der Steuer durch Erhöhung der Bruttopreise auf die Nachfrager *vorwälzen* (Abb. 14).

Wenn nun jede Marktseite einen *Teil* der Mengensteuer trägt, so ist damit nicht gesagt, daß sich die Steuer je zur *Hälfte* auf Anbieter und Nachfrager verteilt. Damit drängt sich die Frage auf, wovon die jeweilige Steuerbelastung der beiden Marktparteien abhängt und ob man diese Anteile quantifizieren kann; hierbei geht es zunächst nur um die Verteilung der reinen *Zahllast*. Als Lastverteilungmaß bietet sich die Reaktion des Bruttopreises auf Änderungen des Steuerbetrags an:

$$(39) \qquad \frac{dq}{dt} \approx \frac{\Delta q}{\Delta t} \begin{cases} = 1 & \textit{alleinige Belastung der Nachfrager,} \\ = 1/2 & \textit{hälftige Lastteilung,} \\ = 0 & \textit{alleinige Belastung der Anbieter.} \end{cases}$$

Das *Lastverteilungmaß* $\Delta q/\Delta t$ entspricht dem Anteil der Steuer, der von den Nachfragern getragen wird. Angenommen, die Mengensteuer werde um $\Delta t = 2$ erhöht. Steigt nun der Bruttopreis um $\Delta q = 2$, dann wird die Steuer offensichtlich allein von den Nachfragern getragen; in diesem Fall gilt $\Delta q/\Delta t = 1$. Bleibt der Bruttopreis infolge der Steuererhöhung aber unverändert, so daß $\Delta q/\Delta t = 0$ gilt, dann muß nach Formel (38) der den Anbietern verbleibende Nettopreis um $\Delta p = -2$ sinken, und die Steuer wird allein von den Anbietern getragen. In einem dritten charakteristischen Fall steigt der Bruttopreis um 1, während der Nettopreis um 1 sinkt; hierbei kommt es zu einer hälftigen Lastteilung zwischen Anbietern und Nachfragern, und es gilt $\Delta q/\Delta t = ½$. Der einfacher handhabbare Ausdruck dq/dt liefert eine *Approximation* des Lastverteilungsmaßes $\Delta q/\Delta t$ für kleine Steueränderungen. Auf diesen Sachverhalt sowie auf die Frage, ob das Lastverteilungsmaß auch Werte außerhalb des Intervalls von Null bis Eins annehmen kann, wird später einzugehen sein.

Das Angebot (*supply*) auf einem Markt ist eine Funktion $S = S(p)$ des Nettopreises, die Nachfrage (*demand*) eine Funktion $D = D(q)$ des Bruttopreises. Den Schlüssel zum Verständnis der Lastverteilung bei einer Mengensteuer bilden die beiden folgenden Größen, die angeben, wie stark das Angebot bzw. die Nachfrage auf Preisänderungen reagieren:

108 Aus $q_1 - p_1 = t$ im Gleichgewicht mit Steuer und $q_0 - p_0 = 0$ im Gleichgewicht ohne Steuer folgt durch Subtraktion sofort $\Delta q - \Delta p = t$. Die Summe der Absolutbeträge der Preisänderungen entspricht folglich dem Steuerbetrag.

(40) *Angebotselastizität*: $\varepsilon = \frac{dS}{dp}\frac{p}{S} \approx \frac{\Delta S/S}{\Delta p/p}$.

(41) *Nachfrageelastizität*: $\eta = \frac{dD}{dq}\frac{q}{D} \approx \frac{\Delta D/D}{\Delta q/q}$.

Die *Angebotselastizität* ε (epsilon) beziffert näherungsweise, um wieviel Prozent das Güterangebot zunimmt, wenn der Nettopreis um ein Prozent steigt. Demgegenüber beziffert die *Nachfrageelastizität* η (eta) näherungsweise, um wieviel Prozent die Nachfrage abnimmt, wenn der Bruttopreis um ein Prozent steigt; diese Größe ist im Normalfall *negativ*. Beide Elastizitäten sind dimensionslos und damit unabhängig von den gewählten Geld- und Gütereinheiten. Sie können unmittelbar für verschiedene Märkte miteinander verglichen werden. Ändern sich das Angebot oder die Nachfrage bei einer einprozentigen Preisänderung um mehr als ein Prozent, dann spricht man von einer *elastischen* Reaktion, im umkehrten Fall von einer *unelastischen* Reaktion. Wenn eine Marktseite überhaupt nicht auf Preisänderungen reagiert, nennt man sie *vollkommen unelastisch*, im umgekehrten Fall nennt man sie *vollkommen elastisch*. Schließlich spricht man von *normalen Reaktionen*, wenn bei steigendem Preis das Angebot zunimmt und die Nachfrage abnimmt. Im weiteren werden normale Reaktionen unterstellt ($\varepsilon > 0$ und $\eta < 0$), sofern nicht etwas anderes angegeben ist. Das folgende Hauptergebnis der Inzidenzlehre zeigt, daß die Lastverteilung in genau bestimmbarer Weise von den Elastizitäten des Angebots und der Nachfrage abhängt:

Satz (Mengensteuer): Bei einer Mengensteuer, die ausgehend vom Wert $t = 0$ marginal erhöht wird, kommt es zu der folgenden

(42) $$\boxed{\textit{Lastverteilung:} \quad \frac{dq}{dt} = \frac{\varepsilon}{\varepsilon - \eta}.}$$

Beweis: Im Marktgleichgewicht stimmen das Angebot $S(q-t)$ und die Nachfrage $D(q)$ überein, es gilt also $S(q-t) - D(q) = 0$. Aus dieser Gleichung gewinnt man durch implizite Differentiation[109] nach dem Steuerbetrag die Beziehung

(43) $$\frac{dq}{dt} = -\frac{-S'}{S' - D'} = \frac{S' \cdot p/S}{S' \cdot p/S - D' \cdot q/D}.$$

Bei der Umformung wurden die Annahmen $D = S$ und $q = p$ ausgenutzt. Der Ausdruck rechts entspricht der Behauptung (42), wie man durch Einsetzen der Definitionen von ε und η sieht. *q. e. d.*

Folglich hängt die Lastverteilung bei einer Mengensteuer allein von den Elastizitäten des Angebots und der Nachfrage ab. Bei normalen Angebots- und Nach-

---

109 *Implizite Differentiation*: Sei f ($\Re^2 \to \Re$) eine stetig differenzierbare Funktion, $f(x_1, x_2) = \text{const.}$ für gewisse (x_1, x_2) und $\partial f/\partial x_2 \neq 0$ an einer bestimmten Stelle. Dann existiert in einer Umgebung dieser Stelle eine implizite Funktion $x_2 = g(x_1)$ mit $dx_2/dx_1 = -\partial f/\partial x_1/(\partial f/\partial x_2)$.

fragereaktionen ist der Bruch $\varepsilon/(\varepsilon-\eta)$ positiv und außerdem kleiner als Eins, weil der Wert des Nenners den Wert des Zählers übersteigt. Das mit (42) konstruierte Lastmaß liegt demnach zwischen Null und Eins. In der folgenden Fallunterscheidung wird zur sprachlichen Vereinfachung stets angenommen, daß die jeweils nicht genannte Elastizität endlich und von Null verschieden ist.

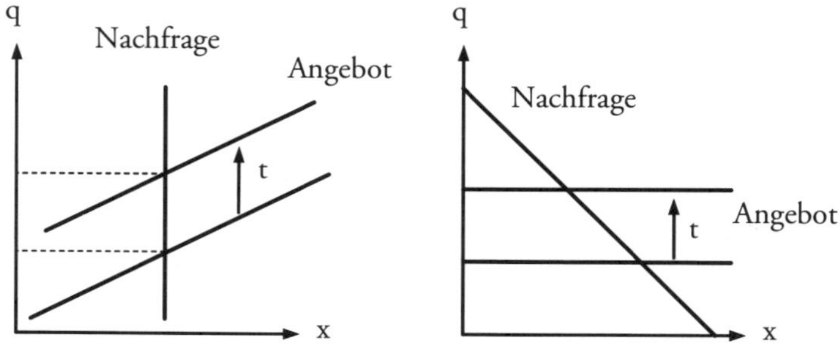

Abb. 15: Alleinige Belastung der Nachfrager

Fall 1: Alleinige Belastung der Nachfrager. Die Mengensteuer wird allein von den Nachfragern getragen, wenn der Bruttopreis genau um den Steuerbetrag steigt, wenn also $dq/dt = 1$ gilt. Weil hierbei der Nettopreis unverändert bleibt, werden die Anbieter von der Steuer nicht getroffen. Hierzu kommt es, wenn die Nachfrage vollkommen unelastisch reagiert ($\eta = 0$) oder wenn das Angebot vollkommen elastisch reagiert ($\varepsilon = \infty$); aus beiden Annahmen folgt durch Einsetzen in (42) nämlich $dq/dt = 1$. Abb. 15 veranschaulicht die Fälle einer vollkommen unelastischen Nachfrage (links) und eines vollkommen elastischen Angebots (rechts) und zeigt, daß der Bruttopreis jeweils genau um den Steuerbetrag steigt.

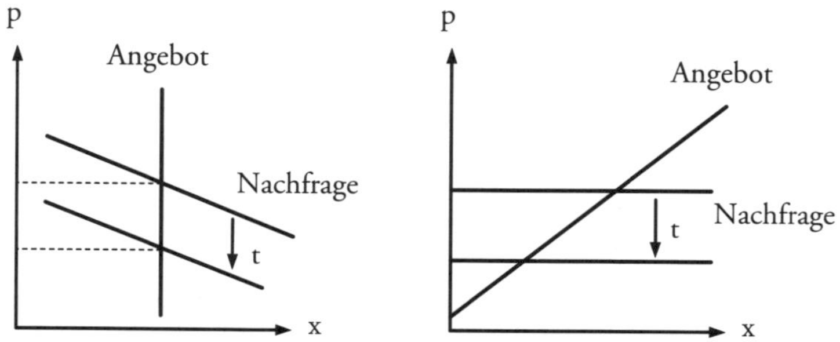

Abb. 16: Alleinige Belastung der Anbieter

Fall 2: Alleinige Belastung der Anbieter. Die Mengensteuer wird allein von den Anbietern getragen, wenn der Nettopreis genau um den Steuerbetrag sinkt, wenn also $dq/dt = 0$ gilt. Weil hierbei der Bruttopreis unverändert bleibt, werden die Nachfrager nicht von der Steuer getroffen. Hierzu kommt es, wenn das

Angebot vollkommen unelastisch reagiert ($\varepsilon = 0$) oder wenn die Nachfrage vollkommen elastisch reagiert ($\eta = -\infty$); aus beiden Annahmen folgt durch Einsetzen in (42) nämlich $dq/dt = 0$. Abb. 16 veranschaulicht die Fälle eines vollkommen unelastischen Angebots (links) und einer vollkommen elastischen Nachfrage (rechts) und zeigt, daß der Nettopreis jeweils genau um den Steuerbetrag sinkt.

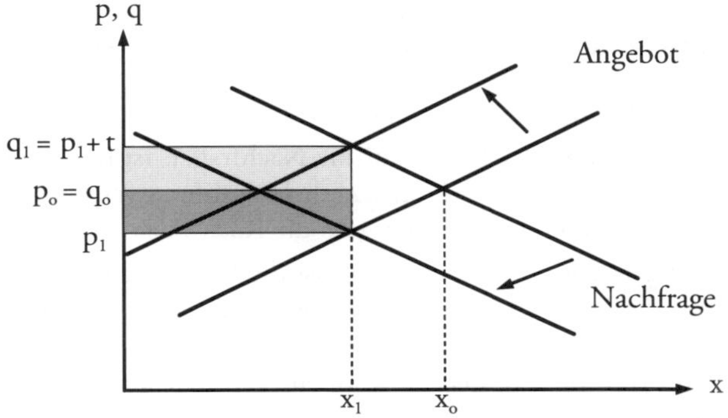

Abb. 17: Hälftige Lastteilung

Fall 3: Hälftige Lastteilung. Die Mengensteuer wird je zur Hälfte von Anbietern und Nachfragern getragen, wenn der Nettopreis um die Hälfte des Steuerbetrags sinkt und der Bruttopreis um die Hälfte des Steuerbetrags steigt, wenn also $dq/dt = \frac{1}{2}$ gilt. Hierzu kommt es, wenn das Angebot und die Nachfrage gleich elastisch reagieren ($\varepsilon = -\eta$); aus dieser Annahme folgt durch Einsetzen in (42) nämlich $dq/dt = \frac{1}{2}$.

Der Fall einer hälftigen Lastteilung ist in Abb. 17 dargestellt. Auf der Ordinate wurden hierbei gleichzeitig der Nettopreis und der Bruttopreis abgetragen. Vor Einführung der Steuer stimmen diese beiden überein, es gilt $p_o = q_o$. Nach Einführung der Steuer sinkt der Nettopreis aufgrund der Linksverschiebung der Nachfragekurve im Nettopreis-Mengen-Raum auf p_1, wie schon in Abb. 13 dargestellt. Gleichzeitig steigt der Bruttopreis aufgrund der Linksverschiebung der Angebotskurve im Bruttopreis-Mengen-Raum auf q_1, wie schon in Abb. 14 dargestellt. Im neuen Gleichgewicht entspricht die gesamte *Zahllast*, berechnet als Steuerbetrag mal Menge, der Summe der beiden gerasterten Rechteckflächen. Wird die Steuer bei den Anbietern erhoben (Produzentensteuer), können diese einen Betrag in Höhe der helleren Fläche auf die Nachfrager überwälzen, während sie den durch die dunklere Fläche angegebenen Betrag selbst tragen müssen. Diese Graphik stellt wohlgemerkt nur die Verteilung der Zahllast dar; die gesamte Nutzeneinbuße der Marktparteien ist größer, wie sich im folgenden Kapitel zeigen wird.

Verallgemeinernd lautet das mit Formel (42) gefundene Hauptergebnis wie folgt: *Der von einer Marktseite zu tragende Steueranteil ist um so größer, je unelastischer diese Marktseite reagiert und je elastischer die andere Marktseite reagiert.* Je schwerer es einer Marktseite fällt, der Steuer durch Verhaltensänderungen auszuweichen und je leichter dies der anderen Marktseite fällt, desto größer ist der auf der erstgenannten Marktseite lastende Steueranteil. Eine zweite wesentliche Einsicht der Steuerwirkungslehre wird durch die obigen Formeln verdeckt und soll deshalb ausdrücklich genannt werden: Weil die Lastverteilung nur von den Elastizitäten des Angebots und der Nachfrage abhängt, ist sie *unabhängig von der formalen* Zahlungsverpflichtung, unabhängig also von der rechtlichen Konstruktion. Es sei beispielsweise $dq/dt = 1$, so daß allein die Nachfrager belastet werden, wie oben im Fall 1 geschildert. Ist die Steuer als Produzentensteuer ausgestaltet, so daß die rechtliche Zahlungsverpflichtung bei den Anbietern liegt, kommt es zu einer vollen Überwälzung der Steuer auf die Nachfrager. Ist die Steuer als Konsumentensteuer ausgestaltet, so daß die rechtliche Zahlungsverpflichtung bei den Nachfragern liegt, mißlingt den Nachfragern die Rückwälzung.

Auf Basis des obigen Entscheidungsmodells ist die Steuerlastverteilung nicht nur unabhängig von der Zuweisung der rechtlichen Zahlungsverpflichtung, sondern auch von der *Merklichkeit* der Steuer. Die Nachfrager richten ihre Kaufentscheidung nach dem Bruttopreis q, und es ist ihnen egal, welchen Steuerbetrag dieser Bruttopreis enthält. Umgekehrt orientieren sich die Anbieter am Nettopreis. Ob die Marktparteien den Steuerbetrag bemerken oder übersehen, ist für das Marktergebnis und die Lastverteilung ohne Belang[110]. Denn die Lastverteilung, um es ein letztes Mal zu betonen, hängt allein von den Elastizitäten des Angebots und der Nachfrage ab. Die bisher genannten Grundeinsichten der Steuerwirkungslehre werden in den folgenden Paragraphen anhand zahlreicher Beispiele veranschaulicht. Zuvor aber soll die Theorie durch drei Erweiterungen abgerundet werden.

Zunächst ergibt die bisherige Analyse, daß eine Mengensteuer in untypischen Situationen *mehr als voll überwälzt* werden kann. Dies soll nun unter der Annahme eines stabilen Marktgleichgewichts gezeigt werden[111]. Wenn die Angebotselastizität ε *negativ* ist (aber größer als die Nachfrageelastizität), dann wird der Bruch in Formel (42) negativ, und der Bruttopreis sinkt infolge einer Steuererhöhung. Folglich muß der Nettopreis um mehr als den Steuerbetrag sinken, wie Abb. 18 links zeigt. Die Nachfrager werden durch die Steuererhöhung begünstigt. Dieser Fall der sogenannten *inversen Angebotskurve* kann auftreten, wenn die Anbieter einen gewissen Lebensstandard behalten wollen und auf eine

---

110 Siehe hierzu auch Wiegard, W. (1984) Merkliche versus unmerkliche Steuern – Eine Bestandsaufnahme. In: Bös, D., M. Rose und C. Seidl (Hrsg.) *Beiträge zur neueren Steuertheorie.* Berlin usw.: Springer.

111 *Lokale Stabilität*: Lösungen der Differentialgleichung $\dot{p}(i) = \Theta[D(p(i)) - S(p(i))]$ streben für Anfangswerte $p(0)$ aus einer Umgebung des Gleichgewichts dem Gleichgewicht zu. Dabei ist Θ eine vorzeichenerhaltende Funktion mit $\Theta' > 0$ und i der Zeitindex. Die für lokale Stabilität hinreichende Bedingung $d\dot{p}/dp < 0$ ist offensichtlich äquivalent zu $D'(p) - S'(p) < 0$ bzw. zu $\varepsilon - \eta > 0$. Weil instabile Gleichgewichte wenig Sinn ergeben, wird im Text stets Stabilität unterstellt.

Senkung des Nettopreises mit erhöhten Anstrengungen, also mit einer Ausweitung des Angebots reagieren.

Wenn umgekehrt die Nachfrageelastizität η *positiv* ist (aber kleiner als die Angebotselastizität), dann nimmt der Bruch in Formel (42) einen Wert über Eins an, und der Bruttopreis steigt um mehr als den Steuerbetrag, man vergleiche hierzu Abb. 18 rechts. Folglich steigt auch der Nettopreis, so daß die Anbieter durch die Steuererhöhung begünstigt werden. Eine solche Situation tritt bei *Giffen-Gütern* auf, deren Nachfrage mit steigendem Preis zunimmt statt abnimmt. Als Standardbeispiel für Giffen-Güter werden in der Literatur billige Nahrungsmittel wie Brot genannt. Ein Anstieg des Brotpreises kann theoretisch bewirken, daß die Konsumenten wegen des damit verbundenen Einkommensverlustes weniger hochwertige Nahrungsmittel wie Fleisch nachfragen und entsprechend mehr Brot. In diesem Fall würde nach Einführung einer Brotsteuer der Nettobrotpreis steigen und der Bäcker mehr verdienen.

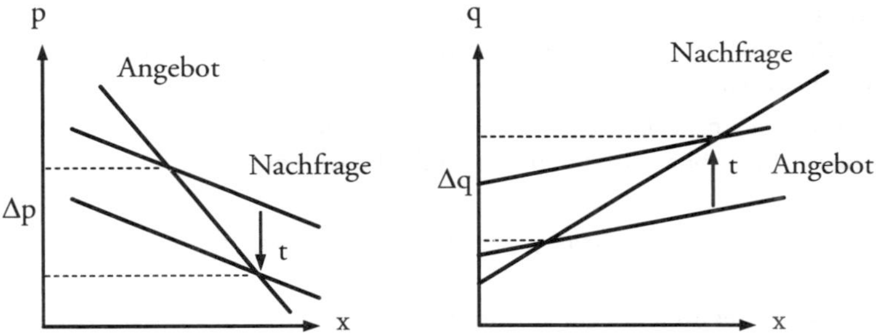

Abb. 18: Mehr als volle Überwälzung auf Anbieter bzw. Nachfrager

Das mit Formel (42) gefundene Hauptergebnis gilt, wie schon mehrfach erwähnt, im allgemeinen nur *approximativ* für eine Steuer, die ausgehend vom Wert Null marginal erhöht wird. Die Ursache hierfür liegt darin, daß das Lastverteilungsmaß dq/dt als Funktion des Steuerbetrags nicht unbedingt konstant ist; es kann prinzipiell für jeden Steuerbetrag verschieden sein. Ein *exaktes globales Lastverteilungsmaß* gewinnt man demgemäß durch Integration:

$$\text{(44)} \qquad \frac{\Delta q}{\Delta t} = \frac{1}{\Delta t} \int_{t_o}^{t_o+\Delta t} \frac{dq(t)}{dt}\, dt \,.$$

Diese Formel folgt unmittelbar aus dem Hauptsatz der Differential- und Integralrechnung. Die Lastverteilung bei beliebigen Steueränderungen läßt sich exakt berechnen, sofern die Funktion dq/dt bekannt ist. In einem wichtigen Sonderfall fällt die exakte Berechnung leicht, nämlich dann, wenn Angebot und Nachfrage *lineare Funktionen* der Preise, ihre Steigungen S' und D' also konstant sind. Wie der mittlere Ausdruck in Formel (43) zeigt, ist hierbei dq/dt selbst konstant und folglich identisch mit Δq/Δt. Bei linearen Angebots- und Nachfragekurven ist der von den Nachfragern zu tragende Steueranteil deshalb überall gleich $S'/(S'-D')$.

Steuern auf spezielle Güter können prinzipiell als Mengensteuern oder als Wertsteuern ausgestaltet sein. Bis zu dieser Stelle wurden nur Mengensteuern betrachtet – und mit gutem Grund. Während nämlich die Analyse von Wertsteuern einige zusätzliche mathematische Klimmzüge erfordert, gilt alles für die Mengensteuern Gesagte in analoger Weise auch für die Wertsteuern. Zum Beleg für diese Behauptung sei die in Formel (1) auf Seite 57 definierte Bruttowertsteuer etwas umgeformt.

(45) *Bruttowertsteuer:*
$$\underbrace{q}_{\textit{Bruttopreis}} = \underbrace{p}_{\textit{Nettopreis}} + \underbrace{\tau q}_{\textit{Steuerbetrag}} .$$

Weil der Nettopreis $p = q - \tau q$ beträgt, lautet die nettopreisabhängige Angebotskurve $S(q-\tau q)$. Als *Lastverteilungsmaß* dient weiterhin die Reaktion des Bruttopreises auf Änderungen des Steuerbetrags; im hiesigen Kontext ist das jedoch der Ausdruck $dq/d(\tau q)$, weil der Steuerbetrag einer Bruttowertsteuer nach (45) als τq berechnet wird.

Satz (Bruttowertsteuer): Bei einer Bruttowertsteuer, die ausgehend vom Wert $\tau = 0$ marginal erhöht wird, kommt es zu der folgenden

(46) *Lastverteilung :*
$$\frac{dq}{d(\tau q)} = \frac{S'}{S'-D'} = \frac{\varepsilon}{\varepsilon - \eta} .$$

Beweis: Nach der Kettenregel gilt $dq/d(\tau q) = dq/d\tau \cdot d\tau/d(\tau q)$. Aus der Gleichgewichtsbedingung $S(q-\tau q) - D(q) = 0$ gewinnt man durch implizite Differentiation $dq/d\tau = S' \cdot q/[S' \cdot (1-\tau) - D']$ und nach Multiplikation mit dem Ausdruck $d\tau/d(\tau q) = 1/q$ und Setzen von $\tau = 0$ die Formel (46). *q. e. d.*

Die Lastverteilung einer Bruttowertsteuer unterscheidet sich demnach nicht von der Lastverteilung einer Mengensteuer; sie wird in gleicher Weise durch die Elastizitäten des Angebots und der Nachfrage bestimmt. Dasselbe gilt selbstverständlich für Nettowertsteuern, wie der Leser zur Übung selbst beweisen mag. Graphisch und mathematisch sind Wertsteuern etwas schwieriger zu handhaben als Mengensteuern; in den Abbildungen kommt es nicht zu einer Parallelverschiebung der Kurven, sondern zu einer Verdrehung, weil der Steuerbetrag vom jeweiligen Preis abhängt. Wegen der soeben gefundenen Äquivalenz von Mengensteuern und Wertsteuern ist eine separate Behandlung der letzteren jedoch entbehrlich. Allerdings wirken die beiden Steuerarten bei *monopolistischen Marktformen* verschieden, weil Wertsteuern aus Sicht der Anbieter die Nachfrage elastischer werden lassen[112].

---

112 Myles, G. (1996) Imperfect Competition and the Optimal Combination of *ad valorem* and Specific Taxation. *International Tax and Public Finance* 3, S. 29–44.

§ 23 Steuern auf spezielle Güter: Anwendungen

Nach diesen umfangreichen Vorarbeiten fällt eine anwendungsbezogene Erörterung der Wirkungen von Steuern auf spezielle Güter nicht schwer, die neben der muskulösen Formel (42) nur ein wenig gesunden Menschenverstand erfordert. Für die Auswahl der nachstehenden Steuern auf spezielle Güter war nicht deren fiskalische Bedeutung maßgebend; vielmehr enthält jeder der folgenden Abschnitte eine wichtige allgemeine Einsicht, deren Geltung über die jeweils besprochene Einzelsteuer hinausreicht.

1. Kaffeesteuer

Weil in Deutschland aus klimatischen Gründen kein wirtschaftlich tragfähiger Kaffeeanbau möglich ist, entspricht die Kaffeesteuer einem Importzoll. Wie verteilt sich die Last einer Kaffeesteuererhöhung auf Anbieter und Nachfrager? Diese Frage ist präzise beantwortbar, wenn man mit nur leichter Idealisierung annimmt, daß der deutsche Kaffeeverbrauch weltweit nicht ins Gewicht fällt. Ein Gleichgewicht auf dem Weltmarkt für Kaffee besteht, wenn die Exporteure auf allen Absatzmärkten denselben Nettopreis erzielen. Wird nun die Kaffeesteuer *allein* in Deutschland erhöht, dann werden sich die Kaffee-Exporteure nicht mit einem geringeren Nettopreis hierzulande zufrieden geben, sondern die Steuererhöhung voll auf die Nachfrager überwälzen. Denn wenn sie in Deutschland nicht den vom Weltmarkt gegebenen Nettopreis erzielen, ist ein Export nach Deutschland für sie uninteressant. Wie auf Seite 100 in Abb. 15 rechts dargestellt, beruht die volle Überwälzung auf der Tatsache, daß das Kaffeeangebot vollkommen elastisch reagiert. Das hier geschilderte Prinzip gilt allgemein für homogene Güter, die auf *wettbewerblichen Weltmärkten* gehandelt werden und bei denen der Marktanteil des betrachteten Landes vernachlässigbar ist. Erhöht ein Land eine spezielle Gütersteuer im *Alleingang*, wird diese Steuer voll auf die Nachfrager überwälzt.

Die Steuerlast liegt jedoch teilweise bei den Anbietern, wenn eine der drei zuletzt genannten Annahmen verletzt ist: Erstens betreiben Exporteure auf *monopolistischen Märkten* häufig Preisdifferenzierung, indem sie für jedes Land den gewinnmaximierenden Preis wählen. Eine nationale Steuererhöhung kann in diesem Fall eine Senkung des Nettopreises bewirken, so daß der monopolistische Anbieter einen Teil der Steuer trägt. Dies kann man beispielsweise bei Kraftfahrzeugen beobachten, für die in Hochsteuerländern geringere Nettopreise gefordert werden. Zweitens tragen die Exporteure offensichtlich einen Teil der Steuer, wenn der Weltmarktanteil des steuererhöhenden Landes *bedeutend* ist. Drittens verkehrt sich die obige Aussage über die Lastverteilung in ihr Gegenteil, wenn alle Nachfragerländer *gemeinschaftlich* die betreffende Steuer erhöhen. Wenn zum Beispiel alle Kaffeeimportländer eine einheitliche Erhöhung der Kaffeesteuer beschließen, können die Exporteure nicht in der oben geschilderten Weise ausweichen. Weil das Kaffeeangebot kurzfristig vollkommen unelastisch sein dürfte, die Nachfrage aber begrenzt elastisch, kommt es zu der auf Seite 100 in

Abb. 16 links geschilderten Überwälzung, und die Steuer wird allein von den Exporteuren getragen.

2. Weinsteuer

Eine Weinsteuer wird in Deutschland derzeit nicht erhoben; Wein ist das einzige alkoholische Getränk, das keiner speziellen Besteuerung unterliegt[113]. Angenommen, Deutschland führe eine Weinsteuer ein: wie würde die Steuer Winzer und Weintrinker treffen? Um des Argumentes willen sei hierbei eine *geschlossene Volkswirtschaft* betrachtet; das Problem der internationalen Inzidenz wird in Kapitel 8 eingehend erörtert. Unter dieser Annahme darf man unterstellen, daß sowohl das Angebot als auch die Nachfrage auf dem Weinmarkt kurzfristig ziemlich unelastisch reagieren; die Steuerlast verteilt sich gemäß (42) in nicht genau bestimmbarer Weise auf Winzer und Weintrinker.

Dieses unklare Bild ändert sich schlagartig, wenn anstelle einer umfassenden Weinsteuer eine Steuer auf *Rotwein* eingeführt wird. Weil Weißwein und Rotwein aus Sicht der Nachfrager enge Substitute sind, reagiert die Rotweinnachfrage *elastisch*. Umgekehrt können die Winzer, die spezifische Weinstöcke gepflanzt haben, kurzfristig nicht von der Rotwein- auf die Weißweinproduktion umstellen. Im gedanklichen Extremfall einer vollkommen elastischen Rotweinnachfrage müssen die Rotweinanbieter den Nettopreis um den Steuerbetrag reduzieren; die gesamte Steuerlast liegt bei jenen Winzern, die Rotwein produzieren. Auf Dauer werden letztere freilich zur rentableren Weißweinproduktion wechseln, so daß langfristig kein Rotwein mehr hergestellt wird und das Steueraufkommen auf Null sinkt.

Die Lastverteilung hängt demnach wesentlich von der *Abgrenzung der Steuerbemessungsgrundlage* ab. Im genannten Beispiel bewirkt eine engere Abgrenzung (Rotwein statt Wein), daß die Steuer allein von den Winzern getragen wird. Hieraus zu schließen, daß eng definierte Bemessungsgrundlagen generell die Nachfrager in Vorteil setzen, wäre jedoch *falsch:* Allgemein reagieren zwar sowohl das Angebot als auch die Nachfrage um so elastischer, je enger die Steuerbemessungsgrundlage gewählt wurde, weil beide Marktseiten zusätzliche Ausweichmöglichkeiten haben. Nach Formel (42) aber wird der Anteil $\varepsilon/(\varepsilon - \eta)$ der Steuer, den man nach Division durch die Angebotselastizität auch als $1/(1 - \eta/\varepsilon)$ schreiben kann, auf die Nachfrager überwälzt. Die von den Nachfragern zu tragende Steuer hängt folglich vom Quotienten der beiden Elastizitäten ab. Im Hinblick auf die Lastverteilung spielt die absolute Höhe der Elastizitäten keine Rolle, sondern allein deren *Verhältnis*.

Die Rotweinsteuer eröffnete den Nachfragern im obigen Beispiel eine zusätzliche Ausweichmöglichkeit, nämlich den Umstieg auf Weißwein, während die Winzer ihre Produktion zumindest kurzfristig nicht umstellen konnten. Deshalb sank im

113 Der Grund: Anders als Bier, Branntwein oder Schaumwein wird Wein nicht industriell erzeugt, sondern in vielen landwirtschaftlichen Klein- und Kleinstbetrieben. Daher ist die Erhebung einer Weinsteuer als Produzentensteuer relativ umständlich und teuer. Lotz, W. (1931) *Finanzwissenschaft*. 2. Auflage Tübingen: Mohr.

Vergleich zu einer umfassenden Weinsteuer der von den Nachfragern zu tragende Steueranteil. Genau das Gegenteil würde beim Vergleich einer *Schokoladensteuer* und einer *Steuer auf Schokoladenostereier* passieren, wenn man annimmt, daß die Anbieter problemlos zwischen der Herstellung von Tafelschokolade und Ostereiern wechseln können, während die Nachfrager zwischen diesen Produkten nicht indifferent sind, weil sie zu Ostern eben Ostereier statt Tafelschokolade haben wollen. In diesem Fall wäre das Ostereiangebot vollkommen elastisch, die Nachfrage begrenzt elastisch, und die Last der enger abgegrenzten Ostereisteuer läge vollständig bei den Nachfragern.

Weil bei schmaler werdender Steuerbemessungsgrundlage sowohl die Angebotselastizität als auch die Nachfrageelastizität zunimmt, ergibt sich jedoch als allgemeingültige und durch die Erfahrung bestätigte Regel, daß Steuern mit engen Bemessungsgrundlagen tendenziell ein geringes Aufkommen haben. Diese Tatsache muß der Gesetzgeber im Auge behalten, wenn er aus Lenkungs- oder Umverteilungsgründen eng definierte Güter besteuert. Schon der Sozialist und Arbeiterführer Ferdinand Lassalle sah diesen Zusammenhang ganz klar: „*Entweder* die Luxussteuern sind *keine* Luxussteuern, d. h. sie liegen auf Gegenständen des auch in den untersten Volksklassen allgemein üblichen Verbrauchs, wie Kaffee oder Thee, Bier, Branntwein, Seife, Licht etc... – *oder aber sie sind* wirkliche Luxussteuern und dann *bringen sie Nichts*“[114].

3. Bodensteuer

Eine als Mengensteuer ausgestaltete Bodensteuer ist eine Steuer mit der Bemessungsgrundlage „Quadratmeter Grund und Boden“. Von David Ricardo über Henry George und Adolf Damaschke bis heute hat wohl keine Steuer eine derartige Faszination ausgeübt. Die Ursache hierfür besteht darin, daß man für das Bodenangebot eine vollkommen unelastische Reaktion unterstellen kann. Der Quadratmeter Boden ist einfach da; er vermag sich infolge der Besteuerung nicht davonzustehlen. Nach Formel (42) kann unter diesen Umständen kein Zweifel bestehen, daß auf einem wettbewerblichen Bodenmarkt die Inzidenz der Bodensteuer allein beim Grundeigentümer liegt. Die Einführung oder Erhöhung einer Bodensteuer wirkt wie eine dem Grundeigentümer auferlegte Pauschalsteuer. Die Ansicht, der Eigentümer könne der Bodensteuer durch einen Verkauf ausweichen, ist ein klassischer Fehlschluß[115].

Allerdings ist die Bodensteuer viel zu wichtig, um auf eine solch kanonische Weise abgefertigt zu werden; sie verdient eine genauere Analyse. Der Wert eines bestimmten Quadratmeters Grund und Boden hängt von seiner möglichen

114 Lassalle, F. (1872) *Die indirekte Steuer und die Lage der arbeitenden Klassen. Eine Vertheidigungsrede vor dem K. Kammergericht zu Berlin.* Chicago: Charles Ahrens, S. 45, Hervorhebung im Original.

115 Ein Fehlschluß, der übrigens nicht nur bei populären Autoren verbreitet ist. So schreibt Bewley, T. F. (1981) A Critique of Tiebout's Theory of Local Public Expenditures. *Econometrica* 49, S. 714: „Land taxes may be avoided by selling land.“ Die Reaktion der potentiellen Käufer, wird dabei gründlich verkannt.

Nutzung ab, die wiederum durch tatsächliche Bedingungen (Klima, Verkehrslage) und durch rechtliche Beschränkungen (Bebaubarkeit) bestimmt wird. Unter Beachtung dieser beiden Nebenbedingungen kann man jedem Quadratmeter Grund und Boden einen *Ertragstrom* y_1, y_2, ... zuordnen. Hierbei symbolisiert y_i den im Jahre i erzielten *Reinertrag*, der sich als Miete oder Pacht nach Abzug aller Bewirtschaftungskosten, jedoch ohne Schuldzinsenabzug, ergibt. Erträge künftiger Jahre werden mit einem vorgegebenen *Zinsfaktor* R abgezinst, wobei $R = 1 + r$ gilt und r den als konstant angenommenen Zinssatz bezeichnet. Der Bodenwert entspricht nach kaufmännischer Rechnung dem *Barwert* (oder Gegenwartswert) der künftigen Reinerträge:

(47) $$\textit{Bodenwert vor Steuern} = \frac{y_1}{R} + \frac{y_2}{R^2} \ldots$$

Wenn die Bodennachfrager unterschiedliche Reinerträge erwirtschaften können oder verschiedene Diskontfaktoren ansetzen, wird der Bodenwert durch den größten der so berechneten Barwerte bestimmt; der Nachfrager mit dem höchsten Gebot erhält den Zuschlag. Eine Bodensteuer vom Betrag t pro Quadratmeter wird vom jeweiligen Eigentümer des Bodens entrichtet und geht deshalb in die Berechnung der Reinerträge ein:

(48) $$\textit{Bodenwert nach Steuern} = \frac{y_1 - t}{R} + \frac{y_2 - t}{R^2} + \ldots$$

Durch die Einführung oder Erhöhung einer Bodensteuer sinkt der vom Eigentümer erzielbare Verkaufspreis um den Barwert der Steuerzahlungen: *Die Steuer wird kapitalisiert* und vom Eigentümer getragen, weil die Nachfrager sie bei der Berechnung ihres Gebotes berücksichtigen. Dieses klassische Resultat gehört seit Jahrhunderten zum festen Bestand der Steuerwirkungslehre. „Das Gesetz“, schrieb der Bodenreformer Adolf Damaschke mit leichter Hand, „nach dem eine Steuer auf die Rente des Bodens diesen nicht verteuert, sondern um den kapitalisierten Betrag der Steuer verbilligt, ist unschwer zu begründen.“[116]

Eine einmalige und bleibende Veränderung der Bodensteuer trifft deshalb nicht den Käufer. Der Käufer muß zwar in den kommenden Jahren jeweils den Steuerbetrag t entrichten, aber der Barwert seiner Steuerzahlungen entspricht genau der Kaufpreisminderung. Dieses fundamentale Ergebnis kann man anhand der Abb. 16 links (Seite 100) unschwer nachvollziehen: Weil das Angebot völlig unelastisch, die Nachfrage aber elastisch regiert, fällt der Kaufpreis des Grundstücks um den kapitalisierten Steuerbetrag. Allerdings trägt der Käufer als künftiger Eigentümer jene Steuererhöhungen, die beim ursprünglichen Vertragsabschluß nicht vorhersehbar waren. Kurz gesagt werden *antizipierte* Bodensteuern vom Verkäufer getragen, *nicht antizipierte* Bodensteuern vom Käufer. Alle diese Prinzipien gelten nicht nur bei einer Bewirtschaftung des Grundstücks, sondern ähnlich bei einer beabsichtigten *Eigennutzung*, denn auch in diesem Fall kann

116 Damaschke, A. (Fußnote 45), S. 93.

der verkaufswillige Grundeigentümer nichts anderes tun, als das Meistgebot zu akzeptieren, und der Verkaufspreis wird nach Einführung der Bodensteuer im allgemeinen sinken.

Mit einer als Mengensteuer ausgestalteten Bodensteuer kann freilich nur ein recht bescheidenes Aufkommen erzielt werden, wenn die Eigentumsordnung hierdurch nicht außer Kraft gesetzt werden soll. Der Steuerbetrag muß nämlich so gewählt werden, daß er unter dem Ertrag des billigsten Bodens liegt. Andernfalls würde der Bodenwert nach Formel (48) negativ, und ein privater Bodenmarkt wäre ausgeschlossen. Liegt der Ertrag bei land- oder forstwirtschaftlicher Nutzung beispielsweise um 20 Cent, so muß ein Steuerbetrag von weniger als 20 Cent angesetzt werden mit der Folge, daß der Ertrag eines Baugrundstücks in bester Lage, der vielleicht bei 4.000 Euro liegt, nur einer minimalen Besteuerung unterliegt. Deshalb greift man in der Praxis fast immer zu *Wertsteuern*, die entweder am Istertrag oder am Sollertrag des Bodens ansetzen. Durch Einführung einer auf den Istertrag bezogenen Bruttowertsteuer mit dem Satz τ sinkt der Bodenwert auf $y_1(1-\tau)/R + y_2(1-\tau)/R^2 + \ldots$, und alles bisher Gesagte gilt unverändert weiter, sofern der Steuersatz unter 100 Prozent liegt. Insbesondere verhindert eine am Istertrag orientierte Bodenwertsteuer nicht die volkswirtschaftlich effiziente Grundstücksnutzung. Eigentümer oder Käufer werden im Bestreben, die ihnen verbleibenden Nettoerträge zu maximieren, jene Nutzung wählen, die den maximalen Bruttoertrag abwirft. Nähert sich der Steuersatz dem Wert Eins, dann geht der Marktwert des Bodens gegen Null: Obwohl die Bodensteuer nicht unmittelbar an die Substanz anknüpft, kommt es zu einer substanzsteuerartigen Belastung des Vermögens, und bei einem Steuersatz von hundert Prozent wäre der Grundeigentümer vollständig enteignet. Der Bodenmarkt könnte in diesem Fall nicht mehr funktionieren.

4. Gebäudesteuer

Gebäudesteuern werden stets als Wertsteuern erhoben. Die deutsche Grundsteuer ist bei bebauten Grundstücken eine *kombinierte* Steuer auf Bodenwert und Gebäudewert. Sie läßt sich gedanklich zerlegen in die oben untersuchte Bodensteuer und die Gebäudesteuer[117]. Eine solche Zerlegung ist auch notwendig, weil die Überwälzung einer Gebäudesteuer nach einem ganz anderen Muster folgt als die Überwälzung der Bodensteuer. Grundlegend für die folgende Analyse ist die Annahme, daß Bauherren eine gewisse Mindestverzinsung des in den Bau investierten Kapitals verlangen. Der hierbei angesetzte Zinssatz muß nicht unbedingt der Rendite festverzinslicher Wertpapiere entsprechen, sondern wird im allgemeinen etwas darüber liegen, weil Bauvorhaben riskanter und in der Betreuung aufwendiger sind. Besteht aber zwischen der geforderten Verzinsung von Bauinvestitionen und der vom Weltmarkt her gegebenen Kapitalmarktrendite ein

117 Während die Zerlegung der Grundsteuer in eine Bodensteuer und eine Gebäudesteuer heute eine theoretische Fiktion darstellt, waren separate Boden- und Gebäudesteuern im Deutschland des ausgehenden 19. Jahrhunderts die Regel. Vgl. hierzu Schäffle, A. (1880) *Die Grundsätze der Steuerpolitik*. Tübingen: Lauppsche Buchhandlung, S. 213 ff.

festes Verhältnis, dann ist der für Bauvorhaben anzusetzende Zinssatz eine gegebene Größe. Das Angebot neuer Bauten reagiert in diesem Fall *vollkommen elastisch* ($\varepsilon = \infty$), denn sobald die Rendite für Neubauten den geforderten Mindestwert unterschreitet, wählen die Kapitaleigentümer andere Anlageformen. Wie Formel (42) oder das Diagramm auf Seite 100 in Abb. 15 rechts zeigen, wird eine dem Anbieter auferlegte Gebäudesteuer vollständig auf die Nachfrager überwälzt.

Beispiel: Die Durchschnittsrendite auf dem Kapitalmarkt betrage 7 %. Alle Anleger fordern für Bauinvestitionen ein Prozent mehr, also 8 %. Wird unter sonst gleichen Umständen eine Gebäudesteuer von 2 % des Bauwertes eingeführt, dann werden die Anleger eine Rendite von 10 % verlangen, damit ihnen nach Abzug der Gebäudesteuer 8 % verbleiben.

Während eine *Bodensteuer* voll von den *Anbietern* getragen wird, liegt die Last einer *Gebäudesteuer* allein bei den *Nachfragern*. Allerdings gilt diese Aussage nur für Neubauinvestitionen oder antizipierte Gebäudesteuern und erfordert daher eine wichtige Modifikation: Eine unerwartet eingeführte oder erhöhte Gebäudesteuer wird kurzfristig allein von den Eigentümern getragen und nicht auf die Nachfrager überwälzt, weil das Angebot des *Gebäudebestands* kurzfristig vollkommen unelastisch ist. Normalerweise kann der Gebäudebestand durch Bauinvestitionen bzw. unterlassene Bauinvestitionen um höchstens 1 bis 2 Prozent jährlich geändert werden. Eine nicht antizipierte Gebäudesteuer trifft bei begrenzt elastischer Nachfrage deshalb allein die Eigentümer, die dieser Steuer nicht ausweichen können. Hieraus ergibt sich eine wichtige Einsicht: *Die Inzidenz der Gebäudesteuer liegt kurzfristig allein bei den Anbietern, langfristig allein bei den Nachfragern*. Demnach hängt die Lastverteilung wesentlich von der Länge des betrachteten *Zeitraums* ab. Idealisiert verläuft die Angebotskurve auf dem Gebäudemarkt in der kurzen Frist senkrecht und in der langen Frist waagerecht. Dieser Umstand gilt ähnlich, wenn auch nicht so ausgeprägt, für andere Güter, weil die Anbieter in fast allen Fällen eine gewisse Umstellungszeit benötigen, während die Nachfrager meist ziemlich rasch reagieren können.

Allerdings wird eine Erhöhung der Gebäudesteuer auch kurzfristig von den Nachfragern getragen, wenn der betrachtete Markt anfänglich einen Nachfrageüberschuß aufgrund *administrierter Nettopreise* aufweist und die Steuer selbst offen überwälzt werden darf. In Deutschland besteht auf dem *Mietwohnungsmarkt* häufig ein solcher Nachfrageüberschuß, weil sich die Wohnungsmieten nicht nach Angebot und Nachfrage einspielen, sondern durch das Gesetz zur Regelung der Miethöhe nach oben begrenzt sind[118].

Abb. 19 zeigt einen Mietwohnungsmarkt mit kurzfristig senkrechter Angebotskurve und einem Nachfrageüberschuß, der deshalb entsteht, weil der Preis p_0

118 Das Gesetz zur Regelung der Miethöhe sieht vor, daß für bereits vermietete Wohnungen höchstens die ortsübliche Vergleichsmiete gefordert werden kann. Bei Abschluß eines neuen Mietvertrags darf der Vermieter die Vergleichsmiete um höchstens 20 Prozent überschreiten. Die Vergleichsmiete wiederum wird aus den Mieten bei Neuvermietung berechnet. Somit sind die Mieten nicht durch eine starre, sondern durch eine dynamisierte Obergrenze administriert.

unter dem Gleichgewichtspreis p* liegt. Durch Einführung oder Erhöhung der Gebäudesteuer verschiebt sich die Nachfragekurve aus Sicht der Anbieter nach unten. Normalerweise müßten die Anbieter hierauf mit einer Senkung des geforderten Nettopreises reagieren, also mit einer Mietminderung, und die Last der Gebäudesteuer läge, wie oben geschildert, allein bei den Vermietern. Weil aber ein Nachfrageüberschuß besteht und der Nettopreis („Nettokaltmiete") administriert ist, während der Steuerbetrag über die Nebenkostenabrechnung unbeschränkt überwälzt werden darf, setzen die Anbieter im dargestellten Fall den Bruttopreis („Warmmiete") herauf, so daß die Steuererhöhung allein von den Mietern getragen wird. Die ursprüngliche Nachfrage x_o sinkt im Beispiel auf x_1, während der Nettopreis p_o unverändert bleibt. Verallgemeinert trägt bei einem Marktungleichgewicht die längere Seite die Steuer, während die kürzere Seite eine Steuererhöhung nicht spürt.

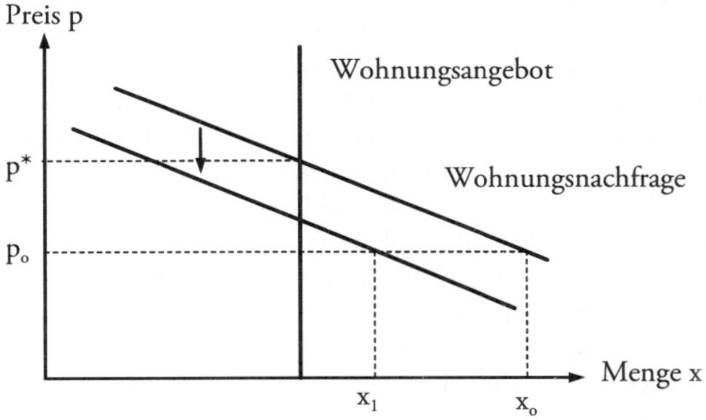

Abb. 19: Lastverteilung bei administrierten Preisen

Die Beurteilung der Lastverteilung bei der *Grundsteuer* als einer kombinierten Bodenwert- und Gebäudewertsteuer ist nach alledem komplex; sie hängt ab vom Anteil des Bodenwertes am Gesamtwert des Grundstücks, vom Zeithorizont und schließlich davon, ob die Mietpreise frei oder administriert sind. Langfristig kann man bei nicht administrierten Mieten annehmen, daß die Eigentümer ein Viertel und die Mieter oder Pächter drei Viertel der Grundsteuer tragen, weil der Grundstückswert nach einer Faustregel etwa ein Viertel des Gesamtwerts ausmacht. Kurzfristig tragen bei freien Mieten allein die Eigentümer und bei administrierten Mieten allein die Mieter die Last einer Grundsteuererhöhung.

5. Subventionen

Die bisherige Analyse von Steuern auf spezielle Güter eignet sich ebenso zur Untersuchung von Subventionen, denn an keiner Stelle wurde vorausgesetzt, daß die Steuerbeträge t oder die Steuersätze τ *positive* Zahlen sind. Demzufolge spricht man bei $t < 0$ von einer *Mengensubvention*, bei $\tau < 0$ von einer *Wertsubvention*. Hierbei spielt es keine Rolle, ob die Subvention offen gezahlt oder als

Steuerermäßigung (Steuersubvention) gewährt wird. Weil alles bisher Gesagte für Subventionen mit umgekehrtem Vorzeichen gilt, müßte man hierüber eigentlich kein Wort verlieren; aber die Erfahrung zeigt, daß der Alltagsmensch, der schon Steuerwirkungen häufig falsch einschätzt, noch gravierendere Fehler begeht, wenn Subventionen winken. Die wichtigste Fehleinschätzung, der auch der Gesetzgeber selbst bisweilen zum Opfer fällt, besteht darin, von der formellen auf eine materielle Begünstigung zu schließen und damit denselben Irrtum zu begehen, der in der Verwechslung von formeller und materieller Steuerlast besteht.

Ein gutes Beispiel für die Wirkung von Subventionen und Steuervergünstigungen ist die (inzwischen ausgelaufene) zehnjährige Grundsteuerbefreiung für neu geschaffene Wohnungen nach § 43 GrStG. *Destinatare* dieser Steuersubvention sind eindeutig die Wohnungsmieter bzw. Selbstnutzer. Die Wohnungsmieten werden jedoch durch den Gesamtmarkt bestimmt, und ein Investor, der Marktmieten verlangt, kann für das noch unbebaute Grundstück einen um den Barwert der Steuervergünstigung erhöhten Kaufpreis bieten; nach Fertigstellung der Wohnungen berechnet der Investor geringere Nebenkosten und entsprechend höhere Nettomieten. Die *Inzidenz* der Grundsteuerbefreiung liegt demnach beim Bodeneigentümer. Das als offene Subvention an Mieter gezahlte *Wohngeld* hat eine ähnliche Wirkung. Durch die Zahlung von Wohngeld verschiebt sich die Nachfragekurve auf dem Mietwohnungsmarkt nach oben, und die Gleichgewichtsmiete steigt. Die Begünstigung durch das Wohngeld liegt kurzfristig beim Vermieter, langfristig nach Maßgabe des Verhältnisses von Bodenwert und Gebäudewert teilweise beim Mieter und teilweise beim Vermieter. Außerdem werden jene Mieter, die nach den gesetzlichen Vorschriften keinen Anspruch auf Wohngeld haben, durch den allgemeinen Mietanstieg geschädigt.

Eine Subventionierung bestimmter Sparformen durch Bausparprämien, Wohnungsbauprämien und dergleichen wirkt ebenfalls als indirekte Begünstigung der Anbieter (Bausparkassen, Lebensversicherer, Banken). Sogar ein rationaler Sparer wird nämlich bei einer staatlichen Förderung bestimmter Sparformen geringere Renditen dieser Sparformen akzeptieren, weil er auf die Gesamtrendite achtet; ein irrationaler Sparer nimmt sogar eine geringere Gesamtrendite in Kauf, damit ihm die Subvention bloß nicht entgeht. Die Anbieter der geförderten Produkte können deshalb schlechtere als marktübliche Konditionen bieten und finden trotzdem Interessenten. Hierdurch entsteht ein Renteneinkommen bei den Anbietern, um das sie durch eine ziemlich aufwendige Werbung konkurrieren. Die allseits bekannten Slogans („Am 31.12. ist...") sind ein klarer Hinweis auf die Inzidenz solcher Subventionen.

Zusammengefaßt hängt die Lastverteilung bei Steuern auf spezielle Güter von der Angebotselastizität und der Nachfrageelastizität ab. Diese Elastizitäten wiederum werden vor allem durch folgende Faktoren beeinflußt: Den Zeithorizont, die physische Vermehrbarkeit des Angebots, den Grad der Offenheit einer Volkswirtschaft und die daraus resultierende Wettbewerbsintensität, die Flexibilität des jeweiligen Marktpreises und die Abgrenzung der Bemessungsgrundlage.

Kurzfristig liegt oft das Gros der Steuerlast bei den Anbietern; langfristig wird die Steuer meist weitgehend von den Nachfragern getragen. Dies gilt um so mehr in einer offenen Volkswirtschaft mit intensivem Wettbewerb. Bei einer Steuer auf ein physisch nicht vermehrbares Gut wie Boden liegt die Last jedoch auch auf Dauer bei den Anbietern. Bei administrierten Preisen trägt die längere Marktseite die Steuer. Je nach Abgrenzung der Bemessungsgrundlage können sich die Belastungswirkungen gravierend unterscheiden. Die Inzidenz von Subventionen schließlich folgt denselben Prinzipien wie die Steuerinzidenz.

§ 24 Einkommensteuer

Mit der Einkommensteuer soll grundsätzlich das im Markt erwirtschaftete Einkommen belastet werden. Dieses Einkommen berechnet man in den Volkswirtschaftlichen Gesamtrechnungen auf folgende Art: Jede Marktwirtschaft besteht aus vielen einzelnen *Produktionsstätten*, die Güter kaufen und verkaufen; dies können Unternehmen sein, staatliche Einrichtungen oder private Organisationen. Die *Bruttowertschöpfung* einer Produktionsstätte erhält man durch Abzug der Vorleistungen vom *Produktionswert* (Umsatz, Bestandsveränderungen und selbsterstellte Anlagen). *Vorleistungen* sind Zahlungen für bezogene Güter mit Ausnahme von Kapitalgütern, nicht aber Zahlungen an die Produktionsfaktoren.

Verkauft etwa ein Handelsunternehmen Güter im Wert von 1.000 Euro, die es zuvor beim Hersteller für 800 Euro erworben hat, dann hat eine Wertschöpfung in Höhe von 200 Euro stattgefunden. Ein Teil der Bruttowertschöpfung wird für *Abschreibungen* benötigt, die den technischen und wirtschaftlichen Verschleiß ausgleichen und nicht als Einkommen gelten. Die verbleibende *Nettowertschöpfung* wird als *Einkommen* an die Produktionsfaktoren ausgeschüttet; somit sind die Begriffe Nettowertschöpfung und Einkommen identisch. Die Arbeitskräfte erhalten *Arbeitseinkommen*, die Eigen- und Fremdkapitalgeber *Kapitaleinkommen*, die Grundeigentümer *Bodeneinkommen*. Ein etwaiger Rest bildet den *Reingewinn* der Produktionsstätte. Bei der Berechnung des Bodeneinkommens müssen bebaute Grundstücke gedanklich aufgespaltet werden in Grund und Gebäude; das Einkommen aus dem Gebäude gehört wirtschaftlich zum Kapitaleinkommen. Man beachte, daß der volkswirtschaftliche Gewinnbegriff nicht dem handelsrechtlichen Gewinnbegriff entspricht. Der Reingewinn im hier gebrauchten Sinn ergibt sich nach Abzug aller kalkulatorischen Kosten; er ist ein Extraeinkommen, das im Wettbewerbsprozeß normalerweise verschwindet.

Während die Summe der inländischen Bruttowertschöpfungen als *Bruttoinlandsprodukt* bezeichnet wird, heißt die Summe der inländischen Einkommen, die man hieraus nach Abzug der Abschreibungen erhält, *Nettoinlandsprodukt*. Schließlich nennt man die Summe jener Einkommen, die Inländern zugeflossen sind, *Nettonationaleinkommen*. In einer geschlossenen Volkswirtschaft sind das Nettoinlandsprodukt und das Nettonationaleinkommen identisch, in der Praxis weichen sie meist nur wenig voneinander ab. Während es in den Volkswirtschaftlichen Gesamtrechnungen üblich ist, schlicht von *Einkommen* zu sprechen, wurde die Summe der in Abb. 20 aufgeführten vier Einkommensarten als *Markteinkommen* bezeichnet. Das Markteinkommen bildet eine mögliche Bemessungsgrundlage für die Einkommensteuer. Allerdings kann die Einkommensteuer durchaus auch auf Einkünfte zugreifen, die kein Markteinkommen sind. Vier wichtige Beispiele hierfür sind *Unterhaltszahlungen*, *Schenkungen*, *staatliche Transfers* und *Wertänderungen* im Vermögen. Alle diese Sachverhalte haben keinen Einfluß auf die Höhe des Volkseinkommens, aber es kann aus verschiedenen Gründen angezeigt sein, sie gleichwohl der Einkommensteuer zu unterwerfen. Im weiteren allerdings steht zunächst nur die Überwälzung von Steuern auf das Markteinkommen zur Diskussion.

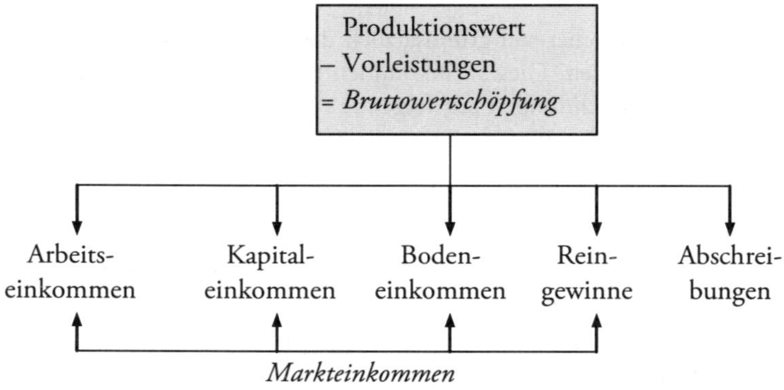

Abb. 20: Markteinkommen und Einkommensarten

Nach dem sogenannten Nettoprinzip erhält man das steuerliche Markteinkommen durch Abzug *erwerbsbedingter Ausgaben* von den Einnahmen. Erwerbsbedingte Ausgaben heißen im Steuerrecht *Betriebsausgaben* oder *Werbungskosten.* Bei der steuerlichen Erfolgsermittlung können Unternehmen und andere Steuerpflichtige also Vorleistungen, Abschreibungen und gezahlte Faktorentgelte als erwerbsbedingte Ausgaben abziehen. Dies gilt auch für Arbeitnehmer, Sparer und Vermieter. Ihrer Idee nach belastet die Einkommensteuer also nicht das *Roheinkommen*, sondern das *Reineinkommen*, das sich nach Abzug erwerbsbedingter Ausgaben ergibt. Dieses *Nettoprinzip* ist das fundamentale Prinzip der Einkommensbesteuerung. Es besagt:

(49) Einkommen = Einnahmen – erwerbsbedingte Ausgaben.

Diese Formel verdeutlicht den grundlegenden Unterschied zwischen einer Einkommensbesteuerung und einer Ertragsbesteuerung: *Die Einkommensteuer ist keine Ertragsteuer.* Hierzu ein Beispiel: Die objektorientierte Grundsteuer belastet den Ertrag eines bebauten oder unbebauten Grundstücks; bei ihrer Ermittlung spielt es keine Rolle, ob der Eigentümer das Grundstück beliehen oder mit eigenen Mitteln finanziert hat. Die subjektorientierte Einkommensteuer belastet hingegen den Grundstücksertrag abzüglich der erwerbsbedingten Ausgaben, zu denen auch die Schuldzinsen gehören; sie belastet also das dem Eigentümer aus dem Grundstücksbesitz zufließende Reineinkommen.

Die Bemessungsgrundlage einer *synthetischen Einkommensteuer*, also einer Steuer auf alle Arten von Markteinkommen, umfaßt so verschiedenartige Elemente, daß hinsichtlich ihrer Überwälzung keine allgemeinen Aussagen möglich sind. Deshalb liegt es nahe, die Einkommensteuer gedanklich aufzuspalten in eine Menge von Steuern auf die einzelnen Einkommensarten. Dementsprechend handeln die folgenden Abschnitte von einer *Arbeitseinkommensteuer*, *Kapitaleinkommensteuer*, *Bodeneinkommensteuer* und *Reingewinnsteuer*. Mit dieser Analysetechnik wird nicht ein Rückfall in die Schedulenbesteuerung vorgeschlagen, sondern bloß eine Vereinfachung vorgenommen, die Aussagen zur Überwälzung wesentlich erleichtert. Aus guten Gründen bleibt die Betrachtung zunächst auf proportionale Einkommensteuern beschränkt.

1. Arbeitseinkommensteuer

Der *Reallohn* eines Arbeitnehmers entspricht dem gezahlten Nominallohn, dividiert durch das Preisniveau. Er gibt jene Gütermenge an, die der Arbeitnehmer aufgrund seiner Erwerbstätigkeit kaufen kann. Steigt der Nominallohn in einem inflationären Umfeld proportional zum Preisniveau, dann bleibt der Reallohn als Quotient dieser beiden Größen unverändert. Weil man nicht arbeitet, um bedrucktes Papier zu erhalten, sondern um Güter kaufen zu können, hängen die Entscheidungen der Arbeitnehmer vom Reallohn und nicht vom Nominallohn ab. Auch für die Unternehmen ist allein der Reallohn entscheidungsrelevant, denn ein Arbeitgeber wäre sofort bereit, die Nominallöhne zu verdoppeln, wenn auch die Preise seiner Absatzprodukte auf das Doppelte stiegen. Das Arbeitsangebot eines Arbeitnehmers ist demnach allgemein eine Funktion des Reallohns w (*wage rate*). Nach Einführung einer proportionalen Arbeitseinkommensteuer mit dem Steuersatz τ hängt das Arbeitsangebot jedoch vom *Nettoreallohn* $w(1-\tau)$ ab, während sich der Arbeitgeber weiterhin am *Bruttoreallohn* w orientiert. Ein *Arbeitsmarktgleichgewicht* besteht, wenn das nettolohnabhängige Arbeitsangebot mit der bruttolohnabhängigen Arbeitsnachfrage übereinstimmt. Welche der beiden Marktseiten trägt die Arbeitseinkommensteuer? Das mit Formel (46) hergeleitete Ergebnis für die Lastverteilung einer Bruttowertsteuer kann man unmittelbar auf die Arbeitseinkommensteuer übertragen. Demnach hängt die etwaige Überwälzung einer Arbeitseinkommensteuer von den Elastizitäten des Arbeitsangebots und der Arbeitsnachfrage ab.

Das Arbeitsangebot reagiert in der Regel *unelastisch* auf Lohnänderungen. So hat die wirtschaftliche Entwicklung der letzten hundert Jahre, die mit einer Vervielfachung der Reallöhne einherging, keine Zunahme der individuellen Arbeitszeiten bewirkt. Umgekehrt können die meisten Arbeitnehmer bei sinkendem Reallohn kaum durch Untätigkeit ausweichen, weil sie ihren Lebensunterhalt auch bei schlechteren Bedingungen sichern müssen. Die Arbeitsangebotskurve verläuft daher oft annähernd senkrecht. Auf der anderen Seite reagiert die Arbeitsnachfrage erfahrungsgemäß *elastisch*. Die Arbeitgeber können entscheiden, ob sie arbeitsintensive Produkte bei steigenden Kosten überhaupt noch im Inland fertigen wollen; und sie können ebenso entscheiden, mit welchem Einsatzverhältnis von Arbeit und Kapital dies geschehen soll. Aufgrund dieser Substitutionsmöglichkeiten verläuft die Arbeitsnachfragekurve flach. Zusammengefaßt wird die Arbeitseinkommensteuer deshalb im Regelfall *von den Arbeitnehmern getragen*, obwohl die im Quellenabzug erhobene Arbeitseinkommensteuer (Lohnsteuer) ausschließlich von den *Arbeitgebern entrichtet* wird. Diese Aussage zur Überwälzung folgt unmittelbar durch Einsetzen einer Arbeitsangebotselastizität $\varepsilon = 0$ und einer Arbeitsnachfrageelastizität $\eta \neq 0$ in Formel (46).

Die Behauptung einer nahezu vollständigen Überwälzung der Arbeitseinkommensteuer auf die Arbeitnehmer entspricht dem *common sense*; überraschender dürften die nicht seltenen Ausnahmen von dieser Regel sein, die nun zur Erörterung anstehen. Allgemein gesprochen scheidet eine vollständige Überwälzung auf den Arbeitnehmer aus, wenn dieser elastisch oder wenn das Unternehmen unelastisch auf Lohnänderungen reagiert. Beide Bedingungen sind etwa bei Spitzenfußballern erfüllt: Ein mobiler Fußballspieler von Weltklasseformat vermag einer nationalen Arbeitseinkommensteuer durch einen Wechsel ins Ausland auszuweichen; er muß in Deutschland nicht mit einem niedrigen Nettoeinkommen zufrieden sein, wenn er im Ausland mehr verdienen kann. Der Fußballverein als Arbeitgeber ist demgegenüber völlig immobil. In markantem Unterschied zu gewerblichen Unternehmen kann etwa Borussia Dortmund nicht ins Ausland wechseln, wenn Spieler in Deutschland teuer sind – der Verein wäre dann nicht mehr Borussia Dortmund. Unter der idealisierenden Annahme eines vollkommen elastischen Arbeitsangebots und einer vollkommen unelastischen Arbeitsnachfrage behauptet die Theorie für diesen Fall, daß die Arbeitseinkommensteuer allein vom Arbeitgeber getragen wird. Die im Spitzensport üblichen *Nettolohnverträge*, in denen ein dem Sportler zustehendes Nettoeinkommen festgelegt wird, das unabhängig vom jeweiligen Steuerrecht auszuzahlen ist, sind Indiz für diese Voraussage. In ähnlicher Weise gilt das Ergebnis für alle mobilen Arbeitskräfte, zum Beispiel Manager, die einer nationalen Steuererhöhung durch Wechsel ins Ausland entweichen können. Bei zunehmender Immobilität eines Arbeitnehmers jedoch nähert sich die Inzidenz der Arbeitseinkommensteuer der Inzidenz einer Bodensteuer.

Die Last der Arbeitseinkommensteuer liegt auch dann bei den Unternehmen, wenn die Arbeitslöhne gerade das Existenzminimum decken und das Arbeitsangebot aus diesem Grund völlig elastisch reagiert. Reicht das Nettoarbeitseinkommen nach einer Steuererhöhung nicht mehr zum Überleben und zur Fortpflanzung, dann sinkt auf Dauer die Zahl der Arbeitskräfte. Diesen Wirkungsmechanismus hatten die britischen Klassiker von Mun bis Ricardo im Auge, wenn sie behaupteten, daß eine Arbeitseinkommensteuer letztlich eine Steuer auf Unternehmensgewinne oder Grundrenten sei. Denn bei vollständiger Elastizität entzieht sich der Faktor Arbeit einer Besteuerung, und die Arbeitseinkommensteuer muß von den übrigen Produktionsfaktoren getragen werden. In manchen

Ländern der Welt dürfte dieser Ansatz auch heute aktuell sein, während er auf Deutschland gottlob nicht mehr zutrifft.

Die bisherigen Aussagen gelten für wettbewerblich organisierte Arbeitsmärkte. Werden die Löhne aber nicht durch Angebot und Nachfrage, sondern durch kollektive Tarifverträge festgelegt, dann darf man nicht ohne weiteres unterstellen, daß auf dem Arbeitsmarkt vor und nach der Steuererhöhung ein Gleichgewicht besteht. Vielmehr kommt es häufig zu einem Angebotsüberschuß, also Arbeitslosigkeit, weil ein über dem Gleichgewichtswert liegender Reallohn ausgehandelt wurde. Wie verteilt sich die Last einer Arbeitseinkommensteuer in diesem Fall? Eine wasserdichte Theorie der kollektiven Lohnbildung gibt es nicht, jedoch könnte man annehmen, daß die Gewerkschaften den Reallohn vor der Steuererhöhung so hoch angesetzt haben, daß die resultierende Arbeitslosigkeit in ihren Augen gerade noch tolerabel ist. Wenn diese Hypothese stimmt, führt eine Steuererhöhung nicht zu weiteren Lohnforderungen, und die Steuererhöhung trifft allein die Arbeitnehmer. Variiert aber infolge der Steuererhöhung die von den Gewerkschaften als optimal angesehene Kombination von Reallohn und Arbeitslosigkeit, dann werden sie versuchen, die Steuer zumindest teilweise durch eine Bruttolohnerhöhung vorzuwälzen. Daß dieser Versuch bei international mobilen Unternehmen fehlschlagen muß, steht freilich auf einem anderen Blatt.

Zusammengefaßt dürfte die Analyse der Arbeitseinkommensteuer eines in aller Deutlichkeit gezeigt haben: *Die Inzidenz einer Steuer ist keine Eigenschaft der Steuer selbst*, die man etwa direkt aus dem Gesetz ablesen oder erschließen könnte. Wegen unterschiedlicher Reaktionen auf den Einzelmärkten kann die Last ein und derselben Steuer einmal gänzlich bei den Anbietern und einmal gänzlich bei den Nachfragern liegen. Ein allgemeiner Satz, die Arbeitseinkommensteuer werde stets von den Arbeitnehmern getragen, ist unhaltbar.

2. Kapitaleinkommensteuer

Die Inzidenz der Kapitaleinkommensteuer hängt wesentlich davon ab, ob man eine offene oder eine geschlossene Volkswirtschaft betrachtet. Zunächst sei K der in einer *geschlossenen Volkswirtschaft* investierte *Kapitalbestand* und r der *Bruttozins*. Das jährliche *Kapitaleinkommen* beträgt damit r K. Eine plötzlich eingeführte oder erhöhte Kapitaleinkommensteuer wird kurzfristig allein von den Kapitaleigentümern getragen. Weil diese ihre Investition in der Vergangenheit vorgenommen haben, können sie der Besteuerung nicht ausweichen und müssen sich nun mit dem geringeren Nettozins begnügen. Langfristig können die Kapitalanbieter jedoch einen Teil der Steuer vorwälzen, indem sie ihre *Ersparnis*, also das jährlich neu hinzukommende Kapitalangebot, verringern. In welchem Maße dies gelingt, hängt von den Elastizitäten des Kapitalangebots und der Kapitalnachfrage ab. Unter der allerdings extremen Annahme, daß Arbeit und Kapital in einem bestimmten Verhältnis eingesetzt werden, wächst der Kapitalbestand langfristig mit derselben Rate wie der Arbeitseinsatz. Reagiert die Ersparnis auf Änderungen des Nettozinses elastisch, dann muß jede Zinsbesteuerung durch eine entsprechende Zunahme des Bruttozinses ausgeglichen werden, wenn auf dem Kapitalmarkt ein Gleichgewicht bestehen soll. Eine den Kapitalbesitzern auferlegte Kapitaleinkommensteuer wird in diesem Fall vollständig auf andere Faktoren überwälzt[119]. Die meisten empirischen Schätzungen deuten freilich auf eine elastische Kapitalnachfrage und ein unelastisches Kapitalangebot hin. Demnach wird eine Kapitaleinkommensteuer in der geschlossenen Volkswirtschaft wohl auch langfristig überwiegend von den Kapitalanbietern getragen.

Das soeben skizzierte Bild der Wirkungen einer Kapitaleinkommensteuer ändert sich grundlegend, ja verkehrt sich sogar in sein glattes Gegenteil, wenn man eine *offene Volkswirtschaft* betrachtet, deren Inländer auf internationalen Kapitalmärkten operieren. Dieser Fall entspricht der heutigen Realität viel eher als der obige, und es bedeutet eine nur leichte Idealisierung, wenn man unterstellt, daß es einen internationalen Kapitalmarkt mit einem einheitlichen Zinssatz gibt. Angenommen, r^* sei der vom internationalen Kapitalmarkt her gegebene Weltmarktzins, der durch inländische Begebenheiten nicht beeinflußt wird, weil das Inland im Verhältnis zur gesamten übrigen Welt klein ist. Die Anleger können mithin weltweit den Zins r^* erwirtschaften. Wenn inländische Investitionen für sie interessant sein sollen, muß der inländische *Nettozins* $r - t$ mindestens den Wert r^* erreichen[120]. Dabei ist r der inländische Bruttozins und t der Steuerbetrag pro Kapitaleinheit. Die Kapitalbesteuerung wird demnach als Mengensteuer pro Kapitaleinheit modelliert, weil dies die Rechnungen vereinfacht. Bei gegebenem Weltmarktzins könnte die Steuer ebenso als Wertsteuer auf das Kapitaleinkommen geschrieben werden, ohne daß dies an den Ergebnissen etwas änderte. Wenn nun der inländische Nettozins mit dem Weltmarktzins übereinstimmt, besteht ein arbitragefreies

(50) *Kapitalmarktgleichgewicht*: $r - t = r^*$ oder $r = r^* + t$.

Im Kapitalmarktgleichgewicht hat kein Investor einen Anlaß, Kapital zu exportieren oder zu importieren, weil er überall denselben Nettozins erhält. Eine Verschärfung der inländischen Kapitaleinkommensbesteuerung wird in diesem Fall durch eine entsprechende Zunahme des Bruttozinses ausgeglichen. *Die Kapitaleigentümer können der Steuer vollständig ausweichen.*

Die Konsequenzen dieser wichtigen Einsicht sollen nun in einem einfachen makroökonomischen Modell studiert werden. Im Inland werde pro Jahr das Inlandsprodukt F(N, K) hergestellt, wobei N die eingesetzte Arbeitsmenge und K den inländischen Kapitalbestand bezeichnet. Die Produktionsfunktion weise konstante Skalenerträge auf, was bedeutet, daß eine Vervielfachung beider Pro-

---

119 Untersucht man anstelle der spezifischen Inzidenz die *differentielle Inzidenz* einer Kapitaleinkommensteuer und einer Pauschalsteuer, reagiert die Ersparnis zinselastisch, und die Kapitaleinkommensteuer wird möglicherweise sogar mehr als voll überwälzt. Siehe hierzu Diamond, P. A. (1970) Incidence of an Interest Income Tax. *Journal of Economic Theory* 2, S. 211–224.

120 Wie sich im Kapitel zur internationalen Besteuerung zeigen wird, setzt dies voraus, daß die ausländischen Staaten einen Steuerabzug gewähren (r^* ist dann der ausländische Bruttozins) oder freistellen (r^* ist dann der ausländische Nettozins).

duktionsfaktoren zu einer entsprechenden Vervielfachung des Inlandsprodukts führt. Bei verstärktem Einsatz nur eines Produktionsfaktors gilt hingegen das Gesetz vom abnehmenden Grenzertrag. Die inländischen Unternehmen maximieren den *Gewinn* (Erlös minus Kosten):

$$\pi = F(N, K) - w\,N - r\,K\,. \tag{51}$$

Nach einem wichtigen Satz der Volkswirtschaftslehre, dem sogenannten *Ausschöpfungstheorem*, verschwindet der Gewinn im Wettbewerbsgleichgewicht, wenn die Produktionsfunktion konstante Skalenerträge aufweist. In diesem Fall wird das gesamte Inlandsprodukt durch Arbeitseinkommen und Kapitaleinkommen ausgeschöpft. Aus dieser unscheinbaren Tatsache folgt ein überraschender Schluß: Weil die Kapitaleinkommensteuer, wie soeben festgestellt, nicht von den Kapitaleigentümern getragen wird und weil sonst niemand da ist, der sie tragen könnte, liegt die Inzidenz der Kapitaleinkommensteuer allein bei den *Arbeitnehmern*. Obwohl die Arbeitnehmer mit der Steuerzahlung nicht das geringste zu tun haben, wird die Steuer zur Gänze über eine Lohnsenkung auf sie *quergewälzt*. Unter Annahme eines konstanten Arbeitsangebots, das nicht auf Lohn- oder Zinsänderungen reagiert, ist dies besonders einfach nachweisbar.

Satz: In einer kleinen offenen Volkswirtschaft mit Wettbewerbsmärkten, konstantem Arbeitsangebot und konstanten Skalenerträgen liegt die Inzidenz einer Kapitaleinkommensteuer, die ausgehend vom Wert $t = 0$ marginal erhöht wird, vollständig bei den inländischen Arbeitnehmern.

Beweis: Nullsetzen von (51) ergibt $w\,N = F(N, K) - r\,K$, nach Einsetzen der Identität $r = r^* + t$ folgt $w\,N = F(N, K) - r^*\,K - t\,K$. Durch Ableiten erhält man $\partial(w\,N)/\partial(t\,K) = (\partial F/\partial K - r^*) \cdot \partial K/\partial(t\,K) - 1$. Weil an der Stelle $t = 0$ im Gewinnmaximum $\partial F/\partial K = r^*$ gilt, verschwindet der Klammerausdruck, und es verbleibt $\partial(w\,N)/\partial(t\,K) = -1$. *q. e. d.*

Das Lohneinkommen $w\,N$ sinkt folglich pro marginaler Zunahme des Steueraufkommens $t\,K$ um genau eine Einheit. Zwar wird die Steuer formell von den Unternehmen oder Kapitaleigentümern gezahlt, aber sie wird aufgrund der Lohnsenkung Euro für Euro von den Arbeitnehmern getragen. Obwohl hier nur für einen recht speziellen Fall nachgewiesen, ist dieses Resultat außerordentlich robust. Bei lohnelastischem Arbeitsangebot sinkt das Arbeitseinkommen stärker als oben berechnet. Sind die Löhne auf dem Arbeitsmarkt nicht flexibel, dann erfolgt die Überwälzung der Steuer nicht durch eine Lohnreduktion, sondern durch eine Verminderung der Beschäftigung; es entsteht Arbeitslosigkeit. Alle diese Vorgänge sind Ausdruck eines tieferen allgemeinen Prinzips: *Reagiert von zwei Faktoren einer elastisch und der andere unelastisch, dann trägt der letztere Faktor jedwede Steuer,* und der technische Ansatzpunkt der Steuer ist völlig gleichgültig[121]. Diese Aussage bildet den wahren Kern der Diffusionstheorie.

---

121 Bei einer Produktionsfunktion mit den Faktoren Arbeit, Kapital und Land (L) vermindert die Kapitaleinkommensteuer das Arbeitseinkommen *und* das Bodeneinkommen, wobei die Verteilung der Steuerlast von der Form der Produktionsfunktion abhängt. Der Leser beweise zur Übung: Mit $Y = (N^{0,5} + K^{0,5})\,L^{0,5}$ wird die Steuer unter den obigen Voraussetzungen allein von

Während Ricardo unter Annahme eines vollständig elastischen Arbeitsangebots folgerte, daß eine Arbeitseinkommensteuer das Kapitaleinkommen vermindert, muß man heute umgekehrt davon ausgehen, daß eine Steuer auf das Inlandskapital wesentlich zu Lasten der heimischen Arbeitnehmer geht. Die *ausländischen* Arbeitnehmer gewinnen allerdings, weil Kapital vom Inland ins Ausland fließt und dort die Grenzproduktivität der Arbeit erhöht. Der obige Satz über die Inzidenz gilt nur für das inländische und nicht für das weltweite Arbeitseinkommen.

3. Bodeneinkommen- und Reingewinnsteuer

Bodeneinkommen und Reingewinne sind zwei augenfällige Beispiele für ein allgemeineres Phänomen, nämlich ökonomische Renten. Unter einer *ökonomischen Rente*[122] versteht man eine Zahlung an einen Produktionsfaktor, die *nicht* erforderlich ist, um die Faktorleistung hervorzubringen. Demnach lassen sich Zahlungen an die Produktionsfaktoren gedanklich aufspalten in Faktoreinkommen und ökonomische Renten. Während eine Verminderung des Faktoreinkommens bewirkt, daß die Faktorleistung sinkt oder ganz ausbleibt, hat eine Verringerung der ökonomischen Rente keine derartige Wirkung; das Faktorangebot bleibt unverändert. Bodeneinkommen und Reingewinne sind ökonomische Renten, und das betreffende Faktorangebot bleibt infolge einer Besteuerung unverändert. Die Steuer auf eine ökonomische Rente kann nicht über den Faktormarkt vorgewälzt werden, wohl aber wegen des damit verbundenen Einkommensentzugs Überwälzungen auf anderen Märkten auslösen. Die Möglichkeit solcher Fernwirkungen einer ansonsten nicht überwälzbaren Steuer wurde bereits in § 21 am Beispiel der Pauschalsteuer gezeigt[123].

Die Inzidenz einer Steuer auf *Bodeneinkommen* unterscheidet sich nicht von der Wirkung der in § 23 erörterten Steuer auf den *Bodenertrag*, weil das Bodeneinkommen dem Bodenertrag abzüglich etwaiger Schuldzinsen entspricht. Eine Steuer auf *Reingewinne* ist hiervon analytisch nicht unterscheidbar, wenn man unter Reingewinn jenes Extraeinkommen versteht, das nach Abzug von Unternehmerlohn, Eigenkapitalverzinsung und Risikoprämie verbleibt. Nach einem Standardsatz der Volkswirtschaftslehre werden so verstandene Gewinne langfristig durch den Wettbewerb beseitigt. Langfristig bestehende Gewinne treten allerdings bei staatlich geschützten oder anderen *Monopolen* auf. Der Monopolist kann einer Steuer auf seinen Gewinn nicht ausweichen; denn mit π als Bruttogewinn und $(1-\tau)\,\pi$ als Nettogewinn bleibt die Maximierung der Größe π das

---

den Grundeigentümern getragen, bei einer Vertauschung von N und L allein von den Arbeitnehmern.

122 Der Ausdruck *ökonomische Rente* wird verwendet, um den Begriff von einer *Rente* im Sinne einer bestimmten wiederkehrenden Leistung abzugrenzen, ebenso von festverzinslichen Wertpapieren oder Alterseinkommen.

123 Auf einer Einbeziehung der Fernwirkungen beruht auch das Argument von Martin Feldstein, der die teilweise Überwälzbarkeit der Grundsteuer „überraschend" fand. Feldstein, M. (1977) The Surprising Incidence of a Tax on Pure Rent: A New Answer to an Old Question. *Journal of Political Economy* **85**, S. 349–360.

Ziel des Monopolisten, sofern der Steuersatz unter hundert Prozent liegt. Die Reingewinnsteuer ist deshalb, wie die Pauschalsteuer oder die Bodeneinkommensteuer, nur über Einkommenseffekte überwälzbar.

Die oben definierten ökonomischen Renten stecken nicht nur in Bodeneinkommen und Reingewinnen, sondern in fast allen Einkommensarten. Wenn ein Arbeitnehmer 3.000 Euro verdient, er seinen Job aber erst bei einem Einkommen unter 2.000 Euro aufgeben würde, dann erhält er in Wirklichkeit 2.000 Euro Faktoreinkommen und 1.000 Euro ökonomische Rente. Für einen Sparer, der auch bei einem Zins von Null noch Wertpapiere kaufen würde, um beispielsweise für sein Alter vorzusorgen, der aber im Markt einen Zins von 7 % erhält, wäre das gesamte Zinseinkommen ökonomische Rente. Freilich läßt sich die Aufteilung des Einkommens in Faktoreinkommen und ökonomische Rente nicht *beobachten*, und diese Aufteilung ist zudem individuell verschieden. Eine mit einheitlichem Satz auferlegte Einkommensteuer trifft deshalb regelmäßig auch das eigentliche Faktoreinkommen und kann damit zum Teil überwälzt werden.

§ 25 Ausgabensteuer

Die persönliche Ausgabensteuer (*expenditure tax*) ist eine gelegentlich vorgeschlagene Alternative zur Einkommensteuer. Sie belastet formell den Konsum und wird deshalb in der Literatur auch als *Konsumsteuer* (*consumption tax*) bezeichnet. Der Ausdruck *persönliche Ausgabensteuer* besagt, daß diese direkte Steuer, ähnlich wie die Einkommensteuer, auf die persönlichen Verhältnisse des Zensiten zugeschnitten und insbesondere progressiv ausgestaltet sein kann. Hierdurch unterscheidet sich die Ausgabensteuer von der indirekt erhobenen Mehrwertsteuer. Die Ermittlung der Bemessungsgrundlage einer Ausgabensteuer kann *additiv* erfolgen, indem alle Konsumausgaben, die der Steuerpflichtige in einem Jahr geleistet hat, aufsummiert werden, oder *subtraktiv*, indem man vom Einkommen des Steuerpflichtigen seine Ersparnis abzieht. Ein etwaiges Entsparen, also eine negative Ersparnis, erhöht die Bemessungsgrundlage entsprechend, weshalb man bei der subtraktiv ermittelten Bemessungsgrundlage von einer *sparbereinigten Einkommensteuer* spricht.

Im Unterschied zur Einkommensteuer folgt die Steuerschuld zeitlich nicht der Einkommensentstehung (*vorgelagerte Besteuerung*), sondern der Einkommensverwendung (*nachgelagerte Besteuerung*). Bei einem Zinssatz von Null und einem Steuerpflichtigen, der weder erbt noch vererbt, sind die aufsummierten Bemessungsgrundlagen der Einkommensteuer und der Ausgabensteuer identisch, weil der Steuerpflichtige sein gesamtes Einkommen irgendwann ausgibt.

In einer Welt mit *positivem Zinssatz* unterscheiden sich die beiden Steuern jedoch erheblich. Diese Einsicht sei an einem einfachen Modell entwickelt, in dem ein gewisser Steuerpflichtiger zwei Perioden lang lebt. Jede Periode währt rund 30 Jahre. Die erste wird als *Erwerbsphase* bezeichnet, die zweite als *Ruhestand*. In der Erwerbsphase arbeitet der Steuerpflichtige, konsumiert und spart. Im Ruhestand finanziert er seinen Konsum nicht mehr aus Arbeitseinkommen, sondern durch die zuvor gebildete Ersparnis. Mit c_1 und c_2 als Konsumausgaben in der ersten bzw. zweiten Periode, w als Arbeitseinkommen, s als Ersparnis und $R = 1 + r$ als Zinsfaktor lauten die Budgetgleichungen der beiden Perioden:

$$(52) \qquad c_1 + s = w \quad \text{und} \quad c_2 = Rs \,.$$

Durch Auflösen der zweiten Budgetgleichung nach der Ersparnis und Einsetzen in die erste erhält man die *überperiodische Budgetgleichung*

$$(53) \qquad c_1 + \frac{c_2}{R} = w \,.$$

Diese Gleichung besagt, daß die Summe der *Barwerte* der Konsumausgaben mit dem Arbeitseinkommen übereinstimmen muß. Die Notwendigkeit einer Barwertrechnung beruht darauf, daß in einer Welt mit positivem Zinssatz „ein Euro heute" mehr wert ist als „ein Euro morgen". Summen nicht abgezinster Größen – in der steuerrechtlichen Literatur Totalüberschüsse genannt – sind ökonomisch gehaltlos, weil man hierbei Äpfel und Birnen addiert.

Will man nun die Ausgabensteuer und die Einkommensteuer sachgerecht miteinander vergleichen, müssen auch hier die Barwerte der Steueraufkommen angesetzt werden. Zur Vereinfachung seien proportionale Tarife mit dem Steuersatz τ angenommen, denn die zusätzlichen Probleme, die bei progressiven Tarife entstehen, treten in beiden Fällen gleichermaßen auf. Durch Multiplikation der jeweiligen Bemessungsgrundlagen mit dem Steuersatz erhält man folgende Barwerte der Steueraufkommen:

$$(54) \qquad \begin{aligned} &\textit{Ausgabensteuer:} && T = \tau c_1 + \tau \frac{c_2}{R}, \\ &\textit{Einkommensteuer:} && T = \tau w + \tau \frac{rs}{R} . \end{aligned}$$

Die Ausgabensteuer belastet die Konsumausgaben jeder Periode mit dem Satz τ, während die synthetische Einkommensteuer sowohl das Arbeits- als auch das Kapitaleinkommen mit diesem Satz belastet. Stimmen die beiden Steuersätze überein, erbringt die Einkommensteuer ein höheres Aufkommen. Dies erkennt man am leichtesten durch Vergleich der beiden vorigen Steuern mit einer Steuer auf Arbeitseinkommen:

$$(55) \qquad \textit{Arbeitseinkommensteuer:} \; T = \tau w.$$

Weil gemäß der überperiodischen Budgetgleichung $c_1 + c_2/R = w$ gilt, sind die Bemessungsgrundlagen der Ausgabensteuer $(c_1 + c_2/R)$ und der Arbeitseinkommensteuer (w) identisch. Daher entspricht die Ausgabensteuer im vorliegenden Modell einer Arbeitseinkommensteuer. Es erscheint zwar auf den ersten Blick, als würde die Ausgabensteuer auch das Kapitaleinkommen belasten, aber dies ist nicht der Fall, weil die Steuer auf den Konsum im Ruhestand abzuzinsen ist.

Durch eine simple Neuinterpretation der Variablen w läßt sich diese Einsicht erheblich verallgemeinern: Die obigen Formeln bleiben unverändert, wenn w nicht nur das Arbeitseinkommen repräsentiert, sondern auch Bodeneinkommen und Reingewinne umfaßt. In diesem Fall trifft die Einkommensteuer alle Einkommen, während die Ausgabensteuer alle Einkommen *mit Ausnahme des Kapitaleinkommens* trifft. Kurz gesagt entpuppt sich die Ausgabensteuer damit als eine Steuer auf Arbeitseinkommen, Bodeneinkommen und Reingewinne. Ihre Belastungswirkung entspricht der einer *zinsbereinigten Einkommensteuer*, also einer Einkommensteuer, die Kapitaleinkommen aus der Bemessungsgrundlage ausnimmt.

Hinsichtlich der *Inzidenz* der Ausgabensteuer ist damit schon alles Notwendige gesagt, weil die Lastverteilung den in § 24 besprochenen Prinzipien folgt. Allerdings beinhalten diese Bemerkungen die Gefahr eines erheblichen Mißverständnisses. Kapitaleinkommen im hier verstandenen Sinn ist nur jenes Einkommen, das sich durch zeitliche Umschichtung ergibt, also durch Warten. Dabei muß eine einheitliche Rendite angenommen werden, etwa der Zins auf sichere Anlagen, damit die obigen Barwertrechnungen aufgehen. Manche Einkommen, die formal als Kapitaleinkommen gelten, enthalten einen Lohnanteil, etwa bei tätigen Unternehmern, oder einen Reingewinn, etwa bei einer patentierten Erfindung. Diese Einkommen werden durch die Ausgabensteuer sehr wohl belastet, weil sie kein Kapitaleinkommen im obigen theoretischen Sinn sind. Umgekehrt können manche Einkommen, die in der Steuerpraxis *nicht* als Kapitaleinkommen gelten, sehr wohl Kapitaleinkommen im theoretischen Sinn sein. Wenn jemand in seine Fortbildung investiert und dadurch später ein höheres Arbeitseinkommen erzielt, dann stellt dieser zusätzliche Ertrag des Humankapitals ein Kapitaleinkommen im theoretischen Sinn dar.

Zusammengefaßt entspricht die Ausgabensteuer einer Einkommensteuer, bei der Kapitaleinkommen steuerfrei bleiben und alle anderen Einkommensarten belastet werden. Diese eminent wichtige Einsicht soll anhand eines Zahlenbeispiels verdeutlicht werden, bei dem ein Zinssatz in Höhe von 10 % und ein persönlicher Steuersatz von 50 % unterstellt wird. Der Steuerpflichtige will in der ersten Periode einen Konsumverzicht in Höhe von 1.000 Euro leisten, um in der zweiten Periode mehr konsumieren zu können. Es ergeben sich folgende Belastungswirkungen:

- Synthetische Einkommensteuer: In der zweiten Periode fließen dem Steuerpflichtigen die Ersparnis 1.000 Euro und das Kapitaleinkommen 100 Euro zu. Auf letzteres zahlt er 50 Euro Steuer, so daß er in der zweiten Periode zusätzlich 1.050 Euro konsumieren kann.
- Zinsbereinigte Einkommensteuer: Das Kapitaleinkommen bleibt steuerfrei, so daß der zusätzliche Konsum 1.100 Euro beträgt.
- Ausgabensteuer bzw. sparbereinigte Einkommensteuer: Hierbei spart der Steuerpflichtige in der ersten Periode 2.000 Euro und setzt diese Ersparnis von der Bemessungsgrundlage ab. Aufgrund der resultierenden Steuerminderung von 1.000 Euro beträgt der Konsumverzicht abermals 1.000 Euro.

In der zweiten Periode wird der gesamte Rückfluß von 2.200 Euro besteuert, und der zusätzliche Konsum beträgt 1.100 Euro.

Dieses Beispiel verdeutlicht die Äquivalenz von Zinsbereinigung und Sparbereinigung: In beiden Fällen ermöglicht der Konsumverzicht von 1.000 Euro in der ersten Periode einen zusätzlichen Konsum von 1.100 Euro in der zweiten Periode, obwohl es vordergründig so erscheint, als würde die Ausgabensteuer auch das Kapitaleinkommen treffen, weil sie den gesamten Rückfluß belastet.

Während die Belastungswirkungen einer zinsbereinigten Einkommensteuer und einer Ausgabensteuer identisch sind, unterscheiden sich diese beiden insofern, als das Steueraufkommen bei der zinsbereinigten Einkommensteuer in der ersten Periode anfällt, während es bei der Ausgabensteuer zunächst sogar zu Steuerausfällen kommt[124]. Obwohl die Barwerte der Steueraufkommen konstruktionsgemäß identisch sind, unterscheiden sich die Zeitprofile der Steuereinnahmen erheblich. Das Aufkommen der Ausgabensteuer entsteht erst später, so daß der Staat die in der ersten Periode fehlenden Steuereinnahmen durch eine höhere Verschuldung zwischenfinanzieren muß[125].

Die *differentielle Inzidenz* eines aufkommensneutralen Übergangs von der synthetischen Einkommensteuer zur Ausgabensteuer besteht darin, daß Kapitaleinkommen steuerbefreit und alle anderen Einkommen entsprechend *stärker* besteuert werden. Darüber hinaus entsteht das Steueraufkommen erst zu einem späteren Zeitpunkt, so daß vorübergehend eine höhere Staatsverschuldung in Kauf genommen werden muß. Schließlich wirft ein solcher Systemwechsel kaum lösbare Übergangsprobleme auf, wenn man – wie im ersten Satz dieses Absatzes stillschweigend unterstellt – verhüten will, daß Steuerpflichtige, die in der Erwerbsphase der Einkommensteuer unterlagen, im Ruhestand nach dem Muster der Ausgabensteuer besteuert werden. Für diese Steuerpflichtigen würde der Übergang von der Einkommensteuer zur Ausgabensteuer nämlich eine Doppelbelastung bedeuten.

§ 26 Mehrwertsteuer

Verfolgt man die steuerrechtliche Diskussion, dann drängt sich der Eindruck auf, daß viele Rechtsanwender die *Mehrwertsteuer* für eine besonders einfach gelagerte Abgabe halten, deren Konstruktion und Wirkungen leicht einschätzbar sind[126]. Hiernach wird die Mehrwertsteuer von den Unternehmen auf die Ver-

---

124 Seidman, L. S. (1990) Is a Consumption Tax Equivalent to a Wage Tax? *Public Finance Quarterly* **18**, S. 65–76.

125 Eine weitere Einschränkung der Aussage, daß eine zinsbereinigte Einkommensteuer und eine Ausgabensteuer äquivalent seien, ist im Fall von Erbschaften angebracht. Personen, die (im Barwert) mehr erben als vererben, werden durch die Ausgabensteuer entsprechend stärker getroffen, weil sie die Differenz konsumieren.

126 Die der Mehrwertsteuer zugrundeliegende Steueridee geht offenbar auf Wilhelm und Carl Friedrich von Siemens zurück. Siemens, C. F. v. (1921) *Veredelte Umsatzsteuer*. Siemensstadt: Selbstverlag.

braucher überwälzt und hat, im Unterschied wohl zu anderen Steuern, keinen anderen Sinn als den, dem Fiskus Geld einzubringen (Fußnote 16). Ganz so einfach liegen die Dinge allerdings nicht. Die Mehrwertsteuer ist eher komplizierter als die Einkommensteuer und birgt so manchen Fallstrick. Problematisch ist bereits der Name Mehrwertsteuer (*value added tax*, VAT), weil diese Abgabe durchaus nicht als Steuer auf den Mehrwert konstruiert sein muß, sondern prinzipiell in drei Formen erhoben werden kann, die sich in der steuerlichen Behandlung von Kapitalgütern unterscheiden.

- Eine *Mehrwertsteuer vom Wertschöpfungstyp* belastet die Bruttowertschöpfung eines Unternehmens, wie sie in Abb. 20 auf Seite 114 definiert wurde. Die in den Vorleistungen enthaltene Steuer (*Vorsteuer*) kann nur soweit steuermindernd geltend gemacht werden, wie sie nicht auf zugekaufte Kapitalgüter entfällt.
- Eine *Mehrwertsteuer vom Einkommenstyp* belastet das gesamte in einem Unternehmen erwirtschaftete Einkommen, läßt aber die ebenfalls zur Bruttowertschöpfung zählende Abschreibung steuerfrei. Technisch geschieht dies, indem die in den Abschreibungen enthaltene Vorsteuer *pro rata temporis* erstattet wird.
- Eine *Mehrwertsteuer vom Konsumtyp* schließlich stellt das in einem Unternehmen erwirtschaftete Kapitaleinkommen steuerfrei und trifft nur die sonstigen Einkommen. Hierbei kann der Unternehmer die auf Kapitalgüter entfallende Vorsteuer sofort abziehen und nicht erst im Zuge der späteren Abschreibung der Kapitalgüter.

Die in Europa und deshalb auch in Deutschland grundsätzlich angewandte Methode ist die dritte. Sie besitzt den erhebungstechnischen Vorteil, daß kein streitanfälliger Unterschied zwischen zugekauften Kapitalgütern und zugekauften anderen Gütern gemacht werden muß. Der Unternehmer kann jegliche Mehrwertsteuer, die er für unternehmerisch genutzte Güter an seine Lieferanten zahlt, als Vorsteuer abziehen. Wenn nicht ausdrücklich etwas anderes gesagt ist, bedeutet der Begriff Mehrwertsteuer im weiteren stets eine Mehrwertsteuer vom Konsumtyp.

Beispiel: Ein Unternehmer kauft eine Maschine mit 5jähriger Nutzungsdauer für 1.500 Euro netto sowie andere Vorleistungen im Wert von 4.000 Euro netto. Er zahlt Löhne, Zinsen und Pachten und macht in jedem der 5 folgenden Jahre einen Nettoumsatz von 2.000 Euro. Der Mehrwertsteuersatz beträgt 10 %. Bei allen drei Mehrwertsteuertypen ergibt sich aus den Umsätzen eine vorläufige Steuerschuld von jährlich 200 Euro; die Löhne, Zinsen und Pachten sind steuerlich irrelevant; und die in den Vorleistungen enthaltene Vorsteuer in Höhe von 400 Euro wird sofort erstattet bzw. verrechnet. Ein Unterschied besteht nur hinsichtlich der Kapitalgüter. Bei einer Mehrwertsteuer vom Wertschöpfungstyp kann die darauf entfallende Vorsteuer in Höhe von 150 Euro nicht geltend gemacht werden; bei einer Mehrwertsteuer vom Einkommenstyp kann der Unternehmer im Zuge der linearen Abschreibung jährlich ein Fünftel verrechnen; und bei einer Mehrwertsteuer vom Konsumtyp kann er den gesamten Betrag sofort als Vorsteuer abziehen.

Allgemein besteht der Sinn des Vorsteuerabzugs darin, eine steuerliche *Mehrfachbelastung* zu vermeiden. Im vielstufigen Produktionsprozeß wird auf jeder Stufe nur die Wertschöpfung bzw. ein Teil der Wertschöpfung belastet. Eine Alternative zum Vorsteuerabzug (*invoice method, credit method*), die bei einheitlichem Mehrwertsteuersatz auf dasselbe hinausläuft, ist der Vorumsatzabzug (*subtraction method*). Hierbei zieht der Unternehmer vom Umsatz den Vorumsatz ab und wendet auf die Differenz den Steuersatz an. Die Steuerschuld beträgt daher beim *Vorsteuerabzug*: θ Umsatz – θ Vorumsatz und beim *Vorumsatzabzug*: θ (Umsatz – Vorumsatz). Bei einheitlichem Steuersatz θ sind die beiden Methoden offenbar gleichwertig; dies gilt allerdings nicht im Fall differenzierter Steuersätze.

Stimmen der Verkaufspreis und der Einkaufspreis eines bestimmten Gutes überein, dann stellt die Mehrwertsteuer in der Tat einen *durchlaufenden Posten* dar. Wenn aber der Verkaufspreis über dem Einkaufspreis liegt, entsteht eine Steuerschuld, die das im Unternehmen entstandene Einkommen belastet. Jenen Unternehmen, die ihrerseits an Unternehmen liefern, *scheint* es so, als wäre die Mehrwertsteuer stets ein durchlaufender Posten, weil ihre Abnehmer die in Rechnung gestellte Mehrwertsteuer sofort als Vorsteuer abziehen können. Dies ist aber eine Illusion, denn aufgrund der mehrwertsteuerlichen Belastung schränken die Endverbraucher ihre Nachfrage ein. Die durch den Nachfragerückgang bedingten Einbußen bleiben langfristig nicht auf den Unternehmen der letzten Stufe liegen, sondern werden auf die Lieferanten rückgewälzt. Somit belastet die Mehrwertsteuer vom Konsumtyp das in *allen* Unternehmen entstehende Einkommen mit Ausnahme des Kapitaleinkommens.

Die mehrwertsteuerliche Belastung wird auf zweierlei Weise sichtbar. Erstens mag es sein, daß die Notenbank die Einführung oder Erhöhung der Mehrwertsteuer durch eine Ausweitung der Geldmenge akkommodiert. In diesem Fall steigen die Bruttopreise der Güter. Die Mehrwertsteuer wird auf die Verbraucher *vorgewälzt*. Zweitens kann die Notenbank die Geldmenge durchaus unverändert lassen, so daß unter den üblichen quantitätstheoretischen Annahmen ein Anstieg der Verbraucherpreise unmöglich ist. In diesem Fall müssen die Nettopreise der Güter entsprechend sinken und ebenso die vom Unternehmen gezahlten Einkommen, wenn das Unternehmen vorher wie nachher gleich profitabel sein soll. Die Mehrwertsteuer wird folglich auf die Einkommensbezieher *rückgewälzt*[127]. In beiden Fällen ist die resultierende Belastung dieselbe, weil Verbrauch und Einkommen zwei Seiten derselben Medaille sind. Zur Verdeutlichung sei wieder auf das im vorigen Paragraphen entwickelte Beispiel eines Individuums zurückgegriffen, das zwei Perioden lang lebt und seinen Konsum c_1 und c_2 nur durch Arbeitseinkommen finanziert. Nach Einführung einer als Nettowertsteuer (siehe

127 Kitterer, W. (1981) *Belastungswirkungen der Umsatzsteuer*. Tübingen: Institut für Angewandte Wirtschaftsforschung.

Formel (2) auf Seite 57) konstruierten Mehrwertsteuer, die mit dem Satz θ erhoben wird, muß das Individuum für den Konsum die Beträge $(1+\theta)\,c_1$ bzw. $(1+\theta)\,c_2$ aufwenden. Hierbei kommt es also zu einer

$$(56) \qquad \textit{Vorwälzung:} \quad (1+\theta)c_1 + \frac{1+\theta}{R}c_2 = w\,.$$

Bei unverändertem Lohn verringert die Mehrwertsteuer die Konsummöglichkeiten. Dividiert man diese Gleichung durch $(1+\theta)$, dann zeigt sich, daß der reale Einkommensverlust ebensogut als Lohnsenkung gedeutet werden kann:

$$(57) \qquad \textit{Rückwälzung:} \quad c_1 + \frac{c_2}{R} = \frac{w}{1+\theta}\,.$$

Im Zuge einer Mehrwertsteuererhöhung nimmt demnach entweder der Güterpreis einschließlich Steuer zu, oder der Geldlohn nimmt ab; in beiden Fällen sinkt der Reallohn. Unter Verwendung der Umrechnungsformel (5) läßt sich die rechte Seite der Gleichung (57) auch als $w(1-\tau)$ schreiben, also als Bruttowertsteuer auf das Arbeitseinkommen. Dieses Vorgehen entspricht dem aus dem vorigen Paragraphen, und es wird deutlich, daß die Mehrwertsteuer im Prinzip einer Ausgabensteuer entspricht. Alles, was im vorigen Paragraphen zur Ausgabensteuer gesagt wurde, gilt auch für die Mehrwertsteuer.

Demnach ist die Mehrwertsteuer eine Steuer auf Arbeitseinkommen, Bodeneinkommen, Reingewinne und Erbschaftsalden, während Kapitaleinkommen durch sie nicht belastet werden. Die Mehrwertsteuer kann genau dann überwälzt werden, wenn eine entsprechende Arbeitseinkommensteuer usw. überwälzt werden könnte. Alles Wissenswerte zu dieser Problematik wurde schon in § 24 gesagt. An dieser Stelle sollte vermerkt werden, daß die hier entwickelte Sicht der Mehrwertsteuer meilenweit vom *common sense* entfernt ist, der beispielsweise meint, eine Mehrwertsteuer sei im Vergleich zur Einkommensteuer leistungsfreundlich und halte weniger von produktiver Tätigkeit ab. Eine solche Ansicht verkennt die grundsätzliche Gleichwertigkeit von Einkommen und Verbrauch und damit die grundsätzliche Gleichwertigkeit der Einkommens- und Verbrauchsbesteuerung. Wenn jemand wegen der Steuer nicht arbeiten möchte, liegt dies daran, daß er für eine Arbeitsstunde zuwenig Güter erhält. Ob dies auf einer scharfen Besteuerung des Arbeitseinkommens beruht oder auf hohen Verbrauchsteuern ist unerheblich.

Daß die Mehrwertsteuer vom Konsumtyp eine Freistellung von Kapitaleinkommen beinhaltet, obwohl formal der gesamte „Mehrwert" belastet wird, soll noch einmal an folgendem einfachen Beispiel dargestellt werden: Ein Unternehmer investiert im 1. Jahr den Nettobetrag k. Im 2. Jahr erzielt er hiermit die Einnahme Rk, wobei angenommen sei, daß sich die Investition mit r verzinst. Für seine Investition erhält er im 1. Jahr die Vorsteuererstattung θk, im zweiten Jahr zahlt er an das Finanzamt den Steuerbetrag θRk. Bei positivem Zinssatz übersteigt der gezahlte Betrag die Steuererstattung, jedoch stimmen die Barwerte der Beträge überein:

1. Jahr: Steuererstattung: $-\theta k$,
2. Jahr: Steuerschuld: $\theta R k$,
Summe (Barwert): $-\theta k + \theta R k/R = 0$.

Jede Einführung oder Erhöhung der Mehrwertsteuer bedingt eine *intergenerative Umverteilung* der Steuerbelastung. Denn die Mehrwertsteuer belastet auch jenen Konsum, der aus dem zum Zeitpunkt der Steuererhöhung vorhandenen Anfangskapitalbestand finanziert wird. Angenommen, die Einkommensteuer werde im kommenden Jahr abgeschafft und die Mehrwertsteuer aufkommensneutral erhöht. Für die jüngere Generation bedeutet diese Umstellung vor allem eine Freistellung des Kapitaleinkommens. Die ältere Generation hingegen hat ihr Kapital aus schon versteuertem Einkommen gebildet. Indem sie diese Ersparnis nun für den Konsum verwendet, entsteht eine Doppelbelastung des Einkommens, das einmal bei seiner Entstehung und einmal bei seiner Verwendung besteuert wird. Ist die Steuerreform insgesamt aufkommensneutral, dann gewinnt die jüngere Generation in dem Maße, wie die ältere verliert. Wohl auch aus diesem Grunde erfolgen Änderungen des Mehrwertsteuersatzes meist in kleinen Schritten. Um nicht mißverstanden zu werden, sei ergänzt, daß gegen die Doppelbelastung durch Einkommen- und Mehrwertsteuer bei unverändertem Steuerrecht keine Bedenken erhoben werden können. Ob ein Arbeitseinkommen mit 30 % Einkommensteuer oder effektiv mit 20 % Einkommensteuer plus 10 % Mehrwertsteuer belastet wird, macht hinsichtlich der Gesamtbelastung keinen Unterschied. Bedenklich sind nur schlagartige Umstellungen des gesamten Steuersystems, die zu der oben beschriebenen intergenerativen Umverteilung führen.

Bis zu dieser Stelle ist die *Äquivalenz* von Mehrwertsteuer und Ausgabensteuer herausgearbeitet worden. Die *Unterschiede* zwischen diesen beiden bestehen zunächst darin, daß die Mehrwertsteuer als indirekte Steuer kaum Rücksicht auf persönliche Verhältnisse des Steuerpflichtigen nehmen kann; insbesondere wäre es technisch schwierig, das Existenzminimum durch eine Teilerstattung der gezahlten Mehrwertsteuer steuerfrei zu stellen. Bei der durch Veranlagung erhobenen Ausgabensteuer ist das unproblematisch. Die in der Praxis angewandten Mehrwertsteuern enthalten jedoch andere Umverteilungselemente, und zwar differenzierte Steuersätze und Steuerbefreiungen. Deren Wirkungen sollen nun näher analysiert werden.

In Deutschland unterliegen alle steuerbaren und steuerpflichtigen Umsätze entweder dem *Normalsatz* von 19% oder einem *ermäßigten Satz* von 7 % (§ 12 UStG). Auf der Zwischenproduktebene ist die Steuersatzdifferenzierung wirkungslos, und zwar deshalb, weil das auf den Zwischenstufen entstehende Mehrwertsteueraufkommen vom Unternehmen der jeweils nächsten Stufe als Vorsteuer geltend gemacht werden kann. Auf der Endproduktebene kann man den ermäßigten Satz als kombinierte Besteuerung zum Normalsatz und eine *Subvention für spezielle Güter* (§ 23) interpretieren. Je nach Elastizitäten werden demnach die Anbieter oder Nachfrager der ermäßigt besteuerten Güter begünstigt. Bei Annahme eines elastischen Angebots liegt die Inzidenz der Steuersubvention überwiegend oder ganz bei den Nachfragern, und das entspricht auch der Absicht des Gesetzgebers, der den ermäßigten Satz vor allem für Nahrungsmittel und andere Güter des Grundbedarfs vorgesehen hat und hiermit eine interpersonelle Umverteilung bezweckt. In manchen europäischen Ländern unterliegen gewisse Güter einem *erhöhten Satz*, den man entsprechend als Kombination von Normalsatz und einer *Steuer auf spezielle Güter* auffassen kann. Auch hier gilt das in § 23 Gesagte entsprechend.

Die Herausnahme bestimmter Güter aus der Umsatzbesteuerung kann auf zwei völlig verschiedene Weisen erfolgen, die im steuerrechtlichen Schrifttum *echte* bzw. *unechte* Befreiung heißen. In Anlehnung an die internationale Terminologie wird hier synonym von Steuerbefreiung im engeren Sinn (*exemption*) bzw. Nullsatzbesteuerung (*zero-rating*) gesprochen. Auf Umsätze, die dem Nullsatz unterliegen, wird keine Mehrwertsteuer erhoben, doch berechtigen jene Vorumsätze, die mit den steuerfreien Umsätzen in wirtschaftlichem Zusammenhang stehen, weiterhin zum Vorsteuerabzug. Ein Unternehmen, das ausschließlich oder überwiegend derartige Umsätze tätigt, erhält deshalb fortlaufend Steuererstattungen von der Finanzbehörde. In Deutschland wird die Nullsatzbesteuerung auf *Exporte* und bestimmte exportähnliche Umsätze angewandt (§ 4 Nrn. 1 – 7 UStG), während z. B. das Vereinigte Königreich und die Republik Irland auch bei anderen Umsätzen hiervon Gebrauch machen. Die Nullsatzbesteuerung ist ein Sonderfall der Anwendung eines ermäßigten Steuersatzes; sie läßt sich in eine Besteuerung zum Normalsatz und eine Subvention in Höhe des Normalsatzes umrechnen.

Beispiel: Nach § 4 UStG sind Ausfuhrlieferungen (Nr. 1a), Umsätze für die Seeschiffahrt und für die Luftfahrt (Nr. 2) oder die Lieferungen von Gold an Zentralbanken (Nr. 4) steuerfrei. Nach § 15 Abs. 3 Nr. 1a) UStG ist der Vorsteuerabzug für Lieferungen und sonstige Leistungen, die ein Unternehmer zur Ausführung dieser Umsätze verwendet, zugelassen. Obwohl das Gesetz von Steuerbefreiungen spricht, handelt es sich um eine Nullsatzbesteuerung.

Demgegenüber berechnet der Unternehmer bei den in § 4 Nrn. 8 – 28 UStG genannten Umsätzen zwar ebenfalls keine Umsatzsteuer, darf jedoch auch für Vorumsätze, die mit den steuerfreien Umsätzen in wirtschaftlichem Zusammenhang stehen, keine Vorsteuer geltend machen. Nach § 15 Abs. 2 UStG ist der Vorsteuerabzug für Vorumsätze, die der Unternehmer zur Ausführung steuerfreier Umsätze verwendet, grundsätzlich ausgeschlossen.

Beispiel: Nach § 4 Nr. 14 UStG sind die Umsätze aus der Tätigkeit als Arzt von der Umsatzsteuer befreit. Nach § 15 Abs. 2 UStG darf der Arzt für die Lieferungen und sonstigen Leistungen anderer Unternehmen, die mit seinen steuerfreien Umsätzen in Zusammenhang stehen, keine Vorsteuer abziehen. Der Kauf von Geräten, Büromaterial und dergleichen erzeugt bei ihm dieselbe Belastung wie beim Endverbraucher.

Wie das Beispiel zeigt, unterscheidet sich die Steuerbefreiung erheblich von der Nullsatzbesteuerung. Während im letzten Fall das Endprodukt völlig unbelastet bleibt, tritt bei der formellen Steuerbefreiung nur eine Teilentlastung ein, weil die in den Vorumsätzen enthaltene Mehrwertsteuer nicht erstattet wird. Der Umfang der effektiven Entlastung hängt vom Anteil der Wertschöpfung der letzten Stufe am Produktpreis ab. Die Liste der deutschen Umsatzsteuerbefreiungen ist lang (§ 4 UStG) und umfaßt viele Güter, die als Vorleistungen von umsatzsteuerpflichtigen Unternehmern gekauft werden. In diesem Fall bewirkt die Steuerbefreiung sogar eine effektive Mehrbelastung im Vergleich zur Normalbesteuerung, sofern der Unternehmer nicht gemäß § 9 UStG darauf verzichten kann. Die hierdurch entstehende *Preisverschmutzung*[128] ist in ihrer Überwälzung kaum noch verfolgbar.

Zudem bewirken unechte Befreiungen oft eine Marktspaltung, die am Beispiel der Kleinunternehmerregelung nach § 19 UStG illustriert sei: Ein Kleinunternehmer berechnet seinen Kunden keine Umsatzsteuer und zieht keine Vorsteuer ab. Der Kleinunternehmer bietet deshalb aus Sicht eines Endverbrauchers preisgünstiger an, ist aber aus Sicht eines vorsteuerberechtigten Unternehmers teurer, weil er die von ihm gezahlte Vorsteuer im Preis weitergibt, statt sie offen auszuweisen. Folglich kaufen Endverbraucher eher bei Kleinunternehmern, während vorsteuerberechtigte Unternehmer zu umsatzsteuerpflichtigen Anbietern tendieren. Steuerwirkungen dieser Art nennt man verallgemeinernd *Klienteleffekte* (*clientele effects*): Hierbei spaltet die Besteuerung einen Markt in mehrere Segmente auf, indem sie gewisse Güter für manche Marktteilnehmer interessant macht und für andere uninteressant. Ein weiteres Beispiel für einen Klienteleffekt ist die subjektive Befreiung der Deutschen Post AG gemäß § 4 Nr. 11b UStG. Sie bedeutet einen Vorteil der Post im Wettbewerb um Privatkunden und zugleich einen Nachteil im Wettbewerb um Firmenkunden, weil die Post die von ihr gezahlte Vorsteuer nicht offen – und damit abziehbar – in der Rechnung ausweisen kann.

Mehrbelastungen durch unechte Steuerbefreiungen sind quantitativ gewichtig, weil die lange Liste der Befreiungen nach § 4 UStG bedeutende Branchen umfaßt. Gottfried und Wiegard haben ermittelt, daß im Jahre 1988 nur 63 Prozent der effektiven Mehrwertsteuerbelastung auf Konsumgüter entfiel, 21 Prozent auf Zwischenprodukte und 19 Prozent auf Investitionsgüter[129]. Die unechten Befreiungen höhlen die innere Logik der Mehrwertsteuer aus und erschweren die Erhebung der Mehrwertsteuer bei allen Unternehmen, die sowohl steuerpflichtige als auch steuerfreie Umsätze ausführen, weil die Vorsteuer in diesen Fällen anteilig abgezogen wird. Ein Arzt, der neben seiner steuerfreien „Tätigkeit als Arzt" auch steuerpflichtige andere Umsätze ausführt, etwa als Gutachter, muß die in den Vorumsätzen enthaltene Vorsteuer den beiden Umsatzarten anteilig zuordnen.

---

128 Ruppe, H. G. (1995) „Unechte" Umsatzsteuerbefreiungen. In: Lang, J. (Hrsg.) *Die Steuerrechtsordnung in der Diskussion*. Köln: Schmidt, S. 470.

129 Gottfried, P. und W. Wiegard (1991) Exemption versus Zero Rating. *Journal of Public Economics* **46**, S. 307–328.

Zusammengefaßt entspricht eine mit einheitlichem Satz erhobene Mehrwertsteuer, die keine Steuerbefreiungen kennt, einer proportionalen Ausgabensteuer ohne persönliche Abzüge und damit einer proportionalen Steuer auf Arbeitseinkommen, Bodeneinkommen, Reingewinne und den zum Zeitpunkt der Steuereinführung vorhandenen Anfangskapitalbestand. Differenzierte Mehrwertsteuersätze sind Kombinationen des Normalsatzes und einer speziellen Steuer oder Subvention. Insbesondere kommt ein Nullsatz auf Inlandsumsätze einer Subvention in Höhe des Normalsatzes gleich. Steuerbefreiungen, die vom Vorsteuerabzug ausschließen, bedingen eine geringere Subvention als die Nullsatzbesteuerung oder sogar eine effektive Mehrbelastung. Aufgrund des Wustes solcher Steuerbefreiungen kann man nicht davon ausgehen, daß die Mehrwertsteuer allein den Konsum belastet; sie trifft auch Zwischenprodukte und Investitionen und erzeugt kaum abschätzbare Preisverzerrungen. Als Subventionstechnik ist die Steuerbefreiung mit Ausschluß vom Vorsteuerabzug ganz ungeeignet.

§ 27 Vermögensteuer

Im Unterschied zur Einkommensteuer knüpft die *persönliche Vermögensteuer* nicht an eine Stromgröße an, sondern an einen Bestand. Man könnte deshalb vermuten, daß die Bestimmung der Inzidenz dieser Steuer neuartige Überlegungen erfordert, aber das ist nicht der Fall, weil wirtschaftlich eine grundlegende Identität zwischen Einkommen und Vermögen besteht. Um dies zu sehen, sei ein abstraktes Stammrecht betrachtet, das ein konstantes jährliches *Einkommen* y abwirft. Beim ebenfalls als konstant angenommenen Zinssatz r und dem hieraus berechneten Zinsfaktor $R = 1 + r$ läßt sich das *Vermögen* V, also der Wert des Stammrechts, finanzmathematisch als Barwert einer ewigen Rente ermitteln:

$$V = \frac{y}{R} + \frac{y}{R^2} + \ldots = \frac{y}{r}. \tag{58}$$

Hiernach entspricht das Vermögen dem Quotienten aus Einkommen und Zinssatz. Der Ausdruck (58) ist auch bei endlicher Laufzeit als Faustformel brauchbar, wenn die betrachtete Zeitspanne mehr als 25 oder 30 Jahre beträgt. Somit besteht eine Identität von Vermögen einerseits und Einkommen andererseits, die durch den Zinssatz miteinander verknüpft sind. Aufgrund dieses Sachverhalts kann man jede Vermögensteuer in eine gleichwertige Einkommensteuer umrechnen, so daß es zwischen diesen beiden Formen der Steuererhebung zunächst keinen wesentlichen Unterschied gibt. Die jährliche Steuerbelastung beträgt bei der Einkommensteuer $\tau^e r V$, wobei τ^e den Einkommensteuersatz und rV das aus dem Vermögen gezogene Einkommen bezeichnet, und bei der Vermögensteuer $\tau^v V$, wobei τ^v den Vermögensteuersatz bezeichnet. Setzt man diese Ausdrücke gleich, unterstellt man also eine gleiche Belastung durch die beiden Steuerarten, dann besteht zwischen dem Einkommensteuersatz und dem Vermögensteuersatz die Beziehung $\tau^e = \tau^v/r$. Zur Veranschaulichung wird im weiteren ein Zinssatz von r = 5 % unterstellt, dessen Kehrwert 1/r = 20 ist. In diesem Fall erzeugt eine 1 %ige Vermögensteuer dieselbe Belastung wie eine 20 %ige Einkommensteuer. Ob der Steuergesetzgeber die eine oder die andere Erhebungsform wählt, ist auf einem hohen Abstraktionsniveau gleichgültig. Grundsätzlich werden die Bemessungsgrundlagen der Vermögensteuern nach dem *Ertragswertverfahren* gemäß Formel (58) berechnet. Bei den in der Praxis erhobenen Vermögensteuern bestehen allerdings einige wichtige Unterschiede zur Einkommensbesteuerung, auf die nun einzugehen sein wird.

Erstens belastet die Vermögensteuer im Unterschied zur Einkommensteuer nicht das *Isteinkommen*, also jenen Betrag, der dem Steuerpflichtigen nach Abzug erwerbsbedingter Ausgaben tatsächlich zufließt, sondern ein *Solleinkommen*. Hinsichtlich der Umverteilungswirkungen macht dies einen Unterschied, wenn Steuerpflichtige mit gleichen Vermögen unterschiedliche Einkommen erwirtschaften und erst recht, wenn man bedenkt, daß Steuerpflichtige mit höheren Vermögen aufgrund besserer Beratung regelmäßig höhere Renditen erzielen können. Jemand mit 100.000 Euro Vermögen besitzt vielleicht Wertpapiere, die 5 % Zinsen abwerfen, während ein gut beratener Anleger mit einem Vermögen von 10 Millionen Euro ertragreichere Anlageformen finden und Risiken besser diversifizieren kann. Insofern wirkt eine proportionale Vermögensteuer im vertikalen Vergleich *regressiv*. Horizontal belastet die Vermögensteuer ungleich, wenn die tatsächlichen Renditen der Steuerpflichtigen zufallsbedingt oder systematisch voneinander abweichen. Im Hinblick auf das Ziel einer Besteuerung nach der Leistungsfähigkeit ist die an das Solleinkommen anknüpfende Vermögensteuer einer am Isteinkommen orientierten Einkommensteuer deutlich unterlegen.

Zweitens leidet die Gleichmäßigkeit aller historisch bekannten Vermögensteuern an einem *falschen Vermögensbegriff*, der die oben geschilderte Äquivalenz zwischen Einkommen und Vermögen gründlich verkennt. Die der Vermögensteuer zugrundeliegende Steueridee besteht nämlich in der Belastung sogenannter *fundierter Einkommen*, zu denen vor allem die Einkünfte aus Kapitalvermögen, Grundvermögen und Unternehmertätigkeit gezählt werden. Hierdurch wird ein Vermögensgegenstand von immenser volkswirtschaftlicher Bedeutung, nämlich das *Humankapital*, ganz willkürlich aus der Bemessungsgrundlage herausgenommen, obwohl die Gleichwertigkeit von Einkommen und Vermögen selbstverständlich auch für Arbeitseinkommen und ihren Barwert, eben das Humankapital, gilt. Der Terminus „fundiertes Einkommen" soll eine höhere Sicherheit und damit eine höhere Belastbarkeit bestimmter Einkommensarten suggerieren und damit deren diskriminierende Besteuerung rechtfertigen. In Wirklichkeit ist es höchst fraglich, ob ein in Aktien angelegtes Vermögen oder eine Beamtenstelle auf Lebenszeit das „fundiertere" Einkommen abwirft[130]. Ein Beamter, der jährlich 100.000 Euro brutto verdient und noch sehr viele Dienstjahre vor sich hat, besitzt laut (58) ein Humankapital von knapp 2 Millionen, wenn man einen Zins von 5 % ansetzt. Dieses Humankapital unterliegt nicht der Vermögensbe-

130 Vgl. hierzu ausführlich und zutreffend Mann (Fußnote 15), S. 99 ff.

steuerung, während ein Aktienkapital mit einem Kurswert von 2 Millionen Euro durch eine 1 %ige Vermögensteuer mit jährlich 20.000 Euro belastet wird. Hierin liegt die gravierendste Ungleichmäßigkeit der Vermögensteuer[131].

Auch bestimmte andere Einkommen – wie beispielsweise Renten aus der Gesetzlichen Rentenversicherung – werden häufig aus der Vermögensbesteuerung herausgenommen. Die Vermögensteuer belastet deshalb im Gegensatz zu einer synthetischen Einkommensteuer nicht alle Einkommensarten, sondern nur bestimmte. Sie entspricht einer Steuer auf Kapitaleinkommen, Bodeneinkommen und Reingewinne. Hinsichtlich der *Überwälzung* der Vermögensteuer gelten die in § 24 hergeleiteten Ergebnisse entsprechend.

Die oben herausgestellte Äquivalenz der Einkommens- und Vermögensbesteuerung wurde auch vom Bundesverfassungsgericht in seinem wegweisenden Urteil vom 22. Juni 1995 ausdrücklich anerkannt: „Die Vermögensteuer darf deshalb zu den übrigen Steuern auf den Ertrag nur hinzutreten, soweit die steuerliche Gesamtbelastung des Sollertrages bei typisierender Betrachtung von Einnahmen, abziehbaren Aufwendungen und sonstigen Entlastungen in der Nähe einer hälftigen Teilung zwischen privater und öffentlicher Hand verbleibt"[132].

Folglich ist eine mehrfache Belastung desselben Steuergegenstands durch verschiedene Steuern verfassungsrechtlich zwar zulässig, doch dürfen diese Steuern in ihrer Gesamtheit nicht auf eine Konfiskation hinauslaufen. Rechnet man eine 1 %ige Vermögensteuer wie oben gezeigt in eine 20 %ige Einkommensteuer um und addiert 50 % Einkommensteuer hinzu, ergibt sich eine Gesamtbelastung von 70 %, die erkennbar nicht mehr „in der Nähe einer hälftigen Teilung zwischen privater und öffentlicher Hand" liegt[133]. Allerdings hat das Bundesverfassungsgericht den damit formulierten *Halbteilungsgrundsatz*, der eine über 50 % hinausgehende steuerliche Gesamtbelastung untersagt, inzwischen widerrufen[134]. Das Gericht betrachtet höhere Gesamtbelastungen nicht mehr als Verstoß gegen die Eigentumsgarantie des Art. 14 GG.

Infolge dieser Änderung der Rechtsprechung könnte der Gesetzgeber die Vermögensteuer – deren Erhebung ab 1997 ausgesetzt wurde – zwar revitalisieren, doch wäre dies aufgrund der oben geschilderten Unzulänglichkeiten nicht ratsam. Abgesehen von den bereits erörterten Bedenken wirft die Vermögensteuer

---

131 Auf die vermögensteuerliche Behandlung des Humankapitals weist auch Schmidt (Fußnote 12) hin, der eine solche Bevorzugung für besonders bedenklich hält „wenn das »human capital« gratis und franko von staatlichen Bildungseinrichtungen bezogen, das individuelle Vermögen aber aus hoch versteuertem Einkommen gebildet worden ist" (S. 142).

132 Bundesverfassungsgericht (1995) Urteil vom 22. Juni 1995, Az. 2 BvL 37/91.

133 Die wirtschaftlich richtige Deutung der Vermögensteuer als Sollertragsteuer hat sich im juristischen Schrifttum noch nicht vollständig durchgesetzt. Als Gegenposition sei die abweichende Meinung des Richters Böckenförde Urteil (Fußnote 132) des Bundesverfassungsgerichts zitiert (S. 382, Hervorhebung von mir): „Die Abschaffung echter Vermögensteuern durch deren *Umschreibung* zu Sollertragsteuern trifft den sozialen Rechtsstaat an seiner zentralen Stelle. Sie beschneidet empfindlich das staatliche Potential sozialer Korrekturmöglichkeiten gegenüber der Selbstläufigkeit gesellschaftlicher Entwicklungen."

134 Bundesverfassungsgericht (2006) Urteil vom 18. Januar 2006, Az. 2 BvR 2194/99.

große Bewertungs- und Praktikabilitätsprobleme auf, weshalb sie, wie in § 13 gezeigt, außerordentlich teuer ist[135].

§ 28 Erbschaft- und Schenkungsteuer

Die Erbschaftsteuer belastet einen Vermögensverkehr; sie steht in keiner Beziehung zu einer Einkommensentstehung oder Wertschöpfung. Wenn ein Mittel erfunden würde, das die Menschen unsterblich macht, dann würde das Erbschaftsteueraufkommen trotz wirtschaftlicher Prosperität auf Null schrumpfen. Umgekehrt würde das Aufkommen im Anschluß an eine Epidemie mit erhöhter Sterblichkeit sprunghaft steigen, ohne daß zusätzliches Einkommen erwirtschaftet wurde.

Die Bemessungsgrundlage der Erbschaftsteuer ist entweder jener Betrag, den der Verstorbene hinterlassen hat (*Nachlaßsteuer*) oder jener Betrag, den der einzelne Erbe erhält (*Erbanfallsteuer*). Diese beiden Methoden sind bei progressivem Erbschaftsteuertarif offensichtlich verschieden: Der einzelne Erbe muß pro geerbtem Euro um so mehr Nachlaßsteuer entrichten, je größer die Zahl seiner Miterben ist, weil die Nachlaßsteuer wie gesagt von der gesamten Erbmasse abhängt. Die Erbanfallsteuer vermeidet diesen progressionsbedingten Seiteneffekt; bei proportionalem Tarif sind Erbanfallsteuern und Nachlaßsteuern identisch. Im Unterschied zur Nachlaßsteuer knüpft die Erbanfallsteuer von der Idee her an die Bereicherung des individuellen Erben an[136]. Prinzipiell könnte die Erbanfallbesteuerung somit auch durch Einbeziehung von Erbschaften in die Bemessungsgrundlage der Einkommensteuer erfolgen; dabei entstünden freilich progressionsbedingte Seiteneffekte, weil Erbschaften unregelmäßig anfallen. Die deutsche Erbschaftsteuer ist grundsätzlich eine progressive Erbanfallsteuer. Zur Verhinderung von Umgehungen wird sie mit identischen Tarifen auf Erbschaften und Schenkungen erhoben; die *Schenkungsteuer* ist eine *Folgesteuer* der Erbschaftsteuer. Im Verhältnis zur Einkommensteuer wird die Erbschaft- und Schenkungsteuer oft als *Annexsteuer* gesehen, die einen nicht der Einkommensteuer unterliegenden Reinvermögenszugang belasten soll.

Die Beurteilung der Inzidenz der Erbschaftsteuer ist ein wenig knifflig, weil den Erbschaften kein *einheitliches Motiv* zugrunde liegt, an das die Inzidenzanalyse anknüpfen könnte; vielmehr gibt es ganz unterschiedliche Gründe für Erbschaften, deren wichtigste wohl die folgenden sind:

– Zum Teil entstehen Erbschaften *zufällig* oder *ungeplant*. Mancher Erblasser hat ein Vermögen aufgebaut, um es später selbst auszugeben, und kann seinen Plan wegen eines tödlichen Unfalls oder einer plötzlich auftretenden

135 Maiterth, R. und C. Sureth (2005) Wiedereinführung der Vermögensteuer als Mindeststeuer in Deutschland – Unlösbare Probleme bei der Bewertung von Grundbesitz und Unternehmen. *Steuer und Betrieb*, S. 70–79.

136 Hierzu ausführlich Timm, H. (1984) Entwicklungslinien in Theorie und Praxis der Erbschaftsbesteuerung während der letzten hundert Jahre. *Finanzarchiv N. F.* **42**, S. 553–576.

Krankheit nicht verwirklichen. Ein Indiz für zufällige Erbschaften ist, daß es weder Kinder noch andere testamentarisch Bedachte gibt.

- Anderen Erbschaften unterliegt ein *altruistisches Motiv*. Der Erblasser will seinen Kindern oder anderen Begünstigten etwas Gutes tun. Für die Existenz dieses Erbschaftsmotivs spricht der Umstand, daß manche ihren Kindern schon vorzeitig Erbteile durch Schenkung zukommen lassen, um die Gesamtsteuerbelastung durch zeitliche Verteilung des Erbanfalls bzw. Schenkungsanfalls zu vermindern[137].
- Schließlich beruht ein erheblicher Teil der Erbschaften auf einem *egoistischen Motiv*. Der Nachlaß wird eingesetzt, um bei Kindern oder anderen Begünstigten bestimmte Verhaltensweisen anzuregen, insbesondere Pflege und Zuwendung im Alter[138]. Eine vorzeitige Schenkung findet nicht statt, weil sich der Erblasser damit seiner strategischen Machtposition begeben würde und fürchten müßte, im Alter allein zu sein.

Die Inzidenz einer Steuer auf *ungeplante Erbschaften* ist am einfachsten zu beurteilen. Diese Steuer wird allein von den Erben getragen, während sie den Erblasser aus offensichtlichen Gründen nicht trifft. In diesem Fall belastet die Erbschaftsteuer eine ökonomische Rente, die von den zahlungspflichtigen Erben höchstens in dem Maße überwälzt werden kann wie eine Pauschalsteuer (§ 21). Bei Erbschaften, die auf einem *altruistischen Motiv* beruhen, belastet die Erbschaftsteuer zum Teil den Erblasser. Altruismus im hier gebrauchten Wortsinn bedeutet, daß der Nutzen des Erblassers nicht nur von den Gütern abhängt, die er selbst konsumiert, sondern ebenso vom Nutzen der Begünstigten bzw. deren Konsum. Der Erblasser rechnet gewissermaßen sein eigenes Einkommen und das seiner Erben zusammen und sieht die Erbschaftsteuer als Belastung dieses *gemeinsamen* Einkommens. Im Normalfall wird er deshalb sowohl den Nachlaß als auch seinen eigenen Konsum nach Einführung einer Erbschaftsteuer vermindern.

Ähnlich liegen die Dinge beim *egoistischen Erbschaftsmotiv*. Die Erbmasse ist in diesem Fall eine Art Kaufpreis für erwünschtes Benehmen. Wenn man unterstellt, daß das Verhalten der Begünstigten vom Nettoerbe abhängt, muß der Erblasser nach Einführung der Erbschaftsteuer einen höheren Betrag aufwenden, um eine gegebene Verhaltensbeeinflussung zu erreichen. Die Erbschaftsteuer bedeutet aus Sicht des Erblassers eine Preiserhöhung bei jenen Leistungen, die er von den Erben zu erhalten hofft.

Wegen der grundsätzlichen Verschiedenheit altruistischer und egoistischer Handlungen könnte man vermuten, daß auch die Verteilung der Erbschaftsteuer vom zugrundeliegenden Motiv abhängt. Überraschenderweise ist das nicht der

---

137 Zur Frage, warum ein derartiger Altruismus vorteilhaft sein kann, vgl. Kotlikoff, L. J. und A. Spivak (1981) The Family as an Incomplete Annuities Market. *Journal of Political Economy* **89**, S. 372–391.

138 Bernheim, B. D., A. Shleifer und L. H. Summers (1985) The Strategic Bequest Motive. *Journal of Political Economy* **93**, S. 1045–1076.

Fall, wie das folgende einfache Modell zeigen soll. Es bezeichne y das Lebenseinkommen (oder Vermögen) des Erblassers und b (*bequest*) die Erbmasse. Der Konsum des Erblassers beträgt $y-b$, und $u(y-b)$ sei der hieraus gezogene Nutzen. Ein *altruistischer Erblasser* zieht außerdem den Nutzen $v(b-T)$ aus der Tatsache, daß der Konsum des Erben um die *Nettoerbschaft* $b-T$ zunimmt. Hierbei ist T der Steuerbetrag. Die Erbschaftsteuer wird nicht als Wertsteuer modelliert, um das mathematische Räsonnement zu vereinfachen. Ein *egoistischer Erblasser* beeinflußt das Verhalten seines Erben durch Locken mit dem Nettoerbe $b-T$ und zieht aus der Verhaltensänderung des Erben den Nutzen $v(b-T)$. In *beiden Fällen* löst der Erblasser das Entscheidungsproblem

$$(59) \qquad \underset{b \geq 0}{max!} \quad u(y-b)+v(b-T)\,.$$

Verschieden ist nur die Interpretation der Formel. Während der altruistische Erblasser aus dem Wohlergehen seines Erben Nutzen zieht, kommt es dem egoistischen Erblasser auf die Verhaltensänderung des Erben an. Bei Annahme streng monoton wachsender und streng konkaver Nutzenfunktionen ($u'', v'' < 0$) findet man eine innere Lösung des Entscheidungsproblems (59) durch Ableiten nach der Variablen b:

$$(60) \qquad -u'(y-b)+v'(b-T)=0\,.$$

Ein Optimum ist durch den Ausgleich der Grenznutzen u' und v' charakterisiert. Je nach Gestalt der Nutzenfunktionen könnte auch $b=0$ optimal sein. Bei diesem Randoptimum wird nichts vererbt, und das Problem der Steuerinzidenz stellt sich nicht. Unter Annahme einer strikt positiven Erbschaft erhält man die Lastverteilung zwischen Erblasser und Erben durch implizite Differentiation der Optimalitätsbedingung (60):

$$(61) \qquad \textit{Lastverteilung:} \quad \frac{db}{dT}=\frac{v''}{u''+v''} \quad \Rightarrow \quad 0<\frac{db}{dT}<1\,.$$

Wie die vorige Formel zeigt, steigt die Bruttoerbschaft bei einer Anhebung des Steuerbetrags, allerdings um weniger als den Steuerbetrag[139]. Folglich nimmt die Bruttoerbschaft zu und die Nettoerbschaft ab; der Konsum des Erblassers und der Konsum des Erben sinken beide. Aus dieser Charakterisierung der Lastverteilung ergibt sich die wichtige und häufig übersehene Einsicht, *daß eine Erbschaftsteuer nicht nur den Erben, sondern auch den Erblasser trifft.* Dem altruistischen Erblasser fällt es infolge der Erbschaftsteuer schwerer, die gewünschte Wohlfahrtserhöhung seines Erben zu erreichen, während der egoistische Erblasser nach Steuererhöhung einen höheren „Preis“ zahlen muß, um die gewünschte Verhaltensänderung des Erben zu bewirken. Die Lastverteilung hängt laut (61)

139 Dieses eindeutige Resultat ist der Annahme einer additiven Nutzenfunktion geschuldet. Im allgemeinen Fall einer Nutzenfunktion $u(y-b, b-T)$ können sich aufgrund des Einkommenseffektes andere Wirkungen ergeben. Die obige Analyse stellt allein auf den Substitutionseffekt ab.

offenbar von der relativen Krümmung der Nutzenfunktionen u und v ab. Bei stark gekrümmter Nutzenfunktion u (stark negativem Wert für u") und annähernd linearer Nutzenfunktion v (einem v" nahe Null) nähert sich der Ausdruck db/dT dem Wert Null, so daß die Bruttoerbschaft kaum auf Erbschaftsteuererhöhungen reagiert, die Steuer folglich fast zur Gänze auf den Erben abgewälzt wird. In diesem Fall reagiert der Erblasser hinsichtlich des Nettoerbes *elastisch* auf Steueränderungen. Bei annähernd linearer Nutzenfunktion u und stark gekrümmter Nutzenfunktion v nähert sich db/dT dem Wert Eins, so daß die Erbmasse ungefähr im selben Maße steigt wie der Steuerbetrag. Entgegen der Absicht des Gesetzgebers würde der Erbe in diesem Fall nicht von der Erbschaftsteuer getroffen, weil der Erblasser jede Steuererhöhung durch Erhöhung des Bruttoerbes konterkarierte; nur der Erblasser würde aufgrund seiner unelastischen Reaktion unter der Erbschaftsteuer leiden, da er seinen eigenen Konsum entsprechend vermindern muß.

Zusammengefaßt liegt die Inzidenz einer Steuer auf ungeplante Erbschaften vollständig bei den Erben. Handelt der Erblasser aber gezielt, sei es, daß er gegenüber den Erben altruistisch empfindet, sei es, daß er seine Lieben disziplinieren will, dann muß er einen Teil der Steuer selbst tragen. Die Erbschaftsteuer ähnelt in diesem Fall einer Steuer auf ein spezielles Gut, und es kann nicht verwundern, wenn über die Erbschaftsbesteuerung nicht nur seitens der Erben, sondern auch von potentiellen Erblassern Klage geführt wird; sie fühlen ihre Belastung durch die Steuer instinktiv. Die Inzidenz einer *Schenkungsteuer* liegt teilweise beim Schenker und teilweise beim Beschenkten, weil die Schenkung stets bewußt erfolgt und entweder auf Altruismus oder auf einem Hintergedanken beruht. Somit kann die obige Modellanalyse der Erbschaften buchstabengetreu auf Schenkungen übertragen werden.

§ 29 Resümee

Unsere Überwälzungslehre ist nun zu einem vorläufigen Abschluß gekommen, und deshalb sollen die wesentlichen Ergebnisse hier kurz zusammengefaßt und ergänzt werden. Zwei der obigen Resultate verdienen besondere Hervorhebung. Erstens hängt die Überwälzbarkeit einer Steuer vor allem von den Ausweichmöglichkeiten der Betroffenen ab, und es gilt der allgemeine Satz, daß jener die Hauptlast zu tragen hat, der weniger elastisch reagiert. Zweitens haben Steuern auf Ausgaben, Einkommen und Vermögen in weiten Grenzen dieselbe Belastungswirkung, was eigentlich keine Aussage über die Steuerwirkung ist, sondern darauf beruht, daß die drei Begriffe selbst weitgehend äquivalent sind. Der Steuerpraktiker wird zwar im Umsatzsteuergesetz andere Begriffsbildungen und Ausnahmeregeln entdecken als im Einkommensteuergesetz, aber wer hieraus schließt, die Besteuerung von Ausgaben und Einkommen habe völlig verschiedene Wirkungen, der befindet sich einfach auf dem Holzweg. Und wer meint, eine Umstellung von der Einkommensteuer zur Mehrwertsteuer sei leistungs-

und wachstumsfreundlich, frönt in Verkennung der Belastungswirkungen einer *Steuerillusion.*

Die von einem *Steuersystem* ausgehende Gesamtbelastung darf ermittelt werden, indem man die einzelsteuerlichen Belastungen addiert; dies gilt zumindest, wenn die Steuern nicht gegeneinander anrechenbar oder abziehbar sind. So kommt etwa die Verbindung von Mehrwertsteuer und Mineralölsteuer in ihrer Wirkung einer höheren Mineralölsteuer bei Mehrwertsteuerfreiheit gleich. Wegen dieser Belastungsäquivalenzen geht der häufig zu hörende Vorwurf einer *Doppelbelastung* fehl[140]. Einem Steuerpflichtigen kann es gleichgültig sein, ob er 100 Euro Mineralölsteuer und hierauf 19 Euro Mehrwertsteuer oder ob er gleich 119 Euro Mineralölsteuer und keine Mehrwertsteuer zahlt; der Steuerpflichtige leidet womöglich unter der hohen Gesamtbelastung, aber nicht unter der Doppelbelastung als solcher.

Obwohl die Steuerwissenschaft ständig und zu recht betont, daß Steuern, die äußerlich ganz verschieden erscheinen, in Wirklichkeit ähnliche oder sogar identische Belastungswirkungen entfalten, darf man dieses Prinzip nicht überstrapazieren. So steht insbesondere bei Steuern auf spezielle Güter außer Frage, daß sie je nach Anknüpfungspunkt unterschiedliche Wirkungen haben. Die traditionellen Steuern auf spezielle Güter wirkten gewöhnlich *regressiv*, wie Ferdinand Lassalle an folgendem Beispiel verdeutlichte: „Nun wird Ihnen bekannt sein, meine Herren, daß Jemand, der 20-, 50-, 100mal so reich ist, als ein anderer, deshalb durchaus nicht 20-, 50-, 100mal soviel Salz, Brod, Fleisch [ißt], 50- oder 100mal so viel Bier oder Wein trinkt“[141] Eine proportionale Steuer auf ein spezielles Gut wirkt also in dem Maße regressiv, wie der Anteil der Ausgaben für dieses Gut mit wachsendem Einkommen sinkt. Nimmt der Ausgabenanteil umgekehrt mit wachsendem Einkommen zu, handelt es sich also um ein *Luxusgut*, dann wirkt die Steuer progressiv.

Während die Steuerlehre des 18. Jahrhunderts noch meinte, daß letztlich alle Steuern von den Reichen getragen würden, die Armen also generell steuerfrei blieben, hat sich spätestens seit Lassalles brillanter Polemik in Wissenschaft und Öffentlichkeit die Meinung festgesetzt, daß indirekte Steuern stets regressiv

---

140 So auch Schäffle (Fußnote 117), S. 263: „Bei dieser Gelegenheit ist jedoch darzulegen, daß mit dem Wort Doppelbesteuerung ein arger Mißbrauch getrieben wird. Der Ausdruck paßt nur für den Fall, daß dasselbe schon voll getroffene Steuersubjekt mit demselben Steuerobjekt entweder von derselben Steuergewalt nochmals oder von mehreren Reichs-, Staats- oder Communalsteuergewalten unabhängig voneinander erfaßt wird. Das Wort paßt aber gar nicht für den anderen Fall, wo das Steuersubjekt zum Zweck einmaliger normaler Vollbesteuerung von derselben Steuergewalt mehrseitig, in einer Häufung von zwei, drei oder vier Steuerarten für dieselbe Steuerquelle getroffen wird, z. B. von mehreren indirekten und (oder) direkten Steuern zugleich. Hier ist die Summe aller Steuern die einfache Gesamtsteuerlast“.

141 Lassalle, F. (Fußnote 114), S. 7. Nach einem weiteren Argument wirkt eine Steuer regressiv, wenn sie als Mengensteuer mit einheitlichem Satz auf Güter unterschiedlicher Qualität gelegt wird: „Dreißig Franken, die eine Taxe von 10 Procent darstellen auf ein Faß Wein von 300 Frs., bilden eine Taxe von 300 Procent auf ein Faß Wein von 10 Franken; und was das Schlimmste ist, ist, daß die stärkste Taxe grade von dem Bedürftigen gezahlt wird und die schwächste von dem Reichen“ (S. 17).

wirken, auch und vor allem die Mehrwertsteuer. Selbst Steuertheoretiker sprechen heute, als ob dies selbstverständlich wäre, von einem „unpleasant trade-off between efficiency and equity with a VAT“[142]. Ein solcher Standpunkt trägt nicht. Er wird gewöhnlich damit begründet, daß die Mehrwertsteuer den Konsum belastet und die Konsumquote mit wachsendem Einkommen sinkt. Dadurch macht die Mehrwertsteuerschuld eines Großverdieners einen kleineren Prozentsatz seines Einkommens aus, und der auf das Einkommen bezogene Durchschnittsteuersatz ist eine fallende Funktion des Einkommens. Mit diesem Argument beginnt eine klassische *cross-section fallacy*, die von Querschnittsbeobachtungen unzulässig auf Längsschnittbelastungen schließt.

Um dies zu sehen, sei zunächst eine Welt ohne Erbschaften betrachtet, in der jeder sein Einkommen irgendwann verbraucht. Die Belastung mit Mehrwertsteuer ist offensichtlich proportional. In einer solchen Welt könnte man aber durchaus beobachten, daß jene, die *momentan* ein hohes Einkommen beziehen, für schlechtere Zeiten sparen und jene, die *momentan* wenig verdienen, ihr Erspartes angreifen. Selbst wenn alle Individuen identisch wären, würde mancher wackere Empiriker aus seinen Querschnittsdaten folgern, daß die Mehrwertsteuer regressiv wirkt, obwohl identische Individuen selbstverständlich identische Mehrwertsteuerbeträge zahlen. In einer Welt ohne Erbschaften hat die Mehrwertsteuer demnach eine streng proportionale Wirkung – dasselbe gilt aber auch in einer Welt mit Erbschaften! Denn sobald die Erben den Nachlaß angreifen, zahlen sie Mehrwertsteuer. Nur in einem gedachten, und übrigens ineffizienten, Szenario, in dem der Nachlaß von Generation zu Generation weitergereicht und auch im Grenzübergang *niemals* angetastet wird, wäre die Behauptung einer regressiven Wirkung der Mehrwertsteuer zutreffend. Ansonsten stimmt es zwar, daß die Mehrwertsteuer Kapitaleinkommen implizit steuerfrei stellt, die sonstigen Einkommen werden durch sie jedoch proportional belastet.

Wenn man bedenkt, daß Erbschaften nicht nur durch die von den Erben zu zahlende Mehrwertsteuer belastet werden, sondern außerdem einer speziellen Erbschaftsbesteuerung unterliegen, dann sollte klar sein, daß jene Personen, die einen hohen Prozentsatz ihres Einkommens vererben, steuerlich sicher nicht bevorzugt werden. Und dies wird ein ständiges Thema der folgenden Kapitel sein: *Bei der Beurteilung von Steuern kommt es nicht auf die isolierte Wirkung der Einzelsteuer an, sondern auf die Inzidenz des Steuersystems.* Selbst ein Egalitarist wird die Einführung einer Kopfsteuer begrüßen müssen, wenn gleichzeitig die Einkommensteuerprogression so verschärft wird, daß die Umverteilungswirkung des Gesamtsteuersystems zunimmt. Deshalb hat es wenig Sinn, einzelne Steuern im Hinblick auf ihre Verteilungswirkungen gutzuheißen oder zu verwerfen. Was

142 Ballard, C. L., J. K. Scholz und J. B. Shoven (1987) The Value Added Tax: A General Equilibrium Look at Its Efficiency and Incidence. In: Feldstein, M. (Hrsg.) *The Effects of Taxation on Capital Accumulation.* Chicago usw.: University of Chicago Press, S. 456.

zählt, ist die *kombinierte* Belastungswirkung *aller* Steuern; sie muß unter Verteilungs- und Effizienzaspekten gewürdigt werden. Das ist keine leichte Aufgabe.

Kapitel 5. Effiziente Besteuerung

Literaturhinweise: Auerbach, A. J. und J. R. Hines (2002) Taxation and Economic Efficiency. In: Auerbach, A. J. und M. Feldstein (Hrsg.) *Handbook of Public Economics, Vol. III*. Amsterdam usw.: Elsevier. Diamond, P. A. und J. A. Mirrlees (1971) Optimal Taxation and Public Production I: Production Efficiency. II: Tax Rules. *American Economic Review* **61**, S. 8–27 und 261–278. Mirrlees, J. A. (1986) The Theory of Optimal Taxation. In: Arrow, K. J. und M. D. Intriligator (Hrsg.) *Handbook of Mathematical Economics, Vol. III*. Amsterdam: Elsevier Science Publishers (North-Holland). Richter, W. F. und W. Wiegard (1993) Zwanzig Jahre „Neue Finanzwissenschaft". Teil II: Steuern und Staatsverschuldung. *Zeitschrift für Wirtschafts- und Sozialwissenschaften* **113**, S. 337–400. Slemrod, J. (1990) Optimal Taxation and Optimal Tax Systems. *Journal of Economic Perspectives* **4**, S. 157–178.

Während zuvor die *positive* Theorie der Überwälzung besprochen wurde, geht es nun um das *normative* Problem der Steuereffizienz. Normative Theorie heißt wertende Theorie; mit ihr wird versucht, Steuerwirkungen zu beurteilen und gute von schlechten Steuern zu trennen. Als Grundlage der Bewertung dienen nicht die persönlichen Vorlieben des Verfassers oder anderer externer Beobachter, sondern die Wünsche, Neigungen und Abneigungen der Zensiten selbst. Es geht im folgenden deshalb nicht um die Frage, ob ein Prediger, Philosoph oder Diktator die betrachteten Steuersysteme schätzt oder verwirft, sondern vielmehr darum, welche Schattenseiten die Besteuerung aus Sicht der Zensiten selbst hat.

Eine der zentralen Einsichten der normativen Steuertheorie besteht darin, daß Steuern mit identischen Aufkommen in der Regel unterschiedliche Schäden hervorrufen. Und außerdem wird deutlich, daß fast jede Steuer die Bürger in einem Ausmaß schädigt, das über die eigentliche Zahllast hinausgeht. Dieses Phänomen nennt man die *Zusatzlast der Besteuerung*. Diese Zusatzlast ist unsichtbar, und es erfordert einige intellektuelle Anstrengung, um sie überhaupt zu erfassen. Manch schlichtes Gemüt behauptet deshalb, die Zusatzlast sei entweder nicht existent oder von bloß „theoretischem" Interesse. In Wirklichkeit kann die Zusatzlast der Besteuerung ganze Volkswirtschaften ruinieren, ohne daß der Allgemeinheit auffällt, was vor sich geht. Eine intensive Beschäftigung mit diesem Thema lohnt deshalb – und dies gilt um so mehr, weil die Zusatzlast in juristischen und steuerpolitischen Debatten durchweg ignoriert wird[143].

§ 30 Die Zusatzlast der Besteuerung

Bereits in § 13 waren die Erhebungs- und Entrichtungskosten der Besteuerung erörtert worden. Diese, wie man sagen könnte, sichtbare Zusatzlast ist nicht

143 Selbst Teile der Finanzwissenschaft haben die Bedeutung der Zusatzlast lange verkannt. So meinte Fritz Neumark noch 1970 in seinen 428-seitigen *Grundsätzen* (Fußnote 54), S. 262, eine Erörterung der Zusatzlast müsse „hier schon aus Raumgründen unterbleiben".

Gegenstand des vorliegenden Kapitels. Unter der *Zusatzlast* der Besteuerung im engeren Sinn (*excess burden* oder *dead-weight loss of taxation*) versteht man vielmehr jene über die Zahllast hinausgehende Wohlfahrtseinbuße, die selbst bei einer erhebungs- und entrichtungskostenfreien Steuer auftritt. Die Erfassung dieser Zusatzlast bildet den Schlüssel zur normativen Steuertheorie. Zu Beginn soll ein intuitives Verständnis an einem krassen Beispiel entwickelt werden.

Beispiel: Im Zustand ohne Steuer koste eine Flasche Sekt 10 Euro. Manche Konsumenten akzeptieren diesen Preis, aber niemand würde mehr als 50 Euro pro Flasche zahlen. Der Staat führe nun eine Sektsteuer in Höhe von 100 Euro pro Flasche ein, und der Bruttopreis steige auf 110 Euro. Hernach kauft kein Konsument mehr Sekt; das Steueraufkommen und die Zahllast sind gleich Null. Gleichwohl wurden alle Konsumenten geschädigt, die vorher Sekt kauften, weil sie nun auf dieses Getränk verzichten müssen. Die Konsumenten werden in eine *suboptimale Lage* gedrängt, und ihrem Schaden steht mangels Steueraufkommen kein wie immer gearteter Nutzen gegenüber.

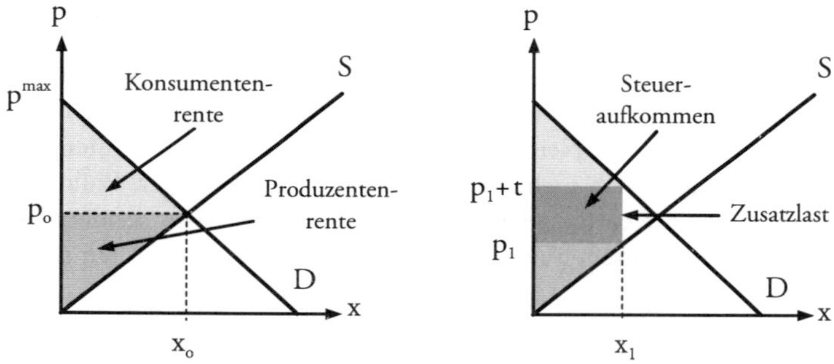

Abb. 21: Die Zusatzlast der Besteuerung

Daß eine prohibitive oder *Erdrosselungsteuer* ökonomisch ineffizient ist, erkennt man also leicht. Im folgenden wird nun zu zeigen sein, daß dieses Phänomen regelmäßig, also auch bei niedrigen Steuersätzen, auftritt. Das linke Diagramm in Abb. 21 zeigt ein Marktgleichgewicht, bei dem zum Preis p_o die Menge x_o umgesetzt wird. Im Marktgleichgewicht entsteht eine Konsumentenrente folgender Art: Mindestens ein Konsument würde den eingezeichneten hohen Preis p^{max} zahlen, bei dem bereits eine gewisse Menge nachgefragt wird. Weil im Gleichgewicht aber alle Nachfrager den einheitlichen Preis p_o zahlen, macht dieser Konsument einen „Gewinn", den man als individuelle Konsumentenrente bezeichnet. Die individuellen Konsumentenrenten entsprechen dem jeweiligen vertikalen Abstand zwischen Nachfragekurve und Gleichgewichtspreis, und ihre Summe, *die aggregierte Konsumentenrente*, ist die Fläche des hellgrauen Dreiecks. Dasselbe Phänomen tritt bei den Anbietern auf: Manche von ihnen würden schon bei sehr geringen Preisen produzieren, aber im Gleichgewicht erhalten alle den einheitlichen Preis p_o. Die individuellen Produzentenrenten entsprechen dem jeweiligen vertikalen Abstand zwischen Angebotskurve und Gleichgewichtspreis, und ihre Summe, die *aggregierte Produzentenrente*, ist die Fläche des dunkelgrauen Dreiecks. Diese Renten sind das Elixier des Wirtschaftslebens, denn es macht ja keinen Spaß, für ein Essen im Restaurant, das einem 50 Euro wert ist, genau 50 Euro zu bezahlen – viel besser ist es doch, das Essen schon für 30 Euro zu erhalten. Und wie angenehm arbeitet es sich für 20 Euro pro Stunde, wenn man eigentlich nur 10 Euro verlangen würde. In der Partialanalyse ist die Summe der beiden Dreiecksflächen, also die gesamte Rente, ein geeignetes Maß für die Wohlfahrt der Marktteilnehmer[144].

Das rechte Diagramm in Abb. 21 illustriert nun die Wirkung einer Mengensteuer. Der von den Produzenten vereinnahmte Nettopreis sinkt von p_o auf p_1, und der von den Konsumenten zu zahlende Bruttopreis steigt von p_o auf $p_1 + t$, wie im vorigen Kapitel erörtert. Der Abstand zwischen Bruttopreis und Nettopreis ist der Steuerbetrag t. Weil die umgesetzte Menge von x_o auf x_1 sinkt, beträgt das Steueraufkommen im neuen Gleichgewicht $t\,x_1$ und entspricht damit der dunklen Rechteckfläche. Die Konsumentenrente und die Produzentenrente schrumpfen im selben Maß wie die skizzierten Dreiecksflächen. Durch Vergleich mit der linken Abbildung erkennt man, daß das Steueraufkommen (der Nutzen der Besteuerung) die Verminderung der Renten (den Schaden der Besteuerung) nicht wettmacht: Es verbleibt ein weiß gezeichnetes Dreieck, das man *Harbergerdreieck* nennt, zu Ehren des amerikanischen Ökonomen Arnold Harberger[145]. Das Harbergerdreieck entspricht der Zusatzlast der Besteuerung, also dem Schaden, der für Konsumenten und Produzenten über die reine Zahllast hinaus entsteht.

Die Natur dieser Zusatzlast wird klar, wenn man überlegt, ob die Konsumenten und Produzenten für den steuerbedingten Schaden entschädigt werden könnten. Offenbar ist das unmöglich, weil der Staat höchstens das Steueraufkommen ausschütten kann, dieser Betrag aber nicht ausreicht, um die Verringerung der Konsumentenrente und Produzentenrente auszugleichen. Eine Kompensation scheitert folglich, und die Besteuerung ist überhaupt nur sinnvoll, wenn das Steueraufkommen zur Finanzierung wichtiger anderweitiger Zwecke verwendet wird. Die Rückschleusung des Aufkommens wäre eine törichte Politik.

Unter Annahme linearer Angebots- und Nachfragekurven können Steueraufkommen und Zusatzlast leicht berechnet werden:

(62) $$D = a - b\,(p + t) \quad \text{und} \quad S = c\,p \quad \text{mit} \quad a, b, c > 0 \,.$$

---

144 Dagegen ist die Rente in Modellen mit mehreren Märkten als Wohlfahrtsmaß ungeeignet; sie läßt sich aufgrund der sogenannten *Pfadabhängigkeit* nicht eindeutig definieren. Vgl. hierzu Auerbach, A. J. (1985) The Theory of Excess Burden and Optimal Taxation. In: Auerbach, A. J. und M. Feldstein (Hrsg.) *Handbook of Public Economics, Vol. I.* Amsterdam usw.: North-Holland.

145 Harberger, A. (1964) Taxation, Resource Allocation and Welfare. In: Due, J. (Hrsg.) *The Role of Direct and Indirect Taxes in the Federal Revenue System.* Princeton: Princeton University Press.

Die Nachfrage ist eine fallende Funktion des Bruttopreises p + t, das Angebot eine wachsende Funktion des Nettopreises p. Aus der Forderung, daß Angebot und Nachfrage übereinstimmen, ergeben sich durch Gleichsetzen der Gleichgewichtspreis p(t) und die umgesetzte Gütermenge x(t) als Funktionen des Steuerbetrags:

$$(63) \qquad p(t) = \frac{a - b\,t}{b + c} \quad \text{und} \quad x(t) = c\,\frac{a - b\,t}{b + c}\,.$$

Man erkennt, daß bei steigender Steuer sowohl der Nettopreis als auch die umgesetzte Gütermenge sinken. Das Steueraufkommen entspricht dem Produkt aus Steuerbetrag und Güterumsatz, $t\,x(t)$. Die Zusatzlast der Besteuerung, also die Fläche des Harbergerdreiecks, berechnet man nach der bekannten Formel für die Dreiecksfläche als Höhe mal Grundlinie dividiert durch zwei. Die Höhe des Dreiecks entspricht allgemein der Nachfrageverminderung $x(0) - x(t)$, in Abb. 21 also dem Betrag $x_0 - x_1$. Die Grundlinie des Dreiecks ist der Steuerbetrag t. Daß die Zusatzlast unter vereinfachenden Annahmen als „Steuer mal Nachfrageverringerung dividiert durch zwei" berechnet werden kann, erkannte schon im Jahre 1844 der Franzose Dupuit[146]. Zusammenfassend erhält man somit:

$$(64) \qquad \text{Steueraufkommen} = c\,\frac{a\,t - b\,t^2}{b + c}, \quad \text{Zusatzlast} = \frac{b\,c\,t^2}{2(b + c)}\,.$$

Offenbar wächst das Steueraufkommen *unterlinear* im Steuerbetrag und sinkt ab einem bestimmten Punkt sogar. Die Zusatzlast der Besteuerung hingegen wächst *quadratisch*. Diese in Abb. 22 dargestellten Tatsachen gehören zu den wichtigsten Erkenntnissen der Steuertheorie. Obwohl hier nur für einen speziellen Fall nachgewiesen, haben die Resultate einen allgemeineren Geltungsbereich, denn die Funktionen (64) bilden im Fall beliebiger Angebots- und Nachfragekurven lineare Approximationen, die das Verhalten von Steueraufkommen und Zusatzlast in einer Umgebung der Stelle t = 0 beschreiben.

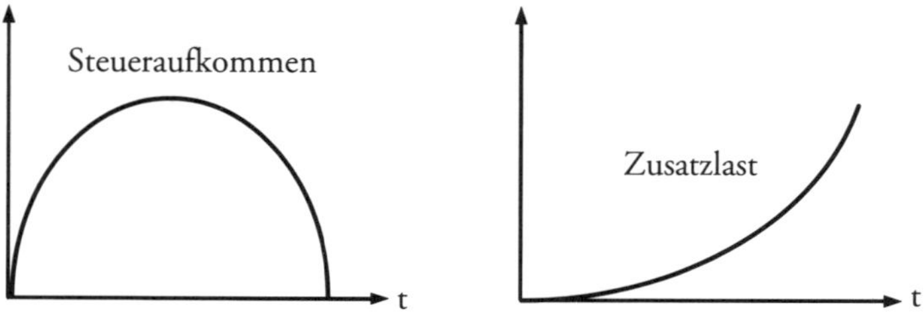

Abb. 22: Wirkungen einer Steuererhöhung

146 Dupuit, A. (1844) De la mesure de l' utilité des travaux publics. *Annales des ponts et chaussées.* Englischer Wiederabdruck in: Arrow, K. J. und T. Scitovsky (1969, Hrsg.) *Readings in Welfare Economics.* Homewood: Irwin.

Die Zusatzlast der Besteuerung wächst also bei steigendem Steuerbetrag annähernd quadratisch, das Steueraufkommen hingegen wächst unterlinear. Steuerpolitisch gewendet legt diese Einsicht nahe, ein gegebenes Aufkommen durch gleichmäßige Besteuerung aller Güter zu erzielen, statt ein Gut hart zu besteuern und die übrigen gar nicht. Diese Schlußfolgerung ist im großen und ganzen richtig.

§ 31 Messung der Zusatzlast

In diesem Paragraphen geht es um eine begrifflich exakte Fassung der Zusatzlast, und darüber hinaus soll mit der Messung der Steuerinzidenz die Lösung eines Problems aus § 20 nachgeliefert werden, das seinerzeit zurückgestellt worden war. Die Vorstellung, bei der Zusatzlast handele es sich um eine subjektiv empfundene *Nutzeneinbuße*, wirft die berechtigte Frage auf, wie man solche Einbußen messen will, wenn man annimmt, daß Nutzen nur *ordinal meßbar* ist. Bezeichnet u_i einen Nutzen im Zustand i, dann besagt die Ungleichung $u_1 > u_2$ nicht mehr und nicht weniger, als daß der betrachtete Konsument den ersten Zustand gegenüber dem zweiten vorzieht. Der Konsument wird aber kaum sagen können, um wieviel Einheiten er den ersten Zustand vorzieht, noch weniger könnte dies ein externer Beobachter. Deshalb bietet es sich an, Nutzeneinbußen in *Geldbeträge* umzurechnen. Im folgenden wird jeweils angenommen, daß es einen Anfangszustand gibt, in dem keine Steuern erhoben werden, und einen Zustand mit Steuererhebung. Die durch die Besteuerung verursachte Nutzeneinbuße läßt sich mit einem der beiden nachstehenden Verfahren berechnen:

Äquivalente Variation: Die durch die Besteuerung verursachte Nutzeneinbuße entspricht dem Geldbetrag, den der Konsument maximal zahlen würde, wenn der Staat auf die Besteuerung verzichtete.

Kompensierende Variation: Die durch die Besteuerung verursachte Nutzeneinbuße entspricht dem Geldbetrag, den der Konsument mindestens erhalten müßte, damit er trotz Besteuerung nicht schlechter gestellt wird.

Die beiden Maße sind nicht identisch. Im weiteren wird nur die äquivalente Variation (*equivalent variation, EV*) als Belastungsmaß verwendet. Um eine formale Definition zu gewinnen, sei $\mathbf{q} = (q_1, ..., q_n)$ der Vektor der Bruttopreise, $\mathbf{c} = (c_1, ..., c_n)$ der Vektor der Konsumgütermengen und $\mathbf{q\,c} = q_1 c_1 + ... + q_n c_n$ die Ausgabensumme. Die *Ausgabenfunktion* eines Konsumenten ist definiert als

$$(65) \qquad e(\mathbf{q}, \overline{u}) = \underset{\mathbf{c}}{\mathit{min}} \quad \mathbf{q\,c} \quad \mathit{mit} \quad u(\mathbf{c}) = \overline{u} \,.$$

Die Ausgabenfunktion gibt an, welchen Geldbetrag $\mathbf{q\,c}$ ein Konsument benötigt, um bei gegebenen Bruttopreisen $\mathbf{q}$ und optimal angepaßtem Konsum $\mathbf{c}$ ein vorgegebenes Nutzenniveau („u quer") zu erreichen. Betrachtet sei nun ein fiktiver Zustand ohne Steuern, in dem der Konsument die Nettopreise $\mathbf{p}$ zahlt und das Nutzenniveau u_0 erreicht. Nach Einführung beliebiger Steuern, die durch den Bruttopreisvektor $\mathbf{q}$ beschrieben werden, sinkt der Konsumentennutzen von u_0

auf u_1. Die äquivalente Variation des durch **q** beschriebenen Steuersystems ist definiert als:

$$(66) \qquad EV = e(\mathbf{q}, u_1) - e(\mathbf{p}, u_1) \ .$$

Hierbei ist $e(\mathbf{q}, u_1)$ der Geldbetrag, den der Konsument benötigt, um im Zustand mit Steuern das Nutzenniveau u_1 zu erreichen, und $e(\mathbf{p}, u_1)$ ist der Geldbetrag, den er benötigt, um im Zustand ohne Steuern genau so gut gestellt zu sein – oder besser gesagt genau so schlecht, denn u_1 repräsentiert ja das Nutzenniveau im Zustand *mit* Steuern. Offensichtlich würde der Konsument maximal die Differenz dieser beiden Ausgabenbeträge bieten, wenn der Staat auf die Besteuerung verzichtet. Anders ausgedrückt mißt die äquivalente Variation EV die durch die Besteuerung ausgelöste Nutzeneinbuße, und zwar nicht als Nutzendifferenz, sondern in Geldeinheiten.

Nach diesen Vorüberlegungen lassen sich die Inzidenz eines Steuersystems und die aggregierte Zusatzlast auf einfachste Weise definieren. Im folgenden ist h ein Index für die Konsumenten.

Definition: Die *materielle Steuerlast* oder *Inzidenz* wird durch den Vektor der äquivalenten Variationen $(EV^h)_{h=1...H}$ beschrieben.

Ein Vorteil des Lastmaßes EV liegt darin, daß sich die in Geldeinheiten umgerechneten Nutzeneinbußen der Konsumenten ohne weiteres addieren lassen. Ihre Summe $EV^1 + \ldots + EV^H$ entspricht der aggregierten Belastung durch das Steuersystem. Zieht man hiervon $T^1 + \ldots + T^H$, die Summe der Zahllasten, ab, erhält man die

$$(67) \qquad \textit{Aggregierte Zusatzlast} = \sum_{h=1}^{H} EV^h - \sum_{h=1}^{H} T^h \ .$$

Die aggregierte Zusatzlast gibt an, wie stark die in Geldeinheiten umgerechneten Nutzeneinbußen der Steuerbürger das Steueraufkommen übersteigen. Dieses Wohlfahrtsmaß kann mit ökonometrischen Verfahren empirisch geschätzt werden. So haben Ballard, Shoven und Whalley in einer viel beachteten Arbeit die marginale aggregierte Zusatzlast des amerikanischen Steuersystems auf nicht weniger als 33 Prozent geschätzt, das heißt, eine Steuererhöhung um einen Dollar senkt den Wohlstand der Steuerbürger um 1,33 Dollar[147].

§ 32 Des Konsumenten liebste Steuer

Bereits am Anfang dieses Kapitels war behauptet worden, daß verschiedene Steuern, die dasselbe Aufkommen erbringen, unterschiedliche Wohlfahrtseinbußen erzeugen können. Damit liegt die Frage nahe, welches Steuersystem ein Konsument wählen würde, wenn er insgesamt einen bestimmten Steuerbetrag

147 Ballard, C. L., J. K. Shoven und J. B. Whalley (1985) General Equilibrium Computations of the Marginal Welfare Costs of Taxes in the United States. *American Economic Review* 75, S. 128–138.

zahlen muß. Diese Frage wird zunächst graphisch analysiert, und zwar durch Betrachtung eines Konsumenten, der zwar zwischen verschiedenen Steuerarten wählen darf, insgesamt aber auf jeden Fall einen bestimmten Steuerbetrag entrichten muß.

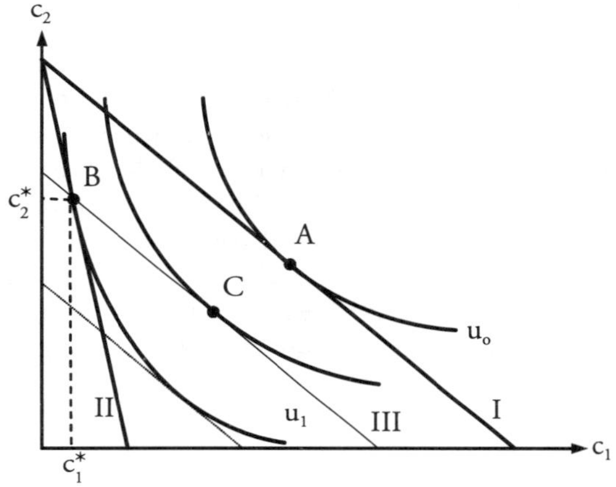

Abb. 23: Spezielle Gütersteuer versus Pauschalsteuer

Der Nutzen des Konsumenten sei $u(c_1, c_2)$, und seine Budgetgleichung laute $(p_1 + t)\, c_1 + p_2\, c_2 = y$. Hierbei bezeichnen p_1 und p_2 die exogenen Nettopreise der beiden Güter; t ist der Steuerbetrag und y ein exogenes Einkommen. Gemäß Abb. 23 wählt der Konsument in Abwesenheit von Steuern das Güterbündel A und erreicht das Nutzenniveau u_o. Der Staat erhebe nun eine Steuer t auf das erste Gut. Dadurch dreht sich die Budgetgerade aus der ursprünglichen Lage I in die Lage II. Der Konsument wählt das Güterbündel B, und sein Nutzen sinkt auf u_1. Das Steueraufkommen beträgt $t\, c_1^*$, wobei c_1^* die im neuen Gleichgewicht nachgefragte Menge des ersten Gutes bezeichnet.

Entzieht man dem Konsumenten den Geldbetrag $t\, c_1^*$ statt dessen durch eine *Pauschalsteuer*, lautet die Budgetgleichung $p_1\, c_1 + p_2\, c_2 = y - t\, c_1^*$, wobei auf der rechten Seite der feste Geldbetrag $t\, c_1^*$ abgezogen wird. Die hierdurch definierte Budgetgerade verläuft parallel zur ursprünglichen Budgetgeraden, weil beide die Steigung $-p_1/p_2$ besitzen. Außerdem gehen beide Budgetgeraden durch den Punkt B, weil der Konsument bei gegebenem Steueraufkommen in beiden Fällen das Paar (c_1^*, c_2^*) kaufen kann. Die Pauschalsteuer bewirkt also eine Parallelverschiebung der Budgetgeraden in die Position III, und der Konsument erreicht in Punkt C ein höheres Nutzenniveau als bei der speziellen Gütersteuer, obwohl beide Steuern dasselbe Aufkommen erbringen.

Der Abstand zwischen der Budgetgeraden I und der gepunkteten Hilfslinie ist die äquivalente Variation der speziellen Gütersteuer. Diese äquivalente Variation setzt sich zusammen aus dem Steueraufkommen, das dem Abstand der Budgetgeraden I und III entspricht, und einer *Zusatzlast* in Höhe des Abstands zwischen der Budgetgeraden III und der gepunkteten Hilfslinie. Im Gegensatz zur speziellen Gütersteuer würde eine Pauschalsteuer lediglich die Budgetgerade von der Position I in die Position III verschieben und dabei keine Zusatzlast auslösen; die äquivalente Variation einer Pauschalsteuer ist stets identisch mit dem Steueraufkommen.

Die Natur der durch die spezielle Gütersteuer ausgelösten Zusatzlast besteht darin, daß der Konsument dieser Steuer auszuweichen versucht. Hierdurch sinkt die Bemessungsgrundlage, der Steuerbetrag muß aufgrund der Forderung nach einem gegebenen Aufkommen erhöht werden, und der Konsument weicht weiter aus. Nachdem dieses Wechselspiel im Punkt B der Abb. 23 zur Ruhe gekommen ist, hat der Konsument ein Güterbündel gewählt, das seinen eigentlichen Präferenzen nicht entspricht. Die dabei entstandene Zusatzlast beruht ausschließlich auf dem *Substitutionseffekt*, also auf der Anpassung an Preisänderungen bei gedanklich konstant gehaltenem Nutzenniveau. Die Zusatzlast beruht nicht auf dem *Einkommenseffekt*, also auf der Anpassung an den steuerbedingten Einkommensverlust.

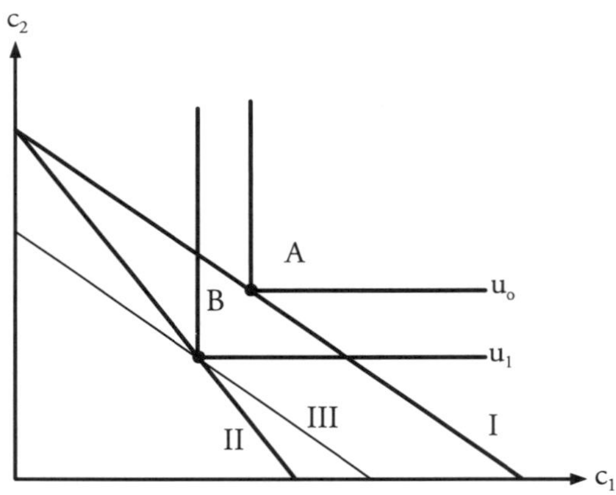

Abb. 24: Keine Zusatzlast bei Komplementarität

Im Umkehrschluß folgt, daß bei vollständiger Komplementarität keine Zusatzlast entsteht. Zwei Güter heißen *vollständig komplementär*, wenn sie nur in einem bestimmten Verhältnis nachgefragt werden, so wie linke und rechte Schuhe. Abb. 24 zeigt, daß in der Zwei-Güter-Welt eine Steuer auf „rechte Schuhe" keinen Substitutionseffekt und damit auch keine Zusatzlast induziert. Ob der Staat in diesem Fall eine spezielle Gütersteuer (Budgetgerade II) oder eine Pauschalsteuer (Budgetgerade III) einsetzt, ist gleichgültig. Der Nutzen des Konsumenten fällt durch beide Steuern auf das Niveau u_1. In einer Welt mit vielen Gütern löst natürlich auch die Schuhsteuer Substitutionseffekte aus, weshalb dieses Ergebnis keine praktische Bedeutung hat.

Als Zwischenergebnis sei festgehalten: Wenn ein Konsument – etwa bei einer Bundestagswahl – über seine Besteuerung entscheiden könnte, dann würde er die Pauschalsteuer bevorzugen, denn jede andere Steuer schädigt ihn in einem Maß, das über die reine Steuerzahlung hinausgeht. Nur bei vollständig komplementären Güter treten keine Zusatzlasten auf. In Begriffen des vorigen Paragraphen stimmt die äquivalente Variation einer Pauschalsteuer mit dem Steueraufkommen überein, während sie bei anderen Steuern regelmäßig darüber liegt.

§ 33 Erstbeste Besteuerung

Lassen sich die soeben gewonnenen Einsichten verallgemeinern? Um dies zu klären, sei ein einfaches allgemeines Gleichgewichtsmodell mit vielen identischen Konsumenten entwickelt. Die Annahme identischer Konsumenten hat den Zweck, die Analyse auf reine Effizienzfragen zu fokussieren; Verteilungsfragen und externe Effekte bleiben vorerst ausgeklammert. Dasselbe gilt für mathematische Feinheiten, die im Anhang dieses Kapitels erörtert werden[148].

Unter Verwendung der oben eingeführten Notation kaufen die Konsumenten als Preisnehmer verschiedene Güter in den Mengen **c** und zahlen dafür die Bruttopreise **q**. Zunächst werden *exogene* (und strikt positive) Nettopreise **p** unterstellt. Diese Annahme ist bei linearen Transformationskurven oder in einer kleinen offenen Volkswirtschaft erfüllt; sie ist aber nicht wesentlich und wird später aufgehoben. Das Problem erstbester Besteuerung lautet nun: Welche Steuerbeträge $\mathbf{t} = (t_1, \ldots, t_n)$ maximieren den Nutzen eines Konsumenten beim positiven Steueraufkommen $\mathbf{t}\,\mathbf{c} = g$, dessen Höhe nicht zur Diskussion steht?

Diese Fragestellung unterscheidet sich erheblich vom populären Streit um die Höhe der Gesamtsteuerlast. Natürlich sind niedrige Steuern einzelwirtschaftlich besser als hohe; um dies einzusehen, benötigt man keine wissenschaftliche Ausbildung. Interessanter, und weit weniger trivial, ist die Frage, wie ein bestimmtes Steueraufkommen mit möglichst geringen Kollateralschäden erhoben werden kann. Es geht also darum, die Zusatzlast der Besteuerung bei gegebener Zahllast zu minimieren bzw. den nach Besteuerung verbleibenden Nutzen zu maximieren[149]. Die Konsumenten verfolgen das Ziel:

$$(68) \qquad \underset{\mathbf{c}}{\mathit{max!}} \quad u(\mathbf{c}) \quad \mathit{mit} \quad y = \mathbf{q}\,\mathbf{c}\,.$$

Dabei ist $y > 0$ ein gegebenes Einkommen und $u(\mathbf{c})$ eine streng monoton wachsende und strenge quasikonkave Nutzenfunktion. Mit dem Multiplikator μ (mü)

148 Die folgende Darstellung beruht auf Homburg, St. (2006) A New Approach to Optimal Commodity Taxation. *FinanzArchiv* **62**.

149 Die (primale) Maximierung des Nutzens und die (duale) Minimierung der Zusatzlast sind identische Probleme, wenn man die Zusatzlast über die äquivalente Variation definiert; vgl. Kay, J. A. (1980) The Deadweight Loss from a Tax System. *Journal of Public Economics* **13**, S. 111–120.

und der Lagrange-Funktion $\mathcal{L} = u(\mathbf{c}) + \mu[y - \mathbf{q}\,\mathbf{c}]$ erhält man durch Nullsetzen der partiellen Ableitungen die Lösungen dieses mikroökonomischen Klassikers:

(69) $$\frac{\partial u}{\partial c_i} = \mu\, q_i \,.$$

Bei vorgegebenen Bruttopreisen wählen die Konsumenten die Mengen stets so, daß das Verhältnis zweier Ableitungen $\partial u/\partial c_i$ und $\partial u/\partial c_j$ – also die Grenzrate der Substitution – mit dem Bruttopreisverhältnis q_i/q_j übereinstimmt. Weil die Steuerbeträge in den Bruttopreisen enthalten sind, beeinflussen sie das Verhalten der Konsumenten, die hohen Steuern gewöhnlich durch Wahl kleiner Mengen ausweichen.

Die optimalen Steuern werden nun in zwei Schritten bestimmt: Im ersten Schritt wird der gesamtwirtschaftlich optimale Konsum **c** berechnet, und im zweiten wird dieser durch die *inverse Nachfrage* **q**(**c**) gestützt[150]. Der Ausdruck *Stützen* bedeutet, daß die Konsumenten zu den Bruttopreisen **q**(**c**) freiwillig die gesamtwirtschaftlich optimalen Mengen wählen. Man betrachte etwa die Abbildung auf Seite 147: Um den dortigen Punkt C zu stützen, werden die Bruttopreise so gesetzt, daß die Budgetgerade die durch C laufende Indifferenzkurve berührt. Ist das geschehen, wählt der Konsument „freiwillig" den durch Punkt C beschriebenen Konsum.

Das Steueraufkommen beträgt $\mathbf{t}\,\mathbf{c} = \mathbf{q}\,\mathbf{c} - \mathbf{p}\,\mathbf{c}$, wobei $\mathbf{q}\,\mathbf{c}$ laut (68) mit dem Einkommen übereinstimmt. Dies eingesetzt, erhält man mit $\mathbf{t}\,\mathbf{c} = y - \mathbf{p}\,\mathbf{c}$ einen von den Steuerbeträgen und Bruttopreisen unabhängigen Ausdruck für das Steueraufkommen. Dieser ist anschaulich, denn y repräsentiert jenen Geldbetrag, den ein Konsument zum Inlandsprodukt beisteuert, und $\mathbf{p}\,\mathbf{c}$ jenen Geldbetrag, den er dem Inlandsprodukt entnimmt. Daher ist $y - \mathbf{p}\,\mathbf{c}$ die Steuerzahlung. Zusammengefaßt lautet das Optimierungsproblem beim Steueraufkommen $g > 0$:

(70) $$\underset{\mathbf{c}}{\mathit{max!}} \quad u(\mathbf{c}) \quad \mathit{mit} \quad y - \mathbf{p}\,\mathbf{c} = g \,.$$

Lösungen dieses Problems maximieren den Nutzen bei gegebenem Steueraufkommen. Aus der Lagrange-Funktion $\mathcal{L} = u(\mathbf{c}) + \lambda[y - \mathbf{p}\,\mathbf{c} - g]$ ergeben sich die Bedingungen erster Ordnung

(71) $$\frac{\partial u}{\partial c_i} = \lambda\, p_i \,.$$

Gesamtwirtschaftliche Effizienz verlangt, daß für je zwei Güter i und j die Grenzrate der Substitution mit dem Nettopreisverhältnis p_i/p_j übereinstimmt, also mit der Grenzrate der Transformation. Diese Effizienzbedingung hat nichts

---

150 Alfred Marshall, der Erfinder der Angebots- und Nachfragediagramme, verwandte stets inverse Nachfragen **q**(**c**), doch gewannen in der Literatur nach und nach die gewöhnlichen Nachfragen **c**(**q**) von Walras die Oberhand. Als historische Reminiszenz bleibt, daß sich Naturwissenschaftler noch heute wundern, warum die Ökonomen immer die „falsche" Variable auf der Abszisse abtragen!

mit Steuern zu tun, sondern gilt ganz allgemein und unabhängig von Institutionen; hierzu findet man in fast jedem Lehrbuch der Mikroökonomik eine Illustration. Zusammen mit der staatlichen Budgetbeschränkung definieren die Bedingungen (71) einen gesamtwirtschaftlich optimalen Konsum.

Wie kann man die Konsumenten nun dazu bringen, daß sie den gesamtwirtschaftlich optimalen Konsum freiwillig wählen? Gleichsetzen von (69) und (71) ergibt $\mu q_i = \mu p_i + \mu t_i = \lambda p_i$, wobei die erste Gleichung auf der Identität $q_i = p_i + t_i$ beruht. Durch einfaches Auflösen nach dem Steuerbetrag erhält man hieraus eine Formel für die

(72) $$\textit{Erstbeste Besteuerung}: \; t_i = \frac{\lambda - \mu}{\mu} p_i \, .$$

Der Ausdruck $(\lambda - \mu)/\mu$ und folglich auch der Quotient t_i/p_i sind unabhängig vom Güterindex i und daher für alle Güter identisch. Erstbest ist also eine *Allgemeine Verbrauchsteuer* mit einheitlichem Steuersatz, während differenzierte Steuersätze die Erstbesteffizienz verfehlen. Dieses fundamentale Ergebnis entspricht dem ökonomischen Vorurteil, daß Güterpreise durch Steuern nicht verzerrt werden sollten.

Die Lagrange-Multiplikatoren λ und μ sind konstruktionsgemäß positiv, und außerdem gilt $\lambda > \mu$, weil die Steuerbeträge andernfalls negativ oder gleich Null wären und damit kein positives Steueraufkommen erzielt werden könnte. Der Bruch $(\lambda - \mu)/\mu$ entspricht dem Steuersatz einer einheitlichen Nettowertsteuer auf alle Güter. Später wird klar werden, daß die hiesige „Allgemeine Verbrauchsteuer" ein ziemlich artifizielles Konstrukt ist und nicht mit der herkömmlichen Mehrwertsteuer gleichgesetzt werden darf; hiervor warnt der große Anfangsbuchstabe.

Warum eine Allgemeine Verbrauchsteuer optimal ist, kann man intuitiv wie folgt erkennen: Die Konsumenten richten ihre Entscheidungen am Verhältnis der Bruttopreise q_i/q_j aus, während es gesamtwirtschaftlich auf das Verhältnis der Nettopreis p_i/p_j ankommt, denn diese spiegeln die Ressourcenverbräuche wider. Bei einheitlichen Steuersätzen entspricht das Verhältnis der Bruttopreise dem Verhältnis der Nettopreise, und die Konsumenten tun unwillkürlich das gesamtwirtschaftlich Richtige. Ein derartiges Steuersystem nennt man verzerrungsfrei. Umgekehrt bedeutet der Ausdruck *verzerrende Besteuerung*, daß mindestens ein Bruttopreisverhältnis vom entsprechenden Nettopreisverhältnis abweicht.

Im vorigen Paragraphen wurde gezeigt, daß Pauschalsteuern keine Zusatzlasten auslösen und folglich, in der hiesigen Terminologie, erstbest sind. Haben wir nun mit der Allgemeinen Verbrauchsteuer eine weitere erstbeste Steuer gefunden, die als Alternative zur Pauschalsteuer fungieren könnte? Man mag dies so sehen, aber genau betrachtet ist die Allgemeine Verbrauchsteuer einer Pauschalsteuer äquivalent. Die Budgetbeschränkung eines Konsumenten lautet nämlich $\mathbf{q}\,\mathbf{c} = y$. Multipliziert man diese Gleichung mit $(1 - \tau)$ und setzt links die Definition (1) einer Bruttowertsteuer $\mathbf{p} = \mathbf{q}(1 - \tau)$ ein, so folgt $\mathbf{p}\,\mathbf{c} = y(1 - \tau)$. Die Allgemeine Verbrauchsteuer wirkt wie die Wegnahme eines festen Bruchteils des Einkommens oder der „Anfangsausstattung". Sie verzerrt nicht die Konsumentscheidungen, sondern kürzt lediglich das verfügbare Einkommen. Auf dem hiesigen Abstraktionsniveau sind eine Pauschalsteuer und eine Allgemeine Verbrauchsteuer somit äquivalent.

Zusammengefaßt ergeben diese Überlegungen folgende Einsichten für die Steuerpolitik. Ein wohlwollender Staat, der nicht eigenen Zielen frönt, sondern die Zusatzlast der Besteuerung minimieren will, und der tatsächlich alle Güter besteuern kann, sollte eine Allgemeine Verbrauchsteuer mit einheitlichem Steuersatz erheben. Diese ist erstbest, während Steuern auf spezielle Güter oder Subventionen für spezielle Güter die Entscheidungen der Konsumenten verzerren und damit die Effizienzbedingung (71) verletzen. Spezielle Steuern oder Subventionen führen dazu, daß die Konsumenten bei gegebenem Steueraufkommen einen geringeren Nutzen erreichen, weil die Grenzraten der Substitution und der Transformation voneinander abweichen und Ressourcen verschwendet werden. Unter Effizienzaspekten sind spezielle Steuern und Subventionen deshalb abzulehnen.

Diese starke Schlußfolgerung gilt sogar unter Berücksichtigung von Verteilungsaspekten, wenn der Staat die hier unterstellten weitgehenden Informationen hat und tatsächlich alle Güter besteuern kann. Angenommen, der Staat wolle wohlhabende Konsumenten stärker belasten als arme: Dann könnte er statt eines festen Steuersatzes τ variable Sätze $\tau(\mathbf{q}\,\mathbf{c})$ vorsehen, die mit steigenden Ausgaben bzw. mit steigendem Einkommen zunehmen. Sind die Steuersätze zwar nach Einkommen differenziert, aber nicht nach den Gütern, dann bleiben die Preisverhältnisse unverzerrt, und es besteht weiterhin Erstbesteffizienz. Alternativ könnte der Staat differenzierte Pauschalsteuern einführen. Die Ablehnung von Pauschalsteuern mit dem Argument, diese seien ungerecht, beruht auf einer Verwechslung von Pauschalsteuern (*lump-sum taxes*) und Kopfsteuern (*head taxes* oder *poll taxes*) und geht an der Sache vorbei. Die Finanzierung öffentlicher Aufgaben durch einheitliche Kopfsteuern wäre moralisch sicher anfechtbar, aber persönlich differenzierte Pauschalsteuern sind dieser Kritik nicht ausgesetzt. Das hiermit skizzierte *Steuerparadies* läßt sich freilich nur bei vollständiger Information errichten. Unvollständige Information führt zur Vertreibung aus dem Paradies und zur Theorie zweitbester Besteuerung, die Gegenstand des folgenden Paragraphen ist.

§ 34 Zweitbeste Besteuerung: Theorie

Während die Konsumenten bisher ein exogenes Einkommen erhielten, das gleichsam wie Manna vom Himmel fiel, sei nun unterstellt, daß sie ihr Einkommen durch Erwerbsarbeit verdienen. In diesem Punkt wird das Modell realistischer; alle übrigen Annahmen bleiben unverändert. Bei einer Arbeitszeit von y Zeitstunden pro Monat und einem Lohnsatz, der zur Vereinfachung der Notation auf 1 Euro pro Stunde normiert wird, repräsentiert y sowohl das Geldeinkommen als auch die Arbeitszeit. Jeder Konsument maximiert seinen Nutzen durch Wahl des Konsums und der Arbeitszeit:

$$(73) \qquad \underset{\mathbf{c},y}{max!} \quad u(\mathbf{c}, y) \quad mit \quad y = \mathbf{q}\,\mathbf{c}\,.$$

Dabei wird unterstellt, daß der Nutzen bei zunehmendem Konsum steigt und bei zunehmender Arbeitszeit sinkt. Durch Ableiten der Lagrange-Funktion $\mathcal{L} = u(\mathbf{c}, y) + \mu[y - \mathbf{q}\,\mathbf{c}]$ und Nullsetzen erhält man die üblichen Bedingungen erster Ordnung für ein individuelles Optimum:

$$(74) \qquad \frac{\partial u}{\partial c_i} = \mu q_i \quad und \quad \frac{\partial u}{\partial y} = -\mu\,.$$

Somit entsprechen die Grenzraten der Substitution zwischen zwei Konsumgütern dem Bruttopreisverhältnis, und die Grenzrate der Substitution zwischen Freizeit und einem Konsumgut entspricht dem Bruttopreis dieses Konsumgutes, weil der Lohnsatz als Preis der Freizeit auf Eins normiert wurde. Mit y^{max} als maximaler Arbeitszeit enthält das Modell neben den bisherigen Konsumgütern ein weiteres Gut, nämlich die *Freizeit* $y^{max} - y$. Auf den ersten Blick unterscheidet sich die Freizeit in nichts von den Konsumgütern, denn sie stiftet einerseits Nutzen und hat andererseits einen Preis in Form von entgangenem Arbeitslohn. Aus diesem Grund ist eine Allgemeine Verbrauchsteuer, die alle Konsumgüter *und* die Freizeit mit einem einheitlichen Steuersatz belastet, nach wie vor erstbest.

Ein zweiter Blick weckt freilich Skepsis an der Relevanz dieser Beobachtung, denn nirgends auf der Welt werden Freizeitsteuern erhoben. Dies beruht darauf, daß die Finanzverwaltung die Freizeit bzw. die Fähigkeit zur Einkommenserzielung, die in der Größe y^{max} zum Ausdruck kommt, nicht beobachten und deshalb nicht besteuern kann. Kein Steuerpflichtiger würde wahrheitsgemäße Angaben machen, wenn er wüßte, daß seine Steuerbelastung mit zunehmender Freizeit steigt; vielmehr würde jedermann vorgeben, praktisch ununterbrochen zu arbeiten – sei es durch formale Zeit am Arbeitsplatz, sei es durch Fort- und Weiterbildung daheim oder gar durch schlaflose Nächte infolge beruflicher Probleme. Nur durch Errichtung eines sehr teuren und geradezu monströsen Überwachungsapparats könnte der Staat den Freizeitkonsum zuverlässig ermitteln. Eine derartige Überwachung stünde aber in Konflikt mit dem Grundrecht auf informationelle Selbstbestimmung. Gleichgültig, was die Konsumenten daheim und unterwegs täten – die Kamera des Finanzamts wäre stets dabei.

Bei Berücksichtigung dieses Umstands ist die Besteuerung der Konsumgüter zwar praktikabel, die Besteuerung der Freizeit aber unpraktikabel. Zur Erlangung von Erstbesteffizienz fehlt ein Instrument, die Freizeitsteuer. Dieses fehlende Instrument bildet den Ausgangspunkt und Kern der Theorie *zweitbester Besteuerung*. Sie fragt, welche Steuerstruktur optimal ist, wenn manche Güter, beispielsweise die Freizeit, nicht besteuert werden können, während eine Besteuerung anderer Güter möglich ist. Infolge der zusätzlichen Nebenbedingung, daß manche Güter nicht besteuerbar sind, können zweitbeste Lösungen niemals besser sein als erstbeste, und im allgemeinen sind sie schlechter. Dieser Umstand motiviert den Begriff der zweitbesten Besteuerung.

Bei n + 1 Gütern und n Steuersätzen kann der Staat zwar weiterhin jeden beliebigen Konsum **c** durch geeignete Steuern bzw. Bruttopreise $\mathbf{q}(\mathbf{c})$ stützen. Jedoch muß er die vom Konsumenten als optimal angesehene Freizeit bzw. Arbeitszeit akzeptieren, denn letztere ergibt sich automatisch aus der Budgetidentität $y(\mathbf{c}) = \mathbf{q}(\mathbf{c})\,\mathbf{c}$. Anders ausgedrückt gehört zu jedem staatlich induzierten Konsum eine bestimmte Arbeitszeit $y(\mathbf{c})$ und eine entsprechende Freizeit $y^{max} - y(\mathbf{c})$, die nicht unabhängig von den Konsummengen gelenkt werden können, weil das Instrument der Freizeitsteuer fehlt. Die Funktion $y(\mathbf{c})$, die jedem Konsumbündel **c** die vom Konsumenten als optimal angesehene Arbeitszeit zuordnet, heißt *Tauschkurve* (*offer curve*) und ist aus der Außenwirtschaftstheorie bekannt.

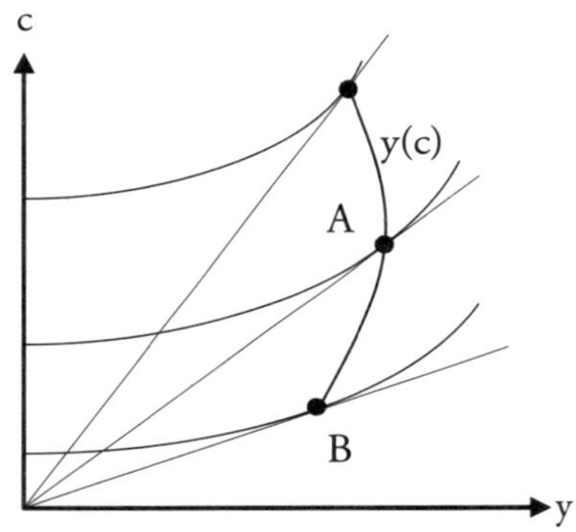

Abb. 25: Die Tauschkurve.

Abb. 25 zeigt die Tauschkurve im Fall nur eines Konsumguts (n = 1). Weil Konsum den Nutzen erhöht und Arbeit ihn mindert, verlaufen die Indifferenzkurven wachsend. Die durch Punkt A gehende Budgetgerade sei der Zustand ohne Steuern. Einen geringeren Konsum als in A kann der Staat induzieren, indem er die Steuer bzw. den Bruttopreis erhöht und damit die Budgetgerade nach rechts verdreht (Punkt B). Umgekehrt erfordert ein höherer Konsum als in A eine Steuer- bzw. Preissenkung. Offensichtlich kann der Staat jeden beliebigen Konsum c^0 durch eine passend gewählte Steuer stützen. Die resultierende Arbeitszeit $y(c^0)$ ist der Abszissenabschnitt des Punktes, an dem sich Indifferenzkurve und Budgetgerade berühren. Alle diese Tangentialpunkte zusammengefaßt bilden die Tauschkurve y(c). Im Fall mehrerer Konsumgüter ist die Tauschkurve eine Hyperfläche im n-dimensionalen Raum.

Schreibt man das Steueraufkommen wie im vorigen Paragraphen in der Form $\mathbf{t}(\mathbf{c})\,\mathbf{c} = \mathbf{q}(\mathbf{c})\,\mathbf{c} - \mathbf{p}\,\mathbf{c} = y(\mathbf{c}) - \mathbf{p}\,\mathbf{c}$, also als Differenz von Einkommen und Nettokonsum, und bezeichnet man das exogene Steueraufkommen wie bisher mit g, so lautet das Problem zweibester Besteuerung:

(75) $$\underset{\mathbf{c}}{max!}\quad u(\mathbf{c},y(\mathbf{c}))\quad mit\quad y(\mathbf{c})-\mathbf{p}\,\mathbf{c}=g\,.$$

Ableiten der Lagrange-Funktion $\mathcal{L} = u(\mathbf{c}, y(\mathbf{c})) + \lambda[y(\mathbf{c}) - \mathbf{p}\,\mathbf{c} - g]$ nach einem der Konsume ergibt die nachstehende Bedingung erster Ordnung für ein Optimum, wenn man die Kettenregel anwendet und beachtet, daß der Konsum zweimal in der Nutzenfunktion auftaucht:

(76) $$\frac{\partial u}{\partial c_i}+\frac{\partial u}{\partial y}\frac{\partial y}{\partial c_i}+\lambda\left(\frac{\partial y}{\partial c_i}-p_i\right)=0\,.$$

Laut Formel (74) gilt im individuellen Optimum $\partial u/\partial c_i = \mu\, q_i = \mu\, p_i + \mu\, t_i$ und $\partial u/\partial y = -\mu$. Durch Einsetzen dieser beiden Ausdrücke erhält man

(77) $$\mu p_i+\mu t_i-\mu\frac{\partial y}{\partial c_i}=\lambda\left(p_i-\frac{\partial y}{\partial c_i}\right).$$

Dieses Zwischenergebnis läßt sich ganz einfach nach dem Steuerbetrag auflösen und führt auf die zentrale Regel zweitbester Besteuerung:

(78) $$\boxed{\textit{Freizeitkomplementaritätsregel}:\ t_i=\frac{\lambda-\mu}{\mu}\left(p_i-\frac{\partial y}{\partial c_i}\right).}$$

Ein Gut heißt *Freizeitkomplement*, wenn bei zunehmendem Konsum c_i die Freizeit steigt und die Arbeitszeit sinkt. Bei einem Freizeitkomplement ist die durch $\partial y/\partial c_i$ beschriebene Reaktion der Arbeitszeit auf eine Zunahme des Konsums also negativ. Verschwindet $\partial y/\partial c_i$, heißt das betreffende Gut *freizeitneutral.* Bei positivem Vorzeichen der Ableitung $\partial y/\partial c_i$ spricht man von einem *Freizeitsubstitut.* Nach Division der Formel (78) durch den Nettopreis erhält man als Steuersatz:

(79) $$\frac{t_i}{p_i}=\frac{\lambda-\mu}{\mu}\left(1-\frac{\partial y}{\partial c_i}\frac{1}{p_i}\right).$$

Die Freizeitkomplementaritätsregel verlangt, freizeitneutrale Konsumgüter, also solche, für die $\partial y/\partial c_i = 0$ gilt, mit dem Satz $(\lambda-\mu)/\mu$ zu besteuern. Dieser Steuersatz ist, wie im Anhang gezeigt, positiv. Freizeitkomplemente ($\partial y/\partial c_i < 0$) sind mit einem höheren Satz zu besteuern, weil in Formel (79) vor $\partial y/\partial c_i$ ein Minuszeichen steht, und Freizeitsubstitute ($\partial y/\partial c_i > 0$) mit einem niedrigeren Satz. Zusammengefaßt besagt die Regel also: *Besteuere freizeitneutrale Güter mit dem Satz $(\lambda-\mu)/\mu$, Freizeitkomplemente schärfer und Freizeitsubstitute milder.*

Die Freizeitkomplementaritätsregel gilt unabhängig von speziellen Eigenschaften der Nutzenfunktion und unabhängig von der Anzahl der Güter. Ihre ökonomische Ratio besteht darin, daß Steuern auf Freizeitkomplemente indirekt die nicht besteuerbare Freizeit treffen und insofern als Ersatz für die fehlende Freizeitsteuer dienen. Je stärker die Arbeitszeit bei einer Zunahme der Konsumausgabe $p_i\, c_i$ sinkt, je kleiner also der Wert von $\partial y/\partial c_i\ 1/p_i$, desto *stärker freizeitkomplementär* ist das betreffende Gut, und desto schärfer sollte es besteuert werden, weil sein Konsum das Einkommen als Steuerbasis mindert.

Beispiele für Freizeitkomplemente sind Kinobesuche oder Branntwein. Kinobesuche kosten Zeit und damit Steueraufkommen, weil sie von der Arbeit abhalten; Branntweingenuß dürfte in den meisten Fällen die effektive Arbeitszeit herabsetzen. Im Vergleich hierzu wäre Schmuck eher freizeitneutral, weil er sowohl in der Freizeit als auch während der Arbeitszeit getragen werden kann, und Kaffee könnte durchaus ein Freizeitsubstitut sein, wenn die mit seinem Genuß verbundene Weckung der Lebensgeister längere Arbeitszeiten ermöglicht. Allerdings warnt (78), daß es bei der Steuerbemessung auf *marginale* Wirkungen ankommt; die optimalen Steuersätze hängen also davon ab, wie die letzte Einheit des betreffenden Konsums auf die Arbeitsbereitschaft einwirkt. Daher sollte man die genannten Beispiele nicht zu wörtlich nehmen. Ein erster Schluck Schnaps mag bei gewissen aufregenden Tätigkeiten der Einkommenserzielung durchaus förderlich sein, die -zigste Tasse Kaffee durchaus abträglich. Zudem beeinflussen die Steuern im allgemeinen die Reaktionen $\partial y/\partial c_i$, weshalb die Freizeitkomplementaritätsregel nicht in dem Sinne nach den Steuern aufgelöst ist, daß auf ihrer rechten Seite nur exogene Größen erscheinen.

Die Freizeitkomplementaritätsregel verdeutlicht ein allgemeines und eminent wichtiges Prinzip: Können manche Güter wegen Informationsproblemen nicht erstbest besteuert werden, dann sind verzerrungsfreie Steuern auf die übrigen Güter nicht mehr zwangsläufig optimal. Es entspricht einem verbreiteten Irrglauben, daß relative Preise auch bei fehlenden Informationen unverzerrt bleiben sollten. Ganz im Gegenteil verlangt das Prinzip zweitbester Besteuerung, die Preise *optimal zu verzerren*, statt sie unverzerrt zu lassen.

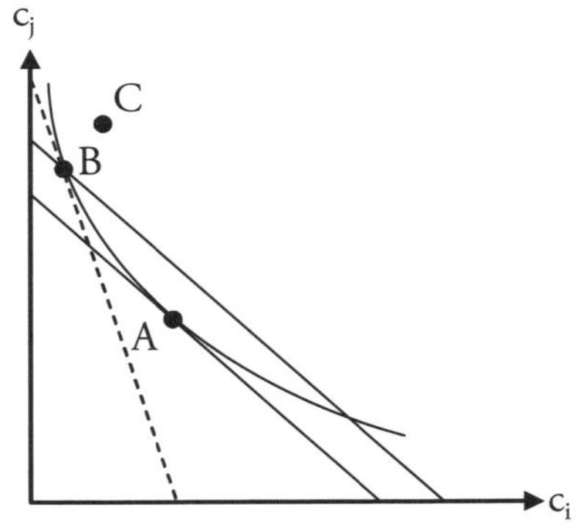

Abb. 26: Zweitbeste Verzerrung.

Abb. 26 verdeutlicht, warum das so ist. Die durchgezogenen Geraden sind Transformationskurven. Sie zeigen, welche Güterbündel bei gegebenem Arbeitsangebot und Steueraufkommen produziert werden können. Die Steigung einer Transformationskurve entspricht dem Nettopreisverhältnis $-p_i/p_j$. Punkt A repräsentiert eine verzerrungsfreie Besteuerung, weil die Steigung der Indifferenzkurve dort mit dem Nettopreisverhältnis übereinstimmt. Bei verzerrender Besteuerung $q_i/q_j > p_i/p_j$, die als gestrichelte Budgetgerade erscheint, wählen die Konsumenten Punkt B. Dieser erbringt denselben Konsumnutzen wie Punkt A, verlangt aber eine höhere Arbeitszeit, da er sich auf der weiter rechts liegenden Transformationskurve befindet. Ein Güterbündel mit gleichem Konsumnutzen und höherer Arbeitszeit, wie Punkt B, kann fraglos nicht erstbest sein. Ist Gut i aber ein relativ starkes Freizeitkomplement, erhöhen die Konsumenten bei verschärfter Besteuerung dieses Gutes ihr Arbeitsangebot, woraufhin vielleicht nicht nur Punkt B, sondern sogar ein Punkt wie C erreichbar wird, in dem die Konsumenten einen höheren Konsum- und Gesamtnutzen genießen als in A. In einem solchen Fall ist die verschärfte Besteuerung des Freizeitkomplements der neutralen Steuer überlegen.

Der tiefere Grund, warum zweitbeste Steuern so gut wie immer vom verzerrenden Typ sind, liegt in folgendem: Ausgehend von Punkt A ist die *marginale Zusatzlast*, die bei einer kleinen Verzerrung entsteht, gleich Null und der resultierende Wohlfahrtsverlust von zweiter Ordnung. Die Wirkung der Verzerrung auf das Arbeitsangebot ist aber von erster Ordnung und damit dominant. Unverzerrte Konsumgüterpreise sind deshalb fast nie optimal.

Zu dieser Regel gibt es genau eine Ausnahme, nämlich sogenannte schwach separable Nutzenfunktionen[151]. Unter dieser sehr speziellen Annahme über die Präferenzen sollten alle Konsumgüter, wie im Anhang gezeigt, einheitlich besteuert werden, die Konsumgüterpreise folglich unverzerrt bleiben, weil Änderungen des Konsums entlang einer Indifferenzkurve keinen Einfluß auf die Arbeitszeit haben. Die Arbeit-Freizeit-Entscheidung wird aber auch in diesem Fall verzerrt, weil die Konsumenten ihre Grenzraten der Substitution zwischen Freizeit und Konsum nicht an die Nettopreise anpassen, sondern an die höheren Bruttopreise. Auch bei schwacher Separabilität der Nutzenfunktion wird folglich keine Erstbesteffizienz erreicht.

Eine weitere Regel zweitbester Besteuerung erhält man unter der Annahme, daß jede Nachfrage nur auf Änderungen des eigenen Bruttopreises reagiert, nicht aber auf Änderungen der übrigen Bruttopreise. Anders ausgedrückt sind alle Kreuzpreiselastizitäten gleich Null[152]. Unter dieser Voraussetzung lautet die Ableitung der Arbeitszeit $y(\mathbf{c}) = \mathbf{q}(\mathbf{c})\,\mathbf{c}$ nach einem Konsum unter Anwendung der Produktregel: $\partial y/\partial c_i = \partial q_i/\partial c_i\, c_i + q_i$. Die *direkte Preiselastizität* des Konsumguts i ist bekanntlich definiert als $\eta_{ii} = \partial c_i/\partial q_i\, q_i/c_i$. Dies eingesetzt in den vorigen

151 Sandmo, A. (1974) A Note on the Structure of Optimal Taxation. *American Economic Review* **64**, S. 701-706. Vorläufer dieses Resultats stammen von Ramsey, F. P. (1927) A Contribution to the Theory of Taxation. *Economic Journal* **37**, S. 47–61 und Atkinson, A. B. und J. E. Stiglitz (1972) The Structure of Indirect Taxation and Economic Efficiency. *Journal of Public Economics* **1**, S. 97–119.

152 Die Kreuzpreiselastizitäten verschwinden bei Nutzenfunktionen, die additiv im Konsum und quasilinear im Einkommen sind: $u_1(c_1) + ... + u_n(c_n) - y$. Die erste Annahme schaltet Kreuzsubstitutionseffekte aus, die zweite Einkommenseffekte.

Ausdruck erhält man $\partial y/\partial c_i = q_i/\eta_{ii} + q_i$. Je größer also die (negative) Preiselastizität der Nachfrage, desto größer ist $\partial y/\partial c_i$, und desto milder sollte das betreffende Gut besteuert werden. Deutlicher wird dies in der folgenden Formel, die sich aus der Freizeitkomplementaritätsregel (78) ergibt, indem man p_i durch $q_i - t_i$ ersetzt und nach t_i auflöst:

$$(80) \qquad t_i = \frac{\lambda - \mu}{\lambda}\left(q_i - \frac{\partial y}{\partial c_i}\right).$$

Setzt man den soeben hergeleiteten Ausdruck $\partial y/\partial c_i = q_i/\eta_{ii} + q_i$ in diese Formel ein und dividiert durch den Bruttopreis, erhält man die

$$(81) \qquad \textit{Inverse Elastizitätenregel}: \frac{t_i}{q_i} = -\frac{\lambda - \mu}{\lambda}\frac{1}{\eta_{ii}}.$$

Bei negativen direkten Preiselastizitäten sind alle Steuersätze positiv, weil auf der rechten Seite ein Minuszeichen erscheint, der erste Faktor positiv und die Preiselastizität negativ ist. Die Regel verlangt: *Besteuere elastische Nachfragen mit niedrigen Sätzen und unelastische Nachfragen mit hohen Sätzen*. Hierzu bietet die Literatur die intuitive Erklärung, elastische Nachfragen seien deshalb niedrig zu besteuern, weil die Konsumenten einer Besteuerung stark ausweichen und Zusatzlasten letztlich auf Ausweichreaktionen beruhen.

In Wirklichkeit stellt die inverse Elastizitätenregel lediglich einen Sonderfall der Freizeitkomplementaritätsregel dar, der *nur* unter der restriktiven Annahme verschwindender Kreuzpreiselastizitäten gilt. Um dies zu verstehen, betrachte man die Budgetidentität $q_1c_1 + ... + q_ic_i + ... + q_nc_n = y$. Wenn die Kreuzpreiselastizitäten verschwinden, läßt eine Anhebung des Bruttopreises q_i alle Ausgaben $q_j c_j$ (für $j \neq i$) unverändert. Folglich mindert eine Anhebung des Bruttopreises q_i bei hoher Nachfrageelastizität nicht nur die Ausgaben $q_i c_i$, sondern – wegen der Budgetidentität – auch das Arbeitsangebot. Bei einheitselastischer Nachfrage bleiben die Ausgaben und das Arbeitsangebot hingegen unverändert, wenn ein Bruttopreis steigt, und bei unelastischer Nachfrage nehmen sie sogar zu. Mit anderen Worten sind *elastische* Güter freizeitsubstitutiv, *einheitselastische* Güter freizeitneutral und *unelastische* Güter freizeitkomplementär. Insofern fügt die inverse Elastizitätenregel keine neue Erkenntnis hinzu, sondern führt eher in die Irre, weil sie nur unter einer höchst artifiziellen Annahme über die Präferenzen stimmt, während die Freizeitkomplementaritätsregel allgemein gilt. Sind die Kreuzpreiselastizitäten verschieden von Null, dann gibt es keinen Grund, die Steuersätze nach den direkten Elastizitäten zu bemessen.

Eine letzte bekannte Formel für zweitbeste Steuern, die im Anhang hergeleitet wird, ist nach dem genialen britischen Philosophen und Ökonomen Frank P. Ramsey benannt, der schon 1927 in einer lange verkannten Arbeit entdeckte, daß einheitliche Steuersätze im allgemeinen nicht zweitbest sind[153]:

---

153 Ramsey schrieb diesen Aufsatz (Fußnote 151) auf Anregung von Pigou als 24jähriger; er verstarb im Alter von 26 Jahren an Gelbsucht. Einen historischen Abriß der Optimalsteuer-

(82) *Ramsey - Formel :* $$\sum_{j=1}^{n} \frac{\partial c_i}{\partial q_j} t_j = -\frac{\lambda - \mu}{\lambda} c_i .$$

Zu einer Interpretation dieser kniffligen Formel gelangt man folgendermaßen: Wegen $q_j = p_j + t_j$ stimmen die Ausdrücke $\partial c_i/\partial q_j$ und $\partial c_i/\partial t_j$ definitorisch überein. Deshalb sinkt die Nachfrage nach Gut i näherungsweise um $\partial c_i/\partial q_j\, t_j$, wenn man eine einzelne Steuer von 0 auf t_j erhöht. Die links angegebene Summe gibt die Reaktion der Nachfrage nach Gut i bei einer Erhöhung aller Steuern von Null auf ein gewisses Niveau **t** an. Nennt man diese Summe kurz Δc_i, läßt sich die Ramsey-Formel als $\Delta c_i = -(\lambda - \mu)/\lambda\, c_i$ schreiben und besagt: *Zweitbeste Steuern mindern alle Nachfragen um den einheitlichen Prozentsatz* $\Delta c_i / c_i = -(\lambda - \mu)/\lambda$. Anders formuliert sind auch zweitbeste Steuern einheitlich, aber nicht im Sinne einheitlicher Steuersätze, sondern im Sinne einheitlicher Minderungen der Nachfragen. Allerdings gilt dies nur approximativ und nur in Abwesenheit von Einkommenseffekten.

Szenario	c_1	c_2	y	t_1/p_1	t_2/p_2	u
Erstbestoptimum	1.500	1.000	4.500	–	–	9,3
Zweitbestoptimum	821	734	3.556	211 %	36 %	8,8
Gleiche Steuersätze	890	390	3.281	156 %	156 %	8,6

Tab. 6: Ein Rechenbeispiel mit $u = \ln(c_1 - 500) + \ln c_2 - y/1.000$.

Tab. 6 zeigt ein durchgerechnetes Beispiel. Unterstellt wurden zwei Konsumgüter mit auf Eins normierten Nettopreisen, ein Steueraufkommen von 2.000 Euro und die unterhalb der Tabelle angegebene Nutzenfunktion. Bei erstbester Besteuerung erreichen die Konsumenten einen Nutzen von 9,3. Ein zweitbestes Steuersystem besteuert die Güter mit 211 % bzw. 36 %, wobei der Nutzen auf 8,8 sinkt. Werden die Güter aber einheitlich mit 156 % besteuert, sinkt der Nutzen auf 8,6. Also sind verzerrende Steuern im Interesse der Konsumenten. Der Grund liegt darin, daß das erste Gut ein Freizeitkomplement ist und das zweite freizeitneutral[154]. Aus den Einkommen 3.556 bzw. 3.281 Euro erkennt man, daß eine schärfere Besteuerung des Freizeitkomplements zu höherer Arbeitszeit führt und damit die prozentuale Steuerlast senkt.

Zusammengefaßt sind einheitliche Steuersätze nur in Sonderfällen zweitbest. Kann der Staat keine Freizeitsteuer erheben, weil dies an Informationsproblemen scheitert, dann kommt es nicht länger darauf an, verzerrungsfrei zu besteuern, sondern darauf, optimal zu verzerren. Freilich ist eine empirisch gestützte Berechnung zweitbester Steuern, die dies leisten, schwierig. Führt man die Annah-

---

theorie findet der Leser in Baumol, W. J. und D. F. Bradford (1970) Optimal Departures from Marginal Cost Pricing. *American Economic Review* **60**, S. 265–283.

154 Die Gleichung der Tauschkurve lautet $y(\mathbf{c}) = 1.000 + 1.000/(1 - 500/c_1)$, wie der Leser zur Übung nachrechnen mag. Daher ist das erste Gut ein Freizeitkomplement (je größer c_1, desto geringer die Arbeitszeit) und das zweite freizeitneutral.

me unzureichender staatlicher Information konsequent weiter und bezieht sie auch auf die Konsumentenpräferenzen, sind zweitbeste Steuersätze schwerlich zu ermitteln. In diesem Sinne ist das Hauptergebnis des hiesigen Paragraphen *negativ* und erweist sich die Steuerpolitik des Zweitbesten als eine Kunst, die bei unvollständiger Information im Dunkeln laviert.

§ 35 Produktionsteuern

Um die Darstellung möglichst eingängig zu halten, beruhte sie bisher auf der Annahme exogener Nettopreise. Alle Steuern wurden vollständig auf die Konsumenten überwälzt, und die Steuerpolitik konnte den Unternehmen gleichgültig sein. In der Realität hängen die Nettopreise aber oft von den produzierten Outputs ab. Dies wird im weiteren durch eine konvexe und linear-homogene Funktion beschrieben, die jedem Vektor der Outputs $\mathbf{x} = (x_1, ..., x_n)$ einen bestimmten Arbeitseinsatz $f(\mathbf{x})$ zuordnet[155]. Die Annahme linearer Homogenität impliziert konstante Skalenerträge. Jedes der als identisch angenommenen Unternehmen maximiert als Preisnehmer seinen Gewinn, also die Differenz aus Erlösen und Lohnkosten: $\mathbf{p}\,\mathbf{x} - f(\mathbf{x})$. Durch Ableiten nach den Outputs ergeben sich die Gewinnmaximierungsbedingungen

$$(83) \qquad p_i = \frac{\partial f}{\partial x_i} .$$

Bei konstanten Skalenerträgen verschwindet der Gewinn, denn aus dem Eulerschen Theorem[156], also dem Satz $f(\mathbf{x}) = \partial f / \partial \mathbf{x}\, \mathbf{x}$, erhält man durch Einsetzen von (83) die Identität $f(\mathbf{x}) = \mathbf{p}\,\mathbf{x}$. Aus diesem Grund stimmen Erlös und Kosten im Gewinnmaximum überein. Weil die Unternehmen identisch sind, kann man, wie bei den Konsumenten, ein beliebiges herausgreifen und dadurch unnötige Indizes und Summenbildungen sparen.

Bisher wurde nicht spezifiziert, was der Staat mit seinen Steuereinnahmen eigentlich tut, welche Güter er kauft. Es kam nur darauf an, daß das Geld stimmte, also die Steuereinnahmen zur Finanzierung der Staatsausgaben g ausreichten. Diese Vereinfachung wird nun aufgegeben und durch die Annahme eines exogenen *Staatskonsums* $\mathbf{g} = (g_1, ..., g_n)$ ersetzt, weil auch die Struktur der Staatsausgaben im allgemeinen die Nettopreise beeinflußt. Der Staat zahlt für die von ihm gekauften Güter die Nettopreise, und bei ausgeglichenem Budget gilt $\mathbf{t}\,\mathbf{c} = \mathbf{p}\,\mathbf{g}$. Die Frage lautet jetzt, welche Steuern bei gegebenem Staatskonsum optimal sind, wenn Freizeit nicht besteuert werden kann und die Nettopreise endogen bestimmt werden. Diese Optimierung erscheint fürwahr kompliziert, weil in einem Marktgleichgewicht gilt:

$$(84) \qquad \mathbf{c}(\mathbf{q}) + \mathbf{g} = \mathbf{x}(\mathbf{p}) .$$

155 Nähere Erläuterungen zu diesen Technologien finden sich im Anhang ab Seite 193.

156 *Eulersches Theorem*: Ist die Funktion $f(\mathbf{x})$ linear-homogen, also $f(\lambda\, \mathbf{x}) = \lambda\, f(\mathbf{x})$ für alle $\mathbf{x}$ und alle $\lambda > 0$, dann gilt $f(\mathbf{x}) = \partial f / \partial \mathbf{x}\, \mathbf{x}$ für alle $\mathbf{x}$.

Im Marktgleichgewicht stimmt die Summe aus privater und staatlicher Konsumnachfrage mit dem Angebot überein, wobei die private Konsumnachfrage von den Bruttopreisen **q** und das Angebot von den Nettopreisen **p** abhängt. Angenommen, der Staat erhöhe die Steuer auf ein bestimmtes Gut. Dann steigt mechanisch dessen Bruttopreis. Bei normaler Nachfragereaktion fällt die Nachfrage nach dem betreffenden Gut, was wegen steigender Grenzkosten bedeutet, daß der Nettopreis ebenfalls fällt. Damit profitiert der Staat doppelt von der Steuererhöhung, wenn er selbst zu den Käufern des betrachteten Gutes gehört. Und hinzu kommt, daß auch andere Nachfragen und Angebote durch Kreuzpreiseffekte steigen oder fallen; die komparativ-statischen Wirkungen sind im allgemeinen Gleichgewichtsmodell undurchschaubar.

Trotzdem bleibt die Charakterisierung zweitbester Steuersysteme auch unter diesen Härtebedingungen einfach, wenn man wie bisher in zwei Schritten vorgeht: Im ersten Schritt werden die optimalen Nachfragen und Angebote berechnet; im zweiten werden diese durch passende Bruttopreise und Nettopreise gestützt. Aus den so bestimmten Brutto- und Nettopreisen ergeben sich schließlich die Steuerbeträge. Das Optimierungsproblem lautet also:

$$(85) \qquad \underset{\mathbf{c}}{\mathit{max!}} \quad u(\mathbf{c}, y(\mathbf{c})) \quad \mathit{mit} \quad y(\mathbf{c}) = f(\mathbf{c}+\mathbf{g}) .$$

Im Vergleich zur obigen Optimierungsaufgabe (75) wurde nur die Beschränkung $y(\mathbf{c}) - \mathbf{p}\,\mathbf{c} = g$ durch $y(\mathbf{c}) = f(\mathbf{c}+\mathbf{g})$ ersetzt. Ist diese Gleichung erfüllt, dann stimmt die von den Konsumenten angebotene Arbeit mit der von den Unternehmen benötigten Arbeit überein, die Güternachfrage $\mathbf{c}+\mathbf{g}$ entspricht dem Güterangebot $\mathbf{x}$, und das staatliche Budget ist ausgeglichen. Ableiten der Lagrange-Funktion $\mathcal{L} = u(\mathbf{c}, y(\mathbf{c})) + \lambda[y(\mathbf{c}) - f(\mathbf{c}+\mathbf{g})]$ nach einem der Konsumgüter ergibt:

$$(86) \qquad \frac{\partial u}{\partial c_i} + \frac{\partial u}{\partial y}\frac{\partial y}{\partial c_i} + \lambda\left(\frac{\partial y}{\partial c_i} - \frac{\partial f}{\partial x_i}\right) = 0 .$$

Ersetzt man $\partial f/\partial x_i$ gemäß (83) durch den Nettopreis p_i, resultiert erneut die Formel (76), aus der im vorigen Paragraphen durch Umformung die Freizeitkomplementaritätsregel hergeleitet wurde. Somit gilt die Freizeitkomplementaritätsregel auch bei endogenen Nettopreisen in völlig unveränderter Form.

Dies erscheint zunächst verblüffend, wird bei näherer Überlegung aber rasch klar. Die Leitidee zweitbester Besteuerung besteht darin, nicht besteuerbare Freizeit durch relativ hohe Steuern auf Freizeitkomplemente zu treffen, um zu verhindern, daß sich die Konsumenten vom Markt ins Private zurückziehen. Dieses Rezept ist in allen seinen Verästelungen nach wie vor richtig. So hängt beispielsweise die Logik des in Abb. 26 illustrierten Arguments nicht davon ab, ob die dort skizzierten Transformationskurven linear oder konkav verlaufen. Endogene Nettopreise verändern nicht die Eigenschaften der Lösung, sondern bewirken nur, daß deren numerische Bestimmung noch schwieriger ist als bisher, weil der Staat sowohl die Präferenzen als auch die Technologien kennen müßte.

Zur Motivation der nächsten Modellerweiterung stellt Abb. 27 den privaten Sektor des Modells schematisch dar. Der Staat kann alle Markttransaktionen zwischen Konsumenten und Unternehmen besteuern, aber nicht den Freizeitkonsum, weil dieser außerhalb des Marktes stattfindet und mit den üblichen Mitteln nicht beobachtbar ist. Die Nichtbesteuerbarkeit der Freizeit bildet den einzigen Defekt des Modells. Aber auch innerhalb des bisher als *black box* behandelten Unternehmenssektors geschieht etwas: Dort werden Zwischenprodukte hergestellt und eingesetzt. Unter einem *Zwischenprodukt* versteht man ein Gut, dessen Menge den Nutzen der Konsumenten nicht unmittelbar beeinflußt. Hierzu gehören Rohöl und Chemikalien, landwirtschaftliche Vorprodukte oder Schrauben. Soweit Zwischenprodukte auf Märkten gehandelt werden, können sie ohne weiteres besteuert werden. Sollte man das tun?

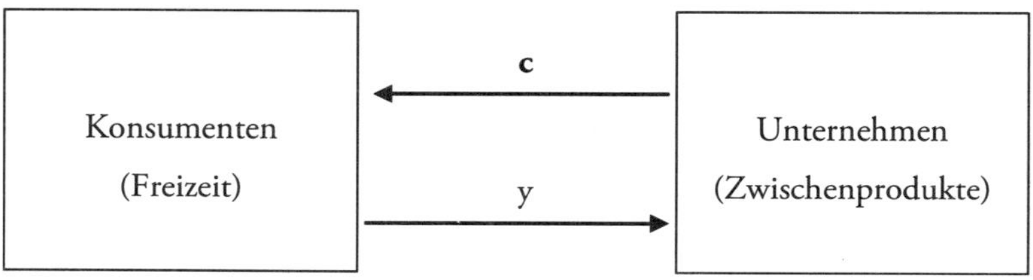

Abb. 27: Modellstruktur.

Wer die obige Theorie des Zweitbesten verinnerlicht hat, wird mit der Antwort zögern. Natürlich sind unverzerrende Steuern eigentlich wünschenswert, aber nur unter der unrealistischen Annahme vollständiger Information. Bei mangelnder Information oder fehlenden Instrumenten sind im allgemeinen verzerrende Steuern optimal. Daher liegt die Frage auf der Hand, ob man das oben beschriebene Zweitbestoptimum durch zusätzliche *Produktionsteuern*, also Steuern auf Zwischenprodukte, weiter verbessern kann.

Um dies zu analysieren, sei der Unternehmenssektor in eine Konsumgüterindustrie und eine Zwischenproduktindustrie aufgespalten. Die *Konsumgüterindustrie* produziert Konsumgüter $\mathbf{x}$ unter Einsatz von Zwischenprodukten $\mathbf{z} = (z_1 , ..., z_m)$ und Arbeit, wobei der Arbeitseinsatz durch die Funktion $f(\mathbf{x}, \mathbf{z})$ beschrieben wird. Der Arbeitseinsatz wächst in den Outputs und sinkt mit zunehmendem Einsatz der Zwischenprodukte; letztere werden also als arbeitssparend modelliert. Folglich sind die Ableitungen $\partial f/\partial x_i$ positiv und die Ableitungen $\partial f/\partial z_i$ negativ. Notiert man die Bruttopreise der Zwischenprodukte als $\mathbf{q}^z$, repräsentiert die Differenz $\mathbf{p}\,\mathbf{x} - \mathbf{q}^z\mathbf{z} - f(\mathbf{x}, \mathbf{z})$ den Gewinn der Konsumgüterindustrie: Die Unternehmen erhalten den Nettoumsatz und zahlen für Zwischenprodukte und Arbeit.

Die Zwischenprodukte werden in der *Zwischenproduktindustrie* unter Einsatz der Arbeitsmenge $\varphi(\mathbf{z})$ produziert, wobei φ ebenso wie f eine konvexe Funktion mit konstanten Skalenerträgen ist. Der Gewinn der Zwischenproduktindustrie beträgt demnach $\mathbf{p}^z\mathbf{z} - \varphi(\mathbf{z})$. Ableiten des Gewinns der Konsumgüterindustrie bzw. der Zwischenproduktindustrie nach den Zwischenproduktmengen führt auf folgende Bedingungen für individuelle Gewinnmaxima:

$$(87) \qquad q_i^z = -\frac{\partial f}{\partial z_i} \quad und \quad p_i^z = \frac{\partial \varphi}{\partial z_i}.$$

Die bisher angewandte Methode zur Bestimmung zweitbester Steuersysteme funktioniert weiterhin: Zunächst werden die optimalen Konsum- und Zwischenproduktmengen berechnet; anschließend werden diese durch passende Brutto- und Nettopreise der Konsumgüter und Zwischenprodukte gestützt. Hieraus ergeben sich die optimalen Konsumsteuern $\mathbf{t}$ und die optimalen *Produktionsteuern* $\mathbf{t}^z$. In Analogie zu (85) lautet das gesamtwirtschaftliche Optimierungsproblem:

$$(88) \qquad \underset{\mathbf{c},\mathbf{z}}{max!} \quad u(\mathbf{c}, y(\mathbf{c})) \quad mit \quad y(\mathbf{c}) = f(\mathbf{c}+\mathbf{g}, \mathbf{z}) + \varphi(\mathbf{z}).$$

Ableiten der Lagrange-Funktion $\mathcal{L} = u(\mathbf{c}, y(\mathbf{c})) + \lambda[y(\mathbf{c}) - f(\mathbf{c}+\mathbf{g}, \mathbf{z}) - \varphi(\mathbf{z})]$ nach den Konsumgütern liefert die Freizeitkomplementaritätsregel, die hier nicht wiederholt zu werden braucht. Ein zusätzliches Resultat ergibt sich durch Ableiten nach den Zwischenproduktmengen z_i:

$$(89) \qquad -\lambda\left(\frac{\partial f}{\partial z_i} + \frac{\partial \varphi}{\partial z_i}\right) = 0.$$

Weil λ strikt positiv ist, muß der Klammerausdruck im Optimum gleich Null sein. Dies bedingt die Übereinstimmung von $-\partial f/\partial z_i$ und $\partial\varphi/\partial z_i$, was nach (87) voraussetzt, daß die Brutto- und Nettopreise der Zwischenprodukte gleich sind, also keine Produktionsteuern erhoben werden.

Produktionseffizienztheorem: In einem Zweitbestoptimum werden keine Produktionsteuern erhoben.

Das Produktionseffizienztheorem wurde erstmals von Diamond und Mirrlees bewiesen[157]. Es ist ein eminent wichtiger Satz, vielleicht der wichtigste, den die Steuertheorie hervorgebracht hat. Während die bisherigen Ergebnisse überwiegend negativ waren, enthält das Produktionseffizienztheorem eine positive und an Prägnanz nicht zu überbietende Empfehlung an den Steuergesetzgeber: Besteuere Zwischenprodukte nicht! Dieser Rat erscheint auf den ersten Blick banal und auf den zweiten kaum glaublich. Banal wäre er in einer Erstbestwelt, weil man dort allgemein auf verzerrende Steuern verzichtet. Die obige Theorie hat jedoch eindringlich gezeigt, daß Verzerrungen in Gegenwart unvollständiger Information sogar zu Verbesserungen führen. Somit könnte man meinen, daß unter Umständen auch verzerrende Produktionsteuern zweitbest sind. Das Produktionseffizienztheorem besagt, daß diese Meinung falsch ist. Im Zweitbestoptimum werden nur die Konsumentscheidungen verzerrt, nicht die Produktionsentscheidungen.

---

157 Diamond, P. A. und J. A. Mirrlees (1971) Optimal Taxation and Public Production I: Production Efficiency. *American Economic Review* **61**, S. 8–27. Die obigen Annahmen über die Technologien können erheblich verallgemeinert werden; wesentlich ist allein die Eigenschaft konstanter Skalenerträge.

Abb. 28 illustriert das Produktionseffizienztheorem. Die grau unterlegte *Technologiemenge* zeigt alle Konsumgüterpaare, die bei effizientem Zwischenprodukteinsatz und gegebener Arbeitszeit hergestellt werden können. Im Zweitbestoptimum Z wird das stärker freizeitkomplementäre Gut i schärfer besteuert als Gut j. Denn die gestrichelte Budgetgerade hat eine größere Steigung als das Nettopreisverhältnis, also die Grenzrate der Transformation. Punkt E ist unerreichbar, weil bei gleichmäßiger Besteuerung die Arbeitszeit sinkt und die Technologiemenge schrumpft, und zwar so stark, daß nicht einmal die durch Z verlaufende Indifferenzkurve erreichbar ist. Genau darin liegt ja die Ratio verzerrender Konsumsteuern. Das Zweitbestoptimum liegt aber immerhin auf dem *Rand* der Technologiemenge, während verzerrende Produktionsteuern einen Punkt im *Innern* dieser Menge stützen, weil die Unternehmen ineffiziente Zwischenproduktmengen wählen und bei gegebener Arbeitszeit ein Konsumgüterpaar wie das durch P repräsentierte herstellen. Verzerrungen dieser Art sind niemals optimal, weil sie eine Verschwendung von Ressourcen bedeuten, ohne anderweitigen Vorteil einzubringen.

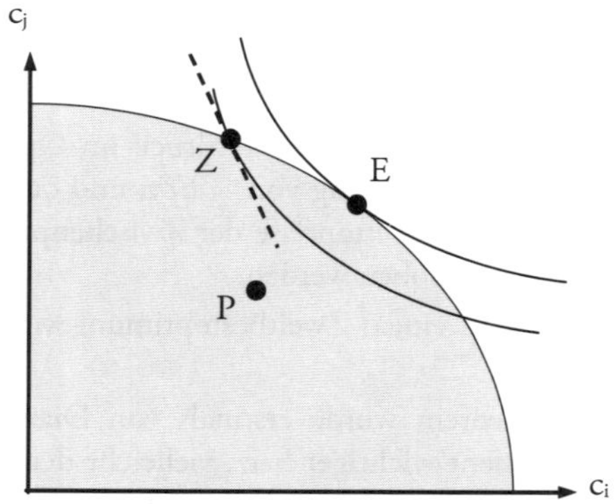

Abb. 28: Produktionseffizienz

Zusammengefaßt ist es in der Zweitbestwelt richtig, durch Verzicht auf Produktionsteuern so viel Output wie möglich aus dem Unternehmenssektor herauszuholen. Jede Verletzung der Effizienzregel (89) verschärft allein die Nebenbedingung in (88), weil Zwischenprodukte nicht in die Zielfunktion eingehen. Verschärfungen einer Nebenbedingung bedeuten aber stets eine Ergebnisverschlechterung. Hinter dieser Beobachtung steckt ein allgemeineres Prinzip effizienter Besteuerung, wonach Steuern so eng wie möglich an den *Zielgrößen* der Zensiten ansetzen sollten. Steuern auf den Nutzen, wenn man diesen messen könnte, wären fraglos erstbest. Konsumsteuern erzeugen bereits Ineffizienzen und führen selbst bei idealer Ausbalancierung nur ins Zweitbestoptimum. Produktionsteuern, die noch weiter von der Zielgröße der Konsumenten entfernt ansetzen, verhindern sogar zweitbeste Resultate.

Das Produktionseffizienztheorem beruht auf der Annahme konstanter Skalenerträge in der Produktion. Bei fallenden Skalenerträgen entstehen nämlich positive Gewinne, die im Rahmen eines allgemeinen Gleichgewichtsmodells an die Konsumenten ausgeschüttet werden müssen. Unter dieser Voraussetzung beeinflussen Änderungen der Zwischenproduktmengen die Gewinne und damit auch die Einkommen und Nutzen der Konsumenten, weshalb der obige Beweis nicht durchgeht[158]. Allerdings sind fallende Skalenerträge als Eigenschaft der Technologiemengen unplausibel, weil eine Verdopplung aller Inputs denknotwendig eine Verdopplung aller Outputs ermöglicht. Was dem Betrachter einzelwirtschaftlich als fallender Skalenertrag erscheinen mag, spiegelt in Wahrheit nur die Nichtvermehrbarkeit mancher Inputs wider: Bei Existenz fixer Inputs weist die Technologiemenge fallende Skalenerträge in den übrigen Inputs auf, und der entstehende Gewinn ist eine Knappheitsrente der fixen Inputs. Interpretiert man das obige Modell in der Weise, daß die Konsumenten neben ihrer Arbeitszeit auch fixe Inputs wie Grund und Boden oder unternehmerische Intelligenz an die Unternehmen liefern, und notiert man diese Lieferungen als Konsume mit negativem Vorzeichen, dann darf man ohne weiteres von konstanten Skalenerträge ausgehen. Hierbei gilt das Produktionseffizienztheorem unverändert, und die Besteuerung der fixen Inputs richtet sich nach der Freizeitkomplementaritätsregel. Folglich sind fallende Skalenerträge ein Scheinproblem, das an der Gültigkeit des Produktionseffizienztheorems nichts ändert.

Indes sei abschließend auf eine weitere Schwierigkeit und ein mögliches Mißverständnis hingewiesen: Wörtlich genommen fordert das Produktionseffizienztheorem den Verzicht auf Produktionsteuern nur unter der Voraussetzung zweitbest gesetzter Konsumsteuern. Bei falsch gesetzten Konsumsteuern können Produktionsteuern theoretisch sinnvoll sein[159]: Angenommen, Gut i sei stärker freizeitkomplementär als Gut j, und z sei ein nur in die Produktion von Gut i eingehendes Zwischenprodukt. Besteuert der Staat die Konsumgüter mangels genauer Informationen einheitlich, dann kann eine zusätzliche Besteuerung des Zwischenprodukts zu einer Verbesserung führen, weil sie zwar eine Produktionsineffizienz auslöst, aber zugleich den Preis q_i erhöht und damit die relativen Konsumgüterpreise dem Zweitbestoptimum annähert.

Steuerpolitisch ist diese Einsicht aber wertlos, weil sie auf antinomischen Annahmen beruht: Hat der Staat genügend Informationen, um zweitbeste Konsumsteuern zu ermitteln, dann sollte er diese Steuern setzen und auf Produktionsteuern verzichten. Hat er die besagten Informationen nicht und besteuert die Konsumgüter nach dem Prinzip des mangelnden Grundes gleichmäßig, dann könnte der Staat die Nutzen der Konsumenten zwar durch gewisse Produktionsteuern erhöhen, wüßte aber nicht, durch welche, weil die zweitbesten Konsumsteuern annahmegemäß unbekannt sind. Die Erhebung einer Produktionsteuer

---

158 Munk, K. J. (1978) Optimal Taxation and Pure Profit. *Scandinavian Journal of Economics* **80**, S. 1–19.

159 Newbery, D. M. (1986) On the Desirability of Input Taxes. *Economics Letters* **20**, S. 267–270.

würde mit gleicher Wahrscheinlichkeit eine Annäherung an das Zweitbestoptimum bewirken oder eine weitere Entfernung davon; diese Wohlfahrtswirkung ist unsystematisch. Als systematische Wirkung bleibt nur die entstehende Produktionsineffizienz. Deshalb wäre ein steuerpolitischer Blindflug, der Konsumgüterpreise indirekt durch Produktionsteuern verzerrt, abwegig. Auch bei mangelnder Kenntnis der optimalen Konsumsteuern verzichtet ein verständiger Gesetzgeber auf Produktionsteuern, weil deren einzige systematische Wirkung in einer Verschwendung von Ressourcen besteht.

§ 36 Zweitbeste Besteuerung: Anwendungen

Nach dieser kurzen Reise durch das Lehrgebäude zweitbester Besteuerung, die manchem Leser als *tour de force* erschienen sein mag, liegt ein Praxistest der dabei gewonnenen Einsichten nahe. Mehrere der folgenden Abschnitte kreisen um die Idee, die Bemessungsgrundlage der Einkommensteuer durch Streichung von Ausnahmen zu verbreitern und gleichzeitig die Steuersätze aufkommensneutral zu senken. Dies klingt ganz vernünftig, doch setzt die Identifikation einer *Ausnahme* logisch voraus, zunächst zu klären, was denn die *Regel* sei. Obwohl die Besteuerung auch andere Ziele verfolgt, wird sie in diesem Paragraphen durchgehend an den Maximen der Zweitbesteffizienz gemessen, was eine sehr präzise Abgrenzung von Regel und Ausnahme ermöglicht: Normen, die auf Zweitbesteffizienz abzielen, gehören zur Regel, und Normen, die diesem Ziel zuwiderlaufen, sind als Ausnahmen zu beseitigen.

1. Das Nettoprinzip

Das Nettoprinzip – wonach Betriebsausgaben und Werbungskosten die Bemessungsgrundlage der Einkommensteuer mindern – wurde in § 24 bereits vorgestellt. Dieses Prinzip wird oft als evident gerecht verfochten, aber es ist weder historisch aus diesem Grund entstanden, noch liegt darin seine ökonomische Ratio.

Ein generelles Verbot des Abzugs von Betriebsausgaben und Werbungskosten würde das Steuersystem immens vereinfachen und bei gegebener Wirtschaftsstruktur eine aufkommensneutrale Senkung des Spitzensteuersatzes auf vielleicht zehn Prozent erlauben. Freilich wäre die Wirtschaftsstruktur schon in Kürze eine ganz andere: Während der schriftstellernde Professor mit einer Rohertragsteuer von zehn Prozent gut leben könnte, würden zahlreiche Wirtschaftszweige, insbesondere der Großhandel und weite Teile des Einzelhandels, alsbald von der Bildfläche verschwinden. Kein Handelsbetrieb, dessen Spanne unter zehn Prozent liegt, könnte eine zehnprozentige Besteuerung seines Umsatzes überleben.

Der ökonomische Grund, warum von einer derartigen Reform entschieden abzuraten ist, liegt darin, daß das Nettoprinzip *Produktionseffizienz* sichert, die auch bei zweitbester Besteuerung stets anzustreben ist. Um dies zu erkennen, muß man sich nur klarmachen, daß ein ertragsteuerliches Abzugsverbot ökonomisch einer Zwischenproduktsteuer entspricht: Im Gewinnmaximum ohne

Steuern stimmen der Grenzertrag und der Preis eines Zwischenprodukts überein. Dasselbe gilt in Anwesenheit einer Gewinnsteuer, wenn diese auf die Differenz von Erträgen und Kosten zugreift. Wird aber der Umsatz besteuert und zugleich der Abzug bestimmter Zwischenproduktkosten versagt, senken die Unternehmen den betreffenden Zwischenprodukteinsatz auf ein ineffizient geringes Niveau, um der Besteuerung auszuweichen. Bei einer Rohertragsteuer, also einem allgemeinen Abzugsverbot, würden die Unternehmen *a fortiori* von allen zugekauften Zwischenprodukten ineffizient wenig einsetzen.

Zusammengefaßt hat das Nettoprinzip aus ökonomischer Sicht einen überragenden Stellenwert, weil es Produktionseffizienz sichert. Ohne das Nettoprinzip wäre die hochgradige Arbeitsteilung entwickelter Volkswirtschaften gar nicht vorstellbar; diese ist erst durch allmählichen Übergang von den Rohertragsteuern des Altertums zu den ausgefeilten Reinertragsteuern der Gegenwart ermöglicht worden. Reinertragsteuern sind in der Anwendung zwar komplizierter, doch lohnt diese Komplexität durchaus, weshalb eine Steuervereinfachung, die das Nettoprinzip berührt, verfehlt wäre.

2. Der Vorsteuerabzug

Der umsatzsteuerliche Vorsteuerabzug, dessen Grundzüge in § 26 vorgestellt wurden und dessen Technik manchem Studienanfänger als langweilige Buchhalterei erscheint, zielt ebenfalls auf Produktionseffizienz ab. In der Sprache des obigen Modells bewirkt der Vorsteuerabzug, daß Zwischenprodukte zwar zunächst besteuert werden, was ihre Bruttopreise erhöht, Unternehmen aber den vollen Steuerbetrag abziehen können und damit effektiv nur die Nettopreise zahlen. Deshalb wirkt der Vorsteuerabzug wie ein Verzicht auf Zwischenproduktsteuern, und genau dieser Verzicht hatte sich im vorigen Paragraphen als notwendig für Produktionseffizienz erwiesen.

Insofern ist der umsatzsteuerliche Vorsteuerabzug das Spiegelbild des ertragsteuerlichen Nettoprinzips. Auf dem hiesigen Abstraktionsniveau haben beide dieselbe Wirkung und dasselbe Ziel, nämlich die Vermeidung von Produktionsineffizienzen. Sie an diesem Ziel zu messen, ermöglicht eine Beurteilung einzelner Abzugsverbote nach folgender Daumenregel: Stiftet ein Gut unmittelbar Nutzen, haben Abzugsverbote oft eine Berechtigung; erhöht das Gut aber lediglich das Einkommen, lösen Abzugsverbote Produktionsineffizienzen aus und sind deshalb abzulehnen. Zwei Beispiele mögen dies illustrieren: Im Rahmen der Einkommensteuer dürfen Ausgaben für Segeljachten oder Motorjachten, auch wenn sie betrieblich veranlaßt sind, den Gewinn nicht mindern (§ 4 Abs. 5 Nr. 4 EStG), weil der Gesetzgeber zu recht meint, Jachten seien eher Konsumgüter als Zwischenprodukte. Analog dürfen Unternehmer bei der Umsatzsteuer zwar auch für privat genutzte Güter Vorsteuern abziehen, doch wird der Vorsteuerabzug durch die Fiktion einer unentgeltlichen Wertabgabe (§ 3 Abs. 1b und 9a UStG) neutralisiert. Beide Regelungen harmonieren perfekt mit dem Ziel zweitbester Besteuerung. Andere Steuern hingegen verletzen Produktionseffizienz und sollten aus diesem Grund abgeschafft werden. Hierzu gehören insbesondere die Grunderwerbsteuer und die Versicherungsteuer, soweit sie den Unternehmenssektor treffen.

3. Kapitaleinkommensbesteuerung

Auf den ersten Blick umfaßt das bisherige Modell nur einen Produktionsfaktor, nämlich die Arbeit, doch eignet es sich durchaus auch zur Analyse von Kapitaleinkommensteuern. Der Einfachheit halber wird in diesem Abschnitt eine Welt mit nur *zwei* Konsumgütern unterstellt, von denen das erste als *Gegenwartskonsum* und das zweite als *Zukunftskonsum* interpretiert wird. Bei einem positiven Zinssatz r ist Gegenwartskonsum teurer als Zukunftskonsum, und das Nettopreisverhältnis p_1/p_2 dieser beiden entspricht dem Zinsfaktor $R = 1 + r$. Vermindert ein Konsument nämlich seinen Gegenwartskonsum um die Ersparnis s, kann er seinen Zukunftskonsum um Rs steigern, weil er später den gesparten Betrag und zusätzlich das Kapitaleinkommen rs erhält. Kapitaleinkommensteuern verzerren die intertemporalen Entscheidungen der Konsumenten, indem sie das Bruttopreisverhältnis auf einen Wert $q_1/q_2 < p_1/p_2$ senken und das Sparen unattraktiv machen.

Ein erstbestes Steuersystem belastet Gegenwartskonsum und Zukunftskonsum fraglos mit demselben Steuersatz. In ein solches System passen die in § 25 vorgestellte Ausgabensteuer und die hierzu äquivalente zinsbereinigte Einkommensteuer. Beide bewirken, daß die intertemporale Grenzrate der Substitution mit dem Zinsfaktor als Ausdruck für die intertemporale Grenzrate der Transformation übereinstimmt.

Die Angelegenheit wird aber verwickelter, wenn Informationsprobleme eine erstbeste Besteuerung ausschließen. Zwar stimmt es weiterhin, daß eine Kapitaleinkommensteuer intertemporale Entscheidungen verzerrt, doch besagt dies in Anwesenheit einer die Arbeit-Freizeit-Wahl verzerrenden Arbeitseinkommensteuer nicht viel. Ein bloßes *Abzählen* von Verzerrungen nach dem Muster „zwei Verzerrungen sind schlechter als eine Verzerrung" negiert die Einsicht, daß es bei unvollständiger Information nicht darauf ankommt, verzerrungsfrei zu besteuern, sondern darauf, optimal zu verzerren[160]. In Gegenwart einer ohnehin vorhandenen Verzerrung durch die Arbeitseinkommensteuer kann das Hinzukommen einer weiteren Verzerrung in Form der Kapitaleinkommensteuer, die bei Aufkommensneutralität eine Senkung der Arbeitseinkommensteuer erlaubt, durchaus vorteilhaft sein.

Richtig gestellt lautet die Frage daher nicht, wie viele Verzerrungen es denn sein dürfen, sondern welche *Mischung* von Arbeits- und Kapitaleinkommensteuern optimal ist. Eine abstrakte Antwort gibt die Freizeitkomplementaritätsregel:

---

160 Das Abzählargument wird in der Literatur gebetsmühlenartig wiederholt, vgl. etwa Kronberger Kreis (2000) *Abgeltungsteuer bei Kapitaleinkommen*. Bad Homburg: Frankfurter Institut. In souveräner Verkennung der Zweitbesttheorie monieren die Autoren (S. 17), daß „der Fiskus doppelt zugreift, in diesem Fall bei der Einkommensentstehung *und* bei (den Erträgen) der Einkommensverwendung. Diese Besorgnis trägt ja das Argument, es handele sich hier um eine Doppelbesteuerung."

Zukunftskonsum sollte höher als Gegenwartskonsum besteuert werden, wenn er stärker freizeitkomplementär ist. Unter dieser Voraussetzung wäre die Erhebung einer Kapitaleinkommensteuer zweitbest, weil sie das Bruttopreisverhältnis geeignet verzerrt, während im umgekehrten Fall eine Subventionierung von Kapitaleinkommen angeraten wäre. Welche Annahme empirisch zutrifft, ist schwer zu sagen. Insofern führt die Theorie zweitbester Besteuerung im Streit um die Kapitaleinkommensteuer nicht zu konkreten Empfehlungen, sondern liefert zwei allgemeinere Einsichten:

Erstens ist eine synthetische Einkommensteuer, die Arbeits- und Kapitaleinkommen mit identischen Sätzen belastet, nicht unbedingt zweitbest. Dieses Ergebnis widerspricht der Intuition, daß gleichmäßige Steuern aus Effizienzgründen stets vorzuziehen seien.

Zweitens ist auch die Ausgabensteuer oder die hierzu äquivalente zinsbereinigte Einkommensteuer nicht notwendig zweitbest, obwohl diese beiden die Sparentscheidungen unverzerrt lassen.

Nach heutigem Wissensstand kann nicht entschieden werden, ob die Abschaffung der Kapitaleinkommensteuer bei gleichzeitiger aufkommensneutraler Verschärfung der Arbeitseinkommensteuer einen Effizienzgewinn erbrächte[161]. Dasselbe gilt für den *Wachstumseffekt* einer solchen Reform[162], der ohnehin von zweitrangiger Bedeutung ist, weil jeder Effizienzgewinn eine Wachstumsbeschleunigung erlaubt, während eine Zunahme des Wachstums nicht unbedingt einen Effizienzgewinn bedeutet, sondern auch auf intergenerativer Umverteilung beruhen kann. Insofern sind Effizienzargumente stärker als die populären Wachstumsargumente.

Seit Jahrhunderten wird die Kapitaleinkommensbesteuerung aber auch mit dem naturrechtlichen Argument einer „angeblichen Doppelbelastung der Ersparnisse“ (Fritz Neumark) attackiert. Eine kurze Betrachtung dieses Einwands lohnt, weil sie zu einem vertieften Verständnis der hier entwickelten Theorie beiträgt. Im intertemporalen Ansatz lautet die Budgetbeschränkung eines Konsumenten $c_1 + c_2/R + (y^{max} - y) = y^{max}$, wenn man Steuern wegläßt und den Preis des Gegenwartskonsums auf Eins normiert. Auf der linken Seite dieser Gleichung erscheinen der Gegenwartskonsum, der Zukunftskonsum und die Freizeit als nutzenstiftende Aktivitäten. Rechts findet man den Wert der Anfangsausstattung des Konsumenten in Form des maximal erzielbaren Einkommens. Die *Leistungsfähigkeit* eines Konsumenten kommt eigentlich im Wert der Anfangsausstattung zum Ausdruck, und eine unter Effizienz- und Gerechtigkeitsaspekten ideale Steuer würde nur auf diese Anfangsausstattung zugreifen.

161 Anderer Ansicht: Rose, M. (1990) The Superiority of a Consumption-Based Tax System. In: Rose, M. (Hrsg.) *Heidelberg Congress of Taxing Consumption*. Berlin usw.: Springer, insbesondere S. 18 f. Abwägend hingegen Feldstein, M. (1978) The Welfare Cost of Capital Income Taxation. *Journal of Political Economy* **86**, S. 29–51, ebenfalls abwägend Sinn, H.-W. (1985) *Kapitaleinkommensbesteuerung*. Tübingen: Mohr, insbesondere S. 227 f.

162 Uhlig, H. und N. Yanagawa (1996) Increasing the Capital Income Tax may Lead to Faster Growth. *European Economic Review* **40**, S. 1521–1540.

Indem der Konsument arbeitet, formt er Freizeit in Arbeitseinkommen um, ohne daß seine Leistungsfähigkeit zunimmt. Gleichwohl entsteht eine Belastung durch die Arbeitseinkommensteuer, die nur damit gerechtfertigt werden kann, daß die Anfangsausstattung nicht beobachtbar sei. Indem der Konsument spart, formt er Gegenwartskonsum in Zukunftskonsum um, und auch hier ändert sich seine Leistungsfähigkeit nicht. Gleichwohl entsteht eine Belastung durch die Kapitaleinkommensteuer, die wiederum nur pragmatisch zu rechtfertigen ist. Beide Fälle sind ganz analog gelagert, und eine spezifische steuerliche Diskriminierung des Kapitaleinkommens erkennt man nicht[163].

4. Haushaltsproduktion

Unter *Haushaltsproduktion* versteht man eine Technologie, mit deren Hilfe die Konsumenten selbst Güter produzieren können[164]. Der volkswirtschaftliche Wert der Haushaltsproduktion ist enorm; in wenig entwickelten Ländern übersteigt er oft das offizielle Inlandsprodukt. Allerdings liegt es in der Natur dieser Tätigkeit, daß sie zu vertretbaren Kosten weder gemessen noch besteuert werden kann. Vielmehr ist die Haushaltsproduktion der wichtigste Teil der Schattenwirtschaft, wenn man *Schattenwirtschaft* wertfrei als Gesamtheit legaler und illegaler Wertschöpfung außerhalb der offiziellen Statistik versteht.

Die Konsumenten verteilen ihre verfügbare Zeit jetzt auf Erwerbsarbeit, Haushaltsproduktion und Freizeit, und die Frage „Würden Sie dies lieber kostenlos von jemand anderem machen lassen?“ erlaubt eine klare konzeptionelle Trennung von Haushaltsproduktion und Freizeit: Wird die Frage bejaht, liegt Haushaltsproduktion vor, ansonsten Freizeit. Im typischen Fall gehören Tätigkeiten wie Fensterputzen oder Autowaschen zur Haushaltsproduktion, während Lesen, Reiten oder Segeln zur Freizeit zählen.

Die Einbeziehung der Haushaltsproduktion rückt die Besteuerung der Erwerbsarbeit in ein neues Licht: Bisher konnten die Konsumenten der Arbeitseinkommensteuer nur durch Wahl einer geringeren Arbeitszeit bzw. einer höheren Freizeit ausweichen. Nunmehr haben sie eine zusätzliche Ausweichmöglichkeit, indem sie, statt mit dem Ertrag ihrer Erwerbsarbeit Güter zu kaufen, diese Güter steuerfrei selbst herstellen. Steuern auf Markteinkommen und Marktnachfragen verzerren die *make or buy* Entscheidung zugunsten des Selbermachens und verringern den Grad der Arbeitsteilung. Das sprunghafte Wachstum der Heimwerkermärkte seit den 1970er Jahren war kein Zufall, sondern Folge der zuvor stark gestiegenen Belastung durch Steuern und Sozialabgaben.

---

163 So auch Sandmo: „[We] see that on purely theoretical grounds there is no strong reason to suspect that efficiency considerations should imply a tax rate on capital income either below or above that on wages.“ Sandmo, A. (1985) The Effects of Taxation on Savings and Risk Taking. In: Auerbach, A. J. und M. Feldstein (Hrsg.) *Handbook of Public Economics, Vol. I.* Amsterdam usw.: North-Holland, S. 293.

164 Boskin, M. (1975) Efficiency Aspects of the Differential Tax Treatment of Market and Household Economic Activity. *Journal of Public Economics* **4**, S. 1–25. Sandmo, A. (1990) Tax Distortions and Household Production. *Oxford Economic Papers* **42**, S. 78–90.

Als realistisches Beispiel sei ein Elektriker betrachtet, der mehrere Räume für 2.000 Euro tapezieren lassen will. Handelt es sich um Betriebsräume, wird er einen entsprechenden Auftrag an einen Maler erteilen, sofern er selbst in der eingesparten Zeit mindestens 2.000 Euro verdienen kann. Dies dürfte wegen Spezialisierungsvorteilen regelmäßig der Fall sein. Will der Elektriker aber seine Privatwohnung renovieren, muß er in Gegenwart einer Mehrwertsteuer von 19 Prozent 2.380 Euro aufwenden, während dem Maler bei einer angenommenen Gesamtbelastung von 60 Prozent durch Einkommensteuer und Sozialabgaben 800 Euro verbleiben. Verwendet der Maler diesen Nettobetrag, um seinerseits den Elektriker für eine private Installation zu bezahlen, bleiben dem letzteren gerade noch 269 Euro übrig, rund ein Zehntel des ursprünglichen Betrags. Unter diesen Umständen kann es nicht verwundern, wenn beide Handwerker auf ihre Spezialisierungsvorteile verzichten und im jeweils fremden Terrain dilettieren. Die Ursache für dieses Verhalten liegt darin, daß Steuern wie *reziproke Zölle* die Marktproduktion treffen, während Haushaltsproduktion steuerfrei bleibt[165].

Sind selbst hergestellte Güter perfekte Substitute zu gekauften Gütern, so wie selbst geputzte Fenster versus fremd geputzte Fenster, und ist auch die mit Haushaltsproduktion verbrachte Zeit ein perfektes Substitut zur Erwerbsarbeit, lautet die Nutzenfunktion $u(\mathbf{c}+\hat{\mathbf{c}}, y+\hat{y}(\hat{\mathbf{c}}))$, wobei $\mathbf{c}$ die *Marktnachfrage* bezeichnet, $\hat{\mathbf{c}}$ die *Haushaltsproduktion* und $\hat{y}(\hat{\mathbf{c}})$ den *Zeitaufwand* für die Haushaltsproduktion. Der Zeitaufwand wird durch eine additive, streng monoton wachsende und streng konvexe Funktion beschrieben und zur Erwerbsarbeit addiert. Die Konsumenten produzieren also mit zunehmenden Grenzkosten. Dabei mag es durchaus sein, daß technologisch anspruchsvolle Konsumgüter nur mit riesigem Zeitaufwand selbst hergestellt werden können; diese werden im individuellen Optimum nur über den Markt bezogen.

Jeder Konsument maximiert seinen Nutzen unter der Nebenbedingung $y=\mathbf{q}\,\mathbf{c}$ durch Wahl der Marktnachfrage, Haushaltsproduktion und Erwerbsarbeit. Durch Ableiten der Lagrange-Funktion $\mathcal{L}=u(\mathbf{c}+\hat{\mathbf{c}}, y+\hat{y}(\hat{\mathbf{c}}))+\mu[y-\mathbf{q}\,\mathbf{c}]$ nach den Kontrollvariablen c_i, y und $\hat{c}_i$ erhält man erneut die Bedingungen (74) und zusätzlich die Bedingungen

$$(90)\qquad \frac{\partial u}{\partial \hat{c}_i}+\frac{\partial u}{\partial \hat{y}}\frac{\partial \hat{y}}{\partial \hat{c}_i}=0\,.$$

Weil die Ableitungen der Nutzenfunktion nach c_i und $\hat{c}_i$ bzw. nach y und $\hat{y}$ identisch sind, ergibt sich nach Einsetzen aus (74) und Division durch μ:

$$(91)\qquad q_i=\frac{\partial \hat{y}(\hat{\mathbf{c}})}{\partial \hat{c}_i}\,.$$

165 Cox, W. M., D. M. Gould und R. J. Ruffin (1998) Income Taxes as Reciprocal Tariffs. *Economic Review of the Federal Reserve Bank of Dallas*, No. 3, S. 1–9.

Der Bruttopreis q_i repräsentiert die Grenzkosten des Markterwerbs, die Ableitung $\partial \hat{y}(\hat{c})/\partial \hat{c}_i$ repräsentiert die Grenzkosten der Haushaltsproduktion. Im Fall eines inneren Optimums stimmen die Grenzkosten des Markterwerbs und die Grenzkosten der Haushaltsproduktion also überein. Steigt der Bruttopreis, so steigen auch die Grenzkosten der Haushaltsproduktion, und die Haushaltsproduktion wird ausgedehnt. Die Ableitung $\partial \hat{y}/\partial q_i$ ist daher für alle Güter, die im individuellen Optimum selbst hergestellt werden, strikt positiv[166]. Gemäß (91) hängt der optimale Umfang der Haushaltsproduktion nur vom Preis und den Kosten der Haushaltsproduktion ab; er ist unabhängig von den Präferenzen.

In Gegenwart der Haushaltsproduktion maximiert der Staat den Konsumentennutzen $u(\mathbf{c} + \hat{\mathbf{c}}, y(\mathbf{c}) + \hat{y}(\hat{\mathbf{c}}))$ unter der Nebenbedingung $y(\mathbf{c}) - \mathbf{p}\,\mathbf{c} = g$, indem er die zweitbesten Marktnachfragen berechnet und durch geeignete Gütersteuern stützt. Die Lösung des Optimierungsproblems führt nach wie vor zur Freizeitkomplementaritätsregel (78), wie man leicht nachrechnet. Dies leuchtet unmittelbar ein, weil die Kontrollvariablen und die Budgetbeschränkung des Staates dieselben sind wie im Standardmodell; auf die Haushaltsproduktion hat der Staat ja keinen Einfluß. Folglich gilt das Grundprinzip zweitbester Besteuerung, wonach die optimalen Steuern von den Reaktionen $\partial y/\partial c_i$ des Erwerbseinkommens auf Änderung des jeweiligen Konsums abhängen, in Gegenwart der Haushaltsproduktion völlig unverändert.

Die Bedeutung der Haushaltsproduktion liegt allein darin, daß sie die Stärke der Reaktionen $\partial y/\partial c_i$ beeinflußt. Dies ist unter den restriktiven Annahmen *exogener Freizeit* und *verschwindender Kreuzpreiselastizitäten* klar zu erkennen. Diese Annahmen beinhalten, daß die gesamte mit Erwerbsarbeit und Haushaltsproduktion verbrachte Zeit konstant ist und daß jeder Konsum nur auf Änderungen des eigenen Preises reagiert. Bei exogener Freizeit würde der Staat im Modell ohne Haushaltsproduktion einheitliche Steuersätze festlegen und damit ein erstbestes Steuersystem etablieren. Erwerben die Konsumenten aber gewisse *Güter j* ausschließlich über den Markt, während sie andere *Güter i* zum Teil selbst herstellen, ändert sich das Bild:

— Will der Staat einen Konsum c_j erhöhen, muß er den korrespondierenden Bruttopreis q_j senken. Weil das Gut j annahmegemäß nur gekauft wird, hat diese Maßnahme keinen Einfluß auf die Eigenproduktion und folglich, bei exogener Freizeit, auch keinen Einfluß auf die Erwerbsarbeit. Für die Güter j gilt demnach $\partial y/\partial c_j = 0$.

— Erhöht der Staat hingegen einen Konsum c_i durch Senkung des korrespondierenden Bruttopreises q_i, sinkt die mit Haushaltsproduktion verbrachte Zeit, wie oben gezeigt, und bei exogener Freizeit nimmt die Erwerbsarbeit notwendig zu. Für die Güter i gilt folglich $\partial y/\partial c_i > 0$.

---

166 *Beweis*: Anwendung der Kettenregel ergibt $\partial \hat{y}/\partial q_i = \partial \hat{y}/\partial \hat{c}_i \cdot \partial \hat{c}_i/\partial q_i$. Der erste Faktor ist wegen strenger Monotonie von $\hat{y}(\hat{\mathbf{c}})$ positiv. Der durch implizite Differentiation von (91) ermittelte zweite Faktor $\partial \hat{c}_i/\partial q_i = 1/(\partial^2 \hat{y}(\hat{\mathbf{c}})/\hat{c}_i^2)$ ist wegen strenger Konvexität von $\hat{y}(\hat{\mathbf{c}})$ positiv.

Unter diesen Voraussetzungen belastet ein zweitbestes Steuersystem die ausschließlich über den Markt bezogenen Güter j mit dem Satz $(\lambda - \mu)/\mu$. Jene Güter, die der Konsument zumindest teilweise selbst produziert, werden hingegen mit den niedrigeren Sätzen $(\lambda - \mu)/\mu\,(p_i - \partial y/\partial c_i)$ besteuert. Dies folgt unmittelbar aus der weiterhin gültigen Freizeitkomplementaritätsregel (78). Selbst produzierte Güter werden dabei steuerlich privilegiert, um die Konsumenten von einem Ausweichen in die Haushaltsproduktion abzuhalten; denn bei exogener Freizeit eröffnet nur die Haushaltsproduktion Ausweichmöglichkeiten, die Zusatzlasten verursachen.

Gemäß § 35a EStG dürfen Aufwendungen für *haushaltsnahe Dienstleistungen* in beschränktem Umfang steuerlich abgesetzt werden, obwohl es sich um Privatausgaben handelt. Teile der Literatur motivieren diese Steuervergünstigung mit Zweitbesteffizienz[167]. Dies ist nicht abwegig und doch gewagt, weil das obige Ergebnis starken Annahmen geschuldet war und nicht wesentlich verallgemeinert werden kann: Sind die Kreuzpreiselastizitäten verschieden von Null, dann muß der Staat, um einen Konsum anzuheben, mehrere oder alle Bruttopreise entsprechend der inversen Nachfrage $\mathbf{q}(\mathbf{c})$ ändern und dabei im allgemeinen auch manche der selbst herstellbaren Güter verteuern oder verbilligen, wodurch die mit Haushaltsproduktion verbrachte Zeit steigt oder sinkt. Und bei endogener Freizeit ist nicht einmal klar, ob Erwerbsarbeit und Haushaltsproduktion gegenläufig variieren; dies hängt vielmehr von den Substitutionsbeziehungen zwischen Freizeit und den übrigen Gütern ab.

Statt selbst hergestellte Güter niedrig zu besteuern, kann die Steuerpolitik der Haushaltsproduktion aber offensiv begegnen, sofern die Konsumenten hierfür nicht nur Arbeitszeit, sondern auch Zwischenprodukte benötigen; man denke etwa an die Herstellung eines tapezierten Zimmers unter Einsatz von Arbeitskraft, Tapeten und Kleister. Erhöhte Mehrwertsteuersätze auf solche Zwischenprodukte – im wesentlichen Baumarktprodukte – verteuern die Haushaltsproduktion und lassen die Preise für Handwerkerleistungen aufgrund der Mechanik des Vorsteuerabzugs unverändert. Dadurch kommt es zu einer Annäherung an das Zweitbestoptimum, denn das Produktionseffizienztheorem gilt *nicht* für die Haushaltsproduktion: Im Unternehmenssektor bedeutet Produktionseffizienz, daß mit gegebenen Inputs ein Maximum an Outputs herstellt wird. Diese Outputs werden am Markt angeboten und sind damit besteuerbar. In Bezug auf die Haushaltsproduktion würde Produktionseffizienz verlangen, daß mit gegebenen Inputs ein Maximum an *nicht* besteuerbaren Outputs hergestellt wird. Eine solche Zielsetzung liefe der Forderung nach Zweitbesteffizienz zuwider, weil bei gegebenem Steueraufkommen sehr hohe Steuersätze auf die verbleibenden Markttransaktionen erforderlich wären.

Zusammengefaßt hat die Haushaltsproduktionstheorie veranschaulicht, daß steuerliche Verzerrungen nicht nur durch Ausweichen auf Freizeit im engeren

167 Kleven, H. J., W. F. Richter und P. B. Sorensen (2000) Optimal Taxation with Household Production. *Oxford Economic Papers* 52, S. 584–594.

Wortsinn entstehen. Ganz im Gegenteil haben der Rückzug in die Eigenwirtschaft und das Meiden des Marktes eine viel größere praktische Bedeutung und ist der Begriff Freizeit nur eine *Metapher* für weit komplexere Zusammenhänge. Aus einzelwirtschaftlicher Sicht bietet die Haushaltsproduktion eine willkommene Chance, Steuern zu sparen, doch stellt sie gesamtwirtschaftlich ein Ärgernis dar, denn wäre ihre Besteuerung zu vertretbaren Kosten möglich, könnte das heutige Steueraufkommen mit niedrigeren Sätzen erzielt werden, was durch Nutzung von Spezialisierungsvorteilen, die momentan brach liegen, einen Wachstumsschub auslösen würde.

Andererseits taugt die Haushaltsproduktionstheorie kaum zur Begründung von Steuervergünstigungen für haushaltsnahe Dienstleistungen und dergleichen, weil derartige Privilegien nur unter stark einschränkenden Annahmen, die jeder empirischen Grundlage entbehren, zweitbest sind. In der Praxis beruhen solche Vergünstigungen eher auf einem Hang zur Partialbetrachtung, der verkennt, daß bei gegebenem Steueraufkommen die Behebung einer punktuellen Ineffizienz höhere Steuern und damit größere Verzerrungen an anderer Stelle verlangt.

Vergleichsweise geschickter wäre ein offensives Vorgehen: Wer den Markt für handwerkliche Dienstleistungen beleben will, erreicht dies nicht nur durch *ermäßigte* Mehrwertsteuersätze für Handwerkerleistungen, sondern auch umgekehrt durch *erhöhte* Mehrwertsteuersätze auf Baumarktprodukte, Reinigungsutensilien und ähnliche Vorleistungen der Haushaltsproduktion. Der letztgenannte Weg erlaubt Steuersenkungen an anderer Stelle und beeinträchtigt infolge des Vorsteuerabzugs nicht die Produktionseffizienz im Unternehmenssektor.

5. Steuerfreie Nachtarbeitszuschläge

Gemäß § 3b EStG sind bestimmte Zuschläge, die für tatsächlich geleistete Sonntags-, Feiertags- und Nachtarbeit gezahlt werden, steuerfrei. Zur Vereinfachung seien sie zusammenfassend *Nachtarbeitszuschläge* genannt. Ist diese umstrittene Regelung, die 1940 von Hitler zur Anspornung der Rüstungsindustrie in das Einkommensteuergesetz eingefügt wurde, zweitbest?

Um dies zu untersuchen, wird *Tagarbeit* wie bisher durch das Symbol y dargestellt und daneben ein zusätzliches Symbol $\tilde{y}$ für *Nachtarbeit* eingeführt. Zur Vereinfachung sei angenommen, daß Tagarbeit und Nachtarbeit vollständige Substitute in der Produktion sind und deshalb denselben Bruttolohn erbringen, der auf Eins normiert bleibt. Auch der Nettolohn der Tagarbeit sei nach wie vor gleich Eins, was keine Beschränkung der Allgemeinheit bedeutet, weil die Gütersteuern in eine Arbeitseinkommensteuer umgerechnet werden können.

Als neues Instrument kommt $\tilde{w}$ hinzu, der *Nettolohn für Nachtarbeit*. Der Staat kann die Nachtarbeit im Vergleich zur Tagarbeit schärfer, milder oder gleich besteuern, indem er $\tilde{w}$ kleiner, größer oder gleich Eins wählt. Jeder Konsument maximiert seinen Nutzen $u(\mathbf{c}, y, \tilde{y})$ unter der Nebenbedingung $y + \tilde{w}\tilde{y} = \mathbf{q}\,\mathbf{c}$. In der Nutzenfunktion sind Tagarbeit und Nachtarbeit nicht additiv verknüpft, weil zugelassen wird, daß die Konsumenten unterschiedliche Abneigungen gegenüber diesen beiden Arbeitsformen haben. Andernfalls wäre das Problem trivialisiert; bei unterschiedlicher Besteuerung käme es zu Randoptima. Individuelle Optimierung ergibt die bekannten Bedingungen (74) und zusätzlich, durch Ableiten nach der Nachtarbeit, die Bedingung $\partial u/\partial \tilde{y} = -\mu\,\tilde{w}$.

Der Staat kann die Nachtarbeit mit dem zusätzlichen Instrument $\tilde{w}$ beliebig justieren, muß aber hinnehmen, daß die Konsumenten zu jedem durch $\mathbf{q}$ und $\tilde{w}$ gestützten Paar $(\mathbf{c}, \tilde{y})$ die ihnen genehme Tagarbeit $y(\mathbf{c}, \tilde{y})$ wählen. Eine zweitbeste Besteuerung verlangt jetzt die Maximierung des Nutzens $u(\mathbf{c}, y(\mathbf{c}, \tilde{y}), \tilde{y}))$ unter der Nebenbedingung $y(\mathbf{c}, \tilde{y}) + \tilde{y} - \mathbf{p}\,\mathbf{c} = g$. Analog zum Vorgehen in § 34 führt Ableiten der Lagrange-Funktion $\mathcal{L} = u(\mathbf{c}, y(\mathbf{c}, \tilde{y}), \tilde{y}) + \lambda[y(\mathbf{c}, \tilde{y}) + \tilde{y} - \mathbf{p}\,\mathbf{c} - g]$ nach den Konsumgütern auf die bekannte Freizeitkomplementaritätsregel und Ableiten nach der Nachtarbeit auf die zusätzliche und neue Bedingung

$$(92) \qquad \tilde{w} - 1 = \frac{\lambda - \mu}{\mu}\,(1 + \partial y/\partial \tilde{y}).$$

Links erkennt man die optimale Steuervergünstigung für Nachtarbeit, weil der Nettolohn der Tagarbeit definitorisch gleich Eins ist. Die optimale Steuervergünstigung verschwindet im Fall $\partial y/\partial \tilde{y} = -1$, also genau dann, wenn eine marginale Anhebung der Nachtarbeit die Tagarbeit um denselben Wert senkt, Nachtarbeit also *freizeitneutral* ist. Unter dieser Voraussetzung bleiben das Gesamteinkommen und die Konsumausgaben als Steuerbasis bei Änderung der Nachtarbeit konstant, weshalb Nachtarbeit mit dem normalen Satz belastet werden sollte.

Weil der Mensch genetisch auf Tagarbeit eingestellt ist und Nachtarbeit ihn stärker erschöpft, ist Nachtarbeit wahrscheinlich ein Freizeitkomplement. Unter dieser Voraussetzung bewirkt zusätzliche Nachtarbeit eine überproportionale Minderung der Tagarbeit, $\partial y/\partial \tilde{y}$ ist kleiner als minus Eins, und (92) gebietet eine *schärfere* statt mildere Besteuerung der Nachtarbeit. Die bestehende Privilegierung der Nachtarbeit begünstigt insofern ein volkswirtschaftlich ineffizientes Verhalten, bei dem zu viel Nachtarbeit geleistet wird.

Allerdings laviert der obige Ansatz hart an der Grenze antinomischer Annahmen, weil der Staat dort zwischen Tagarbeit und Nachtarbeit unterscheiden kann, während die Theorie des Zweitbesten gerade auf der Prämisse unbeobachtbarer Arbeitszeiten fußt. In der Tat wäre das Privileg des § 3b EStG selbst dann unsachgemäß, wenn Nachtarbeit nachweislich zu den Freizeitsubstituten gehörte, denn unter dieser Voraussetzung müßte *jede* Form der Nachtarbeit begünstigt werden, was § 3b EStG nicht leistet: Angestellte Taxifahrer, die keine tariflichen Zuschläge erhalten, sondern umsatzbezogene Vergütungen, werden bei Nachtarbeit voll besteuert, selbständige Hebammen ebenfalls, von Gewerbetreibenden ganz zu schweigen. Als völlig unsystematische punktuelle Vergünstigung gehört § 3b EStG deshalb abgeschafft. Daß dies trotz vielfacher Versuche bisher nicht gelang, ist nicht zuletzt dem Einfluß der Medien zuzuschreiben, die – man denke an Druckereien, Kameraleute oder Moderatoren – zu den wichtigsten Begünstigten gehören.

6. Fahrten zwischen Wohnung und Arbeitsstätte

Gemäß § 9 Abs. 1 Nr. 4 EStG können Arbeitnehmer für Fahrten zwischen Wohnung und Arbeitsstätte in beschränktem Umfang eine *Entfernungspauschale* abziehen; für Unternehmer gilt gemäß § 4 Abs. 5 Nr. 6 EStG dasselbe. Weite Teile der Literatur sehen die Entfernungspauschale als Ausfluß des steuerlichen Nettoprinzips und nicht als Steuervergünstigung, weil die Pauschale gut zur Vorstellung eines beruflichen oder betrieblichen *Veranlassungszusammenhangs* paßt – schließlich müssen die Arbeitnehmer und Unternehmer ja irgendwie zum Betrieb gelangen, wenn sie Geld verdienen wollen, und dabei entstehen ihnen Aufwendungen. Weil das Nettoprinzip auch bei zweitbester Besteuerung einen hohen Stellenwert hat, erscheint der Fall klar.

Der Schein trügt aber, was schnell deutlich wird, wenn man die zweckmäßige steuerliche Behandlung von Pendelkosten nicht aus bloßen Begriffen ableitet, sondern eine kunstgerechte Wirkungsanalyse anstellt[168]. Dazu sei das bisherige Modell um ein weiteres Konsumgut d (*distance*) ergänzt, das die Entfernung zwischen Wohnung und Arbeitsstätte mißt. Die Entfernung verursacht einerseits Kosten und stiftet andererseits Nutzen; daher kann sie ohne weiteres als Konsumgut betrachtet werden. Schätzt ein Konsument die Entfernung nicht, wählt er seine Wohnung in unmittelbarer Nähe des Arbeitsplatzes ($d = 0$), und die Frage einer Entfernungspauschale stellt sich nicht.

Viele Menschen sind aber durchaus bereit, für die Entfernung vom Arbeitsplatz einiges auszugeben – sei es, daß sie im Grünen wohnen möchten, sei es, daß die Mieten im Umland niedriger sind oder sei es aus anderen Gründen, etwa der Nähe zum Freundes- oder Verwandtenkreis. Im Rahmen einer normativen Analyse spielen Motive keine Rolle, es resultiert lediglich eine innere Lösung $d > 0$, die Pendelkosten verursacht. Während die Pendelkosten zum Teil monetär sind, man denke etwa ans Benzin, bestehen sie doch zum erheblichen Teil aus dem Zeitaufwand für Fahrten zwischen Wohnung und Arbeitsstätte. Die weitaus meisten Steuerpflichtigen beschäftigen keinen Chauffeur, um während der Fahrt ungestört Akten lesen oder anderweitig arbeiten zu können, sondern fahren selbst und ersetzen insofern steuerpflichtige Marktproduktion durch steuerfreie Haushaltsproduktion. Die volkswirtschaftliche Bedeutung dieser Haushaltsproduktion ist enorm, wie folgende überschlägige Rechnung zeigt: Verbringen 30 Millionen Berufstätige durchschnittlich eine Stunde pro Tag mit Pendeln, dann hat das Selbstfahren bei einem Bruttostundenlohn von 15 Euro und 220 Arbeitstagen im Jahr einen volkswirtschaftlichen Gesamtwert von rund 100 Milliarden Euro. Ein tieferes Nachdenken über die richtige steuerliche Behandlung eines solchen Betrags lohnt.

Hierzu sei auf das Modell der Haushaltsproduktion zurückgegriffen und angenommen, daß Pendler für Fahrten zwischen Wohnung und Arbeitsstätte just d

168 Philosophisch ausgedrückt dürften Ökonomen die konsequentesten unter den Konsequentialisten sein, weil sie Normen stets im Hinblick auf deren *Wirkungen* beurteilen und sich naturrechtlicher Metaphysik meist enthalten.

Zeitstunden benötigen. Die Pendler maximieren nun $u(\mathbf{c}, d, y+d)$. Entsprechend der Doppelnatur der Variablen d erhöht eine größere Entfernung zum Arbeitsplatz einerseits den Nutzen unmittelbar, verursacht andererseits aber Opportunitätskosten, indem sie die verbleibende Freizeit mindert. Es besteht kein Zweifel, daß ein *erstbestes* Steuersystem die Entfernung zwischen Wohnung und Arbeitsstelle ignoriert und die Konsumenten sodann Grenznutzen und Grenzkosten des Pendelns zum Ausgleich bringen.

Im Zweitbestkontext ist das nicht so klar, wie die folgenden Überlegungen zeigen. In der Praxis kann der Staat kann die Entfernung relativ leicht beobachten und deshalb eine positive oder negative *Pendlersteuer* mit dem Satz t^d erheben. Bei negativem Vorzeichen von t^d subventioniert der Staat das Pendeln, was einer ertragsteuerlichen Absetzbarkeit gleichkommt. Die Budgetbeschränkung der Konsumenten lautet jetzt $y = \mathbf{q}\,\mathbf{c} + t^d d$, und durch Ableiten der Lagrange-Funktion $\mathcal{L} = u(\mathbf{c}, d, y+d) + \mu[y - \mathbf{q}\,\mathbf{c} - t^d d]$ erhält man die unveränderten Bedingungen (74) für ein individuelles Optimum. Durch Ableiten nach der Entfernung ergibt sich unter Anwendung der Kettenregel außerdem

$$\text{(93)} \qquad \frac{\partial \mathcal{L}}{\partial d} = \frac{\partial u}{\partial d} + \frac{\partial u}{\partial y} - \mu\, t^d = 0\,.$$

Der Staat kann mit den Bruttopreisen und dem zusätzlichen Instrument t^d beliebige Paare $(\mathbf{c}, d)$ aus Konsum und Entfernung stützen, muß aber hinnehmen, daß die Konsumenten eine aus ihrer Sicht optimale Arbeitszeit $y(\mathbf{c}, d)$ wählen. Ein Zweitbestoptimum maximiert daher den Nutzen $u(\mathbf{c}, d, y(\mathbf{c}, d) + d)$ unter Einhaltung der staatlichen Budgetbeschränkung $y(\mathbf{c}, d) - \mathbf{p}\,\mathbf{c} = g$. Aus dem Lagrange-Ansatz $\mathcal{L} = u(\mathbf{c}, d, y(\mathbf{c}, d) + d) + \lambda[y(\mathbf{c}, d) - \mathbf{p}\,\mathbf{c} - g]$ folgt

$$\text{(94)} \qquad \frac{\partial \mathcal{L}}{\partial d} = \frac{\partial u}{\partial d} + \frac{\partial u}{\partial y}\frac{\partial y}{\partial d} + \frac{\partial u}{\partial y} + \lambda \frac{\partial y}{\partial d} = 0\,.$$

Gemäß (93) können der erste und der dritte Summand durch $\mu\, t^d$ ersetzt werden, und laut (74) gilt $\partial u/\partial y = -\mu$. Dies eingesetzt, ergibt sich durch Auflösen nach dem Steuerbetrag als Bedingung für Zweitbesteffizienz:

$$\text{(95)} \qquad t^d = -\frac{\lambda - \mu}{\mu}\frac{\partial y}{\partial d}\,.$$

Demnach sollten Fahrten zwischen Wohnung und Arbeitsstätte steuerlich unbeachtlich sein, wenn die Entfernung freizeitneutral ist $(\partial y/\partial d = 0)$[169]. Geht das Pendeln aber zu Lasten der Arbeitszeit, gilt also $\partial y/\partial d < 0$, ist eine positive Pendlersteuer zweitbest. Unter dieser plausiblen Voraussetzung, die das Pendeln als Sonderform der Haushaltsproduktion betrachtet, ist die zweitbeste Entfernungs-

---

169 Wrede, M. (2000) Tax Deductibility of Commuting Expenses and Leisure: On the Tax Treatment of Time-Saving Expenditure. *FinanzArchiv* 57, S. 216–224.

pauschale *negativ*, weil das Pendeln von der Erzielung von Markteinkommen durch Erwerbsarbeit abhält[170].

Teile der Literatur lassen dieses Resultat nicht gelten. So argumentiert Sinn, daß die Neigung, einen besser bezahlten, aber weiter entfernten Arbeitsplatz anzunehmen – oder überhaupt einen Arbeitsplatz anzunehmen – durch die Abziehbarkeit der Fahrtkosten vom zu versteuernden Einkommen gefördert werde[171]. Bei dieser kurzfristigen Betrachtung ist der Wohnort gegeben, während die vorige Analyse auf die lange Frist und eine simultane Wahl von Wohnort und Arbeitsort abhebt. Andere Autoren ergänzen diese Gesichtspunkte um raumordnungs- und umweltpolitische Aspekte, schließlich induziert die Entfernungspauschale Verkehraufkommen, fördert die Zersiedelung der Landschaft und erhöht die Umweltbelastung. Aber selbst ungeachtet dieser zusätzlichen Aspekte spricht alles für die Abschaffung der Entfernungspauschale und einiges sogar für die Erhebung einer Pendlersteuer.

7. Fortbildungskosten

Nach der Rechtsprechung werden *Fortbildungskosten*, also Aufwendungen für die Fortbildung in einem bereits erlernten und ausgeübten Beruf, als beruflich veranlaßt gewertet und unbeschränkt zum Abzug als Werbungskosten im Sinne des § 9 EStG zugelassen; bei betrieblicher Veranlassung gilt materiell dasselbe. Im vorigen Abschnitt wurde deutlich, daß der steuerrechtliche Begriff des Veranlassungszusammenhangs nicht bei jeder Lesart zu ökonomisch sinnvollen Ergebnissen führt. Wie verhält es sich hier?

Um dies zu beantworten, sei angenommen, daß die Konsumenten Fortbildungskurse im Umfang von b Stunden belegen, um ihr Einkommen zu steigern, und für jede Stunde Fortbildung den Preis q^b zahlen. Das Einkommen ist nunmehr eine Funktion e(y, b), die in der Arbeitszeit y und in der Fortbildung b streng monoton wächst und konstante Skalenerträge aufweist. Da die Fortbildung keinen Einfluß auf den Nutzen hat, maximieren die Konsumenten weiterhin die Funktion u(**c**, y), jedoch lautet ihre Budgetbeschränkung jetzt $e(y, b) = \mathbf{q}\,\mathbf{c} + q^b\, b$.

Durch Setzung der Preise **q** und q^b kann der Staat den Konsum und die Fortbildung beliebig steuern, muß aber akzeptieren, daß die Konsumenten die Arbeitszeit y(**c**, b) nach eigenen Vorstellungen anpassen. Mit p^b als dem Nettopreis der Fortbildung und $t^b = q^b - p^b$ genügen zweitbeste Steuersysteme der Bedingung

(96) $$t^b = -\frac{\lambda - \mu}{\lambda}\frac{\partial e}{\partial y}\frac{\partial y}{\partial b} = 0\,,$$

wie am Ende des Mathematischen Anhangs zu diesem Kapitel gezeigt. Somit sollte die Fortbildung *steuerfrei* bleiben. Bei einer einheitlichen Konsumgüter-

170 Richter, W. F. (2005) Efficiency Effects of Tax Deductions for Work-Related Expenses. *International Tax and Public Finance* (im Druck).

171 Sinn, H.-W. (2003) Hände weg von der Entfernungs-Pauschale, *Süddeutsche Zeitung* vom 25. August 2003, S. 20.

steuer mit dem Satz τ bedeutet dies für die Einkommensbesteuerung folgendes: Aus der Budgetgleichung $e(y, b) = \mathbf{q}\,\mathbf{c} + p^b b$ erhält man durch Multiplikation mit dem Steuerfaktor $e(y, b)\,(1 - \tau) = \mathbf{p}\,\mathbf{c} + p^b b\,(1 - \tau)$ und nach Subtraktion der Fortbildungskosten $(e(y, b) - p^b b)(1-\tau) = \mathbf{p}\,\mathbf{c}$. Links erkennt man das Nettoeinkommen, das einem Konsumenten nach Abzug der Fortbildungskosten von der Bemessungsgrundlage verbleibt. Ertragsteuerlich ist also nur die *unbeschränkte Abziehbarkeit* von Fortbildungskosten zweitbest.

Warum widerspricht dieses Ergebnis dem vorigen, wonach Pendelkosten besteuert werden bzw. ertragsteuerlich nicht abziehbar sein sollten? Dies hängt mit der schon erwähnten Daumenregel zweitbester Besteuerung zusammen: Ausgaben, die den Nutzen erhöhen, sollten grundsätzlich nicht abziehbar sein, wohl aber Ausgaben, die allein das Einkommen erhöhen. Die erste Forderung ergibt sich aus der Problemstellung, weil sonst kein Steueraufkommen entstünde, die zweite leuchtet unmittelbar ein: Haben Ausgaben den Zweck, das Einkommen zu erhöhen, dann steigern sie indirekt auch das Steueraufkommen, weshalb der Staat die Konsumenten von solchen Aktivitäten nicht abhalten sollte.

Genau besehen kann das Resultat (96) kaum überraschen, weil Fortbildung ein *Zwischenprodukt* im Sinne des Produktionseffizienztheorems ist. Zwischenprodukte wurden in § 35 als Güter definiert, die keinen unmittelbaren Einfluß auf den Nutzen haben, sondern in der Produktion als Inputs eingesetzt werden. Das Produktionseffizienztheorem verlangte, Zwischenprodukte nicht zu besteuern. Vorliegend zeigt sich nun, daß diese Forderung nicht nur für Unternehmen gilt, sondern auch für Konsumenten, sofern die Konsumenten Zwischenprodukte kaufen, um damit steuerpflichtige Einkommen zu generieren. Umgekehrt verhält es sich, wenn die Konsumenten Zwischenprodukte in der steuerfreien Haushaltsproduktion einsetzen, wie weiter oben gezeigt.

8. Der Veranlassungszusammenhang

Zusammengefaßt fügen sich unsere Ergebnisse erstaunlich gut in die steuerrechtliche Dogmatik ein: Nach § 12 EStG sind Privatausgaben nicht abziehbar, betrieblich (§ 4 EStG) oder beruflich (§ 9 EStG) veranlaßte Ausgaben aber schon. Aus ökonomischer Sicht erscheinen diese Prinzipien gesund, weil sie auf Zweitbesteffizienz abzielen. Die obige Theorie liefert insofern eine *Auslegungshilfe*: Sie macht klar, daß es hinsichtlich der Abziehbarkeit von Ausgaben darauf ankommt, ob die Ausgaben den Nutzen erhöhen oder das steuerpflichtige Einkommen. Im ersten Fall sollten die Ausgaben nicht abziehbar sein, wohl aber im zweiten. Genau hierin liegt die finanzwissenschaftliche Lesart des steuerrechtlichen Veranlassungszusammenhangs.

Die damit geschaffene *konzeptionelle* Klarheit darf aber nicht darüber hinwegtäuschen, daß die Feststellung des Veranlassungszusammenhangs *praktisch* schwierig bleibt, weil man vielen Ausgaben das dahinter stehende Motiv nicht ansieht. Während Aufwendungen für Pipelines oder CNC-Fräsen kaum Probleme bereiten, liegen die Dinge bei hubraumstarken Firmenwagen oder Fortbildungskongressen in der Karibik durchaus anders.

§ 37 Lenkungszwecknormen, Umweltsteuern

Lenkungszwecknormen wurden in § 2 als Normen des Steuerrechts definiert, die vorrangig auf eine Verhaltensänderung abzielen und bei denen der Fiskalzweck in den Hintergrund tritt. Ein Zyniker könnte fragen, ob es derartiges *wirklich gibt*, aber das hindert den Theoretiker nicht zu untersuchen, ob Steuern effiziente Lenkungsinstrumente sein können, zumal in der Steuerpolitik seit langem ein heftiger Streit darüber schwelt, ob Lenkungszwecknormen ins Steuerrecht gehören oder nicht.

Die hiermit gestellte Frage erlaubt keine generalisierende Antwort, weil das Steuerrecht höchst vielfältige Arten von Lenkungszwecknormen kennt. Zunächst muß zwischen *begünstigenden* und *belastenden* Lenkungszwecknormen unterschieden werden. Begünstigende Normen, die synonym *Steuersubventionen* heißen, finden sich in zahlreichen Einzelsteuergesetzen. Sie haben den Nachteil, daß ihr Adressatenkreis nur aus den Zahlern der jeweiligen Steuer besteht; insofern sind sie unsystematisch. Wenn der Gesetzgeber bestimmte Förderziele durch Ermäßigungen der Einkommensteuer verfolgt, entsteht nur bei den Personen, die Einkommensteuer zahlen, ein entsprechender Anreiz, der zudem mit wachsendem Grenzsteuersatz zunimmt. Derartige Lenkungszwecknormen sind sowohl im Hinblick auf das angestrebte Ziel, als auch unter Verteilungsgesichtspunkten fragwürdig. Hinzu kommt, daß die Steuersubvention als Mindereinnahme im Haushaltsplan versteckt ist, während offene Subventionen auf der Ausgabenseite mit einem bestimmten Geldbetrag angesetzt werden. Damit haben Steuersubventionen zusätzlich den Nachteil der *Intransparenz*[172]. Zusammenfassend gibt es mehrere Argumente gegen begünstigende steuerliche Lenkungszwecknormen und keines, das für dieses Instrument spricht. Die Forderung nach einer generellen Abschaffung von Steuersubventionen ist deshalb durchaus plausibel.

Belastende Lenkungszwecknormen und erst recht Lenkungszwecksteuern, also Steuern, die vorrangig auf eine Lenkung abzielen, können dagegen durchaus ihre Berechtigung haben. Sie werden im Schrifttum als mögliche Korrekturmechanismen für ein *Marktversagen* gesehen, das auf externe Effekte zurückgeht. Allgemein spricht man von einem *externen Effekt*, wenn Handlungen eines Konsumenten oder Produzenten unmittelbar in die Nutzenfunktionen oder Produktionsfunktionen anderer eingehen und diesen nutzen oder schaden, ohne daß ein Marktpreis gezahlt wird. Bei Vorliegen externer Effekte ist das Marktgleichgewicht nicht mehr pareto-optimal; der erste Hauptsatz der Wohlfahrtstheorie findet keine Anwendung.

Das Beispiel der *Umweltschutzproblematik* ist zur Erörterung externer Effekte prädestiniert und zeigt, welche Rolle eine effizienzorientierte Besteuerung hierbei

---

172 Die Steuersubventionen werden allerdings im Subventionsbericht ausgewiesen. Weil dieser Bericht auffallend lieblos angefertigt ist (und wenig gelesen wird) schafft er kaum die nötige Transparenz. Siehe Bundesregierung (2003) *Neunzehnter Subventionsbericht.* Bundestagsdrucksache 15/**1635** vom 1. Oktober 2003. Informativer: Boss, A. und A. Rosenschon (1998) *Subventionen in Deutschland.* Kieler Diskussionsbeiträge **320**. Kiel: Institut für Weltwirtschaft.

spielen kann. Zur Analyse greifen wir auf das in § 35 verwendete allgemeine Gleichgewichtsmodell zurück, interpretieren eines der Konsumgüter als *Luftreinheit* und unterstellen für einen Moment, daß es nur einen einzigen Konsumenten und ein einziges Unternehmen gibt. Unter diesen Annahmen wird der Konsument, wenn er Luftreinheit schätzt, dem Unternehmen einen Preis dafür zahlen, denn das Unternehmen kann in einem abstrakten Sinn saubere Luft herstellen, indem es luftverschmutzende Produktionsprozesse vermeidet oder ganz unterläßt.

Diese marktwirtschaftliche Koordination versagt allerdings bei einer größeren Anzahl von Konsumenten und Unternehmen, weil Verhandlung und Kontrolle in diesem Fall zu aufwendig sind. Realistisch gesehen ist Luftreinheit ein *öffentliches Gut*, dessen private Bereitstellung aus den für öffentliche Güter typischen Gründen scheitert. Insbesondere hat jeder einzelne Konsument einen Anreiz, seine Zahlungsbereitschaft für Luftreinheit zu verschweigen und sich als Trittbrettfahrer zu verhalten.

Das Marktversagen kann auf dreierlei Weise behoben werden: Erstens durch ordnungsrechtliche Auflagen, wobei der Staat den Unternehmen vorschreibt, welche Verfahren sie einsetzen müssen oder nicht einsetzen dürfen oder welche Obergrenzen der Luftverschmutzung zu beachten sind. Zweitens könnte man den Unternehmen offene Subventionen für das Unterlassen der Luftverschmutzung zahlen. Die Höhe der Subvention wäre so zu bemessen, daß sie mit der Summe der Zahlungsbereitschaften der Konsumenten übereinstimmt; dies ist die bekannte *Samuelson-Musgrave-Regel* für das optimale Angebot öffentlicher Güter[173]. Eine derartige *Pigou-Subvention*, benannt nach dem Briten Arthur Cecil Pigou, behebt die durch das Fehlen eines Marktes verursachte Ineffizienz, jedoch muß das erforderliche Subventionsvolumen durch verzerrende Steuern aufgebracht werden[174].

Drittens könnte der Beitrag jedes Unternehmens zur Luftverschmutzung mit einer *Pigou-Steuer* belegt werden. Wird diese richtig bemessen, löst sie das Effizienzproblem in gleicher Weise wie die Pigou-Subvention, doch entsteht nun ein Steueraufkommen, das bei gegebenem Budget zur Senkung anderer verzerrender Steuern verwendet werden kann.

Im Vergleich zur Auflagenpolitik haben Pigou-Subventionen und Pigou-Steuern den Vorteil, daß sie *Produktionseffizienz* sichern, denn jedes Unternehmen wählt bei vorgegebenen Preisen den kostengünstigsten Produktionsplan, wenn es sich gewinnmaximierend verhält. Eine Auflagenpolitik vermag dies nicht zu leisten, weil sie unterschiedliche Schadensvermeidungskosten der Unternehmen unberücksichtigt läßt: Alle Unternehmen haben dieselben Auflagen einzuhalten, während sie bei Pigou-Steuern unterschiedliche Schadstoffmengen wählen wer-

---

173 Die Samuelson-Musgrave-Regel gilt nicht allgemein, wenn öffentliche Güter durch *verzerrende* Steuern finanziert werden; vgl. hierzu Wildasin, D. E. (1984) On Public Good Provision with Distortionary Taxation. *Economic Inquiry* **22**, S. 227–243.

174 Pigou, A. C. (1920) *The Economics of Welfare*. New York: Macmillan.

den, je nachdem, wie hoch die individuellen Schadensvermeidungskosten sind. Zudem zementiert die Auflagenpolitik, wenn sie nicht ständig fortgeschrieben wird, einen produktionsineffizienten Zustand, während die Unternehmen bei der Pigou-Steuer stets einen Anreiz haben, die Umweltqualität weiter zu verbessern. Zusammenfassend ist deutlich geworden: Pigou-Steuern erlauben grundsätzlich eine Effizienzverbesserung, wenn die ursprüngliche Marktlösung ineffizient ist und die Steuerpolitik gleichsam einen fehlenden Markt imitiert. Hierbei korrigiert die Steuer das Marktergebnis in die von den Konsumenten gewünschte Richtung.

Die letzte Einschränkung ist wichtig, weil die vorigen Argumente nicht auf paternalistische Lenkungszwecksteuern anwendbar sind. Eine *paternalistische* Lenkungszwecksteuer liegt vor, wenn der Staat das von den Konsumenten bevorzugte Marktergebnis nicht akzeptiert. Derartige Steuern werden erhoben, wenn die herrschende Kaste meint, bestimmte Verhaltensweisen der Bürger nicht dulden zu können, obwohl keine externen Effekte bestehen[175]. Ein Beispiel hierfür ist die hälftige Nichtabziehbarkeit von Aufsichtsratsvergütungen nach § 10 Nr. 4 KStG bei der Gewinnermittlung, die eine diskriminierende Sondersteuer darstellt und auf der Ansicht mancher Politiker beruht, daß eine wirksame Unternehmenskontrolle unwichtig sei. Es gibt Auffassungen von Staat und Gesellschaft, die mit paternalistischen Lenkungszwecksteuern verträglich sind; der liberale Rechtsstaat mit seinem Bild vom mündigen Bürger ist es sicher nicht. Zu den paternalistischen Steuern gehört auch die *Tabaksteuer*, sofern man sie nicht als verkappte Fiskalzwecksteuer sieht. Zwar wird die Erhebung dieser Steuer oft damit begründet, daß Raucher höhere Kosten im Gesundheitswesen verursachen, aber eine kurze Überlegung zeigt, daß genau das Gegenteil zutrifft: Weil das Gros der Gesundheitskosten bei Älteren entsteht und Raucher eine geringere Lebenserwartung haben, entlastet Rauchen das Gesundheitssystem[176].

Am Beispiel einer auf Luftreinheit gerichteten Pigou-Steuer zeigte sich oben, daß das angestrebte Lenkungsziel mit Umweltsteuern oft effizienter als durch das Ordnungsrecht erreichbar ist. Umweltsteuern erzeugen darüber hinaus ein *Aufkommen*, das bei gegebenem Gesamtsteueraufkommen die Senkung anderer Steuern erlaubt. Aus dieser Beobachtung entstand die Vermutung, daß Umweltsteuern eine *doppelte Dividende* abwerfen: Sie verbessern erstens die Umweltqualität und erlauben zweitens den Abbau steuerlicher Verzerrungen an anderer Stelle, etwa bei der Einkommensteuer. Ganz so einfach liegen die Dinge jedoch nicht, wenn man versucht, den Begriff der doppelten Dividende scharf zu fassen.

---

175 Die finanzwissenschaftliche Literatur spricht seit Musgrave vornehm von *demeritorischen Gütern* (engl. merit – Verdienst). Sie sollen besteuert, die *meritorischen Güter* subventioniert werden. Wie verdienstvoll ein Gut ist, entscheidet nach diesem Konzept nicht der Bürger, indem er einen Marktpreis bietet, sondern der Staat.

176 Überspitzt gesagt stirbt der Raucher mit 70 an Lungenkrebs, während der Nichtraucher noch 10 Jahre seine Krankenkasse belastet und schließlich mit 80 an Darmkrebs stirbt. Eine empirische Untersuchung hierzu stammt von Leu, R. E. und T. Schaub (1983) Does Smoking Increase Medical Care Expenditure? *Social Sciences and Medicine* 17, S. 1907–1914.

In Abb. 29 bezeichnet E die Menge eines umweltschädlichen Gutes. In der Abbildung sind die Grenznutzenkurve und eine Grenzschadenkurve eingezeichnet. Die Grenzschadenkurve gibt den sozialen Umweltschaden pro Gütereinheit an; dieser wird als bekannt und konstant angenommen. So lange die Umweltschädigung kostenfrei bleibt, ignorieren die Individuen den Umweltschaden. Die Umweltverschmutzung entspricht der Sättigungsmenge E^{max}, bei der weitere Umweltverschmutzung keinen zusätzlichen privaten Nutzen hat. Gesellschaftlich optimal wäre jedoch die Produktion der Menge E*, bei der Grenznutzen und Grenzschaden übereinstimmen.

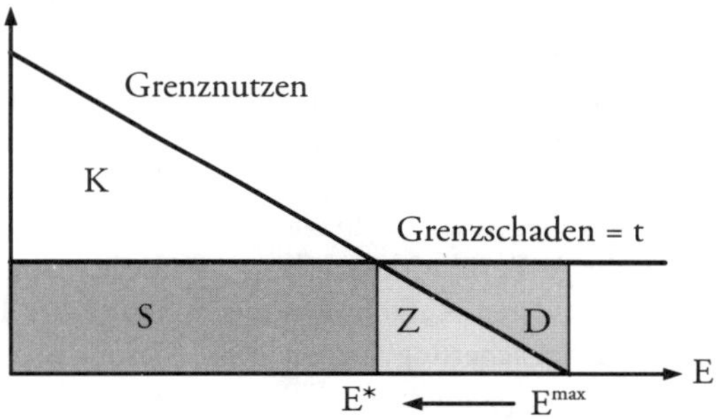

Abb. 29: Wirkungen einer Umweltsteuer

Dieses Optimum kann durch eine Mengensteuer gestützt werden, deren Steuerbetrag t dem Grenzschaden entspricht und als Preis der Umweltqualität fungiert. Hierdurch entsteht ein dauerhaftes Steueraufkommen $S = t E^*$, das zur Senkung anderer, verzerrender Steuern eingesetzt werden kann. Die Wohlfahrtswirkungen der Einführung einer derartigen Umweltsteuer sind komplex und lassen sich wie folgt zusammenfassen:

- Der Umweltschaden sinkt von S + Z + D auf S. Hierdurch entsteht eine *Umweltdividende* oder *erste Dividende* in Höhe von Z + D.
- Die Konsumentenrente sinkt von K + S + Z auf K. Bei pauschaler Rückschleusung des Steueraufkommens S an die Konsumenten verbleibt auch bei der Umweltsteuer eine *Zusatzlast* Z. Diese ist freilich geringer als die erste Dividende Z + D.
- Wird das Steueraufkommen nicht an die Konsumenten rückgeschleust, sondern zur Senkung anderer Steuern eingesetzt, entsteht an anderer Stelle ein Gewinn G in Form vermiedener Zusatzlasten. Die *zweite Dividende* ist der Unterschiedsbetrag von vermiedener Zusatzlast G und Zusatzlast Z, also der Ausdruck G – Z.

Somit ist das Argument der doppelten Dividende trügerisch: Die erste Dividende ist zwar sicher positiv, wenn die Wahl des optimalen Steuersatzes gelingt und alle erhebungstechnischen Probleme gelöst werden, die zweite Dividende aber nur unter der Voraussetzung, daß die vermiedene Zusatzlast die neu entstehende

Zusatzlast überwiegt[177]. Die letztgenannte Bedingung ist bei zweitbester Besteuerung aber unerfüllbar. Man betrachte als Beispiel ein *sauberes* und ein *schmutziges* Konsumgut, das einen externen Umweltschaden erzeugt. Sind beide Güter freizeitneutral, werden sie gemäß der Freizeitkomplementaritätsregel mit identischen Sätzen besteuert. Der Umweltaspekt verlangt hingegen, das schmutzige Gut schärfer zu besteuern. Trägt der Staat dem Rechnung, dann nehmen die Umweltqualität und der Nutzen zu, doch ist die Freizeitkomplementaritätsregel nun verletzt und die zweite Dividende notwendig *negativ*. Zu einer positiven zweiten Dividende käme man nur durch die willkürliche Annahme, daß die Steuersätze ursprünglich nicht zweitbest gewählt waren und durch Umweltsteuern eine Annäherung an das Optimum erfolgt[178].

Zusammengefaßt ist es unredlich, Umweltsteuern mit angeblichen Effizienz- oder Beschäftigungswirkungen zu begründen; sie sollten vielmehr allein aufgrund ihrer spezifischen *Lenkungswirkungen* beurteilt werden. In der Praxis geschieht freilich oft das Gegenteil, schließlich hat der Slogan „Tanken für die Rente" inzwischen traurige Berühmtheit erlangt. Bedenkt man, daß die 1999 eingeführten Ökosteuern, deren Aufkommen zur Senkung der Beitragssätze in der Gesetzlichen Rentenversicherung dienen sollte, Strom aus Sonnenenergie voll belasten, während energieintensive Wirtschaftsbereiche begünstigt sind, dann wird deutlich, wie eine halbwegs plausible Steueridee im politischen Prozeß degenerieren kann[179].

§ 38 Resümee

In diesem Kapitel wurde die Theorie effizienter Besteuerung vorgestellt, die oft ein wenig prätentiös unter dem Namen Optimalsteuertheorie daherkommt. Dabei wurden insbesondere folgende Einsichten gewonnen. Zunächst ist die Entwicklung eines in jeder Hinsicht befriedigenden Steuersystems bei vollständiger Information höchst einfach: man besteuert alle Güter mit einheitlichen Sätzen und differenziert die Sätze je nach persönlicher Leistungsfähigkeit der Zensiten. Eine solche Allgemeine Verbrauchsteuer oder eine hierzu äquivalente differenzierte Pauschalsteuer ist erstbest und kann jedes beliebige Verteilungsziel verwirklichen, ohne daß ein Konflikt zwischen Effizienz und Verteilung bestünde.

In der Realität kann der Staat die wirtschaftliche Leistungsfähigkeit, die insbesondere in der Fähigkeit zum Ausdruck kommt, Arbeitseinkommen zu erzielen,

---

177 Siehe hierzu auch Bovenberg, A. L. und R. A. de Mooij (1994) Environmental Levies and Distortionary Taxation. *American Economic Review* **84**, S. 1085–1089. Goulder, L. H. (1995) Environmental Taxation and the Double Dividend: A Reader's Guide. *International Tax and Public Finance* **2**, S. 157–183.

178 Bovenberg, A. L. (1999) Green Tax Reforms and the Double Dividend: An Updated Reader's Guide. *International Tax and Public Finance* **6**, S. 421–443.

179 Insofern sehr weitsichtig: Wissenschaftlicher Beirat beim Bundesministerium der Finanzen (1997) *Umweltsteuern aus finanzwissenschaftlicher Sicht*. Bonn: Stollfuß.

nicht unmittelbar beobachten. Einzig und allein dieses Informationsproblem macht die Besteuerung zu einem so schwierigen Sujet. Bei mangelnder Information oder fehlenden Instrumenten werden zweitbeste Steuersysteme abstrakt durch die Freizeitkomplementaritätsregel beschrieben.

Sie verlangt eine schärfere Besteuerung jener Güter, die komplementär zur nicht besteuerbaren Freizeit – oder verallgemeinert: zu sonstigen nicht besteuerbaren Gütern – nachgefragt werden. Das leuchtet ein, hilft aber kaum weiter, weil die hiermit abstrakt charakterisierten Steuern nur bei Kenntnis der Präferenzen berechnet werden könnten. Konzediert man realistisch, daß der Staat die Präferenzen der Konsumenten nicht kennt, verbleibt zunächst nur die ebenso schokkierende wie enttäuschende Einsicht, daß einheitliche Steuern auf das Einkommen oder den Konsum im allgemeinen nicht optimal sind.

Dabei läßt es die Theorie aber nicht bewenden, sondern fördert mit dem Produktionseffizienztheorem ein faszinierend robustes Ergebnis zu Tage, wonach der Verzicht auf Produktionsteuern stets optimal ist. Aus ökonomischer Sicht ist das Produktionseffizienztheorem die Ratio des einkommensteuerlichen Nettoprinzips und des Vorsteuerabzugs bei der Mehrwertsteuer.

Eine effizienzorientierte Steuerpolitik verfährt daher folgendermaßen: Sie besteuert Zwischenprodukte überhaupt nicht, Konsumgüter nach dem Prinzip des mangelnden Grundes einheitlich, und von letzterer Regel weicht sie höchstens ausnahmsweise ab, wenn es starke Anhaltspunkte für Freizeitkomplementarität gibt, wie etwa bei Pendelkosten, die dem Einkommen zugeschlagen werden müßten, statt – wie nach geltendem Recht – absetzbar zu sein. In § 36 wurde anhand ausgewählter Themen gezeigt, was diese Grundsätze für die konkrete Ausgestaltung des Steuerrechts bedeuten und wie gut sie sich eignen, Regeln von Ausnahmen zu unterscheiden. Die dortige Erörterung könnte fast beliebig fortgesetzt werden, doch würde dies den Rahmen einer Allgemeinen Steuerlehre sprengen, die dem Leser bloß das gedankliche Rüstzeug vermitteln will, solche Aufgaben selbst anzugehen.

Mathematischer Anhang

Der obige Text geht stillschweigend über einige mathematische Stolperstellen hinweg, um den Gedankenfluß nicht zu stören. Manche Leser wünschen vielleicht eine weniger glatte Darstellung, und andere mögen fragen, welche Beziehung zwischen dem obigen und dem in der Literatur vorherrschenden Ansatz besteht. Beide Anliegen werden in diesem Anhang aufgegriffen.

1. Bedingungen erster Ordnung

Um optimale Steuersysteme zu charakterisieren, wurden in den vorigen Paragraphen mehrfach die Bedingungen erster Ordnung für ein Maximum verwendet; sie waren das wichtigste Hilfsmittel der Theorie. Freilich sind Bedingungen erster Ordnung nicht in allen Fällen notwendig bzw. hinreichend für die Existenz lokaler oder globaler Maxima, weshalb Teile der Literatur meinen, dieses Vorgehen hänge mathematisch gleichsam in der Luft. Gar so schlimm stehen die Dinge aber nicht. Im folgenden wird gezeigt, welche Ratio dem Text unterliegt, und worauf man achten muß, um keine Fehler zu riskieren. Begonnen sei mit einem nützlichen Ergebnis der nichtlinearen Programmierung[180].

Satz (Karush-Kuhn-Tucker): Man betrachte eine Menge $X \subset \Re^n$ und zwei auf X definierte stetig differenzierbare Funktionen $f(\mathbf{x})$ und $g(\mathbf{x})$. Ist der innere Punkt $\mathbf{x}^* \in X$ mit $\partial g(\mathbf{x}^*)/\partial \mathbf{x} \neq \mathbf{0}$ ein lokales Maximum von $f(\mathbf{x})$ unter der Nebenbedingung $g(\mathbf{x}) \geq 0$, dann existiert ein eindeutig bestimmter Lagrange-Multiplikator λ^*, und die Ableitungen der Lagrange-Funktion $\mathcal{L} = f(\mathbf{x}) + \lambda\, g(\mathbf{x})$ verschwinden an der Stelle $(\mathbf{x}^*, \lambda^*)$.

Um zu sehen, welche Bedeutung dieser Satz für die Steuertheorie hat, sei er ohne Umschweife auf das Erstbestproblem aus § 33 angewandt. Dort wurde eine Nutzenfunktion $u(\mathbf{c})$ auf der Menge $\mathbf{c} \geq \mathbf{0}$ maximiert, und zwar unter der Nebenbedingung $y - \mathbf{p}\,\mathbf{c} - g \geq 0$, woraus sich die Bedingung erster Ordnung (71) auf Seite 150 ergab. Dem Satz von Karush-Kuhn-Tucker zufolge ist diese Bedingung unter folgenden Voraussetzungen erfüllt:

Erstens ist die betrachtete Stelle ein innerer Punkt des Definitionsbereichs. Diese Einschränkung ist unkritisch, weil Randpunkte – in denen manche Konsume verschwinden und damit auch kein Steueraufkommen erbringen – ohne Beschränkung der Allgemeinheit entfernt werden können. Gilt etwa im Optimum $c_i = 0$ für genau ein Gut i, kann man dieses Gut aus dem Modell herausnehmen, seinen Wert in der Nutzenfunktion auf Null setzen und erneut optimieren. Es resultiert dann ein inneres Optimum.

Zweitens ist der Gradient $\partial g/\partial \mathbf{x}$ an der Optimalstelle verschieden von Null. Derartige Optima nennt man *regulär*. Weil im Text strikt positive Nettopreise

180 Bertsekas, D. (1999) *Nonlinear Programming*. Belmont: Athena Scientific, Proposition 3.3.1. Der dortige Satz bezieht sich auf Optimierungsaufgaben mit mehreren Nebenbedingungen und verlangt *linear unabhängige* Gradienten, was im hiesigen Fall nur einer Nebenbedingung der Annahme $\partial g/\partial \mathbf{x} \neq \mathbf{0}$ entspricht.

unterstellt wurden und der Gradient $\partial(y - \mathbf{p}\,\mathbf{c} - g)/\partial\mathbf{c} = -\mathbf{p}$ lautet, sind Erstbestoptima automatisch regulär.

Nimmt man also alle Güter, die im Optimum nicht nachgefragt werden, aus dem Modell heraus, beschreibt die Bedingung erster Ordnung eine notwendige Eigenschaft erstbester Steuersysteme. Weil diese Bedingung nicht hinreichend ist, muß man bei konkreten Berechnungen prüfen, ob es noch andere Stellen gibt, an denen die Ableitungen der Lagrange-Funktion verschwinden. Den Theoretiker stört das nicht, weil ihm notwendige Bedingungen wichtiger sind als hinreichende: Ist ein Steuersystem nämlich optimal, dann hat es sicher die durch die notwendige Bedingung beschriebene Eigenschaft. Zusammengefaßt ist der Erstbestansatz mathematisch wasserdicht, weil innere Lösungen des Problems (70) regulär sind. Hinsichtlich der individuellen Optimierungsprobleme (68) und (73) gilt dasselbe völlig analog[181].

Allein das auf Seite 155 definierte Zweitbestproblem (75) gibt Anlaß zu erhöhter Vorsicht[182]. Die Nebenbedingung dieses Problems lautet genau genommen $y(\mathbf{c}) - \mathbf{p}\,\mathbf{c} - g \geq 0$, und es ist möglich, daß ihr Gradient $\partial y/\partial\mathbf{c} - \mathbf{p}$ im Zweitbestoptimum verschwindet. In diesem Fall sind die Bedingungen erster Ordnung nicht zwangsläufig erfüllt. Um die Relevanz dieser Einschränkung zu verstehen, sei vorübergehend ein Staat betrachtet, der nicht die Wohlfahrt der Konsumenten maximiert, sondern seine Steuereinnahmen. Unter den sonstigen Annahmen des Zweitbestmodells löst ein solcher *Leviathan* das Problem

(97) $$\underset{\mathbf{c}}{max!}\quad y(\mathbf{c}) - \mathbf{p}\,\mathbf{c}\,,$$

weil $y(\mathbf{c}) - \mathbf{p}\,\mathbf{c}$ das Steueraufkommen repräsentiert. Existiert ein maximales Steueraufkommen, dann ist es im Fall einer inneren Lösung durch $\partial y/\partial\mathbf{c} - \mathbf{p} = \mathbf{0}$ charakterisiert. Im Steuermaximum verschwindet also der Gradient des Zweitbestproblems. Anders ausgedrückt verletzen zweitbeste Lösungen möglicherweise die Freizeitkomplementaritätsregel, wenn das Optimum zugleich ein Steuermaximum ist. Ökonomisch ist das klar: Angenommen, der Staat könne höchstens ein Steueraufkommen von 100 Milliarden Euro erzielen, und zwar durch Wahl eines eindeutig bestimmten Steuervektors. Setzt man im Zweitbestansatz die beliebig wählbare exogene Variable g auf just 100 Milliarden Euro, degeneriert das Problem, weil es nur einen Steuervektor gibt, der das gewünschte Aufkommen erbringt. Optimale Anpassungen der einzelnen Steuern sind in diesem Fall gar nicht möglich.

---

181 In allen drei genannten Fällen sind die Bedingungen erster Ordnung sogar hinreichend und ist die Existenz eindeutiger Lösungen im Fall $g < y$ gesichert, weil dort stetige und streng quasikonkave Zielfunktionen auf kompakten und konvexen Mengen maximiert werden, die innere Punkte besitzen.

182 Siehe auch Diamond, P. A. und J. A. Mirrlees (1971) Optimal Taxation and Public Production II: Tax Rules. *American Economic Review* **61**, S. 261-278, Abschnitt X.

2. Das Gesetz der Nachfrage

Bei zweimal stetig differenzierbarer und streng quasikonkaver Nutzenfunktion führt das individuelle Entscheidungsproblem (73) auf gewöhnliche Nachfragen $\mathbf{c}(\mathbf{q})$, die jedem strikt positiven Bruttopreisvektor einen eindeutig bestimmten nutzenmaximierenden Konsum zuordnen. Das *Gesetz der Nachfrage* (*Law of Demand*) verlangt die Erfüllung der folgenden Ungleichung für alle strikt positiven Bruttopreisvektoren[183]:

$$(98) \qquad (\mathbf{q}-\mathbf{q}^0)(\mathbf{c}(\mathbf{q})-\mathbf{c}(\mathbf{q}^0))<0\,.$$

Hiernach sollen Preise und Mengen stets gegenläufig variieren. Unterscheiden sich $\mathbf{q}$ und $\mathbf{q}^0$ nur in der i-ten Komponente, dann besagt das Gesetz der Nachfrage, daß das i-te Gut *normal* ist, also kein Giffen-Gut. Nach dem Mittelwertsatz der Differentialrechnung gilt $\mathbf{c}(\mathbf{q})-\mathbf{c}(\mathbf{q}^0)=\partial\mathbf{c}/\partial\mathbf{q}\,(\mathbf{q}-\mathbf{q}^0)$, wobei die Matrix $\partial\mathbf{c}/\partial\mathbf{q}$ an einer geeigneten Stelle zwischen $\mathbf{q}$ und $\mathbf{q}^0$ ausgewertet wird. Durch Einsetzen dieses Ausdrucks in (98) erhält man

$$(99) \qquad (\mathbf{q}-\mathbf{q}^0)\frac{\partial\mathbf{c}}{\partial\mathbf{q}}(\mathbf{q}-\mathbf{q}^0)<0\,.$$

Offenbar gilt das Gesetz der Nachfrage, wenn die Matrix $\partial\mathbf{c}/\partial\mathbf{q}$ *negativ quasidefinit* ist[184]. Diese Annahme liegt dem obigen Text zugrunde. Sie beinhaltet, daß die gewöhnlichen Nachfragen global invertierbar sind, was auf die oben verwendeten inversen Nachfragen $\mathbf{q}(\mathbf{c})$ führt[185]. Im weiteren wird gezeigt, welche Bedeutung das Gesetz der Nachfrage bzw. die negativ quasidefinite Matrix $\partial\mathbf{c}/\partial\mathbf{q}$ für die Steuertheorie hat.

3. Die Lagrange-Multiplikatoren

Ökonomisch interpretiert sind Lagrange-Multiplikatoren *Schattenpreise*: Sie zeigen, wie stark der Nutzen bei einer kleinen Lockerung der Nebenbedingung zunimmt[186]. Alle hier betrachteten Multiplikatoren sind strikt positiv. Bei kardinal meßbarem Nutzen heißt der Lagrange-Multiplikator des individuellen Entscheidungsproblems (73), die Zahl μ, Grenznutzen des Einkommens. Er entspricht der Nutzenzunahme bei einer kleinen Lockerung der Budgetbeschränkung $\mathbf{q}\,\mathbf{c}=y$. Eine Lockerung könnte darin bestehen, daß man auf der rechten Seite einen Lottogewinn oder ein sonstiges exogenes Einkommen addiert.

Demgegenüber zeigt λ, der Lagrange-Multiplikator des staatlichen Entscheidungsproblems (75), wie stark der Nutzen der Konsumenten bei einer Senkung des vorgegebenen Steueraufkommens g zunimmt. Der Quotient λ/μ heißt *mar-*

---

183 Hildenbrand, W. (1983) On the „Law of Demand". *Econometrica* **51**, S. 997–1019.

184 Eine reelle Matrix $\mathbf{A}$ heißt *negativ quasidefinit*, falls $\mathbf{x}\mathbf{A}\mathbf{x}<0$ für alle $\mathbf{x}\neq\mathbf{0}$. Ist die Matrix zusätzlich symmetrisch, nennt man sie negativ definit.

185 Gale, D. and H. Nikaido (1965) The Jacobian and Global Univalence of Mappings. *Mathematische Annalen* **159**, S. 81–93. Der Ansatz von Gale und Nikaido setzt ausdrücklich keine Symmetrie der Jacobimatrix voraus.

186 Siehe Bertsekas (Fußnote 180), Proposition 3.3.3.

ginal costs of public funds. Er ist auch bei ordinaler Meßbarkeit wohldefiniert und nach einer klassischen Vermutung größer als Eins. Diese Vermutung beruht auf dem Umstand, daß öffentliche Ausgaben durch verzerrende Steuern finanziert werden, die nicht nur eine Zahllast, sondern auch eine Zusatzlast verursachen. Daher sollte der Konsument von einer Steuersenkung (λ) eigentlich stärker profitieren als von einer anderweitigen Lockerung seiner individuellen Budgetbeschränkung (μ).

Auch im obigen Text wurde $\lambda/\mu > 1$ unterstellt oder, was auf dasselbe herauskommt, ein strikt positives Vorzeichen des Ausdrucks $(\lambda - \mu)/\mu$. Um dies zu begründen, differenziere man $y(\mathbf{c}) = \mathbf{q}(\mathbf{c})\,\mathbf{c}$ gemäß der Produktregel nach dem Konsum, was auf $\partial y/\partial \mathbf{c} = \mathbf{c}\,\partial \mathbf{q}/\partial \mathbf{c} + \mathbf{q}$ führt[187]. Eingesetzt in die Formel (80), die in vektorieller Schreibweise $\mathbf{t} = (\lambda - \mu)/\lambda\,(\mathbf{q} - \partial y/\partial \mathbf{c})$ lautet, folgt:

$$(100) \qquad \mathbf{t} = -\frac{\lambda - \mu}{\lambda}\mathbf{c}\frac{\partial \mathbf{q}}{\partial \mathbf{c}}.$$

Multipliziert man diese Gleichung rechtsseitig mit $\mathbf{c}$, verbleibt links das nach Voraussetzung strikt positive Steueraufkommen $\mathbf{t}\,\mathbf{c}$ und rechts die quadratische Form $\mathbf{c}\,\partial \mathbf{q}/\partial \mathbf{c}\,\mathbf{c}$, die wegen des Gesetzes der Nachfrage (99) strikt negativ ist. Also muß der Bruch $(\lambda - \mu)/\lambda$ strikt positiv und λ größer als μ sein. In Gegenwart von Giffen-Gütern gilt das Gesetz der Nachfrage nicht, und die *marginal costs of public funds* können kleiner als Eins sein[188]. Ein paradoxes Ergebnis, aber Giffen-Güter führen nun einmal auf so manche Paradoxie.

4. Der duale Ansatz

Die hiesige Darstellung beruht auf einem *primalen Ansatz*, wobei der Staat den Konsumentennutzen durch Vorgabe optimaler Konsummengen maximiert und diese durch geeignete Bruttopreise stützt. In der Literatur wird demgegenüber meist ein *dualer Ansatz* verwendet. Dabei maximiert der Staat den Konsumentennutzen $u(\mathbf{c}(\mathbf{q}), y(\mathbf{q}))$ durch Vorgabe der Bruttopreise. Der duale Ansatz ist erheblich komplizierter und führt auf wenig brauchbare Ergebnisse; wegen seiner Verbreitung sei er aber kurz erörtert.

Weil die inverse Nachfrage einfach die Umkehrfunktionen der gewöhnlichen Nachfrage ist, verbindet die Identität $\mathbf{q}(\mathbf{c}(\mathbf{q})) = \mathbf{q}$ den primalen und den dualen Ansatz. Differentiation nach den Bruttopreisen ergibt $\partial \mathbf{q}/\partial \mathbf{c}\,\partial \mathbf{c}/\partial \mathbf{q} = \mathbf{I}$, mit $\mathbf{I}$ als der Einheitsmatrix. Somit ist $\partial \mathbf{q}/\partial \mathbf{c}$ die Inverse von $\partial \mathbf{c}/\partial \mathbf{q}$. Dies ausnutzend erhält man die *Ramsey-Formel* durch rechtsseitige Multiplikation der Formel (100) mit $\partial \mathbf{c}/\partial \mathbf{q}$:

187 Mas-Colell, A., M. D. Whinston und J. R. Green (1995) *Microeconomic Theory*. New York, Oxford: Oxford University Press, S. 127. Wichtig: $\mathbf{c}$ steht links von $\partial \mathbf{q}/\partial \mathbf{c}$. Vektoren werden hier nicht in der Notation unterschieden. So ist $\mathbf{c}$ in der Budgetgleichung ein Spaltenvektor und in der Ableitung, auf die sich diese Fußnote bezieht, ein Zeilenvektor.

188 Auerbach, A. J. und J. R. Hines (2002) Taxation and Economic Efficiency. In: Auerbach, A. J. und M. Feldstein (Hrsg.) *Handbook of Public Economics, Vol. III*. Amsterdam usw.: Elsevier, S. 1387.

(101)
$$\mathbf{t}\frac{\partial \mathbf{c}}{\partial \mathbf{q}} = -\frac{\lambda - \mu}{\lambda}\mathbf{c}\,.$$

Nach Vertauschen der Faktoren auf der linken Seite resultiert (82) als i-te Spalte dieser Gleichung. Das Vertauschen ist aber nur bei symmetrischer Matrix $\partial \mathbf{c}/\partial \mathbf{q}$ zulässig, also dann, wenn man Ramsey folgend Einkommenseffekte ausschließt. Darüber hinaus stimmt die Aussage, daß zweitbeste Steuern alle Nachfragen um einen einheitlichen Prozentsatz senken, nur approximativ und nur, wenn der Bruch $(\lambda - \mu)/\lambda$ ein positives Vorzeichen besitzt. Insofern beruht auch der duale Ansatz auf dem Gesetz der Nachfrage, aus dem dieses positive Vorzeichen hergeleitet wurde. Ökonomisch ist das klar: Gäbe es beispielsweise nur Giffen-Güter, würden optimale Steuern alle Nachfragen um einen einheitlichen Prozentsatz *erhöhen* statt senken, weil die Nachfragen bei steigenden Bruttopreisen zunehmen.

Formel (101) ist das von Ramsey 1927 hergeleitete Ergebnis, während die heutige Literatur meist eine 1951 von Samuelson ersonnene Variante heranzieht[189]. Samuelson zerlegte die Reaktionen der unkompensierten Nachfragen als $\partial c_j/\partial q_i = S_{ji} - \partial c_j/\partial e\, c_i$. Nach dieser aus der Mikrotheorie bekannten Slutzky-Zerlegung besteht der Gesamteffekt einer Preisänderung aus einem Substitutionseffekt S_{ji} und einem Einkommenseffekt $\partial c_j/\partial e\, c_i$. Dabei repräsentiert e ein virtuelles Einkommen, das nur zur Berechnung der Einkommenseffekte dient; die Budgetgleichung $\mathbf{q}\,\mathbf{c} = y + e$ wird also stets an der Stelle $e = 0$ ausgewertet. Den Substitutionseffekt nennt man auch Reaktion der *kompensierten Nachfrage*, wobei das Wort kompensiert bedeutet, daß die Preisänderung in der Weise durch eine fiktive Einkommensänderung ergänzt wird, daß der Nutzen des Konsumenten unverändert bleibt.

Mittels der Slutzky-Zerlegung läßt sich die i-te Spalte der Formel (101) als $\sum_j t_j S_{ji} - \sum_j t_j \partial c_j/\partial e\, c_i = -(\lambda - \mu)/\lambda\, c_i$ oder $\sum_j t_j S_{ji} = (\sum_j t_j \partial c_j/\partial e - (\lambda - \mu)/\lambda)\, c_i$ schreiben. Bekanntlich ist die Slutzky-Matrix $\mathbf{S} = (S_{ij})_{i,j=1..n}$ symmetrisch. Daher darf man $S_{ji} = S_{ij}$ setzen und erhält zusammengefaßt:

(102)
$$\mathbf{S}\,\mathbf{t} = \left(\mathbf{t}\frac{\partial \mathbf{c}}{\partial e} - \frac{\lambda - \mu}{\lambda}\right)\mathbf{c}\,.$$

Weil der Klammerausdruck nicht vom Güterindex abhängt, besagt diese Variante der Ramsey-Formel, daß zweitbeste Steuern die *kompensierten* Nachfragen um einen einheitlichen Prozentsatz senken. Im Gegensatz zu (101) läßt (102) Einkommenseffekte zu. Anderseits gilt die letztere Formel nur bei marginalen Steuererhöhungen an der Stelle Null, weil die kompensierten Nachfragen neben den Preisen auch vom Nutzenniveau abhängen, das bei steigenden Steuern sinkt.

Man beachte, daß die eigentliche Slutzky-Matrix die Ableitungen nach den Konsumgütern und der Freizeit umfaßt. Somit stellt **S** eine verkürzte Slutzky-

---

189 Samuelson, P. A. (1951) Theory of Optimal Taxation. Unpublished Memorandum for the U. S. Treasury. Published 1986 in: *Journal of Public Economics* **30**, S. 137–143.

Matrix dar, aus der die letzte Spalte und die letzte Zeile gestrichen wurden. Als führender Hauptminor der Slutzky-Matrix ist **S** negativ definit. Deshalb senken zweitbeste Steuern tatsächlich alle kompensierten Nachfragen um denselben Prozentsatz: Multipliziert man die Formel von links mit dem Steuervektor, lautet die linke Seite $\mathbf{tSt} < 0$, und aus dem rechts erscheinenden Steueraufkommen $\mathbf{tc} > 0$ folgt unmittelbar, daß der Klammerausdruck negativ ist.

Die bisher referierten Ergebnisse des dualen Ansatzes sind ziemlich steril und geben hinsichtlich der Frage, wie man das Steuersystem ausgestalten sollte, nichts her. Es mag ja beruhigend sein zu wissen, daß optimale Steuern die kompensierten Nachfragen um einen einheitlichen Prozentsatz senken, aber was hilft das? Ein brauchbareres Resultat, das viel Beachtung gefunden hat, beruht auf der einschränkenden Annahme zweier Konsumgüter ($n = 2$). In diesem Fall nimmt Formel (102) folgende Gestalt an, wenn man den Klammerausdruck rechts zur Vereinfachung mit γ (gamma) abkürzt:

$$(103) \qquad \begin{pmatrix} S_{ii} & S_{ij} \\ S_{ji} & S_{jj} \end{pmatrix} \begin{pmatrix} t_i \\ t_j \end{pmatrix} = \gamma \begin{pmatrix} c_i \\ c_j \end{pmatrix}.$$

Erweitert man die linke Seite mit q_i/q_i bzw. q_j/q_j und dividiert jede Zeile durch den Konsum, nimmt das Gleichungssystem nach Einsetzen der *kompensierten (Kreuz-) Preiselastizitäten* $\eta^c_{ij} = S_{ij}\, q_j/c_i$ folgende Form an:

$$(104) \qquad \begin{pmatrix} \eta^c_{ii} & \eta^c_{ij} \\ \eta^c_{ji} & \eta^c_{jj} \end{pmatrix} \begin{pmatrix} t_i/q_i \\ t_j/q_j \end{pmatrix} = \begin{pmatrix} \gamma \\ \gamma \end{pmatrix}.$$

Unter Verwendung der Cramerschen Regel läßt sich dies nach den Steuersätzen auflösen, und nach Division der Lösungen erhält man:

$$(105) \qquad \frac{t_i/q_i}{t_j/q_j} = \frac{\eta^c_{jj} - \eta^c_{ij}}{\eta^c_{ii} - \eta^c_{ji}} = \frac{\eta^c_{ij} - \eta^c_{jj}}{\eta^c_{ji} - \eta^c_{ii}}.$$

Weil sich die kompensierten Preiselastizitäten für jedes Gut zu Null addieren, darf man $\eta^c_{ij} = \eta^c_{yi} - \eta^c_{ii}$ und $\eta^c_{ji} = \eta^c_{yi} - \eta^c_{jj}$ setzen. Hieraus folgt als Endresultat die traditionelle *Corlett-Hague-Regel*[190]:

$$(106) \qquad \frac{t_i/q_i}{t_j/q_j} = \frac{\eta^c_{yi} - \eta^c_{ii} - \eta^c_{jj}}{\eta^c_{yj} - \eta^c_{ii} - \eta^c_{jj}}.$$

Die kompensierten Preiselastizitäten beschreiben die Reaktion der betreffenden Nachfrage auf Änderungen eines Bruttopreises, wenn zugleich der Nutzen durch eine fiktive Einkommensänderung konstant gehalten wird. Ein Gut i heißt

190 Corlett, W. J. und D. C. Hague (1953) Complementarity and the Excess Burden of Taxation. *Review of Economic Studies* **21**, S. 21–30.

stärker freizeitkomplementär im Sinne der Corlett-Hague-Regel, wenn $\eta_{yi}^{c} > \eta_{yj}^{c}$ gilt. Unter dieser Voraussetzung bedingt eine Zunahme des Preises q_i, der die kompensierte Nachfrage nach Gut i senkt, eine relativ stärkere Abnahme der Freizeit bzw. Zunahme der Arbeitszeit. Weil die direkten kompensierten Preiselastizitäten strikt negativ sind, muß das stärkere Freizeitkomplement nach der Corlett-Hague-Regel schärfer besteuert werden. Zum Vergleich schreibe man die Freizeitkomplementaritätsregel (79) für zwei verschiedene Güter i und j auf und dividiere diese:

$$\text{(107)} \qquad \frac{t_i/p_i}{t_j/p_j} = \frac{1-\partial y/\partial c_i \, 1/p_i}{1-\partial y/\partial c_j \, 1/p_j}$$

Gut i wird schärfer besteuert als Gut j, wenn $\partial y/\partial c_i \, 1/p_i < \partial y/\partial c_j \, 1/p_j$ gilt, das heißt, wenn i stärker freizeitkomplementär als j ist. Weil die Sätze der Brutto- und Nettowertsteuern stets gleichsinnig variieren[191], ist ein Gut genau dann stärker freizeitkomplementär im hiesigen Sinn, wenn es stärker freizeitkomplementär im Sinne der Corlett-Hague-Regel ist. In einer Welt mit nur zwei Gütern sind die beiden Definitionen also äquivalent. Jedoch gilt die Freizeitkomplementaritätsregel bei beliebig vielen Gütern, während die Corlett-Hague-Regel nicht verallgemeinert werden kann. Darüber hinaus ist ihre Herleitung umwegig: Der duale Ansatz charakterisiert zunächst optimale Mengen und übersetzt dieses Ergebnis im Fall zweier Güter in eine Charakterisierung optimaler Steuern, während der hier verwendete primale Ansatz unmittelbar die optimalen Steuern beschreibt.

5. Schwach separable Nutzenfunktionen

In § 34 wurde behauptet, daß eine schwach separable Nutzenfunktion $u(v(\mathbf{c}), y)$, mit $v(\mathbf{c})$ als linear-homogener Subnutzenfunktion, einheitliche Steuersätze impliziert. Der Beweis beginnt mit den Bedingungen (74) für ein individuelles Optimum, die im vorliegenden Fall wie folgt lauten:

$$\text{(108)} \qquad \frac{\partial u(v(\mathbf{c}),y)}{\partial v}\frac{\partial v}{\partial \mathbf{c}} - \mu \mathbf{q} = \mathbf{0} \quad \textit{und} \quad \frac{\partial u(v(\mathbf{c}),y)}{\partial y} = -\mu \, .$$

Durch Einsetzen der rechten Gleichung in die linke und Multiplikation mit $\mathbf{c}$ erhält man

$$\text{(109)} \qquad \frac{\partial u(v(\mathbf{c}),y)}{\partial v} v(\mathbf{c}) + \frac{\partial u(v(\mathbf{c}),y)}{\partial y} y = 0 \, ,$$

wobei das in Fußnote 156 erklärte Eulersche Theorem $v(\mathbf{c}) = \partial v/\partial \mathbf{c}\, \mathbf{c}$ und die Identität $y = \mathbf{q}\,\mathbf{c}$ genutzt wurden. Implizite Differentiation ergibt:

191 Durch Ausrechnen ersieht man leicht, daß $t_i/p_i > t_j/p_j$ äquivalent zu $t_i/q_i > t_j/q_j$ ist.

$$(110) \qquad \frac{\partial y}{\partial c_i} = -\frac{\dfrac{\partial^2 u}{\partial v^2}\dfrac{\partial v}{\partial c_i} v + \dfrac{\partial u}{\partial v}\dfrac{\partial v}{\partial c_i} + \dfrac{\partial^2 u}{\partial y \partial v}\dfrac{\partial v}{\partial c_i} y}{\dfrac{\partial^2 u}{\partial v \partial y} v + \dfrac{\partial^2 u}{\partial y^2} y + \dfrac{\partial u}{\partial y}} = \gamma \frac{\partial v}{\partial c_i}.$$

Dabei wurde rechts $\partial v/\partial c_i$ ausgeklammert und der verbleibende Bruch, in dem der Güterindex i nicht mehr auftaucht, γ genannt. Weil $\partial v/\partial c_i$ wegen (108) mit $-\partial u/\partial y/(\partial u/\partial v)\, q_i$ übereinstimmt, ergibt sich durch Einsetzen in die letzte Formel: $\partial y/\partial c_i = -\partial u/\partial y/(\partial u/\partial v)\, \gamma\, q_i$. Also ist $\partial y/\partial c_i\ 1/q_i$ konstant in i, was nach der Freizeitkomplementaritätsregel (78) bedeutet, daß alle Konsumgüter mit demselben Satz besteuert werden.

6. Erläuterungen zu den Technologien aus § 35

In § 35 wurden konvexe Technologien mit konstanten Skalenerträgen unterstellt. Das einfachste Beispiel hierfür sind lineare Technologien der Form $y = \alpha_1 x_1 + \ldots + \alpha_n x_n$. Hierbei geben die exogenen Produktionskoeffizienten α_i den Arbeitsverbrauch pro Outputeinheit an. Bei einem auf Eins normierten Lohnsatz sind die Preise p_i im Wettbewerbsgleichgewicht mit den Produktionskoeffizienten identisch und daher selbst exogen. Diese Annahme unterlag dem Modell exogener Nettopreise.

Das Produktionseffizienztheorem gilt aber unter wesentlich allgemeineren Annahmen, wobei allein die Prämisse konstanter Skalenerträge nicht aufgegeben werden darf. Um dies zu zeigen, sei die in der Allgemeinen Gleichgewichtstheorie übliche Vorgehensweise gewählt. Dort wird eine Teilmenge $\mathcal{Y}$ des $\mathfrak{R}^{n+1}$ vorgelegt, die *Technologiemenge* heißt. Ist ein *Produktionsplan* $\mathbf{y} = (y_0, y_1, \ldots, y_n)$ technisch durchführbar, so schreibt man $\mathbf{y} \in \mathcal{Y}$, andernfalls gehört der Produktionsplan nicht zur Technologiemenge. Per Konvention repräsentieren positive Komponenten des Produktionsplans *Outputs* und negative Komponenten *Inputs*. Der Gewinn eines Unternehmens entspricht folglich dem Skalarprodukt $\mathbf{p}\,\mathbf{y}$, also der Differenz aus positiven Erlösen und negativen Kosten. Bei konstanten Skalenerträgen verschwinden die Gewinne im Wettbewerbsgleichgewicht, was für den Beweis des Produktionseffizienztheorems genügt.

Die im Text verwendete Kostenfunktion $f(\mathbf{x})$ fokussiert auf den *Arbeitsinput* als Funktion der übrigen Güter. Eine solche Kostenfunktion läßt sich aus der Technologiemenge herleiten und repräsentiert diese. Um dies zu sehen, interpretiere man die positive Zahl $-y_o$ als Arbeitsinput und den Vektor $(y_1, \ldots, y_n)$ als die übrigen Güter, die ihrerseits Outputs oder auch weitere Inputs sein können. Somit gilt $y = -y_o$ und $x_i = y_i$ für $i = 1 \ldots n$. Die Kostenfunktion $y = f(\mathbf{x})$ existiert, wenn die Technologiemenge zu jedem vorgegebenen Vektor der übrigen Güter einen kleinsten Arbeitseinsatz enthält, also abgeschlossen und beschränkt ist. Eine zusätzliche Differenzierbarkeitsannahme ermöglicht sodann die einfache Darstellung im Text.

Liefern die Konsumenten neben Arbeit mindestens einen weiteren Input an die Unternehmen, ist also mindestens ein x_i strikt negativ, dann kann die Kostenfunktion $f(\mathbf{x})$ in bezug auf einzelne Outputs sogar streng konvex sein, was strikt zunehmende Grenzkosten und damit steigende Nettopreise bedeutet. Als Beispiel sei mit $\mathcal{Y} = \{\mathbf{y} \mid y_2 \leq (-y_0)^{0,5}(-y_1)^{0,5}\}$ eine Cobb-Douglas-Technologie betrachtet. Dabei wird der Output y_2 mittels Arbeit und eines weiteren Inputs, etwa Kapital, erzeugt. Durch Auflösen erhält man die Kostenfunktion $y_0 = y_2^2/y_1$. Sie ist linear-homogen und wächst quadratisch im Output. Bei einer solchen Technologie hängen die Nettopreise von den produzierten Mengen und damit von der Steuerpolitik ab – ein komplizierter Fall, der in § 35 zugelassen wurde.

7. Zweitbeste Besteuerung der Fortbildungskosten

Unter den Voraussetzungen im Text maximieren die Konsumenten ihren Nutzen $u(\mathbf{c}, y)$ unter der Nebenbedingung $e(y, b) = \mathbf{q}\,\mathbf{c} + q^b b$. Die Lagrange-Funktion $\mathcal{L} = u(\mathbf{c}, y) + \mu[e(y, b) - \mathbf{q}\,\mathbf{c} - q^b b]$ liefert durch Ableiten nach μ, $\mathbf{c}$, y und b:

$$\begin{aligned} & e(y,b) - \mathbf{q}\,\mathbf{c} - q^b\, b = 0, \\ & \frac{\partial u(\mathbf{c},y)}{\partial \mathbf{c}} - \mu\,\mathbf{q} = 0, \\ & \frac{\partial u(\mathbf{c},y)}{\partial y} + \mu \frac{\partial e(y,b)}{\partial y} = 0\,, \\ & \mu[\frac{\partial e(y,b)}{\partial b} - q^b] = 0. \end{aligned} \tag{111}$$

Dieses Gleichungssystem determiniert die Variablen μ, $\mathbf{q}$, q^b und y zu staatlich vorgegebenen Paaren ($\mathbf{c}$, b), sofern das Gesetz der Nachfrage gilt. Man ersetzt nun in der ersten Gleichung die linear-homogene Funktion e(y, b) gemäß dem Eulerschen Theorem (Fußnote 156) durch $\partial e(y, b)/\partial y\, y + \partial e(y, b)/\partial b\, b$. Sodann löst man die zweite und dritte Gleichung unter Elimination von μ nach $\mathbf{q}$ auf und setzt das Ergebnis in die erste ein. Schließlich gewinnt man aus der vierten Gleichung $q^b = \partial e(y, b)/\partial b$ und setzt auch dies in die erste Gleichung ein. Zusammengefaßt folgt nach Elimination von $\partial e/\partial b\, b$ und Ausklammern von $\partial e/\partial y$:

$$\frac{\partial e(y,b)}{\partial y}\left(y + \frac{\partial u(\mathbf{c},y)/\partial \mathbf{c}\,\mathbf{c}}{\partial u(\mathbf{c},y)/\partial y} \right) = 0\,. \tag{112}$$

Weil der linke Faktor strikt positiv ist, muß der Klammerausdruck im individuellen Optimum verschwinden. Bei gegebenem Konsum definiert dieser Klammerausdruck einen bestimmten Wert von y (der bei nicht-inferiorer Freizeit sogar eindeutig bestimmt ist). Änderungen der Fortbildung haben daher keinen Einfluß auf die Arbeitszeit, es gilt $\partial y/\partial b = 0$. Dasselbe Resultat könnte man auch durch implizite Differentiation des Gleichungssystems (111) gewinnen.

Aus $\partial y/\partial b = 0$ und (96) folgt unmittelbar die Behauptung $t^b = 0$. Die Gleichung (96) selbst erhält man wie gewohnt durch Differentiation der Lagrange-Funktion $\mathcal{L} = u(\mathbf{c}, y(\mathbf{c}, b)) + \lambda[e(y(\mathbf{c}, b), b) - \mathbf{p}\,\mathbf{c} - p^b b - g]$ nach der Fortbildung.

Kapitel 6. Gerechte Besteuerung

Literaturhinweise: Musgrave, R. A., P. B. Musgrave und L. Kullmer (1993) *Die öffentlichen Finanzen in Theorie und Praxis Band 2.* 5. Auflage Tübingen: Mohr. Oberhauser, A. (1995) Deutsches Steuersystem und Steuergerechtigkeit. In: Rauscher, A. (Hrsg.) *Steuergerechtigkeit.* Köln: Bachem. Tipke, K. (1993) *Die Steuerrechtsordnung.* 3 Bände Köln: Schmidt.

Die Frage nach der gerechten Besteuerung, nach der *iustitia contributiva*, hat ein geradezu biblisches Alter. Während im Alten Testament die Forderung nach einer Kopfsteuer auftaucht, enthält das Neue Testament die bekannte Geschichte vom Scherflein der armen Witwe, die man als Gebot einer Progressivsteuer interpretieren kann. In der öffentlichen und politischen Diskussion steht das Thema Steuergerechtigkeit fraglos im Vordergrund, und zwar so stark, daß es andere Problemaspekte oft überschattet und an den Rand drängt. Soll sich aber auch die Wissenschaft mit Fragen der Gerechtigkeit befassen?

Dies ist aus mehreren Gründen zu bejahen. Zunächst kann die Wissenschaft von einem bestimmten Werturteil ausgehen, das *expressis verbis* genannt wird, und die hieraus fließenden steuerpolitischen Konsequenzen systematisch entwickeln. Die dabei gewonnenen Ergebnisse sind für jedermann verbindlich, der das eingangs genannte Werturteil akzeptiert, und zwar auch und gerade dann, wenn sie anfänglichen Vorurteilen zuwiderlaufen. Auch sind manche Werturteile wissenschaftlich verwerfbar – etwa die Forderung nach einem *strikt* überdurchschnittlichen Nettoeinkommen für *jedermann*, die schlicht antinomisch ist – oder doch zumindest durch Hinweis auf Tatsachen relativierbar. Der folgende fiktive Dialog führt dies eindringlich und buchstäblich vor Augen: „A: Männer und Frauen sollten sich kleiden dürfen wie sie wollen. B: Auch wenn sich herausstellt, daß Miniröcke beim Betrachter Augenkrebs hervorrufen? A: Nein, in dem Fall natürlich nicht.“[192] Ein scheinbar unanfechtbares persönliches Werturteil ist unter dem Druck objektiver Tatsachen plötzlich flüchtig und nachgiebig.

Teile der Wissenschaft halten die Beschäftigung mit Werturteilen und Gerechtigkeitsfragen für fragwürdig, wenn nicht gar unanständig, aber aus dem selbstverständlichen Umstand, daß der einzelne Wissenschaftler kein Recht hat, seine eigenen Anschauungen der Öffentlichkeit zu oktroyieren, folgt in keiner Weise, daß die Steuertheorie *ethisch indifferent* sein müsse, zumal eine solche Indifferenz nur bedeutet, daß Gerechtigkeitsfragen von jenen thematisiert werden, die hierzu am wenigsten berufen sind – im steuerpolitischen Kampf wird schließlich noch für das haarsträubendste Privileg ein Gerechtigkeitsargument bemüht. Gegen ethische Indifferenz im Steuerrecht hat sich vor allem Klaus Tipke ge-

192 Sen, A. K. (1970) *Collective Choice and Social Welfare.* San Francisco usw.: Holden-Day (3. Auflage 1984 Amsterdam: North-Holland), S. 60. Übersetzung von mir.

wandt, der seine positivistisch eingestellten Kollegen der Rechtswissenschaft mit folgendem Schreckensgemälde aufrüttelte:

> Wie würden die Advokaten der These, im Steuerrecht sei der Gleichheitssatz »wenig effektiv«, weil es für eine gleichmäßige Steuerbelastung keine sachgerechten Maßstäbe oder Kriterien gäbe, wohl reagieren, wenn der Gesetzgeber sich z. B. entschließen würde, die Personengruppe »Hochschullehrer des Steuerrechts« kräftig zur Einkommensteuer heranzuziehen, die Gruppe der »Hochschullehrer der Finanzwissenschaft« aber von Einkommensteuer freizustellen?[193]

Die Beschäftigung mit der Steuergerechtigkeit läuft also kaum auf eine philosophische Erörterung „letzter Fragen“ hinaus, sondern beruft sich ganz pragmatisch auf allgemein anerkannte Werturteile. Die Zahl solcher Werturteile ist vermutlich größer als gemeinhin angenommen wird. Zwar streichen Gesetzgeber und Opposition bei ihren Entschließungen oft *politische* Positionen heraus, die, weil politisch, wohl nicht hinterfragt werden dürfen. Indes beruht eine in den Sozialwissenschaften verbreitete Methodik auf der Mutmaßung, daß zumindest die Menschen eines bestimmten Kulturkreises weniger in ihren grundlegenden Werturteilen differieren als vielmehr in ihren Ansichten über Tatsachenzusammenhänge[194]. Die Analyse solcher Zusammenhänge ist freilich *das* Tummelfeld der Wissenschaft.

§ 39 Gleichmäßige Besteuerung

Das *Prinzip horizontaler Steuergerechtigkeit* wird synonym als Grundsatz gleichmäßiger Besteuerung bezeichnet und bildet einen Aspekt des Leistungsfähigkeitsprinzips. Es verlangt gleiche Steuerlasten für gleichartige Sachverhalte und stellt damit eine Forderung auf, die zwar unbestritten ist, aber auch inhaltlich unbestimmt. Denn nur anhand des jeweiligen konkreten Einzelfalls kann entschieden werden, ob gleichartige Sachverhalte vorliegen oder nicht. Unbestimmtheit heißt aber nicht Unbestimmbarkeit. Das Prinzip horizontaler Steuergerechtigkeit reicht vollkommen aus, um zahlreiche Besteuerungsformen als ungerecht auszuscheiden.

Angenommen, Unternehmer A habe im laufenden Jahr Umsatzerlöse in Höhe von 100.000 Euro erzielt und Aufwendungen von 60.000 Euro gehabt, während die Umsatzerlöse und Aufwendungen des Unternehmers B 200.000 Euro und 160.000 Euro betrugen. Jeder naive Betrachter würde mit Recht verlangen, daß die beiden Unternehmer gleiche Steuern zahlen. Diese Forderung wird im Rahmen der Einkommensteuer durch drei steuersystematische Prinzipien verwirklicht:

Das *Nettoprinzip* verlangt einen Abzug aller Erwerbsaufwendungen von der Steuerbemessungsgrundlage. Damit haben die Unternehmer A und B jeweils ein Einkommen von 40.000 Euro. Eine Besteuerung der Unternehmer nach den Umsatzerlösen wäre eklatant ungerecht, weil B bei progressiver Steuer mehr als

---

193 Tipke (Fußnote 1), S. 338.

194 Friedman, M. (1953) The Methodology of Positive Economics. In: Friedman, M. (Hrsg.) *Essays in Positive Economics*. Chicago: Chicago University Press, S. 5.

doppelt so viel zahlen müßte, obwohl ihm nach Abzug der Erwerbsaufwendungen derselbe Betrag verbleibt wie dem A. Folglich ist das Nettoprinzip unerläßliches Vehikel zur Durchsetzung gerechter Besteuerung. Abzüge von der Bemessungsgrundlage, die das Nettoprinzip ausführen, sind keine Steuervergünstigungen, sondern verwirklichen die innere Logik der Einkommensteuer.

Das *Prinzip der synthetischen Einkommensteuer* fordert eine unterschiedslose Belastung verschiedener Einkunftsarten. Wenn Unternehmer A landwirtschaftlich und Unternehmer B gewerblich oder selbständig tätig war, sollte dies für die Höhe der Einkommensteuer keine Rolle spielen. Einkunftsartenspezifische Vergünstigungen oder Sonderbelastungen, oder gar die Besteuerung unterschiedlicher Einkunftsarten nach getrennten Tarifen (Schedulensteuer), schließen horizontale Gerechtigkeit aus, weil sie wirtschaftlich Gleiches ungleich behandeln.

Schließlich verlangt die *Reinvermögenszugangstheorie* (*accretion theory*) eine Besteuerung aller realisierten Vermögenszunahmen, gleichgültig ob sie regelmäßig oder unregelmäßig anfallen. Dieses Postulat wurde erstmals von Georg Schanz in einer auch heute noch lesenswerten Arbeit formuliert: „Wir wollen wissen, welche wirtschaftliche Leistungsfähigkeit einer Person, ohne dass sie ihr Kapital aufzehrt oder Schulden macht, in einem bestimmten Zeitabschnitt zukommt, über was sie so z. B. in einem bestimmten Jahr disponieren kann; ob diese Summe wiederkehrt, wie sie sich zusammensetzt, ob sie der Wiederkehr fähig ist, ist für das betreffende Jahr gleichgültig.“[195]

Gegenspieler der Reinvermögenszugangstheorie ist die *Quellentheorie* (*source theory*). Die Quellentheorie beruht auf der römisch-rechtlichen Unterscheidung zwischen Stamm und Frucht und verweist den Stamm (die Quelle) in den nichtsteuerbaren Bereich. Hierin steckt zweierlei: Erstens sind Wertänderungen der Quelle steuerlich unbeachtlich, und zweitens werden nur Einnahmen, die regelmäßig aus einer Quelle fließen, besteuert[196]. Ein Mietshausbesitzer muß nach der Quellentheorie seine laufenden Mieteinnahmen abzüglich der Bewirtschaftungskosten versteuern, während Wertänderungen des Hauses steuerlich außer Ansatz bleiben. Ein Veräußerungsgewinn bleibt steuerfrei, umgekehrt kann ein Untergang des Vermögens (zum Beispiel durch einen nicht versicherten Brand) nicht als Erwerbsaufwendung abgesetzt werden.

Die Quellentheorie wurde vom preußischen Staatssekretär B. Fuisting verfochten und floß so in das preußische Einkommensteuergesetz von 1891 ein; sie lebt bis heute in den sogenannten Überschußeinkunftsarten fort. Georg Schanz wandte sich gegen diesen Ansatz mit dem Argument, daß eine quellentheoretische Besteuerung ungleichmäßig und damit ungerecht ist, weil sie mit der Nichtsteuer-

195 Schanz, G. (1896) Der Einkommensbegriff und die Einkommensteuergesetze. *Finanzarchiv* **13**, S. 1–87, hier S. 17.

196 „Einkommen ist jede aus einer Quelle, also mit einer gewissen Regelmässigkeit wiederkehrende Vermehrung des Vermögens.“ Guth, F. (1869) *Die Lehre vom Einkommen in dessen Gesammtzweigen.* Prag: Friedrich Tempsky, S. 12.

barkeit der Quelle und den regelmäßig wiederkehrenden Einnahmen auf Kriterien abstellt, die keinen Bezug zur wirtschaftlichen Leistungsfähigkeit haben. Die Schanzsche Reinvermögenszugangstheorie hat die internationale Steuerliteratur stark geprägt und wird heutzutage im angelsächsischen Bereich als *Schanz-Haig-Simons Ansatz* bezeichnet[197]. Ein abschließendes Zitat verdeutlicht die Überzeugungskraft der Reinvermögenszugangstheorie: „Wenn ich einer notleidenden Familie jede Woche 6 M. verabreiche, hätte sie Einkommen, wenn ich ihr einmalig 200 M. schenke, hätte sie keines. Wenn sich ein Bettler alle Tage 1 M. zusammenbettelt, hat er Einkommen, wenn er von einem grossmütigen Mann 365 M. erhält und infolgedessen während des Jahres das Betteln unterlässt, hat er keines."[198]

Auch für die Besteuerung der Ausgaben oder des Konsums hat das Prinzip horizontaler Steuergerechtigkeit einige Konsequenzen, die sich bei Weiterführung des obigen Beispiels mit den Unternehmern A und B sofort zeigen. Wenn A und B ihre Einkommen von jeweils 40.000 Euro im laufenden Jahr für ihren Konsum ausgeben, hat jeder der beiden einerseits *Bedürfnisse* im Wert von 40.000 Euro *befriedigt* und andererseits *Ressourcen* in Höhe dieses Betrags *beansprucht*. Beide Konsumausgaben sollten folglich gleich besteuert werden, was über eine allgemeine Verbrauchsteuer mit einheitlichem Satz erreichbar ist. Gespaltene Steuersätze oder Steuern auf spezielle Güter widersprechen dem Prinzip horizontaler Steuergerechtigkeit. Wenn A Biertrinker und B Weintrinker ist, kann man schlecht einsehen, warum A eine Belastung durch Biersteuer erfahren sollte, während B in Ermangelung einer Weinsteuer insoweit verschont bleibt. Wenn A gern selbst kocht und hierfür Nahrungsmittel kauft, die dem ermäßigten Umsatzsteuersatz unterliegen, während B als Restaurantbesucher die volle Umsatzsteuer zu zahlen hat, werden die beiden steuerlich ungleich behandelt. Die gespaltenen Umsatzsteuersätze wirken dem Vernehmen nach zwar einer angeblichen Regression entgegen; aber daß dieses verbreitete Argument sachlich falsch ist, wurde schon in § 29 gezeigt. Differenzierte Gütersteuersätze diskriminieren jene Personen, die aufgrund ihrer Neigung viel von den hoch besteuerten oder wenig von den gering besteuerten Gütern nachfragen; derartige Steuern sind evident ungerecht.

Advokaten einer sehr grobschlächtigen Vorstellung von Gerechtigkeit befürworten gelegentlich *Luxussteuern* mit dem Argument, diese würden Reiche stärker belasten als Arme – und geben damit zu erkennen, daß sie nicht zwischen Fragen *horizontaler* Gerechtigkeit und *vertikaler* Gerechtigkeit zu unterscheiden vermögen. Es mag sein, daß bestimmte Luxusgüter *vorwiegend* von wohlhaben-

---

197 Vgl. hierzu neben dem bereits zitierten Werk von Schanz: Haig, R. M. (1921) The Concept of Income. In: Haig, R. M. (Hrsg.) *The Federal Income Tax*. New York. Simons, H. (1938) *Personal Income Taxation*. Chicago.

198 Schanz (Fußnote 195), S. 16 f. Ist der Einkommensteuertarif *progressiv*, ergeben sich bei der Besteuerung einmaliger Vermögenszuwächse die in § 17 beschriebenen Nebeneffekte. Sie können nur durch komplizierte Periodisierungsregeln oder durch Übergang zu einem proportionalen Tarif vermieden werden.

den Bürgern nachgefragt werden, und man kann sich eine stärkere steuerliche Belastung der Wohlhabenden durchaus vorstellen, aber dies führt nicht an der Tatsache vorbei, daß auch manche Armen die Luxusgüter kaufen, während manche Reichen sie nicht kaufen. Steuern und ebenso Subventionen auf spezielle Güter schließen horizontale Gerechtigkeit aus und verletzen damit das Leistungsfähigkeitsprinzip.

Bis hierher zusammengefaßt sollte ein horizontal gerechtes Steuersystem eines oder zwei der folgenden Elemente enthalten: Erstens eine synthetische Einkommensteuer auf Basis des Nettoprinzips und der Reinvermögenszugangstheorie, zweitens eine allgemeine Verbrauchsteuer mit einheitlichem Satz. Hieraus folgt nicht, daß Abweichungen vom Prinzip horizontaler Steuergerechtigkeit schlechthin unzulässig sind, sondern vielmehr, daß solche Abweichungen durch *Gegenprinzipien* gerechtfertigt werden müssen, also nicht willkürlich oder politisch motiviert sein dürfen. Eine Sonderbehandlung bestimmter Einkunftsarten oder Verbrauchsakte kann insbesondere auf *Effizienzüberlegungen* beruhen oder auf *Informationsproblemen*, die eine Verwirklichung des Gerechtigkeitsideals ausschließen. Eine effizienzorientierte Besteuerung kann zum Beispiel auf umweltschädigende Verbrauchsakte abzielen oder auf andere Verhaltensweisen mit negativen externen Effekten. Derartige Steuern sind nicht ungerecht, weil sie auf einem einleuchtenden sachlichen Grund beruhen; erst sie verwirklichen die *iustitia commutativa*, weil der Marktpreis die gesellschaftlichen Kosten bei Vorliegen einer negativen Externalität nicht vollständig abgilt[199]. Es ist gerecht, daß ein Autofahrer, der die Umwelt belastet, nicht nur über den Marktpreis für die privaten Kosten seiner Handlung aufkommt, sondern auch z. B. über die Mineralölsteuer zur Finanzierung der gesellschaftlichen Kosten der Umweltbelastung herangezogen wird. *Informationsprobleme* stellen den Versuch gerechter Besteuerung hingegen oft auf eine harte Probe:

Beispiel 1: Die Steuerpflichtigen A und B könnten bei einer Wochenarbeitszeit von jeweils 40 Stunden und unter sonst gleichen Umständen je 60.000 Euro verdienen. A zieht jedoch eine Wochenarbeitszeit von 20 Stunden vor, während B tatsächlich 40 Stunden arbeitet. Damit erzielen die beiden Arbeitslöhne in Höhe von 30.000 Euro bzw. 60.000 Euro. Sollten sie gleich besteuert werden oder verschieden?

Häufig gegebene Antworten auf diese Frage schwanken zwischen „A sollte mehr als halb so viel Steuern zahlen wie B“ und „A und B sollten gleich viel Steuern zahlen, weil ihnen dieselben Verdienstmöglichkeiten offenstehen“. Zur zweiten Antwort neigen vor allem Ökonomen, die wissen, daß eine *Fähigkeitsteuer* (*faculty tax*), also eine Steuer auf das *mögliche* Einkommen, zugleich den Charme der Erstbeststeuer (§ 33) besitzt, während jede andere Besteuerungsform Zusatzla-

---

199 Die klassische Ethik des Aristoteles unterschied zwischen *iustitia commutativa* (Tauschgerechtigkeit) und *iustitia distributiva* (Verteilungsgerechtigkeit). Während die erstere etwa bei Betrug oder Wucher verletzt ist, verlangt letztere nach gerechter Verteilung eines Überschusses auf die Mitglieder der Gemeinschaft. Geht es nicht um die Verteilung von Überschüssen, sondern um die Austeilung von Lasten, spricht man statt dessen von *iustitia contributiva*.

sten und Ineffizienzen verursacht. In der Realität aber zahlt A bei einer proportionalen Einkommensteuer halb so viel wie B, bei einer progressiven Einkommensteuer sogar weniger als die Hälfte. Dies beruht auf der *Markteinkommenstheorie*, wonach nur am Markt erzieltes, beobachtbares Einkommen zur Bemessungsgrundlage rechnet. Die Betonung liegt hierbei nicht auf Markt, sondern auf beobachtbar, so daß auf Basis der Markteinkommenstheorie durchaus auch Unterhaltszahlungen oder Sozialtransfers steuerbar sein können. Nicht steuerbar ist hingegen die Fähigkeit zur Einkommenserzielung, weil sie mit verhältnismäßigem Aufwand nicht rechtssicher beobachtet werden kann. Damit stellt sich in puncto Steuergerechtigkeit dasselbe Problem wie beim Streben nach Steuereffizienz: Die im vorigen Kapitel beschriebenen Zusatzlasten beruhten auf der Annahme mangelnder Beobachtbarkeit von Verbrauch und Anfangsausstattung. Derartige Informationsprobleme, so zeigt sich nun, bedeuten auch, daß die oft als gerecht empfundene Fähigkeitsteuer in der Praxis kaum erhoben werden kann.

Beispiel 2: A und B besitzen identische Betriebsgrundstücke, die sie vor langer Zeit zu je 100.000 Euro erworben haben und deren Verkehrswerte unterdes auf 500.000 Euro gestiegen sind. Aufgrund eines erzwungenen Ortswechsels verkauft B sein Grundstück und kauft ein gleichwertiges am neuen Ort. Die sonstigen persönlichen und wirtschaftlichen Verhältnisse der beiden sind vollkommen gleich. Sollten sie gleich besteuert werden oder verschieden?

Die hierauf gegebene Antwort lautet unisono, daß A und B gleich besteuert werden sollten. In der Realität aber wird dem B eine höhere Einkommensteuer abverlangt, weil er einen Veräußerungsgewinn realisiert hat, und weil nach dem *Realisationsprinzip* nur realisierte Gewinne steuerbar sind. Das Realisationsprinzip bedingt eine Ungerechtigkeit – weil die obigen A und B trotz identischer Leistungsfähigkeit unterschiedlich besteuert werden – und außerdem eine Ineffizienz, den sogenannten *Lock-in-Effekt*: Jeder vernünftige Steuerpflichtige wird die Realisierung von Veräußerungsgewinnen nach Möglichkeit aufschieben, so daß weniger wirtschaftlich sinnvolle Markttransaktionen stattfinden als in einer Welt ohne Steuern. Durch eine Steuerfreistellung von Veräußerungsgewinnen, die als Rückkehr zur Quellentheorie ein Weg in die falsche Richtung wäre, könnten diese Makel des Realisationsprinzips nicht beseitigt werden. Eher käme die Besteuerung auch nicht realisierter Gewinne in Betracht (*Reinvermögenszuwachstheorie*). Die Besteuerung nicht realisierter Gewinne stößt freilich erneut auf ein Informationsproblem, weil es aufwendig wäre, z. B. den Wert eines Grundstücks jährlich neu festzustellen. Auf der anderen Seite könnten Wertzuwächse eines Unternehmens durchaus besteuert werden, wenn die Bilanzierung auf dem Prinzip des *true and fair view* beruhte und nicht, wie in Deutschland, auf dem Vorsichtsprinzip.

An dieser Stelle wird klar, daß manche Ungerechtigkeiten und Ineffizienzen des Steuersystems erstens inhärent sind und daß sie zweitens eine gemeinsame Wurzel besitzen, nämlich Informationsprobleme, die eine exakte Messung steuerlicher Leistungsfähigkeit erschweren. Diese Einsicht ermöglicht einen Brückenschlag zwischen der ökonomischen und der juristischen Steuerwissenschaft: In der mathematischen Prosa des vorigen Kapitels waren Informationsprobleme die Hauptquelle der Ineffizienzen, während nunmehr gezeigt wurde, daß sie kaum vermeidbare Ungerechtigkeiten erzeugen. Mit ähnlicher Stoßrichtung meint Tipke: „Die Markteinkommenstheorie erweist sich auch hier als die auf das Praktikable zurückgenommene Reinvermögenszugangstheorie"[200] und will damit sagen, daß die Markteinkommenstheorie nicht per se erstrebenswert, sondern eine Teilkapitulation vor Informationsproblemen ist. Wie die Geschichte der Besteuerung zeigt, stellen Informationsprobleme allerdings kein absolutes Hemmnis dar, sondern unterliegen selbst einer Bewertung und Abwägung: Mehr Gerechtigkeit und Effizienz erfordern ein tieferes Eindringen der Finanzbehörde in die Privatsphäre. Der eigentliche Konflikt besteht folglich nicht zwischen Gerechtigkeit und Effizienz, sondern zwischen Gerechtigkeit und Effizienz auf der einen und dem Schutz der Privatsphäre auf der anderen Seite.

§ 40 Überperiodische Gleichmäßigkeit

Die bisher referierten Thesen zur gleichmäßigen Besteuerung finden im Schrifttum breiteste Zustimmung, doch diese *unité de doctrine* endet abrupt, sobald man versucht, steuerliche Leistungsfähigkeit auch überperiodisch zu definieren. Spätestens seit Hobbes sind Philosophen, Ökonomen und Juristen uneins hinsichtlich der Frage, ob individuelle überperiodische Leistungsfähigkeit durch das *Einkommen* oder durch die *Konsumausgaben* zu messen sei. Der Hinweis, daß zumindest bei Abstraktion von Erbschaften jedes Einkommen irgendwann konsumiert wird, hilft nicht weiter, weil Einkommensentstehung und Konsum zeitlich auseinanderfallen. Einkommensteuer und Ausgabensteuer entfalten deshalb unterschiedliche Belastungswirkungen, wie in § 25 ausführlich thematisiert.

Das Problem überperiodisch gleichmäßiger und gerechter Besteuerung beruht zum Teil darauf, daß direkte Steuern aus praktischen Gründen meist jährlich veranlagt werden[201]. Dieses *Prinzip der Jährlichkeit* beruht nicht auf Forderungen nach Effizienz oder Gerechtigkeit, sondern auf folgendem: In einer unsicheren Welt kann keine tarifierte Steuer an Tatbestände anknüpfen, die in der Zukunft liegen, weil diese Tatbestände einfach nicht bekannt sind. Die Anknüpfung an weit zurückliegende Tatbestände ist ebenfalls bedenklich, wenn man realistisch unterstellt, daß Steuertarife von Zeit zu Zeit geändert werden müssen. Denn angenommen, die Einkommensteuer würde für einen 10-Jahres-Zeitraum veran-

---

200 Tipke (Fußnote 1), S. 580. Neben dem Markteinkommen sind freilich auch Unterhaltszahlungen oder Sozialtransfers leicht beobachtbar. Insofern hat der Ausdruck „Markteinkommen" schon manchen irritiert und sollte vielleicht durch „beobachtbares Einkommen" ersetzt werden.

201 Methoden zur Erlangung überperiodischer Gleichmäßigkeit bei progressiven Tarifen und jährlicher Veranlagung erörtert Hackmann (Fußnote 85). Diese Methoden sind nicht einfach und haben regelmäßig unerwartete Nebeneffekte.

lagt. In diesem Fall wäre entweder zu fordern, daß der Steuertarif mindestens 10 Jahre unverändert bleibt – was bei schwankendem staatlichen Finanzbedarf eine kaum akzeptable Einschränkung bedeutet – oder daß die Steuerpflichtigen keinen Vertrauensschutz erhalten. Einem Steuerpflichtigen, der 9 Jahre gearbeitet und dabei 20 Prozent Steuervorauszahlungen geleistet hat, müßte unter Umständen im 10. Jahr eine rückwirkende Steuererhöhung auf 30 Prozent eröffnet werden. Anders ausgedrückt beruht das Prinzip der Jährlichkeit auf dem Verlangen nach *Flexibilität* für den Steuerberechtigten und *Vertrauensschutz* für die Steuerpflichtigen.

Damit ist das Problem der überperiodisch gleichmäßigen Besteuerung umrissen: Gesucht wird nach Besteuerungsformen, die nur an *jährliche* Bemessungsgrundlagen anknüpfen und die gleichzeitig sichern, daß zwei Konsumenten mit überperiodisch gleicher Leistungsfähigkeit gleich belastet werden. Um dies näher zu analysieren, sei auf das in § 25 entwickelte Modell zurückgegriffen und unterstellt, daß die betrachteten Konsumenten weder erben noch vererben.

Von Thomas Hobbes über John Stuart Mill, Irving Fisher oder Nicholas Kaldor vertritt das Gros der Ökonomen sowie ein Teil der Philosophen und Juristen die Auffassung, daß eine Ausgabensteuer gerecht, die in der Einkommensteuer enthaltene Belastung von Kapitaleinkommen hingegen ungerecht sei. Eine andere Schule, deren Tradition von Adam Smith über Henry Simon bis zu Richard A. Musgrave und Fritz Neumark reicht, befürwortet hingegen eine Einkommensteuer, deren Bemessungsgrundlage auch das Kapitaleinkommen umfaßt[202]. Der Unterschied der beiden Denkweisen liegt in folgendem:

- Nach Auffassung der Befürworter einer *Ausgabensteuer* ist die individuelle Leistungsfähigkeit durch den periodischen Konsum zu messen, also durch eine spezifische Form der Bedürfnisbefriedigung.
- Die Anhänger der *Einkommensteuer* meinen hingegen, daß individuelle Leistungsfähigkeit im Mittelerwerb zum Ausdruck kommt. Leistungsfähigkeit in diesem Sinne besteht nicht nur in Bedürfnisbefriedigung durch tatsächlichen Konsum, sondern ebenso in Bedürfnisbefriedigung durch Ersparnis, also potentiellen Konsum[203].

Das Grundargument der Ausgabensteuertheoretiker nimmt gewöhnlich folgenden Gang[204]. Die überperiodische Budgetgleichung

202 Musgrave, R. A. (1991) Zur Wahl der „richtigen" Steuerbemessungsgrundlage – Eine historische Betrachtung. In: Rose, M. (Hrsg.) *Konsumorientierte Neuordnung des Steuersystems*. Berlin usw.: Springer.

203 Diese Terminologie stammt von Schneider, D. (1994) *Grundzüge der Unternehmensbesteuerung*. 6. Auflage Wiesbaden: Gabler, einem Autor übrigens, der in den Vorauflagen seines Buches ebenso heftig für die Ausgabensteuer gefochten hatte, wie er später für die Einkommensteuer warb, der also die Zerrissenheit der Wissenschaft bezüglich dieser Frage in einer Person manifestiert.

204 Vgl. etwa Wenger, E. (1983) Gleichmäßigkeit der Besteuerung von Arbeits- und Vermögenseinkünften. *Finanzarchiv N. F.* 41, S. 207–252.

(113) $$c_1 + \frac{c_2}{R} = w\,.$$

fordert, daß der Barwert des Lebenskonsums mit dem Barwert des Lebenseinkommens übereinstimmt. Zwei Steuerpflichtige, die denselben *Lebenskonsum* verwirklichen, sollten nach Ansicht der Ausgabensteuertheoretiker mit derselben Lebenssteuer belastet werden, wobei unter *Lebenssteuer* die Summe der abgezinsten Steuerzahlungen zu verstehen ist. Eine periodisch veranlagte *proportionale* Steuer leistet dies, wenn sie entweder auf den periodischen Konsum oder auf das periodische Einkommen mit Ausnahme des Kapitaleinkommens zugreift. In diesen beiden Fällen beträgt die Lebenssteuer $T = \tau w$. Folglich kommen zwei Steuerarten in Betracht, nämlich eine proportionale Ausgabensteuer oder eine proportionale zinsbereinigte Einkommensteuer. Bei progressiven Tarifen und jährlicher Veranlagung kann das Postulat „Gleiche Lebenssteuer für gleichen Lebenskonsum" nicht verwirklicht werden, weil Steuerpflichtige mit gleichmäßigem Konsumprofil weniger zahlen als Steuerpflichtige, die manchmal mehr und manchmal weniger konsumieren.

Die hiermit referierte Position zur Ausgabensteuer ist vertretbar und schlüssig, aber nicht zwingend, weil sie auf dem *Werturteil* beruht, daß periodische Leistungsfähigkeit durch periodischen Konsum zu messen sei. Hieraus folgt, daß zwei Steuerpflichtige, die in jedem Jahr gleich viel konsumieren, aber unterschiedliche Einkommen haben, gleich belastet werden sollten. Angenommen, A verdiene jedes Jahr 50.000 Euro, die er sogleich konsumiert. B verdiene 1.000.000 Euro und konsumiere ebenfalls 50.000 Euro; hierbei ist wichtig, daß dies nicht nur in den Anfangsjahren, sondern auf Dauer so sein soll. B ist eben persönlich anspruchslos und investiert jährlich 950.000 Euro in den Aufbau seines Vermögens. Er sammelt Ländereien, Fabriken und wird im Zeitablauf sehr vermögend, angesehen und einflußreich, während A sein unauffälliges Leben als Normalbürger fristet. Im System der Ausgabensteuer werden A und B bis zu ihrem Tod gleich besteuert, während der B bei Anwendung der Einkommensteuer wesentlich mehr steuern zahlt. Die Belastung zum Zeitpunkt des Todes hängt von der Ausgestaltung einer etwaigen Erbschaftsteuer ab; bei alleiniger und konsequenter Ausgabenbesteuerung geht das Vermögen des B ungeschmälert in die Hände seiner Erben über.

Ein Urteil darüber, ob überperiodische Gleichmäßigkeit eher durch die Ausgabensteuer oder eher durch die Einkommensteuer erreicht wird, bleibe dem Leser anheimgestellt; wissenschaftlich kann man diese Frage nicht klären. Die Tendenz mancher Ausgabensteuertheoretiker, ihren Standpunkt durch Annahme einer nur vom Konsum abhängigen Nutzenfunktion zu „beweisen", läuft freilich auf einen Zirkelschluß hinaus, denn diese Nutzenfunktion umschreibt das Werturteil, Leistungsfähigkeit werde allein durch den Konsum gemessen und enthält damit schon alles, was zu beweisen war. Ein Einkommensteuertheoretiker könnte dieses Argument mühelos durch Annahme einer Nutzenfunktion kontern, in der die periodischen Einkommen als Argumente figurieren.

Das eigentliche Problem besteht darin, ob für steuerliche Leistungsfähigkeit neben der Bedürfnisbefriedigung durch Konsum nicht auch andere wirtschaftliche Merkmale eine Rolle spielen. Jene, die in der Vermögensbildung als potentiellem Zukunftskonsum eine eigenständige Quelle steuerlicher Leistungsfähigkeit erkennen, tendieren zur Einkommensteuer[205]. Auch ihre Position ist schlüssig und nicht durch den schlichten Hinweis widerlegbar, daß die meisten Ökonomen eben nur den Konsum in die Nutzenfunktion aufnehmen[206]. Der inzwischen jahrhundertealte Streit um die Frage, welche Besteuerung überperiodisch gerecht sei, kann hier also nicht entschieden werden.

§ 41 Vertikale Steuergerechtigkeit

In den vorangegangenen Paragraphen wurden Konzepte gleichmäßiger Besteuerung besprochen, die horizontale Steuergerechtigkeit verwirklichen sollen und deren Forderung darin besteht, Steuerpflichtige *gleicher Leistungsfähigkeit* gleich zu besteuern. Hierbei zeigte sich, daß der steuerliche Gleichheitsgrundsatz als solcher unumstritten ist; debattiert wird vielmehr die Frage, wie Leistungsfähigkeit im Einzelfall zu messen sei. Nunmehr steht der zweite Aspekt des Leistungsfähigkeitsprinzips, nämlich das Problem vertikaler Steuergerechtigkeit zur Erörterung an, bei dem es um die Frage geht, inwieweit Steuerpflichtige *unterschiedlicher Leistungsfähigkeit* unterschiedlich besteuert werden sollten und bei dem die im Schrifttum vertretenen Ansichten erheblich weiter auseinanderlaufen. Es erscheint deshalb zweckmäßig, die wesentlichen Standpunkte unter den Überschriften *Opfertheorien*, *Welfarismus* und *gesellschaftsvertraglicher Ansatz* getrennt vorzustellen.

1. Opfertheorien

Der traditionelle opfertheoretische Ansatz geht das Problem vertikaler Steuergerechtigkeit durch geschickte Verallgemeinerung des Gleichheitsgrundsatzes an: Eine vorgegebene Steuerlast soll so verteilt werden, daß alle Steuerpflichtigen dasselbe Opfer erbringen[207]. Demnach sollen nicht nur gleich leistungsfähige Steuerpflichtige gleich besteuert werden, sondern darüber hinaus auch verschieden leistungsfähige Steuerpflichtige in der Weise verschieden, daß die resultierenden Opfer für alle gleich sind[208]. Hieraus steuerpolitische Handlungsanweisungen zu gewinnen erfordert eine Messung der individuellen Opfer. Der Ansatz

205 Haller, H. (1981) *Die Steuern*. 3. Auflage Tübingen: Mohr, S. 54 ff.

206 Womit sie übrigens, wenn es um die Erklärung der Existenz von Erbschaften geht, oft in Schwierigkeiten kommen. Einen frühen Alternativansatz entwickelte Veblen, T. B. (1912) *The Theory of the Leisure Class*. New York usw.: Macmillan.

207 Diese Idee geht wohl auf John Stuart Mill zurück: „Equality of taxation, therefore, as a maxim of politics, means equality of sacrifice." Mill, J. St. (1848) *Principles of Political Economy*. Zitiert nach dem Nachdruck 1987 Fairfield: Augustus M. Kelley Publishers, S. 804.

208 Das Verhältnis dieser Forderung zum Postulat einer Besteuerung nach der Leistungsfähigkeit analysiert Richter, W. F. (1983) From Ability to Pay to Concepts of Equal Sacrifice. *Journal of Public Economics* **20**, S. 211–229.

unterstellt, daß alle Steuerpflichtigen identische Nutzenfunktionen haben, die kardinal und interpersonell vergleichbar sind. Es sei also $u(y-T)$ der Nutzen eines Steuerpflichtigen, wobei y dessen Bruttoeinkommen und T den Steuerbetrag bezeichnet. Die Differenz $y-T$ entspricht folglich dem Nettoeinkommen; im Lichte des vorigen Paragraphen mag man übrigens „Einkommen" durch „Ausgaben" ersetzen, ohne daß sich die opfertheoretische Argumentation substantiell ändert. Eine erste Variante der Opfertheorie fordert nun, daß alle Steuerpflichtigen dieselbe Nutzeneinbuße erleiden:

(114) *Gleiches absolutes Opfer*: $u(y)-u(y-T)=\text{const.}$

Das absolute Opfer entspricht folglich nicht dem Steuerbetrag T, sondern dem durch die Steuer erlittenen Nutzenverlust, und das Postulat verlangt, daß der so verstandene Nutzenverlust für alle Zensiten gleich ist. Bei streng konkaver Nutzenfunktion, also strikt abnehmendem Grenznutzen, folgt hieraus, daß der Steuerbetrag mit steigendem Einkommen zunimmt. Durch implizite Differentiation von (114) erhält man

(115) $$\frac{dT}{dy}=\frac{u'(y-T)-u'(y)}{u'(y-T)}>0\,,$$

einen positiven Ausdruck, da $u'(y-T)$ wegen des abnehmenden Grenznutzens größer als $u'(y)$ ist. Durch erneutes Ableiten nach y ergibt sich ein Ausdruck mit unbestimmtem Vorzeichen, so daß der Tarif, abhängig von der konkreten Nutzenfunktion, sowohl konvex (direkt progressiv) als auch konkav (direkt regressiv) sein kann. Die Forderung nach einem progressiven Tarif läßt sich demnach nicht auf das Postulat eines gleichen absoluten Opfers zurückführen.

Eine zweite Variante der Opfertheorie verlangt, daß nicht die absolute, sondern die prozentuale Nutzeneinbuße für alle Zensiten gleich sein soll:

(116) *Gleiches relatives Opfer:* $$\frac{u(y)-u(y-T)}{u(y)}=\text{const.}$$

Auch hier folgt durch implizite Differentiation, daß der Steuerbetrag mit wachsendem Einkommen zunehmen sollte. Bei gegebener Nutzenfunktion hat das Postulat des gleichen relativen Opfers eine stärkere Nivellierung zur Konsequenz als das Postulat des gleichen absoluten Opfers, weil die verlangte Nutzeneinbuße mit steigendem Bruttoeinkommen zunimmt. Zumindest die Entwickler des opfertheoretischen Ansatzes waren jedoch überrascht, daß der Steuertarif selbst bei gleichem relativen Opfer nicht progressiv sein muß; es kommt auch hier auf die konkrete Nutzenfunktion an[209]. Insofern sind die Ergebnisse der Opfertheo-

209 Vgl. hierzu ausführlich: Hinterberger, F., K. Müller und H.-G. Petersen (1987) „Gerechte" Tariftypen bei alternativen Opfertheorien und Nutzenfunktionen. *Finanzarchiv N. F.* **45**, S. 45–69.

rie vage. Anfängliche Erwartungen, die Opfertheorie erlaube eine mathematische Fundierung spezieller Tarifformen, erfüllten sich jedenfalls nicht[210, 211].

2. Welfarismus

Aus Sicht des Welfarismus (von engl. *welfare* – Wohlfahrt) besteht das Ziel der Steuerpolitik – wie auch jeder anderen Politik – in der Maximierung einer *sozialen Wohlfahrtsfunktion*. Im allgemeinsten Fall hängt die soziale Wohlfahrt von beliebigen materiellen oder ideellen Sachverhalten ab, zum Beispiel vom durchschnittlichen Wohlstand, der Gottesfürchtigkeit oder dem Grad der Herrschaft der Arbeiterklasse. Beruht die soziale Wohlfahrt aber ausschließlich auf den individuellen Nutzenniveaus u^h der Konsumenten $h = 1 \ldots H$, so daß die Wohlfahrtsfunktion als $W(u^1, \ldots, u^H)$ geschrieben werden kann, spricht man von einer *individualistischen sozialen Wohlfahrtsfunktion*. Im weiteren wird nur dieser individualistische Ansatz betrachtet, der auf den Wertungen der Individuen und auf einer Aggregationsregel beruht[212].

Ein aus welfaristischer Sicht optimales Steuersystem maximiert die Funktion $W(u^1, \ldots, u^H)$ unter den jeweils relevanten Nebenbedingungen.

Zu einem ersten Ergebnis des Welfarismus gelangt man durch die Annahmen, daß alle Konsumenten dieselbe streng konkave Nutzenfunktion haben und die soziale Wohlfahrt der Summe der mit Zahlen f^h gewichteten individuellen Nutzen entspricht:

$$(117) \qquad W = u(y^1 - T^1)\, f^1 + \ldots + u(y^H - T^H)\, f^H .$$

Diese Funktion heißt *utilitaristische Wohlfahrtsfunktion*. Der Utilitarismus – bekannt geworden durch Jeremy Benthams (1748 – 1832) ebenso unverfängliche wie für Verteilungsprobleme unpassende Forderung nach „dem größten Glück der größten Zahl" – ist folglich eine besondere Spielart des Welfarismus. Der Utilitarismus begreift soziale Wohlfahrt als Summe gewichteter individueller Nutzen. Ergänzt man diese Vorstellung um die Annahme gegebener Bruttoeinkommen y^h und eines gegebenen Gesamtsteueraufkommens $T^1 + \ldots + T^H$, resultiert bei identischen Gewichten f^h das Prinzip des gleichen Grenzopfers.

$$(118) \qquad \textit{Gleiches Grenzopfer:}\quad u'(y^h - T^h) = \text{const. in } h .$$

Im Unterschied zu den Forderungen des gleichen absoluten bzw. relativen Opfers ist das Prinzip des gleichen Grenzopfers ein *Ergebnis*; es beruht darüber

210 Dies kritisiert Littmann, K. (1970) Ein Valet dem Leistungsfähigkeitsprinzip. In: Haller, H. et al. (Hrsg.) *Theorie und Praxis des finanzpolitischen Interventionismus*. Tübingen: Mohr. Littmanns Kritik des Leistungsfähigkeitsprinzips ist eigentlich eine Attacke auf die Opfertheorie und insofern etwas zu scharf geraten.

211 Den Zusammenhang zwischen Opfertheorie, Progression und *Neid* erörtern Bös, D. und G. Tillmann (1984) Neid und progressive Besteuerung. In: Bös, D., M. Rose und C. Seidl (Hrsg.) *Beiträge zur neueren Steuertheorie*. Berlin usw.: Springer.

212 Der Grund für die Beschränkung auf individualistische soziale Wohlfahrtsfunktionen liegt im folgenden Artikel: Kaplow, L. und S. Shavell (2001) Any Non-welfarist Method of Policy Assessment Violates the Pareto Principle. *Journal of Political Economy* **109**, S. 281 – 286.

hinaus auf dem welfaristischen Ansatz, während die Grundsätze des gleichen absoluten bzw. relativen Opfers unabhängig hiervon gelten.

Das gleiche Grenzopfer impliziert eine *Gleichverteilung der Nettoeinkommen.* Hätte nämlich der Konsument k ein höheres Nettoeinkommen als der Konsument h und damit einen geringeren Grenznutzen des Einkommens, könnte die soziale Wohlfahrt durch eine Umverteilung von k zu h erhöht werden. Ein auf diesem Prinzip beruhendes Steuer-Transfer-System wird alle über dem Durchschnitt liegenden Einkommensteile vollständig wegsteuern und alle unterdurchschnittlichen Einkommen durch Transfers entsprechend aufstocken. Im Optimum verdient jeder Konsument dasselbe, alle Grenznutzen sind gleich, und die soziale Wohlfahrt ist maximiert. Entscheidend für dieses Ergebnis ist freilich die Annahme *gegebener Bruttoeinkommen.* Wählen die Konsumenten ihre Einkommen selbst, muß der Umverteilungsgrad zurückgenommen werden, weil sonst jeder Arbeitsanreiz entfällt.

Philosophisch haben Welfarismus bzw. Utilitarismus wenig Resonanz erfahren, weil ihre Werturteile auf verbreitete Skepsis stoßen: Beide Ansätze behandeln die Bürger als bloße Objekte oder – in einer treffenden Formulierung Milton Friedmans – als *pleasure machines*, mit denen nach Maßgabe der Wohlfahrtsfunktion beliebig umgesprungen werden darf. Der Wert des Individuums erschöpft sich darin, durch seinen Nutzen einen Beitrag zur „sozialen Wohlfahrt" zu leisten. Deshalb erzeugt das welfaristische Gerechtigkeitskonzept verbreitetes Unbehagen, obwohl dies selten so deutlich wie vom schottischen Schriftsteller Thomas Carlyle (1795 – 1881) artikuliert wird, der den utilitaristisch geprägten Teil der Volkswirtschaftslehre als „a pig's philosophy" bezeichnete. Im folgenden Abschnitt wird jedoch klar, daß diesem Unbehagen durch eine einfache Uminterpretation des Ansatzes abgeholfen werden kann.

3. Gesellschaftsvertraglicher Ansatz

Verbunden mit Namen wie John Locke, Jean-Jacques Rousseau oder Immanuel Kant hat das Konzept des Gesellschaftsvertrags in der europäischen Geistesgeschichte eine bedeutende Tradition. Weil diese Denker jedoch vorzugsweise von einer recht hohen Warte argumentierten, blieb es dem Amerikaner John Rawls vorbehalten, auf gesellschaftsvertraglicher Grundlage eine systematische *Theorie der Gerechtigkeit*[213] zu entwickeln, die auch für steuerpolitische Zwecke direkt nutzbar ist. Beim gesellschaftsvertraglichen Ansatz werden zwei Ebenen unterschieden:

– *Ex ante-Ebene*: Die Mitglieder einer verfassungsgebenden Versammlung entscheiden über das optimale Steuersystem. Sie haben umfassende Kenntnisse – zum Beispiel darüber, daß fast jede Steuer Ausweichhandlungen und Zusatzlasten hervorruft – und wissen genau, wie die Welt von heute aussieht. Allerdings weiß keiner von ihnen, welche Position er selbst in dieser Welt einnehmen wird; insofern entscheiden alle unter einem *veil of ignorance.*

213 Siehe hierzu Rawls (Fußnote 10).

- *Ex post-Ebene*: Der Schleier der Unsicherheit wird gelüftet, und jeder nimmt seine Position in der Realität ein, etwa als vermögender Erbe oder Obdachloser, als Spitzensportler oder Behinderter. Jeder zahlt die Steuern bzw. erhält die Transfers, die von der verfassungsgebenden Versammlung beschlossen wurden.

Gerecht im Sinne des gesellschaftsvertraglichen Ansatzes ist jenes Steuersystem, das die Individuen *ex ante* wählen. Dieses Steuersystem ist *ex ante effizient*, weil es den Wünschen der künftigen Zensiten bestmöglich entspricht. Gleichwohl gibt es weiterhin eine Spannung zwischen den Zielen Gerechtigkeit und Effizienz, und der Gerechtigkeitsbegriff bildet weiterhin eine eigenständige Kategorie, wenn man den Effizienzbegriff auf die zweite Ebene bezieht. Während die Individuen nämlich *ex ante* für ein umverteilendes Steuersystem eintreten, versuchen sie *ex post*, der Steuerbelastung so weit wie möglich auszuweichen und zerstören damit die *ex post Effizienz*. Weil dies bei der Entscheidung auf der ersten Ebene berücksichtigt wird, besteht der Zielkonflikt zwischen Gerechtigkeit und Effizienz nur auf der zweiten Ebene.

Die Unterscheidung zweier Ebenen ist nicht deskriptiv, weil es eine so umfassendes Unsicherheit über die eigene gesellschaftliche Position nicht gibt, sondern präskriptiv, wie jede Gerechtigkeitsvorstellung. Angelehnt an Kants kategorischen Imperativ lautet die Norm: Unterstütze jenes Steuersystem, das Du wählen würdest, wenn Du nicht wüßtest, ob Du zu den Armen oder Reichen gehörst (oder zu den Alleinerziehenden oder Ehegatten, den Gewinneinkünftlern oder Überschußeinkünftlern usw.). Im Unterschied zum utilitaristischen Ansatz urteilt nicht ein externer Planer, Philosoph oder Diktator über die Vorteilhaftigkeit alternativer Steuersysteme, sondern die künftigen Zensiten entscheiden selbst.

Ungeachtet dieses großen *philosophischen* Unterschieds zwischen Utilitarismus einerseits und Gesellschaftsvertrag andererseits führen beide auf dieselbe *mathematische* Problemformulierung, wie Harsanyi in einer genialen Arbeit gezeigt hat[214]. Betrachten wir, um dies zu sehen, ein Mitglied der verfassungsgebenden Versammlung, das seine künftige Position in der Gesellschaft nicht kennt. Dieses Mitglied weiß, daß die Gesellschaft aus Personen h = 1...H besteht, die abhängig von der Ausgestaltung des Steuersystems die Nutzen u^1 ... u^H realisieren. Das Mitglied kennt außerdem die Wahrscheinlichkeit f^h dafür, nach Lüftung des Schleiers Person Nummer h zu sein. Aufgrund der Unsicherheit votiert das Mitglied für jenes Steuersystem, das den *Erwartungsnutzen*

$$EU = u^1 f^1 + \ldots + u^H f^H \,. \tag{119}$$

Wären die Mitglieder der verfassungsgebenden Versammlung *risikoneutral*, würden sie Kopfsteuern wählen, weil nur diese Steuern keine Zusatzlasten hervorrufen. Allerdings stellt die Risikoneutralität in diesem Zusammenhang eine extreme und unhaltbare Annahme dar. Bei Glücksspielen und insbesondere bei

214 Harsanyi, J. C. (1955) Cardinal Welfare, Individualistic Ethics, and Interpersonal Comparisons of Utility. *Journal of Political Economy* **63**, S. 309–321.

kleinen Einsätzen mögen viele Menschen risikoneutral oder sogar risikofreudig sein – aber wenn es, wie hier, um das nackte Überleben geht, ist jedermann allein schon aus genetischen Gründen *risikoscheu*. Daher werden die Mitglieder der verfassungsgebenden Versammlung umverteilende Steuern bevorzugen – wohl wissend, daß diese ineffizient sind – weil sie die *Versicherungsfunktion* solcher Steuern schätzen. Die hiermit einhergehenden Effizienzverluste stellen gewissermaßen Prämien für den Versicherungsschutz dar, den das Steuer-Transfer-System allen bietet, und risikoscheue Entscheider zahlen derartige Prämien freiwillig[215]. Die Notwendigkeit einer staatlichen Versicherung besteht allerdings nur bei solchen Risiken, die nicht marktwirtschaftlich versicherbar sind. Hierzu gehören etwa die Risiken, von Geburt an behindert zu sein oder die eigene Altersvorsorge durch einen Krieg zu verlieren.

Eine speziellen Variante der soeben entwickelten Gerechtigkeitsvorstellung hat Rawls selbst mit seinem *difference principle* ins Spiel gebracht. Hiernach ist jenes Steuer-Transfer-System optimal, das den Nutzen des schlechtestgestellten Bürgers maximiert. Dieses Postulat impliziert keineswegs eine Gleichverteilung der Einkommen, weil bei völliger Einkommensnivellierung vermutlich *alle* Einkommen, auch das Einkommen des Schlechtestgestellten, verschwinden. Folglich sind Einkommensunterschiede in dem Maße zu tolerieren, wie sie zum Wohle des Ärmsten beitragen.

Diese Gerechtigkeitsvorstellung beruht allerdings auf der Annahme, daß die Mitglieder der verfassungsgebenden Versammlung *vollständig risikoavers* sind. Vollständige Risikoaversion bedeutet, daß ein Entscheider bei mehreren unsicheren Ergebnissen ausschließlich auf das ungünstigste Ergebnis achtet. Eine Lotterie mit Gewinnen {1, 2, 3} erscheint ihm ebenso attraktiv wie eine Lotterie mit Gewinnen {1, 200, 1000}, weil der jeweils ungünstigste Gewinn derselbe ist. Die Prämisse vollständiger Risikoaversion ist ähnlich unrealistisch wie die diametral entgegengesetzte Annahme der Risikoneutralität. Die Wahrheit liegt sicherlich dazwischen, so daß die Entscheider bei hinreichend großem Effizienzgewinn eine gewisse Schlechterstellung der Ärmsten akzeptieren würden.

Zusammengefaßt fordert der gesellschaftsvertragliche Ansatz ein umverteilendes Steuersystem, wobei unter *Umverteilung* jede Abweichung von der Kopfsteuer verstanden wird. Eine optimale Umverteilung balanciert die einander widersprechenden Ziele hoher Sicherheit und hoher Effizienz aus. Fraglos wird die favorisierte Umverteilung um so schwächer sein, je stärker die dadurch erzeugten Ineffizienzen sind. Der stetig zu vernehmende Ruf der Ökonomen nach Begrenzung der Umverteilung beruht vermutlich zum großen Teil, wenn nicht ausschließlich, auf ihrer Sensibilität für Zusatzlasten – nicht auf Werturteilen, die von den Werturteilen anderer Wissenschaftler oder der Allgemeinheit abwei-

---

215 So zeigen Eaton und Rosen, daß ein risikoscheuer Konsument einkommensabhängige Steuern, die das Arbeitsangebot verzerren, gegenüber Kopfsteuern vorzieht. Eaton, J. und H. S. Rosen (1980) Labor Supply, Uncertainty, and Efficient Taxation. *Journal of Public Economics* **14**, S. 365–374.

chen. Der folgende Paragraph enthält eine tiefere Analyse des Konflikts zwischen Gleichheit und Effizienz.

§ 42 Der optimale Einkommensteuertarif

Welche Eigenschaften haben Einkommensteuertarife, die dem Zielkonflikt zwischen Gleichheit und Effizienz in bestmöglicher Weise Rechnung tragen? Die ursprüngliche Antwort auf diese Königsfrage der Steuertheorie wurde für Arbeitseinkommen im Jahre 1971 von Mirrlees formuliert[216]. Sein Aufsatz ist unterdes ein Klassiker der Informationsökonomik, der auch betriebswirtschaftliche Fragen wie etwa die monopolistische Preisdiskriminierung in ein neues Licht rückte. Während Mirrlees ein Kontinuum von Personen betrachtete, beruht die folgende Darstellung auf der leichter faßlichen Annahme endlich vieler Personen[217].

Dazu sei erneut eine verfassungsgebende Versammlung betrachtet, die über den Steuertarif entscheidet. Jedes Mitglied der Versammlung weiß, daß es nach Lüftung des Schleiers der Unsicherheit mit Wahrscheinlichkeit $f^h > 0$ die Produktivität w^h haben wird, wobei der Index h von Null bis zu einer beliebigen natürlichen Zahl H läuft. Im Wettbewerbsgleichgewicht stimmen die Produktivitäten mit den Lohnsätzen pro Stunde überein. Die Lohnsätze sind in der Form $0 = w^0 < w^1 < \ldots < w^H$ angeordnet. Demnach ist die Person mit der Nummer Null erwerbsunfähig, und die Person mit der Nummer H hat die höchste Produktivität.

Abhängig vom Steuersystem wählt jede Person einen Konsum c^h und ein Einkommen y^h. Weil Ersparnisse ausgeklammert bleiben, entspricht der Konsum dem *Nettoeinkommen*, während y^h das *Bruttoeinkommen* repräsentiert. Folglich ist $y^h - c^h$ die von Person h zu zahlende Steuer oder, falls negativ, ein Transfer. Wegen der Identität „Einkommen gleich Lohnsatz mal Arbeitszeit" arbeitet jede Person y^h/w^h Stunden, und ihr Nutzen beträgt $u(c^h, y^h/w^h)$. Der Nutzen wächst streng monoton im Konsum und fällt streng monoton in der Arbeitszeit. Außerdem sind die direkten zweiten Ableitungen strikt negativ, und die Kreuzableitung ist gleich Null, die Nutzenfunktion also additiv. Das Ziel der Mitglieder der verfassungsgebenden Versammlung besteht in der Maximierung des Erwartungsnutzens:

$$(120) \qquad \max_{(c^h, y^h)_{h=0\ldots H}}! \quad EU = \sum_{h=0}^{H} u(c^h, y^h/w^h)\, f^h .$$

216 Mirrlees, J. A. (1971) An Exploration in the Theory of Optimum Income Taxation. *Review of Economic Studies* **38**, S. 175–208.

217 Homburg, St. (2001) The Optimal Income Tax: Restatement and Extensions. *FinanzArchiv* **58**, S. 363–395. Homburg, St. (2003) An Axiomatic Proof of Mirrlees' Formula. *Public Finance / Finances Publiques* **53**, S. 285–295.

Dabei verlangt die staatliche Budgetbeschränkung, daß die Personen durchschnittlich mindestens einen exogenen Steuerbetrag g zahlen:

$$(121) \qquad \sum_{h=0}^{H}\left(y^h - c^h\right)f^h \geq g\,.$$

Bis zu dieser Stelle handelt es sich um ein Erstbestproblem. Dessen Lösung wären differenzierte Pauschalsteuern, die mit wachsendem Lohnsatz zunehmen. Nun kommt aber folgende fundamentale Informationsannahme hinzu: Der Staat kennt zwar die Nutzenfunktion und die Verteilung der Lohnsätze, kann aber Lohnsätze und Arbeitszeiten nicht direkt beobachten und der Besteuerung zugrunde legen. Beobachtbar sind nur die Einkommen. Eine an das Einkommen anknüpfende Steuer muß daher der Gefahr begegnen, daß sich Steuerpflichtige als wenig produktiv ausgeben, um ihre Belastung zu senken. Anders ausgedrückt muß die Optimierung den folgenden *Selbstselektionsbedingungen* Rechnung tragen:

$$(122) \qquad u(c^k, y^k/w^k) \geq u(c^h, y^h/w^k) \quad \text{für alle k und h.}$$

Die Ungleichung zeigt links den Nutzen einer Person k und rechts den Nutzen derselben Person, wenn sie den Konsum und das Einkommen einer anderen Person h wählt und y^h/w^k Stunden arbeitet. Wäre die Ungleichung verletzt, dann würde Person k die Person h *imitieren* und damit ihren eigenen Nutzen steigern. Aufgrund der obigen Informationsannahmen kann der Staat eine derartige Steuerausweichung nicht verhindern, sondern muß sie bei der Tarifgestaltung berücksichtigen.

Beispiel: k und h arbeiten jeweils 160 Stunden im Monat, und zwar zu Lohnsätzen von 20 bzw. 10 Euro. Sie verdienen 3.200 bzw. 1.600 Euro monatlich. Durch Annahme einer Halbtagsstelle könnte k den h imitieren und dabei ebenfalls 1.600 Euro verdienen und dieselbe Steuer zahlen. Will der Staat den dadurch entstehenden Steuerausfall verhindern, dann darf er das Einkommen 3.200 Euro nicht zu scharf besteuern.

Damit Personen mit höherem Einkommen einen höheren Konsum haben, muß der optimale Steuertarif folglich Grenzsteuersätze aufweisen, die stets unter hundert Prozent liegen. Hätte der k nämlich ein Paar (c^k, y^k) mit $c^k < c^h$ und $y^k > y^h$, was einem Grenzsteuersatz über hundert Prozent entspricht, weil sein Nettoeinkommen geringer und sein Bruttoeinkommen größer ist als die Vergleichswerte bei h, dann würde der k den h durch Wahl des Paares (c^h, y^h) imitieren, um mehr Konsum und zugleich mehr Freizeit zu genießen. Die im Volksmund als *Leistungsprinzip* apostrophierte Tarifeigenschaft, daß Grenzsteuersätze stets unter hundert Prozent liegen sollten („wer mehr arbeitet, soll auch mehr konsumieren") ist aus informationsökonomischer Sicht kein naturrechtliches Postulat, sondern Folge der Imitationsmöglichkeiten.

Der *optimale Steuertarif* maximiert den Erwartungsnutzen (120) unter Einhaltung der Budgetbeschränkung (121) und der Selbstselektionsbedingungen

(122). Lösungen sind Paare (c^h, y^h) aus Konsum und Einkommen für alle Personen. Diese Paare beschreiben indirekt die durch $T(y^h) = y^h - c^h$ definierten Steuerbeträge. Den Schlüssel zur Beschreibung optimaler Tarife bildet eine Eigenschaft der Präferenzen, die bei den hier unterstellten additiven Nutzenfunktionen stets erfüllt ist.

Agentenmonotonie: Ist eine Person indifferent zwischen zwei Paaren (c_a, y_a) und (c_b, y_b) mit $y_a < y_b$, dann zieht jede produktivere Person das letztere und jede weniger produktive Person das erstere Paar strikt vor.

Die Agentenmonotonie beruht darauf, daß hochproduktive Personen es verhältnismäßig einfach finden, ein hohes Einkommen zu erzielen, während dies weniger produktiven Personen schwerfällt, weil sie sehr lange Arbeitszeiten wählen müßten. In bezug auf Konsum und Arbeitszeit haben zwar alle Personen dieselben Präferenzen, aber wegen der unterschiedlichen Lohnsätze sind die Präferenzen in bezug auf Konsum und Einkommen verschieden. Die Agentenmonotonie ist äquivalent zur Aussage, daß das Konsumgut kein schwaches Giffen-Gut ist, und ebenso äquivalent zur Aussage, daß die Indifferenzkurven im Einkommen-Konsum-Raum um so flacher verlaufen, je höher der Lohnsatz ist. Abb. 30 macht dies klar.

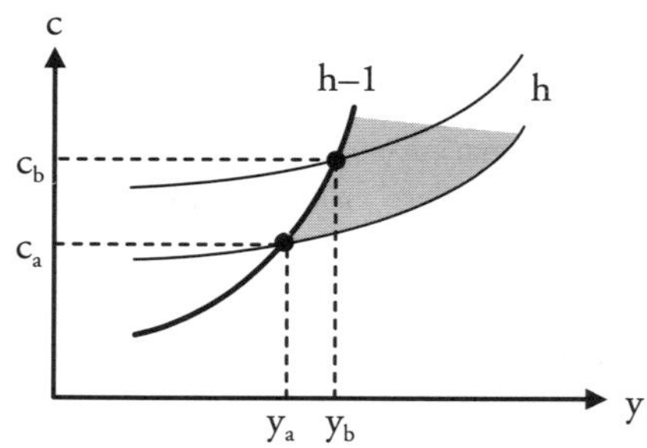

Abb. 30: Agentenmonotonie

Die Abbildung zeigt ein Paar (c_a, y_a), das weniger Einkommen enthält als das Paar (c_b, y_b) und somit auch weniger Konsum, weil beide annahmegemäß auf derselben halbfett gezeichneten Indifferenzkurve der Person h – 1 liegen. Die produktivere Person h, deren Indifferenzkurven flacher verlaufen, zieht das Paar (c_b, y_b) offensichtlich strikt vor, weil es auf einer höheren Indifferenzkurve liegt. Also bedeutet Agentenmonotonie, daß die Indifferenzkurven bei höherem Lohnsatz flacher verlaufen.

Diese Tatsache hat eine erhebliche Konsequenz für die Struktur der Lösungen, denn aus ihr folgt, daß Einkommen und Konsum bei Einhaltung der Selbstselektionsbedingungen monoton wachsende Funktionen des Lohnsatzes sind. Um dies zu erkennen, betrachte man erneut Abb. 30. Soll der h – 1 das Paar (c_a, y_a) erhalten, dann muß ein zulässiges Paar des h rechts unterhalb der Indifferenzkurve des h – 1 liegen, weil sonst der h – 1 den h imitieren würde. Umgekehrt muß das Paar des h links oberhalb seiner eigenen durch (c_a, y_a) verlaufenden Indifferenzkurve liegen, weil er sonst den $h-1$ imitieren würde. Als Schnittmenge kommt nur der schattiert gezeichnete Bereich in Betracht. Hieraus ergibt sich die

Monotonieeigenschaft: Bei erfüllten Selbstselektionsbedingungen gilt

$$(123) \qquad c^h \geq c^{h-1} \quad \text{und} \quad y^h \geq y^{h-1} \quad \text{für alle } h = 1 \ldots H.$$

Die schwachen Ungleichungen schließen nicht aus, daß mehrere benachbarte Personen identische Konsume und Einkommen haben. In diesem Fall, der im weiteren vernachlässigt wird, spricht man von einer *Ballung*.

Von den Selbstselektionsbedingungen (122) sind jene besonders interessant, die sich auf eine Person und ihren linken Nachbarn beziehen, also die Person mit dem nächst niedrigeren Lohnsatz. Nennen wir diese zur Vereinfachung *abwärts benachbart*, dann läßt sich der letzte Schritt zur Problemlösung formulieren, nämlich die

Ketteneigenschaft: Im Optimum sind alle abwärts benachbarten Selbstselektionsbedingungen bindend, es gilt:

$$(124) \qquad u(c^h, y^h/w^h) = u(c^{h-1}, y^{h-1}/w^h) \quad \text{für alle } h = 1 \ldots H.$$

Hiernach stimmt im Optimum der links gezeigte Nutzen der Person h mit dem *Imitationsnutzen* überein, den Person h hätte, wenn sie ihren linken Nachbarn, die Person $h-1$, imitieren würde.

Der Nutzen der Person h kann nicht kleiner als ihr Imitationsnutzen sein, weil sonst die Selbstselektionsbedingung verletzt wäre. Warum er im Optimum auch nicht größer ist, sondern tatsächlich gleich, beruht auf folgendem: Wegen $w^h > w^{h-1}$ gilt stets $u(c^h, y^h/w^h) \geq u(c^{h-1}, y^{h-1}/w^h) > u(c^{h-1}, y^{h-1}/w^{h-1})$: Bei erfüllter Selbstselektionsbedingung hat h einen größeren Nutzen als $h-1$ und verfügt deshalb über mehr Konsum oder mehr Freizeit oder mehr von beidem. Hat h mehr Konsum, dann ist sein Grenznutzen des Konsums relativ gering. Der Erwartungsnutzen kann deshalb erhöht werden, indem man etwas Konsum von h an h–1 umverteilt. Bei genügend kleiner Umverteilung bleibt die Selbstselektionsbedingung erfüllt, die staatliche Budgetgleichung ohnehin. Wenn es aber möglich ist, den Erwartungsnutzen durch Umverteilung zu steigern, kann die ursprüngliche Situation kein Optimum gewesen sein. Ein analoger Widerspruch resultierte, wenn h nicht mehr Konsum, sondern mehr Freizeit hätte als $h-1$. Also müssen die abwärts benachbarten Selbstselektionsbedingungen im Optimum mit Gleichheitszeichen erfüllt sein[218].

Abb. 31 illustriert die Ketteneigenschaft am Beispiel einer Ökonomie mit vier Personen. Person 0 hat kein Einkommen und erhält einen Transfer (eine negative Steuer) zur Finanzierung des Konsums. Person 1 ist indifferent zwischen ihrem Paar (c^1, y^1) und dem Paar (c^0, y^0), weil beide auf derselben Indifferenz-

218 In einem vollständigen Beweis muß außerdem gezeigt werden, daß auch die übrigen Selbstselektionsbedingungen erfüllt bleiben. Siehe hierzu Homburg (2001, Fußnote 217), S. 376 f.

kurve liegen. Auch für die übrigen Personen stimmt der Nutzen, den sie aus ihrem Paar ziehen, mit dem Imitationsnutzen überein, den sie bei einer Imitation des jeweils linken Nachbarn hätten. Alle Personen akzeptieren die ihnen zugedachten Paare, wenn der Steuertarif die schattiert gezeichnete Budgetmenge erzeugt.

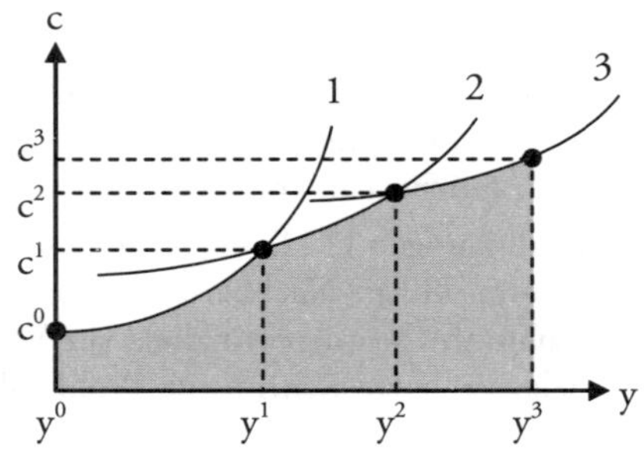

Abb. 31: Ketteneigenschaft

Die Optimalität der Ketteneigenschaft beruht auf folgendem. Weil die Mitglieder der verfassungsgebenden Versammlung risikoscheu sind, möchten sie Einkommen von hoch produktiven zu wenig produktiven Personen umverteilen. Bei vollständiger Information würden sie den Steuertarif als Vollversicherung ausgestalten, wobei alle Personen denselben Konsum hätten. Die Selbstselektionsbedingungen verhindern eine solch intensive Umverteilung und verlangen, daß Personen mit höherem Einkommen durch höheren Konsum entschädigt werden. So gesehen wirken die Selbstselektionsbedingungen als Umverteilungsbremse und lassen nur eine Teilversicherung zu. Die Ketteneigenschaft besagt nun, daß der optimale Steuertarif unter diesen Gegebenheiten bis an die Grenze des Möglichen umverteilt, nämlich bis zu dem Punkt, da jede Person indifferent ist zwischen dem ihr zugedachten Paar und dem Paar ihres linken Nachbarn. Jede stärkere Umverteilung würde zwangsläufig bedeuten, daß eine Person ihren linken Nachbarn imitiert.

Bei Geltung der Ketteneigenschaft sind *alle* Selbstselektionsbedingungen erfüllt, auch die nicht benachbarten und die aufwärts gerichteten. Zunächst sei eine aufwärts benachbarte Selbstselektionsbedingung betrachtet. Wegen der Ketteneigenschaft ist Person h indifferent zwischen (c^h, y^h) und (c^{h-1}, y^{h-1}). Wegen der Monotonieeigenschaft enthält das erste Paar mehr Konsum und Einkommen. Aus der Agentenmonotonie folgt daher, daß der $h-1$ *nicht* indifferent ist, sondern sein Paar (c^{h-1}, y^{h-1}) gegenüber (c^h, y^h) strikt vorzieht; dies zeigt auch Abb. 31. Hinsichtlich der übrigen Selbstselektionsbedingungen argumentiert man folgendermaßen: Annahmegemäß ist Person h indifferent zwischen (c^h, y^h) und (c^{h-1}, y^{h-1}). Agentenmonotonie bedeutet, daß Person $h+1$ das Paar (c^h, y^h) gegenüber (c^{h-1}, y^{h-1}) strikt vorzieht, weil das erstere Paar mehr Einkommen enthält. Weil Person $h+1$ annahmegemäß zwischen (c^{h+1}, y^{h+1}) und (c^h, y^h) indifferent ist und, wie eben gesehen, (c^h, y^h) gegenüber (c^{h-1}, y^{h-1}) strikt vorzieht, zieht sie auch (c^{h+1}, y^{h+1}) gegenüber (c^{h-1}, y^{h-1}) strikt vor; dies folgt unmittelbar aus der Transitivität der Präferenzordnung. Also sind auch die nicht benachbarten Selbstselektionsbedingungen erfüllt.

Die Ketteneigenschaft erleichtert nicht nur das ökonomische Verständnis dessen, was hier vorgeht, sondern sie vereinfacht auch die mathematische Struktur des Problems, weil sie erlaubt, die ursprünglich $(H+1)^2-(H+1)$ Selbstselektionsbedingungen durch nur H abwärts benachbarte Selbstselektionsbedingungen zu ersetzen, die zudem bindend sind. Alle übrigen Selbstselektionsbedingungen können ignoriert werden. Zusammen mit der staatlicher Budgetgleichung, die im Optimum ebenfalls bindend ist, kann das Problem mit dem folgenden Lagrange-Ansatz attackiert werden:

(125)
$$\begin{aligned}\mathcal{L} = &\sum_{h=0}^{H} u(c^h, \frac{y^h}{w^h}) f^h + \lambda \sum_{h=0}^{H} \left(y^h - c^h - g\right) f^h \\ &+ \sum_{h=1}^{H} \mu^h \left(u(c^h, \frac{y^h}{w^h}) - u(c^{h-1}, \frac{y^{h-1}}{w^h}) \right).\end{aligned}$$

Hierbei wurden die staatliche Budgetbeschränkung mit dem Multiplikator λ und die abwärts benachbarten Selbstselektionsbedingungen mit den Multiplikatoren μ^h zur Zielfunktion addiert. Man leite nun nach einer Variablen $c^h > 0$ ab und beachte, daß diese zweimal in den Selbstselektionsbedingungen auftaucht:

(126)
$$\frac{\partial \mathcal{L}}{\partial c^h} = u_1^h f^h - \lambda f^h + \mu^h u_1^h - \mu^{h+1} u_1^h = 0 .$$

Dabei steht u_1^h als Kürzel für $\partial u(c^h, y^h/w^h)/\partial c^h = \partial u(c^h, y^h/w^{h+1})/\partial c^h$, den Grenznutzen des Konsums. Der Grenznutzen ist wegen der Additivität der Nutzenfunktion unabhängig vom Arbeitseinsatz und daher an den Stellen y^h/w^h und y^h/w^{h+1} identisch. Ausklammern des Grenznutzens ergibt:

(127)
$$u_1^h \left(f^h + \mu^h - \mu^{h+1}\right) = \lambda f^h .$$

Im zweiten Schritt wird die Lagrange-Funktion nach $y^h > 0$ abgeleitet, wobei u_2^h das Grenzleid der Arbeit $\partial u(c^h, y^h/w^h)/\partial y^h$ repräsentiert und $\hat{u}_2^h$ das Grenzleid bei Imitation, $\partial u(c^h, y^h/w^{h+1})/\partial y^h$. Diese beiden Größen sind bei einer streng konkaven Nutzenfunktion voneinander verschieden.

(128)
$$\frac{\partial \mathcal{L}}{\partial y^h} = \frac{u_2^h}{w^h} f^h + \lambda f^h + \mu^h \frac{u_2^h}{w^h} - \mu^{h+1} \frac{\hat{u}_2^h}{w^{h+1}} = 0 .$$

Ausklammern und Subtraktion von $\mu^{h+1} u_2^h / w^h$ auf beiden Seiten ergibt

(129)
$$\frac{u_2^h}{w^h} \left(f^h + \mu^h - \mu^{h+1}\right) = -\lambda f^h + \mu^{h+1} \left(\frac{\hat{u}_2^h}{w^{h+1}} - \frac{u_2^h}{w^h} \right).$$

Das Hauptresultat der Theorie optimaler Einkommensbesteuerung folgt nun, indem man (129) durch (127) dividiert, auf beiden Seiten eine Eins addiert und den Bruch rechts mit u_1^h erweitert:

$$(130) \qquad 1+\frac{u_2^h}{u_1^h w^h}=\frac{\mu^{h+1}u_1^h}{\lambda f^h}\left(\frac{\hat{u}_2^h}{u_1^h w^{h+1}}-\frac{u_2^h}{u_1^h w^h}\right).$$

Zur Interpretation dieses Zwischenergebnisses differenziere man die durch $u(c^h, y^h/w^h) = \text{const.}$ beschriebene Gleichung einer Indifferenzkurve gemäß der in Fußnote 109 angegebenen Regel implizit, um die Grenzrate der Substitution im Einkommen-Konsum-Raum zu berechnen:

$$(131) \qquad mrs^h = -\frac{u_2^h}{u_1^h w^h}$$

Man erkennt auf den ersten Blick, daß die Grenzrate der Substitution im Einkommen-Konsum-Raum bei steigendem Lohnsatz sinkt; dies entspricht der oben erörterten Agentenmonotonie. Offenbar stimmt die linke Seite in (130) mit $1-mrs^h$ überein. Weil die Budgetgerade in Abwesenheit von Steuern die Steigung Eins hat, entspricht $1-mrs^h$ dem Keil zwischen Brutto- und Nettoeinkommen, also dem *Grenzsteuersatz* $T'(y^h)$. Der Klammerausdruck rechts in (130) wird im weiteren Text Δmrs^h genannt: Er ist der Unterschiedsbetrag der Grenzraten der Substitution der Personen h und h + 1 im Punkt (c^h, y^h). Damit läßt sich (130) vereinfacht schreiben als

$$(132) \qquad \boxed{T'(y^h)=\frac{\mu^{h+1}u_1^h}{\lambda f^h}\Delta mrs^h\,.}$$

Satz: Der optimale Grenzsteuersatz ist für alle $y^h > 0$ strikt positiv, aber beim höchsten Einkommen gleich Null.

Die Begründung folgt unmittelbar aus der letzten Formel: Weil die Indifferenzkurve des h *steiler* verläuft als die des h + 1, ist Δmrs^h strikt positiv. Die Lagrange-Multiplikatoren sind ebenfalls strikt positiv, ebenso die Wahrscheinlichkeiten f^h und die Grenznutzen u_1^h. Also gilt $T'(y^h) > 0$. Beim höchsten Einkommen gilt jedoch $T'(y^H) = 0$, weil ein Lagrange-Multiplikator μ^{H+1} im Optimierungsproblem nicht auftaucht.

Daß der Grenzsteuersatz auf das höchste Einkommen verschwindet, widerspricht gängigen Vorstellungen von Steuergerechtigkeit und ist doch evident: Positive Grenzsteuersätze verursachen Zusatzlasten und mindern insofern den Erwartungsnutzen. Die Mitglieder einer verfassungsgebenden Versammlung beschließen verzerrende Steuern nur, wenn hiermit ein Vorteil verbunden ist. Ein positiver Grenzsteuersatz an der Stelle y^H hat keinen Vorteil: Er erlaubt zwar, Personen mit noch höherem Einkommen schärfer zu besteuern, aber solche Personen existieren nicht.

Interessanter ist das zweite Resultat, wonach alle anderen Personen verzerrend besteuert werden. Warum ist das optimal? Diese Frage stellt den Kern der Theorie optimaler Einkommensbesteuerung dar, und die Antwort läßt sich graphisch in Form einer Kosten-Nutzen-Analyse entwickeln. Dabei wird die bekannte Tatsache genutzt, daß die Lagrange-Multiplikatoren ökonomisch Schattenpreise sind: Ein Multiplikator λ oder μ^h zeigt an, wie stark der Wert der Zielfunktion bei Lockerung der betreffenden Nebenbedingung steigt.

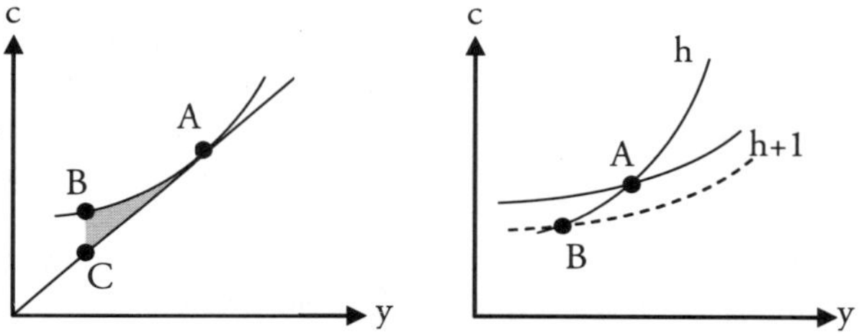

Abb. 32: Kosten und Nutzen verzerrender Besteuerung.

In Abb. 32 verdeutlicht die linke Skizze die Kosten einer verzerrenden Besteuerung: In Punkt A stimmen die Grenzrate der Substitution und die Steigung der Transformationskurve überein. Beide Steigungen sind gleich Eins, der Grenzsteuersatz verschwindet, und der Konsument verbraucht exakt die von ihm produzierte Gütermenge; es gilt $c = y$. In Punkt B ist die Grenzrate der Substitution kleiner als Eins und der Grenzsteuersatz – als Keil zwischen Brutto- und Nettolohn – positiv. Um denselben Nutzen wie in A zu erlangen, benötigt der Konsument in B eine größere als die von ihm produzierte Gütermenge. Somit repräsentiert der vertikale Abstand zwischen B und C die *Zusatzlast.* Diese Zusatzlast sinkt um $1 - mrs^h$, wenn das Einkommen ausgehend von Punkt B etwas erhöht wird, weil die Produktion um eine Einheit steigt, während der Konsument nur mrs^h Konsumeinheiten als Kompensation für die zusätzliche Anstrengung benötigt. Daher repräsentiert $T'(y^h) = 1 - mrs^h$ die *marginale Zusatzlast* einer kleinen Einkommensänderung. Durch Multiplikation mit f^h erhält man die aggregierte marginale Zusatzlast und durch weitere Multiplikation mit dem Schattenpreis λ die resultierende Änderung des Erwartungsnutzens. Die volkswirtschaftlichen Grenzkosten verzerrender Besteuerung betragen also $T'(y^h)\,\lambda\, f^h$.

Auch die rechte Skizze in Abb. 32 illustriert den Übergang von einer verzerrungsfreien Besteuerung in A zu einer verzerrenden Besteuerung in B. Bei gleichem Nutzen des h sinkt der Imitationsnutzen des h + 1, weil dessen Indifferenzkurven wegen Agentenmonotonie flacher verlaufen. Der h+1 würde einen um Δmrs^h höheren Konsum benötigen, um ebenso gut gestellt zu sein wie in Punkt A, und weil er diese Kompensation nicht erhält, sinkt sein Imitationsnutzen um $u_1^h \Delta mrs^h$. Die Selbstselektionsbedingung, die den h + 1 daran hindert, den h zu imitieren, wird um diesen Betrag gelockert. Multipliziert mit dem Schattenpreis μ^{h+1} der Selbstselektionsbedingung erbringt die verzerrende Steuer einen volkswirtschaftlichen Vorteil in Höhe von $\mu^{h+1} u_1^h \Delta mrs^h$, weil sie mehr Umverteilung von reich zu arm erlaubt und damit den Erwartungsnutzen steigert.

Diese beiden Überlegungen lassen sich zu einer Kosten-Nutzen-Bilanz zusammenfassen, die den vielzitierten Konflikt zwischen Effizienz und Gleichheit in Reinform darstellt:

$$(133) \qquad \underbrace{T'(y^h)\lambda f^h}_{\text{Grenzkosten}} = \underbrace{\mu^{h+1} u_1^h \Delta mrs^h}_{\text{Grenznutzen}} .$$

Hiernach ist der optimale Grenzsteuersatz so zu bemessen, daß er die Grenzkosten verzerrender Besteuerung – die marginale Zusatzlast – in Einklang bringt mit dem volkswirtschaftlichen Grenznutzen durch zusätzliche Umverteilung. Division dieser Gleichung durch λf^h ergibt sofort die oben aus einem Lagrange-Ansatz hergeleitete Formel (132). Der Sinn einer verzerrenden Steuer auf das Einkommen y^h beruht folglich darauf, daß die Verzerrung den rechten Nachbarn h + 1 stärker trifft als den h selbst und damit zusätzliche Umverteilung von reich zu arm ermöglicht. Das höchste Einkommen sollte jedoch verzerrungsfrei besteuert werden, weil es keinen rechten Nachbarn gibt, der von einer Imitation abgehalten werden müßte.

Die Forschung zum optimalen Einkommensteuertarif hat ergeben, daß dieser keine weiteren allgemeingültigen Eigenschaften besitzt als die bisher genannten, nämlich positive Grenzsteuersätze auf positive Einkommen und einen Grenzsteuersatz von Null auf das höchste Einkommen. In der Tat kann man zu jedem beliebigen Steuertarif, der diesen beiden Forderungen genügt, passende Nutzenfunktionen und Lohnsatzverteilungen finden, derart daß der Tarif optimal ist[219]. Gleichwohl zeigen die Ergebnisse der Literatur einige Regelmäßigkeiten. Ein typischer optimaler Tarif sei nachfolgend für eine Ökonomie mit fünf Personen präsentiert. Bei der Simulation wurden uniform verteilte Lohnsätze angenommen, deren Werte in der Tabelle angegeben sind, außerdem die Nutzenfunktion $u(c, y/w) = \ln c + \ln(500 - y/w)$ und eine durchschnittliche Steuerzahlung von 100 Euro.

w	c	y	u	û	T	T'	T/Y
0	877	0	12,99	–	-877	–	–
4	945	143	12,99	12,99	-802	49 %	-561 %
8	1.502	1.573	13,03	13,03	71	38 %	5 %
12	2.281	3.085	13,22	13,22	804	22 %	26 %
16	3.348	4.652	13,46	13,46	1.304	0 %	28 %

Tab. 7: Ein optimaler Einkommensteuertarif.

219 Myles, G. D. (2000) On the Optimal Marginal Rate of Income Tax. *Economics Letters* **66**, S. 113-119.

Die Spalten u und û zeigen den Nutzen und den Imitationsnutzen der jeweiligen Person. Man erkennt, daß der Nutzen mit steigendem Lohnsatz zunimmt und für jede Person der Nutzen mit dem Imitationsnutzen übereinstimmt (Ketteneigenschaft). Die Steuerbeträge wachsen streng monoton, während die Grenzsteuersätze streng monoton fallen. Für die in der letzten Spalte dargestellten Durchschnittsteuersätze ergibt sich wiederum ein streng monotones Wachstum. Also ist der optimale Einkommensteuertarif im typischen Fall *indirekt progressiv* und *direkt regressiv.*

Weshalb die Theorie keine genaueren Aussagen über die Form des optimalen Tarifs hergibt, ersieht man aus Formel (132). Dort figuriert rechts mit λ eine Konstante und mit Δmrs^h eine Variable ohne systematische Änderungstendenz. Der Grenznutzen im Zähler nimmt bei wachsendem Einkommen ab. Die Größe f^h im Nenner nimmt bei empirisch plausiblen Verteilungen ebenfalls ab, was einen gegenläufigen Effekt hat: Ein geringer Wert von f^h begünstigt einen hohen Grenzsteuersatz, weil damit eine relativ geringe Zusatzlast einhergeht. Hinzu kommt das Verhalten des Schattenpreises μ: Durch Umstellung der Formel (127) erhält man $f^h + \mu^h - \mu^{h+1} = \lambda f^h / u_1^h$. Addiert man diese Gleichungen über alle h, fallen die Schattenpreise μ^h heraus, denn μ^0 und μ^H sind gleich Null, die Summe der f^h ist definitorisch gleich Eins, und durch Auflösen nach λ folgt

(134) $$\lambda = \frac{1}{\sum_{h=0}^{H} f^h / u_1^h} .$$

Der Schattenpreis der staatlichen Budgetbeschränkung entpuppt sich daher als durchschnittlicher Grenznutzen oder genauer: als *harmonisches Mittel* der Grenznutzen. Auflösen von (127) nach dem Schattenpreis μ^{h+1} ergibt:

(135) $$\mu^{h+1} = \mu^h + \frac{u_1^h - \lambda}{u_1^h} f^h .$$

Mit wachsendem Index h wächst der Konsum und fällt der Grenznutzen u_1^h. Weil λ dem durchschnittlichen Grenznutzen entspricht, ist der Zähler des Bruches in (135) für kleine h zunächst positiv und wird dann negativ. Folglich steigen die Schattenpreis μ^h zunächst und fallen hernach bis auf Null, was für sich genommen einen zunächst steigenden und dann fallenden Grenzsteuersatz bedeutet. Die ökonomische Begründung für den umgekehrt u-förmigen Verlauf liegt in folgendem: Eine Lockerung der ersten Selbstselektionsbedingung ermöglicht mehr Umverteilung zugunsten der Person 0. Eine Lockerung der zweiten Selbstselektionsbedingung ermöglicht mehr Umverteilung zugunsten der Person 0 *und* der Person 1, ist also wertvoller. Daher gilt $\mu^2 > \mu^1$. Dieser Gedankengang läßt sich bis zur ersten Person mit unterdurchschnittlichem Grenznutzen des Konsums fortsetzen: Umverteilung zugunsten einer solchen Person senkt den Erwartungsnutzen, so daß die Schattenpreise der Selbstselektionsbedingungen ab dieser Stelle fallen.

Zusammengefaßt unterliegt der Grenzsteuersatz mehreren teilweise entgegengesetzten Einflüssen, und der optimale Steuertarif kann nicht theoretisch, sondern nur empirisch bestimmt werden. Die meisten empirischen Ansätze führen auf Tarife mit direkt regressivem und indirekt progressivem Verlauf[220], wie in der obigen Tabelle gezeigt. Daran gemessen wäre selbst eine *Flat Tax* mit konstantem Grenzsteuersatz zu progressiv, von den in der Praxis anzutreffenden Tarifen ganz zu schweigen.

Irritierend und zugleich faszinierend sind diese Ergebnisse für all jene, die Tarife als Ausdruck rein moralischer oder politischer Werturteile sehen und Grenzsatztarife als Darstellung relativer Steuerbelastungen mißverstehen. In scharfem Gegensatz zu dieser vorherrschenden Sicht zeigt die obige Theorie, daß hohe Grenzsteuersätze am unteren Ende der Einkommensverteilung nicht die Armen belasten, sondern die Reichen von einer Imitation abhalten und damit im wohlverstandenen Interesse der Armen sein können.

§ 43 Gerechtigkeit und Effizienz

Auch außerhalb des Themas optimale Steuertarife stiftet die steuerpolitisch wichtige Frage nach dem Zusammenhang zwischen Gerechtigkeitszielen und Effizienzzielen bisweilen Verwirrung. Das Verhältnis zwischen diesen beiden Grundanforderungen an das Steuersystem ist verwickelt, weil je nach Lage des Einzelfalls Neutralität, Konflikt oder sogar Harmonie bestehen kann.

Zielneutralität liegt stets vor, wenn erstbeste Steuern eingesetzt werden können. Erstbest sind die Pauschalsteuer und die Allgemeine Verbrauchsteuer. Aus dem ersten Hauptsatz der Wohlfahrtstheorie folgt, daß Marktgleichgewichte bei beliebigen Pauschalsteuern effizient und damit erstbest sind. Anders ausgedrückt kann durch Differenzierung der Pauschalsteuern jedes Umverteilungsziel ohne Effizienzverlust erreicht werden. Das Effizienzziel selbst wird durch Setzung von Wettbewerbspreisen auf jedem Markt erreicht. Folglich sind die beiden Ziele in diesem Fall unabhängig voneinander.

Zielkonflikte treten regelmäßig bei Fragen vertikaler Steuergerechtigkeit auf. Im vorigen Paragraphen wurde argumentiert, daß vertikale Umverteilung insoweit gerecht ist, wie sie von einer verfassungsgebenden Versammlung beschlossen würde, deren Mitglieder ihre künftige Position in der Gesellschaft nicht kennen. Aber selbst einstimmige *ex ante*-Entscheidungen können *ex post-Opportunismus* nicht verhindern: Wer hinter dem Schleier der Unsicherheit für ein umverteilendes Steuer-Transfer-System eintrat, wird im Nachhinein dem steuerlichen Zugriff auszuweichen versuchen, wenn er zu den Zahlern gehört. Auch einstimmig gewollte Umverteilung beeinträchtigt somit die gesamtwirtschaftliche *ex post*-Effizienz; es liegt hier ein unauflöslicher Konflikt vor, wie sich im vorigen Paragraphen zeigte.

---

220 Tuomala, M. (1990) *Optimal Income Tax and Redistribution*. Oxford: Clarendon Press.

Weitgehende *Zielharmonie* besteht hingegen zwischen Effizienz und horizontaler Steuergerechtigkeit. Die unterschiedliche Belastung wirtschaftlich gleicher Sachverhalte ist einerseits *ungerecht* und andererseits fast immer *ineffizient*. Dieser Umstand verdient besondere Aufmerksamkeit, weil steuerliche Gleichbehandlung sowohl dem Effizienzziel als auch dem Gerechtigkeitsziel dient, zahlreiche Besteuerungsformen somit unter beiden Aspekten verworfen werden können und sich der Spielraum für „politische" Entscheidungen beträchtlich verengt. Als allgemeine Regel gilt, daß steuerliche Ungleichbehandlung *kurzfristig* ungerecht und *langfristig* ineffizient ist, wie das folgende Beispiel zeigt.

Beispiel: Ausgehend von einem Zustand steuerlicher Gleichbehandlung führe der Gesetzgeber Steuerprivilegien für Landwirte ein. Dieser unverhoffte Zuwachs des Nettoeinkommens bedeutet in der kurzen Frist eine ungerechte Begünstigung für die Landwirte, die bei gleichem Einkommen jetzt weniger Steuern zahlen als Angehörige anderer Berufsgruppen. Langfristig jedoch bewirkt das Steuerprivileg eine Zuwanderung in die bzw. eine geringere Abwanderung aus der Landwirtschaft, so daß aufgrund der stärkeren Konkurrenz die landwirtschaftlichen Bruttoeinkommen fallen. Bei idealisierter Betrachtung sind die Nettoeinkommen nach Abschluß der Anpassungsprozesse dieselben wie zuvor, so daß der Steuervorteil in Wirklichkeit den Abnehmern der Landwirtschaft zugute kommt. Interessant und wesentlich ist hierbei, daß sich die wirtschaftliche Lage der Landwirte nicht dauerhaft verbessert.

Dieses Beispiel beruht auf dem allgemeinen Prinzip, daß insbesondere Angebote langfristig *elastischer* reagieren als kurzfristig. Eine steuerliche Vergünstigung oder Sonderbelastung erzeugt kurzfristig bei starrem Angebot eine Ungerechtigkeit und langfristig, nach Vollendung der Anpassungsprozesse, eine Ineffizienz. Hinter dem Schleier der Unsicherheit würde wohl niemand derartige Maßnahmen befürworten. Ähnliches gilt für die ermäßigte Umsatzsteuer auf Nahrungsmittel. Sie dient keinem Umverteilungsziel, das nicht auch auf andere, gleichmäßige Weise erreicht werden könnte, bedingt aber eine Diskriminierung zwischen Steuerzahlern gleichen Einkommens, die unterschiedliche Teile hiervon für Nahrungsmittel ausgeben. Wer hinter dem Schleier der Unsicherheit nicht weiß, ob er zu den Vielfraßen gehört oder nicht, wird eine solche Steuersatzdifferenzierung ablehnen, weil sie zusätzliche Unsicherheit schafft.

Aus der letzten Überlegung folgt, daß man das Prinzip gleichmäßiger Besteuerung nicht als selbstevident akzeptieren muß; man kann dem Prinzip vielmehr eine gesellschaftsvertragliche Deutung geben und es damit auf einen tieferen Grundsatz zurückführen. Denn angenommen, die Mitglieder einer verfassungsgebenden Versammlung hätten eine tarifliche Steuer von 5.000 Euro für ein Einkommen von 30.000 Euro vorgesehen und müßten im zweiten Schritt entscheiden, ob sie alle Einkommen gleichmäßig belasten wollen. Der Gegenvorschlag sehe eine zehnprozentige Vergünstigung für Landwirte und einen zehnprozentigen Zuschlag für Selbständige vor. Sofern niemand weiß, ob er später Landwirt, Selbständiger oder Bezieher einer anderen Einkunftsart sein wird, werden die Mitglieder der verfassungsgebenden Versammlung bei Risikoaversion einstimmig für eine gleichmäßige Besteuerung votieren. Das Prinzip gleichmäßiger Besteuerung verhindert einen Kampf aller gegen alle, bei der jeder zu den Gewinnern, aber auch zu den Verlierern gehören kann.

§ 44 Resümee

In diesem Kapitel sollte deutlich geworden sein, daß eine sachliche, wissenschaftliche Auseinandersetzung mit Fragen der Steuergerechtigkeit einiges an steuerpolitischen Grundsätzen hergibt und hilft, sich über die eigene Position Klarheit zu verschaffen. Es sind jedoch auch die Grenzen einer derartigen Steuergerechtigkeitswissenschaft klar geworden – sie liegen dort, wo über bestimmte Werturteile keine Einigkeit erzielt werden kann und betreffen vor allem zwei Fragen. Erstens ist wissenschaftlich nicht entscheidbar, ob steuerliche Leistungsfähigkeit besser durch den Konsum oder besser durch das Einkommen gemessen wird und folglich, ob die direkte Steuer natürlicher Personen am Konsum oder am Einkommen ansetzen sollte. Hierzu bedarf es einer Grundwertung des Steuergesetzgebers.

Ähnliches gilt in bezug auf die Steuerprogression. Eine nach dem Prinzip der Jährlichkeit erhobene Steuer muß im Hinblick auf *horizontale* Gerechtigkeit *proportional* sein, unabhängig davon, ob es sich um eine Ausgabensteuer oder um eine Einkommensteuer handelt. Eine progressive Steuer stellt Pflichtige mit schwankendem Konsum bzw. Einkommen gegenüber Pflichtigen mit gleichmäßigem Konsum bzw. Einkommen schlechter. Besonders deutlich wird dies bei Profisportlern, die hohe Einkommen in kurzer Zeit beziehen und im restlichen Leben oft mäßig verdienen und die verglichen mit Beamten gleichen Lebenseinkommens erheblich stärker belastet werden. Andererseits folgte aus keinem der erörterten Ansätze, daß ein *vertikal* gerechter Tarif direkt progressiv sei; die Theorie des optimalen Steuertarifs weist eher in Richtung einer *Flat Tax* mit Grundfreibetrag und konstantem Grenzsteuersatz.

Ein wichtiges Problem, das bisher unerwähnt blieb, betrifft die *Steuergerechtigkeit im Vollzug*. Auch ein moralisch perfektes Steuergesetz entfaltet ungerechte Wirkungen, wenn die Steuer nicht gleichmäßig erhoben wird, sondern der Fiskus fallweise ein Auge zudrückt. In diesem Fall steht die Gleichmäßigkeit nur auf dem Papier. Der Gleichmäßigkeit im Vollzug sind natürlich praktische Grenzen gesetzt; so würde niemand ernsthaft verlangen, die Steuer auf Einkünfte aus Vermietung im Abzugsverfahren zu erheben und damit Millionen Mieterhaushalte unversehens in die Rolle von Entrichtungspflichtigen zu drängen. Auf der anderen Seite ist es ein absolutes Trauerspiel, daß der Bundestag sich erst zu einem Quellenabzug auf Kapitaleinkünfte durchrang, nachdem er dazu durch das Bundesverfassungsgericht verurteilt worden war. Seither werden Steuerhinterzieher vom Gesetzgeber aktiv durch den § 30a AO geschützt[221]. Die Tatsache,

221 Vgl. die köstliche Glosse von Tipke, der einen „Arbeitslohnerlaß“ in Anlehnung an den früheren „Bankenerlaß“ (heute zu § 30a AO geadelt) vorgeschlagen hat. Hiernach müssen die Finanzbehörden u. a. auf das besondere Vertrauensverhältnis zwischen Banken und deren

daß US-Banken seit langem Kontrollmitteilungen an die Finanzbehörden senden, zeigt, daß es auch anders geht. Auch im übernächsten Kapitel wird deutlich werden, daß die übliche Schutzbehauptung, nur das steuerliche Bankgeheimnis könne volkswirtschaftliche Schäden durch Kapitalflucht verhindern, an der Sache vorbeigeht.

Kunden Rücksicht nehmen, sprich Hinterziehung dulden. Tipke, K. (1989) Der Arbeitslohnerlaß. *Steuer und Wirtschaft*, S. 199–200.

Kapitel 7. Unternehmensbesteuerung

Literaturhinweise: Schneider, D. (1994) *Grundzüge der Unternehmensbesteuerung.* 6. Auflage Wiesbaden: Gabler. Spengel, C. (2003) *Internationale Unternehmensbesteuerung in der Europäischen Union.* Düsseldorf: IDW. Jacobs, O. H. (2002) *Internationale Unternehmensbesteuerung.* 5. Auflage München: Beck. Knobbe-Keuk, B. (1993) *Bilanz- und Unternehmenssteuerrecht.* 9. Auflage Köln: Schmidt.

Die Überschrift dieses Kapitels verheißt dem Kenner einen Leckerbissen, doch fragt mancher Laie vielleicht, warum das Thema Unternehmensbesteuerung als so prominent hervorgehoben wird und warum das Inhaltsverzeichnis keine Abschnitte über die Besteuerung von Arbeitnehmern oder Sparern enthält. Eine Antwort auf diese nur scheinbar simple Frage wird im Laufe des Kapitels entwickelt.

§ 45 Unternehmen und Unternehmenssteuern

Als Einstieg in die Materie erscheint eine Klärung der Begriffe Unternehmen und Unternehmenssteuern angebracht. Aus ökonomischer Sicht ist ein *Unternehmen* ein Vertrag, der verschiedenen Personen – Kapitalgebern, Arbeitnehmern und Managern – die Verfolgung ihrer jeweiligen Interessen erleichtert[222]. Ronald Coase hat in seiner nobelpreisgekrönten Arbeit *The Nature of the Firm* dargelegt, daß Unternehmen gegründet werden, wenn eine rein marktwirtschaftliche Organisation durch individuelle Verträge zu teuer ist[223]. Weil der Markt selbst etwas kostet, wird er punktuell durch kleine Planwirtschaften ersetzt. Rein theoretisch könnte auch ein großes Unternehmen wie die Volkswagen AG durch Milliarden Einzelverträge ersetzt werden. Diese Verträge müßten die Rechte und Pflichten aller Beteiligten genau spezifizieren und insbesondere festlegen, auf welche Weise der Gesamterlös verteilt wird und inwieweit die einzelnen für Mißerfolge haften. Es ist klar, daß die Erarbeitung und Durchsetzung eines solchen Vertragswerks erheblich teurer ist als Gründung und Betrieb des Unternehmens „Volkswagen AG“.

Das Rechtssystem bietet bestimmte Standardverträge an, *Rechtsformen.* Der Leser kennt neben Einzelunternehmen die Gesellschaft bürgerlichen Rechts (GbR), die Offene Handelsgesellschaft (OHG), die Kommanditgesellschaft (KG), die Gesellschaft mit beschränkter Haftung (GmbH) oder die Aktiengesellschaft (AG). Bei Einzelunternehmen und Personengesellschaften (GbR, OHG und

222 „The firm is just the set of contracts covering the way inputs are joined to create outputs“. Fama, E. F. (1980) Agency Problems and the Theory of the Firm. *Journal of Political Economy* **88**, S. 290.

223 Coase, R. H. (1937) The Nature of the Firm. *Economica* 4, S. 386 – 405.

KG) liegen Verfügungsgewalt und Anrecht auf den Gewinn in der Hand von *Unternehmern*. Bei Kapitalgesellschaften (GmbH und AG) fallen diese Rechte verschiedenen Personengruppen zu: das *Management* hat die Verfügungsgewalt, während der Gewinn den *Anteilseignern* zusteht.

Zusammengefaßt sind Unternehmen keine Personen, sondern Verträge. Sie haben keinen Willen und auch keine steuerliche Leistungsfähigkeit, die über die Leistungsfähigkeit der dahinter stehenden Menschen hinausgeht. Wird „dem Unternehmen" eine Steuer auferlegt, mag der Produktpreis steigen oder mögen die zu zahlenden Löhne oder Zinsen sinken; bei mißlingender Überwälzung sinkt notwendig der Gewinn. In allen diesen Fällen werden letztlich Menschen belastet, nämlich die Kunden, Arbeitnehmer oder Anteilseigner.

Diese ökonomische Sicht des Unternehmens wird im juristischen Schrifttum nicht allgemein akzeptiert. Ausgehend vom zivilrechtlichen Begriff der juristischen Person tendieren Teile der Rechtswissenschaft dazu, Unternehmen auch steuerrechtlich als „Personen" anzusehen und ihnen eine eigene Leistungsfähigkeit zuzuschreiben. Verschiedentlich wird dies mit dem Argument begründet, daß große Publikumskapitalgesellschaften relativ unabhängig von den Interessen ihrer Aktionäre agieren können. Wenn das stimmt, führt die Kapitalgesellschaft aus ökonomischer Sicht gleichwohl kein Eigenleben; vielmehr handelt es sich um ein von den Managern dominiertes Vertragswerk.

Unter *Unternehmenssteuern* versteht man alle Steuern, die entweder das Unternehmen als Vertrag oder die hinter dem Unternehmen stehenden Unternehmer, Manager oder Anteilseigner treffen sollen. Diese Definition ähnelt dem umgangssprachlichen Gebrauch und stellt auf den *Steuerdestinatar* ab, nicht auf den Schuldner oder Entrichtungspflichtigen[224]. Verbrauch- und Verkehrsteuern, etwa die Mineralöl- oder Grunderwerbsteuer, die sowohl Unternehmen als auch Konsumenten treffen, werden nicht zu den Unternehmenssteuern gerechnet.

Soweit Unternehmenssteuern auf die hinter dem Unternehmen stehenden Personen zielen, sind sie zumindest konzeptionell Teil der allgemeinen Einkommensbesteuerung. Demgegenüber gleichen Unternehmenssteuern, die das Unternehmen als solches treffen sollen, den in § 9 erwähnten *Stempelsteuern*, die früher bei Abschluß zivilrechtlicher Verträge erhoben wurden. Die objektive Wirkung solcher Stempelsteuern besteht darin, bestimmte Verträge (Unternehmensformen) zu verteuern.

§ 46 Grundzüge des Unternehmenssteuerrechts

Die folgenden bescheidenen Hinweise zur deutschen Unternehmensbesteuerung können das Studium veritabler betriebswirtschaftlicher oder juristischer Darstel-

224 Zimmermann, H. (1993) Versuch zur Klassifizierung der unternehmensbezogenen Steuern in finanzwissenschaftlicher Sicht. *Steuer und Wirtschaft*, S. 231–236. Bei Abstellen auf die Entrichtungspflicht wären fast alle deutschen Steuern Unternehmenssteuern, insbesondere die Umsatz- und die Lohnsteuer.

lungen nicht ersetzen. Es ist auch nicht Aufgabe einer allgemeinen Steuerlehre, vergängliches institutionelles Wissen zu vermitteln; doch andererseits setzen die hier interessierenden Grundsatzfragen gewisse minimale Kenntnisse des Unternehmenssteuerrechts voraus. Vertreter der Schwesterwissenschaften mögen über die starke Stilisierung, die diesem Zweck angepaßt wurde, großzügig hinwegsehen.

1. Unternehmenssteuern in Deutschland

In den vergangenen Jahren ist die Zahl der deutschen Unternehmenssteuern auf ein Triumvirat geschrumpft, nämlich die Einkommensteuer, soweit sie auf Gewinne entfällt, die Körperschaftsteuer und die Gewerbesteuer. Alle drei sollen grundsätzlich den als Residualeinkommen berechneten Gewinn treffen[225]. Auf die beiden erstgenannten wird außerdem der Solidaritätszuschlag erhoben, der jedoch als Zuschlagsteuer keine eigenständige vierte Steuer darstellt, sondern lediglich eine Anhebung der Steuersätze bewirkt.

a) Einkommensteuer: § 2 EStG nennt sieben Einkunftsarten, nämlich Einkünfte aus Land- und Forstwirtschaft, Gewerbebetrieb, selbständiger Arbeit, nichtselbständiger Arbeit, Kapitalvermögen, Vermietung und Verpachtung sowie sonstige Einkünfte. Die drei erstgenannten heißen *Gewinneinkünfte*, weil bei ihnen der Gewinn anzusetzen ist. Bei den übrigen Einkünften wird der Überschuß der Einnahmen über die Werbungskosten ermittelt (*Überschußeinkünfte*). Die Besteuerung von Gewinneinkünften beruht auf der oben in § 39 beschriebenen *Reinvermögenszugangstheorie*, während Überschußeinkünfte prinzipiell nach der Idee der *Quellentheorie* besteuert werden. Dieser sogenannte Einkünftedualismus wurde mit dem Einkommensteuergesetz 1925 geschaffen und besteht bis heute. Die Einkommensteuer ist eine Unternehmenssteuer, soweit sie auf Einkünfte aus Land- und Forstwirtschaft, Gewerbebetrieb oder selbständiger Arbeit entfällt. Persönlich steuerpflichtig sind Einzelunternehmer und Personengesellschafter. Ab dem Jahre 2008 wird der für Unternehmer relevante Spitzensteuersatz wohl 45 % betragen, zusammen mit dem Solidaritätszuschlag sogar rund 47,5 %.

b) Körperschaftsteuer: Dieser Steuer unterliegen nach § 1 Körperschaftsteuergesetz (KStG) insbesondere Kapitalgesellschaften. Deren steuerpflichtige Gewinne werden zunächst nach den für Einkünfte aus Gewerbebetrieb geltenden einkommensteuerlichen Vorschriften ermittelt und hernach gemäß den Vorschriften des KStG modifiziert. Der Steuersatz beträgt einheitlich 25 %.

c) Gewerbesteuer: Der Gewerbesteuer unterliegt nach § 2 Gewerbesteuergesetz (GewStG) der stehende *Gewerbebetrieb*, soweit er im Inland betrieben wird. Hierzu gehören gewerbliche Unternehmen im Sinne des Einkommensteuergesetzes und Kapitalgesellschaften. Sachlich steuerpflichtig ist der in § 7 GewStG definierte *Gewerbeertrag*. Er entspricht den nach einkommensteuerlichen Vor-

225 Die inzwischen abgeschafften *Substanzsteuern* (Gewerbekapitalsteuer und Vermögensteuer) belasteten Bestandsgrößen, konnten aber nach der in § 27 beschriebenen Methode in Sollertragsteuern umgerechnet werden. Darüber hinaus wurden mit der Gesellschaftsteuer und der Börsenumsatzsteuer zwei unternehmensbezogene Verkehrsteuern abgeschafft.

schriften ermittelten Einkünften aus Gewerbebetrieb, korrigiert um verschiedene Hinzurechnungen und Kürzungen. Die wichtigste Korrektur besteht in der hälftigen Hinzurechnung von Dauerschuldzinsen, Mieten und Pachten (§ 8 Nrn. 1 und 7 GewStG). Ursprünglich wurden diese Beträge voll hinzugerechnet, weil die Gewerbesteuer den gesamten Kapitalertrag treffen sollte; die Halbierung hat keine innere, sondern eine politische Logik.

Die Gewerbesteuer wird in einem zweistufigen Verfahren berechnet, weil der Steuersatz anders als bei den übrigen Unternehmenssteuern nicht bundesweit einheitlich, sondern je nach Gemeinde verschieden ist: Zunächst multipliziert man den Gewerbeertrag mit der *Steuermeßzahl*, die gemäß § 11 GewStG grundsätzlich 5 % beträgt, bei Einzelunternehmen und Personengesellschaften jedoch gestaffelt ist (hiervon wird wegen der unten dargestellten Anrechnung abgesehen). Damit erhält man den *Steuermeßbetrag*. Hat die Gemeinde einen *Hebesatz* in Höhe von 100 % festgesetzt, entspricht der Steuermeßbetrag bereits der Gewerbesteuerschuld. Andernfalls ergibt sich die Gewerbesteuer im zweiten Schritt durch Multiplikation des Steuermeßbetrags mit dem örtlichen Hebesatz. Im Durchschnitt liegt der Hebesatz in Deutschland derzeit bei etwa 400 %.

Eine weitere Besonderheit der Gewerbesteuer besteht darin, daß sie als Objektsteuer sowohl von der Bemessungsgrundlage der Einkommen- bzw. Körperschaftsteuer als auch von ihrer eigenen Bemessungsgrundlage abgezogen wird. Bei der Ermittlung des effektiven Steuersatzes bereitet die Selbstabzugsfähigkeit manchen Juristen Kopfzerbrechen, die hierfür ein „Näherungsverfahren" verwenden. Einfacher ist es, die Gleichung $\tau^g = \tau^n (1 - \tau^g)$ mit τ^g als effektivem und τ^n als nominalem Gewerbesteuersatz aufzulösen. Man erhält

(136)
$$\tau^g = \frac{\tau^n}{1 + \tau^n}.$$

Bei einem Hebesatz von beispielsweise 500 % ergibt sich durch Multiplikation mit der Steuermeßzahl ein nominaler Gewerbesteuersatz von 25 % und damit aus der vorigen Formel ein effektiver Gewerbesteuersatz von 20 %. Dieser spiegelt nicht die Belastung der Steuerpflichtigen wider, weil die Gewerbesteuer auch von der Bemessungsgrundlage der *anderen* Unternehmenssteuern abgezogen wird.

Um die Verwirrung komplett zu machen, hat der Gesetzgeber bestimmt, daß Einzelunternehmer und Personengesellschaften ab dem Jahre 2001 das 1,8-fache des Steuermeßbetrags auf die Einkommensteuer anrechnen dürfen. Es wird hier kein Versuch gemacht, diese ganz unsystematische Entlastung zu rechtfertigen. Von der Idee her sollten Einkommensteuerpflichtige bei einem Hebesatz von 360 % und einem persönlichen Steuersatz von 50 % vollkommen von Gewerbesteuer freigestellt werden. Man dachte sich: Bei diesem Steuersatz führt der Abzug von der Bemessungsgrundlage schon zu einer hälftigen Entlastung, die Anrechnung des 360 %/2 = 1,8-fachen sollte die andere Hälfte liefern. Besser hätte man die Gewerbesteuer abgeschafft[226]. Im weiteren Text wird die Gewerbesteuer von Einzelunternehmen und Personengesellschaften vernachlässigt, weil andernfalls stets zwischen Gemeinden mit hohem bzw. geringem Hebesatz und zwischen Gewerbetreibenden und Selbständigen unterschieden werden müßte.

Für spätere Beispielsrechnungen seien typische Grenzbelastungen der Unternehmensgewinne bereits jetzt festgehalten. Bei Gewinnen, die der Einkommensteuer unterliegen, sind Einkommensteuer, Solidaritätszuschlag und eventuell nicht anrechenbare Gewerbesteuer anzusetzen. Die Belastung hängt einerseits von den persönlichen Verhältnissen ab, andererseits vom Hebesatz der Gewerbesteuer. Ein Wert von 50 % ist etwas hoch angesetzt, vereinfacht aber die Rechnungen.

Kapitalgesellschaften zahlen bei einem angenommenen Hebesatz von 454 %, der etwas über dem Bundesdurchschnitt liegt, effektiv 18,5 % Gewerbesteuer. Weil diese von der Bemessungsgrundlage der Körperschaftsteuer abgezogen werden kann, beträgt die Gesamtbelastung mit Körperschaftsteuer, Solidaritätszuschlag und Gewerbesteuer rund 40 %, wie man leicht nachrechnet. Schüttet die Kapitalgesellschaft Gewinne als Dividenden aus, muß der Empfänger, sofern er der deutschen Einkommensteuer unterliegt, die Hälfte des Dividendenbetrags als Einkünfte aus Kapitalvermögen versteuern (*Halbeinkünfteverfahren*). Wegen der oben unterstellten Belastung durch Einkommensteuer und Solidaritätszuschlag in Höhe von 50 % läßt sich dies vereinfachend in einen *Dividendensteuersatz* von 25 % umrechnen (ein solches *Halbsatzverfahren* wendet Österreich an)[227].

Mit τ als allgemeinem Einkommensteuersatz, τ^d als Dividendensteuersatz und τ^c als Körperschaftsteuersatz (*corporate tax rate*) betragen die jeweiligen Belastungen zusammengefaßt und in starker Stilisierung

$$\boxed{\tau = 50\,\%, \quad \tau^d = 25\,\% \quad \text{und} \quad \tau^c = 40\,\%\,.} \tag{137}$$

Es sei aber betont, daß diese Steuersätze nur Beispielcharakter haben. Bei konkreten Belastungsvergleichen ist insbesondere zu beachten, daß der Einkommensteuersatz nur die Grenzbelastung angibt, während der Körperschaftsteuersatz weitgehend der Durchschnittsbelastung entspricht.

2. Besteuerung der Einzelunternehmen

Um die Unternehmensbesteuerung von vornherein ins rechte Licht zu rücken und zu zeigen, daß es hierbei um die Besteuerung von Menschen geht, sei als einführendes Beispiel ein Handelsvertreter H betrachtet. Solche Leute können relativ frei wählen, ob sie als Arbeitnehmer oder als Unternehmer tätig sein wollen. Der H arbeitet momentan noch für ein fremdes Unternehmen und fragt

---

226 Homburg, St. (2002) Kommunalzuschlag statt Gewerbesteuer. *Betriebs-Berater* 57, S. I. Die Gewerbesteuer ist zu einer *Sondersteuer auf deutsche Kapitalgesellschaften* degeneriert; ihre spezifische Funktion als Kommunalsteuer hat sie eingebüßt.

227 Genau genommen sind das Halbeinkünfteverfahren und das Halbsatzverfahren nur bei einem proportionalen Tarif äquivalent. Siehe hierzu Homburg, St. (2001) Die Unternehmenssteuerreform 2001 aus Sicht der Wissenschaft. *Die Steuerberatung* 44, S. 12.

sich, ob ein Wechsel in die Selbständigkeit steuerlich vorteilhaft wäre[228]. Neben seinem Lohn von 100.000 Euro bezieht er jährlich 10.000 Euro Zinsen aus seinem Vermögen in Höhe von 200.000 Euro und wendet 3.000 Euro als Werbungskosten für seine Berufsausübung auf. Bei Vernachlässigung verschiedener Freibeträge berechnet man das zu versteuernde Einkommen durch Addition der Einkünfte, wobei die Einkünfte jeweils als Überschuß der Einnahmen über die Werbungskosten zu ermitteln sind:

	Einkünfte aus nichtselbständiger Arbeit:	97.000
+	Einkünfte aus Kapitalvermögen:	10.000
=	Zu versteuerndes Einkommen:	107.000.

Macht H sich selbständig, bezieht er fortan Einkünfte aus Gewerbebetrieb gemäß § 15 EStG (Einkünfte aus selbständiger Arbeit liegen nur bei ganz bestimmten Tätigkeiten vor, die meist eine akademische Ausbildung voraussetzen, § 18 EStG). Diese Einkünfte werden grundsätzlich nicht durch Überschußrechnung ermittelt, sondern durch einen *Betriebsvermögensvergleich* nach § 4 Abs. 1 EStG:

> Gewinn ist der Unterschiedsbetrag zwischen dem Betriebsvermögen am Schluß des Wirtschaftsjahres und dem Betriebsvermögen am Schluß des vorangegangenen Wirtschaftsjahres, vermehrt um den Wert der Entnahmen und vermindert um den Wert der Einlagen.

Der Begriff *Betriebsvermögen* meint nicht die Summe der Aktiva einer Bilanz, sondern das auf der Passivseite ausgewiesene Eigenkapital (EK). H will seine gesamten Ersparnisse von 200.000 Euro als Eigenkapital einbringen, um damit die benötigte Geschäftsausstattung zu kaufen. Durch Schätzung plausibler Erlöse, Abschreibungen und anderer Kosten kalkuliert er, wie die Schlußbilanz im ersten Jahr bei normalem Geschäftsgang aussehen wird, wenn er außerdem Fremdkapital in Höhe von 50.000 Euro aufnimmt:

00

Aktiva	Passiva
200.000 Bank	200.000 EK

01

Aktiva	Passiva
150.000 Bank	307.000 EK
207.000 WG	50.000 FK

Dabei bezeichnet „WG" andere Wirtschaftsgüter im Wert von 207.000 Euro. Das Betriebsvermögen ist im ersten Jahr um 107.000 Euro gewachsen; dies ist der Gewinn nach Steuerbilanz und damit das zu versteuernde Einkommen des H. Der Gewinn stellt ökonomisch nichts anderes als das kombinierte Arbeits- und Zinseinkommen des H dar. Daher sollte H im Rahmen einer synthetischen Einkommensteuer als Unternehmer dieselbe Steuer zahlen wie als früherer Arbeitnehmer und Sparer. Durch den Betriebsvermögensvergleich wird dieses Ziel erreicht, wenn die bilanziellen Wertansätze der sonstigen Wirtschaftsgüter deren Marktwerte widerspiegeln: In diesem Fall könnte H das Unternehmen am

228 Außersteuerliche Vorteile vor allem sozialrechtlicher Art, die diese Entscheidung ebenfalls beeinflussen können, werden im weiteren vernachlässigt.

Schluß des ersten Wirtschaftsjahres verkaufen oder liquidieren und würde nach Rückzahlung des Kredits über 307.000 Euro vor Steuern verfügen. Sind die sonstigen Wirtschaftsgüter in der Bilanz unterbewertet, erzielt H bei Verkauf bzw. Liquidation einen steuerpflichtigen *Veräußerungsgewinn* bzw. *Aufgabegewinn* in Höhe der Bewertungsdifferenz, der nach der obigen Logik ebenfalls besteuert werden sollte.

Angenommen, H entnehme im Laufe des Jahres 01 insgesamt 100.000 Euro für seine private Lebensführung. Die Steuerbilanz weist dann am Jahresende ein Bankguthaben von 50.000 Euro und ein Eigenkapital von 207.000 Euro aus; die Differenz der Betriebsvermögen beträgt nunmehr 7.000 Euro. Nach der oben zitierten Vorschrift des § 4 Abs. 1 EStG bleibt der Gewinn unverändert, weil die Entnahme in Höhe von 100.000 Euro dem Gewinn hinzuzurechnen ist, eine Einlage entsprechend abgezogen wird.

Im weiteren sei V_i das Betriebsvermögen am Schluß des Jahres, V_{i-1} das Betriebsvermögen am Schluß des Vorjahres, ΔV_i die Differenz dieser beiden und z_i der Saldo der Entnahmen und Einlagen. Die Gewinnermittlungsvorschrift des § 4 Abs. 1 EStG besagt in dieser Notation

(138) $$\textit{Gewinn im Jahre } i = V_i - V_{i-1} + z_i = \Delta V_i + z_i \ .$$

Der etwas umständlich anmutende Betriebsvermögensvergleich wird durchgeführt, weil ein Unternehmensgewinn nicht unmittelbar beobachtbar ist. Nach einer einprägsamen Formel sind *Resteinkommen* (Gewinne) schwerer zu besteuern als *Festeinkommen* (Löhne, Zinsen, Mieten), weil es keine Verträge gibt, aus denen der Fiskus sie ablesen könnte. Viele Schwierigkeiten der Unternehmensbesteuerung beruhen im Kern auf diesem Informationsproblem.

Anders als bei Arbeitseinkünften, die regelmäßig positiv sind, entstehen bei Gewinneinkünften häufig *Verluste*, jedenfalls auf Jahresbasis. Korrespondierend zur Steuerpflicht der Gewinne begründen Verluste in der Theorie einen Anspruch auf Erstattung. In der Praxis können Steuerpflichtige negative Einkünfte mit positiven Einkünften desselben Jahres verrechnen (*Verlustausgleich)*. Ist der nach dieser Verrechnung übrig bleibende Gesamtbetrag der Einkünfte negativ, kann er auf zweierlei Weise als *Verlustabzug* geltend gemacht werden, nämlich als *Verlustrücktrag* in das Vorjahr oder als *Verlustvortrag* in künftige Jahre. Anders als der innerperiodische Verlustausgleich unterliegt der überperiodische Verlustabzug zahlreichen Beschränkungen; siehe hierzu § 10d EStG.

Zusammengefaßt ist der Gewinnbegriff des Einkommensteuergesetzes ökonomisch richtig, weil er auf die steuerliche Gleichbehandlung von Unternehmern und anderen Personen abzielt. Allerdings steht das in § 5 Abs. 1 EStG verankerte *Maßgeblichkeitsprinzip* dieser Gleichbehandlung im Weg: Hiernach ist das Betriebsvermögen laut Steuerbilanz grundsätzlich nach handelsrechtlichen Vorschriften anzusetzen. Dagegen wäre nichts einzuwenden, wenn die Handelsbilanz auf die Ermittlung des ökonomischen Gewinns[229] abzielte; sie dient jedoch

229 Der Begriff des ökonomischen Gewinns wird in § 48 exakt definiert.

anderen Zielen, insbesondere dem Gläubigerschutz. Das dem Handelsrecht innewohnende Vorsichtsprinzip, das seinen Ausdruck vor allem im Realisationsprinzip und im Imparitätsprinzip findet – Gewinne werden erst bei Realisation besteuert, Verluste aber schon vorher – bewirkt eine systematische Unterbewertung des Eigenkapitals.

3. Besteuerung der Personengesellschaft

Nach deutschem Recht sind Personengesellschaften nicht einkommensteuerpflichtig, wohl aber gewerbesteuerpflichtig (§ 5 Abs. 1 Satz 3 GewStG). Im Rahmen der Einkommensteuer wird der von der Personengesellschaft erwirtschaftete Gewinn technisch zwar auf Ebene der Gesellschaft ermittelt, sodann aber den Gesellschaftern zugerechnet und nur bei diesen besteuert. Man bezeichnet dies als *Transparenzprinzip*. Abhängig davon, ob die Gesellschafter natürliche oder juristische Personen sind, unterliegen ihre Gewinnanteile der Einkommen- oder Körperschaftsteuer. Die folgende Darstellung beschränkt sich auf Personengesellschaften, an denen ausschließlich natürliche Personen beteiligt sind.

Der Gewinn einer Personengesellschaft wird in zwei Stufen ermittelt: Zunächst wird der Gewinn der Gesamthand, also der Gesellschaft, festgestellt. Anschließend wird dieser Gesamtgewinn den einzelnen Gesellschaftern zugerechnet. Der auf Grundlage dieser *gesonderten und einheitlichen Feststellung* (§ 179 AO) ermittelte Gewinn gehört zu den Gewinneinkünften eines Gesellschafters, wenn dieser als Mitunternehmer anzusehen ist (*Mitunternehmerkonzept*, § 15 Abs. 1 Nr. 2 EStG). Vereinfacht ausgedrückt ist das der Fall, wenn der Gesellschafter unternehmerisches Risiko trägt und unternehmerische Initiative entfaltet. Ein typischer stiller Gesellschafter ist kein Mitunternehmer und bezieht folglich keine Gewinneinkünfte, sondern Einkünfte aus Kapitalvermögen nach § 20 EStG.

Tragender Gedanke der transparenten Besteuerung von Personengesellschaften ist die *Gleichbehandlung* von Einzelunternehmern und Mitunternehmern. Zwei Einzelunternehmer, die eine OHG gründen, sollen dadurch weder steuerliche Vorteile noch Nachteile haben. Diesem Ziel dient die Vorschrift des § 15 Abs. 1 Nr. 2 EStG, wonach zu den Einkünften aus Gewerbebetrieb nicht nur der Gewinnanteil des Gesellschafters gehört, sondern auch „die Vergütungen, die der Gesellschafter von der Gesellschaft für seine Tätigkeit im Dienst der Gesellschaft oder für die Hingabe von Darlehen oder für die Überlassung von Wirtschaftsgütern bezogen hat".

Beispiel: OHG-Gesellschafter A hat mit der Gesellschaft ein Geschäftsführergehalt vereinbart und ein Grundstück an die Gesellschaft vermietet. Das Gehalt und die Mieteinnahmen stellen nicht Einkünfte aus nichtselbständiger Arbeit (§ 19 EStG) bzw. Einkünfte aus Vermietung und Verpachtung (§ 21 EStG) dar, sondern gehören zu den Einkünften aus Gewerbebetrieb und unterliegen damit grundsätzlich der Gewerbesteuer.

Wirtschaftsgüter, die ein Mitunternehmer der Gesellschaft überläßt, sind in einer sogenannten *Sonderbilanz* zu erfassen. Der einem Gesellschafter zugerechnete Gewinnanteil wird um die Gewinne aus seiner Sonderbilanz korrigiert. Im Ergebnis sind somit Verträge zwischen Gesellschaft und Gesellschafter ungeachtet ihrer zivilrechtlichen Wirksamkeit steuerlich wirkungslos.

Bilanz der OHG

Aktiva	Passiva
600 WG	600 EK

Ergänzungsbilanz des C

Aktiva	Passiva
200 WG	200 EK

Ein ebenso kniffliger wie wichtiger Aspekt der Besteuerung von Personengesellschaften betrifft die Behandlung von *Veräußerungsgewinnen.* Als Einführung in diesen Problemkreis sei eine OHG betrachtet, an der die Gesellschafter A und B jeweils zur Hälfte beteiligt sind. Die Buchwerte der bilanzierten Wirtschaftsgüter betragen 600 Euro, die Marktwerte jedoch 1.000 Euro. Verkauft A seine Anteilshälfte für 500 Euro an C, realisiert er damit einen grundsätzlich steuerpflichtigen Veräußerungsgewinn von 200 Euro. Das Kapitalkonto des C beträgt handelsrechtlich 300 Euro; nach diesem Betrag richten sich sein Gewinn- und Liquidationsanteil und evtl. sein Stimmrecht. Steuerrechtlich hat C eine sogenannte *Ergänzungsbilanz* aufzustellen.

In der Ergänzungsbilanz des C wird die Differenz von Anschaffungskosten des Gesellschaftsanteils (500 Euro) und anteiligem Buchwert (300 Euro) angesetzt, und zwar durch Aufstockung der Buchwerte der einzelnen Wirtschaftsgüter oder durch Aktivierung eines entgeltlich erworbenen Geschäftswertes. Verkauft die OHG unmittelbar anschließend die Wirtschaftsgüter zum angenommenen Marktwert 1.000 Euro, kann C die in seiner Ergänzungsbilanz angesetzten Werte 200 Euro vom anteiligen Veräußerungserlös 500 Euro abziehen. Ohne die Ergänzungsbilanz müßte C einen Veräußerungsgewinn versteuern, obwohl er nach Bezahlung von 500 Euro an B und Erhalt von 500 Euro aus der Veräußerung keinen Gewinn erzielt hat und der Veräußerungsgewinn bereits bei A besteuert wurde. Mittels der Ergänzungsbilanz wird C so gestellt, als habe er unmittelbar Wirtschaftsgüter im Wert von 500 Euro gekauft und weiterverkauft.

Hinter diesem Beispiel steckt ein allgemeines und tiefes Problem: Jede Unternehmensbesteuerung, die *ohne* solche Ergänzungsbilanzen operiert, verfehlt die steuerliche Gleichbehandlung des Verkaufs von Wirtschaftsgütern (*asset deal*) und Gesellschaftsanteilen (*share deal*), sofern die Steuerbilanz stille Reserven enthält und die Beteiligten unterschiedlichen Steuersätzen unterliegen. Unter diesen beiden Voraussetzungen kann der Gewinn nur mittels einer Ergänzungsbilanz perioden- und personengerecht zugeordnet werden.

4. Besteuerung der Kapitalgesellschaft

Anders als bei Personengesellschaften werden Gewinne der Kapitalgesellschaften nicht den Gesellschaftern zugerechnet (Transparenzprinzip), sondern eigenständig auf Ebene der Gesellschaft besteuert (*Trennungsprinzip*). Die Belastung des Gewinns der Kapitalgesellschaft mit Körperschaftsteuer, Solidaritätszuschlag und Gewerbesteuer beträgt rund 40 %. Nach Ausschüttung dieses Gewinns – etwa in Form einer Dividende – wird die Hälfte der Ausschüttung als Einkünfte aus Kapitalvermögen nach § 20 EStG besteuert, wenn der Empfänger in Deutschland einkommensteuerpflichtig ist.

Gemäß § 8b KStG bleiben Ausschüttungen an andere Kapitalgesellschaften bei den Empfängerinnen jedoch steuerfrei. Zwar gelten 5 % der freigestellten Einkünfte laut § 8b Abs. 5 KStG als nicht abziehbare Betriebsausgabe, so daß sich die effektive Befreiung nur auf 95 % der Ausschüttungen erstreckt, doch wird dieser Schönheitsfehler im weiteren vernachlässigt.

Wegen der Steuerbefreiung nach § 8b KStG werden Gewinne im Konzern genau einmal besteuert, nämlich bei der ersten Konzerngesellschaft, die den Gewinn erzielt hat. Anschließend können sie in beliebiger Weise steuerfrei an andere Gesellschaften weitergeleitet werden. Erst bei Ausschüttung an eine natürliche Person kommt es zu einer wirtschaftlichen Doppelbelastung (*klassische Körperschaftsteuer*). Die steuerliche Gesamtlast muß dabei nicht notwendig doppelt so hoch sein wie bei der Einkommensteuer, weil die einzelnen Steuersätze niedriger sind. Charakteristisch für die klassische Körperschaftsteuer ist nicht die Doppelbelastung im Wortsinn, sondern die Besteuerung der Gewinne bei der Gesellschaft *und* beim Anteilseigner.

Eine klassische Körperschaftsteuer wurde in Deutschland zwischen 1920 und 1976 erhoben. Zur Milderung der Doppelbelastung hatte sie einen gespaltenen Satz von zuletzt 51 % auf einbehaltene und 15 % auf ausgeschüttete Gewinne. Mit Wirkung ab 1977 wurde das körperschaftsteuerliche *Vollanrechnungsverfahren* eingeführt, mit Sätzen von zuletzt 40 % auf einbehaltene und 30 % auf ausgeschüttete Gewinne. Beim Vollanrechnungsverfahren wird die auf Ausschüttungen entfallende Körperschaftsteuer auf die Einkommensteuer des Anteilseigners angerechnet, im Fall eines niedrigen persönlichen Steuersatzes auch erstattet, so daß sie aus Sicht der Anteilseigner einen durchlaufenden Posten darstellt. Das Vollanrechnungsverfahren wurde zum 1. Januar 2001 abgeschafft; seither gilt eine Übergangsregelung für Altgewinne[230].

Bis hier zusammengefaßt bilden die Kapitalgesellschaft und ihre Anteilseigner zwei streng getrennte Sphären, wobei die Steuerbelastung der Kapitalgesellschaft nur von ihrem Gewinn abhängt und nicht von den persönlichen Verhältnissen der Anteilseigner. Weil Personenunternehmen (Einzelunternehmen und Personengesellschaften) im Gegensatz hierzu nach dem Transparenzprinzip besteuert werden, hat das Betreiben eines Unternehmens als Ein-Mann-GmbH statt als Einzelunternehmen vielfältige steuerliche Konsequenzen, deren wichtigste hier

230 Die Übergangsregelung bedeutet freilich nicht, daß Anteilseigner bis zum Jahre 2015 Körperschaftsteuer auf ihre persönliche Einkommensteuer anrechnen können. Vgl. hierzu Homburg, St. und R. M. Theisen (2000) Steuersenkungsgesetz: Das gefangene Eigenkapital. *Der Betrieb* 53, S. 1930–1931 und die dort zitierte Literatur.

genannt seien. Dabei werden die oben hergeleiteten typischen Gesamtbelastungen unterstellt, um einen halbwegs realistischen Eindruck zu vermitteln; wer wirklich umwandeln will, muß genauer rechnen.

a) Ausgeschüttete Gewinne: Beträgt der persönliche Steuersatz einschließlich Solidaritätszuschlag und nicht anrechenbarer Gewerbesteuer 50 %, verbleiben dem Einzelunternehmer von 100 Euro Vorsteuergewinn 50 Euro netto. Im Fall der GmbH kann er nach Abzug von 40 % Körperschaftsteuer 60 Euro als Dividende an sich ausschütten. Auf diese Einkünfte aus Kapitalvermögen zahlt er nach dem Halbeinkünfteverfahren 15 Euro Steuern, nämlich 50 % auf 60/2 Euro. Netto verbleiben ihm nur 45 Euro.

b) Einbehaltene Gewinne: Die Besteuerung des Einzelunternehmers entspricht dem unter a) geschilderten Fall, netto verbleiben ihm 50 Euro. Die GmbH kann 60 Euro Gewinn nach Steuern thesaurieren, also etwas mehr.

c) Ersparnisse: Spart der Einzelunternehmer den entnommenen Gewinn von 50 bei einem Zinssatz von 10 %, hat er nach einem Jahr wegen der Zinsbesteuerung ein Vermögen von 52,5 Euro. Läßt er statt dessen die GmbH den Gewinn nach Steuern thesaurieren und ein Jahr später ausschütten, beträgt sein Endvermögen 60 Euro plus 6 Euro Zinsen abzüglich 2,4 Euro Steuern der GmbH abzüglich 15,9 Euro Dividendensteuer, also 47,75 Euro. Im Vergleich zum Fall a) hat sich der Nachteil der GmbH verringert.

d) Leistungsvergütungen: Implizite Arbeitseinkommen und implizite Zinseinkommen des Einzelunternehmers sind Teil des Gewinns und werden als Einkünfte aus Gewerbebetrieb besteuert. Der Betreiber der Ein-Mann-GmbH bezieht hingegen Einkünfte aus nichtselbständiger Arbeit, wenn die GmbH ihm ein Geschäftsführergehalt zahlt, und Einkünfte aus Kapitalvermögen, wenn er der GmbH ein verzinsliches Darlehen gibt. Beide In-sich-Geschäfte mindern Gewinn und Gewerbeertrag der GmbH. Anders als früher spricht dieser Umstand aber nicht notwendig für die GmbH, weil der Einzelunternehmer im typischen Fall ohnehin keine Gewerbesteuer zahlt.

e) Verluste: Der Einzelunternehmer kann einen Verlust von 100.000 Euro mit anderen positiven Einkünften desselben Jahres verrechnen (Verlustausgleich). Im Fall der GmbH werden Verluste der Kapitalgesellschaft wegen des Trennungsprinzips nicht an den Anteilseigner durchgereicht, sondern bleiben in der Gesellschaft eingesperrt. Nur die Gesellschaft kann Verluste beschränkt rücktragen oder vortragen; der Anteilseigner selbst darf sie nicht mit anderen positiven Einkünften verrechnen.

f) Veräußerung: Hier sind mehrere Fälle zu unterscheiden: Bei einem Anteilseigner, der mindestens 1 % der Anteile hält, gehört der Veräußerungsgewinn nach § 17 EStG zu den Einkünften aus Gewerbebetrieb. Andernfalls gehört der Veräußerungsgewinn zu den sonstigen Einkünften, wenn der Zeitraum zwischen Kauf und Verkauf der Anteile nicht mehr als ein Jahr beträgt (§ 23 Abs. 1 Nr. 2 EStG). Ist ein Veräußerungsgewinn steuerpflichtig, wird er nach der Logik des Halbeinkünfteverfahrens *zur Hälfte* angesetzt, der Steuersatz auf Veräußerungsgewinne entspricht also dem Dividendensteuersatz: $\tau^v = \tau^d = 25\,\%$. Hingegen bleiben Veräußerungsgewinne, die eine *Kapitalgesellschaft* durch Anteilsveräußerung erzielt, grundsätzlich steuerfrei (§ 8b Abs. 2 KStG, siehe aber auch: § 8b Abs. 3 KStG). Die Steuerfreiheit derartiger Veräußerungsgewinne ist steuersystematisch richtig, weil es andernfalls zu einer Lawinenwirkung käme: Gewinne würden auf Ebene der Tochter besteuert und zusätzlich auf Ebene der Mutter, wenn diese ihre Tochter veräußert.

Die Veräußerungsgewinnbesteuerung bildet eine Achillesferse dieses Systems. Große Publikumskapitalgesellschaften, deren Aktionäre mit weniger als 1 % beteiligt sind, können die Doppelbesteuerung der Gewinne oft durch *Anteilsrückkauf* vermeiden: Hierbei wandert der zuvor (kurserhöhend) einbehaltene Gewinn nicht in Form einer Dividende, sondern in Form einer Kaufpreiszahlung an die Aktionäre. Beachten diese die Halteregel „Ein Jahr plus ein Tag", stellt die Belastung mit Körperschaftsteuer bereits die Gesamtbelastung dar.

Das die Körperschaftsteuer prägende Trennungsprinzip hält viele Fußangeln bereit und verunmöglicht eine Gleichbehandlung von *asset deals* und *share deals*. Um seine Tücken zu demonstrieren, sei ein Steuerpflichtiger mit einem persönlichen Steuersatz von 50 % betrachtet, dem alle Anteile an einer GmbH zum Kauf angeboten werden (*share deal*). Die GmbH besitze ausschließlich ein Grundstück, dessen Verkehrswert 100.000 Euro beträgt. Der Steuerpflichtige plant einen Verkauf des Grundstücks und sofort anschließende Liquidation der GmbH. Welchen Kaufpreis sollte er unter Vernachlässigung von Transaktionskosten maximal bieten? Die Antwort auf diese unscheinbare Frage ist vielschichtig:

- *Fall 1*: Das Grundstück ist mit 100.000 Euro aktiviert, und die Gesellschaft hat ein Stammkapital in derselben Höhe. Bei Liquidation der GmbH entsteht keine Steuerpflicht, weil eine steuerfreie *Einlagenrückgewähr* (§ 20 Abs. 1 Nr. 1 Satz 3 EStG) vorliegt. Der Steuerpflichtige kann also für die GmbH 100.000 Euro bieten.
- *Fall 2*: Das Grundstück ist mit 100.000 Euro aktiviert, und auf der Passivseite sind ein Stammkapital und offene Rücklagen von je 50.000 Euro ausgewiesen. Die offene Rücklage wird bei Liquidation nach dem Halbeinkünfteverfahren besteuert. Weil darauf 12.500 Euro Steuern entfallen, wäre jedes Gebot über 87.500 Euro ein Fehler.
- *Fall 3*: Der Buchwert des Grundstücks beträgt ebenso wie das Stammkapital 50.000 Euro. Bei Liquidation wird die stille Reserve aufgedeckt, und die Kapitalgesellschaft in Liquidation zahlt 20.000 Euro (40 % von 50.000 Euro) Körperschaftsteuer. Auf die verbleibenden 30.000 Euro zahlt der Käufer nach dem Halbeinkünfteverfahren 7.500 Euro Einkommensteuer. Er sollte demnach nicht mehr als 72.500 Euro bieten.

Das Trennungsprinzip führt vor allem dann zu seltsamen Effekten, wenn Beteiligte, auf die § 17 EStG Anwendung findet, mit Personen Geschäfte machen, für die diese Norm nicht gilt. Man betrachte etwa den P, der die X-AG gegründet hat und nun ein Aktienpaket an die Börse bringt, das von vielen Kleinaktionären

(Beteiligung unter 1 %) gekauft wird. Im Betriebsvermögen der X-AG befinde sich eine stille Reserve, die aus außersteuerlichen Gründen verkauft werden soll. Pro Einheit stiller Reserve erzielt die AG einen Gewinn nach Steuern in Höhe von $(1-\tau^c)$. Wird die stille Reserve *vor* dem Börsengang realisiert und der Gewinn an P ausgeschüttet, verbleiben ihm nach Dividendensteuer $(1-\tau^c)(1-\tau^d)$ oder 45%. Wird die stille Reserve *nach* dem Börsengang realisiert, erzielt P einen um $(1-\tau^c)(1-\tau^d)$ höheren Kaufpreis, falls die Erwerber den Nettowert der stillen Reserve durch einen entsprechend erhöhten Preis vergüten. Weil P diesen zusätzlichen Veräußerungsgewinn mit dem Satz τ^v zu versteuern hat, verbleiben ihm nur $(1-\tau^c)(1-\tau^d)(1-\tau^v)$ oder 33,75 %. Der Mitverkauf der stillen Reserve erhöht die Steuerbelastung des P also um über elf Prozentpunkte und ist damit ein ebenso subtiler wie eklatanter Gestaltungsfehler[231]. Beim Mitverkauf einer offenen Rücklage träte übrigens derselbe Effekt auf. Daher kann man dem P nur raten, alles nicht betriebsnotwendige Eigenkapital vor dem Börsengang auszuschütten, soweit dies handelsrechtlich zulässig ist.

5. Das Grundproblem der Unternehmensbesteuerung

Eine Antwort auf die Frage, warum die Unternehmensbesteuerung ein so beschwerliches Geschäft ist, ergibt sich im Umkehrschluß: Steuererhebung ist *einfach*, wenn die Steuerhöhe von unmittelbar beobachtbaren („äußeren") Tatsachen abhängt. Hierzu gehören vor allem schriftliche Verträge zwischen Parteien mit konfligierenden Interessen: Der Interessengegensatz zwingt die Parteien, den Vertrag wahrheitsgemäß zu formulieren, und an die damit offenbarten Tatsachen kann der Fiskus steuerlich anknüpfen. Schwierig wird die Besteuerung, wenn eine der eben genannten Bedingungen verletzt ist. Dies zeigen folgende prominente Fälle von der Steuerfront:

a) Betriebsausgaben: Nach dem Nettoprinzip mindern „Aufwendungen, die durch den Betrieb veranlaßt sind" (§ 4 Abs. 4 EStG), den Gewinn. Ob eine Ausgabe (Reise, Restaurantbesuch, Kraftfahrzeug) im Einzelfall betrieblich oder privat veranlaßt war, ist oft schwer zu beurteilen; man spricht in diesem Zusammenhang von einer „inneren Tatsache".

b) Entnahmen: Nach § 4 Abs. 1 EStG erhöhen Entnahmen den Gewinn. Sachentnahmen sind nach § 6 Abs. 1 Nr. 4 EStG mit dem *Teilwert* anzusetzen, also mit dem „Betrag, den ein Erwerber des ganzen Betriebs im Rahmen des Gesamtkaufpreises für das einzelne Wirtschaftsgut ansetzen würde; dabei ist davon auszugehen, daß der Erwerber den Betrieb fortführt" (§ 6 Abs. 1 Nr. 1 Satz 3 EStG). In der Praxis sind Teilwerte oft kaum objektivierbar[232].

---

231 Sigloch, J. (2000) Unternehmenssteuerreform 2001 – Darstellung und Analyse. *Steuer und Wirtschaft*, S. 160–176 diskutiert ein ähnliches Beispiel und folgert, daß sich die klassische Körperschaftsteuer trotz optisch niedriger Sätze leicht als „unheilvoller Steuerfraß" entpuppt (S. 175).

232 Die Definition geht davon aus, daß die Summe der Teilwerte regelmäßig über der Summe der Marktwerte liegt (*„going concern"*). Luhmer hat gezeigt, daß man den Teilwert ökonomisch als *Shapley-value* interpretieren kann: Luhmer, A. (1985) Zur Logik des Teilwerts. *Zeitschrift für betriebswirtschaftliche Forschung* 37, S. 1051–1069.

c) Verträge mit Angehörigen: Verträge mit Angehörigen, vor allem Ehegattenarbeitsverträge und Ehegattendarlehensverträge, stellen die Verwaltung vor immense Probleme, weil es am Interessengegensatz fehlt: Durch rein formal geschlossene Verträge können Gewinneinkommen in Arbeits- oder Zinseinkommen verwandelt und damit Freibeträge genutzt oder Gewerbesteuern gesenkt werden.

Schwierigkeiten dieser Art werden so lange bestehen, wie es Unternehmenssteuern gibt. Ein Wechsel von der traditionellen Einkommensteuer zur Cash-flow Besteuerung, der ja oft aus Gründen der „Steuervereinfachung" vorgeschlagen wird, würde zwar die Periodisierungsprobleme entschärfen, aber kein einziges der vorstehend genannten Probleme.

§ 47 Entscheidungsneutrale Besteuerung?

Entscheidungsneutral nennt die betriebswirtschaftliche Steuerlehre eine Besteuerung, die „die relativen Preise auf dem Markt nicht verändert"[233]. Diese Literatur schwankt, ob entscheidungsneutrale Steuern wünschenswert sind (normative Interpretation) oder bloß als gedanklicher Nullpunkt einer Steuerwirkungslehre dienen (positive Interpretation). Aber unabhängig davon, welcher Deutung man beipflichtet, sind entscheidungsneutrale Steuern im obigen Sinn weder wünschenswert noch überhaupt möglich, weil selbst erstbeste Steuern die relativen Preise verändern[234].

Beispiel: Betrachtet sei eine Volkswirtschaft mit zwei Konsumgütern, deren Einkommenselastizitäten verschieden sind. Erhebt der Staat eine erstbeste Pauschalsteuer, indem er jeden Bürger verpflichtet, 2.000 Euro jährlich zu zahlen, geht die Nachfrage nach dem Konsumgut mit der höheren Einkommenselastizität stärker zurück, und der relative Preis dieses Gut sinkt im Regelfall. Die Pauschalsteuer ist nicht entscheidungsneutral.

Zu welchen Kuriositäten der Ruf nach Entscheidungsneutralität führt, zeigt das folgende Beispiel. Ein Arbeitnehmer mit einem auf Eins normierten Stundenlohn und einem ebenfalls auf Eins normierten Zeitbudget arbeite y Stunden und habe entsprechend $1-y$ Stunden Freizeit. Mit c als Konsum maximiere er $u(c, 1-y) = c\,(1-y)$ unter der Nebenbedingung $c + T = (1-\tau)\,y$. Hierbei bezeichnet τ den Lohnsteuersatz und T eine Pauschalsteuer. Die Ausgaben für Konsum und Pauschalsteuer entsprechen also dem Nettoarbeitseinkommen. Aus dem üblichen Lagrange-Ansatz erhält man das nutzenmaximierende Arbeitsangebot

$$y^* = \frac{(1-\tau)+T}{2(1-\tau)}. \tag{139}$$

233 Elschen (Fußnote 7), S. 109.

234 Versteht man entscheidungsneutrale Steuern als Steuern, die „keinen direkten Substitutionseffekt zur Folge haben" (Sinn, Fußnote 161, Seite 5), treten die folgenden Probleme nicht auf; doch ist der Ruf nach Entscheidungsneutralität in diesem Fall gleichbedeutend mit der Forderung nach Pauschalbesteuerung, und die Steuertheorie wird langweilig.

Eine entscheidungsneutrale Besteuerung läßt das Arbeitsangebot unverändert. Offenbar ist eine reine Lohnsteuer bei der hier unterstellten Nutzenfunktion entscheidungsneutral, denn aus (139) ergibt sich mit $T = 0$ und beliebigem τ das konstante Arbeitsangebot $y^* = \frac{1}{2}$. Demgegenüber ist eine Pauschalsteuer T nicht entscheidungsneutral, weil sie das Arbeitsangebot erhöht. Nach den Ergebnissen aus Kapitel 5 ist die Pauschalsteuer aber erstbest und die Lohnsteuer nicht. *Also ist in diesem Fall die erstbeste Steuer nicht entscheidungsneutral und die entscheidungsneutrale Steuer ineffizient.*

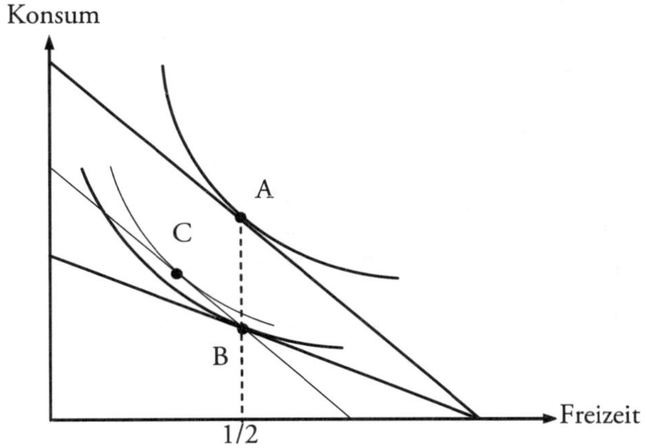

Abb. 33: Spezielle Gütersteuer versus Pauschalsteuer

Abb. 33 verdeutlicht den ökonomischen Hintergrund: Eine Besteuerung des Arbeitslohns verdreht die Budgetgerade nach links, und der Arbeitnehmer wählt Punkt B statt Punkt A. Hierbei bleiben die Arbeitszeit und die Freizeit unverändert. Eine Pauschalsteuer mit gleichem Aufkommen bewirkt die durch Punkt B verlaufende Parallelverschiebung der Budgetgeraden; der Arbeitnehmer wählt Punkt C und erreicht durch Erhöhung seines Arbeitsangebots ein höheres Nutzenniveau als in B.

Daß Teile der betriebswirtschaftlichen Steuerlehre bis heute unreflektiert dem Kriterium der Entscheidungsneutralität frönen, während die Finanzwissenschaft seit Jahrzehnten untersucht, wie man Entscheidungen in zweitbester Manier optimal verzerrt, ist eine Tragik, die sich nur mit der von Elschen so treffend beschriebenen Abschottung der Steuerwissenschaften erklären läßt:

> Im steuerwissenschaftlichen Schrifttum dominieren disziplinär orientierte Publikationen, in denen die Verfasser darauf bedacht scheinen, den Eigengeschmack ihrer Disziplinen möglichst unverfälscht zu bewahren ... Der reinrassige Adel der einzelnen Steuerdisziplinen schaut ... noch immer auf den dilettierenden Bastard herab, der auf der Suche nach geistiger Befruchtung auch die Niederungen der anderen Steuerwissenschaften durchforscht. Und dieser disziplinäre Adel tut dies trotz schwerer Erbkrankheiten, die sich infolge des geistigen Inzests in seiner Disziplin zwangsläufig zeigen[235].

235 Elschen (Fußnote 7), S. 99.

Dennoch läßt sich der scheinbare Widerspruch zwischen Neutralität und Effizienz eingedenk der Ergebnisse aus § 35 mühelos auflösen. Dort wurde das *Produktionseffizienztheorem* von Diamond und Mirrlees erörtert. Hiernach sollten Produktionsentscheidungen stets unverzerrt bleiben, während die Verzerrung von Konsumentscheidungen durchaus optimal sein kann. Eine auf den Produktionssektor beschränkte Forderung nach Entscheidungsneutralität deckt sich folglich haargenau mit der finanzwissenschaftlichen Forderung nach Produktionseffizienz.

Der Produktionssektor bzw. Unternehmenssektor ist selbstverständlich Domäne der Betriebswirtschaftslehre. Deren Forderung nach entscheidungsneutraler Besteuerung erscheint aus finanzwissenschaftlicher Sicht richtig, soweit sie auf Unternehmen beschränkt bleibt. Sobald die betriebswirtschaftliche Steuerlehre aber ihre Domäne verläßt und sich in den verminten Distrikt der Konsumentenbesteuerung vorwagt, läuft sie akute Gefahr, Fehler zu begehen. Dies gilt vor allem hinsichtlich intertemporaler Verzerrungen (siehe § 36): Wer meint, er könne dieses Problem mit der Forderung nach Entscheidungsneutralität erledigen, der erwäge zuvor, welches denn die entscheidungsneutralen Steuern sind, die den Staatshaushalt finanzieren sollen. Es gibt keine mit Ausnahme der unpraktikablen Pauschalsteuern. Also kommt es bei Konsumentscheidungen nicht darauf an, verzerrungsfrei zu besteuern, sondern darauf, optimal zu verzerren.

§ 48 Investitionsneutralität

Jedes Unternehmen hat normalerweise eine Fülle von Investitionsmöglichkeiten; es kann verschiedenste Gebäude oder Anlagen kaufen oder Projekte durchführen. Diese Investitionen haben bestimmte *Kapitalwerte vor Steuern*, die K_1, K_2 usw. genannt seien. Bei Einführung von Steuern sinken oder steigen die Kapitalwerte im allgemeinen auf K_1^τ, K_2^τ usw. *Investitionsneutralität* verlangt, daß bei $K_1 > K_2$ auch $K_1^\tau > K_2^\tau$ gilt (Rangfolgenerhalt). Außerdem sollen positive Kapitalwerte positiv bleiben und negative negativ (Vorzeichenerhalt). Diese beiden Bedingungen sind mindestens dann erfüllt, wenn für die Beziehung zwischen Kapitalwert vor Steuern und Kapitalwert nach Steuern bei einem Steuersatz τ zwischen Null und Eins gilt:

$$K^\tau = (1-\tau)\,K\,. \tag{140}$$

Investitionsneutralität ist kein *makroökonomisches*, sondern ein *mikroökonomisches* Ziel: Es kommt nicht darauf an, ob das Investitionsvolumen insgesamt steigt oder sinkt, sondern darauf, ob die Entscheidungen zwischen verschiedenen Investitionsprojekten steuerlich verzerrt werden. In Deutschland hat vor allem die Betriebswirtschaftslehre[236] auf die Wichtigkeit dieses Ziels hingewiesen, das

236 Und hier vor allem Dieter Schneider, ein Pionier auf diesem Gebiet. Vgl. Schneider, D. (1992) *Investition, Finanzierung und Besteuerung*. 7. Auflage Wiesbaden: Gabler und ursprünglich Schneider, D. (1969) Korrekturen zum Einfluß der Besteuerung auf die Investitionen. *Zeitschrift für betriebswirtschaftliche Forschung* **21**, S. 297–325.

in volkswirtschaftlichen Makromodellen allzu leicht verdeckt bleibt. Doch fügt sich Investitionsneutralität nahtlos in den finanzwissenschaftlichen Forderungskatalog ein, denn sie ist Teil des übergeordneten Ziels der Produktionseffizienz. Zur Analyse der Frage, welche Steuersysteme investitionsneutral sind, sei das kapitaltheoretische Standardmodell vorausgeschickt.

1. Kapitaltheoretisches Standardmodell

Im Standardmodell gibt es einen vollkommenen Kapitalmarkt, auf dem Investoren jederzeit zum festen *Zinssatz* r Geld anlegen oder aufnehmen können. Eine *Investition* verlangt vor Beginn der ersten Periode eine *Anschaffungsausgabe* I und löst später Zahlungsüberschüsse aus, die am Ende der Perioden $i = 1 \ldots n$ anfallen. Ein *Zahlungsüberschuß* z_i bezeichnet den positiven oder negativen Saldo von Einnahmen und weiteren Ausgaben in Periode i, die im Zusammenhang mit der Investition entstehen. Handelt es sich bei der Investition um den Kauf einer Maschine, dann entspricht I dem Kaufpreis, und die z_i sind die Verkaufspreise der mit der Maschine hergestellten Produkte abzüglich der laufenden Kosten. Der Zahlungsüberschuß z_n umfaßt auch eine etwaige Schlußzahlung, die positiv sein kann (Verkauf oder Liquidation) oder negativ (Abbruchkosten). Unter diesen Annahmen hat die Investition den

(141) $$\textit{Kapitalwert:}\ K = -I + \frac{z_1}{R} + \ldots + \frac{z_n}{R^n},$$

mit $R = 1 + r$ als strikt positivem Zinsfaktor. Maximierung des Kapitalwerts ist äquivalent zur Maximierung des Endkapitals, sofern positive Zahlungsüberschüsse entnommen und negative zwischenfinanziert werden, wie hier unterstellt. Ist der Kapitalwert positiv, dann lohnt die Investition, weil sie zu einem höheren Endkapital führt als die Anlage des Betrags I am Kapitalmarkt. Investitionen mit negativem Kapitalwert sollten unterbleiben. Im Fall $K = 0$ spricht man von einer *Grenzinvestition.* Obwohl der Investor indifferent ist, sei angenommen, daß er Grenzinvestitionen durchführt. Der hiermit eingeführte Investitionsbegriff ist theoretischer Natur und deshalb auf alle Lebenslagen anwendbar. Dazu gehören simple Sachverhalte wie der Kauf einer Maschine, komplexere wie der Kauf eines ganzen Unternehmens (mit I als Kaufpreis und z_i als Gewinnstrom) oder sogar Heiratsschwindel (mit I als anfänglicher Ausgabe für Blumen und Geschenke und z_i als späteren Zahlungen des Opfers). Den Barwert der Zahlungsüberschüsse z_1 bis z_n nennt man

(142) $$\textit{Ertragswert:}\ V_o = \frac{z_1}{R} + \ldots + \frac{z_n}{R^n},$$

wobei der Buchstabe V für *Vermögen* (oder *present value*) steht. Der Kapitalwert einer Investition ergibt sich durch Abzug der Anschaffungsausgaben vom Ertragswert, $K = V_o - I$, wie ein Vergleich der beiden vorigen Formeln zeigt. Eine Investition ist demnach vorteilhaft, wenn der Ertragswert die Anschaffungsausgaben übersteigt.

Zur Motivierung der folgenden Ergebnisse seien nun zwei Personen A und B betrachtet. Dabei ist A der Investor und B ein potentieller Käufer, der in Periode i an den Investor herantritt. Welchen Preis wird B maximal für die Investition zahlen, wenn A die Anschaffungsausgaben getragen und die Zahlungsüberschüsse der Perioden 1 bis einschließlich i entnommen hat? Offenbar erwirbt der Käufer unter diesen Voraussetzungen das Anrecht auf den Zahlungsstrom z_{i+1} bis z_n, und wenn auch er sein Eigenkapital zum Marktzins r anlegen kann, bietet er höchstens den *Ertragswert in Periode i*:

(143) $$V_i = \frac{z_{i+1}}{R} + \ldots + \frac{z_n}{R^{n-i}} .$$

Der Zahlungsüberschuß z_n wird nicht mit R^n abgezinst, sondern mit R^{n-i}, weil zwischen dem Kaufzeitpunkt und der letzten Periode nur noch $n-i$ Perioden liegen; entsprechendes gilt für die anderen Zahlungsüberschüsse. Den Ertragswert in Periode 0 erhält man aus dieser Formel durch Setzung von $i = 0$. Würde B die Investition nicht in Periode i kaufen, sondern bereits eine Periode früher, dann wäre sein maximales Gebot

(144) $$V_{i-1} = \frac{z_i}{R} + \frac{z_{i+1}}{R^2} + \ldots + \frac{z_n}{R^{n-i+1}} .$$

Durch Multiplikation der Gleichung mit dem Zinsfaktor R erhält man

(145) $$RV_{i-1} = z_i + \frac{z_{i+1}}{R} + \ldots + \frac{z_n}{R^{n-i}} = z_i + V_i .$$

Dabei wurde rechts die Definition (143) des Ertragswerts V_i eingesetzt. Die letzte Gleichung lautet nach Umstellen der Variablen:

(146) $$\boxed{V_i + z_i = RV_{i-1} .}$$

Diese Gleichung, die Samuelson *Fundamental Equation of Yield* nannte, hat eine in der Tat fundamentale Bedeutung[237]. Sie besagt: Wenn B die Investition in Periode $i-1$ kauft und eine Periode später verkauft, dann muß der ihm erwachsende Vorteil, nämlich die Summe aus Verkaufspreis V_i und entnommenem Zahlungsüberschuß z_i, mit dem Betrag RV_{i-1} übereinstimmen, den er bei alternativer Anlage am Kapitalmarkt erhalten würde. Ist die Investition beispielsweise eine Aktie, dann muß die Summe aus morgigem Kurswert und Dividende mit dem aufgezinsten heutigen Kurswert übereinstimmen.

Setzt man den durch $\Delta V_i = V_i - V_{i-1}$ definierten Wertzuwachs in die vorige Gleichung ein, nachdem auf beiden Seiten V_{i-1} subtrahiert wurde, erhält man als alternative Darstellung:

---

237 Samuelson, P. A. (1964) Tax Deductibility of Economic Depreciation to Insure Invariant Valuations. *Journal of Political Economy* 72, S. 604–606.

(147) $$\underbrace{\Delta V_i + z_i}_{\text{Ökonomischer Gewinn}} = \underbrace{r\,V_{i-1}}_{\text{Eigenkapitalverzinsung}} .$$

Nach klassischer Definition ist der *ökonomische Gewinn* jener Betrag, der zu Konsumzwecken verwendet werden kann, ohne das Anfangsvermögen anzugreifen. Er besteht aus Wertzuwachs und Zahlungsüberschuß, bei einer Aktie aus Kursgewinn und Dividende. Im Gleichgewicht stimmt der ökonomische Gewinn mit der kalkulatorischen Eigenkapitalverzinsung überein.

2. Die Johansson-Samuelson-Steuer

Das kapitaltheoretische Modell sei jetzt durch eine Einkommensteuer erweitert, die Zinseinkommen und unternehmerische Einkommen mit dem Steuersatz τ belastet. Infolge der Besteuerung rechnen Investoren mit dem *Nettozinsfaktor* $R^\tau = 1 + r - \tau r$. Nach Abzug der Steuer vom Zahlungsüberschuß beträgt der *Nettozahlungsüberschuß* $z_i - \tau y_i$, wobei y_i die *Steuerbemessungsgrundlage* repräsentiert. Den Ertragswert in Periode i erhält man analog zu Formel (143) als

(148) $$V_i^\tau = \frac{z_{i+1} - \tau y_{i+1}}{R^\tau} + \ldots + \frac{z_n - \tau y_n}{(R^\tau)^{n-i}} .$$

Offenbar hat die Besteuerung zwei gegenläufige Wirkungen: Einerseits *mindert* sie den Ertragswert, indem sie die periodischen Zahlungsüberschüsse kürzt; andererseits *erhöht* sie ihn, weil der Zahlungsstrom nurmehr mit dem kleineren Nettozinsfaktor diskontiert wird. Heben sich die beiden Teilwirkungen gegenseitig auf, dann bleibt der Ertragswert bei Einführung von Steuern unverändert. Diese auf den ersten Blick irritierende Möglichkeit rührt daher, daß der Ertragswert nicht die *absolute* Vorteilhaftigkeit einer Investition mißt, sondern ihre *relative* Vorteilhaftigkeit im Vergleich zu einer Kapitalmarktanlage. Konstanz der Ertragswerte bedeutet nicht, daß die Investition steuerfrei bleibt, sondern daß sie genauso belastet wird wie eine Anlage am Kapitalmarkt.

Im Gleichgewicht stimmt jetzt die Summe aus Ertragswert und Nettozahlungsüberschuß mit dem aufgezinsten Ertragswert der Vorperiode überein; diese Gleichung läßt sich übrigens völlig analog zu (146) herleiten:

(149) $$V_i^\tau + z_i - \tau y_i = R^\tau V_{i-1}^\tau .$$

Der folgende Satz besagt, daß eine Besteuerung des in (147) definierten ökonomischen Gewinns keinen Einfluß auf die Ertragswerte und den Kapitalwert hat und somit investitionsneutral ist.

Satz von Johansson-Samuelson: Bei einer Besteuerung des ökonomischen Gewinns $y_i = \Delta V_i + z_i = r\,V_{i-1}$ mit dem Satz $\tau \in (0;\ 1)$ in den Perioden i = 1...n bleiben alle Ertragswerte unverändert[238].

---

238 Johansson, S.-E. (1961) *Skatt – Investering – Värdering*. Stockholm: Norstedt & Söner, S. 216. Samuelson (Fußnote 237). Buchholz, W. und W. F. Richter (1993) Tax Deductibility of Economic Depreciation to Ensure Invariant Valuation: The Johansson-Samuelson Theorem Re-

Beweis: Aus (146) erhält man, indem man dort auf der rechten Seite die periodische Steuer $\tau r V_{i-1}$ erst subtrahiert und dann addiert:

$$V_i + z_i = R^\tau V_{i-1} + \tau r V_{i-1} . \tag{150}$$

Subtrahiert man hiervon (149) und klammert Steuersatz sowie Nettozinsfaktor aus, so folgt

$$V_i - V_i^\tau = R^\tau (V_{i-1} - V_{i-1}^\tau) + \tau (r V_{i-1} - y_i) . \tag{151}$$

Weil die Steuerbemessungsgrundlage y_i nach Voraussetzung mit $r V_{i-1}$ übereinstimmt, fällt der letzte Summand weg, und es gilt $V_i - V_i^\tau = R^\tau (V_{i-1} - V_{i-1}^\tau)$. Die Ertragswertänderung $V_n - V_n^\tau$ in der *letzten* Periode verschwindet, weil die Ertragswerte vor und nach Steuern ab Periode n gleich Null sind. Da R^τ verschieden von Null ist, muß auch die Ertragswertänderung $V_{n-1} - V_{n-1}^\tau$ in der *vorletzten* Periode verschwinden. Durch Rekursion folgt, daß alle früheren Ertragswerte unverändert bleiben, insbesondere der Ertragswert V_0. *q. e. d.*

Der Satz von Johansson-Samuelson ist mathematisch leicht zu beweisen und hat auch eine ganz simple Intuition: Weil der ökonomische Gewinn in jeder Periode dem Ertrag einer Kapitalmarktanlage entspricht, bleibt die Entscheidung zwischen Investition und Kapitalmarktanlage unverzerrt, wenn beide Alternativen derselben Steuer unterliegen.

Der mit (147) eingeführte Wertzuwachs ΔV_i wird auch *Ertragswertzuschreibung* genannt, $-\Delta V_i$ heißt entsprechend *Ertragswertabschreibung*. Der letztere Begriff erinnert an Abschreibungen nach Handels- und Steuerrecht, hat jedoch eine allgemeinere Bedeutung: Ertragswertabschreibungen sind alle Bilanzoperationen, die Zahlungsüberschüsse in ökonomische Gewinne transformieren; hierzu gehören auch Rückstellungen und ähnliches. Investitionsneutralität besteht, wenn die Steuerbemessungsgrundlage dem um Ertragswertabschreibungen verminderten Zahlungsüberschuß entspricht. Weil der Zahlungsüberschuß im kapitaltheoretischen Modell entnommen wird, ist die gedankliche Nähe zum Gewinnbegriff der Steuerbilanz (Zunahme des Betriebsvermögens zuzüglich Entnahme) unverkennbar. In der Tat garantiert die Gewinnermittlung nach § 4 Abs. 1 EStG Investitionsneutralität, wenn das Betriebsvermögen in jeder Periode mit dem Ertragswert übereinstimmt; man vergleiche (138) und (147). Obwohl diese Bedingung aus politischen oder praktischen Erwägungen oft verletzt wird, liegt in ihr die ökonomische Ratio des Betriebsvermögensvergleichs.

Viele der obigen Modellannahmen können ohne Probleme gelockert werden: Bei variablem statt konstantem Zinssatz, stetiger statt diskreter Zeit oder unendlichem statt endlichem Planungshorizont (hierbei muß dynamische Effizienz angenommen werden) gilt der Satz von Johansson-Samuelson weiterhin. Auch die Annahme eines konstanten Steuersatzes τ ist unkritisch; denn mit *zeitlich*

---

considered. In: Diewert, E., K. Spremann und F. Stehling (Hrsg.) *Mathematical Modelling in Economics*. Berlin usw: Springer.

differenzierten Steuersätzen τ_i geht der obige Beweis weiterhin durch. Der ökonomische Grund hierfür liegt darin, daß die Bemessungsgrundlage in jeder Periode den Opportunitätskosten entspricht, also dem Ertrag, den der Investor bei alternativer Anlage am Kapitalmarkt erhält. Im Hinblick auf Steuerreformen und progressive Tarife ist diese Robustheit ein großer Vorteil. Schließlich beeinträchtigen auch *persönlich differenzierte* Steuersätze die Investitionsneutralität nicht, weil die Ertragswerte für jeden Investor unabhängig von seinem persönlichen Steuersatz konstant bleiben.

Die Johansson-Samuelson-Steuer läßt, wie gezeigt, alle Ertragswerte V_i unverändert. Für Investitionsneutralität reicht allerdings Konstanz des Ertragswerts V_o und damit des Kapitalwerts aus, weil die Investitionsentscheidung zu Beginn der ersten Periode getroffen wird. Im Fall eines konstanten Steuersatzes bleibt der Ertragswert V_o auch dann unverändert, wenn die Steuerbemessungsgrundlagen und Periodeneinkommen im *Barwert* übereinstimmen. Hierfür ist hinreichend, daß die steuerlichen Abschreibungen und die übrigen Bilanzkorrekturen im Barwert den Ertragswertabschreibungen entsprechen[239].

Das Problem der Johansson-Samuelson-Steuer liegt auf *administrativem* Gebiet, weil die Bemessungsgrundlagen meist nicht direkt beobachtbar sind. Die bisweilen geäußerte Kritik „Der Fiskus kann Ertragswerte nicht vollständig beobachten und eine solche Steuer deshalb nicht erheben" greift allerdings zu kurz: Wie so oft in der Wohlfahrtstheorie kommt es nicht darauf an, ob die Information *unvollständig* ist, sondern darauf, ob sie *asymmetrisch* verteilt ist. Bei asymmetrischer Information besteht die Gefahr, daß der Steuerpflichtige die eine Größe maximiert und der Fiskus eine andere besteuert; dabei entstehen regelmäßig Zusatzlasten. Sind die Informationen aber symmetrisch verteilt und die Investoren risikoneutral, bleibt das Neutralitätsergebnis trotz Unsicherheit erhalten, weil die Steuerbemessungsgrundlage weiterhin mit der Zielgröße des Investors übereinstimmt[240]. Die wichtigsten Verletzungen der Investitionsneutralität beruhen nicht auf asymmetrischer Information, sondern darauf, daß der Gesetzgeber Investitionsentscheidungen *bewußt* verzerrt, etwa durch Sonderabschreibungen. Diese entlasten zwar, doch lösen sie zugleich eine Produktionsineffizienz aus und führen damit zu volkswirtschaftlicher Verschwendung. Gut gemeint ist eben nicht gut.

3. Das Steuerparadox

Bei der Erläuterung der Formel (148) wurde hervorgehoben, daß Steuern zwei gegenläufige Wirkungen auf den Ertragswert haben: Sie mindern einerseits die

---

239 Vgl. Schneider (Fußnote 236, S. 224 ff.). Durch rekursive Lösung der Gleichung (151) erhält man $V_o - V_o^\tau = (V_n - V_n^\tau)/(R^\tau)^n + \Sigma\ (y_i - r\,V_{i-1})/(R^\tau)^i$ und daraus wegen $V_n = V_n^\tau = 0$ die Behauptung. Buchholz und Richter (Fußnote 238) zeigen allerdings, daß in diesem Fall einheitliche Steuersätze vorausgesetzt werden müssen.

240 Siehe hierzu auch König, R. (1997) Ungelöste Probleme einer investitionsneutralen Besteuerung. *Zeitschrift für betriebswirtschaftliche Forschung* **49**, S. 42–63. Der Autor zeigt, daß die Johansson-Samuelson-Steuer bei Unsicherheit Vorteile gegenüber der Cash-flow Steuer hat.

Nettozahlungsüberschüsse $z_i - \tau y_i$, andererseits aber auch den Nettozinsfaktor $R^\tau = 1 + r - \tau r$, der die Opportunitätskosten der Investition mißt. Die Wirkung auf den Quotienten dieser beiden Größen und damit auf den Ertragswert ist im allgemeinen unbestimmt und im Fall der Johansson-Samuelson-Steuer gleich null.

Entspricht die Steuerbemessungsgrundlage y_i nicht dem ökonomischen Gewinn, sondern ist sie geringer, dann wird eine Steuererhöhung den Ertragswert *steigern* statt, wie man landläufig annimmt, mindern. Investitionen werden folglich bei einer Steuererhöhung attraktiver! Dieser Sachverhalt heißt in der Literatur *Steuerparadox*. Das Steuerparadox hat folgende einleuchtende Erklärung: Bei enger Steuerbemessungsgrundlage treffen Erhöhungen des Steuersatzes die betrachtete Investition nur in geringem Maße, während die Alternative, also die Kapitalmarktanlage, voll getroffen wird. Damit nimmt die *relative* Vorteilhaftigkeit der Investition zu.

Eine als Investitionsförderung gedachte *beschleunigte Abschreibung* bewirkt, daß die steuerlichen Gewinne in den ersten Perioden hinter den ökonomischen Gewinnen zurückbleiben; in späteren Perioden übersteigen sie diese zwar, aber aufgrund des Zinseffekts gleicht das die anfängliche Wirkung nicht aus. Wird nun bei beschleunigter Abschreibung der Steuersatz gesenkt, etwa um Realinvestitionen noch attraktiver zu machen, tritt genau das Gegenteil des Beabsichtigten ein, weil die Steuersatzsenkung den Ertragswert der Investition mindert. Die Kombination von beschleunigter Abschreibung und Steuersenkung hat damit eine durchaus paradoxe Wirkung.

4. Besteuerung der Reingewinne

Der Satz von Johansson-Samuelson betrifft nur die Besteuerung in den Perioden $i = 1 \ldots n$ und läßt daher die steuerliche Behandlung von Reingewinnen offen. Der gesamte Reingewinn $K = V_o - I$ entsteht nämlich in Periode 0, wenn die Investition in Angriff genommen wird; er bleibt im Modell ausgeblendet. Die späteren Gewinne sind keine Reingewinne, sondern kalkulatorische Eigenkapitalzinsen. Das obige System läßt sich aber leicht durch eine Reingewinnsteuer mit dem Satz τ ergänzen. Die Reingewinnsteuer senkt den Kapitalwert nach Steuern auf $K^\tau = (1 - \tau)(V_o - I) = (1 - \tau) K$, was der Bedingung (140) für Investitionsneutralität entspricht. Bemessungsgrundlage der Reingewinnsteuer ist weiterhin der in (147) definierte ökonomische Gewinn: Man setze dort $V_{-1} = 0$ (weil in Periode 0 noch kein Kapital gebunden wird) und $z_o = -I$ und beachte, daß die Gleichung $\Delta V_o + z_o = r V_{-1}$ in Periode 0 *nicht* notwendig gilt: Bei positivem Reingewinn übersteigt der links aufgeführte ökonomische Gewinn die rechts gezeigte Eigenkapitalverzinsung. Der Unterschiedsbetrag kann als Reingewinn gedeutet werden, aber oft handelt es sich einfach um Arbeitseinkommen. Angenommen, der Kauf einer Maschine habe den Ertragswert $V_o = I$, so daß eine Grenzinvestition vorliegt. Baut der Unternehmer die Maschine mit eigenen Händen aus Schrott zusammen, statt sie zu kaufen, ist $I = 0$, und der Ertragswert V_o stellt ökonomisch ein Arbeitseinkommen dar.

Die sofortige Besteuerung des Reingewinns (oder Arbeitseinkommens) sichert Investitionsneutralität. Oft wird der Reingewinn zumindest nicht vollständig in Periode 0 besteuert, sondern erst in den Folgeperioden abgeschöpft, und zwar durch folgende trickreiche Konvention des Steuerrechts: Anders als im obigen Modell darf der Unternehmer nicht den gesamten Betrag V_o in den Folgeperioden abschreiben (Ertragswertabschreibung), sondern nur den Betrag I (steuerrechtliche Abschreibung). Damit steigen die Steuerbemessungsgrundlagen in den Folgeperioden um insgesamt $V_o - I$, also um den in Periode 0 nicht erfaßten Betrag. Im Vergleich zur sofortigen Reingewinnbesteuerung entsteht für den Unternehmer allerdings ein Zinsvorteil durch Steueraufschub, der die Investitionsneutralität verletzen kann.

5. Cash-flow Steuer

Der Begriff *Cash-flow Steuer* bezeichnet eine Unternehmenssteuer, die in jeder Periode allein auf die Zahlungsüberschüsse (Cash-flows) zugreift[241]. Genauer gesagt werden in den Perioden $i = 1 \ldots n$ die Steuerzahlungen τz_i fällig, und in Periode 0 wird dem Steuerpflichtigen der Betrag τI erstattet. Anders ausgedrückt erlaubt die Cash-flow Steuer eine *Sofortabschreibung* von Investitionen. Bleiben Finanzanlagen steuerfrei, dann diskontiert der Investor den Zahlungsstrom mit dem Zinsfaktor R, und der Kapitalwert einer Investition nach Steuern beträgt

$$K^{\tau} = -I(1-\tau) + \frac{z_1(1-\tau)}{R} + \ldots + \frac{z_n(1-\tau)}{R^n}. \tag{152}$$

Anders als im geltenden Ertragsteuerrecht wird die Investition nicht aktiviert und später schrittweise abgeschrieben, sondern gleich in Periode 0 von der Bemessungsgrundlage abgezogen, was zu einer *Steuererstattung* in Höhe von τI führt. Klammert man $(1-\tau)$ aus und setzt die Definition des Ertragswerts V_o aus Gleichung (142) ein, so folgt

$$K^{\tau} = (-I + V_o)(1-\tau) = (1-\tau)K. \tag{153}$$

Auch die Cash-flow Steuer vermindert alle Kapitalwerte um einen konstanten Faktor und ist damit *investitionsneutral.* Sie belastet ausschließlich den in Periode 0 entstehenden Reingewinn; die späteren Gewinne bleiben ebenso wie Zinserträge bei einer Anlage am Kapitalmarkt steuerfrei. Allerdings gilt dieses Neutralitätsergebnis nur bei konstantem Steuersatz, weil der Steuersatz nur unter dieser Voraussetzung in (152) vor die Klammer gezogen werden kann. Bei zeitlich variierenden Steuersätzen ist die Cash-flow Steuer im Gegensatz zur Johansson-Samuelson-Steuer *nicht* investitionsneutral. Dieser Nachteil ist wesentlich, weil

241 Die Idee stammt von Brown, E. C. (1948) Business-Income Taxation and Investment Incentives. In: Metzler, L. A. u. a. (Hrsg.) *Income, Employment and Public Policy.* New York: W. W. Norton. Gelegentlich wird deshalb auch von einer Brown-Steuer gesprochen. Zu Varianten siehe Meade Commitee (1978) *The Structure and Reform of Direct Taxation.* London: Institute for Fiscal Studies.

man in der Realität – wegen Steuerreformen oder Schwankungen des persönlichen Steuersatzes – kaum von zeitlich konstanten Steuersätzen ausgehen kann.

Die Cash-flow Steuer erleichtert die Steuererhebung insofern, als die Periodisierung von Gewinnen mittels Abschreibungen, Rückstellungen und anderen Bilanzkorrekturen keine Rolle mehr spielt; andere wichtige Probleme, etwa bei Entnahmen oder der Abgrenzung von Betriebsausgaben, bestehen freilich auch hier. In der Praxis funktioniert die Steuer ganz ähnlich wie die Mehrwertsteuer, denn Zahlungen für Güterkäufe können unmittelbar abgesetzt werden, Einnahmen aus Güterverkäufen werden sofort besteuert, Habenzinsen sind steuerfrei und Schuldzinsen nicht abziehbar.

Der genannte administrative Vorteil hat manchen verleitet, die Cash-flow Steuer als interessante Alternative zur traditionellen Unternehmensbesteuerung in Betracht zu ziehen. Dabei wird übersehen, daß diese Steuer nur Teil eines *Steuersystems* sein kann, das Zinserträge *generell* unbesteuert läßt; ihr isolierter Einbau in ein ansonsten traditionelles Steuersystem ist untunlich[242]. Der Steuergesetzgeber muß folglich zunächst eine Grundsatzentscheidung zwischen zwei Systemen treffen:

– Entweder werden Zinsen allgemein besteuert. In diesem Fall diskontieren Investoren mit dem Nettozinsfaktor R^τ, und die Johansson-Samuelson-Steuer sichert Investitionsneutralität.
– Oder Zinsen bleiben generell steuerfrei. Dann diskontieren Investoren mit dem Zinsfaktor R, und Investitionsneutralität wird durch die Cash-flow Steuer oder eine hierzu äquivalente Steuer bewirkt.

Demnach hängt die jeweils passende Form investitionsneutraler Besteuerung von einer *vorgelagerten* Wertung des Gesetzgebers bezüglich der Zinsbesteuerung ab; die beiden geschilderten Unternehmenssteuern sind nicht beliebig austauschbar. In § 36 und § 40 wurde gezeigt, daß die Frage der Zinsbesteuerung unter Effizienz- und Gerechtigkeitsaspekten nicht wissenschaftlich, sondern nur politisch entschieden werden kann. Fällt die Entscheidung zugunsten der Zinsbesteuerung, dann darf auf Unternehmensebene keine Cash-flow Steuer erhoben werden, weil die Sofortabschreibung gravierende Verzerrungen auslösen würde.

6. Zinsbereinigte Einkommensteuer

Die zinsbereinigte Einkommensteuer gestattet dem Unternehmer den Abzug kalkulatorischer Eigenkapitalzinsen vom traditionell ermittelten ökonomischen Gewinn. Auch diese Besteuerungsform ist selbstverständlich investitionsneutral. Korrigiert man die Bemessungsgrundlage (147) der Johansson-Samuelson-Steuer nämlich um kalkulatorische Eigenkapitalzinsen, verbleibt $r V_{i-1} - r V_{i-1} = 0$. Die zinsbereinigte Einkommensteuer erbringt in den Perioden 1...n kein Steueraufkommen, weil sie wie die Cash-flow Steuer nur den in Periode 0 entstehenden Reingewinn belastet. Die damit gesicherte Neutralität bezüglich der Investitions-

242 Bradford, D. F. (1986) *Untangling the Income Tax*. Cambridge: Harvard University Press, S. 218

und Sparentscheidungen löst bei den Anhängern der zinsbereinigten Einkommensteuer immer wieder intellektuelle Verzückung aus. In Wirklichkeit ist die Tatsache, daß eine *aufkommenslose* Steuer verzerrungsfrei ausgestaltet werden kann, keineswegs überraschend und kaum genialer als die Einsicht, daß die Verzerrung der Arbeit-Freizeit-Entscheidung bei Abschaffung der Lohnsteuer wegfallen würde.

7. Ein zusammenfassendes Beispiel

Zur Illustration der oben beschriebenen Steuersysteme sei eine Investition I = 200 Euro betrachtet, die über zwei Perioden die Zahlungsüberschüsse $z_1 = 110$ Euro und $z_2 = 121$ Euro abwirft. Bei einem Zinssatz von 10 % beträgt der Ertragswert $V_o = 110/1{,}1 + 121/1{,}21$ ebenfalls 200 Euro, so daß es sich um eine Grenzinvestition handelt.

	Zinsen	Johansson-Samuelson	Cash-flow	Zinsbereinigung
0	0	0	–200	0
1	20	20	+110	0
2	22	11 (+11)	+121	0

Tab. 8: Formen investitionsneutraler Besteuerung

Aus den Ertragswerten $V_o = 200$ Euro und $V_1 = 121/1{,}1 = 110$ Euro berechnet man die beiden Ertragswertabschreibungen $\Delta V_1 = -90$ bzw. $\Delta V_2 = -110$ Euro und daraus die ökonomischen Gewinne $y_i = \Delta V_i + z_i$, also $y_1 = 20$, und $y_2 = 11$ Euro.

Die zweite Spalte in Tab. 8 zeigt die Steuerbemessungsgrundlagen in den Perioden 0 bis 2 bei Anlage von 200 Euro am Kapitalmarkt: Der Investor vereinnahmt Zinsen in Höhe von 20 Euro (10 % von 200) und 22 Euro (10 % von 220). Die zuvor berechneten ökonomischen Gewinne $y_1 = 20$ Euro und $y_2 = 11$ Euro sind in der dritten Spalte aufgeführt. Nach den Spielregeln des Standardmodells entnimmt der Investor den Zahlungsüberschuß $z_1 = 110$ Euro, legt ihn am Kapitalmarkt an und erhält in Periode 2 einen Zinsertrag von 11 Euro. Insgesamt sind Bemessungsgrundlagen und Steuern bei Verzicht auf die Investition und bei Durchführung der Investition identisch, die Besteuerung der ökonomischen Gewinne ist investitionsneutral.

Die vierte Spalte zeigt die Zahlungsüberschüsse als Bemessungsgrundlagen der Cash-flow Steuer. Die letzte Spalte ist aus den Angaben der dritten Spalte konstruiert, wobei kalkulatorische Eigenkapitalzinsen in Höhe von 20 Euro (10 % von 200) und 11 Euro (10 % von 110) abgezogen wurden. Die Barwerte der Bemessungsgrundlagen sind sowohl bei der Cash-flow Steuer als auch bei der zinsbereinigten Einkommensteuer gleich Null. Periodisch gesehen bedingt die Cash-flow Steuer hohe periodische Erstattungen und Steuerzahlungen und stellt enorme Anforderungen an Verlustausgleich und Verlustabzug. Im Vergleich zur zinsbereinigten Einkommensteuer bedeutet dies einen administrativen Nachteil.

Zeitlich variable Steuersätze, die mit $\tau_o = 50\,\%$, $\tau_1 = 20\,\%$ und $\tau_2 = 0$ angenommen seien, ändern das Bild wesentlich, wie der Leser leicht nachrechnet: Bei der Johansson-Samuelson-Steuer ermittelt der Unternehmer den Ertragswert nach Steuern, indem er von den Zahlungsüberschüssen die Steuerbeträge (20 % von 20 Euro, also 4 bzw. 0) abzieht und mit den Nettozinsfaktoren diskontiert: $106/1{,}08 + 121/(1{,}08 \cdot 1{,}1) = 200$ Euro. Ertragswert und Kapitalwert bleiben also unverändert; es besteht weiterhin Neutralität. Unter einer Cash-flow Steuer steigt der Kapitalwert auf 80 Euro; diese Steuer ist nicht mehr neutral.

Die zinsbereinigte Einkommensteuer liefert einen Kapitalwert von Null, *wenn* ihre Bemessungsgrundlagen korrekt aus den Bemessungsgrundlagen der Johansson-Samuelson-Steuer abgeleitet werden. Können diese Bemessungsgrundlagen nicht ermittelt werden, wie alle Anhänger der zinsbereinigten Einkommensteuer meinen, dann vermag bei zeitlich variablen Steuersätzen auch die zinsbereinigte Einkommensteuer keine Investitionsneutralität zu sichern: Der Investor könnte z. B. durch überhöhten Ansatz von V_1 Einkommen von Periode 1 in Periode 2 verlagern, damit Steuern sparen und einen positiven Kapitalwert erzielen.

8. Ist Investitionsneutralität praktisch erreichbar?

Die Ansichten über diese Frage gehen auseinander. In der Betriebswirtschaftslehre wird teilweise die Ansicht vertreten, daß Investitionskalküle durch Steuern kaum gestört werden. So meint Mellwig, daß „für den Bereich gewerblicher [Sachinvestitionen] der Einfluß der Besteuerung auf die Vorteilhaftigkeit als unerheblich angesehen werden muß", und laut Steiner stellen „steuersensitive Entscheidungssituationen bei Investitionsentscheidungen eher den Ausnahmefall" dar[243]. Diese Zitate zweier Autoren, die sich mit dem Einfluß der Steuern auf Investitionsentscheidungen intensiv auseinandergesetzt haben, stimmen optimistisch, weil Steuern *eo ipso* investitionsneutral sind, wenn ihr Einfluß bei Investitionsrechnungen vernachlässigt wird, das heißt, wenn die Investoren nicht mit spitzer Feder rechnen.

Wagner, ein Autor, der mit *sehr* spitzer Feder rechnet, hält Ertragswertabschreibungen hingegen für unpraktikabel und verwirft die Idee investitionsneutraler Besteuerung im Rahmen der klassischen Einkommensteuer[244]. Indes sichern die Cash-flow Steuer – und unter Wagners eigenen Annahmen auch die zinsbereinigte Einkommensteuer – ebenfalls *keine* Investitionsneutralität, wenn man einen fairen Vergleich zieht und genau hinsieht: Im Gegensatz zur Johansson-Samuelson-Steuer leiden beide Alternativen an der Steuersatzabhängigkeit, die

243 Mellwig, W. (1980) Sensitivitätsanalyse des Steuereinflusses in der Investitionsplanung. *Zeitschrift für betriebswirtschaftliche Forschung* **32**, S. 34. Steiner, J. (1983) Ertragssteuern in der Investitionsplanung. *Zeitschrift für betriebswirtschaftliche Forschung* **35**, S. 289.

244 Vgl. etwa Wagner, F. W. (1989) Die zeitliche Erfassung steuerlicher Leistungsfähigkeit. In: Hax, H., W. Kern und H. H. Schröder (Hrsg.) *Zeitaspekte in betriebswirtschaftlicher Theorie und Praxis*. Stuttgart, insbesondere S. 268 f.

Investoren veranlaßt, Steuerlasten durch Wahl geeigneter Projekte in Phasen eines niedrigen persönlichen Steuersatzes zu verschieben.

Nach dem hier vertretenen Standpunkt läßt sich vollkommene Investitionsneutralität – wie jede platonische Vollkommenheitsidee – natürlich nicht verwirklichen. Bei allen Einkommen, auch Arbeitseinkommen, sind Messungen schwierig und Grenzlinien in der Praxis oft schwer zu ziehen. Wie gut eine Steuer ist, hängt auch von den gestellten Ansprüchen ab. Indem Wagner und andere die Meßlatte in genau *einem* Fall immens hoch hängen, müssen sie die Johansson-Samuelson-Steuer notgedrungen verwerfen. Mit analogen Argumenten kann man mühelos *jede* Steueridee demontieren. Realistisch gedacht gibt es keinen Grund, warum Unternehmensmakler oder Unternehmenskäufer Ertragswerte mit hinreichender Genauigkeit feststellen können und dies nur dem Fiskus verwehrt sein sollte. Eine angenähert investitionsneutrale Besteuerung ist deshalb durchaus praktikabel, wenn man sie will.

§ 49 Finanzierungsneutralität

Während Investitionen die Aktivseite der Bilanz betreffen, finden sich Finanzierungen auf der Passivseite. Ein Unternehmen hat nicht nur die Wahl zwischen mehreren Investitionsprojekten, sondern es kann ebenso zwischen verschiedenen Finanzierungsformen wählen, etwa Aktien emittieren, Gewinne einbehalten oder einen Bankkredit aufnehmen. In einem hochstilisierten Modell ist die Finanzierungsstruktur nach dem berühmten Satz von Modigliani und Miller irrelevant; der Unternehmenswert hängt nicht davon ab, ob Investitionen mit Eigenkapital oder mit Fremdkapital finanziert werden[245]. Die moderne Finanzierungstheorie nimmt diese *Irrelevanzthese* zum Ausgangspunkt und zeigt, daß Anreizprobleme und insbesondere Informationsasymmetrien dazu führen können, daß die Finanzierungsstruktur sehr wohl eine Rolle spielt.

Deutlich wird dies am Beispiel eines Unternehmers, der zwar ausreichend Sicherheit bieten kann, aber kein flüssiges Kapital hat. Verfügt der Unternehmer über *private Information* – das heißt, weiß nur er selbst, wie gut seine neue Geschäftsidee ist – dann sind Dritte wahrscheinlich kaum bereit, Eigenkapital gegen eine Gewinnbeteiligung hinzugeben. Die Aufnahme von festverzinslichem Fremdkapital ist dagegen unproblematisch.

Von *Finanzierungsneutralität* spricht man, wenn unternehmerische Entscheidungen über die Finanzierungsstruktur steuerlich unverzerrt bleiben. Weil diese Entscheidungen nicht in die Konsumsphäre fallen, sondern in die Produktionssphäre, dient Finanzierungsneutralität ebenso wie Investitionsneutralität dem übergeordneten Ziel der Produktionseffizienz. Finanzierungen sind abstrakte Inputs, und der Einsatz dieser Inputs sollte durch Steuern ebenso wenig verzerrt werden wie der Einsatz physischer Produktionsmittel.

---

245 Modigliani, F. und M. H. Miller (1958) The Cost of Capital, Corporation Finance, and the Theory of Investment. *American Economic Review* **48**, S. 261 – 297.

1. Theoretischer Ansatz

Die Analyse der Finanzierungsneutralität erfordert keine grundsätzlich neuen Überlegungen, sondern kann auf das im vorigen Paragraphen entwickelte Standardmodell gestützt werden: Aus Sicht des Schuldners ist eine *Finanzierung* eine Investition mit negativem Vorzeichen, die in den Folgeperioden typischerweise negative Zahlungsüberschüsse auslöst.

Beispiel: Die Aufnahme eines Kredits zu 10 % Zinsen und dessen Rückzahlung nach einer Periode wird im kapitaltheoretischen Modell durch $-I = 100$ Euro und $z_1 = -110$ Euro abgebildet. Der Kapitalwert dieser Finanzierung ist gleich Null, ihr Ertragswert V_0 gleich −100 Euro.

Betrachtet man die Sache nicht aus Sicht des Schuldners, sondern aus Sicht des Gläubigers, wird die Analogie zwischen Investition und Finanzierung noch deutlicher, weil der Gläubiger eine Finanzinvestition tätigt, die sich analytisch nicht von den oben diskutierten Realinvestitionen unterscheidet. Demnach besteht Finanzierungsneutralität, wenn Schuldner und Gläubiger nach dem Muster der Johansson-Samuelson-Steuer besteuert werden. Anders als bei einer Realinvestition mit dem Investor als einzigem Akteur reicht es nicht aus, *einen* der Marktteilnehmer neutral zu besteuern, sondern es müssen *beide* neutral besteuert werden; andernfalls entstehen Zusatzlasten.

Bei allgemeiner Erhebung einer Johansson-Samuelson-Steuer wird die Finanzierungsneutralität weder durch zeitlich schwankende noch durch persönlich differenzierte Steuersätze beeinträchtigt, denn aus Sicht der Marktteilnehmer bleiben alle Ertragswerte unverändert, wie oben gezeigt. Finanzierungsneutralität setzt aber voraus,

– daß jede Einkommensminderung, die der Schuldner geltend macht, beim Gläubiger sofort in gleicher Höhe berücksichtigt wird (*Korrespondenzprinzip*) und
– daß alle Finanzierungsformen dem gleichen Steuersatz unterliegen (*Syntheseprinzip*).

Weil der letztgenannte Punkt leicht Verwirrung stiftet, sei noch einmal festgehalten: *Persönlich* oder *zeitlich* differenzierte Steuersätze schaden nicht, wohl aber Steuersätze, die nach der *Form* der Finanzierung unterscheiden. In der Steuerpraxis sind kleinere Verletzungen der Finanzierungsneutralität unvermeidlich, weil die Ertragswerte V_i nicht hundertprozentig genau erfaßt werden. Gravierende Verletzungen, die auffällige Gestaltungen und „Steuersparmodelle" provozieren, beruhen jedoch fast immer auf Verstößen gegen das Korrespondenzprinzip oder das Syntheseprinzip. Dies illustrieren die beiden folgenden Unterabschnitte.

2. Zero-Bonds, Pensionsrückstellungen usw.

Der in der Praxis wichtigste Verstoß gegen das Korrespondenzprinzip beruht auf dem Dualismus von Gewinneinkünften und Überschußeinkünften. Die durch Vermögensvergleich ermittelten Gewinneinkünfte kommen der Bemessungsgrundlage der Johansson-Samuelson-Steuer nahe, während die Überschußeinkünfte der Logik einer Cash-flow Steuer folgen. Finanzierungsneutralität wird unter Umständen verfehlt, wenn eine der Marktseiten Gewinneinkünfte und die andere Überschußeinkünfte bezieht; kluge Gestalter können hier viel gewinnen. Um dies zu verdeutlichen, sei ein Unternehmen betrachtet, das 100 Euro zu 10 % Zinsen bei einer Laufzeit von zwei Perioden benötigt. Es stehen zwei Finanzierungsinstrumente zur Verfügung:

1. Obligation: Das Unternehmen zahlt in Periode 1 Zinsen von 10 Euro und finanziert diese durch Ausgabe einer weiteren Obligation. In Periode 2 werden die Obligationen im Gesamtwert von 110 Euro eingelöst und darauf Zinsen in Höhe von 11 Euro gezahlt.

2. Zero-Bond: Weil die Zinsen bei diesem Wertpapier bis zur Tilgung auflaufen, zahlt das Unternehmen lediglich in Periode 2 den Gesamtbetrag 121 Euro aus Tilgung, Zins und Zinseszins.

In beiden Fällen sinkt das Betriebsvermögen in der ersten Periode um 10 Euro und in der zweiten um 11 Euro: Als Ertragswerte berechnet man $V_o = -100$ und $V_1 = -110$ Euro, als Ertragswertzuschreibungen folglich $\Delta V_1 = -10$ und $\Delta V_2 = 110$ Euro und als Bemessungsgrundlagen der Johansson-Samuelson-Steuer $y_1 = -10$ und $y_2 = -11$ Euro. Bilanztechnisch werden die ausgegebenen Obligationen im Wert von 100 und 110 Euro passiviert. Der ursprüngliche Wertansatz für den Zero-Bond (100 Euro) wird nach den steuerlichen Vorschriften in Periode 1 auf 110 Euro erhöht[246]. Wie manche Bilanzoperation läßt sich auch diese am besten vor dem Hintergrund des Satzes von Johansson-Samuelson verstehen. Bilanziert der Gläubiger ebenfalls, nimmt er in Periode 1 eine Ertragswertzuschreibung durch Erhöhung des Wertansatzes auf der Aktivseite vor, und das Korrespondenzprinzip ist gewahrt.

Anders liegen die Dinge, wenn der Gläubiger seinen Gewinn durch Überschußrechnung ermittelt: Im Fall der *Obligation* vereinnahmt er in Periode 1 Zinsen von 10 Euro, zahlt hierauf Steuern (5 Euro) und legt den Restbetrag wieder an. In Periode 2 erhält er aus dieser Anlage 5,50 Euro, wovon nach Steuern 5,25 Euro verbleiben. Zusammen mit der Rückzahlung des Stammkapitals, den darauf entfallenden Zinsen von 10 Euro abzüglich 5 Euro Steuer verbleiben insgesamt 110,25 Euro Endkapital. Im Fall des *Zero-Bonds* hat der Gläubiger in Periode 1 kein Einkommen. Nach Versteuerung der Zinseinnahme in Periode 2 bleiben 121 – 10,50 = 110,50 Euro Endkapital. Die Finanzierungsneutralität ist verletzt, weil der Gläubiger den Zero-Bond aus steuerlichen Gründen gegenüber der Obligation vorzieht[247].

Wie ist der Steuervorteil, den man *Steueraufschub* oder *Steuerstundung* (*tax deferral*) nennt, entstanden? Wirtschaftlich werfen Obligation und Zero-Bond in

---

246 BMF-Schreiben vom 5. März 1987, *Bundessteuerblatt I*, S. 394. Früher wurden die Erträge von Zero-Bonds bei den Beziehern von Überschußeinkünften als nicht steuerbarer Wertzuwachs (Quellentheorie!) angesehen.

247 Wagner, F. W., E. Wenger und St. Höflacher (1986) *Zero-Bonds*. Wiesbaden: Gabler.

Periode 1 ein Zinseinkommen von 10 Euro ab. Nach dessen Versteuerung hat der Inhaber der Obligation 5 Euro übrig, deren Anlage einen Zins von 50 Cent vor Steuern und 25 Cent nach Steuern in Periode 2 bringt. Der Inhaber des Zero-Bonds kann die Zinsen in voller Höhe (10 Euro) anlegen, weil sie ihm nicht zugeflossen sind. Er erhält in der zweiten Periode Zinsen von 1 Euro vor Steuern und 50 Cent nach Steuern. Der hier eher gering erscheinende Steuervorteil in Höhe von 25 Cent kann bei langen Anlageperioden enorme Ausmaße annehmen.

Fiskalisch bedeutsam sind insbesondere *Pensionsrückstellungen*. Pensionsrückstellungen verletzen Finanzierungsneutralität, weil der Arbeitgeber sie sofort gewinnmindernd bilanziert, während der Arbeitnehmer die Betriebsrente erst bei Zufluß versteuert.

Beispiel: Ein Unternehmen und sein Arbeitnehmer haben eine einmalige Sonderzahlung in Höhe von 10.000 Euro ausgehandelt. Bei 6 % Zinsen und 30 Jahren Laufzeit beträgt der Kapitalendwert dieser Zahlung vor Steuern rund 57.435 Euro. Das Unternehmen ist steuerlich indifferent zwischen sofortiger Überweisung und einer Pensionszusage. Für die letztere kann es nämlich eine gewinnmindernde Pensionsrückstellung in Höhe von anfangs 10.000 Euro bilden, die jährlich um den Zinsanteil wächst und am Schluß erfolgsneutral aufgelöst wird. Der Arbeitnehmer verfügt bei einem Steuersatz von 50 % im Alter über 28.717 Euro, wenn er in die Pensionszusage einwilligt, und über 12.136 Euro, wenn er den Nettobetrag 5.000 Euro am Kapitalmarkt anlegt und die Zinsen jährlich versteuert. Das ist weniger als die Hälfte!

Ob die Inzidenz dieser Steuersubvention beim Unternehmen oder beim Arbeitnehmer liegt, mag an dieser Stelle dahingestellt bleiben[248]; deutlich wird jedenfalls ein eklatanter Verstoß gegen die Finanzierungsneutralität, der erklärt, weshalb die eigentlich unattraktive betriebliche Altersvorsorge – warum sorgt der Arbeitgeber für seinen Arbeitnehmer, wenn der das auch selbst tun könnte? – in Deutschland so beliebt ist.

Um Irrtümern vorzubeugen sei ergänzt, daß die Pensionsrückstellung selbst eine steuersystematisch richtige Ertragswertabschreibung ist. Der Fehler liegt nicht in der Gewährung von Pensionsrückstellungen, sondern in der Verletzung des Korrespondenzprinzips, wonach dem Arbeitnehmer jede Erhöhung der Pensionsrückstellung in derselben Periode als Einkommen zugerechnet werden sollte. Technisch wäre das kein Problem, weil der Arbeitgeber ohnehin das Lohnkonto führt und den Lohnsteuerabzug vornimmt. Bei Beachtung des Korrespondenzprinzips verschwindet zugleich der sogenannte *Steuersatzeffekt*, der auf dem Umstand beruht, daß der Steuersatz im Alter meist geringer ist als während des Erwerbslebens ist. Auch dieser Steuersatzeffekt ist lediglich der verfehlten Be-

---

248 Hierüber wurde in der Betriebswirtschaftslehre eine heftige Auseinandersetzung geführt; vgl. Schneider (Fußnote 236). Unter realistischen Annahmen über die Elastizitäten (§ 24) hat im Ergebnis wohl Schneider recht, daß die Subvention eher den Arbeitnehmern zugute kommt. Klar liegen die Dinge beim geschäftsführenden Gesellschafter der Ein-Mann-GmbH, der so freundlich ist, sich selbst eine Pension zu genehmigen.

steuerung der Arbeitnehmer nach dem Muster einer Cash-flow Steuer geschuldet.

Ein letztes Beispiel für die Verletzung des Korrespondenzprinzips sind einbehaltene Gewinne der Kapitalgesellschaften. Diese werden im folgenden noch genauer unter die Lupe genommen; deshalb mag vorerst eine kurze Überlegung genügen. Ähnlich wie Zinsen auf Zero-Bonds und Betriebsrenten sind einbehaltene Gewinne von Kapitalgesellschaften vom Empfänger erst bei Ausschüttung zu versteuern. Ist die Körperschaftsteuer geringer als die Einkommensteuer, ergeben sich auch bei Thesaurierung die geschilderten Vorteile durch Steueraufschub.

3. Differenzierte Steuersätze

Werden verschiedene Finanzierungsformen mit unterschiedlichen Steuersätzen belegt, kommt es im allgemeinen zu Verletzungen der Finanzierungsneutralität. Angenommen, die Finanzierungsform X sei nicht dem üblichen Steuersatz τ unterworfen, sondern einem speziellen Steuersatz τ^x. Bezeichnet r^x die Rendite dieser Finanzierungsform und r den allgemeinen Zinssatz, dann ist ein Anleger indifferent zwischen der betrachteten Finanzierung und anderen Anlagen, wenn die Renditen nach Steuern übereinstimmen:

$$(154) \qquad r^x - \tau^x r^x = r - \tau r \,.$$

Bei gegebenen Steuersätzen und gegebenem allgemeinen Zinssatz läßt sich durch Auflösen die Rendite r^x berechnen, die ein Unternehmen den Anlegern bieten muß, wenn es die betrachtete Finanzierung verwendet. Nach einem Vorschlag von King[249] bezeichnet man diese Rendite als

$$(155) \qquad \textit{Kapitalkosten:} \quad r^x = \frac{1-\tau}{1-\tau^x} r \,.$$

Die Kapitalkosten sind offensichtlich um so höher, je schärfer die betrachtete Finanzierungsform besteuert wird. Bei synthetischer Besteuerung entsprechen die Kapitalkosten stets dem Marktzins.

Bisweilen stellt der Gesetzgeber bestimmte Anlagen, die er für „volkswirtschaftlich förderungswürdig" hält, völlig steuerfrei. Die Kapitalkosten der hierdurch begünstigten Anlagen betragen $r^x = (1-\tau)\, r$. Solche Steuerbegünstigungen führen nicht nur zu Verzerrungen, sondern auch zu *Klienteleffekten*, weil der Steuervorteil mit wachsendem persönlichen Steuersatz zunimmt: Ein Anleger, der keine Steuern zahlt, ist indifferent zwischen der begünstigten und einer sonstigen Anlage, während die Kapitalkosten des Schuldners bei einem persönlichen Steuersatz des Gläubigers von 50 % auf die Hälfte sinken. Deshalb werden solche begünstigten Anlagen vornehmlich von Personen mit hohem Steuersatz gewählt.

---

249 King, M. A. (1974) Taxation and the Cost of Capital. *Review of Economic Studies* **41**, S. 21–35.

Die schon erwähnten Hauptformen der Finanzierung sind Einlagen bzw. die Ausgabe von Gesellschaftsanteilen (*Beteiligungsfinanzierung*), die Thesaurierung von Gewinnen (*Selbstfinanzierung*) sowie die Aufnahme von Fremdkapital (*Fremdfinanzierung*). Im Standardmodell stimmen die Kapitalkosten dieser drei Finanzierungsformen überein, wenn der Staat ökonomische Gewinne und Zinsen synthetisch besteuert. Somit gewährleisten der Gewinnbegriff des Einkommensteuergesetzes und die Besteuerung der Personengesellschaften nach dem Mitunternehmerkonzept idealiter Finanzierungsneutralität. Der Abzug von Fremdkapitalzinsen bei der Gewinnermittlung bedeutet nicht, wie oft leichtfertig behauptet wird, eine Diskriminierung des Eigenkapitals, sondern ist systematisch erforderlich, damit Eigenkapital und Fremdkapital gleich behandelt werden.

Beispiel: Ein Einzelunternehmer kann einen bereits versteuerten Gewinn von 1.000 Euro im Unternehmen belassen oder ihn entnehmen und gleichzeitig 1.000 Euro Fremdkapital aufnehmen. Bei gleichem Konsumstrom legt er im letzteren Fall den entnommenen Gewinn am Kapitalmarkt an und erhält darauf Zinsen, die sein zu versteuerndes Einkommen erhöhen; andererseits mindern die Fremdkapitalzinsen seinen Gewinn. Im Standardmodell ist der Unternehmer indifferent zwischen den beiden Finanzierungsalternativen.

Der Abzug von Fremdkapitalzinsen kann deshalb nicht als steuerliche Privilegierung des Fremdkapitals – oder Diskriminierung des Eigenkapitals – gewertet werden. Ganz im Gegenteil sichert diese Regelung Finanzierungsneutralität, sofern Gewinneinkommen und Zinseinkommen demselben Steuersatz unterliegen. Nachdem die Gewerbesteuer für Einzelunternehmen und Personengesellschaften mehr oder weniger zu einem durchlaufenden Posten geworden ist, besteht bei den Personenunternehmen annähernd Finanzierungsneutralität. Im Fall der Kapitalgesellschaften ist das anders; aber dies führt schon zum nächsten Thema.

§ 50 Rechtsformneutralität

1. Ökonomische Argumente für Rechtsformneutralität

Der Begriff *Rechtsformneutralität* bedeutet, daß die Steuerbelastung eines Unternehmens und seiner Anteilseigner nicht von der Rechtsform abhängt. Die ökonomische Literatur betrachtet Rechtsformneutralität allgemein als wünschenswert und liefert hierfür zwei Begründungen.

Erstens ist die Rechtsform, ähnlich wie eine Finanzierung, abstrakter Input der Produktion. In einer fiktiven Welt, in der es zwar Informationsprobleme gibt, aber keine Steuern, wählen Unternehmer stets die volkswirtschaftlich billigste Rechtsform. Kommt es zum Beispiel darauf an, dem Markt den eigenen Glauben an den Erfolg zu *signalisieren*, dann kann die OHG gegenüber einer GmbH vorteilhaft sein, obwohl sie vordergründig riskanter ist. Insofern trägt Rechtsformneutralität zu Produktionseffizienz bei. Hinzu kommt, daß Unternehmer die Rechtsform weitgehend durch anderweitige Vertragsgestaltung substituieren und damit eine rechtsformabhängige Besteuerung unterlaufen können. So läßt sich etwa ein Einzelunternehmen durch eine Ein-Mann-GmbH zuzüglich einer Patronatserklärung ersetzen, mit der der Unternehmer die persönliche Haftung für alle Schulden der GmbH übernimmt. Umgekehrt kann die Ein-Mann-GmbH durch ein Einzelunternehmen ersetzt werden, das in seinen Verträgen jegliche Haftung ausschließt oder zwischen sich und die Kundschaft eine weitere GmbH schaltet. Die volkswirtschaftlichen Kosten solch umwegiger Vertragsgestaltungen sind Zusatzkosten, die der Gesetzgeber durch rechtsformneutrale Besteuerung vermeiden kann.

Zweitens verzerren rechtsformabhängige Steuern unter Umständen sogar Konsumgüterpreise. Harbergers klassischer Artikel zu diesem Thema modelliert in kühner Stilisierung eine Ökonomie mit zwei Konsumgütern, wobei das erste Gut von Kapitalgesellschaften produziert wird und nicht anders produziert werden kann („Kraftfahrzeuge"), während das zweite Gut („Dienstleistungen") von Personengesellschaften produziert wird[250]. Werden Kapitalgesellschaften schärfer besteuert als Personengesellschaften, steigt im Gleichgewicht der relative Preis des ersten Guts, und es entsteht, laut Harberger, eine Zusatzlast der Besteuerung.

2. Juristische Rechtfertigung der Körperschaftsteuer

Während Rechtsformneutralität aus ökonomischer Sicht prinzipiell als erstrebenswert gilt, vertritt das juristische Schrifttum zum Teil eine entgegengesetzte Meinung. Hiernach sind einbehaltene Gewinne von Kapitalgesellschaften den Gewinnen von Personengesellschaften nicht gleichzusetzen, weil die formalen Eigentümer der Kapitalgesellschaft hierüber nur eingeschränkt verfügen können. Überspitzt gesagt „gehören" die einbehaltenen Gewinne nicht den Anteilseignern, sondern den Managern, die möglicherweise eigene Ziele wie *empire building* verfolgen, statt den Unternehmenswert zu maximieren. Eine solche Emanzipation der Manager von den Eigentümerinteressen mag früher von Bedeutung gewesen sein, ist jedoch durch die Entwicklung der Kapitalmärkte und die zunehmende Orientierung am *shareholder value* verdrängt worden[251]. Selbst wenn man dies anders sieht, könnte ein solches Argument nur die gesonderte Besteuerung großer Publikumskapitalgesellschaften rechtfertigen, nicht aber eine Anknüpfung an die Rechtsform schlechthin, die bedeutet, daß auch die Ein-Mann-GmbH anders besteuert wird als der Einzelunternehmer.

Nach einem weiteren, eher äquivalenztheoretischen Argument erhöht die Verleihung einer eigenständigen Rechtspersönlichkeit die Leistungsfähigkeit der Kapitalgesellschaften und ihrer Anteilseigner. Dieser Rechtfertigungsversuch schlägt doppelt fehl:

---

250 Harberger, A. C. (1962) The Incidence of the Corporation Income Tax. *Journal of Political Economy* **70**, S. 215–240.

251 Wagner, F. W. (2000) Unternehmenssteuerreform und Corporate Governance. *Steuer und Wirtschaft*, S. 109–120.

- Bei *kostenmäßiger Äquivalenz* müßte die Körperschaftsteuer die gesellschaftlichen Grenzkosten der Gründung zusätzlicher Kapitalgesellschaften abschöpfen. Diese Grenzkosten sind aber nahe Null und werden bereits durch Gebühren bei Notar und Handelsregister entgolten.
- Bei *nutzenmäßiger Äquivalenz* wäre der zusätzlich entstandene Nutzen zu belasten. Dieser kommt aber regelmäßig in höheren Gewinnen der Kapitalgesellschaft und ihrer Anteilseigner zum Ausdruck, und höhere Gewinne führen ohnehin zu höheren Steuern.

Zusammengefaßt gibt es keine Rechtfertigung der Körperschaftsteuer – oder besser gesagt keine, die unabhängig von Praktikabilitätsfragen standhält. Derartige Fragen werden weiter unten erörtert.

3. Wirkungen der klassischen Körperschaftsteuer

Die Frage, ob Kapitalgesellschaften steuerlich diskriminiert werden, ist in den vergangenen Jahrzehnten eingehend untersucht worden. Diese Forschung hat viele überraschende Ergebnisse und Paradoxien zutage gefördert, die aber bei genauerer Betrachtung unmittelbar einleuchten. Begonnen sei mit der Diskussion eines auch in Fachkreisen schier unausrottbaren Irrtums zum sogenannten *Lock-in-Effekt.*

Gewinne der Kapitalgesellschaften unterliegen im klassischen System einer Doppelbesteuerung durch Körperschaftsteuer und Dividendensteuer. Hierdurch werden Rücklagen, so scheint es, im Unternehmen eingesperrt: Anteilseigner und Unternehmen bevorzugen die Thesaurierung gegenüber der Ausschüttung, um der Doppelbesteuerung auszuweichen. Kurz gesagt verursacht die Dividendensteuer einen Lock-in-Effekt und verletzt damit das Postulat der *Gewinnverwendungsneutralität,* wonach die Entscheidung, ob Gewinne einbehalten oder ausgeschüttet werden, steuerlich nicht verzerrt werden sollte. Dieser Gedankengang ist falsch, denn er übersieht, daß Dividendensteuer auch anfällt, wenn der Gewinn zunächst thesauriert und später ausgeschüttet wird.

Satz: Entscheidungen über die Gewinnverwendung sind unabhängig vom Dividendensteuersatz. Ein Lock-in-Effekt tritt vielmehr genau dann auf, wenn der Körperschaftsteuersatz unter dem Einkommensteuersatz liegt.

Beweis: Im Fall der Sofortausschüttung beträgt das Endkapital des Anteilseigners, der den Betrag am Kapitalmarkt anlegt und die darauf entfallenden Zinsen versteuert, $(1-\tau^d)\,(1+r-\tau\, r)$ pro Gewinneinheit. Bei Thesaurierung beträgt das Endkapital auf Ebene der Kapitalgesellschaft zunächst $1+r-\tau^c r$. Wird der Betrag eine Periode später ausgeschüttet, verfügt der Anteilseigner über das Endkapital $(1-\tau^d)\,(1+r-\tau^c r)$ pro Gewinneinheit. Die Thesaurierung ist genau im Fall $\tau^c < \tau$ günstiger. *q. e. d.*

Beispiel: Betrachtet sei eine offene Rücklage von 1.000 Euro. Wird sie ausgeschüttet und privat ein Jahr lang zu 10 % Zinsen angelegt, hat der Anteilseigner nach Dividendensteuer $\tau^d = 25\,\%$ und Zinssteuer $\tau = 50\,\%$ das Endkapital 787,50 Euro. Schüttet die Kapitalgesellschaft die Rücklage ein Jahr später aus, verfügt der Anteilseigner nach Körperschaftsteuer $\tau^c = 40\,\%$ und Dividendensteuer über 795 Euro. Die Thesaurierung ist vorteilhaft, weil der Körperschaftsteuersatz unter dem Einkommensteuersatz liegt.

Hierbei wurde angenommen, daß das Kapital vor Steuern mit dem Zinssatz r wächst, und zwar unabhängig davon, ob der Gewinn im Unternehmen verbleibt oder ausgeschüttet wird. Umgekehrt kann man fragen, bis zu welcher internen Verzinsung r^s die Thesaurierung vorteilhaft sei. Diese sogenannten *Kapitalkosten der Selbstfinanzierung* ergeben sich durch Gleichsetzen der Endkapitalbestände $(1-\tau^d)\,(1+r-\tau\, r)$ und $(1-\tau^d)\,(1+r^s-\tau^c r^s)$ als

$$r^s = \frac{1-\tau}{1-\tau^c}\, r\,. \tag{156}$$

Die Gewinnverwendungsneutralität der Dividendensteuer beruht darauf, daß diese Steuer durch Thesaurierung nicht endgültig, sondern nur vorübergehend vermieden wird. *Gewinne werden nicht durch Dividendensteuern im Unternehmen eingesperrt, sondern durch geringe Kapitalkosten der Selbstfinanzierung.* Liegt der Körperschaftsteuersatz unter dem Einkommensteuersatz, dann sind die Kapitalkosten der Selbstfinanzierung geringer als der Marktzins, und die Kapitalgesellschaft ist aus Sicht des Anteilseigners eine attraktive Sparbüchse, weil sie ihn vor der Einkommensteuer abschirmt. In Deutschland kommt es aufgrund des hiesigen Steuerzoos natürlich nicht allein auf die Körperschaftsteuer im Wortsinn an, sondern auf die Gesamtbelastung durch Körperschaftsteuer, Gewerbesteuer und Solidaritätszuschlag.

Für Kapitalgesellschaften enthält Formel (156) die erfreuliche Botschaft, daß die Kapitalkosten der Selbstfinanzierung nur gut 83 % des Marktzinses betragen, in Gemeinden mit niedrigem Gewerbesteuer-Hebesatz noch weniger. Bei Einkünften, die nur der Körperschaftsteuer und dem Solidaritätszuschlag unterliegen (Grundstücksvermietung, Gewinne ausländischer Betriebsstätten), sinken die Kapitalkosten der Selbstfinanzierung auf unter 68 % des Marktzinses. Aus Sicht der Anteilseigner ist es steuerlich vorteilhaft, wenn Gewinne möglichst lang einbehalten werden. Umgekehrt können Manager unter Umständen Investitionen durchführen, deren Rendite unter dem Marktzins liegt; nutzen sie diese Möglichkeit ausgiebig, wird das Unternehmen allerdings zum Übernahmekandidaten.

Die *Kapitalkosten der Fremdfinanzierung* entsprechen dem Marktzins, sofern Fremdkapitalzinsen bei der Kapitalgesellschaft voll von der Bemessungsgrundlage abgezogen und beim Empfänger besteuert werden. International ist dies der Normalfall. In Deutschland allerdings liegen die Kapitalkosten der Fremdfinanzierung leicht *über* dem Marktzins, weil Dauerschuldzinsen bei der Berechnung der Gewerbesteuer nur zur Hälfte abgezogen werden können (siehe hierzu § 46).

Obwohl die Dividendensteuer gewinnverwendungsneutral ist, erhöht sie die *Kapitalkosten der Beteiligungsfinanzierung.* Darunter versteht man jene Bruttorendite r^c, die eine Kapitalgesellschaft mindestens verdienen muß, wenn die Ausgabe neuer Anteile aus Sicht der Erwerber lohnen soll. Der Einfluß der

Dividendensteuer auf die Kapitalkosten der Beteiligungsfinanzierung war in der Literatur lange umstritten[252]:

– Vertreter der traditionellen Sicht (*Old View*) unterstellten, daß die Beteiligungsfinanzierung durch die Doppelbesteuerung der Dividenden diskriminiert werde. Harberger folgend gingen sie deshalb von einer erheblichen Zusatzlast der Körperschaftsteuer aus.
– Demgegenüber betonten Anhänger der neuen Sicht (*New View*) die oben erörterte Neutralität der Dividendensteuer und die Bedeutung der relativ billigen Selbstfinanzierung. Ihrer Meinung nach überschätzen die Anhänger der traditionellen Sicht die von der Körperschaftsteuer hervorgerufenen Zusatzlasten.

Beiden Sichtweisen liegen extreme Annahmen über den Zeitpunkt der Liquidation der Kapitalgesellschaft bzw. den Zeitpunkt der Dividendenausschüttung zugrunde. Eine kunstgerechte Analyse rechnet die Rendite der Investition bis zum Zeitpunkt der Ausschüttung durch. Der folgende Satz betrifft Ausschüttungen durch Liquidation der Kapitalgesellschaft.

Satz: Abhängig vom Zeitpunkt der Liquidation sinken die Kapitalkosten der Beteiligungsfinanzierung von $(1-\tau)/[(1-\tau^c)(1-\tau^d)]\, r$ bis auf $(1-\tau)/(1-\tau^c)\, r$, also auf die Kapitalkosten der Selbstfinanzierung.

Beweis: Ein Kapital von einer Geldeinheit wächst bei Anlage am Kapitalmarkt nach n Jahren auf $(1+r-\tau r)^n$. Bei Wiederanlage innerhalb der Kapitalgesellschaft wächst das Kapital auf $(1+r^c-\tau^c r^c)^n$. Die bei Ausschüttung entstehende Steuer beträgt $\tau^d[(1+r^c-\tau^c r^c)^n-1)]$, weil die ursprüngliche Einlage steuerfrei rückgewährt wird. Durch Gleichsetzen der Endkapitalwerte und Auflösen nach den Kapitalkosten der Beteiligungsfinanzierung folgt

$$r^c = \frac{\left(\frac{(1+r-\tau r)^n-\tau^d}{1-\tau^d}\right)^{1/n}-1}{1-\tau^c}. \tag{157}$$

Den ersten angegebenen Wert für die Kapitalkosten erhält man aus dieser Formel durch Setzung von $n=1$. Der zweite Wert ergibt sich durch Grenzübergang $n\rightarrow\infty$; dabei fallen die Terme $-\tau^d$ und $(1-\tau^d)$ weg. *q. e. d.*

Beispiel: Mit den Steuersätzen $\tau=50\,\%$, $\tau^c=40\,\%$, $\tau^d=25\,\%$ und einem Zinssatz von 10 % betragen die Kapitalkosten der Beteiligungsfinanzierung gemäß Formel (157) bei einjähriger Planung 11,1 %. Bei zehnjähriger Planung liegen sie mit 10,5 % immer noch über dem Zinssatz. In der Grenzbetrachtung fallen die Kapitalkosten auf unter 8,3 %, also auf die durch (156) gegebenen Kosten der Selbstfinanzierung.

252 Sorensen, P. B. (1995) Changing Views of the Corporate Income Tax. *National Tax Journal* 47, S. 279–294. Sinn, H.-W. (1991) Taxation and the Cost of Capital: The „Old" View, the „New" View, and Another View. In: Bradford, D. (Hrsg.) *Tax Policy and the Economy*. Cambridge: MIT Press.

Werden die Gewinne nicht auf einen Schlag durch Liquidation ausgeschüttet, sondern allmählich in Form von Dividendenzahlungen, ist die obige Kapitalwertrechnung durch eine Rentenwertrechnung zu ersetzen. An den grundlegenden Einsichten, auf die es hier ankommt, ändert das nichts. Die scheinbar entgegengesetzten Sichtweisen der Körperschaftsteuer sind Spezialfälle einer einfachen Rentabilitätsrechnung:

– Die traditionelle Sichtweise betrachtet *einperiodige* Planungen. Durch Vergleich der Nettorenditen $(1-\tau)\,r$ und $(1-\tau^c)\,(1-\tau^d)\,r^c$ erhält man die Kapitalkosten $r^c = (1-\tau)/[(1-\tau^c)\,(1-\tau^d)]\,r$. Diese liegen zumindest bei gleichen Sätzen von Einkommen- und Körperschaftsteuer über dem Marktzins. Dabei zeigt sich klar die Doppelbelastung durch die Dividendensteuer.
– Innerhalb einer *mehrperiodigen* Planung fallen die Kapitalkosten der Beteiligungsfinanzierung allmählich auf die Kapitalkosten der Selbstfinanzierung. Im Grenzübergang gilt $r^c \rightarrow r^s = (1-\tau)/(1-\tau^c)\,r$, wie oben gezeigt, so daß die Dividendensteuer keine Rolle mehr spielt.

Die langfristige Irrelevanz der Dividendensteuer hat folgenden Grund: Ein privat gehaltenes Kapital wächst jährlich mit dem Faktor $1 + r - \tau\, r$, der vom Einkommensteuersatz abhängt. Ein Kapital in Händen der Kapitalgesellschaft wächst jährlich mit dem Faktor $1 + r^c - \tau^c\, r^c$, der vom Körperschaftsteuersatz abhängt. In beiden Fällen ist das Wachstum exponentiell, und die genannten Steuern greifen je n-mal zu. Demgegenüber belastet die Dividendensteuer das Kapital nur *einmal*, indem sie es bei Ausschüttung um einen bestimmten Prozentsatz kürzt. Dieser einmalige Effekt wird langfristig von den exponentiellen Wachstumsprozessen dominiert, so daß die Kapitalkosten der Beteiligungsfinanzierung auf Dauer nur vom Verhältnis des Einkommensteuersatzes zum Körperschaftsteuersatz abhängen. Das ist das zentrale Ergebnis der neuen Sichtweise.

Man darf hieraus allerdings nicht folgern, die Dividendensteuer sei eine ideale Steuer: Sie ist neutral, wenn Ausschüttungen erst in fernster Zukunft erfolgen, dann aber wertlos, weil der Barwert des Steueraufkommens verschwindet. Allerdings trifft eine *unerwartet* eingeführte Dividendensteuer die Anteilseigner bestehender Kapitalgesellschaften: Diese Steuer wird in den Anteilswerten kapitalisiert und ähnelt insofern der in § 23 erörterten Bodensteuer. Das ursprünglich vorhandene Eigenkapital kann der unerwarteten Besteuerung nicht ausweichen und sitzt gleichsam in der Falle („*trapped equity*"). Finanzpolitisch ist dieser Aspekt jedoch kaum relevant, weil nur Altkapital getroffen wird, dessen Anteil am gesamten Kapitalbestand in einer wachsenden Wirtschaft gegen Null geht. Davon abgesehen wirft die faktische Teilenteignung der ursprünglichen Anteilseigner schwerwiegende rechtliche und Gerechtigkeitsfragen auf.

Bei jedem endlichen Planungshorizont liegen die Kapitalkosten der Beteiligungsfinanzierung über den Kapitalkosten der Selbstfinanzierung, die eine Untergrenze bilden. Außerdem ist Beteiligungsfinanzierung um so billiger, je später die Ausschüttungen erfolgen. Dies bedeutet freilich nicht, daß man möglichst spät ausschütten *sollte*. Der optimale Ausschüttungszeitpunkt hängt ausschließlich vom Verhältnis des Körperschaftsteuersatzes zum Einkommensteuersatz ab.

Entsprechen die Kosten der Fremdfinanzierung dem Marktzins, sind zwei Fälle zu unterscheiden.

- Wenn der Körperschaftsteuersatz den Einkommensteuersatz übersteigt, ist Selbstfinanzierung teurer als Fremdfinanzierung, die Beteiligungsfinanzierung erst recht; es gilt $r^c > r^s > r$. Unter dieser Annahme sollten die Anteilseigner so wenig Eigenkapital wie möglich geben, weil das Eigenkapital steuerlich diskriminiert wird.
- Liegt der Körperschaftsteuersatz unter dem Einkommensteuersatz, wie derzeit in Deutschland, ist Selbstfinanzierung billiger als Fremdfinanzierung. Die Beteiligungsfinanzierung ist bei kurzem Planungshorizont teurer und bei langem Planungshorizont billiger als die Fremdfinanzierung. Eine reichliche Eigenkapitalausstattung kann trotz Doppelbelastung vorteilhaft sein.

Formel (157), die traditionelle und neue Sichtweisen der Körperschaftsteuer miteinander vereint, ist für volkswirtschaftliche und gestalterische Überlegungen eminent hilfreich, weil sie den Zusammenhang zwischen den Kapitalkosten der Beteiligungsfinanzierung und dem Ausschüttungszeitpunkt darstellt. Die traditionelle Sichtweise *überschätzt* die Kapitalkosten der Beteiligungsfinanzierung, wenn die Ausschüttung erst nach zwei oder mehr Jahren erfolgt. Hingegen *unterschätzt* die neue Sichtweise die Kapitalkosten der Beteiligungsfinanzierung, wenn die Investoren nicht beliebig lang auf Ausschüttungen warten wollen oder können. Diese Feststellung gilt übrigens unabhängig von Veräußerungsvorgängen: Bei Annahme einer Ausschüttung im Jahre n kann der Investor der Doppelbelastung nicht durch Verkauf ausweichen. Denn welchen Preis würde ein vernünftiger Käufer zahlen? Natürlich den um die Dividendensteuer geminderten Wert der Rücklage. Die Dividendensteuer wird im Kaufpreis kapitalisiert und bleibt selbst in Abwesenheit einer Veräußerungsgewinnbesteuerung am Verkäufer haften. Also können die Anteilseigner die Dividendensteuer nicht durch Veräußerung mindern, sondern nur durch möglichst fern in der Zukunft liegende *Ausschüttungszeitpunkte*[253]. Diese Zeitpunkte sind aber oft aus außersteuerlichen Gründen vorgegeben; hieraus resultieren typische Belastungsmuster:

- Soweit Inhaber personenbezogener Kapitalgesellschaften regelmäßig Dividenden für ihren Lebensunterhalt ausschütten müssen, sind die Kapitalkosten der Beteiligungsfinanzierung relativ hoch. Die Rechtsform Kapitalgesellschaft ist damit oft ungünstig, erst recht, wenn das Unternehmen nicht auf Dauer angelegt ist.
- Publikumskapitalgesellschaften unterliegen keinem vergleichbaren Ausschüttungszwang, weil sich ihre Anteilseigner Liquidität durch Anteilsverkauf verschaffen können. Die Kapitalkosten der Beteiligungsfinanzierung sind niedrig, wenn Ausschüttungen erst in ferner Zukunft erfolgen.

253 Manche Vertreter der neuen Sicht haben ihren Ansatz mit dem Mangel einer konsequenten Veräußerungsgewinnbesteuerung begründet. In dieser simplen Form stimmt das Argument, wie oben gezeigt, nicht.

Unternehmensgründer werden oft von der Dividendensteuer und der Veräußerungsgewinnsteuer getroffen, wenn sie ihr Unternehmen einst an der Börse plazieren. Soweit der Gründer Rücklagen vor dem Verkauf auflösen kann, trifft ihn nur die Dividendensteuer. Beim Mitverkauf von Rücklagen wird er durch Dividendensteuer und Veräußerungsgewinnsteuer belastet, wenn die Käufer die Ausschüttungen nicht ihrerseits in die fernste Zukunft verschieben. Die Kapitalkosten der Beteiligungsfinanzierung liegen im ungünstigen Fall sogar *über* dem Wert, den die traditionelle Sicht annahm.

Zusammengefaßt verteuert die Dividendensteuer die Beteiligungsfinanzierung. Entscheidungsrelevant ist diese Steuer nur *ex ante*, daß heißt vor Gründung oder Kapitalerhöhung. *Ex post* ist das Beteiligungskapital gefangen, und die optimale Gewinnverwendung hängt nur noch vom Einkommen- und Körperschaftsteuersatz ab. *Pointiert ausgedrückt verzerrt die Dividendensteuer Entscheidungen der Unternehmensgründer, die noch gar keine Dividenden zahlen, während sie die Gewinnverwendungspolitik reifer Kapitalgesellschaften, die tatsächlich Dividenden zahlen, unverzerrt läßt.*

Unterschiedliche Kapitalkosten verschiedener Finanzierungswege führen unvermeidlich auf die Frage, welche dieser Kosten in der Praxis überhaupt relevant sind. Die Antwort hierauf hängt vom unterliegenden Kapitalmarktmodell ab. Sieht man über alle Kapitalmarktunvollkommenheiten hinweg, dann sind nur die *minimalen* Kapitalkosten von Belang. Liegen z. B. die Kapitalkosten der Beteiligungsfinanzierung und der Selbstfinanzierung über dem Marktzins ($\tau^c > \tau$), die Kapitalkosten der Fremdfinanzierung aber nicht, dann werden Grenzinvestitionen nach einer Idee von Stiglitz ausschließlich durch Fremdkapital finanziert[254]. Die teureren Finanzierungsformen sind irrelevant, und es besteht Investitionsneutralität.

Bei Berücksichtigung realistischer Kapitalmarktunvollkommenheiten gilt dieses Neutralitätsergebnis nicht. Auch wenn Fremdfinanzierung die billigste Alternative ist, benötigen Unternehmen meist einen gewissen Betrag an Eigenkapital. Ist umgekehrt die Selbstfinanzierung günstig, wie derzeit in Deutschland, zahlen Unternehmen gleichwohl aus unterschiedlichsten Gründen Dividenden, obwohl der vollständige Gewinneinbehalt steuerlich vorteilhafter wäre. Indes gibt es bisher keine geschlossene Theorie unvollkommener Kapitalmärkte. Die empirische Forschung folgt durchweg dem Ansatz von King und Fullerton, Kapitalkosten als gewogenes Mittel der Kosten verschiedener Finanzierungsarten zu modellieren[255]. Weil die Gewichte durch Steuern beeinflußt werden, befriedigt dies nicht ganz. Jedenfalls können die ökonomischen Wirkungen des klassischen Körperschaftsteuersystems kaum verallgemeinernd, sondern nur im Einzelfall

---

254 Stiglitz, J. E. (1973) Taxation, Corporate Financial Policy, and the Cost of Capital. *Journal of Public Economics* 2, S. 1–34.

255 King, M. A. und D. Fullerton (1984) *The Taxation of Income from Capital. A Comparative Study of the United States, the United Kingdom, Sweden, and West Germany*. Chicago: University of Chicago Press.

beurteilt werden. Genau aus diesem Grund beinhaltet das System zahlreiche und oft subtile Verletzungen der Rechtsformneutralität.

4. Ist Rechtsformneutralität praktisch erreichbar?

Wie man die Dinge auch dreht und wendet: Unter realistischen Bedingungen erscheinen das Trennungsprinzip und die Besteuerung der Kapitalgesellschaften durch eine eigenständige Körperschaftsteuer alles andere als ideal, denn wenn man genau genug hinsieht, zeigen sich vielfältige Neutralitätsverletzungen, die scheinbar jeder Rechtfertigung entbehren.

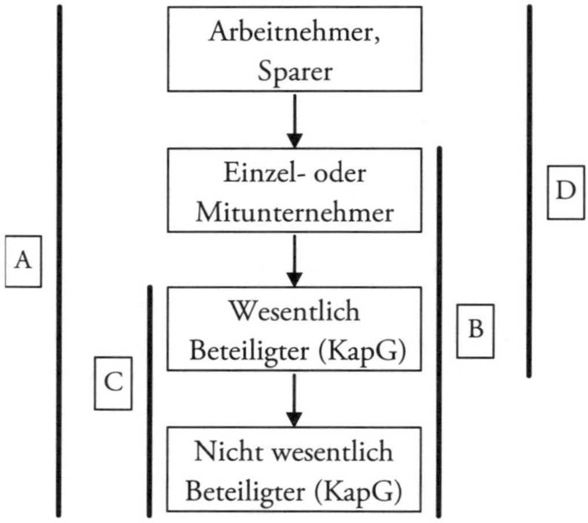

Abb. 34: Die Neutralitätskette

In diesem Schlußabschnitt werden alternative Formen der Unternehmensbesteuerung vorgestellt und miteinander verglichen. Einführend sei die Grundidee anhand einer Abbildung illustriert. Abb. 34 zeigt vier typische Wirtschaftsformen, die nicht zufällig so angeordnet wurden. Die in § 46 angestellten Überlegungen hatten ergeben, daß die Besteuerung von Einzelunternehmen und Personengesellschaften im Kern auf eine steuerliche Gleichbehandlung der Unternehmer mit Arbeitnehmern und Sparern abzielt (Pfeil oben). Bedenkt man, daß diese Unternehmer leicht eine Kapitalgesellschaft gründen können, ohne daß dies an den wirtschaftlichen Verhältnissen viel ändert, erscheint es naheliegend, auch Anteilseigner einer personenbezogenen Kapitalgesellschaft (Ein-Mann-GmbH oder Familienkapitalgesellschaft) wie Einzel- und Mitunternehmer zu besteuern (Pfeil Mitte). Schließlich sollten alle Kapitalgesellschaften ungeachtet ihrer Größe einheitlich besteuert werden (Pfeil unten).

Jede der genannten Forderungen ist für sich genommen plausibel, wenn nicht gar zwingend, aber ihre Kombination führt auf die abgebildete *Neutralitätskette* und damit auf die weit weniger einleuchtende Forderung, auch Anteilseigner großer Publikumskapitalgesellschaften nach dem Mitunternehmerkonzept zu besteuern. In einer fiktiven Welt ohne Vollzugskosten wäre hiergegen nichts einzuwenden; doch praktisch gedacht entstehen schnell Zweifel, ob wirklich jeder Kleinaktionär mit der gesonderten und einheitlichen Feststellung seines Gewinnanteils behelligt werden sollte. Diese Zweifel sind begründet, weil Publikumskapitalgesellschaften im Gegensatz zu Personengesellschaften auf häufigen und problemlosen Anteilswechsel hin angelegt sind. Man stelle sich vor, der Fiskus verlange bei jedem Aktienverkauf die Aufstellung einer Ergänzungsbilanz!

Die Ratio der zunächst eigenwillig erscheinenden Besteuerung der Kapitalgesellschaften liegt wesentlich in diesem Verwaltungs- und Informationsproblem. Ein Bruch der obigen Neutralitätskette ist damit vorprogrammiert, und in der Tat lassen sich alle bisherigen Vorschläge zur Unternehmensbesteuerung durch den Ort der Bruchstelle unterscheiden. Die vier senkrechten Balken in Abb. 34 zeigen symbolisch eine Gleichbehandlung an und sind folgenden Steuerkonzepten zugeordnet.

A – Teilhabersteuer: Die von Engels und Stützel vorgeschlagene Teilhabersteuer stellt Anteilseigner von Kapitalgesellschaften den Mitunternehmern von Personengesellschaften gleich[256]. Sie verwirklicht die weitestgehende Gleichbehandlung der hier vorgestellten Konzepte. Bei der Teilhabersteuer werden die ausgeschütteten und ebenso die einbehaltenen Gewinne den Anteilseignern als Teilhabern persönlich zugerechnet. Die Teilhabersteuer wird zwar auf Ebene des Unternehmens erhoben, um Hinterziehung zu verhindern, doch voll auf die persönliche Einkommensteuer der Teilhaber angerechnet. In einfachen Fällen funktioniert dieses Konzept ganz gut, doch ergeben sich insbesondere bei Veräußerungen und Verlusten Probleme.

B – Betriebssteuer: Das Konzept einer rechtsformneutralen Betriebssteuer wird vor allem von Juristen verfochten[257]. Dieser Idee folgend sollen alle Unternehmen nach dem Muster der Körperschaftsteuer besteuert werden, allerdings unter Wegfall der Dividendensteuer. Der Gewinn jedes Unternehmens wird unabhängig von seiner Verwendung mit z. B. 30 % besteuert, Ausschüttungen bleiben bei den Empfängern steuerfrei. Die Betriebssteuer bricht die Neutralitätskette an der Stelle zwischen Unternehmer und Nicht-Unternehmer auf. Sie erscheint manchen, die sich nur mit Unternehmensbesteuerung und mit nichts sonst beschäftigen, ideal, aber zu Unrecht. Schon Finanzierungsneutralität gewährleistet die Betriebssteuer nicht, weil Fremdkapitalerträge nach einem ganz anderen Muster besteuert werden als Eigenkapitalerträge. Auch Investitionsneutralität wird eindeutig verletzt, weil die Steuerpflichtigen mit ihren persönlichen Steuersätzen rechnen, nicht mit dem Satz der Betriebssteuer. Das größte Manko der Betriebssteuer liegt jedoch in der Ungleichbehandlung von Unternehmern und Arbeitnehmern: Ein kleiner Gewerbetreibender, der als Arbeitnehmer Freibeträge für das persönliche Existenzminimum und das seiner Familie in Anspruch nehmen

---

256 Engels, W. und W. Stützel (1968) *Teilhabersteuer. Ein Beitrag zur Vermögenspolitik, zur Verbesserung der Kapitalstruktur und zur Vereinfachung des Steuerrechts*. 2. Auflage Frankfurt: Knapp.

257 Vgl. insbesondere Knobbe-Keuk, B. (1993) *Bilanz- und Unternehmenssteuerrecht*. 9. Auflage Köln: Schmidt und die dortigen Nachweise (S. 2).

könnte, zahlt als Unternehmer ab dem ersten Euro den einheitlichen Betriebssteuersatz.

C – Körperschaftsteuer: Diese Steuer wurde bereits eingehend gewürdigt. Sie knüpft mit der Rechtsform an eine ökonomisch irrelevante Kategorie an und durchbricht die Neutralitätskette an einer unplausiblen Stelle. Wegen der implizierten Ungleichbehandlung von Einzelunternehmer und Ein-Mann-GmbH wird der Ruf nach Rechtsformneutralität nie verhallen, so lange es diese Steuer gibt.

D – Steuer ohne Namen: Als Grund für die besondere Besteuerung der Kapitalgesellschaften wurden oben Vollzugs- und Informationskosten angeführt, die eine Besteuerung von Kleinaktionären nach dem Mitunternehmerkonzept praktisch ausschließen. Bei finanziell erheblichem Anteilsbesitz ist das anders, und diesem Personenkreis läuft der Fiskus ja ohnehin schon mit § 17 EStG hinterher. Folglich sind wesentlich Beteiligte einer Kapitalgesellschaft nach dem bisher nur bei Personengesellschaften angewandten Mitunternehmerkonzept zu besteuern, das als einziges die von der Theorie geforderten Neutralitätseigenschaften hat[258]. Nicht wesentlich Beteiligte werden nach einem gröberen Verfahren mit Vollanrechnung der Körperschaftsteuer auf ausgeschüttete wie einbehaltene Gewinne besteuert, weil das Mitunternehmerkonzept bei Streubesitz zu aufwendig ist[259].

Nach dem hier vertretenen Standpunkt ist die Betriebssteuer die schlechteste Alternative, weil sie formal Selbständige und formal Nichtselbständige verschieden belastet, ohne daß es hierfür einen einleuchtenden Grund gäbe. Bei einem Betriebssteuersatz unterhalb des relevanten Einkommensteuersatzes liegt hierin eine Einladung zur Scheinselbständigkeit, im umgekehrten Fall wird ein Anreiz gegeben, Gewinnausschüttungen durch Leistungsvergütungen zu ersetzen. Im Hinblick auf Steuergerechtigkeit schneidet die Betriebssteuer denkbar schlecht ab.

Die Teilhabersteuer stellt demgegenüber eine völlig befriedigende Form der Unternehmensbesteuerung dar, sofern man von Vollzugskosten absieht. Ein solches Absehen ist aber untunlich. Wenn man bedenkt, wie schwierig es in der Praxis wäre, Millionen von Kleinaktionären, die ihre Bestände fortlaufend umschichten, nach dem Mitunternehmerkonzept zu besteuern, dann liegt es nahe, den Genauigkeitsgrad der Besteuerung in diesen Fällen zurückzunehmen und einige Zusatzlasten zu riskieren, um die Vollzugskosten zu senken.

Die klassische Körperschaftsteuer überzeugt nicht, weil sie einfältig an die Rechtsform des Unternehmens anknüpft und es keinen ökonomischen Grund gibt, etwa den Einzelunternehmer und den Inhaber einer Ein-Mann-GmbH unterschiedlich zu besteuern. Aus ökonomischer Sicht ist die „Steuer ohne Na-

258 Vgl. Schreiber, der die Besteuerung der KGaA als „Leitbild“ sieht: Schreiber, U. (1987) *Rechtsformabhängige Unternehmensbesteuerung?* Köln: Deubner.

259 Homburg, St. (2000) Perspektiven der internationalen Unternehmensbesteuerung. In: Andel, N. (Hrsg.) *Probleme der Besteuerung III.* Schriftenreihe des Vereins für Socialpolitik N. F., Band 259/III. Berlin: Duncker & Humblot.

men", deren Grundzüge erstmals von Schreiber skizziert wurden, bei Abwägung aller Umstände wohl die beste Alternative. Jedenfalls greift die in Deutschland – und nur hier – stellenweise zu beobachtende Verabsolutierung der Rechtsformneutralität zu kurz. Eine vernünftige Abwägung muß berücksichtigen, daß zwischen den Zielen der Rechtsformneutralität, der Investitionsneutralität und der Begrenzung der Planungs- und Verwaltungskosten vielfältige Konflikte bestehen und Optima selten am Rand liegen[260].

§ 51 Resümee

Die eingangs gestellte Frage, warum dieses Buch ein ganzes Kapitel zur Unternehmensbesteuerung enthält, aber keine Abschnitte zur Besteuerung von Arbeitnehmern oder Sparern, läßt sich nun in einer Weise beantworten, die nahtlos an die informationsökonomischen Kerngedanken der vorigen Kapitel anknüpft: Im Vergleich zur Besteuerung vertraglich fixierter Festeinkommen verlangt die Besteuerung unternehmerischer Resteinkommen zusätzliche Informationen, deren Beschaffung kostspielig ist. Um dies in aller Klarheit zu erkennen, versetze man sich für einen Moment in ein Paralleluniversum, das dem unseren haargenau gleicht, mit dem einzigen Unterschied, daß Informationen nichts kosten. In diesem Paralleluniversum gibt es vermutlich keine Unternehmenssteuern, sondern werden alle Gewinnansprüche den Anteilseignern zugerechnet und bei ihnen besteuert. Auch im tief gestuften Konzern und bei regem Anteilshandel ist eine derartige Zurechnung ohne weiteres möglich und auch tunlich, weil sie einen doppelten Vorteil hat: Ethisch sichert sie perfekte Gleichbehandlung von Arbeitnehmern, Sparern, Einzelunternehmern und Gesellschaftern; ökonomisch verhindert sie Gestaltungen und Zusatzlasten.

Die Notwendigkeit, Unternehmer und Nichtunternehmer nach gesonderten Regeln zu besteuern, beruht einzig und allein darauf, daß Informationen in unserem leidigen Universum etwas kosten. Am deutlichsten wird dies beim Kleinaktionär, der seine Aktien nur für einige Tage oder Stunden hält und bei dem man sich schwerlich eine korrekte persönliche Zurechnung des in dieser Zeit erworbenen Gewinnanteils ausmalen kann, samt Aufstellung einer eigenen Ergänzungsbilanz.

Infolge der praktischen Unmöglichkeit, Resteinkommen und Festeinkommen nach denselben Regeln zu besteuern, sehen sich die Steuergesetzgeber weltweit mit der Notwendigkeit konfrontiert, irgendwo entlang der vom Arbeitnehmer über den Einzel- und Mitunternehmer hin zum Aktionär reichenden Kette einen Schnitt zu setzen. Obwohl die international üblichen Lösungen durchaus verschieden sind, herrscht das Prinzip rechtsformabhängiger Besteuerung vor. Manche Staaten, denen ein rigider Schnitt zu scharf erscheint, belasten kleine Kapitalgesellschaften auf deren Wunsch (*check the box*) mit Einkommensteuer statt

260 So auch Wagner, F. W. (2006) Was bedeutet und wozu dient Rechtsformneutralität der Unternehmensbesteuerung? *Steuer und Wirtschaft*, S. 101–114.

Körperschaftsteuer oder räumen Personengesellschaften das Recht ein, zur Körperschaftsteuer zu optieren. Optionsrechte mindern die Zusatzkosten rechtsformabhängiger Besteuerung, erzeugen aber Planungskosten, weil die Ausübung des Wahlrechts wohlüberlegt sein will.

Wohin die deutsche Unternehmensbesteuerung driftet, war zum Zeitpunkt der Drucklegung dieser Neuauflage nicht recht absehbar. Es scheint, als schätzten Teile der Steuerwissenschaft das Transparenzprinzip und dessen Vorteile gering. Jedenfalls wollen die Protagonisten der Rechtsformneutralität das bisher nur für Kapitalgesellschaften geltende Trennungsprinzip auf die Besteuerung von Personengesellschaften übertragen, und sie begründen ihr Ansinnen mit dem Nutzen einer einheitlichen Besteuerung von Personen- und Kapitalgesellschaften[261].

Diesem Vorteil stehen allerdings gravierende Nachteile gegenüber: Erstens wird der Bruch der Neutralitätskette durch eine rechtsformneutrale Besteuerung nicht aufgehoben, sondern lediglich verschoben. Besteuerte man künftig neben Kapitalgesellschaften auch Personengesellschaften nach dem Trennungsprinzip, würden Gesellschaften anders belastet als Einzelunternehmer. Und sollte das Trennungsprinzip gar auf Einzelunternehmer erweitert werden, läge der Bruch der Neutralitätskette an der administrativ und distributiv höchst sensiblen Schnittstelle zwischen Unternehmern einerseits und Arbeitnehmer-Sparern andererseits.

Zweitens würde mehr Rechtsformneutralität durch weniger Finanzierungsneutralität erkauft[262], und es ist durchaus nicht klar, ob dem erstgenannten Neutralitätsziel ein höherer Stellenwert zukommt.

Darüber hinaus wirft das Trennungsprinzip – das man eher als Krücke denn als Krönung der Steuerkunst ansehen muß – seinerseits viele konzeptionelle und praktische Schwierigkeiten auf. Man denke an die Abschirmung der Gesellschafter gegen Verluste ihrer Gesellschaft, die sie nicht mit eigenen positiven Einkünften verrechnen dürfen, oder an die Ungleichbehandlung von *asset deals* und *share deals*. Aus den Überlegungen im nächsten Kapitel folgt schließlich, daß das Außensteuergesetz erheblich erweitert werden müßte, wenn man Personengesellschaften nach dem Trennungsprinzip besteuern wollte. Das wäre entschieden kein Beitrag zur Steuervereinfachung – aber zu diesem Thema gibt es ohnehin eine Karikatur ewiger Aktualität. Sie zeigt einen Mann, der eine kleine Broschüre und einen dicken Wälzer in der Hand hält und grinsend fragt: „Welches ist das neue, einfache Steuergesetz?"

---

261 Homburg, St. (2005) Die Steuerreformvorschläge der Stiftung Marktwirtschaft. *Betriebs-Berater* **44**, S. 2382 – 2386. Homburg, St. und A. Bolik (2005) Auswirkungen des Kirchhofschen EStGB insbesondere auf die Unternehmensbesteuerung. *Betriebs-Berater* **43**, S. 2330 – 2335.

262 Schreiber, U. und C. Spengel (2006) Allgemeine Unternehmenssteuer und Duale Einkommensteuer. *Betriebswirtschaftliche Forschung und Praxis* **58**, S. 275 – 288.

Kapitel 8. Internationale Besteuerung

Literaturhinweise: Frotscher, G. (2005) *Internationales Steuerrecht.* 2. Auflage München: Beck. Wissenschaftlicher Beirat beim Bundesministerium der Finanzen (1999) *Reform der internationalen Kapitaleinkommensbesteuerung.* Bonn: Stollfuß. Cnossen, S. (1998) Global Trends and Issues in Value Added Taxation. *International Tax and Public Finance* 5, S. 399 – 428. Frenkel, J. A., A. Razin und E. Sadka (1991) *International Taxation in an Integrated World.* Cambridge usw.: MIT Press.

Jeder Staat ist kraft seiner Souveränität befugt, die nationale Steuerrechtsordnung unter Beachtung der allgemeinen Regeln des Völkerrechts festzulegen. Diese Tatsache würde bei wirtschaftlich voneinander abgeschotteten Ländern keine besonderen Probleme aufwerfen; in diesem Fall wären etwaige Unterschiede der Steuersysteme bloß Ausdruck verschiedener nationaler Steuermentalitäten oder anderer Gegebenheiten. Es bestünde keinerlei Abstimmungs- oder Harmonisierungsbedarf.

In einer Welt mit regem internationalen Handel und intensivem Austausch mobiler Produktionsfaktoren entstehen durch die Besteuerung jedoch Schwierigkeiten, die über die bisher erörterten hinausgehen. Die Probleme beginnen schon im Begrifflichen, weil gewisse Ausdrücke, die im nationalen Kontext wohldefiniert sind, plötzlich verschwimmen. Was bedeutet *Effizienz* der Besteuerung – erfordert sie eine Maximierung des Inlandsprodukts oder eine Maximierung der Summe aller Inlandsprodukte? Was bedeutet *Gleichmäßigkeit* der Besteuerung, wenn Herr Schmitz in Deutschland wohnt und in Frankreich arbeitet – ist er wie ein Deutscher oder wie ein Franzose zu besteuern? Die internationale Besteuerung soll den tragenden Besteuerungsgrundsätzen auch in der offenen Volkswirtschaft Geltung verschaffen, so daß ihr Endzweck in einer effizienten und gerechten Besteuerung besteht; hinzu tritt das Ziel einer geeigneten *Verteilung der Steuererträge* auf die beteiligten Staaten.

Während bis zu dieser Stelle gewisse Vorkenntnisse stets vorausgesetzt werden konnten, weil doch z. B. jeder weiß, was eine Einkommensteuer ist, würde ein unmittelbarer Einstieg in die ökonomischen Probleme internationaler Besteuerung darunter leiden, daß manchem Leser der Gegenstand der Erörterung fehlt; schließlich gehören die Eigenarten des internationalen Steuerrechts nicht zum Allgemeinwissen. Deshalb werden zu Beginn einige steuerrechtliche Grundkenntnisse vermittelt. Es versteht sich von selbst, daß diese Darstellung oberflächlich bleibt und jeder Satz gelesen werden sollte, als ob er mit „grundsätzlich" begänne.

§ 52 Grundzüge des internationalen Steuerrechts

Wenn ein anerkannter Experte des internationalen Steuerrechts feststellt, daß dieser Begriff uneinheitlich verstanden wird, und wenn sogar die nackte Existenz dieses Rechtsgebiets strittig ist[263], kann die Aufgabe eines ökonomischen Textes nicht darin bestehen, hier Klarheit zu schaffen. Vielmehr zählen wir zum *internationalen Steuerrecht* pragmatisch alle Rechtsvorschriften – Normen, Urteile, Richtlinien oder Erlasse – mit unmittelbarem oder mittelbarem Auslandsbezug. Ein *Auslandsbezug* in diesem Sinne liegt vor, wenn sich der Steuerpflichtige und das Steuergut in verschiedenen Hoheitsgebieten befinden oder wenn mehrere Hoheitsträger auf denselben Steuerpflichtigen oder dasselbe Steuergut zugreifen. Das so verstandene internationale Steuerrecht ist nicht einheitlich kodifiziert. Seine Rechtsquellen kann man in vier Gruppen unterteilen:

- *1. Originäres nationales Steuerrecht:* Das sind nationale Vorschriften ohne unmittelbaren Auslandsbezug. Sie normieren den ursprünglichen nationalen Steueranspruch ohne Rücksicht auf die Existenz ausländischer Staaten.
- *2. Doppelbesteuerungsrecht*: Hierbei handelt es sich sowohl um einseitige Maßnahmen zur Verhinderung der Doppelbesteuerung als auch um Verträge zwischen zwei oder mehreren Staaten, in denen diese ihre Steueransprüche wechselseitig beschränken.
- *3. Außensteuerrecht:* Das Außensteuerrecht erweitert den nationalen Steueranspruch wiederum, und zwar entweder aus fiskalischen Gründen oder zur Verhütung von Mißbräuchen.
- *4. Ausländisches Steuerrecht*: Vor allem im Bereich des Doppelbesteuerungsrechts wirkt das ausländische Steuerrecht indirekt auf das nationale Steuerrecht ein. So kann etwa eine stärkere ausländische Besteuerung das inländische Steueraufkommen schmälern.

Durch diese Teilgebiete erhält das internationale Steuerrecht einen mehrstufigen Aufbau. Die erste Stufe sieht im Normalfall einen sehr weit gefaßten nationalen Steueranspruch vor. Auf der zweiten Stufe, dem Doppelbesteuerungsrecht, wird dieser Anspruch zurückgenommen. Auf der dritten Stufe, dem Außensteuerrecht, wird er wiederum erweitert. Alle drei Stufen beruhen stets auf der nationalen Steuerrechtsordnung, auf die das ausländische Steuerrecht einwirkt. Insofern hat jeder Staat sein eigenes internationales Steuerrecht; dieses Rechtsgebiet muß jeweils aus der Perspektive eines bestimmten Staates betrachtet werden. Der Schwerpunkt der folgenden Darstellung liegt auf dem deutschen internationalen Steuerrecht.

1. Originäres nationales Steuerrecht

Nach § 1 des Einkommensteuergesetzes (EStG) sind natürliche Personen, die im Inland *einen* Wohnsitz oder *ihren* gewöhnlichen Aufenthalt haben, *unbeschränkt* einkommensteuerpflichtig, das heißt, sie unterliegen mit ihrem Welteinkommen (§ 2 EStG) der deutschen Besteuerung. Natürliche Personen, die im Inland weder einen Wohnsitz noch ihren gewöhnlichen Aufenthalt haben, sind *beschränkt* einkommensteuerpflichtig mit der Folge, daß bestimmte inländische

263 Schaumburg, H. (1993) *Internationales Steuerrecht.* Köln: Schmidt, S. 2.

Einkünfte (§ 49 EStG) der deutschen Steuer unterliegen. Nach deutschem Recht steuerpflichtig ist folglich Einkommen, das *von Inländern* oder *im Inland* erzielt wurde.

Ähnliches gilt im Bereich der Erbschaftsteuer. Gemäß § 2 des Erbschaftsteuer- und Schenkungsteuergesetzes (ErbStG) tritt Steuerpflicht ein, wenn der Erblasser oder der Erbe (bzw. Schenker oder Beschenkte) ein Inländer ist oder wenn sich das vererbte bzw. geschenkte Vermögen im Inland befindet. Und das Kraftfahrzeugsteuergesetz (KraftStG) bestimmt in § 1 Kraftfahrzeuge als Steuergegenstand, die entweder im Inland gehalten werden oder die im Inland zugelassen sind und im Ausland gehalten werden. Andere Steuern, wie beispielsweise die Grundsteuer, knüpfen demgegenüber von vornherein ausschließlich an inländische Steuergüter an und lassen die Person des Steuerpflichtigen außer Betracht. Grundsteuer schuldet der Eigentümer eines in Deutschland belegenen Grundstücks; auf seinen Wohnsitz kommt es nicht an. Umgekehrt schuldet ein Inländer mit Grundbesitz im Ausland nach deutschem Recht keine Grundsteuer.

Die drei erstgenannten Beispiele zeigen, daß der originäre nationale Steueranspruch oft sehr weit gefaßt ist, denn Steuerpflicht tritt ein, wenn sich der Steuerpflichtige oder das Steuergut oder beide in Deutschland befinden. In bestimmten Fällen reicht es sogar aus, daß der Steuerpflichtige die deutsche Staatsangehörigkeit besitzt (§ 1 Abs. 2 EStG). Nach den allgemeinen Regeln des Völkerrechts darf jeder Staat eine Steuerpflicht begründen, wenn hierfür persönliche oder sachliche Anknüpfungspunkte bestehen; auch gibt es kein völkerrechtliches Verbot der Doppelbesteuerung. Insofern stehen die genannten deutschen Rechtsnormen im Einklang mit dem Völkerrecht, und sie sind auch international üblich. In bezug auf die *persönliche Steuerpflicht* kommen vor allem drei Besteuerungsformen in Betracht:

- *Wohnsitzprinzip (residence principle)*: Eine Person ist in dem Staat steuerpflichtig, in dem sie einen Wohnsitz oder ihren gewöhnlichen Aufenthalt hat. Das Wohnsitzprinzip gilt sinngemäß auch für juristische Personen, bei denen es meist auf den Sitz ankommt.
- *Nationalitätsprinzip (nationality principle)*: Eine natürliche Person ist in dem Staat steuerpflichtig, dessen Staatsangehörigkeit sie besitzt.
- *Quellenprinzip (source principle)*: Eine Person ist in dem Staat steuerpflichtig, aus dem ihr Einkommen stammt; dies gilt unterschiedslos für natürliche und juristische Personen.

Die meisten Staaten legen ihrem Steuerrecht sowohl das Wohnsitzprinzip als auch das Quellenprinzip zugrunde; manche besteuern nur auf Basis des Quellenprinzips. Das Nationalitätsprinzip kommt vor allem bei diplomatischem und konsularischem Personal zur Anwendung: Nach den Wiener Übereinkommen für Diplomaten bzw. für Konsuln (WÜD, WÜK) bleiben Bezüge, die Diplomaten oder Konsuln für ihre Tätigkeit im Empfangsstaat erhalten, dort steuerfrei; diese Personen genießen insoweit *Fiskalimmunität*. Statt dessen werden die Bezüge im Entsendestaat der sogenannten erweiterten unbeschränkten Steuerpflicht unterworfen. Manche Staaten, insbesondere die USA, besteuern jedoch auch in anderen Fällen auf Basis des Nationalitätsprinzips[264].

Zur Abgrenzung der *sachlichen Steuerpflicht* sind international zwei Prinzipien gebräuchlich:

- *Welteinkommensprinzip (world-wide principle)*: Sofern persönliche Steuerpflicht besteht, wird der Steuerpflichtige mit seinem Welteinkommen veranlagt. Bei anderen direkten Steuern könnte man analog vom Weltvermögensprinzip oder Welterbanfallsprinzip sprechen.
- *Territorialprinzip (territoriality principle)*: Sofern persönliche Steuerpflicht besteht, wird der Steuerpflichtige nur mit dem Einkommen veranlagt, das er auf dem Territorium des betreffenden Staates erwirtschaftet hat. Auch dies gilt sinngemäß für andere direkte Steuern[265].

Historisch älter ist das Territorialprinzip; das Welteinkommensprinzip hat sich erst im Laufe des 20. Jahrhunderts allmählich durchgesetzt und bildet auch heute noch nicht die Regel[266]. Das letztgenannte Begriffspaar muß scharf von den obigen Prinzipien persönlicher Steuerpflicht unterschieden werden. Die mangelnde Unterscheidung zwischen persönlicher und sachlicher Steuerpflicht und die Vermengung der Begriffe Quellenprinzip und Territorialprinzip sind Ursache für zahlreiche logische Fehlschlüsse in der Literatur.

Mit Hilfe des nunmehr entwickelten Begriffsapparats läßt sich die deutsche Besteuerungspraxis wie folgt zusammenfassen: Deutschland besteuert Inländer nach dem Wohnsitzprinzip und dem Welteinkommensprinzip; wer unbeschränkt steuerpflichtig ist, unterliegt mit seinem gesamten Welteinkommen der deutschen Einkommensteuer. Wer nicht Inländer ist, wird nach dem Quellenprinzip und dem Territorialprinzip besteuert; er unterliegt als beschränkt Steuerpflichtiger nur mit seinem hierzulande erwirtschafteten Einkommen der Steuer.

Dieses nicht nur in Deutschland, sondern auch international gebräuchliche Nebeneinander der obigen Prinzipien wirkt *kollisionsbegründend.* In ihm ist eine Doppelbesteuerung bei grenzüberschreitenden Sachverhalten angelegt, weil jeder Staat sein originäres Besteuerungsrecht sehr weit faßt. Eine *Kollisionsvermeidung* ergäbe sich, wenn alle Staaten im Bereich der persönlichen Steuerpflicht genau eines der drei Prinzipien anwenden würden, und zwar alle dasselbe Prinzip. In diesem Fall würden Doppelbesteuerungen nur in Ausnahmefällen auftreten,

---

264 Shannon, H. A. (1987) *Die Doppelbesteuerungsabkommen der USA.* München: Beck. Eckpfeiler der amerikanischen Besteuerungspraxis ist die sogenannte *saving clause.* Hiernach können u. a. amerikanische Staatsangehörige mit Wohnsitz im Ausland keine Abkommensvorteile in Anspruch nehmen.

265 Die Literatur verwendet die Begriffe *Quellenprinzip* und *Territorialprinzip* mehr oder weniger synonym und unterläßt oft die wichtige Unterscheidung zwischen persönlicher und sachlicher internationaler Steuerpflicht, siehe etwa Tipke und Lang (Fußnote 3), S. 31.

266 Debatin spricht im Hinblick auf das Welteinkommensprinzip treffend von einem „gereifteren steuerlichen Entwicklungsstadium“. Debatin, H. (1983) Probleme der internationalen Doppelbesteuerung. In: Neumark, F. (Hrsg.) *Handbuch der Finanzwissenschaft Band IV.* 3. Auflage Tübingen: Mohr, S. 274.

etwa bei mehreren Wohnsitzen oder mehrfacher Staatsangehörigkeit. Die Kollisionsvermeidung ist bei der Grundsteuer, Grunderwerbsteuer und den meisten Steuern auf spezielle Güter gebräuchlich; auf ertragsteuerlichem Gebiet entspricht sie allerdings nicht dem international üblichen Vorgehen. Statt dessen ergreifen die beteiligten Staaten *kollisionsauflösende* Maßnahmen, mit denen die in der ersten Stufe angelegte Doppelbesteuerung auf der zweiten Stufe nachträglich beseitigt wird. Kollisionsauflösungen erfolgen durch das Doppelbesteuerungsrecht.

2. Doppelbesteuerungsrecht

Zu einer *Doppelbesteuerung* kommt es, wenn derselbe Steuerpflichtige und dasselbe Steuergut gleichzeitig durch gleiche oder gleichartige Steuern verschiedener Hoheitsträger belastet werden. Die hierbei vorausgesetzte Identität von Steuerpflichtigem und Steuergut ist ökonomisch und nicht juristisch zu verstehen. Deshalb spricht man auch dann von Doppelbesteuerung, wenn z. B. eine Gesellschaft und ein daran Beteiligter getroffen werden. Darüber hinaus wird der Begriff Doppelbesteuerung generisch gebraucht, er schließt also die Fälle dreifacher oder vielfacher Besteuerung ein. In föderalen Staaten mit einem *ungebundenen Trennsystem*, das die simultane Erhebung gleichartiger Steuern durch verschiedene Gebietskörperschaften erlaubt, können nationale Doppelbesteuerungen auftreten; im folgenden geht es dagegen nur um die internationale Doppelbesteuerung.

Wie schon erwähnt, gibt es kein völkerrechtliches Verbot der Doppelbesteuerung; deren Beseitigung ist deshalb keine juristische Notwendigkeit, sondern ein Zwischenziel, das an den Oberzielen effizienter und gerechter Besteuerung gemessen werden muß. Als Einführung in dieses Gebiet sei eine grenzüberschreitende Einkommenserzielung betrachtet. Der Steuerpflichtige wohnt in Land W (*Wohnsitzstaat*) und hat Einkommen aus Land Q (*Quellenstaat*). Je nach Verhalten der beiden Staaten kann es hierbei zu einer *Doppelbesteuerung* oder auch zu einer *Nullbesteuerung* kommen. Einigen sich die Länder aber in der Weise, daß genau einem von ihnen das Besteuerungsrecht zusteht, oder sieht genau eines der Länder eine einseitige Steuerbefreiung oder Anrechnung vor, wird das Einkommen auf Grundlage des Wohnsitzprinzips oder des Quellenprinzips einmal besteuert.

	Wohnsitzstaat besteuert	Wohnsitzstaat besteuert nicht
Quellenstaat besteuert	Doppelbesteuerung	Quellenprinzip
Quellenstaat besteuert nicht	Wohnsitzprinzip	Nullbesteuerung

Tab. 9: Einmal-, Doppel- und Nullbesteuerung

Das Doppelbesteuerungsrecht soll sowohl die Doppelbesteuerung als auch die Nullbesteuerung verhindern und damit den *Grundsatz der Einmalbesteuerung* verwirklichen. Hierzu haben sich in der Rechtspraxis folgende Methoden eingebürgert, die zur sprachlichen Vereinfachung nur für den Bereich der Einkommensbesteuerung geschildert werden, sinngemäß aber auch für andere Steuern gelten:

- *Anrechnungsmethode (credit method):* Der Wohnsitzstaat rechnet die im Quellenstaat gezahlte Steuer auf die inländische Steuerschuld an.
- *Freistellungsmethode (exemption method):* Der Wohnsitzstaat stellt das im Ausland erzielte Einkommen oder der Quellenstaat stellt das im Inland erzielte Einkommen steuerfrei. Bei einer Verwendung des insofern doppeldeutigen Ausdrucks „Freistellung“ ohne Zusatz ist stets die Freistellung im Wohnsitzstaat gemeint.
- *Abzugsmethode (deduction method):* Der Wohnsitzstaat erlaubt den Abzug der im Quellenstaat gezahlten Steuer von der inländischen Bemessungsgrundlage.
- In anderen Fällen werden im Ausland erwirtschaftete Einkommen pauschal besteuert *(Pauschalierung)* oder erlassen *(Erlaß)*.

Es ist klar, daß eine Pauschalierung oder gar ein Billigkeitserlaß keine *Methoden* darstellen; auf diese *ad hoc* Maßnahmen wird im folgenden nicht weiter eingegangen. Das Rechenbeispiel in Tab. 10 verdeutlicht die Wirkung der drei Methoden. Es beruht auf folgenden Annahmen: Der Wohnsitzstaat W und der Quellenstaat Q haben identische progressive Steuertarife. Die Steuerschuld beträgt 30 Euro bei einem Einkommen von 100 Euro, 75 Euro bei einem Einkommen von 170 Euro sowie 100 Euro bei einem Einkommen von 200 Euro. Betrachtet wird ein Steuerpflichtiger, der keine persönlichen Abzüge beansprucht und der aus beiden Staaten ein Einkommen von jeweils 100 Euro bezieht. Wie die Tabelle zeigt, ergibt sich unter der Anrechnungsmethode dieselbe Steuerschuld wie im Referenzfall, bei dem der Steuerpflichtige ausschließlich inländische Einkünfte in Höhe von 200 Euro erwirtschaftet. Die Freistellung führt zu einer geringeren Steuerschuld, der Steuerabzug zu einer höheren.

	Referenzfall		Anrechnung		Freistellung		Steuerabzug	
Staat	W	Q	W	Q	W	Q	W	Q
Einkünfte	200	–	100	100	100	100	100	100
Steuerpflichtig	200	–	200	100	100	100	170	100
Steuer	100	–	70	30	30	30	75	30
Gesamtsteuer	100		100		60		105	

Tab. 10: Ein Rechenbeispiel

Die *Anrechnungsmethode* kommt in Wohnsitzstaaten zur Anwendung, die auf Grundlage des Welteinkommensprinzips besteuern. Sie stellt die von den angelsächsischen Staaten bevorzugte Methode dar und wurde erstmals 1918 von den USA und Großbritannien als einseitige Maßnahme in deren Einkommensteuergesetze aufgenommen. Bei der Anrechnungsmethode kann der Wohnsitzstaat die im Quellenstaat gezahlte Steuer voll anrechnen (*Vollanrechnung, full credit*) oder die Anrechnung auf die Höhe der anteiligen inländischen Steuer begrenzen (*Teilanrechnung, ordinary credit*). Im zweiten Fall verbleibt unter Umständen ein *Anrechnungsüberhang* (*excess credit*); ein Teil der im Ausland gezahlten Steuern wird nicht angerechnet.

Mit der Vollanrechnung wird die Belastung ausländischer Einkünfte auf das Inlandsniveau heraufgeschleust oder herabgeschleust, während sich unter der Teilanrechnung stets der jeweils höhere Steuersatz durchsetzt. Gewährt der Wohnsitzstaat nur die Teilanrechnung, dann kann er die Höchstbetragsregelung darüber hinaus auf jeden einzelnen Quellenstaat beziehen, aus dem die Einkünfte stammen (*per country limitation*) oder auf die ausländischen Einkünfte insgesamt (*overall limitation*). Die hier gebrauchten Anglizismen sollen dem Text übrigens keinen modischen Glanz verleihen, sondern haben keine deutschen Entsprechungen.

Beispiel: Die Summe der Welteinkünfte des Steuerpflichtigen beträgt 100.000 Euro, auf das daraus resultierende zu versteuernde Einkommen sind nach inländischem Recht 28.000 Euro Einkommensteuer zu zahlen. Die ausländischen Einkünfte betragen 10.000 Euro im Quellenstaat Q_1 und 40.000 Euro im Quellenstaat Q_2, die hierauf in den Quellenstaaten erhobenen Steuern 1.000 Euro und 25.000 Euro. Abhängig von der Art der Anrechnung ergibt sich folgende Steuerschuld gegenüber dem Wohnsitzstaat:

- *Vollanrechnung*: Nach Abzug der ausländischen Steuern (26.000 Euro) von 28.000 Euro verbleibt eine inländische Steuerschuld in Höhe von 2.000 Euro.
- *Overall limitation*: Auf die ausländischen Einkünfte (50.000 Euro von 100.000 Euro) entfällt rechnerisch die Hälfte der Steuer, so daß der verbleibende Anrechnungsbetrag auf 14.000 Euro beschränkt wird. Die inländische Steuerschuld beträgt ebenfalls 14.000 Euro, und der Anrechnungsüberhang beläuft sich auf 12.000 Euro.
- *Per country limitation*: Bei dieser Spielregel werden die Anrechnungshöchstbeträge für jeden Quellenstaat gesondert begrenzt, und zwar für den Quellenstaat Q_1 auf 10.000/100.000 von 28.000 Euro, also 2.800 Euro, und für den Quellenstaat Q_2 auf 40.000/100.000 von 28.000 Euro, also 11.200 Euro. Weil die erste Begrenzung leerläuft, werden nur 1.000 + 11.200 Euro angerechnet. Die inländische Steuerschuld beträgt jetzt 15.800 Euro, der Anrechnungsüberhang 13.800 Euro.

Grundsätzlich führen Vollanrechnung und Teilanrechnung zum gleichen steuerlichen Ergebnis, wenn der Wohnsitzstaat vergleichsweise hoch besteuert. Die bei der Teilanrechnung im Vergleich zur Vollanrechnung entstehende Mehrbelastung wird bisweilen als „verbleibende Doppelbesteuerung“ gedeutet, was nicht sachgerecht ist: Versagt ein niedrig besteuernder Wohnsitzstaat die Herabschleusung auf das inländische Steuerniveau per Vollanrechnung, dann ist die Investition mit der einfachen Auslandssteuer belastet und im Inland steuerfrei.

Zwei Sonderformen der Anrechnungsmethode bilden die indirekte und die fiktive Anrechnung. *Indirekte Anrechnung* bedeutet, daß eine Muttergesellschaft mit Sitz im Inland auch die von ihrer Tochter im Ausland gezahlte Steuern anrechnen lassen kann. Bei der *fiktiven Anrechnung (tax sparing credit* oder *matching credit)* werden im Ausland *nicht* gezahlte Quellensteuern auf die inländische Steuerschuld angerechnet. Diese Methode dient der Förderung von Investitionen in Entwicklungsländern.

Die *Freistellungsmethode* heißt auch kontinentaleuropäische Methode. Sie lag dem weltweit ersten Doppelbesteuerungsabkommen (DBA) zugrunde, das am 16. April 1869 zwischen den deutschen Staaten Preußen und Sachsen abgeschlossen wurde. Anders als die Anrechnung, die in der Praxis fast ausschließlich im Wohnsitzstaat vorgenommen wird, erfolgt die Freistellung im Wohnsitzstaat *oder* im Quellenstaat. Besteuert der Wohnsitzstaat auf Grundlage des Territorialprinzips, kommt es zu einer *verdeckten* Freistellung, weil unter dem Territorialprinzip im Ausland erwirtschaftetes Einkommen nicht steuerbar ist und es folglich keiner ausdrücklichen Steuerbefreiung bedarf. Die Freistellung bewirkt, daß ausländisches Einkommen im Wohnsitzstaat als nicht vorhanden gilt. Besteuert der Quellenstaat das betreffende Einkommen ebenfalls nicht, kommt es zur Nullbesteuerung, zu „weißen Einkünften". Um dies zu verhüten, enthalten manche DBA eine sogenannte *subject to tax clause*. Hiernach lebt das Besteuerungsrecht des Quellenstaates wieder auf, wenn der Wohnsitzstaat sein Besteuerungsrecht nicht wahrnimmt. Der Begriff *subject to tax clause* kann aber auch bedeuten, daß das Besteuerungsrecht des Wohnsitzstaates bei Nichtbesteuerung im Quellenstaat wieder auflebt.

Die Freistellung kann entweder unbeschränkt (*full exemption)* oder unter *Progressionsvorbehalt (exemption with progression)* erfolgen. Im letzteren Fall sind die ausländischen Einkünfte zwar steuerfrei, werden aber bei der Ermittlung des Durchschnittsteuersatzes berücksichtigt. Mit e als zu versteuerndem Einkommen, f als steuerfreien ausländischen Einkünften, die dem Progressionsvorbehalt unterliegen, und T(.) als inländischem Steuertarif beträgt die Steuerschuld unter dem

$$(158) \qquad \textit{Progressionsvorbehalt:} \quad T = \frac{T(e+f)}{e+f}\,e\,.$$

Bei einem progressiven Tarif und positiven steuerfreien Einkünften ist diese Steuerschuld höher als $T(e) = T(e)/e\,e$, weil der Durchschnittssteuersatz mit steigendem Einkommen zunimmt. Werden auch ausländische *Verluste* in die Ermittlung des Durchschnittsteuersatzes einbezogen, spricht man von einem *negativen Progressionsvorbehalt.*

Methode	Persönliche Steuerpflicht	Sachliche Steuerpflicht
Anrechnung	(Wohnsitzprinzip)	(Welteinkommensprinzip)
Freistellung in W	Quellenprinzip	Territorialprinzip
Freistellung in Q	Wohnsitzprinzip	Welteinkommensprinzip

Tab. 11: Kollisionsauflösende Methoden

Tab. 11 zeigt die Beziehungen zwischen den kollisionsauflösenden Methoden und den zuvor beschriebenen Prinzipien internationaler Besteuerung. Die Klammern in der zweiten Zeile deuten an, daß die Anrechnungsmethode die betreffenden Prinzipien nicht durchweg in reiner Form verwirklicht, sondern nur, wenn der Wohnsitzstaat (W) die im Quellenstaat (Q) gezahlte Steuer voll anrechnet. In diesem Fall zahlt der Steuerpflichtige im Wohnsitzstaat auf sein Welteinkommen dieselbe Steuer wie bei ausschließlich inländischer Einkommenserzielung. Hinsichtlich der *Verteilung des Steueraufkommens* verbleibt gleichwohl ein Unterschied zur Freistellung im Quellenstaat, weil der Quellenstaat das Steueraufkommen unter der Anrechnungsmethode ganz oder zum Teil vereinnahmen kann.

Die bisher beschriebenen Methoden zur Verhinderung der Doppelbesteuerung werden entweder zwischenstaatlich vereinbart oder *unilateral* (einseitig) angewandt. Das deutsche Einkommensteuergesetz kennt (außerhalb des Halbeinkünfteverfahrens) keine einseitige Freistellung, jedoch sieht § 34c EStG eine einseitige Anrechnung vor. Hiernach wird bei unbeschränkt Steuerpflichtigen die im Ausland festgesetzte und gezahlte und keinem Ermäßigungsanspruch mehr unterliegende Steuer auf die deutsche Einkommensteuer angerechnet oder wahlweise von der Bemessungsgrundlage abgezogen, und zwar nach Maßgabe der Teilanrechnung mit *per country limitation*[267]. Der Anrechnungshöchstbetrag wird nach der Formel „Deutsche Einkommensteuer × ausländische Einkünfte/Summe der Einkünfte" ermittelt. Anrechnung bzw. Abzug setzen voraus, daß die ausländische Steuer der deutschen Einkommensteuer entspricht. Im Fall einer Kapitalgesellschaft wird die Doppelbesteuerung durch Anrechnung der ausländischen Körperschaftsteuer beseitigt (§ 26 Abs. 1 KStG) oder durch Freistellung von inländischer Steuer (§ 8b KStG).

Alle bisher genannten Vorschriften greifen nur subsidiär im Verhältnis zu jenen Ländern, mit denen Deutschland kein DBA abgeschlossen hat. Damit ist der wichtigere Teil des Doppelbesteuerungsrechts angesprochen, nämlich die Doppelbesteuerungsabkommen, von denen Deutschland inzwischen allein auf dem

267 Ein Abzug von der Bemessungsgrundlage anstelle der Anrechnung ist für den Steuerpflichtigen bei negativen inländischen Einkünften vorteilhaft. Mangels Steuerschuld liefe eine Anrechnung ins Leere, während der Abzug über den Verlustvortrag oder -rücktrag die Steuerschuld anderer Jahre mindert.

Gebiet der Einkommensteuer rund 90 vereinbart hat; hinzu treten einige Abkommen für die Erbschaft- und Schenkungsteuer. Die genannten DBA über direkte Steuern sind bilaterale Verträge, während es für die Kraftfahrzeugsteuer ein multilaterales „Abkommen über die Besteuerung von Straßenfahrzeugen zum privaten Gebrauch im internationalen Verkehr" gibt. Bei einem DBA handelt es sich um einen *völkerrechtlichen Vertrag*. Völkerrechtliche Verträge werden vom Bundespräsidenten abgeschlossen, der hierzu allein befugt ist, Art. 59 Abs. 1 GG. Sie bedürfen der Zustimmung des Bundestags und oft auch des Bundesrats, Art. 59 Abs. 2 GG. Völkerrechtliche Verträge stehen im Rang von Bundesgesetzen, während die *allgemeinen Regeln des Völkerrechts* Bestandteil des Bundesrechts sind und den Bundesgesetzen vorgehen, Art. 25 GG.

Welche Rechtsnorm gilt, wenn ein DBA einem einfachen Steuergesetz des Bundes widerspricht? Der § 2 AO bestimmt, daß Verträge mit anderen Staaten den Steuergesetzen vorgehen. Diese Bestimmung ist zum Teil deklaratorisch und dort, wo sie nicht deklaratorisch ist, falsch. Nach einem allgemeinen Prinzip verdrängt nämlich das spezielle Recht das allgemeine Recht. Wenn also ein DBA bestimmte Einkommen, die gemäß EStG steuerpflichtig sind, von der Besteuerung ausnimmt, geht das DBA der gesetzlichen Regelung vor, weil es spezielles Recht ist. Dies gilt auch ohne § 2 AO, der zudem der oben zitierten Verfassungsvorschrift des Art. 59 Abs. 1 GG widerspricht und schon deshalb ins Leere geht. Konterkariert der Bundesgesetzgeber ein bereits in Kraft befindliches DBA durch ein Gesetz, das die Anwendung des DBA ausdrücklich ausschließt (der Leser betrachte etwa § 20 Abs. 1 AStG), so geht dieses Gesetz dem DBA als spezielles und später erlassenes Recht vor. Dieser Tatsache steht der unglücklich formulierte § 2 AO nicht entgegen, weil er selbst nur den Rang eines einfachen Bundesgesetzes hat und deshalb nicht das Rangverhältnis anderer Bundesgesetze regeln kann. Der nachträgliche Bruch eines DBA, international *treaty overriding* genannt, verletzt zwar im Verhältnis zum ausländischen Staat das Wiener Übereinkommen über das Recht der Verträge (WÜRV), jedoch kann sich der Steuerpflichtige hierauf nicht berufen. Für ihn gilt die gesetzliche Regelung.

Soweit ein DBA eine Freistellung oder Anrechnung anordnet, ist das Abkommen *self-executing*; die Vorschrift bewirkt eine unmittelbare Steuerermäßigung nach nationalem Recht, ohne daß es hierzu eines besonderen Gesetzes bedürfte. Im umgekehrten Fall, wenn das Abkommen einem Vertragsstaat das Besteuerungsrecht zuweist, kommt es auf den genauen Wortlaut des Abkommens an: Sieht das DBA vor, daß der Vertragsstaat bestimmte Einkünfte besteuern *kann*, tritt Steuerpflicht nur ein, wenn die betreffenden Einkünfte nach Maßgabe anderer Rechtsnormen steuerpflichtig sind. Besagt der Wortlaut aber, daß der Vertragsstaat die Einkünfte *besteuert*, entsteht für diesen Staat eine Besteuerungspflicht, und das Abkommen ist insoweit *self-executing*.

In einer Welt mit n Staaten müßten für jede Steuer, die überall erhoben wird, $(n^2 - n)/2$ DBA abgeschlossen werden, um Doppelbesteuerungen auf bilateralem Wege auszuschließen. Diese Zahl wird in der Realität bei weitem nicht erreicht. Zumindest im Bereich der Einkommensteuer bestehen jedoch zahlreiche Abkommen, und zwar vor allem zwischen den Industrieländern. Diese legen ihren Verhandlungen häufig das *OECD-Musterabkommen* (OECD-MA) zugrunde[268]. Das OECD-MA stellt eine Empfehlung des Steuerausschusses der *Organisation for Economic Co-operation and Development* dar. Es hat keine rechtliche Bindungswirkung, sondern dient eher als Verhandlungsbasis. Seine Grundzüge werden im folgenden dargestellt. Abschnitt II des Abkommens definiert zunächst einige wichtige Begriffe. Gemäß Art. 3 umfaßt der Begriff *Person* natürliche Personen, Gesellschaften und Personenvereinigungen. Nur Personen in diesem Sinne können Abkommensvorteile beanspruchen.

Art. 4 enthält das *Ansässigkeitsprinzip*. Dieses unterscheidet sich von den obigen Prinzipien persönlicher Steuerpflicht (Wohnsitzprinzip, Nationalitätsprinzip, Quellenprinzip) dadurch, daß eine Person zwar in beiden Staaten ansässig sein kann, jedoch für Abkommenszwecke als in höchstens einem Staat ansässig *gilt*. Über die Ansässigkeit entscheiden, in dieser Reihenfolge, i) der ständige Wohnsitz, ii) der Mittelpunkt der Lebensinteressen, iii) der gewöhnliche Aufenthalt, iv) die Staatsangehörigkeit oder v) eine Vereinbarung der Vertragspartner, wobei die jeweils nachgeordnete Kollisionsregel (*tie-breaker rule*) nur zum Zuge kommt, wenn die vorige keine Lösung ergab. Demnach kann eine Person zwar mehrere Wohnsitze haben und in mehreren Staaten unbeschränkt steuerpflichtig sein, aber Ansässigkeit ist stets in nur einem der beiden Staaten gegeben, dem *Ansässigkeitsstaat*.

Art. 5 des Musterabkommens bestimmt, daß unter einer *Betriebsstätte* eine feste Geschäftseinrichtung zu verstehen ist, durch die die Tätigkeit eines Unternehmens ganz oder teilweise ausgeübt wird. Eine Betriebsstätte ist für sich genommen keine Person, kann also keine Abkommensvorteile beanspruchen. Person, Ansässigkeit und Betriebsstätte sind die drei Schlüsselbegriffe des Musterabkommens.

Abschnitt III enthält Vorschriften über die Besteuerungsrechte des Quellenstaates und des Ansässigkeitsstaates, und zwar getrennt nach Einkunftsarten. Wichtige Einkunftsarten des Musterabkommens sind Einkünfte aus unbeweglichem Vermögen (Art. 6), Unternehmensgewinne (Art. 7 und 9), Einkünfte aus Schifffahrt und Luftfahrt (Art. 8), Dividenden (Art. 10), Zinsen (Art. 11), Lizenzgebühren (Art. 12), Veräußerungsgewinne (Art. 13), Einkünfte aus unselbständiger Arbeit (Art. 15) sowie weitere, in Art. 16 bis 21 genannte Einkünfte. Für Einkünfte aus selbständiger Arbeit galt bis 1999 ein eigenständiger Art. 14; seither werden sie nach denselben Regeln wie Unternehmensgewinne besteuert. Die *Verteilungsnormen* des Abschnitts III regeln die Steuerverteilung auf Quellenstaat und Ansässigkeitsstaat, indem sie deren Zugriffsrechte beschränken.

Soweit gewisse Einkünfte nach Maßgabe der Verteilungsnormen nur von einem der Vertragsstaaten besteuert werden, wird die Doppelbesteuerung vermieden.

268 Vogel, K. (2003) *Doppelbesteuerungsabkommen*. 4. Auflage München: Beck. Darin enthalten sind der Originaltext des Abkommens, seine Kommentierung und die Abweichungen der deutschen DBA vom Musterabkommen.

Weil die Verteilungsnormen häufig aber den steuerlichen Zugriff beider Vertragsstaaten erlauben, enthält Abschnitt V Normen zur Auflösung der etwaig verbleibenden Doppelbesteuerung. Das Abkommen stellt dem Ansässigkeitsstaat hierbei zwei Alternativen zur Wahl: Er kann entweder die auf Dividenden und Zinsen gezahlte Steuer *anrechnen* und die übrigen Einkunftsarten *freistellen* (Art. 23A) oder *allgemein* die *Anrechnungsmethode* wählen (Art. 23B). Die Kollisionsauflösung obliegt demnach stets dem Ansässigkeitsstaat. Tab. 12 zeigt am Beispiel einiger wichtiger Einkunftsarten, welche Besteuerungsrechte der Quellenstaat hat und wie der Wohnsitzstaat gegebenenfalls die Doppelbesteuerung beseitigen kann. Man beachte, daß Lizenzgebühren, die etwa für Bücher, Filme, Marken oder Patente gezahlt werden, im Quellenstaat überhaupt nicht besteuert werden dürfen.

Einkünfte aus	Behandlung im Quellenstaat	Behandlung im Ansässigkeitsstaat
A. Grundvermögen, Landwirtschaft, Gewerbe, selbständiger oder nichtselbständiger Arbeit	Vollbesteuerung	Freistellung oder Anrechnung
B. Dividenden und Zinsen	Begrenzte Besteuerung	Anrechnung
C. Lizenzgebühren usw.	Freistellung	Vollbesteuerung

Tab. 12: Auflösung der Doppelbesteuerung nach OECD-MA

Der besonders verbreitete Fall grenzüberschreitender Einkünfte aus Dividenden (oder Zinsen) sei ein wenig näher betrachtet. Hierbei erlaubt das DBA dem Quellenstaat z. B. die Erhebung einer Steuer in Höhe von 10 % der Bruttodividende; in Deutschland ist dies die Kapitalertragsteuer. Der Ansässigkeitsstaat gestattet im typischen Fall die Teilanrechnung, aber begrenzt auf den im Abkommen zugestandenen Betrag. Folglich muß der Steuerpflichtige zur Vermeidung eines Anrechnungsüberhangs gegebenenfalls eine Steuerermäßigung im Quellenstaat beantragen. Deutschland wendet als Ansässigkeitsstaat die Teilanrechnung mit *per country limitation* an und geht dabei vom Nettoertrag (Bruttoertrag abzüglich anteiliger Werbungskosten) aus, was die Entstehung von Anrechnungsüberhängen zusätzlich begünstigt.

Für die *internationale Unternehmensbesteuerung* gelten nach OECD-MA folgende Grundregeln. Der Gewinn eines in Land A ansässigen Unternehmens darf unabhängig von dessen Rechtsform nur in diesem Land besteuert werden. Die Tatsache, daß das Unternehmen einen Teil seiner Produkte gewinnbringend in Land B verkauft, berechtigt Land B nicht zu einer Gewinnbesteuerung. Unterhält das Unternehmen in Land B aber eine Betriebsstätte, darf der Betriebsstättengewinn in Land B besteuert werden. In diesem Fall beseitigt Land A die Doppelbesteuerung, indem es den Betriebsstättengewinn freistellt oder die in

Land B gezahlte Gewinnsteuer auf die inländische Steuerschuld des Unternehmens anrechnet. Betriebsstättengewinn ist jener Gewinn, den die Betriebsstätte erzielt hätte, wenn sie ein selbständiges Unternehmen wäre.

Schließlich enthält Abschnitt VI des Musterabkommens Grundsätze zur Gleichbehandlung, zum Verständigungsverfahren, zum Informationsaustausch und zur Vollstreckung. Das *Gleichbehandlungsgebot* (Art. 24) untersagt die Diskriminierung von Angehörigen eines Vertragsstaates im anderen Vertragsstaat. Das *Verständigungsverfahren* (Art. 25) dient der Ausräumung von Unstimmigkeiten bei der Anwendung des DBA und sieht darüber hinaus ein außergerichtliches Rechtsbehelfsverfahren vor[269]. Der *Informationsaustausch* (Art. 26) betrifft die Verpflichtung der beiden Vertragsstaaten, die zur Durchführung des Abkommens erforderlichen Informationen auszutauschen; er ist ein wichtiges Hilfsmittel zur Bekämpfung der internationalen Steuerhinterziehung[270]. In der jüngeren Vergangenheit zeigen Informationsaustausch und Auskunftsersuchen allgemein, vor allem aber innerhalb der Europäischen Union, eine stark zunehmende Tendenz[271]. Schließlich regelt Art. 27 die internationale Amtshilfe bei der *Vollstrekkung* von Steueransprüchen.

Das OECD-MA hat die Vertragspraxis der Industrieländer stark geformt. Bei Verhandlungen mit Entwicklungsländern wird es oft zugunsten eines anderen Musterabkommens modifiziert, das von den Vereinten Nationen verabschiedet wurde (UN-MA)[272]. Im Vergleich zum OECD-MA betont das UN-MA stärker das Besteuerungsrecht des Quellenstaates. Die dort vorgesehenen Quellensteuersätze sind höher; allerdings werden die Einkünfte gemäß UN-MA generell nach dem Nettoprinzip ermittelt, während das OECD-MA bei zahlreichen Einkunftsarten (z. B. Zinsen oder Dividenden) Quellensteuern vom Bruttoertrag vorsieht. Deutschland trägt in seiner Abkommenspolitik sehr weitgehend den Interessen von Kapitalimportstaaten Rechnung, die häufig eine Freistellung anstelle der Anrechnung wünschen[273]. Im Gegensatz hierzu halten insbesondere die USA strikt an der Anrechnungsmethode fest[274].

---

269 Lehner, M. (1982) *Möglichkeiten zur Verbesserung des Verständigungsverfahrens auf der Grundlage des EWG-Vertrages*. München: Beck.

270 Die Vorteilhaftigkeit des Informationsaustauschs analysieren Bacchetta, P. und M. P. Espinosa (2000) Exchange-of-Information Clauses in International Tax Treaties. *International Tax and Public Finance* 7, S. 275–293.

271 Einführend: Bilsdorfer, P. und R. Weyand (2004) *Die Informationsquellen und -wege der Finanzverwaltung*. 6. Auflage Berlin: E. Schmidt. Die Auskunftsersuchen beruhen auf Doppelbesteuerungsrecht, auf § 117 AO als unilateraler Grundlage und innerhalb der Europäischen Union auf der Amtshilferichtlinie und der Zinsrichtlinie.

272 United Nations (1980) *United Nations Model Double Taxation Convention Between Developed and Developing Countries*. UN Documentation ST/ESA/102.

273 Krabbe, H. (1994) Das neue OECD-Musterabkommen und die deutsche Abkommenspolitik. In: Herzig, N. (Hrsg.) *Steuerberater-Jahrbuch 1993/94*. Köln: Schmidt.

274 Eine rechtsvergleichende Darstellung der Besteuerungsphilosophien Europas, Nordamerikas und Lateinamerikas findet der Leser in Vogel, K. (1985) Hrsg.: *Steuern auf ausländische Einkünfte*. München: Beck.

3. Außensteuerrecht

Das Außensteuerrecht umfaßt Maßnahmen, die das Doppelbesteuerungsrecht aus fiskalischen oder anderen Gründen einschränken; es richtet sich einerseits gegen Mißbräuche des Doppelbesteuerungsrechts, andererseits gegen Investitionen in eine *Steueroase (tax haven)*. Das Außensteuerrecht kann national kodifiziert oder bereits Bestandteil eines DBA sein; insofern ist die Grenze zwischen Doppelbesteuerungsrecht und Außensteuerrecht fließend. Wichtigste Quelle des deutschen Außensteuerrechts ist das Außensteuergesetz (AStG). Die ersten vier Teile des Außensteuergesetzes erweitern den deutschen Steueranspruch folgendermaßen[275].

1. Dealing at arm's length clause (§ 1 AStG): Diesen Terminus kann man mit Fremdvergleich oder Drittvergleich übersetzen. Wenn ein Inländer und eine ihm nahestehende ausländische Person im Rahmen ihrer Geschäftsbeziehungen Bedingungen vereinbaren, die zwischen unabhängigen Dritten nicht vereinbart worden wären, bleiben hieraus resultierende Minderungen der inländischen Einkünfte steuerlich außer Betracht. Die inländischen Einkünfte werden mit jenem Betrag angesetzt, der sich bei Beziehungen zwischen unabhängigen Dritten ergeben hätte (mit denen man auf Armeslänge verhandelt). Die auch in Art. 9 OECD-MA vorgesehene *dealing at arm's length clause* soll Gewinnverlagerungen zwischen verbundenen Unternehmen steuerlich negieren. Ohne diese Klausel könnte eine inländische Gesellschaft für Dienstleistungen ihrer Auslandstochter oder ihrer ausländischen Betriebsstätte überhöhte Verrechnungspreise *(transfer prices)* zahlen und damit den Gewinn in das niedrig besteuernde Ausland verlagern. Dieses *transfer pricing* ist vor allem interessant, wenn die im Ausland angefallenen Gewinne nach inländischem Recht freigestellt sind und folglich steuerneutral repatriiert werden können.

2. Erweiterte beschränkte Steuerpflicht (§§ 2 bis 5 AStG): Die erweiterte beschränkte Steuerpflicht trifft natürliche Personen, die innerhalb der letzten zehn Jahre mindestens fünf Jahre lang als Deutsche unbeschränkt steuerpflichtig waren, ihren Wohnsitz in ein Niedrigsteuerland verlegen und weiterhin wesentliche wirtschaftliche Interessen im Inland haben; es handelt sich also um eine Abwehrvorschrift gegen *Steuerausweichung durch Wohnsitzwechsel*. Anders als beschränkt Steuerpflichtige, also Ausländer, unterliegen die genannten Personen nicht nur mit ihren inländischen Einkünften (§ 49 EStG) der deutschen Steuerpflicht, sondern darüber hinaus mit allen Einkünften, die nicht ausländische Einkünfte im Sinne des § 34d EStG sind. Hierzu gehören etwa Einkünfte aus Gewerbebetrieb, die weder einer inländischen noch einer ausländischen Betriebsstätte zugerechnet werden können, oder Zinsen aus Darlehen, die nicht durch inländische Grundpfandrechte gesichert sind. Ein weiterer Unterschied zwischen diesen Formen der Steuerpflicht besteht in folgendem: Bei beschränkter Steuerpflicht wird die inländische Einkommensteuer oft durch den Quellen-

---

275 Vgl. zu Erfahrungen mit dem Außensteuergesetz die Beiträge in Vogel, K. (1981) *Steueroasen und Außensteuergesetze*. München: Beck.

abzug abgegolten, § 50 Abs. 5 EStG. Erweitert beschränkt Steuerpflichtige werden hingegen nach dem progressiven Tarif besteuert, mindestens jedoch in Höhe der Steuerabzugsbeträge, § 2 Abs. 5 AStG. Die erweiterte beschränkte Steuerpflicht richtet sich in der Praxis vor allem gegen Sportler und Künstler.

3. Steuerentstrickung, Wegzugsbesteuerung: Als Steuerentstrickung bezeichnet man das Ausscheiden aus der inländischen Steuerhoheit. Dieser Sachverhalt kann sowohl Personen (*persönliche Steuerentstrickung*) als auch Sachen (*sachliche Steuerentstrickung*) betreffen und umfaßt zahlreiche Varianten. Hierzu gehören der Wegzug des Steuerpflichtigen ins Ausland, die Begründung eines zweiten Wohnsitzes im Ausland oder die Verbringung eines zum Betriebsvermögen gehörenden Gegenstands ins Ausland. Im ersten Fall endet die unbeschränkte inländische Steuerpflicht, im zweiten Fall wird die inländische Steuerhoheit möglicherweise durch die Ansässigkeitsregel eines DBA eingeschränkt, im dritten Fall gehört der Gegenstand nicht länger zum inländischen Betriebsvermögen. In allen genannten Fällen stellt sich das Problem der Erfassung stiller Reserven, die während der inländischen Steuerpflicht gebildet wurden.

Nach dem Realisationsprinzip unterliegen Gewinne aus der Veräußerung eines land- oder forstwirtschaftlichen Betriebs (§ 14 EStG), eines Gewerbebetriebs (§ 16 EStG) oder gewissen Beteiligungen an Kapitalgesellschaften (§ 17 EStG) erst im Zeitpunkt der Gewinnrealisation der Besteuerung; dasselbe gilt sinngemäß bei Einkünften aus selbständiger Arbeit (§ 18 Abs. 3 EStG) und im Fall einer Betriebsaufgabe. Nach der Rechtsprechung des Bundesfinanzhofs gilt die persönliche Steuerentstrickung als *Betriebsaufgabe*, die sachliche Steuerentstrikkung als *Entnahme*. In beiden Fällen kommt es folglich zu einer fiktiven Gewinnrealisierung im Zeitpunkt des Ausscheidens aus der deutschen Steuerhoheit und zu einer entsprechenden Besteuerung. Diese Rechtsprechung ist im Schrifttum umstritten, aber sachlich gerechtfertigt.

Die gesetzliche Regelung der sogenannten *Wegzugsbesteuerung* greift nur unter engen Voraussetzungen: § 6 AStG ordnet an, daß § 17 EStG auch dann auf Veräußerungsgewinne aus Beteiligungen an inländischen Kapitalgesellschaften anzuwenden ist, wenn die Anteile beim Wegzug nicht veräußert werden; an die Stelle des Veräußerungspreises tritt der gemeine Wert der Anteile. Voraussetzung ist, daß der Anteilseigner mindestens zehn Jahre lang unbeschränkt steuerpflichtig war und aus der unbeschränkten Steuerpflicht durch Aufgabe des Wohnsitzes oder des gewöhnlichen Aufenthaltes ausscheidet. Die Wegzugsbesteuerung ist mit europäischem Recht wohl unvereinbar.

4. Hinzurechnungsbesteuerung (§§ 7 bis 14 AStG): Das internationale Steuerrecht behandelt Kapitalgesellschaften grundsätzlich als eigenständige Steuersubjekte, auch dann, wenn sie wirtschaftlich oder rechtlich eng miteinander verflochten sind; nur unter bestimmten Voraussetzungen (Konsolidierung, Organschaft) weicht man von diesem Grundsatz ab. Auf diese Weise entfaltet die Kapitalgesellschaft gegenüber ihren Anteilseignern eine *Abschirmwirkung*. Aus Sicht des Wohnsitzstaates ist die Abschirmwirkung insbesondere dann unerwünscht, wenn der Quellenstaat einbehaltene Gewinne niedrig besteuert und die im Quellenstaat ansässige Kapitalgesellschaft keine Ausschüttungen an ihre im Wohnsitzstaat ansässigen Eigner vornimmt. Für die Steuerschuld im Wohnsitzstaat ergibt sich unter diesen Voraussetzungen ein *Steueraufschub (tax deferral)* bis zur Liquidation der ausländischen Kapitalgesellschaft und damit aufgrund des Zinseffekts ein Steuervorteil.

Die *Hinzurechnungsbesteuerung* erweitert den Katalog steuerpflichtiger Einkünfte um Einkünfte aus passivem Erwerb einer niedrig besteuerten ausländischen Kapitalgesellschaft (*Zwischengesellschaft, conduit company*). Deren Gewinne, Zwischeneinkünfte genannt, werden um die ausländischen Steuern der Gesellschaft gekürzt und dem inländischen Steuerpflichtigen entsprechend seinem Anteil am Nennkapital als sogenannter *Hinzurechnungsbetrag* zugerechnet, § 10 AStG. Statt des Steuerabzugs ist in bestimmten Fällen auch die Anrechnung der ausländischen Steuer möglich, § 12 AStG. Die tatbestandlichen Voraussetzungen der Hinzurechnungsbesteuerung können hier nicht annähernd genau wiedergegeben werden. Grundsätzlich muß die ausländische Gesellschaft in einem *Niedrigsteuergebiet* ansässig sein und Einkünfte aus *passivem Erwerb* – also nicht durch aktive Teilnahme am Wirtschaftsgeschehen – erzielen. Die Abschirmwirkung bleibt folglich erhalten, wenn die ausländische Kapitalgesellschaft aktiv tätig oder nicht in einem Niedrigsteuergebiet ansässig ist. Unter einem Niedrigsteuergebiet versteht das AStG ein Gebiet mit einer ertragsteuerlichen Belastung von weniger als 25 %.

Weitere Abwehrmaßnahmen des nationalen Außensteuerrechts beruhen auf § 42 AO, der allgemeinen Vorschrift zum Gestaltungsmißbrauch. Ein *Gestaltungsmißbrauch* liegt vor, wenn eine zivilrechtliche Gestaltung wirtschaftlich unangemessen ist und von den Parteien nur zur Umgehung des steuerbegründenden Tatbestands gewählt wurde. Im Außensteuerrecht betrifft der Gestaltungsmißbrauch insbesondere die Einkünfteverlagerung in Niedrigsteuergebiete durch sogenannte Basisgesellschaften. Unter einer *Basisgesellschaft (base company)* versteht man eine deutsch beherrschte ausländische Kapitalgesellschaft, die in einem Niedrigsteuergebiet ansässig ist und keinen nennenswerten eigenen Geschäftsbetrieb unterhält („Briefkastenfirma")[276]. Eine Basisgesellschaft wird steuerlich negiert; sie gilt als nicht vorhanden. Deshalb dürfen Basisgesellschaften nicht mit den oben erwähnten Zwischengesellschaften verwechselt werden, bei denen auf der Rechtsfolgenseite bloß eine Hinzurechnung stattfindet und die auf der Tatbestandsseite einen typisierten Gestaltungsmißbrauch voraussetzen. Im Unterschied hierzu ist § 42 AO umfassend anwendbar und bewirkt etwa, daß die bei Gründung einer Basisgesellschaft entstehenden Kosten steuerlich nicht anerkannt werden; die Beweislast für den Gestaltungsmißbrauch trägt freilich die Finanzverwaltung.

---

276 Schaumburg (Fußnote 263, S. 298). Der Begriff Basisgesellschaft ist nicht gesetzlich definiert, sondern wird von der Rechtsprechung im Anwendungsbereich des § 42 AO gebraucht. Der englische Begriff stammt von Gibbons (1956) Tax Effects of Basing International Business Abroad. *Harvard Law Review* **69**, S. 1206 ff.

Oft wird das inländische Steueraufkommen nicht durch die Gestaltungskünste der Steuerpflichtigen geschmälert, sondern durch Maßnahmen ausländischer Staaten. Ein bekanntes Beispiel hierfür bilden die irischen *Dublin Docks*, ein Gebiet, das nach irischem Recht erhebliche Steuerprivilegien genießt. Im Verhältnis zu Staaten wie Deutschland, die ausländische Betriebsstättengewinne regelmäßig freistellen, kann Irland durch Gewährung des Steuerprivilegs Kapital anziehen. Die deutsche Steuerrecht kennt für derartige Fälle drei Abwehrmaßnahmen:

- *Subject to tax clause* (Besteuerungsvorbehalt): Die Einkünfte werden nur von der deutschen Steuer ausgenommen, wenn sie im Ausland der Besteuerung unterlagen.
- *Switch-over clause* (Umschaltklausel): Hierbei behält sich Deutschland einen Übergang von der Freistellung zur Anrechnung vor, wenn der Quellenstaat nicht oder nicht ausreichend besteuert.
- *Activity clause* (Aktivitätsvorbehalt): Hiernach wird die Freistellung nur bei aktiver Geschäftstätigkeit gewährt. Unter den engen Voraussetzungen des Außensteuergesetzes verbindet § 20 Abs. 2 AStG den Aktivitätsvorbehalt und die Umschaltklausel als unilaterale Abwehrmaßnahmen.

Trotz des gesetzgeberischen Einfallsreichtums auf außensteuerlichem Gebiet bietet das internationale Steuerrecht zahlreiche Schlupflöcher. Hierzu gehören das *rule shopping* und das *treaty shopping*. *Rule shopping* meint die Umqualifizierung einer Einkunftsart in eine andere mit dem Ziel, eine Steuerminderung oder Freistellung im Quellenstaat oder Wohnsitzstaat, möglichst sogar in beiden, zu erlangen. Einkauf in ein DBA, also *treaty shopping*, bedeutet die Zwischenschaltung abkommensberechtigter Rechtsträger durch nicht abkommensberechtigte Personen, die hierdurch in den Genuß der Abkommensvorteile gelangen. Nicht abkommensberechtigte Personen sind unter anderem solche, die in Steueroasen ansässig sind; aus naheliegenden Gründen werden mit Steueroasen meist keine DBA vereinbart.

Beispiel: Fernsehmoderatorin S produziert ihre Beiträge mittels einer deutschen Kapitalgesellschaft, die Tochter einer Kapitalgesellschaft auf den Niederländischen Antillen ist. Zwischen Deutschland und den Niederländischen Antillen besteht kein DBA. S möchte die Kapitalertragsteuer senken, die Deutschland auf Ausschüttungen der Tochter an die Mutter erhebt. Möglich wird dies durch Zwischenschaltung einer Kapitalgesellschaft in den Niederlanden, weil die Niederlande sowohl mit Deutschland als auch mit den Niederländischen Antillen DBA abgeschlossen haben, die das Besteuerungsrecht des jeweiligen Quellenstaates begrenzen.

4. Ausländisches Steuerrecht

Das ausländische Steuerrecht wirkt in vielfältiger Weise auf die Besteuerungsgrundlagen und das Steueraufkommen des Inlands ein. In manchen Belangen ist dies offensichtlich: Soweit etwa der Wohnsitzstaat anrechnet, erhöht sich sein Steueraufkommen unmittelbar, wenn der Quellenstaat die Steuern senkt. Die

Verschiedenheit von inländischem und ausländischem Steuerrecht verursacht zahlreiche Probleme. Ein wichtiges Beispiel hierfür sind *Qualifikationskonflikte*; sie treten auf, wenn die beteiligten Staaten bestimmte Einkünfte unter verschiedene Einkunftsarten subsumieren, wenn also z. B. Land A etwas als Zinsen ansieht, was aus Sicht von Land B Dividende darstellt. Stärker noch als im nationalen Kontext kann ein Qualifikationskonflikt weitreichende Folgen haben. Traum aller internationalen Steuersparer ist der negative Qualifikationskonflikt, bei dem das Einkommen in beiden Staaten freigestellt wird; im umgekehrten Fall des positiven Qualifikationskonflikts scheitert die beabsichtigte Verhinderung der Doppelbesteuerung. Noch subtiler sind jene Probleme, die durch international abweichende *Auslegungsgrundsätze* bestehen. Was z. B. aus deutscher Sicht eine zulässige teleologische Auslegung darstellt, kann aus angelsächsischer Sicht bereits unzulässige Rechtschöpfung sein – aber dies zu erörtern hieße den Rahmen einer bescheidenen steuerrechtlichen Einführung sprengen.

§ 53 Gerechte internationale Besteuerung

Die folgende ökonomische Analyse bezieht sich zunächst auf *direkte Steuern*. Indirekte Steuern werden erst später erörtert, weil die dabei auftretenden Probleme eine andere Behandlung erfordern. Im Vordergrund der Betrachtung steht die Einkommensteuer, doch können viele Ergebnisse ohne Umstände auf andere direkte Steuern übertragen werden. Die Besteuerung von Kapitalgesellschaften wird allerdings zurückgestellt.

Das Problem internationaler Steuergerechtigkeit hat zwei Dimensionen, die sorgfältig voneinander unterschieden werden müssen. Internationale Steuergerechtigkeit erfordert einerseits *individuelle Gerechtigkeit* in bezug auf die Steuerpflichtigen; sie erfordert andererseits eine angemessene *Verteilung des Steueraufkommens* auf die Steuergläubiger. Wie sich zeigen wird, sind diese beiden Aspekte nicht untrennbar ineinander verwoben und sollten deshalb separat behandelt werden. Die Literatur schweigt sich zur Frage internationaler Steuergerechtigkeit weitgehend aus, doch fügen sich die folgenden Überlegungen fast bruchlos in die bisherige Systematik ein.

1. Gerechtigkeit gegenüber den Steuerpflichtigen

Welche Verfahren der internationalen Einkommensbesteuerung gewährleisten *individuelle Gerechtigkeit* im Sinne einer Besteuerung nach der wirtschaftlichen Leistungsfähigkeit? Die Beantwortung dieser Frage erfolgt in zwei Schritten. Zunächst muß der Inhalt des Leistungsfähigkeitsprinzips bei grenzüberschreitender Einkunftserzielung geklärt werden. Sodann ist durch Subsumtion zu entscheiden, welche Formen der internationalen Einkommensbesteuerung dem so verstandenen Leistungsfähigkeitsprinzip genügen.

Im *nationalen Kontext* erfordern das Leistungsfähigkeitsprinzip bzw. der Grundsatz gleichmäßiger Besteuerung, daß Personen mit gleichen Einkommen gleiche Steuerbeträge zahlen, wobei es weder auf den Aufenthaltsort noch auf den Ort der Einkunftserzielung ankommt. Der Berliner Aktionär, der Anteile an einer Hamburger Aktiengesellschaft hält, wird einerseits wie alle in Berlin ansässigen Einkommensbezieher behandelt, andererseits wie alle übrigen Anteilseigner der Hamburger Aktiengesellschaft, gleichgültig, wo sie im Inland wohnen. Ein so verstandenes Leistungsfähigkeitsprinzip könnte offensichtlich nur dann auf den internationalen Bereich übertragen werden, wenn alle nationalen Steuerrechtsordnungen identisch wären. Bei nationaler Steuerautonomie scheitert das Prinzip, denn es ist offensichtlich unmöglich, daß ein in Frankreich ansässiger Anteilseigner einer deutschen Aktiengesellschaft im Vergleich zu anderen Franzosen *und* im Vergleich zu deutschen Anteilseignern steuerlich gleich behandelt wird, sofern die französische und die deutsche Steuerrechtsordnung Unterschiede aufweisen.

In Anerkenntnis der Bedeutung und Nützlichkeit nationaler Steuerautonomie müssen die Anforderungen an internationale Steuergerechtigkeit deshalb zurückgenommen werden, was jedoch keinesfalls bedeutet, daß nun jeder beliebige Zugriff als gerecht anzusehen sei. Vielmehr bildet das *schwache Leistungsfähigkeitsprinzip*, wie es hier genannt werden soll, eine sinnvolle Minimalanforderung. Das schwache Leistungsfähigkeitsprinzip verlangt die Gleichbehandlung gleicher Einkommen unter der hypothetischen Annahme identischer nationaler Steuerrechtsordnungen. Verbleibende Ungleichheiten sollen ausschließlich durch die Verschiedenheit nationaler Tarife oder Bemessungsgrundlagen bedingt sein, nicht durch die Methodik der grenzüberschreitenden Besteuerung.

Akzeptiert man diese Forderung, lassen sich die Prinzipien *sachlicher* Steuerpflicht folgendermaßen beurteilen. Das *Territorialprinzip* verletzt das schwache Leistungsfähigkeitsprinzip im realistischen Fall progressiver Einkommensteuertarife. Um dies zu sehen, vergegenwärtige man sich, daß unter dem Territorialprinzip nur das im Inland erzielte Einkommen steuerpflichtig ist, während ausländische Einkommen freigestellt bleiben. Ein Steuerpflichtiger, der sein gesamtes Einkommen y in einem Staat erzielt, zahlt hierauf die Steuer $T(y)$. Ein Steuerpflichtiger, der dasselbe Einkommen gleich verteilt in n Ländern mit identischen Steuertarifen erzielt, zahlt hierfür n-mal den Steuerbetrag auf den n-ten Teil des Einkommens, also $n\,T(y/n)$. Bei einem wachsenden Durchschnittsteuersatz kommt es deshalb zum

(159) *Ländersplitting:* $$\frac{T(y)}{y} > \frac{T(y/n)}{y/n} \quad \Rightarrow \quad T(y) > n\,T(y/n)\,.$$

Infolge des Ländersplittings sinkt die Gesamtsteuer mit zunehmender Anzahl der Quellenländer. Wer in der Lage ist, seine Einkunftsquellen auf viele Länder zu verteilen, verringert damit seine Steuerbelastung. Das Ländersplitting setzt keine direkte Progression voraus, sondern tritt auch bei nur indirekter Progression durch persönliche Abzugsbeträge z. B. für das Existenzminimum auf. In diesem Fall beruht das obige Argument allerdings auf der Annahme, daß jeder Quellenstaat die Abzugsbeträge gewährt. Trifft das nicht zu, kann sich im Einzelfall sogar eine höhere Belastung für den Steuerpflichtigen ergeben, abhängig davon, ob die

Verminderung des Grenzsteuersatzes oder die Versagung der persönlichen Abzugsbeträge eine stärkere Wirkung auf die Steuerschuld hat.

Der Ländersplitting-Effekt tritt nicht auf, wenn der Wohnsitzstaat *und* die Quellenstaaten ausländische Einkünfte unter *Progressionsvorbehalt* freistellen. In diesem Fall berechnet jeder Staat die Steuerschuld durch Multiplikation des im Inland erzielten Einkommens y/n mit dem Durchschnittsteuersatz auf das Welteinkommen T(y)/y. Die in allen n Staaten insgesamt zu zahlende Steuer beträgt n T(y)/y · y/n, also T(y), sie ist unabhängig von der Anzahl der Quellenländer. In der Praxis wenden jedoch allein die Wohnsitzstaaten den Progressionsvorbehalt an. Die Quellenstaaten verzichten schon aus verwaltungstechnischen Gründen auf die Erfassung des Welteinkommens. Damit bleibt die Minderbelastung eines in mehreren Ländern erzielten Einkommens bestehen. Darüber hinaus kann es im Wohnsitzstaat zu Grenzsteuersätzen über 100 Prozent und damit zu einer Reihenfolgeumkehr kommen[277]. Der Progressionsvorbehalt stellt insofern einen unsystematischen Behelf dar, der die zugrundeliegende Verletzung des schwachen Leistungsfähigkeitsprinzips nicht heilt.

Die Abgrenzung der sachlichen Steuerpflicht durch das Territorialprinzip hebelt das schwache Leistungsfähigkeitsprinzip aus, weil Personen mit gleichen Einkommen selbst bei identischen nationalen Steuerrechtsordnungen ungleich besteuert werden. Demgegenüber steht das Welteinkommensprinzip, sofern genau ein Staat besteuert, im Einklang mit dem schwachen Leistungsfähigkeitsprinzip. Der Steuerpflichtige zahlt unter dem Welteinkommensprinzip den Betrag T(y), und bei identischen Steuerrechtsordnungen spielt es keine Rolle, welcher Staat ihn besteuert.

Mit der Abgrenzung der sachlichen Steuerpflicht durch das Welteinkommensprinzip ist jedoch nur der erste Schritt getan. Es stellt sich nun die Frage, in welchem Staat *persönliche* Steuerpflicht bestehen sollte, wobei prinzipiell das Wohnsitzprinzip, das Quellenprinzip oder das Nationalitätsprinzip in Betracht kommen. Zur Vereinfachung der Diskussion sei vorläufig unterstellt, daß der Steuerpflichtige dem Wohnsitzstaat angehört, so daß Wohnsitzprinzip und Nationalitätsprinzip zusammenfallen. Im Hinblick auf die individuelle Steuergerechtigkeit ist die Frage, ob der Steuerpflichtige im Wohnsitzstaat oder im Quellenstaat besteuert werden sollte, nur bei unterschiedlichen nationalen Steuerrechtsordnungen sinnvoll, denn andernfalls wäre die Belastung des Welteinkommens in beiden Fällen gleich. Im folgenden werden deshalb ein Hochsteuerland und ein Niedrigsteuerland unterschieden.

Äquivalenztheoretisch ist das Wohnsitzprinzip dem Quellenprinzip überlegen, wenn man bedenkt, daß ein Hochsteuerland im allgemeinen ein höheres Niveau an staatlich finanzierter Infrastruktur sowie ein höheres Maß sozialer Sicherheit

---

277 Durch Ableiten von Formel (158) nach dem zu versteuernden Einkommen erhält man $\partial T/\partial e = T' \cdot e/(e+f) + T \cdot f/(e+f)^2$. Bei Auslandsverlusten und $e \rightarrow -f$ wächst der Grenzsteuersatz unbegrenzt, wenn der Tarif progressiv ist, also $T' > T/(e+f)$ gilt. Vgl. hierzu Vogel, K. (1996) Wesen und Wirkung der Freistellung. In: Vogel, K. (Hrsg.) *Freistellung im internationalen Steuerrecht.* München: Beck.

gewährt. Wenn der Steuerpflichtige im Hochsteuerland wohnt, kommt er in den Genuß dieser staatlichen Leistungen und sollte an ihrer Finanzierung in gleicher Weise beteiligt werden wie seine Mitbürger, die nur im Inland Einkommen beziehen.

Diese Forderung dürfte auf Zustimmung stoßen, wenn etwa ein Deutscher Kapitaleinkommen aus einer Steueroase bezieht. Unter dem Quellenprinzip würde er bei sprudelndem Kapitaleinkommen wenig Steuern zahlen, im Konkursfall aber denselben Anspruch auf Sozialhilfe haben wie seine hochbesteuerten Mitbürger, so daß er in den Genuß einer *Versicherung ohne Prämie* käme. Auch die Inanspruchnahme kostenloser öffentlicher Leistungen wie Schulen, Straßen usw. spricht für die Besteuerung nach dem Wohnsitzprinzip. Wohnt der Steuerpflichtige in einem Niedrigsteuerland, das seinen Bürgern wenige staatliche Leistungen anbietet, gilt dasselbe Argument mit umgekehrtem Vorzeichen.

Die Beurteilung wird schwieriger, wenn der Steuerpflichtige sowohl zum Wohnsitzstaat als auch zum Quellenstaat enge persönliche Kontakte unterhält. Dies ist etwa bei der grenzüberschreitenden Erzielung von Arbeitseinkommen der Fall. Ein Grenzgänger, der in Trier wohnt und in Metz arbeitet, nimmt Leistungen sowohl des deutschen als auch des französischen Staates in Anspruch. Allerdings hat er in der Regel Anspruch auf die Sozialleistungen des Wohnsitzstaates, was für die Besteuerung im Wohnsitzstaat spricht, wenn man die Einkommensteuer als Element eines Versicherungssystems sieht. Das Quellenprinzip ist in diesem Fall jedoch zumindest vertretbar.

Zuletzt sei der Fall eines Steuerpflichtigen betrachtet, der einem Staat angehört und in einem anderen Staat wohnt und Einkommen erzielt. Nach den obigen Überlegungen ist die persönliche Beziehung zum Wohnsitzstaat am engsten, was für das Wohnsitzprinzip und gegen das Nationalitätsprinzip spricht. Allerdings kann der Steuerpflichtige notfalls in den Angehörigkeitsstaat zurückkehren und dort Sozialleistungen beanspruchen, er ist also weiterhin Mitglied der Versicherungsgemeinschaft dieses Staates. Eine Besteuerung nach dem Nationalitätsprinzip darf deshalb nicht ohne weiteres als fiskalische Überspannung verworfen werden. Sie ist sachgerecht, wenn der Angehörigkeitsstaat hoch besteuert und ein hohes Maß sozialer Sicherheit gewährt. Auf einem anderen Blatt steht freilich, inwieweit das Nationalitätsprinzip administrativ umgesetzt werden kann. Die USA versuchen dies immerhin, um Steuerausweichung durch Wohnsitzwechsel zu unterbinden.

Zusammengefaßt ist das Welteinkommensprinzip dem Territorialprinzip im Hinblick auf individuelle Steuergerechtigkeit vorzuziehen. Unter dem Territorialprinzip degeneriert die Einkommensteuer zu einer Objektsteuer, die Ungleichmäßigkeiten sogar im Fall identischer nationaler Steuerrechtsordnungen verfestigt. Das Welteinkommensprinzip stellt hingegen keine merkantilistisch oder fiskalistisch motivierte Schikane dar, keine Diskriminierung ausländischen Einkommens, sondern eine systemhafte, am schwachen Leistungsfähigkeitsprinzip orientierte Konzeption. Individuelle Steuergerechtigkeit verlangt darüber hinaus die grundsätzliche Anwendung des Wohnsitzprinzips, während das Quellenprinzip und das Nationalitätsprinzip nur ausnahmsweise in Betracht kommen. Eine Gegenmeinung zu der hiermit umrissenen Position vertritt Schaumburg, er schreibt:

Die Besteuerung nach Maßgabe der Leistungsfähigkeit verlangt keineswegs die prinzipielle Besteuerung des Welteinkommens. Neben dem Welteinkommensprinzip ist auch das Territorialitätsprinzip eine Konkretisierungsmöglichkeit des Leistungsfähigkeitsprinzips. Aus den bei der Erzielung in- und ausländischer Einkünfte geltenden unterschiedlichen Rahmen- und Standortbedingungen läßt sich auch eine unterschiedliche steuerliche Leistungsfähigkeit ableiten. Ist etwa der im Auslandsgeschäft tätige Steuerpflichtige den dortigen wirtschaftlichen, gesellschafts- und rechtspolitischen Verhältnissen unmittelbar und nachhaltig ausgesetzt, so ist es sachgerecht, die dortigen steuerlichen Belastungswirkungen zum alleinigen Maßstab für die Besteuerung nach der Leistungsfähigkeit zu erheben[278].

Angenommen, der Steuerpflichtige unterhalte nur lose Beziehungen zum Quellenstaat, aus dem er beispielsweise Kapitaleinkommen beziehe. In diesem Fall spielen die Gegebenheiten im Quellenstaat für die Messung seiner Leistungsfähigkeit im Wohnsitzstaat keine Rolle: Ein aus Sierra Leone überwiesener Euro steigert die Leistungsfähigkeit ebenso wie ein in Deutschland verdienter Euro. Etwaig verschiedene subjektive Anstrengungen bleiben im Rahmen der Einkommensteuer generell außer Ansatz. Ist der Steuerpflichtige aber tatsächlich den Verhältnissen im Quellenstaat „unmittelbar und nachhaltig" ausgesetzt, könnte eine Übertragung der *persönlichen* Steuerpflicht auf den Quellenstaat angezeigt sein. In bezug auf die *sachliche* Steuerpflicht muß es *gleichwohl* beim Welteinkommensprinzip bleiben, um das oben beschriebene Ländersplitting und die Verletzung des schwachen Leistungsfähigkeitsprinzips zu verhindern. Insofern richtet sich das Zitat *nicht* gegen das Welteinkommensprinzip, sondern gegen das Wohnsitzprinzip; es verwechselt die Ebenen persönlicher und sachlicher Steuerpflicht.

Die von zahlreichen Steuerrechtslehrern formulierte Kritik am Welteinkommensprinzip erstaunt um so mehr, wenn man bemerkt, wie dieselben Autoren, die für das Territorialprinzip eintreten, eine Berücksichtigung *ausländischer Verluste* bei der Veranlagung im Wohnsitzstaat fordern:

Die Nichtberücksichtigung von Verlusten führt zu einer Störung des Welteinkommensprinzips [sic!] und gegebenenfalls zu einer Verletzung des Leistungsfähigkeitsprinzips. Das wird insbesondere dann deutlich, wenn infolge des Verlustberücksichtigungsverbots im Inland Einkünfte zu versteuern sind, die in der Gesamtheit überhaupt nicht angefallen sind. In diesen Fällen führt die abkommensrechtliche Steuerfreistellung tatsächlich zu einer Steuerverschärfung[279].

Die besagte Störung des Welteinkommensprinzips ist nicht den „freigestellten Verlusten" gedankt, sondern der Freistellung überhaupt, weil diese dem Prinzip der synthetischen Einkommensteuer widerspricht. Wenn man das Territorialprinzip – unter dem ausländische Einkünfte als nicht vorhanden gelten – für ein leistungsfähigkeitskonformes Besteuerungsprinzip hält, dann müssen folgerichtig auch ausländische Verluste als nicht vorhanden gelten. Andernfalls hätte man eine Lotterie, die den Wohnsitzstaat einseitig an ausländischen Verlusten betei-

278 Schaumburg (Fußnote 263), S. 62.

279 Schaumburg (Fußnote 281), S. 75. Ähnlich argumentiert Vogel (Fußnote 277), insbes. S. 9, der ebenfalls die Freistellungsmethode bevorzugt.

ligt, nicht aber an ausländischen Gewinnen. Aus Sicht der betreffenden Steuerpflichtigen wäre ein solches Arrangement zwar ideal, aber gesamtwirtschaftlich spricht nichts dafür. Die angegriffene Steuerverschärfung widerspiegelt bloß den freistellungsbedingten Vorteil durch das Ländersplitting, der bei ausländischen Verlusten in einen Nachteil umschlägt. Daß die Steuer bei freigestellten Auslandsverlusten womöglich auf das Existenzminimum zugreift, belegt einmal mehr die Untauglichkeit des Territorialprinzips als Element eines individuell gerechten Steuersystems.

2. Gerechtigkeit gegenüber den Steuergläubigern

Im vorigen Abschnitt hat sich gezeigt, daß die Verbindung von Welteinkommensprinzip und Wohnsitzprinzip grundsätzlich individuelle Steuergerechtigkeit gewährleistet. Diese Empfehlung steht im Einklang mit internationalen Gepflogenheiten und wird auch von der herrschenden Meinung des steuerrechtlichen Schrifttums gebilligt. Teile der Literatur meinen allerdings, daß diese Prinzipien dem Ziel einer angemessenen Verteilung des Steueraufkommens auf die beteiligten Staaten zuwiderlaufen. So schreiben Tipke und Lang:

> [Der Anspruch des Quellenstaates auf eine Besteuerung der unter seinem Schutz erwirtschafteten Einkünfte und Vermögen] ist unabweisbar in einer auf gegenseitiger Anerkennung der Souveränität und gegenseitiger Rücksichtnahme basierenden Völkergemeinschaft. Daher verdient das Quellenprinzip den grundsätzlichen Vorrang vor dem Prinzip weltweiter Besteuerung[280].

Dieses Argument postuliert einen äquivalenztheoretisch begründeten Anspruch des Quellenstaates auf das Steueraufkommen und will dem Wohnsitzstaat das Besteuerungsrecht verweigern, obwohl der Wohnsitzstaat ebenfalls Leistungen für den Steuerpflichtigen erbringt. Mit ähnlicher Zielrichtung meint Schaumburg:

> Das im Einkommensteuergesetz verankerte Welteinkommensprinzip ist das Ergebnis fiskalischer Zweckmäßigkeitsüberlegungen, nicht aber ein an der Gerechtigkeit gegenüber den Steuerpflichtigen *und* den beteiligten Staaten orientiertes Prinzip. Insoweit ist das Welteinkommensprinzip nicht sachgerecht[281].

Der Anspruch des Quellenstaates auf zumindest einen Anteil am Steueraufkommen läßt sich nicht von der Hand weisen. Beide Zitate verkennen aber, daß die Entscheidung zugunsten des Welteinkommensprinzips mehrere Möglichkeiten der Steuerverteilung auf die beiden Staaten erlaubt. Das Welteinkommensprinzip bedeutet keine Negierung der Besteuerung im Quellenstaat, sondern orientiert sich ausschließlich am Ziel individueller Steuergerechtigkeit. Die Verteilung des Steueraufkommens hängt nicht an der Frage Welteinkommensprinzip oder Territorialprinzip, sondern richtet sich nach der vereinbarten Methode zur Auflösung der Doppelbesteuerung. Das folgende Beispiel macht dies deutlich.

Beispiel: Der Steuerpflichtige mit Wohnsitz im Staat W bezieht Kapitaleinkommen aus dem Quellenstaat Q. Verzichtet der Quellenstaat auf sein Besteuerungsrecht, erhält der Wohnsitzstaat das gesamte Steueraufkommen. Vereinbaren die

280 Tipke und Lang (Fußnote 3), S. 33.

281 Schaumburg (Fußnote 263), S. 61. Hervorhebung im Original.

Staaten jedoch die *Anrechnungsmethode*, erhält der Quellenstaat das Steueraufkommen ganz oder zum Teil, je nachdem, welche Höchstbeträge für die Quellenbesteuerung und die Anrechnung vertraglich vorgesehen wurden.

Während also die Freistellungsmethode einem der beiden Staaten das ausschließliche Besteuerungsrecht und damit das gesamte Steueraufkommen zuweist, erlaubt die Anrechnungsmethode eine Verteilung des Steueraufkommens auf die Vertragspartner. Art. 11 OECD-MA sieht beispielsweise vor, daß der Quellenstaat Zinsen mit bis zu 10 % des Bruttoertrags besteuern kann. Weil Werbungskosten unberücksichtigt bleiben, bedeutet dies eine entsprechend höhere Besteuerung der Einkünfte. Der Wohnsitzstaat rechnet die im Quellenstaat gezahlte Steuer auf die inländische Steuerschuld an und erhält folglich nur einen Teil des Steueraufkommens, dessen Höhe vom persönlichen Steuersatz des Pflichtigen abhängt. Gewährt der Wohnsitzstaat die Vollanrechnung, kann es sogar zu einer indirekten Bezuschussung des Quellenstaates durch den Wohnsitzstaat kommen.

Jeder Staat verwendet Teile seiner Steuereinnahmen für die Bereitstellung von Infrastruktur und für die soziale Sicherung. Weil die Infrastruktur in engem Bezug zur Einkommenserzielung steht, während die Inanspruchnahme von Sozialleistungen meist an den Wohnsitz geknüpft ist, erscheint bei grenzüberschreitender Einkommenserzielung eine anteilige Verteilung des Steueraufkommens auf die beiden Staaten angemessen. Dieses Ziel ist nur mit der Anrechnungsmethode zu verwirklichen, womit sich der Kreis unserer Erörterung internationaler Steuergerechtigkeit schließt, denn das im Hinblick auf individuelle Gerechtigkeit gebotene Prinzip der Welteinkommensbesteuerung harmoniert ebenfalls mit der Anrechnungsmethode. Die von der deutschen Doppelbesteuerungspolitik regelmäßig praktizierte *Freistellung* ausländischer Einkünfte ist eine grundfalsche Politik. Sie lädt ein, im Hochsteuerland zu wohnen, dessen Vorteile zu genießen und das Einkommen aus freigestellten ausländischen Quellen zu beziehen.

Welteinkommensprinzip und Anrechnungsmethode sind also Elemente eines internationalen Steuersystems, das individuelle Steuergerechtigkeit durchsetzt und eine in weiten Grenzen wählbare Verteilung des Steueraufkommens auf die betreffenden Staaten erlaubt.

§ 54 Effiziente internationale Besteuerung

Im internationalen Kontext hat der Effizienzbegriff zwei verschiedene Bedeutungen, je nachdem, ob man ihn auf das *Inland* oder auf die *Weltwirtschaft* bezieht. In diesem Paragraphen geht es zunächst um die Frage, welche Besteuerungsformen aus Sicht des Inlands zweitbest sind. Die in Kapitel 5 aufgewiesene Unerreichbarkeit erstbester Steuersysteme wird dabei stillschweigend vorausgesetzt; auch bei internationaler Besteuerung sind Zusatzlasten unvermeidlich.

Unter Inland versteht man ein geographisch abgegrenztes Gebiet. Die Gesamtheit der im Inland entstandenen Einkommen heißt *Inlandseinkommen*. Inländer sind jene Personen, die im Inland ihren Wohnsitz oder gewöhnlichen Aufenthalt haben; auf ihre Staatsangehörigkeit kommt es nicht an. Das von Inländern im Inland und Ausland erwirtschaftete Einkommen heißt *Inländereinkommen*. Dieses Begriffspaar deckt sich mit der aus der Volkswirtschaftlichen Gesamtrechnung geläufigen Unterscheidung zwischen Inlandsprodukt (Inlandseinkommen) und Nationaleinkommen (Inländereinkommen), beide verstanden als Nettogrößen[282].

Wie eingangs erwähnt, kann jeder Staat Einkommen besteuern, wenn hierfür persönliche oder sachliche Anknüpfungspunkte bestehen. Deshalb sind sowohl die *Besteuerung des Inlandseinkommens* als auch die *Besteuerung des Inländereinkommens* völkerrechtlich zulässig. Quantitativ besteht zwischen dem Inlandseinkommen und dem Inländereinkommen oft kein großer Unterschied, aber die ökonomischen Wirkungen der Besteuerung von Inlandseinkommen und Inländereinkommen unterscheiden sich so gravierend, daß eine getrennte Erörterung angezeigt ist.

1. Besteuerung des Inlandseinkommens

Als Ausgangspunkt sei eine kleine offene Volkswirtschaft betrachtet, die ihr Inlandsprodukt unter Einsatz eines mobilen und zahlreicher immobiler Inputs erzeugt. Der Begriff *kleine offene Volkswirtschaft* bedeutet, daß Änderungen inländischer Größen keinen Einfluß auf die Weltmarktpreise haben, was für fast alle Staaten annähernd stimmt. Zur Veranschaulichung wird der mobile Faktor *Kapital* genannt, während die immobilen Faktoren insbesondere den Grund und Boden sowie die Arbeitskraft umfassen. Mit K als dem *im Inland* eingesetzten Kapitalbestand kann höchstens das Inlandsprodukt f(K) erzeugt werden, und es gilt $f(0) = 0$. Die Form der Produktionsfunktion f hängt vom Stand des technischen Wissens sowie von der Menge und Qualität der immobilen Faktoren ab. Es werden abnehmende Grenzerträge des Kapitals unterstellt ($f'' < 0$), die zunächst positiv sind, bei sinkendem Kapitalbestand unbeschränkt wachsen und bei sehr großen Kapitalbeständen negativ werden. Schließlich kennzeichne $r^* > 0$ den von ausländischen Kapitalanlegern verlangten *Weltmarktzins*. Im folgenden werden alle Größen, die sich auf das Ausland beziehen, mit einem solchen Stern (*) gekennzeichnet.

Weil die Besteuerung des Inländereinkommens bis zum folgenden Abschnitt zurückgestellt bleibt, nehmen wir an, daß sich das gesamte Kapital in ausländischer Hand befindet. Das Inland kann mithin auf dem Weltmarkt Kapital borgen und zahlt pro Kapitaleinheit den Zins r^*. Ob dieses Auslandskapital in Form von Eigen- oder Fremdkapital ins Inland fließt, spielt auf dem hiesigen Abstraktionsniveau keine Rolle. Zusammengefaßt entsteht im Zustand ohne Steuern das *Inlandseinkommen* f(K) und das *Inländereinkommen* $f(K) - r^* K$. Das Inländer-

---

282 Nachfolgend werden zur Vereinfachung von Notation und Sprache sogenannte Nettoproduktionsfunktionen f(K) verwendet. Sie ergeben sich aus den Bruttoproduktionsfunktionen $\varphi(K)$ durch Abzug der Abschreibung mit dem Satz δ als $f(K) = \varphi(K) - \delta K$.

einkommen wird an die immobilen Faktoren ausgeschüttet; es umfaßt hauptsächlich Arbeitseinkommen, aber auch Grundrenten und Reingewinne.

Die im Inland belegenen Unternehmen fragen auf Wettbewerbsmärkten Kapital und immobile Faktoren nach und entlohnen sie zu ihren Grenzprodukten, wie schon in § 24 auf Seite 118 erörtert. Mit r als *inländischem Bruttozins* ergibt sich die Kapitalnachfrage der Unternehmen durch Maximierung des Ausdrucks $f(K) - rK$. Im Gewinnmaximum gilt demnach $f'(K) = r$, die Grenzproduktivität des Kapitals stimmt mit dem heimischen Bruttozins überein.

Eine steuerpolitische Frage ersten Ranges lautet nun: *Kann das Inland seine Lage durch eine nicht anrechenbare Quellensteuer auf das inländische Kapitaleinkommen der Ausländer verbessern?* Bei der Quellenbesteuerung behalten die Unternehmen pro Kapitaleinheit den Steuerbetrag t ein, führen ihn an die Finanzbehörde ab und überweisen den ausländischen Investoren den Restbetrag $r - t$. An der Gewinnmaximierungsbedingung $f'(K) = r$ ändert sich nichts, weil die Unternehmen weiterhin pro Kapitaleinheit den Betrag r aufwenden. Die ausländischen Investoren akzeptieren jedoch keine Senkung ihrer Rendite, da sie auf dem Weltmarkt den Zins r^* erhalten können. Folglich muß der Inlandszins auf $r = r^* + t$ steigen; von diesem Gesamtbetrag zahlen die Unternehmen r^* ins Ausland und t an den Fiskus[283]. Wegen der Identität $f'(K) = r$ steigt auch die Grenzproduktivität des Kapitals auf $f'(K) = r^* + t$. Durch implizite Differentiation dieser Gleichung (Fußnote 109) erhält man die Reaktion des Inlandskapitals auf Änderungen der Quellensteuer:

$$(160) \qquad f'(K(t)) - r^* - t = 0 \quad \Rightarrow \quad \frac{dK}{dt} = \frac{1}{f''} < 0 .$$

Die Quellenbesteuerung vermindert also den inländischen Kapitalbestand. Auch das private Inländereinkommen sinkt, und zwar auf $f(K) - rK$. Andererseits entsteht ein *Steueraufkommen* tK, das zum Inländereinkommen gehört, weil es an die Inländer ausgeschüttet oder zur Senkung anderer Steuern verwendet werden kann. Es fragt sich nun, ob der Saldo dieser beiden Teilwirkungen positiv oder negativ ist.

Satz: Für eine kleine offene Volkswirtschaft, die im Inland investiertes Kapital mit einer nicht anrechenbaren Quellensteuer belegen kann, ist der Verzicht auf die Quellenbesteuerung optimal.

Beweis: Die optimale nicht anrechenbare Quellensteuer maximiert das Inländereinkommen $f(K) - r^* K$. Sie löst also das Optimierungsproblem

$$(161) \qquad \underset{t}{max!} \quad Y = f(K(t)) - r^* K(t) .$$

283 Hierbei wird von Steuern im Wohnsitzstaat vorerst abgesehen. Später wird sich zeigen, daß die Formel weiter gilt, wenn der Wohnsitzstaat den Abzug gewährt.

Durch Ableiten des Inländereinkommens nach dem Steuerbetrag ergibt sich unter Beachtung der Tatsache, daß der Kapitalbestand eine Funktion des Steuerbetrags ist:

(162) $$\frac{dY}{dt} = [f'(K(t)) - r^*]\frac{dK}{dt} = \frac{t}{f''}.$$

Hierbei wurden $f'(K) - r^* = t$ und $dK/dt = 1/f''$ gesetzt, wie in Formel (160) angegeben. Wegen $f'' < 0$ ist die Ableitung für positive Steuersätze negativ und für negative Steuersätze positiv. Also ist $t = 0$ global optimal[284]. *q. e. d.*

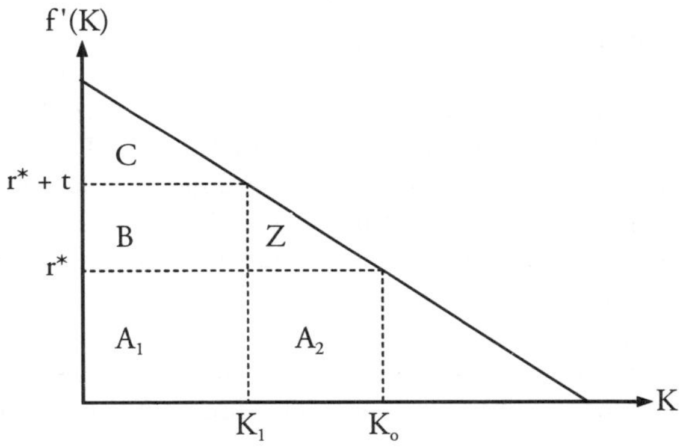

Abb. 35: Wirkung einer nicht anrechenbaren Quellensteuer

Die Abb. 35 veranschaulicht den Beweis[285]. Bei Verzicht auf die Quellensteuer beträgt der im Inland investierte Kapitalbestand K_o. Das Inlandsprodukt entspricht der Fläche (dem Integral) unter der Grenzproduktivitätskurve zwischen den Stellen 0 und K_o. An die ausländischen Investoren wird der Betrag $r^* K_o$ ausgeschüttet, also die Summe der Rechteckflächen A_1 und A_2. Das verbleibende Inländereinkommen entspricht der Summe der Flächen B, C und Z.

Nach Einführung der Quellensteuer steigt der Inlandszins auf $r^* + t$, und der Kapitalbestand sinkt auf K_1. Das Inlandsprodukt entspricht der Fläche unter der Grenzproduktivitätskurve zwischen den Stellen 0 und K_1. Die ausländischen Investoren erhalten den Betrag $r^* K_1$ (Rechteck A_1), das Steueraufkommen beläuft sich auf $t K_1$ (Rechteck B), und für die privaten Inländer verbleibt das Einkommen C. Insgesamt sinkt die Summe der privaten und öffentlichen Inländereinkommen von $B + C + Z$ auf $B + C$. Die Fläche Z entspricht der *Zusatzlast der Quellensteuer*.

---

284 Gordon, R. H. (1986) Taxation of Investment and Savings in a World Economy. *American Economic Review* 76, S. 1086–1102, hier S. 1095, und die in diesem Artikel zitierte Literatur.

285 Eine derartige Abbildung findet sich erstmals bei MacDougall, G. D. A. (1960) The Benefits and Costs of Private Investment From Abroad: A Theoretical Approach. *Economic Record* **36**, S. 13–35.

Wenn die Inländer versuchen, ausländisches Kapitaleinkommen per Quellensteuer zu belasten, schaden sie sich also selbst. Ursächlich hierfür ist folgender Zusammenhang: Wenn kein Kapital im Inland investiert wird, beträgt das Inlandseinkommen $f(0) = 0$. Auch das Inländereinkommen verschwindet in diesem Fall. Der schrittweise Zufluß von Auslandskapital erzeugt ein positives *Renteneinkommen* $f(K) - r^* K$, und die optimale Politik besteht darin, dieses Renteneinkommen der Inländer zu maximieren. Wie der obige Satz zeigt, nimmt das Renteneinkommen bei Verzicht auf die Quellenbesteuerung sein Maximum an. Also sollte das den Ausländern zufließende Kapitaleinkommen steuerfrei bleiben; es sollte auch nicht subventioniert werden.

Dieses fundamentale Ergebnis ändert sich nicht, wenn man abweichend von den bisherigen Annahmen unterstellt, daß auch das Renteneinkommen an Ausländer fließt. Als Beispiel hierfür sei ein arabischer Wüstenstaat betrachtet, in dem ein multinationales ausländisches Unternehmen Erdöl fördert. Die Ölquelle gehört dem Unternehmen und wird unter Einsatz von Auslandskapital ausgebeutet; der Arbeitseinsatz sei vernachlässigbar. Aus Sicht des Wüstenstaates ist es weiterhin optimal, ausländisches Kapitaleinkommen steuerfrei zu lassen und damit die im Inland entstehende Rente zu maximieren. Der Wüstenstaat sollte allein das Renteneinkommen mit einer Steuer belegen. Diese Steuer ist sogar besser als eine Kopfsteuer auf Inländer, weil sie keine Zusatzlast auslöst und die Inländer nicht belastet. Eine Quellensteuer auf inländisches Renteneinkommen, das Ausländern zufließt, ist folglich optimal[286].

Eine wichtige Änderung erfährt der obige Satz aber, wenn die im Inland gezahlte Quellensteuer von den ausländischen Staaten angerechnet wird. Zur Untersuchung dieses Falls sei angenommen, daß alle ausländischen Staaten nach dem Welteinkommensprinzip besteuern und die im Inland gezahlte Steuer bis zum *Höchstbetrag* t^{max} anrechnen. Der Ertrag, den ein ausländischer Investors im Inland erzielt, beträgt nun $r - t + \min \{t, t^{max}\}$; dieser Ertrag setzt sich zusammen aus dem Bruttozins r, der inländischen Quellensteuer t und dem Anrechnungsbetrag, wobei nur die tatsächlich gezahlte Steuer bis zum strikt positiven Höchstbetrag t^{max} angerechnet wird. Die inländische Steuer spielt für den ausländischen Investor nur insoweit eine Rolle, wie sie den Anrechnungshöchstbetrag übersteigt. Weil der Investor nach dem Welteinkommensprinzip besteuert wird, strebt er eine Maximierung der Bruttoverzinsung an, die nach Abzug der Steuer auf das Welteinkommen einer Maximierung der Nettoverzinsung gleichkommt. Im Marktgleichgewicht stimmt deshalb der oben angegebene Ertrag mit dem Weltmarktzins r* überein:

(163) *Teilanrechnung*: $r - t + \min \{t, t^{max}\} = r^*$.

---

286 Vermag das Inland die den Ausländern zufließenden Renten- und Kapitaleinkommen nicht zu unterscheiden, kann eine positive Quellensteuer auf das Gesamteinkommen optimal sein. Auf dieser Annahme beruhen die Resultate in Mintz, J. und H. Tulkens (1996) Optimality Properties of Alternative Systems of Taxation of Foreign Capital Income. *Journal of Public Economics* **60**, S. 373–399.

Die vom Ausland gewährte Teilanrechnung hat wichtige Konsequenzen für die inländische Quellensteuerpolitik. Verzichtet das Inland auf eine Quellenbesteuerung, gilt offensichtlich $r = r^*$, und der im Inland investierte Kapitalbestand hat das optimale Niveau. Bei schrittweiser Erhöhung der Quellensteuer bleibt die Identität $r = r^*$ zunächst bestehen, bis die Quellensteuer den Höchstbetrag t^{max} erreicht hat. Dies ergibt sich unmittelbar aus Formel (163). Weil sich der Inlandszins in diesem Bereich nicht ändert, ist die Erhöhung der Quellensteuer hinsichtlich des im Inland investierten Kapitalbestands folgenlos, auch das Einkommen der immobilen Faktoren ändert sich nicht. Aufgrund des gleichzeitig entstehenden Steueraufkommens genießt das Inland einen *free lunch*.

Satz: Für eine kleine offene Volkswirtschaft, die im Inland investiertes Kapital mit einer bis zum Höchstbetrag t^{max} anrechenbaren Quellensteuer belegen kann, ist $t = t^{max}$ optimal.

Beweis: Jeder Steuerbetrag $t < t^{max}$ bedeutet einen Verzicht auf Steueraufkommen ohne sonstige Konsequenzen. Jeder Steuerbetrag $t > t^{max}$ verdrängt Inlandskapital und ist damit ineffizient, wie oben gezeigt. *q. e. d.*

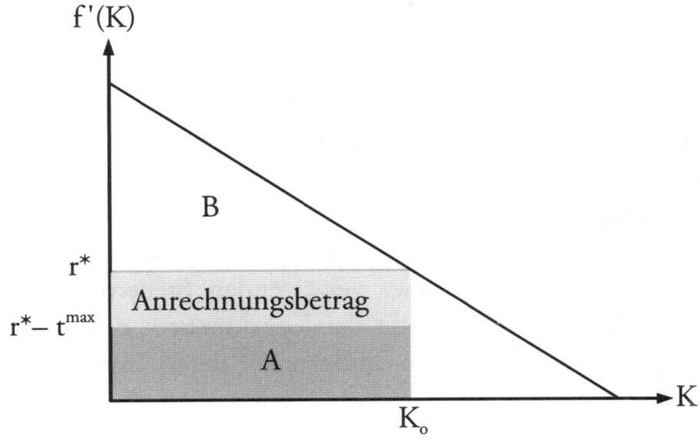

Abb. 36: Wirkung einer anrechenbaren Quellensteuer

Die Erhebung der Quellensteuer geht nicht zu Lasten des Inlandskapitals, sondern zu Lasten des Auslands, das seinen Investoren Ersatz leistet und damit den inländischen Fiskus indirekt bezuschußt. Abb. 36 zeigt grau schattiert das ausländische Kapitaleinkommen A, das vom inländischen Fiskus um den hell gerasterten Betrag gekürzt und von den ausländischen Staaten wieder aufgefüllt wird; der Kapitalbestand K_o und das private Inländereinkommen B bleiben unverändert. Der letzte Satz verdeutlicht nebenbei, warum es für keinen Staat vernünftig sein kann, eine Vollanrechnung auf unilateraler Grundlage zu gewähren. Bei Vollanrechnung wäre für die Quellenstaaten die Wahl von $t = +\infty$ optimal. Sie erhielten damit ein beliebig hohes Steueraufkommen zu Lasten des Wohnsitzstaates, der so unvorsichtig war, die Vollanrechnung zu gewähren und der alsbald bankrott sein wird. Deshalb ist die Vollanrechnung nur auf Grundlage einer Vereinbarung vorstellbar, die das Besteuerungsrecht des Quellenstaates beschränkt, ein Diskriminierungsverbot im Quellenstaat vorsieht oder ein *Clearingsystem* errichtet, das den Quellenstaat zur Erstattung an den Wohnsitzstaat verpflichtet[287].

Die Vorteilhaftigkeit der Erhebung einer anrechenbaren Quellensteuer gilt allerdings nur in bezug auf *steuerehrliche* ausländische Investoren. Für Ausländer, die ihr Kapitaleinkommen durch Anlage im Inland verheimlichen, wird die Quellensteuer trotz formaler Anrechenbarkeit zur Definitivbelastung: Ein Steuerhinterzieher, der im Heimatland 50 % Einkommensteuer schuldet, wird sein Finanzamt kaum mit einem Anrechnungsbegehren behelligen, nachdem ihm im Quellenstaat 10 % Steuer abgezogen wurden. Insoweit ist das hiesige Ergebnis zwiespältig. Die Quellensteuer stellt im Hinblick auf steuerehrliche Ausländer eine erstbeste Staatseinnahme dar, verdrängt aber Anlagen ausländischer Steuerhinterzieher.

Zusammengefaßt hat dieser Abschnitt dreierlei gezeigt. Erstens sollte das Inland grundsätzlich keine Quellensteuer auf im Inland investiertes Kapital erheben. Zweitens ist bei Anrechnung im Ausland eine Quellenbesteuerung bis zum Anrechnungshöchstbetrag zumindest dann vorteilhaft, wenn die ausländischen Anleger steuerehrlich sind. Drittens sollten Renteneinkommen, die Ausländer im Inland erwirtschaften, unabhängig von einer etwaigen Anrechnung besteuert werden, weil das Inland hierdurch ein Aufkommen ohne Substitutionseffekt und sogar, was die Inländer angeht, ohne Einkommenseffekt erhält. Die wichtigste dieser Einsichten, nämlich die erste, stellt einen Anwendungsfall des in § 35 erörterten Produktionseffizienztheorems dar. Stehen dem Kapitalimportstaat neben der Quellensteuer nur Steuern zur Verfügung, die Konsumentscheidungen verzerren, ist der Einsatz dieser verzerrenden Steuern bei gleichzeitigem Verzicht auf Quellensteuern aus Sicht der Konsumenten optimal[288]. Die Quellensteuer wirkt wie eine Zwischenproduktsteuer, deren Ineffizienz in § 35 demonstriert worden war.

2. Besteuerung des Inländereinkommens

Im vorigen Abschnitt zeigte sich, daß steuerliche Enthaltsamkeit beim Zugriff auf Inlandskapital durchaus vorteilhaft sein kann – und zwar überraschenderweise für jene, die der Besteuerung *nicht* unterliegen, also die immobilen Einkommensbezieher. Dabei war zur Vereinfachung angenommen worden, daß sich der gesamte Kapitalbestand in ausländischer Hand befindet. Hebt man diese Annahme auf, stellt sich die Frage nach der effizienten Besteuerung des Inländerkapitals. Zu ihrer Beantwortung ist ein wenig Terminologie erforderlich. Im folgenden bezeichnet K wie bisher das *Inlandskapital* und S das *Inländerkapital*.

---

287 Ein derartiges *Clearing system* schlagen Giovannini und Hines für den Bereich der Europäischen Union vor. Giovannini, A. und J. R. Hines jr. (1992) Capital Flight and Tax Competition: Are There Viable Solutions to Both Problems? In: Giovannini, A. und G. Meyer (Hrsg.) *European Financial Integration*. Cambridge: Cambridge University Press.

288 Razin, A. und E. Sadka (1991) *International Tax Competition and Gains from Tax Harmonization*. Economics Letters 37, S. 69–76.

Das Inländerkapital entspricht der akkumulierten Ersparnis der Inländer. In der geschlossenen Volkswirtschaft gilt definitorisch $S = K$; in der offenen Volkswirtschaft können die beiden Größen verschieden sein.

Der Unterschiedsbetrag $S - K$ heißt *Nettoforderungsposition* des Inlands. Eine Zunahme dieser Nettoforderungsposition nennt man *Leistungsbilanzüberschuß* oder Kapitalexport, eine Minderung *Leistungsbilanzdefizit* oder Kapitalimport. Die reale Außenwirtschaftstheorie zeigt, daß für kleine offene Volkswirtschaften sowohl Leistungsbilanzüberschüsse als auch Leistungsbilanzdefizite vorteilhaft sind: Leistungsbilanzüberschüsse treten auf, wenn der Inlandszins ohne den Kapitalexport unter dem Auslandszins läge; für die Volkswirtschaft als ganze bedeuten sie eine vorteilhafte Anlagemöglichkeit. Leistungsbilanzdefizite treten auf, wenn der Inlandszins ohne den Kapitalimport über dem Auslandszins läge; für die Volkswirtschaft als ganze stellen sie eine billige Finanzierungsquelle dar. In einer Welt ohne Steuern bewirkt der internationale Kapitalverkehr folglich eine Angleichung der Zinsen, durch die sich alle beteiligten Staaten insgesamt besser stellen. Das resultierende Gleichgewicht ist unter idealisierten Bedingungen *pareto-optimal*, denn die Grenzproduktivitäten des Kapitals und die intertemporalen Grenzraten der Substitution stimmen weltweit überein.

Nach diesen Vorbemerkungen sei ein *Kapitalexportstaat* betrachtet, der ebenfalls eine kleine offene Volkswirtschaft ist und dessen Inländer im Inland oder im Ausland investieren können. Angenommen, der Kapitalexportstaat wolle das Kapitaleinkommen der Inländer grundsätzlich besteuern – gibt es einen Grund, hierauf bei offenen Grenzen zu verzichten? Die Antwort auf diese Frage verlangt eine Fallunterscheidung. Zunächst sei angenommen, daß die Anleger *steuerehrlich* sind. Ob diese Ehrlichkeit auf moralischen Antrieben oder auf einem Kontrollsystem beruht, ist nebensächlich.

Wie im vorigen Abschnitt werden alle Auslandsgrößen mit einem Stern und alle Inlandsgrößen ohne diesen notiert; gleichwohl muß ein wenig umgedacht werden, weil das Inland nunmehr nicht Kapitalimporteur ist, sondern Kapitalexporteur. Es gilt daher $S > K$. Die inländischen Sparer legen einen Teil des Kapitals im Inland an, wodurch das Inlandseinkommen $f(K)$ erzeugt wird, und exportieren das restliche Kapital ins Ausland. Erhebt der ausländische Kapitalimportstaat eine Quellensteuer auf Kapitaleinkommen, erhalten die Inländer auf ihren Kapitalexport den Ertrag $(r^* - t^*)(S - K)$, wobei r^* den ausländischen Bruttozins bezeichnet und t^* die ausländische Quellensteuer.

Das Ziel einer effizienzorientierten Steuerpolitik des Kapitalexportstaates besteht in der Maximierung des *Inländereinkommens*, das sich aus dem Inlandseinkommen und dem Ertrag des exportierten Kapitals zusammensetzt. Bei gegebenem Inländerkapital S lautet das Optimierungsproblem des Kapitalexportstaates demnach:

$$(164) \qquad \underset{K}{\mathit{max!}} \quad Y = f(K) + (r^* - t^*)(S - K)\,.$$

Durch Ableiten dieser Zielfunktion nach K ergibt sich die Effizienzbedingung

$$r = r^* - t^* . \tag{165}$$

Der aus Sicht des Kapitalexportstaates effiziente Kapitalexport ist folglich durch Übereinstimmung des heimischen *Bruttozinses* mit dem ausländischen *Nettozins* charakterisiert. Es ist leicht einsehbar, warum: Eine daheim investierte Kapitaleinheit verzinst sich mit r; ob hiervon Steuern abgezogen werden, ist gleichgültig, weil das Steueraufkommen zum Inländereinkommen gehört. Eine exportierte Kapitaleinheit verzinst sich mit $r^* - t^*$, weil die Quellensteuer dem ausländischen Kapitalimportstaat zusteht, also nicht zum Inländereinkommen rechnet. Das Optimum ist durch die Übereinstimmung dieser beiden Grenzerträge gekennzeichnet.

In der Marktwirtschaft kann der Staat die Kapitalexporte nicht selbst festlegen, sondern nur indirekt durch seine Steuerpolitik beeinflussen; insofern dient die Effizienzbedingung (165) lediglich als Bezugspunkt. Die Frage, welche Methode der Besteuerung von Auslandseinkünften aus Sicht des Kapitalexportstaates optimal ist, läßt sich anhand dieser Bedingung leicht beantworten. Im *Marktgleichgewicht* müssen die Nettorenditen von Inlands- und Auslandsinvestitionen übereinstimmen, weil die privaten Anleger sonst Arbitragemöglichkeiten hätten. Was sich hieraus für das Verhältnis der Bruttozinsen ergibt, zeigen die Angaben in Tab. 13. Die Konstruktion dieser Tabelle beruht auf der Annahme, daß der Kapitalexportstaat eine Wertsteuer mit dem Satz τ auf das Kapitaleinkommen der Inländer erhebt.

Methode des Kapitalexportstaats	Nettoverzinsung der Inlandsinvestition	Nettoverzinsung der Auslandsinvestition
Doppelbesteuerung	$(1-\tau)\,r$	$(1-\tau)\,r^* - t^*$
Vollanrechnung	$(1-\tau)\,r$	$(1-\tau)\,r^*$
Freistellung	$(1-\tau)\,r$	$r^* - t^*$
Steuerabzug	$(1-\tau)\,r$	$(1-\tau)\,(r^* - t^*)$

Tab. 13: Alternative Politiken des Kapitalexportstaats

Ignoriert der Kapitalexportstaat ausländische Quellensteuern bei der Veranlagung, kommt es zu einer *Doppelbesteuerung*. Aus Sicht der privaten Anleger sind vom Bruttoertrag auf Auslandsinvestitionen r^* die heimische Kapitaleinkommensteuer τr^* und die ausländische Quellensteuer t^* abzuziehen, so daß die Nettoverzinsung $(1-\tau)\,r^* - t^*$ beträgt. Im Gleichgewicht stimmt der Inlandszins r mit $r^* - t^*/(1-\tau)$ überein. Damit liegt er aber unter dem in Formel (165) angegebenen Optimalwert $r^* - t^*$, weshalb der im Inland investierte Kapitalbestand aufgrund der Doppelbesteuerung ineffizient hoch ist. Gemessen am volkswirtschaftlichen Optimum wird bei dieser Methode zuwenig Kapital exportiert.

Bei *Vollanrechnung* werden die im Ausland gezahlten Quellensteuern von der Steuerschuld abgezogen. Wie die zweite Zeile der Tabelle zeigt, stimmen Inlandszins r und Auslandszins r* im Gleichgewicht überein. Der Inlandszins liegt somit über dem Optimalwert $r^* - t^*$, und der im Inland investierte Kapitalbestand ist ineffizient gering.

Zu einem ähnlichen Ergebnis führt die *Freistellung* ausländischer Einkünfte. Bei ihrer Anwendung stimmt der Inlandszins r mit $(r^* - t^*)/(1 - \tau)$ überein, liegt also erneut über dem Optimalwert, so daß auch hier ein ineffizient geringer inländischer Kapitalbestand resultiert.

Der *Steuerabzug* aber sichert die Übereinstimmung von inländischem Bruttozins r und ausländischem Nettozins $r^* - t^*$, wie man nach Division der letzten Zeile in der Tabelle durch $1 - \tau$ sofort erkennt.

Ein Kapitalexportstaat, der die nationale Wohlfahrt maximieren will, sollte deshalb unabhängig vom Verhalten des Quellenstaates die Abzugsmethode wählen. Sowohl die Anrechnung als auch die Freistellung sind *zu großzügig*. Sie treiben Kapital auch dann noch aus dem Land, wenn dessen Nettoverzinsung bereits unter den Wert gesunken ist, der bei inländischer Anlage erzielbar wäre. Der Steuerabzug ist zudem mit Annahme (160) verträglich, die in hiesiger Notation, mit dem Kapitalexportstaat als Inland, $r = r^* - t^*$ lautet und besagt, daß die Kapitalexporteure eine um die Quellensteuer erhöhte Verzinsung verlangen. Die im vorigen Abschnitt hergeleiteten Aussagen über das Verhalten des Quellenstaates gelten also, wenn der Wohnsitzstaat keine Kapitaleinkommensteuer erhebt oder wenn er einen Steuerabzug gewährt. Sie gelten sinngemäß auch bei Anwendung der Freistellung im Wohnsitzstaat, aber nicht, wenn der Wohnsitzstaat die Anrechnungsmethode wählt.

Damit schließt sich der Kreis unserer Betrachtungen zur effizienten internationalen Besteuerung. Im vorigen Abschnitt wurde gezeigt, daß effizienzorientierte Kapitalimportstaaten nur im Fall der Anrechnung Quellensteuern auf ausländische Kapitaleinkommen erheben. Die Überlegungen in diesem Abschnitt haben verdeutlicht, daß die Anrechnung aus Sicht der Kapitalexportstaaten keine optimale Politik ist, jedenfalls nicht als einseitige Maßnahme. Zusammengefaßt ergibt sich, daß die Kapitalexportstaaten einen Steuerabzug vorsehen und die Kapitalimportstaaten nicht besteuern. Das Welteinkommensprinzip und das Wohnsitzprinzip werden in Reinform verwirklicht, und es kommt nicht zu Doppelbesteuerungen. Außerdem stimmen die Bruttozinsen weltweit überein. Dieser Zustand bildet ein *Nash-Gleichgewicht* in Steuerstrategien: Bei optimalem Verhalten der jeweils anderen Staaten kann kein Staat das Inländereinkommen durch Wechsel der Steuerpolitik erhöhen.

Bisher wurden *steuerehrliche Anleger* unterstellt. Diese Prämisse ist im Hinblick auf international operierende Unternehmen, die der Buchführungspflicht und externen Prüfungen durch Wirtschaftsprüfer und Finanzverwaltung unterliegen, eine gute erste Näherung. Bei individuellen privaten Anlegern stellt sich jedoch das Problem der *Beobachtbarkeit von Auslandseinkommen*[289]. Diese Schwierigkeit tritt nur bei Anwendung des Welteinkommensprinzips auf, weil unter dem Territorialprinzip ohnehin nur im Inland erzielte Einkommen steuerbar sind.

Im folgenden Modell besteuern Inland und Ausland auf Grundlage des Welteinkommensprinzips und des Wohnsitzprinzips; das Inländerkapital sei in beiden Staaten positiv. Die inländischen Kapitalanleger können im Ausland erzieltes Einkommen verheimlichen. Tun sie das, lautet die Arbitragebedingung für einen inländischen Steuerhinterzieher $r - t = r^*$: Der inländische Nettozins $r - t$ stimmt im Gleichgewicht mit dem ausländischen Bruttozins r^* überein, und der inländische Bruttozins liegt über dem ausländischen Bruttozins. Nach einer weit verbreiteten Überzeugung wird hierdurch Kapital aus dem Land vertrieben und werden Arbeitsplätze gefährdet. Dieses Argument beruht allerdings auf einer Verwechslung von *Inlandskapital* und *Inländerkapital* und verkennt den Marktzusammenhang.

Aus Sicht eines ausländischen Investors stellt sich die Sache nämlich umgekehrt dar: Er erhält auf dortige Anlagen den Zins $r^* - t^*$ und auf Anlagen im Inland den Zins r, weil er ebenfalls im anderen Land erzieltes Einkommen verheimlichen kann. Die Arbitragebedingung für den ausländischen Investor lautet folglich $r^* - t^* = r$. Sie ist mit der obigen Arbitragebedingung *unverträglich*. Deshalb investieren im Marktgleichgewicht alle steuerunehrlichen Anleger im jeweiligen Ausland, doch steht dieser *Klienteleffekt* einer Angleichung der Bruttozinsen keineswegs entgegen. Die Hinterziehung beeinflußt im allgemeinen nicht die geographische Verteilung des Kapitals, sondern mindert lediglich die Steueraufkommen.

Beispiel: Betrachtet sei eine Welt mit zwei identischen Staaten A und B. Das Inländerkapital in jedem Staat beträgt 50. Bei vollständiger Erfassung inländischer und vollständiger Hinterziehbarkeit ausländischer Kapitaleinkommen investieren im Marktgleichgewicht alle A-Inländer in B und alle B-Inländer in A. Die Verteilung des Kapitals auf die beiden Staaten entspricht der Verteilung in einer Welt ohne Steuern.

In einer Welt mit nur zwei Staaten beruht das Neutralitätsergebnis auf der Prämisse, daß beide Staaten identisch sind. Eine solche Einschränkung ist im Fall zahlreicher beteiligter Staaten nicht erforderlich, weil sich hier vielfältige Möglichkeiten der Auslandsinvestition bieten. Denkt man dieses extreme Szenario konsequent zu Ende, dann investiert im Gleichgewicht kein Anleger daheim, und das weltweite Kapitalsteueraufkommen verschwindet. Die Realität zeigt, daß diese Sicht weit überzogen ist. Der Hauptgrund für die Überspitzung liegt darin, daß prüfungspflichtige Unternehmen kaum Hinterziehungsmöglichkeiten haben und auch private Anlagen zunehmend besser kontrolliert werden. Für einige Anleger mag der oben beschriebene Klienteleffekt eine Rolle spielen; das Verhalten der steuerehrlichen Anleger führt jedoch zu einem Ausgleich der

---

289 Gordon, R. H. (1992) Can Capital Income Taxes Survive in Open Economies? *Journal of Finance* 42, S. 1159–1180.

Bruttozinsen und zu einem positiven Steueraufkommen. Somit hat die Hinterziehung von Auslandseinkünften keine effizienztheoretisch nachteiligen Wirkungen; sie mindert nur, wie jede Hinterziehung, die Steuereinnahmen.

Zu Steuerausfällen kommt es auch, wenn das Inland auf Grundlage des Wohnsitzprinzips besteuert und Inländer dem Steuerdruck durch *Wohnsitzwechsel* auszuweichen vermögen. Um dies zu verhindern, greifen die Staaten in unterschiedlicher Intensität zu Abwehrmaßnahmen (erweiterte beschränkte Steuerpflicht, Wegzugsbesteuerung, Nationalitätsprinzip). Aber auch der Wohnsitzwechsel hat nur fiskalische Wirkungen und läßt die Kapitalverteilung unberührt.

Zusammengefaßt zeigte sich in diesem Abschnitt, daß gegen die Besteuerung von Inländerkapital nach dem Welteinkommensprinzip kaum Bedenken bestehen. Der Hinweis auf Steuerflucht und Hinterziehung wird zwar regelmäßig von jenen bemüht, die aus anderen Gründen für eine Abschaffung der Kapitaleinkommensbesteuerung eintreten, ist aber ein *non sequitur:* Es gibt keinen überzeugenden Grund, warum eine geschlossene Volkswirtschaft, die Kapitaleinkommen besteuert, nach Öffnung der Grenzen darauf verzichten sollte. Dieses Ergebnis unterscheidet sich scharf von den vorigen Resultaten, die größtmögliche Zurückhaltung bei der Besteuerung des *Inlandskapital* nahelegten. Und es unterscheidet sich ebenso scharf von jener Propaganda, die einen Verzicht auf die Besteuerung des Inländerkapitals aus „Wettbewerbsgründen" fordert.

§ 55 Weltwirtschaftliche Effizienz

Den bisherigen Überlegungen zur internationalen Besteuerung lag stets eine *nationale* Perspektive zugrunde; es wurde gefragt, welche Steuern der heimischen Volkswirtschaft zuträglich oder abträglich sind. Ein ebenso wichtiger Problemaspekt betrifft die *weltwirtschaftliche Effizienz* internationaler Steuersysteme. Eingedenk der stellenweise nicht ganz trivialen Probleme national effizienter Besteuerung mag den Leser schon die bloße Frage nach weltwirtschaftlicher Effizienz erschauern lassen. Eine solche Furcht ist indes durchaus unbegründet, denn eine Stärke der in Kapitel 5 entwickelten Methode liegt darin, daß ihre Anwendbarkeit durch Petitessen wie geographische Grenzen in keiner Weise eingeschränkt wird, weshalb die meisten der damals hergeleiteten Ergebnisse mühelos auf internationale Fragestellungen übertragbar sind.

Betrachtet sei eine Welt mit zwei Staaten, jedoch gelten alle folgenden Ergebnisse auch im Fall beliebig vieler Staaten. Im Inland wird mit dem Kapitalbestand K das Inlandsprodukt f(K) erzeugt; im Ausland dient der Kapitalbestand K^* der Erzeugung von $f^*(K^*)$. Dabei sind die Produktionsfunktionen f und f^* möglicherweise verschieden. Die Einwohner der Staaten besitzen die Kapitalbestände S bzw. S^*. Eine produktionseffiziente Verteilung des Kapitals maximiert die Summe der Inlandsprodukte:

$$(166) \qquad \underset{K}{max!} \quad f(K)+f^*(K^*) \quad \text{mit} \quad K+K^*=S+S^* .$$

Innere Lösungen dieser Optimierungsaufgabe genügen der

(167) *Effizienzbedingung*: $f'(K) = f^{*\prime}(K^*)$.

Bei weltwirtschaftlich effizienter Verteilung des Kapitals stimmt die Grenzproduktivität in beiden Staaten überein, was unmittelbar einleuchtet: Wenn eine zusätzliche Kapitaleinheit im Inland einen Mehrertrag von drei und im Ausland einen Mehrertrag von fünf Einheiten erbringt, dann läßt sich die Summe der Inlandsprodukte durch Verschiebung einer Kapitaleinheit vom Inland in das Ausland um zwei Einheiten steigern, die ursprüngliche Kapitalverteilung war also nicht optimal. Die Effizienzbedingung (167) dient im weiteren zur Bewertung jener Marktergebnisse, die sich unter alternativen Annahmen über das internationale Steuersystem einstellen.

Zunächst sei angenommen, daß beide Staaten auf Grundlage des Welteinkommensprinzips besteuern. Inländische Kapitalbesitzer können im Inland investieren oder im Ausland; sie erhalten hierfür die Bruttozinsen r bzw. r^* und, nach Abzug der heimischen Steuer auf das Welteinkommen, die Nettozinsen $r - t$ bzw. $r^* - t$. Weil die Investoren eine Maximierung der Verzinsung nach Steuern anstreben, müssen diese beiden Beträge im Gleichgewicht übereinstimmen. Hieraus ergibt sich die Eigenschaft der

(168) *Kapitalexportneutralität:* $r - t = r^* - t \;\Rightarrow\; r = r^*$.

Kapitalexportneutralität bedeutet, daß die Entscheidung über den Investitionsort steuerlich unverzerrt bleibt. Wie man sieht, ist das unter dem Welteinkommensprinzip der Fall, weil die Bruttozinsen ganz so übereinstimmen, wie sie in Abwesenheit von Steuern übereinstimmen würden. Die Herstellung der Kapitalexportneutralität setzt nicht nur identische Steuersätze für in- und ausländische Investitionen voraus, sondern auch identische Steuerbemessungsgrundlagen. Hierauf hat Sinn hingewiesen, der betont, daß etwa unterschiedliche Abschreibungsregeln die Kapitalexportneutralität verletzen könnten[290]. Das ist zwar prinzipiell richtig, jedoch besteht Kapitalexportneutralität schon dann, wenn der besteuernde Staat die Auslandseinkünfte nach inländischem Recht ermittelt. Weil dies in der deutschen und ausländischen Besteuerungspraxis tatsächlich geschieht[291], gibt es insoweit keinen Anlaß zur Harmonisierung der Bemessungsgrundlagen.

Man beachte, daß nicht das Wohnsitzprinzip, sondern das Welteinkommensprinzip Kapitalexportneutralität herstellt. Unter dem Gesichtspunkt der Angleichung der Bruttozinsen spielt es keine Rolle, welcher Staat auf das Welteinkommen zugreift: Dies kann der Wohnsitzstaat, einer der Quellenstaaten oder theoretisch sogar ein unbeteiligter dritter Staat sein: So lange Inlandseinkünfte und

290 Vgl. Sinn (Fußnote 161), insbes. S. 177 ff.

291 Siehe Einkommensteuer-Richtlinien 2005, R 34c Abs. 3 Satz 3. Schreiber, U. (1992) Die Besteuerung internationaler Kapitaleinkommen. *Die Betriebswirtschaft* **52**, S. 829–850 betont zu Recht, daß einheitliche Bemessungsgrundlagen bei der Freistellung nicht herstellbar sind und hält die Freistellung auch deshalb für „verfehlt" (S. 847).

Auslandseinkünfte der inländischen Investoren steuerlich gleich belastet werden, bleiben Entscheidungen über den Anlageort unverzerrt. Dies gilt ebenso im Hinblick auf die ausländischen Investoren, denn deren Entscheidungen genügen der Gleichgewichtsbedingung $r - t^* = r^* - t^*$. Obwohl diese Bedingung bei unterschiedlichen Steuerbelastungen nicht mit Formel (168) übereinstimmt, impliziert auch sie eine Übereinstimmung der Bruttozinsen. Zusammengefaßt bewirkt das Welteinkommensprinzip eine weltweite Angleichung der Bruttozinsen und damit eine geographisch unverzerrte, produktionseffiziente Verteilung der Kapitalbestände.

Anders liegen die Dinge, wenn die beiden Staaten, nennen wir sie A und B, nach Maßgabe des *Territorialprinzips* besteuern. Unter dieser Voraussetzung erhalten alle Investoren den Nettozins $r - t$, wenn sie in A investieren, und den Nettozins $r^* - t^*$, wenn sie in B investieren. Anders als bisher hängt die Steuerbelastung nicht mehr davon ab, in welchem Staat der Investor ansässig ist, sondern davon, in welchem Staat er investiert. Ein Marktgleichgewicht wird weiterhin durch Übereinstimmung der Nettozinsen charakterisiert; dies führt auf den Begriff der

(169) *Kapitalimportneutralität:* $r - t = r^* - t^*$.

Der Ausdruck Kapitalimportneutralität bedeutet, daß alle Investoren dieselbe Steuer t^* auf das im Kapitalimportstaat erzielte Einkommen zahlen, unabhängig davon, in welchem Staat sie ansässig sind. Das Territorialprinzip sichert folglich die Gleichbehandlung aller in- und ausländischen Investoren und gewährleistet die Kapitalimportneutralität. Unter dem Welteinkommensprinzip besteht keine Kapitalexportneutralität, weil die Steuerbelastung eines Investors vom Recht seines Ansässigkeitsstaates abhängt.

Umgekehrt verletzt das Territorialprinzip die Kapitalexportneutralität, wie man aus Formel (169) erkennt. Aus $t > t^*$ folgt unmittelbar $r > r^*$: Je schärfer die Besteuerung im Inland, desto höher der inländische Bruttozins und desto geringer der im Inland verbleibende Kapitalbestand. Bei unterschiedlichen Steuersätzen sind die Bruttozinsen unter dem Territorialprinzip also verschieden. Nur in einem Sonderfall sichert das Territorialprinzip trotz unterschiedlicher Steuersätze Kapitalexportneutralität. Dies ist der Fall, wenn für Investitionen überall steuerliche *Sofortabschreibung* zugelassen wird[292]. Der Grund für die Neutralität liegt darin, daß Kapitaleinkommen bei Sofortabschreibung unbesteuert bleibt, wie in § 26 gezeigt.

Bis hierher zusammengefaßt sichert das Welteinkommensprinzip Kapitalexportneutralität und Produktionseffizienz. Das Territorialprinzip sichert Kapitalimportneutralität und verletzt Produktionseffizienz, sofern die nationalen Steuerrechtsordnungen verschieden sind. Damit besteht eine vielleicht überraschende und optimistisch stimmende *Harmonie* zwischen nationalen und internationalen Effizienzzielen. Im vorigen Paragraphen hatte sich gezeigt, daß die Anwendung

292 Sinn, H.-W. (1990) Tax Harmonization and Tax Competition in Europe. *European Economic Review* **34**, S. 489–504, hier S. 498.

des Welteinkommensprinzips einzelstaatlich effizient ist; dasselbe Prinzip steht aber auch im Einklang mit weltwirtschaftlicher Effizienz, während das Territorialprinzip beiden Anliegen zuwiderläuft.

Im vorigen Modell blieben Verletzungen der Kapitalimportneutralität effizienztheoretisch folgenlos, weil die Ersparnisse als gegeben betrachtet wurden. Das ändert sich, wenn man die Ersparnisbildung aus einer Wahl zwischen Gegenwartskonsum und Zukunftskonsum herleitet. Bekanntlich ist jene Ersparnis für den Konsumenten optimal, bei der die intertemporale Grenzrate der Substitution mit dem Zinsfaktor übereinstimmt. Unter dem Welteinkommensprinzip mit weltweit einheitlichem Bruttozins r ist $1 + r - t$ der Zinsfaktor aus Sicht eines Inländers und $1 + r - t^*$ der Zinsfaktor aus Sicht eines Ausländers. Im Fall verschiedener Steuersätze differieren die Zinsfaktoren ebenfalls, und es resultiert eine *Konsumineffizienz.*

Abb. 37 zeigt anhand der sogenannten *Edgeworth-Box*, warum. Das Diagramm stellt Indifferenzkurven zweier Konsumenten dar. Im Punkt P sind die Steigungen dieser Kurven, also die Grenzraten der Substitution, verschieden. Durch Tausch der auf den Achsen abgetragenen Güter können beide Konsumenten auf eine höhere Indifferenzkurve gelangen, also ihre Lage verbessern. Alle effizienten Punkte, wie der Punkt E, sind durch eine Übereinstimmung der Grenzraten der Substitution gekennzeichnet. Diese Übereinstimmung ist unter dem Welteinkommensprinzip nicht erreichbar, weil die Inländer die Grenzrate der intertemporalen Substitution an den Zinsfaktor $1 + r - t$ anpassen, die Ausländer an den Zinsfaktor $1 + r - t^*$.

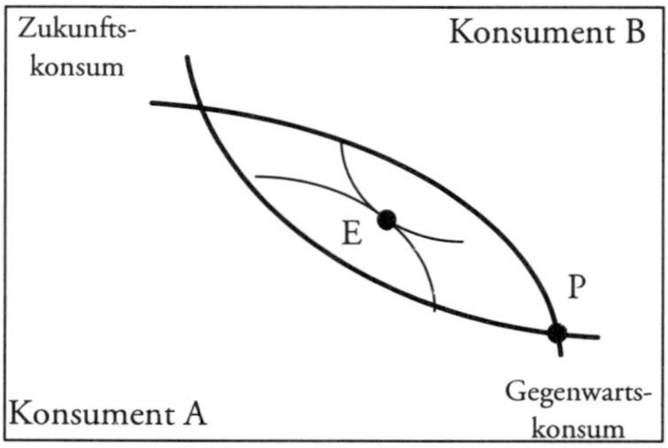

Abb. 37: Konsumeffizienz

Beispiel: Der weltweit einheitliche Bruttozins betrage 10 %, die Staaten A und B steuern hiervon nach Maßgabe des Welteinkommensprinzips 20 % bzw. 50 % weg. Somit beträgt der Nettozins aus Sicht der A-Inländer 8 % und aus Sicht der B-Inländer 5 %. Die intertemporalen Grenzraten der Substitution sind verschieden, so daß die Bedingung für Erstbesteffizienz verletzt wird.

Hierin liegt die Bedeutung der Kapitalimportneutralität: Die in Formel (169) gezeigte internationale Angleichung der Nettozinsen unter dem Territorialprinzip sichert Konsumeffizienz, während das Welteinkommensprinzip diese Effizienzbedingung verletzt. Vor einer abschließenden Bewertung seien die wesentlichen Ergebnisse noch einmal zusammengefaßt: Bei Anwendung des *Welteinkommensprinzips* besteht Kapitalexportneutralität (die Bruttozinsen stimmen weltweit überein). Bei Anwendung des *Territorialprinzips* besteht Kapitalimportneutralität (die Nettozinsen stimmen weltweit überein). Im ersten Fall entsteht eine Konsumineffizienz, im zweiten eine Produktionsineffizienz. Bei harmonisierten Steuerrechtsordnungen tritt keine der genannten Ineffizienzen auf, und die Wahl des Besteuerungsprinzips ist höchstens im Hinblick auf die Verteilung des Steueraufkommens relevant. Allerdings bedeutet die Harmonisierung einen Verlust an nationaler Autonomie.

Welche der beiden Ineffizienzen sollte eher in Kauf genommen werden, wenn die Harmonisierung ausscheidet? Der in der Literatur oft anzutreffende[293] Hinweis auf das Produktionseffizienztheorem von Diamond und Mirrlees greift zu kurz. Dieses Theorem bezieht sich nämlich auf ein Modell, in dem lediglich *sachlich* differenzierte Steuersätze zu bestimmen sind. Der hiesige Rahmen ist komplexer, weil es außerdem *persönlich* differenzierte Steuersätze gibt. Anders ausgedrückt: Im Modell von Diamond und Mirrlees zahlen die Konsumenten zwar für Gut A möglicherweise Steuern mehr als für Gut B, aber alle Konsumenten zahlen für ein bestimmtes Gut ein und dieselbe Steuer. Im internationalen Kontext sind die persönlichen Steuersätze hingegen regelmäßig verschieden. Gleichwohl läßt sich das Produktionseffizienztheorem auf den Fall persönlich differenzierter Steuersätze verallgemeinern; der Beweis wird hier nicht wiedergegeben[294].

Internationales Produktionseffizienztheorem: In jedem weltwirtschaftlich zweitbesten Gleichgewicht besteht Produktionseffizienz, aber nicht notwendig Konsumeffizienz.

Eine möglicherweise bestehende Konsumineffizienz läßt sich nur durch Harmonisierung der nationalen Steuerrechtsordnungen in Verbindung mit zwischenstaatlichen Transfers beseitigen. *Anders ausgedrückt ist die Konsumineffizienz der Preis für nationale Steuerautonomie.* Dieser Preis erscheint gering, wenn man bedenkt, daß eine ganz ähnliche Konsumineffizienz bei persönlich differenzierten Grenzsteuersätzen auch in geschlossenen Volkswirtschaften auftritt: Niemand hat bisher die Aufgabe der progressiven Besteuerung allein deshalb gefordert, weil sie zu unterschiedlichen Nachsteuerrenditen aus Sicht der Pflichtigen führt. Der große Vorteil des Welteinkommensprinzips besteht darin, daß es Produktionseffizienz auch bei international verschiedenen Steuersätzen sichert. Die damit einhergehende Konsumineffizienz gibt keinen Anlaß für internationa-

293 Vgl. etwa Frenkel, J. A., A. Razin und E. Sadka (1991) *International Taxation in an Integrated World.* Cambridge usw.: MIT Press, S. 197 f.

294 Homburg, St. (1999) Competition and Co-ordination in International Capital Income Taxation. *FinanzArchiv* **56**, S. 1–17. Keen, M. und D. Wildasin (2004) Pareto-Efficient International Taxation. *American Economic Review* **94**, S. 259–275.

le Steuerharmonisierung[295]. Die in der Literatur anzutreffende Meinung[296], bei der Abwägung zwischen Produktionseffizienz und Konsumeffizienz käme es auf die Elastizitäten von Investition und Ersparnis an, ist demgegenüber falsch; dem Ziel der Produktionseffizienz kommt unabhängig von den Elastizitäten die größere Bedeutung zu.

Aus naheliegenden Gründen widersetzt sich die deutsche Unternehmerschaft den Einsichten, die für Kapitalexportneutralität sprechen. Sie hat die Freistellung im Wohnsitzland und die damit einhergehende Kapitalimportneutralität zu einem nationalen Effizienzanliegen hochstilisiert. Beispielhaft sei hierzu der frühere Justitiar der Siemens AG zitiert:

> Die Freistellung von den deutschen Steuern gewährleistet, daß Direktinvestitionen und Geschäftstätigkeit deutscher Unternehmen auf ausländischen Märkten den gleichen Steuerlasten unterworfen sind wie die dortigen Konkurrenten. Erst mit der Freistellungsmethode werden die deutschen Unternehmen am Investitions- und Tätigkeitsstandort ihren dortigen Mitbewerbern steuerlich gleichgestellt (hier sei das Schlagwort von der Kapitalimportneutralität erwähnt). Die Freistellung stellt gleichzeitig sicher, daß die steuerliche Investitionsförderung des Quellenstaates nicht durch den Wohnsitzstaat des Investors konterkariert wird[297].

Daß eine Auslandstochter auf dem dortigen Markt unter Bedingungen der Chancengleichheit operiert, hat mit der Besteuerung des repatriierten Gewinns nichts zu tun, weil dieser wirtschaftlich der Inlandsmutter zuzurechnen ist. Wer Kapitalimportneutralität fordert, muß sich darüber klar sein, daß sie die Bedingung für Produktionseffizienz verletzt. Das ist ganz sicher nicht im nationalen Interesse, wie in § 54 gezeigt wurde, und auch nicht im globalen Interesse. Für eine deutsche Holding, die im Hochsteuerstaat Deutschland gut ausgebildete Arbeitskräfte und eine hervorragende Infrastruktur als wesentliche Mitursachen der Auslandsgewinne erhält, ist die gleichzeitige Freistellung der Auslandsgewinne natürlich ideal. Diese Methode stärkt auch tatsächlich den „Holdingstandort Deutschland", verdrängt aber Teile der Produktion und die damit verbundenen Arbeitsplätze ins Ausland.

§ 56 Strategische internationale Steuerpolitik

Die vorangegangenen Paragraphen haben eine abgerundete und in sich stimmige Skizze davon ergeben, wie ein internationales System direkter Besteuerung aussehen mag. Ein solches Steuersystem, so zeigte sich, müßte ganz überwiegend auf dem Welteinkommensprinzip und dem Wohnsitzprinzip beruhen. Es wäre Grundlage für eine individuell gerechte, einzelstaatlich zweitbeste und auch weltwirtschaftlich zweitbeste Einkommensbesteuerung. Warum aber, wird der Leser mit Recht fragen, stellen sich sowohl die Theorie als auch die Praxis der

295 So im Ergebnis auch Giovannini, A. (1990) International Capital Mobility and Capital-Income Taxation. *European Economic Review* **34**, S. 480–488.

296 Tanzi, V. (1995) *Taxation in an Integrated World.* Washington, D.C.: Brookings, besonders S. 77.

297 Schäfer, A. E. H. (1996) Ausgewählte Probleme des internationalen Schachtelprivilegs. In: Vogel, K. (Hrsg.) *Freistellung im internationalen Steuerrecht.* München: Beck, S. 30.

internationalen Besteuerung dermaßen chaotisch dar, warum findet das obige wohlgeordnete Bild in der Realität keine Entsprechung?

Nachfolgend sollen mögliche Antworten auf diese Frage entwickelt werden. Dabei wird sich herausstellen, daß die Unordnung des internationalen Steuerrechts vor allem darauf beruht, daß sich die beteiligten Staaten in ihrem Handeln nicht von den Oberzielen gerechter und effizienter Besteuerung leiten lassen, sondern einem ganz anderen Ideal frönen, nämlich der Einnahmenmaximierung. Insofern eignen sich die bisherigen normativen Ergebnisse nicht zur Beschreibung des tatsächlichen Staatsverhaltens.

1. Modellrahmen

Betrachtet wird eine Welt, die aus vielen kleinen Staaten besteht. Kein Staat kann die Weltmarktpreise durch seine Steuerpolitik beeinflussen. Diese Annahme kommt der Realität näher als ein Zwei-Länder-Modell, in dem jeder Staat erhebliches Gewicht besitzt und z. B. strategische Zinspolitik betreiben kann. Die Staaten zerfallen in zwei Gruppen:

- *Kapitalimportstaaten* (Quellenstaaten) erzeugen $f(K)$ unter Einsatz des Kapitalbestands K. Ihre Einwohner besitzen kein eigenes Kapital. Die inländischen Unternehmen fragen Kapital nach, bis $f'(K) = r$ gilt, wobei r den Bruttozins bezeichnet.
- *Kapitalexportstaaten* (Wohnsitzstaaten) erzeugen $f^*(K^*)$ unter Einsatz des Kapitalbestands K^*. Ihre Einwohner besitzen den Kapitalbestand S^*. Die inländischen Unternehmen fragen Kapital nach, bis $f^{*\prime}(K^*) = r^*$ gilt, wobei r^* den Bruttozins bezeichnet.

Die Annahme, daß die Kapitalimportstaaten bzw. Kapitalexportstaaten untereinander identisch sind, bedeutet keine wesentliche Einschränkung, sondern dient hauptsächlich der Einsparung von Indizes. Die Staaten verfügen über folgende steuerliche Instrumente:

- Alle Staaten erheben eine Wertsteuer mit Satz τ in einem Kapitalimportstaat bzw. τ^* in einem Kapitalexportstaat, und zwar auf sämtliche Inländereinkommen (Arbeitseinkommen, Reingewinne, Grundrenten und Kapitaleinkommen).
- Quellenstaaten erheben außerdem eine etwaige Mengensteuer mit dem Satz t auf Inlandskapital in Auslandsbesitz.
- Wohnsitzstaaten rechnen ausländische Steuern an, gewähren hierfür einen Steuerabzug, stellen im Ausland erzielte Einkommen steuerfrei oder lassen die Doppelbesteuerung bestehen.

Jeder Staat besteuert also das Kapitaleinkommen und die übrigen Einkommen seiner Inländer aus rechtlichen oder praktischen Gründen gleich; etwaige *inländische* Abzugsteuern werden auf die Steuerschuld der Inländer voll angerechnet. Schließlich sei vorläufig unterstellt, daß im Ausland erzielte Kapitaleinkommen vom jeweiligen Wohnsitzstaat beobachtbar sind und folglich besteuert werden können. In § 54 wurde gezeigt, welches internationale Steuersystem sich durchsetzt, wenn jeder Staat national effizient besteuert, also die Summe von privatem Inländereinkommen und inländischem Steueraufkommen maximiert. Die Antwort ergab sich als Lösung eines dreistufigen Spiels:

- Auf der dritten Stufe verteilen die privaten Anleger ihr Kapital so, daß sie die höchstmögliche Nachsteuerrendite erzielen. Alle Staaten müssen dies bei ihren steuerpolitischen Entscheidungen berücksichtigen.
- Zweitens erheben die Kapitalimportstaaten eine Quellensteuer, *sofern* die Kapitalexportstaaten anrechnen. Erfolgt keine Anrechnung, ist für die Kapitalimportstaaten der Verzicht auf Quellensteuern optimal.
- Weil die Kapitalexportstaaten dies wissen, ist es für sie wiederum optimal, *keine* Anrechnung zu gewähren, weil sie hiermit Steueraufkommen verschenken würden.

Das resultierende Gleichgewicht erwies sich als einzelstaatlich zweitbest. Den Schlüssel zum Verständnis dieses Ergebnisses lieferte das Verhalten der Kapitalimportstaaten, die – sofern sie sich im Interesse ihrer Bürger verhalten – keine Quellensteuern auf im Inland investiertes Kapital erheben. Hierdurch erfolgt ein quasi automatischer Übergang zur Besteuerung des Welteinkommens im jeweiligen Wohnsitzstaat.

Im Unterschied hierzu stellt die universelle Anwendung des Territorialprinzips kein Gleichgewicht dar, weil sich hierbei jeder Staat selbst schaden würde. Ausgehend von einem hypothetischen Zustand, in dem alle Staaten auf der Grundlage des Territorialprinzips und des Quellenprinzips besteuern, käme es aufgrund der vorigen Überlegungen zu einem zerstörerischen *Steuerwettbewerb*, an dessen Ende die Steuerfreiheit des Kapitaleinkommens steht. Unter dem Welteinkommensprinzip und dem Wohnsitzprinzip tritt dieser Steuerwettbewerb nicht auf, und die Besteuerung von Kapitaleinkommen bildet ein stabiles Gleichgewicht.

2. Der Quellenstaat als Leviathan

Das hiermit rekapitulierte Ergebnis steht in offenem Widerspruch zur Tatsache, daß zahlreiche Staaten Quellensteuern auf Inlandskapital erheben, und zwar auch dann, wenn der jeweilige Wohnsitzstaat diese Steuern nicht anrechnet. Eine mögliche Erklärung hierfür besteht darin, daß sich die Quellenstaaten nicht als Wohlfahrtsmaximierer, sondern als *Einnahmenmaximierer* verhalten bzw. – wie es in der internationalen Literatur heißt – als *Leviathane*[298]. Leviathane scheren sich nicht um das Wohl ihrer Bürger, sondern wollen möglichst hohe Steuereinnahmen erzielen. Im vorliegenden Modell setzen sich die Steuereinnahmen aus einer Einkommensteuer mit dem Satz τ und einer Quellensteuer auf Inlandskapital zusammen. Somit lautet das Optimierungsproblem des Leviathan, wobei T das Steueraufkommen bezeichnet:

---

298 Bond, E. und L. Samuelson (1989) Strategic Behaviour and the Rules for International Taxation of Capital. *Economic Journal* **99**, S. 1099–1111 erörtern Quellensteuern unter der (unplausiblen) Annahme, daß der Kapitalimportstaat keine anderen Steuern als Quellensteuern erheben *kann*.

(170) $$\underset{t}{max!} \quad T = \tau\big(f(K) - r \cdot K\big) + tK \quad \text{mit} \quad f'(K) = r = r^* + t\,.$$

Wie schon in (160) wird unterstellt, daß die Ausländer auf Inlandsinvestitionen den Zins $r^* + t$ verlangen, um eine Nachsteuerrendite von r^* zu erzielen. Nach Aufnahme dieser Nebenbedingung in die Zielfunktion lautet das Optimierungsproblem

(171) $$\underset{t}{max!} \quad T = \tau\big(f(K) - (r^* + t)K\big) + tK\,.$$

Der erste Summand entspricht den Einnahmen aus der Einkommensteuer; diese sinken bei verschärfter Quellenbesteuerung, weil sich die Bemessungsgrundlage durch den Schuldzinsenabzug verringert. Es sei daran erinnert, daß das Inland den ausländischen Investoren um so höhere Zinsen bieten muß, je schärfer es Inlandskapital besteuert. Der zweite Summand entspricht den Einnahmen aus der Quellensteuer. Durch Ableiten nach der Quellensteuer t und Nullsetzen ergibt sich:

(172) $$\begin{aligned} \frac{dT}{dt} &= \tau\big(f'(K) - (r^* + t)\big)\frac{dK}{dt} - \tau K + K + t\frac{dK}{dt} \\ &= (1-\tau)K + \frac{t}{f''(K)} \overset{!}{=} 0\,. \end{aligned}$$

Der erste Klammerausdruck verschwand wegen $f'(K) = r^* + t$, außerdem wurde in der Umformung $dK/dt = 1/f''(K)$ gemäß (160) eingesetzt. Aufgelöst nach der Quellensteuer ergibt die letzte Gleichung den

Satz: Bei gegebenem Einkommensteuersatz $\tau < 1$ besteuert der Leviathan im Inland investiertes Kapital mit der Quellensteuer

(173) $$t = (\tau - 1)\,K f''(K) > 0\,.$$

Während effizienzorientierte Besteuerung einen Verzicht auf Quellensteuern erfordert ($t = 0$), ist aus Sicht des Leviathan ein positiver Quellensteuersatz optimal, der um so niedriger liegt, je schärfer der Leviathan Inländereinkommen zu besteuern vermag: $dt/d\tau = K f''(K) < 0$. Allerdings *verzichtet* der Leviathan auf die Quellenbesteuerung, wenn er das Inländereinkommen vollständig abzuschöpfen vermag, aus $\tau = 1$ folgt $t = 0$. Dies ist kaum verwunderlich, weil der Leviathan hierbei bestrebt sein wird, das ihm komplett zufallende Inländereinkommen zu maximieren. Unter der realistischeren Annahme, daß das Inländereinkommen nur teilweise besteuert werden kann, wählt der Leviathan eine höhere als die effiziente Quellensteuer, weil ihm der damit einhergehende Wohlfahrtsverlust für die Inländer gleichgültig ist. Aus seiner Sicht zählt nicht die Höhe des Inländereinkommens, sondern allein die Steuereinnahme.

Der obige Ansatz erklärt nicht die Höhe der Einkommensteuer. Man könnte sich vorstellen, daß der Leviathan den Einkommensteuersatz bis an die Grenze eines drohenden *Steuerprotests* treibt oder daß die Besteuerung durch den Stand der Steuertechnik begrenzt ist. Im zweiten Schritt wählt er die dazu passende

Quellensteuer. Sie ist hoch, wenn der Einkommensteuersatz gering ist, und umgekehrt. Diese Folgerung paßt gut zu der Beobachtung, daß insbesondere Staaten mit wenig entwickelten Steuersystemen gern zu Quellensteuern greifen.

3. Der Wohnsitzstaat als Leviathan

Welche steuerpolitischen Maßnahmen sollte ein effizienzorientierter Kapitalexportstaat ergreifen, wenn sich die Kapitalimportstaaten als Leviathane verhalten? Die Antwort hierauf wurde schon in § 54 gegeben. Sie lautet, daß für den Wohnsitzstaat die *Abzugsmethode*, also der Abzug der im Kapitalimportstaat gezahlten Quellensteuer von der Bemessungsgrundlage, optimal ist. Hierdurch kommt es zu einer Übereinstimmung des inländischen Bruttozinses mit dem ausländischen Nettozins, und das Inländereinkommen wird maximiert. Im Vergleich zum Steuerabzug ist die *Anrechnungsmethode*, bei der ausländische Quellensteuern von der heimischen Steuerschuld abgezogen werden, zu großzügig. Die Anrechnungsmethode kann selbstverständlich in bilateralen DBA zum Vorteil beider Seiten vorgesehen werden. Es gehört jedoch zu den großen Rätseln der internationalen Steuerpolitik, warum zahlreiche Staaten eine *einseitige* Anrechnung im Verhältnis zu jenen Quellenstaaten gewähren, mit denen sie kein DBA geschlossen haben. Eine mögliche Lösung dieses Rätsels soll in den folgenden, mehr beispielhaften Überlegungen entwickelt werden. Sie beruhen auf den Annahmen, daß sich die Wohnsitzstaaten ebenfalls als *Einnahmenmaximierer* verhalten und daß inländische Kapitalbesitzer einem aus ihrer Sicht überhöhten Steuerdruck durch *Wegzug* ausweichen.

Steuerausweichung durch Wegzug ist gewissermaßen die privatwirtschaftliche Methode zur Beseitigung der Doppelbesteuerung. Aus Sicht des einnahmenmaximierenden Wohnsitzstaates bildet sie eine beträchtliche Gefahr, weil mit dem Wegzug der Kapitalbesitzer auch die Steuer auf das Inländereinkommen verschwindet. Um dies abzuwehren, kann der Wohnsitzstaat entweder den allgemeinen Steuersatz senken oder eine einseitige Anrechnung gewähren. In vielen Fällen wird die Anrechnung aus seiner Sicht das billigere Mittel sein, weil sie nur bei Auslandsinvestitionen zu Steuerausfällen führt, während die allgemeine Steuersenkung auch Inlandsinvestitionen entlastet.

Beispiel: Das Ausland erhebe eine 30 %ige Einkommensteuer und eine 10 %ige Quellensteuer. Verursacht ein Wegzug keine Kosten, kann der Wohnsitzstaat die bei ihm ansässigen Kapitalbesitzer mit höchstens 20 % belasten, wenn er für Auslandsinvestitionen keine Steuerermäßigung gewährt. Beim Übergang zur einseitigen Anrechnung kann der allgemeine Steuersatz auf 30 % angehoben werden, ohne daß es zu Wegzügen kommt. Diese kombinierte Maßnahme führt zu Steuermehreinnahmen bei den Inlandeinkommen, während das Steueraufkommen im Bereich der Auslandseinkommen gleich bleibt, nämlich 20 %.

Allerdings muß der Wohnsitzstaat dieses Mittel vorsichtig einsetzen, um eine Anhebung der Quellensteuern im Ausland zu verhindern, die sein eigenes Steueraufkommen letztlich aushöhlt. Es dürfte klar sein, daß die Kapitalimportstaaten ihrerseits Kampfmittel einsetzen, um mobile Anleger zum Wohnsitzwechsel zu bewegen. Hierzu gehört vor allem die Zusage einer niedrigen Besteuerung in den Anfangsjahren, die Neuankömmlinge gegenüber Altansässigen begünstigt. Die Kapitalexportstaaten reagieren hierauf mit außensteuerlichen Maßnahmen, die den Wohnsitzwechsel verteuern. Insgesamt stellt sich die internationale Besteuerung zum Teil als ein *Kampf der Leviathane* dar, die aufgrund verschiedener Ausgangsbedingungen unterschiedliche Instrumente einsetzen, um ihr Steueraufkommen zu mehren, und die sich entweder als hart und umfassend zugreifende Hochsteuerländer oder umgekehrt als lockende Steueroasen profilieren. Moderiert wird dieses Bild durch vielfältige Formen steuerlicher Kooperation, vor allem in Form der DBA. Vermutlich besteht das Endziel der Leviathane in einer umfassenden Harmonisierung, die jeden Steuerwettbewerb ausschließt. Ob ein derartiger Fortschritt auch im Sinne der Steuerbürger ist, erscheint weniger klar.

§ 57 Steuern auf spezielle Güter und Zölle

Doppelbesteuerungen treten nicht nur bei grenzüberschreitender Einkommenserzielung auf, sondern auch bei internationalen Warenbewegungen. Dieses Phänomen, seine Wirkungen sowie Möglichkeiten der Vermeidung werden zunächst für Steuern und Zölle auf spezielle Güter erörtert, anschließend für die Mehrwertsteuer.

Als Einführung eignet sich das in § 23 erörterte Beispiel der *Weinsteuer*. Hier kommt es unter folgenden Bedingungen zu einer internationalen Doppelbesteuerung: Der Exportstaat erhebt die Weinsteuer als Produzentensteuer ohne Rücksicht darauf, ob der Wein inländisch verbraucht oder exportiert wird. Der Importstaat verpflichtet sowohl die inländischen Produzenten als auch die Importeure zur Entrichtung der Weinsteuer. Somit unterliegt Wein, der im Exportstaat erzeugt und im Importstaat verbraucht wird, einer zweifachen Besteuerung. In der Literatur wird der Exportstaat gewöhnlich *Ursprungsland* genannt, der Importstaat *Bestimmungsland*. Auf Grundlage dieser Terminologie ergeben sich zwei Möglichkeiten zur Vermeidung der Doppelbesteuerung:

- *Bestimmungslandprinzip (destination principle)*: Der Exportstaat gewährt beim Grenzübertritt eine Steuerbefreiung, während der Importstaat besteuert. Das Herabschleusen und anschließende Heraufschleusen des Preises bezeichnet man als *Grenzausgleich*.
- *Ursprungslandprinzip (origin principle)*: Der Importstaat gewährt eine Steuerbefreiung für Importe. Es findet kein Grenzausgleich statt.

Tab. 14 stellt die vier prinzipiellen Möglichkeiten der Besteuerung grenzüberschreitender Warenbewegungen zusammenfassend dar.

	Importstaat besteuert	Importstaat besteuert nicht
Exportstaat besteuert	Doppelbesteuerung	Ursprungslandprinzip
Exportstaat besteuert nicht	Bestimmungslandprinzip	Nullbesteuerung

Tab. 14: Vermeidung der indirekten Doppelbesteuerung

Im folgenden sei q der Bruttopreis, p der Nettopreis und t der Steuerbetrag im Ursprungsland, und q^*, p^* und t^* seien dieselben Größen im Bestimmungsland. Alle Preise und Steuern werden gegebenenfalls in eine Währung umgerechnet. Unabhängig vom Besteuerungsregime gelten folgende Identitäten:

(174) $$q = p + t \quad \text{und} \quad q^* = p^* + t^* \, .$$

Unter dem Bestimmungslandprinzip werden die Verbraucher des Importstaates mit der Steuer des Importstaates belastet, unter dem Ursprungslandprinzip aber mit der Steuer des Exportstaates:

(175) *Bestimmungslandprinzip*: $q^* = p + t^* \quad \Rightarrow \quad p = p^* \, .$

(176) *Ursprungslandprinzip*: $q^* = p + t \quad \Rightarrow \quad q = q^* \, .$

Auch bei unterschiedlichen Steuersätzen bewirkt das Bestimmungslandprinzip eine *Angleichung der Nettopreise*, wie man durch Kombination von (175) und der zweiten Gleichung in (174) erkennt. Das Ursprungslandprinzip bewirkt eine *Angleichung der Bruttopreise*, wie man durch Kombination von (176) und der ersten Gleichung in (174) erkennt. Bei übereinstimmenden Steuersätzen gilt dagegen unabhängig vom angewandten Prinzip stets $p = p^*$ und $q = q^*$. Allerdings erhält unter dem Bestimmungslandprinzip der Importstaat und unter dem Ursprungslandprinzip der Exportstaat das Steueraufkommen. Hinsichtlich der *Verteilung des Steueraufkommens* sind die beiden Methoden folglich selbst bei harmonisierten Steuersätzen verschieden.

Angenommen, der Exportstaat besteuere das betrachtete Gut schärfer als der Importstaat, $t > t^*$. Außerdem möge es zahlreiche unbesteuerte Güter geben, deren Preise in beiden Ländern übereinstimmen. Bei Anwendung des Bestimmungslandprinzips sind die Nettopreise in beiden Staaten gleich, während die Konsumenten im Exportstaat höhere Bruttopreise bezahlen, $q > q^*$. Hierdurch entsteht eine *Konsumineffizienz*. Bei Anwendung des Ursprungslandprinzips sind die Bruttopreise in beiden Staaten gleich, während die Produzenten im Exportstaat geringere Nettopreise erzielen, $p < p^*$. Hierdurch entsteht eine *Produktionsineffizienz*.

Beispiel: Kalifornien als Exportstaat besteuere Wein ($t > 0$), während Deutschland hierauf verzichte ($t^* = 0$). Unter dem Bestimmungslandprinzip werden kalifornische Weintrinker belastet, deutsche Weintrinker wegen des Grenzausgleichs nicht. Die Entscheidung aller Konsumenten, welchen Wein sie trinken sollen, bleibt unverzerrt, so daß Produktionseffizienz besteht. Unter dem Ursprungslandprinzip würden deutsche Weintrinker durch die kalifornische Steuer getroffen und deshalb vermutlich weniger Importwein und mehr deutschen Wein trinken. Damit bestünde eine Produktionsineffizienz.

Anders formuliert gewährleistet das Bestimmungslandprinzip *Importneutralität*, weil es den Importeuren egal ist, aus welchem Herkunftsstaat die Güter stammen. Das Ursprungslandprinzip sichert umgekehrt *Exportneutralität*, weil es den Exporteuren egal ist, in welchen Staat sie liefern. Im Bereich der Einkommensteuer erwies sich das Kriterium der Kapitalexportneutralität als wichtig, weil es Produktionseffizienz garantierte. Dasselbe gilt hier für die Importneutralität. Kapitalexportneutralität und Importneutralität verhalten sich spiegelbildlich zueinander. Beide Kriterien zielen auf eine unverzerrte Produktionsstruktur ab. Ebenso verhalten sich Kapitalimportneutralität und Exportneutralität spiegelbildlich zueinander. Diese beiden Kriterien zielen auf eine unverzerrte Konsumstruktur ab. Wie in § 55 ausgeführt, kommt dem Ziel der Produktionseffizienz eine höhere Bedeutung zu als dem Ziel der Konsumeffizienz. Diese Tatsache spricht für das Bestimmungslandprinzip.

Zudem bildet die Anwendung des Bestimmungslandprinzips für jedes Land eine *dominante Strategie*. Um dies zu sehen, betrachte man zunächst das Bestimmungsland. Das betrachtete Gut wird dort zu steigenden Grenzkosten produziert, die im Wettbewerbsgleichgewicht jederzeit mit dem Nettopreis p^* übereinstimmen. Alternativ kann das Gut zum Importpreis p^i, der möglicherweise ausländische Steuern enthält, eingeführt werden. Volkswirtschaftlich sind Importe für das Bestimmungsland vorteilhaft, soweit der Importpreis unter den heimischen Produktionskosten liegt ($p^i < p^*$), und im Optimum gilt $p^i = p^*$. Die Konsumenten des Bestimmungslands vergleichen bei ihren Kaufentscheidungen den Importpreis zuzüglich einer etwaigen Einfuhrsteuer mit dem Bruttopreis $p^* + t^*$ der heimischen Produkte. Genau dann, wenn Einfuhren ebenfalls mit der Steuer t^* belegt werden, gilt im Marktgleichgewicht $p^i + t^* = p^* + t^*$, so daß die Optimalbedingung $p^i = p^*$ erfüllt ist. Bei schärferer bzw. schwächerer Besteuerung der Importe im Vergleich zur heimischen Produktion wäre das Importvolumen ineffizient gering bzw. hoch. Folglich muß das Bestimmungsland Importe wie eigene Produkte besteuern. Dies gilt unabhängig davon, ob der Importpreis ausländische Steuern enthält, denn für das Bestimmungsland zählt allein der insgesamt aufzuwendende Betrag.

Im Ursprungsland stimmen die Grenzkosten der Produktion mit dem Nettopreis p überein. Exporte sind volkswirtschaftlich vorteilhaft, so lange der Exportpreis p^x die Produktionskosten übersteigt ($p^x > p$), und im Optimum gilt $p^x = p$. Weil die im Ursprungsland ansässigen Produzenten bei ihren Entscheidungen den Exportpreis p^x mit dem Nettopreis p vergleichen, wird das Optimum genau dann erreicht, wenn das Ursprungsland die Exporte von heimischer Steuer befreit. Bei Besteuerung oder Subventionierung wären die Exporte ineffizient hoch bzw. gering. Auch dieses Ergebnis gilt unabhängig davon, ob der Exportpreis ausländische Steuern enthält, denn für das Ursprungsland kommt es nur auf die verbleibende Einnahme an.

Zusammengefaßt befreit das Ursprungsland die Exporte von der Steuer, während das Bestimmungsland sie derselben Steuer unterwirft wie die heimische Produktion. Also bildet der Grenzausgleich ein Gleichgewicht in dominanten Strategien, und es kann nicht verwundern, daß sich das Bestimmungslandprinzip historisch als anerkannte Methode der internationalen Verbrauchsbesteuerung durchgesetzt hat. Multilateraler Absprachen bedurfte es hierzu nicht.

Zölle sind Steuern auf spezielle Güter, die beim Grenzübertritt erhoben werden. Eine analytische Unterscheidung von Zöllen und Steuern auf spezielle Güter ist schwierig, weil der Ort der Erhebung im Hinblick auf die wirtschaftliche Wirkung keinen Unterschied macht. Unter dem Bestimmungslandprinzip werden Güter bei der Einfuhr besteuert; der Grenzausgleich wirkt wie ein *Importzoll*. Unter dem Ursprungslandprinzip findet keine Entlastung von der heimischen Steuer statt, die folglich wie ein *Exportzoll* wirkt. Die vorigen Überlegungen führen zum Schluß, daß produktionseffiziente Steuersysteme keine Exportzölle vorsehen und Importzölle nur, soweit sie der Durchführung des Grenzausgleichs dienen. Importzölle, die dieser Voraussetzung genügen, sind unbedenklich und effizienztheoretisch sogar geboten. Wenn das Importland zum Beispiel eine Biersteuer als Produzentensteuer erhebt, die auf Handel und Verbraucher vorgewälzt wird, erfordert Produktionseffizienz einen Bierzoll als *Folgesteuer*, damit keine Wettbewerbsverzerrung zu Lasten der heimischen Brauer auftritt.

Alle übrigen Zölle beruhen auf wirtschaftlichem Unverstand oder auf staatlichem Eigeninteresse[299]. Man unterscheidet *Schutzzölle*, die eine heimische Branche begünstigen, und *Finanzzölle*, denen ein fiskalisches Motiv zugrunde liegt. Finanzzölle werden von den industrialisierten Ländern kaum mehr erhoben, während Schutzzölle auch heute noch üblich sind und zugunsten lobbystarker maroder Branchen eingesetzt werden. Ein Schutzzoll wirkt wirtschaftlich wie eine Subvention. Umgekehrt werden Subventionen häufig zur Umgehung der gegen Schutzzölle gerichteten WTO-Regeln eingesetzt. Ein gutes Beispiel hierfür ist die Förderung des Steinkohlebergbaus, die den Preis heimischer Steinkohle auf das Weltmarktniveau herabschleust. Hierdurch ergibt sich dieselbe Verminderung des Kohleimports wie durch einen Importzoll. Weil die heimischen Produktionskosten das Weltmarktpreisniveau weit übersteigen, ist die heimische Kohleförderung ineffizient und eine derartige Subventionspolitik nicht weiter zu kommentieren.

Zusammengefaßt sind Exportzölle volkswirtschaftlich ineffizient, Importzölle zumindest dann, wenn sie ein anderes Ziel als die Gleichbehandlung ausländischer und inländischer Produzenten verfolgen, wenn sie also über einen reinen

---

299 Allerdings kann ein Land, das eine monopolistische Position auf dem Weltmarkt innehat, seine Wohlfahrt prinzipiell durch Erhebung sogenannter *Optimalzölle* verbessern. Der Optimalzoll zielt auf eine Verbesserung der *terms of trade* ab. Darzulegen, warum alle anderen Zollargumente falsch sind, ist Aufgabe der Außenwirtschaftstheorie.

Grenzausgleich hinausgehen. Der weltweit seit langem zu beobachtende Abbau der Zölle gehört zu den erfreulichsten Entwicklungstendenzen auf dem Gebiet der Steuerpolitik.

§ 58 Die europäische Mehrwertsteuer

Während im vorigen Paragraphen Steuern auf spezielle Güter erörtert wurden, geht es nun um die Mehrwertsteuer, also um eine *allgemeine Verbrauchsteuer*. Können die bisher gewonnenen Ergebnisse nicht einfach sinngemäß übertragen werden? Diese Frage ist zu verneinen, weil so manches ökonomische Resultat den Übergang von der Mikroebene auf die Makroebene nicht überlebt – eine einzelwirtschaftlich richtige Aussage kann gesamtwirtschaftlich falsch sein. Der Leser sei ohnehin gewarnt, daß die Beurteilung der europäischen Mehrwertsteuer zu den schwierigsten steuertheoretischen Aufgaben gehört. Ursächlich hierfür ist vor allem die Vielfalt der Blickwinkel, unter denen eine derartige Beurteilung erfolgen kann.

1. Steuerrechtliche Grundlagen

Im Gegensatz zu den meisten anderen Steuern – die im nationalen Recht wurzeln und deren unverträgliche Nebenwirkungen durch das internationale Steuerrecht moderiert werden – fußte die nachfolgend beschriebene Mehrwertsteuer von Anfang an auf supranationalem Recht[300]. Ihre Geburtsstunde schlug im Jahre 1967 mit der Verabschiedung der Ersten und Zweiten Mehrwertsteuerrichtlinie,[301] die auf Vorarbeiten der *Tinbergen-Kommission* (1953) zurückgingen und durch Empfehlungen des *Neumark-Ausschusses* (1960) weiterentwickelt wurden[302]. Es entstand eine Mehrwertsteuer vom Konsumtyp mit Vorsteuerabzug, die dem Bestimmungslandprinzip folgte. Damit waren die drei wichtigsten Eckpunkte der europäischen Mehrwertsteuer festgelegt.

Die Erhebung der Mehrwertsteuer beruht auf einem eigentümlichen Dualismus von supranationalem und nationalem Recht, der einführend skizziert sei. Durch den Vertrag zur Gründung der Europäischen Gemeinschaft (EG) vom 25. März 1957 wurde eine supranationale Organisation mit eigenem Normsetzungsrecht geschaffen. Der Gründungsvertrag bildet das sogenannte *primäre Gemeinschafts-*

---

300 Zu anderen international bestehenden Mehrwertsteuersystemen vgl. Gillis, M., C. S. Shoup und G. P. Sicat (1990) Value Added Taxation in Developing Countries. Washington: The World Bank, insbesondere den hierin enthaltenen Überblicksartikel *Choosing among Types of VATs* von Carl S. Shoup.

301 Erste und zweite Mehrwertsteuerrichtlinie vom 11. April 1967 (67/227/EGW, 67/228/EWG) *Amtsblatt EG* 1301, 1303 vom 14. April 1967. Der deutsche Gesetzgeber verwendet anstelle des treffenden Begriffs *Mehrwertsteuer (value added tax, VAT)* weiterhin den Ausdruck *Umsatzsteuer* und weckt damit verkehrsteuerliche Reminiszenzen.

302 Ausführlich zur Entwicklung der europäischen Umsatzsteuer: Theile, C. (1995) *Wettbewerbsneutralität der harmonisierten Umsatzsteuer. Theoretischer Anspruch und praktische Umsetzung.* Köln: Schmidt, S. 33 ff.

recht; er kann, wie jeder völkerrechtliche Vertrag, nur durch Paraphierung und Ratifikation seitens aller Mitgliedstaaten, also nur einstimmig, geändert werden.

Nach Maßgabe des primären Gemeinschaftsrechts schafft der *Rat*, der aus je einem Regierungsvertreter der Mitgliedstaaten besteht, *sekundäres Gemeinschaftsrecht* in Form von Verordnungen und Richtlinien. Nach Lage des Einzelfalls erfolgt die Entscheidung einstimmig, mehrheitlich oder mit qualifizierter Mehrheit. Eine *Verordnung* (wie z. B. der gemeinsame Zolltarif) ist in allen Teilen verbindlich und gilt unmittelbar in jedem Mitgliedstaat. Demgegenüber ist eine *Richtlinie* nur hinsichtlich des damit verfolgten Ziels verbindlich; die konkrete Transformation in innerstaatliches Recht bleibt den Mitgliedstaaten vorbehalten. Gemäß Art. 93 EG beschließt der Rat auf Vorschlag der Kommission und nach Anhörung des Parlaments und des Wirtschafts- und Sozialausschusses einstimmig über Rechtsvorschriften zur Harmonisierung der Mehrwertsteuer und anderer indirekter Steuern. Auf nationaler Ebene haben die Mitgliedstaaten das durch Richtlinien geschaffene supranationale Recht in nationales Recht zu transformieren. In der Bundesrepublik Deutschland geschah dies auf Bundesebene durch Verabschiedung des Umsatzsteuergesetzes.

Zwei wichtige Einschnitte auf dem Weg zum heutigen Mehrwertsteuersystem markieren die Sechste Mehrwertsteuerrichtlinie vom 17. Mai 1977, die detaillierte Vorschriften zur Harmonisierung der nationalen Gesetze enthält, und der durch die Einheitliche Europäische Akte zum 1. Januar 1993 geschaffene Binnenmarkt[303]. Mit der Fortentwicklung des Gemeinsamen Marktes zu einem Binnenmarkt ohne innergemeinschaftliche Grenzkontrollen ist die Grundlage für eine generelle Anwendung des Bestimmungslandprinzips entfallen. Wie im vorigen Paragraphen geschildert, erfordert das Bestimmungslandprinzip einen Grenzausgleich, der das Handelsgut von der Steuer des Ursprungslands befreit und mit der Steuer des Bestimmungslands belastet. Bis Ende 1992 geschah dies durch eine *Nullsatzbesteuerung* der Exporte und die Erhebung von *Einfuhrumsatzsteuer* auf Importe. Nach Wegfall der Grenzkontrollen konnte dieses System nicht aufrecht erhalten werden. Es wurde durch eine *Übergangsregelung* ersetzt, die zum 31. Dezember 1996 auslaufen sollte, jedoch so lange gilt, bis sich die Mitgliedstaaten auf eine endgültige Lösung geeinigt haben, was bisher nicht geschehen ist[304]. Die Übergangsregelung bildet das heutige europäische Mehrwertsteuersystem und sei abschließend skizziert:

- Lieferungen eines im *Gemeinschaftsgebiet* (das ist das Gebiet der EU-Mitgliedstaaten) ansässigen Unternehmers ins Ausland unterliegen der *Nullsatzbesteuerung*, so daß grundsätzlich eine vollständige Entlastung von der Mehrwertsteuer des Ursprungslands stattfindet.

---

303 Sechste Mehrwertsteuerrichtlinie vom 17. Mai 1977 (77/388/EWG), *Amtsblatt EG* L 145/1 vom 13. Juni 1977. Durch die Einheitliche Europäische Akte wurde Art. 14 EG in den Gründungsvertrag eingefügt.

304 Vgl. Binnenmarktrichtlinie vom 16. Dezember 1991 (91/680/EWG), *Amtsblatt* EG L 376/1 vom 31. Dezember 1991.

- Einfuhren aus dem *Drittlandsgebiet* (das ist das Gebiet, das nicht Gemeinschaftsgebiet ist), unterliegen der *Einfuhrumsatzsteuer*. Ihre Sätze entsprechen den nationalen Mehrwertsteuersätzen. Im Verhältnis zum Drittlandsgebiet gilt demnach das Bestimmungslandprinzip.
- Einfuhren aus dem *übrigen Gemeinschaftsgebiet* unterliegen der Steuer auf den innergemeinschaftlichen Erwerb, deren Sätze ebenfalls mit den nationalen Mehrwertsteuersätzen übereinstimmen. Diese sogenannte *Erwerbsbesteuerung* greift, wenn der Lieferer ein Unternehmer ist und der Erwerber ein Unternehmer oder eine juristische Person. Dabei verwenden die Beteiligten europaweit gültige Umsatzsteuer-Identifikationsnummern.
- Bei innergemeinschaftlichen Abhollieferungen durch natürliche Personen, die keine Unternehmer sind, kommt das *Ursprungslandprinzip* zur Anwendung. Dies gilt aber nicht beim Erwerb neuer Fahrzeuge, die im Bestimmungsland besteuert werden. Auch sogenannte innergemeinschaftliche Versendungslieferungen, etwa von Versandhäusern an Endabnehmer, unterliegen der Steuer des Bestimmungslands.

Der Sinn dieses Normenzoos ergibt sich aus folgendem. Nach dem Willen der Mitgliedstaaten sollten das Bestimmungslandprinzip und die damit verbundene Steuerverteilung so weit wie möglich beibehalten werden. In Ermangelung physischer Grenzkontrollen ist dieses Ziel bei Abhollieferungen unerreichbar: Wenn ein saarländischer Konsument ins Elsaß fährt, dort Wein einkauft und diesen nach Hause transportiert, bleibt der Wein mit der französischen Steuer belastet, ein Grenzausgleich findet nicht statt. Insofern gilt für grenzüberschreitende Käufe von Konsumenten das Ursprungslandprinzip.

Liefert aber ein französischer Winzer an einen deutschen Weinimporteur, greifen die Erwerbsbesteuerung und das Bestimmungslandprinzip: Der Winzer liefert steuerfrei, und der Importeur schuldet gegenüber dem deutschen Finanzamt die unter Anwendung des deutschen Steuersatzes berechnete Steuer auf den innergemeinschaftlichen Erwerb, die er gegebenenfalls als Vorsteuer abziehen kann. Die Erwerbsteuer entspricht in ihrer Wirkung einer Einfuhrumsatzsteuer. Nachweise gegenüber den Finanzbehörden, daß tatsächlich eine innergemeinschaftliche Lieferung und ein innergemeinschaftlicher Erwerb erfolgt sind, werden nicht mehr durch Zollpapiere, sondern über das recht aufwendige *innergemeinschaftliche Kontrollverfahren* geführt. An der administrativen Komplexität dieses Verfahrens und der damit verbundenen Belastung für die Unternehmen entzündet sich seither die Kritik.

2. Ziele der europäischen Mehrwertsteuer

Die Übergangsregelung wird aufgrund ihrer mangelnden Systemhaftigkeit und ihrer administrativen Komplexität allgemein abgelehnt. Jedoch besteht kaum Übereinstimmung in der Frage, welches endgültige Mehrwertsteuersystem an ihre Stelle treten sollte. Die Kommission der Europäischen Union hat hierzu vier Anforderungen formuliert:

- Das endgültige System soll für Finanzverwaltung und Unternehmen einfacher handhabbar sein als die Übergangsregelung,
- in keinem Mitgliedstaat zu Steuerausfällen führen,
- das Risiko von Steuerhinterziehungen nicht erhöhen und
- Wettbewerbsneutralität sichern[305].

Hinzu kommt als fünftes Ziel die Forderung der Mitgliedstaaten nach *Steuersatzautonomie*. Bisher sind die Mitgliedstaaten bei der Wahl der Mehrwertsteuersätze weitgehend frei, und das soll auch in Zukunft so bleiben. Im Rahmen einiger weit gefaßter Nebenbedingungen kann jeder Mitgliedstaat über die Höhe des *Normalsatzes* und maximal zweier *ermäßigter Sätze* frei entscheiden. Die Suche nach dem endgültigen System hat eine umfangreiche Literatur hervorgebracht, die bis jetzt unschlüssig ist, ob die genannten Ziele nicht eine leere Lösungsmenge definieren. Bezeichnend für die Haltung der Kommission ist die Reihenfolge der Anforderungen, bei der Effizienzwirkungen, die im unklaren Begriff der Wettbewerbsneutralität zum Ausdruck kommen, an letzter Stelle stehen, während die Interessen der Steuergläubiger gleich dreifach berücksichtigt sind. Die folgende Analyse konzentriert sich hingegen auf die Effizienzwirkungen der Mehrwertsteuer und vor allem auf jene Verzerrungen, die sich bei grenzüberschreitenden Sachverhalten ergeben.

Zwei wichtige Ineffizienzen werden ausgeklammert, weil sie auch in der geschlossenen Volkswirtschaft auftreten und deshalb das internationale Mehrwertsteuersystem nur indirekt berühren. Dies sind die Verzerrung der *Arbeit-Freizeit-Wahl*, die bei jeder Einkommens- oder Verbrauchsbesteuerung auftritt, sowie Preisverzerrungen durch *gespaltene Mehrwertsteuersätze innerhalb der Länder*. Gespaltene Mehrwertsteuersätze begünstigen meist Güter des Grundbedarfs, was effizienztheoretisch oder unter Verteilungsgesichtspunkten kaum gerechtfertigt werden kann. Demnach beruht die Erörterung auf der Annahme eines *exogenen Arbeitsangebots* und auf der Voraussetzung *einheitlicher* Mehrwertsteuersätze innerhalb eines jeden Mitgliedstaates.

3. Bestimmungsland- und Ursprungslandprinzip

Eine nach dem Ursprungslandprinzip erhobene spezielle Gütersteuer erzeugt eine *Produktionsineffizienz*, die unter dem Bestimmungslandprinzip nicht auftritt (siehe § 57). Die Produktionsineffizienz könnte man auch als Wettbewerbsverzerrung bezeichnen, obwohl dieser schillernde Begriff hier aus guten Gründen vermieden wird. Sie beruht darauf, daß der im Hochsteuerland ansässige Produzent die Steuer nicht vorwälzen kann, weil er im Wettbewerb mit Produzenten aus Niedrigsteuerländern steht. Auch eine Rückwälzung scheitert, weil der Produzent auf den Faktormärkten mit heimischen Branchen konkurriert, die unbesteuerte Produkte herstellen. Hierdurch verwandelt sich die spezielle Gütersteuer

305 Raponi, D. (1995) Recent Developments in the Field of Indirect Taxation. *EC Tax Review*, S. 105–108. Sinngemäße Übersetzung (S. 105) von mir.

von einer Verbrauchsteuer in eine Produzentensteuer; sie belastet nicht die Verbraucher des Hochsteuerlands, sondern die dortigen Produzenten.

Zu den bemerkenswertesten Ergebnissen der ökonomischen Forschung auf diesem Gebiet gehört die Einsicht, daß dieses klassische Resultat nicht unbesehen von speziellen Gütersteuern auf eine allgemeine Verbrauchsteuer wie die Mehrwertsteuer übertragen werden darf. Ganz im Gegenteil sind bei der Mehrwertsteuer das Bestimmungslandprinzip und das Ursprungslandprinzip weitgehend *äquivalent*; sie unterscheiden sich nur im Hinblick auf die resultierende Steuerverteilung. Um dies zu sehen, betrachte man das in Abb. 38 skizzierte Modell.

Inland	**Ausland**
$C = \gamma \cdot N$	$C^* = \gamma \cdot N^*$

Staatsgrenze

Abb. 38: Bestimmungsland- versus Ursprungslandprinzip

In einer Welt mit zwei Staaten produzieren das Inland und das Ausland dasselbe Konsumgut in den Mengen C bzw. C^* nach Maßgabe identischer linearer Produktionsfunktionen mit Steigung γ. Die Zahlen N bzw. N^* entsprechen der Beschäftigung im Inland bzw. im Ausland. Arbeit ist der einzige Produktionsfaktor in diesem Modell und wird als international *immobil* angenommen, während das Konsumgut international frei und kostenlos gehandelt werden kann. Weiterhin bezeichne w den *Geldlohn*, p den *Nettopreis* des Konsumguts und $q = (1 + \theta)\, p$ dessen *Bruttopreis*, wobei θ der inländische Mehrwertsteuersatz ist. Die entsprechenden Auslandsgrößen heißen q^*, p^*, w^* und θ^*; alle Preise sind in derselben Währung ausgedrückt. In einem Marktgleichgewicht stimmen die *Reallöhne* w/p und w^*/p^* mit der Grenzproduktivität der Arbeit überein, also mit der Zahl γ. Zusammengefaßt gilt unabhängig vom internationalen Steuersystem stets:

(177) $$q = (1 + \theta)\, p\,, \quad q^* = (1 + \theta^*)\, p^*\,, \quad w/p = w^*/p^* = \gamma\,.$$

Unter dem *Bestimmungslandprinzip* werden Importe durch den Grenzausgleich von der Steuer des Ursprungslands befreit und mit dem Steuersatz des Bestimmungslands belegt. Die Nettopreise p und p^* stimmen international überein, während die Bruttopreise nach Maßgabe der nationalen Steuersätze voneinander abweichen. Durch Einsetzen in (177) ergibt sich

(178) *Bestimmungslandprinzip*: $$\frac{p}{p^*} = \frac{w}{w^*} = 1, \quad \frac{q}{q^*} = \frac{1+\theta}{1+\theta^*}\,.$$

Unter dem *Ursprungslandprinzip* findet kein Grenzausgleich statt, so daß die Steuer des Ursprungslands am dort produzierten Gut haften bleibt. Die Bruttopreise stimmen international überein, während die Nettopreise nach Maßgabe der nationalen Steuersätze voneinander abweichen. Durch Einsetzen in (177) ergibt sich

(179) *Ursprungslandprinzip*: $\frac{p}{p^*} = \frac{w}{w^*} = \frac{1+\theta^*}{1+\theta}, \quad \frac{q}{q^*} = 1\,.$

Angenommen, der inländische Steuersatz sei höher als der ausländische, $\theta > \theta^*$. In diesem Fall liegt bei Anwendung des Bestimmungslandprinzips der inländische Bruttopreis über dem ausländischen Bruttopreis, wie Formel (178) zeigt, während die Nettopreise übereinstimmen. Man beachte, daß bei gleicher Arbeitsproduktivität im Inland und Ausland auch die Geldlöhne international angeglichen sind.

Wie verhält es sich unter derselben Annahme, wenn das Ursprungslandprinzip zur Anwendung kommt? Formel (179) verdeutlicht, daß der Nettopreis im hoch besteuernden Inland unter dem ausländischen Nettopreis liegt. Auf dieser unbezweifelbaren Tatsache beruht die These einer Wettbewerbsverzerrung zu Lasten der inländischen Unternehmer. Die These ist falsch, weil die inländischen Geldlöhne und damit die Kosten der Unternehmen im gleichen Verhältnis niedriger liegen.

Folglich wird die inländische Mehrwertsteuer unter dem Bestimmungslandprinzip auf die inländischen Konsumenten *vorgewälzt* und unter dem Ursprungslandprinzip auf die inländischen Arbeitnehmer *rückgewälzt*. Die realwirtschaftlichen Verhältnisse sind in beiden Fällen identisch; es hat tatsächlich nur ein Namenswechsel stattgefunden. Dies ergibt sich aus der angenommenen Identität von inländischen Konsumenten und inländischen Arbeitnehmern. Der reale Nettolohn beträgt in beiden Fällen $\gamma/(1+\theta)$ im Inland und $\gamma/(1+\theta^*)$ im Ausland, wie man anhand der obigen Gleichungen leicht nachprüft. Anders als eine nach dem Ursprungslandprinzip erhobene spezielle Gütersteuer erzeugt die nach demselben Prinzip erhobene Mehrwertsteuer *keine* Produktionsineffizienz, weil die Gesamtheit der inländischen Anbieter eine etwaig höhere Steuerbelastung auf die inländischen Produktionsfaktoren rückwälzen kann.

Bis zu dieser Stelle wurde angenommen, daß der Faktor Arbeit bzw. daß die Konsumenten international immobil sind, was den Gegebenheiten innerhalb der Europäischen Union natürlich nicht entspricht. Man könnte meinen, daß sich die obigen Ergebnisse bei *Faktormobilität* ändern, aber das ist nicht notwendig der Fall. Wie oben gezeigt, betragen die realen Nettolöhne $\gamma/(1+\theta)$ im Inland und $\gamma/(1+\theta^*)$ im Ausland, und zwar *unabhängig* vom Besteuerungsprinzip. Wenn die Arbeitnehmer ihre Arbeitsortentscheidung allein am realen Nettolohn ausrichten, müssen die Steuersätze übereinstimmen, weil das Hochsteuerland sonst durch Abwanderung ausblutet. Dauerhaft unterschiedliche Steuersätze sind denkbar, wenn eine höhere Mehrwertsteuer mit besseren staatlichen Leistungen einhergeht, wenn sie ertragsteuerlich kompensiert wird oder wenn die Arbeitnehmer eine gewisse Heimatvorliebe haben. Dieses Ergebnis muß unter der allerdings extremen Voraussetzung eingeschränkt werden, daß die Arbeitnehmer ihren Wohnort vom Arbeitsort zu trennen vermögen. Beim Bestimmungslandprinzip kann ein Arbeitnehmer die vermutlich besseren Staatsleistungen eines Hochsteuerlands nur in Anspruch nehmen, wenn er auch die dortige Mehrwertsteuerbelastung in Kauf nimmt. Beim Ursprungslandprinzip wäre es theoretisch möglich, im Hochsteuerland zu wohnen, dessen Leistungen zu beanspruchen und den Arbeitsort in ein niedrig besteuerndes Land zu verlegen.

In diesem Abschnitt wurde unter sehr einschränkenden Annahmen gezeigt, daß das Bestimmungslandprinzip und das Ursprungslandprinzip im Hinblick auf ihre realwirtschaftlichen Wirkungen äquivalent sind. Dieses fundamentale Ergebnis hat sich in der Literatur als sehr robust erwiesen; es gilt auch in Modellen mit *beliebig vielen Gütern und Faktoren*, mit *Transportkosten*, mit *gleichzeitig erhobenen Faktorsteuern*, mit *unvollständigem Wettbewerb* und unter anderen Verallgemeinerungen[306]. Der Übergang vom Bestimmungslandprinzip zum Ursprungslandprinzip erfordert zwar einmalige Preis- oder Wechselkursänderungen, aber nach Abschluß dieser Anpassungen bestehen jene Wettbewerbsverzerrungen, die dem Ursprungslandprinzip häufig angelastet werden, durchaus nicht. Der Produzent eines Gutes, das durch eine spezielle Gütersteuer belastet wird, kann diese Steuer unter dem Ursprungslandprinzip weder vorwälzen, weil er auf dem Absatzmarkt mit Unternehmen aus anderen Staaten konkurriert, noch rückwälzen, weil er auf den heimischen Faktormärkten mit Unternehmen nicht besteuerter Branchen konkurriert. Unterliegen aber *alle* im Inland hergestellten Güter einer allgemeinen Verbrauchsteuer, gelingt die Rückwälzung sehr wohl. Die nach dem Ursprungslandprinzip erhobene Mehrwertsteuer verursacht deshalb keine Produktionsineffizienz und löst keine Standortverlagerungen aus.

Abschließend sei gezeigt, daß die Äquivalenz auch in Gegenwart des mobilen Faktors Kapital bestehen bleibt. Dieses Ergebnis ist in der zitierten Literatur implizit enthalten, verdient aber eine besondere Hervorhebung, weil sich Skepsis gegenüber den Äquivalenzresultaten oft auf den Zweifel stützt, ob unter dem Ursprungslandprinzip eine Rückwälzung auf den mobilen Faktor Kapital möglich sei. Man betrachtet hierzu die Nettoproduktionsfunktion $F(N, K)$, bei der etwaige Wertminderungen des Kapitalbestands schon abgezogen sind. Ein Unternehmer, der im ersten Jahr den Betrag pK investiert und im zweiten Jahr die Lohnsumme wN aufwendet, erhält im zweiten Jahr den Erlös $p[F(N, K) + K]$, indem er die Produktion und den Kapitalbestand selbst am Markt verkauft. Weil für den Unternehmer nur die Nettopreise entscheidungserheblich sind, beträgt der als Gegenwartswert berechnete *Gewinn*

(180) $$\pi = \frac{p[F(N,K)+K]-wN}{1+r} - pK\,,$$

woraus man durch Nullsetzen der Ableitungen die Gewinnmaximierungsbedingungen $\partial F/\partial N = w/p$ und $\partial F/\partial K = r$ erhält. Sofern Nettopreissenkungen unter dem Ursprungslandprinzip auf die Löhne rückgewälzt werden, wie oben darge-

306 Lockwood, B., D. de Meza und G. D. Myles (1994) When are Origin and Destination Regimes Equivalent? *International Tax and Public Finance* 1, S. 5–24.

stellt, ist der Reallohn w/p (im Unterschied zu w/q) unabhängig vom inländischen Steuersatz. In die zweite Gewinnmaximierungsbedingung gehen die inländischen Nettopreise gar nicht ein, weshalb eine Erhöhung der Mehrwertsteuer auch bei Anwendung des Ursprungslandprinzips kein Kapital ins Ausland verdrängt. Dieses Ergebnis kann nicht überraschen, weil bereits oben in § 26 gezeigt wurde, daß die Mehrwertsteuer das Kapitaleinkommen nicht belastet.

4. Die Übergangsregelung

Wie im 1. Abschnitt dieses Paragraphen beschrieben, folgt die seit Anfang 1993 geltende Übergangsregelung weder dem Bestimmungslandprinzip noch dem Ursprungslandprinzip. Sie stellt vielmehr ein *Mischsystem* dar, bei dem kommerzielle innergemeinschaftliche Lieferungen grundsätzlich nach dem Bestimmungslandprinzip besteuert werden, nichtkommerzielle innergemeinschaftliche Lieferungen nach dem Ursprungslandprinzip. Zur Analyse der wirtschaftlichen Konsequenzen dieses Mischsystems reicht das bisher verwendete Ein-Gut-Modell nicht aus. Statt dessen seien im weiteren zwei Güter C und Z unterschieden. Das *Konsumgut* C wird nach dem Ursprungslandprinzip besteuert, das *Zwischenprodukt* Z nach dem Bestimmungslandprinzip. Mit N_c und N_z als Beschäftigung in der Konsumgüterbranche bzw. Zwischenproduktbranche erzeugt das Inland die Gütermengen

$$C = f(N_c) \quad \text{und} \quad Z = g(N_z)\ . \tag{181}$$

Außerdem gilt $N_c + N_z = N$, wobei N die *Gesamtbeschäftigung* im Inland bezeichnet. Diese drei Gleichungen definieren eine Transformationskurve, die zeigt, welche Zwischenproduktmenge bei gegebener Konsumgutmenge im Inland technisch herstellbar ist. Bei analogen Annahmen über die Technologie im Ausland ergeben sich die in Abb. 39 dargestellten Transformationskurven der beiden Länder.

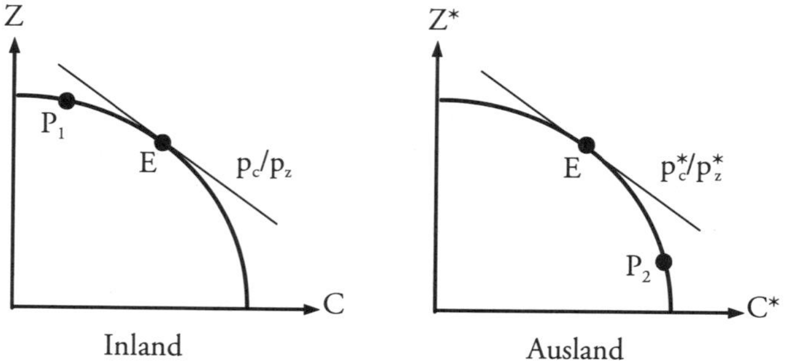

Abb. 39: Verzerrungen beim Mischsystem

Die Steigung der Transformationskurve in einem beliebigen Punkt beträgt $dZ/dC = -g'/f'$. Bei Gewinnmaximierung stimmt der Absolutbetrag dieser

Steigung mit dem *Verhältnis der Nettopreise* p_c/p_z überein[307]. Eine weltwirtschaftlich effiziente Produktionsstruktur ist dadurch gekennzeichnet, daß die Steigungen der Transformationskurven im Inland und Ausland übereinstimmen; jeder andere Zustand würde bedeuten, daß von beiden Gütern mehr produziert werden kann. Weil die Steigung der ausländischen Transformationskurve gleich p_c^*/p_z^* ist, ergibt sich zusammenfassend die folgende

(182) *Effizienzbedingung*: $p_c/p_z = p_c^*/p_z^*$.

Diese Effizienzbedingung ist sowohl beim Bestimmungslandprinzip als auch beim Ursprungslandprinzip erfüllt. Im ersten Fall stimmen die Nettopreise international überein. Im zweiten Fall unterscheidet sich jeder inländische Nettopreis um den gemeinsamen Faktor $(1+\theta)/(1+\theta^*)$ vom entsprechenden ausländischen Nettopreis. Weil sich dieser Faktor bei der Division herauskürzt, erfüllt auch das Ursprungslandprinzip die Effizienzbedingung. Beide Prinzipien gewährleisten demnach eine international effiziente Produktionsstruktur, wie die Punkte E in Abb. 39, deren Tangenten parallel zueinander verlaufen.

Anders verhält es sich unter dem Mischsystem der *Übergangsregelung*. Beim Konsumgut sind die Bruttopreise international angeglichen, während für die Nettopreise $p_c/p_c^* = (1+\theta^*)/(1+\theta)$ gilt, wie (179) für das Ursprungslandprinzip zeigt. Beim Zwischenprodukt hingegen sind die Nettopreise identisch, $p_z = p_z^*$, und die Bruttopreise verschieden, wie (178) für das Bestimmungslandprinzip zeigt. Durch Division dieser beiden Gleichungen ergibt sich als Gleichgewichtsbedingung für die

(183) *Übergangsregelung*: $$\frac{p_c}{p_z} = \frac{1+\theta^*}{1+\theta}\frac{p_c^*}{p_z^*}.$$

Die in dieser Formel enthaltene Aussage läßt sich leicht nachvollziehen. Angenommen, das Inland habe den höheren Mehrwertsteuersatz, $\theta > \theta^*$. In diesem Fall liegt der relative Nettopreis der Konsumgüter im Inland unter dem entsprechenden relativen Nettopreis im Ausland. Anders ausgedrückt ist es für inländische Unternehmen unvorteilhaft, Konsumgüter herzustellen; sie können mit ihren ausländischen Wettbewerbern schlecht konkurrieren. Die inländische Erzeugung von Zwischenprodukten ist demgegenüber vorteilhaft. Durch die Benachteiligung der Konsumgüterbranche und die entsprechende Bevorrechtigung der Zwischenproduktbranche kommt es zu einer verzerrten und international ineffizienten Produktionsstruktur, wie in den Punkten P_1 und P_2 der Abb. 39 dargestellt.

Das Mischsystem der Übergangsregelung verzerrt folglich die Struktur der Nettopreise in jedem Mitgliedstaat; es ist unter Effizienzgesichtspunkten schlechter

---

307 *Beweis*: Aus (181) und $N_c + N_z = N$ erhält man $Z = g(N - f^{-1}(C))$ und sodann durch Ableiten $dZ/dC = -g'/f'$. Bei Gewinnmaximierung und $\pi_c = p_c f(N_c) - w N_c$ gilt im Bereich der Konsumgüterindustrie $f' = w/p_c$. Analog gilt für die Zwischenproduktindustrie $g' = w/p_z$. Division dieser beiden Gleichungen ergibt $g'/f' = p_c/p_z$.

als das Bestimmungslandprinzip und schlechter als das Ursprungslandprinzip, denn keine dieser beiden Reinformen nimmt Einfluß auf die Preisstruktur innerhalb der Mitgliedstaaten. Einige Beispiele sollen die derzeit bestehenden Verzerrungen deutlich machen.

Beispiel 1: Ein deutscher Konsument, der in Belgien seine Möbel oder eine Kücheneinrichtung kauft, wird mit der belgischen (höheren) Mehrwertsteuer belastet.

Beispiel 2: Dänische Konsumenten sparen bei Einkäufen in Deutschland erheblich, weil der Mehrwertsteuersatz in Dänemark 25 % und in Deutschland 19 % beträgt. Man kann sich leicht ausmalen, was dies für grenznah ansässige Einzelhändler bedeutet.

Beispiel 3: Ein deutscher Konsument wird sich bei seiner Entscheidung, ob er in Spanien oder in Schweden Urlaub machen soll, von den Mehrwertsteuersätzen (19 % bzw. 25 %) beeinflussen lassen. Diese Verzerrung bestand bereits vor Inkrafttreten der Übergangsregelung, weil sonstige Leistungen (Dienstleistungen) im Gegensatz zu Lieferungen schon früher grundsätzlich nach dem Ursprungslandprinzip besteuert wurden.

Daß der Mehrwertsteuersatz in Deutschland verhältnismäßig niedrig ist, setzt jene Branchen in Vorteil, die unmittelbar an ausländische Konsumenten liefern und diesen gegenüber Dienstleistungen erbringen. Spiegelbildlich hierzu besteht eine unmerkliche Benachteiligung jener Branchen, die an ausländische Unternehmen liefern. Die nach 1993 auftretende Krise wichtiger deutscher Industriezweige könnte zum Teil durch das Inkrafttreten der Übergangsregelung verursacht sein.

Zusammengefaßt ist mit der Übergangsregelung nicht nur ein unsystematisches und für Unternehmen und Verwaltung kaum handhabbares Normendickicht geschaffen worden. Schwerer wiegt vielmehr, daß das hiermit etablierte Mischsystem Ineffizienzen verursacht, die bei den Reinformen des Bestimmungslandprinzips und des Ursprungslandprinzips nicht auftreten: Es begünstigt die Konsumgüterbranchen von Niedrigsteuerländern und benachteiligt deren Zwischenproduktbranchen; in Hochsteuerländern ist die Wirkung genau umgekehrt.

5. Das Binnenmarktprinzip

Die vorstehend geschilderte Übergangsregelung entsprach nicht den Vorstellungen der Kommission über die Mehrwertsteuer im europäischen Binnenmarkt. Die Kommission hatte vielmehr ein System vorgeschlagen, das auf dem sogenannten *Binnenmarktprinzip* beruht. Dieses wird auch Gemeinschaftsprinzip, Gemeinsamer-Markt-Prinzip oder *common market principle* genannt[308]. Sein wesentliches Merkmal besteht darin, daß kommerzielle innergemeinschaftliche Exporte beim Lieferer und beim Empfänger wie Inlandslieferungen behandelt werden:

---

308 Biehl, D. (1969) *Ausfuhrland-Prinzip, Einfuhrland-Prinzip und Gemeinsamer-Markt-Prinzip.* Köln: Heymanns.

- Der Lieferer wendet auf den Nettopreis den in seinem Land geltenden Mehrwertsteuersatz an und berechnet den entsprechenden Bruttopreis.
- Der Empfänger zieht die in der Rechnung ausgewiesene Mehrwertsteuer als Vorsteuer ab, sofern die üblichen Voraussetzungen für den Vorsteuerabzug erfüllt sind.

Anders als unter der Übergangsregelung unterliegen kommerzielle innergemeinschaftliche Exporte nicht mehr der Nullsatzbesteuerung. Die Rechnung eines Münchner Lieferanten, der an einen Mailänder Empfänger liefert, unterscheidet sich nicht von der Rechnung an einen Empfänger in Köln. Umgekehrt zieht jeder kommerzielle Empfänger die in Rechnung gestellte Mehrwertsteuer als Vorsteuer ab, gleichgültig, ob er aus dem Inland oder aus dem Ausland beliefert wurde. Für die Unternehmen ergibt sich damit im Vergleich zur Übergangsregelung eine wesentliche Vereinfachung.

Ungünstiger fällt allerdings die ökonomische Beurteilung des Binnenmarktprinzips aus. Weil der Empfänger die ausländische Mehrwertsteuer als Vorsteuer abziehen kann, werden Exporte von der Steuer des Ausfuhrlands vollständig entlastet und beim Weiterverkauf mit der Steuer des Einfuhrlands belastet. Im Bereich des kommerziellen Handels gilt folglich weiterhin das Bestimmungslandprinzip, während beim nichtkommerziellen Handel das Ursprungslandprinzip zur Anwendung kommt[309]. *Im Hinblick auf ihre realwirtschaftlichen Wirkungen sind das Binnenmarktprinzip und die Übergangsregelung äquivalent.* Auch das Binnenmarktprinzip verzerrt die Preisstrukturen innerhalb der Mitgliedstaaten und erzeugt damit die im vorigen Abschnitt geschilderten Ineffizienzen, sofern die Steuersätze verschieden sind.

Die Darstellung des Binnenmarktprinzips wäre einfach, wenn sich nicht in die Diskussion der letzten Jahre eine gefährliche Sprachverwirrung eingeschlichen hätte[310]: Sowohl die Kommission als auch die Bundesregierung bezeichnen das Binnenmarktprinzip aufgrund seiner technischen Ausgestaltung als Ursprungslandprinzip. Ursächlich für diese Begriffsverschiebung ist die fiskalische Denkweise von Politik und Verwaltung. Im wissenschaftlichen Sprachgebrauch bezeichnet der Begriff Ursprungslandprinzip ein internationales Besteuerungsprinzip, wonach Exporte dem Steuersatz des Ausfuhrlands unterliegen, während sie unter dem Bestimmungslandprinzip dem Steuersatz des Einfuhrlands unterliegen. Politik und Verwaltung unterscheiden die Begriffe danach, ob das *Steueraufkommen* dem Ausfuhrland zufällt („Ursprungslandprinzip") oder dem Einfuhrland („Bestimmungslandprinzip"). Nur wegen dieser Begriffsverschiebung ist zu erklären, warum die Bundesregierung seit Jahren nach einem Ursprungs-

309 Peffekoven, R. (1983) Probleme der internationalen Finanzordnung. In: Neumark, F. (Hrsg.) *Handbuch der Finanzwissenschaft Band IV*. 3. Auflage Tübingen: Mohr.

310 Vgl. hierzu: Krause-Junk, G. (1992) Die europäische Mehrwertsteuer und das Ursprungslandprinzip. *Finanzarchiv N. F.* **50**, S. 141–153.

landprinzip ruft[311]. In Wirklichkeit denkt sie ebenso wenig an die Einführung des Ursprungslandprinzips wie die Kommission.

Während das Binnenmarktprinzip dieselben wirtschaftlichen Verzerrungen verursacht wie die Übergangsregelung, bewirkt es andererseits eine Verschiebung des Steueraufkommens zwischen den Mitgliedstaaten. Denn die auf Exporte entfallende Mehrwertsteuer wird bei Anwendung des Binnenmarktprinzips vom Ausfuhrland vereinnahmt. Hierdurch verschiebt sich das Steueraufkommen im Augenblick des Übergangs zugunsten von Mitgliedstaaten mit Handelsbilanzüberschüssen und zu Lasten von Mitgliedstaaten mit Handelsbilanzdefiziten. Die Kommission schlug die Errichtung eines *Clearingsystems* vor, dessen Essenz darin bestehen sollte, die Aufkommensverschiebung zu neutralisieren. Dieser Vorschlag ist von den Mitgliedstaaten bisher mit Recht abgelehnt worden: Um die Verschiebung des Steueraufkommens auszugleichen, müßte dem Clearingsystem ziemlich genau jenes Zahlenmaterial zugeliefert werden, das derzeit für die Durchführung des innergemeinschaftlichen Kontrollverfahrens benötigt wird. In puncto Bequemlichkeit der Besteuerung wäre für die Mitgliedstaaten und vor allem für die Unternehmen nichts gewonnen. Der Haupteffekt hätte im Aufbau einer neuartigen europäischen Behörde bestanden.

Ohnehin stellt die Fixierung auf nationale Steueraufkommen statt auf wirtschaftliche Wirkungen der europäischen Politik kein gutes Zeugnis aus. Warum sollte jene Steuerverteilung, die sich unter dem Bestimmungslandprinzip ergibt, sakrosankt sein, so daß jede andere Steuerverteilung durch Verrechnung neutralisiert werden muß? Selbst wenn man in den beliebten Kategorien von Gewinnern und Verlierern denkt, ist doch offensichtlich, daß die derzeitigen Handelsbilanzsalden nur eine Momentaufnahme darstellen. Innerhalb weniger Jahre können diese Salden durchaus umschlagen, wie die Wirtschaftsgeschichte oft gezeigt hat. Die heutigen Gewinner wären dann die Verlierer. Nimmt man den europäischen Gedanken ernst, ist die Vermeidung von Zusatzlasten, die den Mitgliedstaaten insgesamt schaden, weit wichtiger als die Verteidigung nationaler Steuertöpfe auf Jahresbasis.

Jedoch gibt es einen anderen Gesichtspunkt, der nahelegt, das Binnenmarktprinzip mit einer Verrechnung zu verbinden. Ohne Verrechnung hätte jeder Mitgliedstaat einen strategischen Anreiz, den nationalen Mehrwertsteuersatz zu erhöhen. Aufgrund des grenzüberschreitenden Vorsteuerabzugs würde die Steuererhöhung nämlich nur zum Teil die heimischen Bürger belasten und zu einem anderen Teil, der in der Größenordnung von einem Viertel liegen kann, Steuermindereinnahmen der anderen Mitgliedstaaten bewirken. Auf diese Weise käme es zu einem höchst unerwünschten Steuerwettlauf. Insgesamt betrachtet schneidet das Binnenmarktprinzip folglich ähnlich schlecht ab wie die Übergangsregelung. Beide verzerren die Produktionsstruktur in gleichem Maße. Das Binnen-

311 Bundesministerium der Finanzen (1994) Hrsg.: *Ausarbeitung der endgültigen Regelung für die Umsatzbesteuerung des innergemeinschaftlichen Waren- und Dienstleistungsverkehrs und für ein funktionsfähiges Clearing-Verfahren.* Schriftenreihe des Bundesministeriums der Finanzen **52**. Bonn: Stollfuß.

marktprinzip ist auch nicht einfacher als die Übergangsregelung, wenn man es mit einem Verrechnungssystem koppelt. Geschieht dies nicht, ist ein Steuerwettlauf der Mitgliedstaaten zu erwarten.

6. Strecken- und Karussellgeschäfte

Neben die bisher geschilderten Probleme der Übergangsregelung tritt seit geraumer Zeit ein eher praktisches, nämlich ihre Mißbrauchsanfälligkeit. Zwar bleibt der Steuerausfall durch sogenannte Strecken- und Karussellgeschäfte quantitativ noch immer hinter der nationalen Hinterziehung durch Schwarzarbeit und ähnliches zurück, doch ist er immerhin milliardenschwer. Das folgende, stark vereinfachte Beispiel zeigt die Achillesferse der Erwerbsbesteuerung im Binnenmarkt.

Beispiel: Der deutsche Unternehmer D bestellt unter Verwendung seiner Umsatzsteuer-Identifikationsnummer Ware beim französischen Unternehmer F und verkauft die Ware an deutsche Endkunden.

Im Einklang mit dem System der Erwerbsbesteuerung liefert F an D steuerfrei. D berechnet für seine Verkäufe keine Umsatzsteuer – oder führt diese zumindest nicht ans Finanzamt ab – und verschwindet nach einiger Zeit. Dieses Betrugsmanöver heißt *Streckengeschäft*. Es läßt sich verfeinern, indem D nicht an Endkunden liefert, sondern unter offenem Steuerausweis an ein weiteres deutsches Unternehmen U, das die berechnete Steuer als Vorsteuer abzieht und die Ware steuerfrei zurück an F exportiert. Pro Umlauf dieses *Karussellgeschäfts* unterschlägt D weitere Steuerbeträge und verschwindet schließlich. Oft werden etliche weitere Unternehmen – zum Teil ohne deren Wissen – in die Lieferkette eingeschaltet, um den Gesamtvorgang zu verschleiern.

Beide Betrugsarten basieren nicht auf einem Systemdefekt, sondern darauf, daß sich der Steuerschuldner als *missing trader* absetzt oder insolvent wird. Strecken- und Karussellgeschäfte stellen die Finanzverwaltung vor große Herausforderungen, weil sich mindestens ein Beteiligter im Ausland befindet und grenzüberschreitende Sachverhaltsaufklärungen Zeit brauchen. Die Hinterziehungsanfälligkeit der Erwerbsbesteuerung beruht aber im Kern darauf, daß das erste Unternehmen der Kette – im obigen Beispiel F – steuerfrei liefert; in dieser Verlagerung der Steuerschuldnerschaft vom Lieferer auf den Erwerber liegt die eigentliche Gefahr. Es erscheint folglich als Ironie, die Umsatzsteuerhinterziehung mittels genereller Verlagerung der Steuerschuldnerschaft auf den Abnehmer (*reverse charge*) bekämpfen zu wollen, doch wird dieser Vorschlag derzeit tatsächlich diskutiert.

7. Ausblick

Der weitere Weg, den die europäische Mehrwertsteuer nehmen wird, ist unklar. Eine Rückkehr zum Bestimmungslandprinzip erscheint ausgeschlossen, weil sie die Aufhebung des Binnenmarktes bedeuten würde. Die Mischsysteme der Übergangsregelung und des Binnenmarktprinzips sind sowohl administrativ aufwendig als auch ineffizient. Als einziger Ausweg verbliebe der Übergang zu einem wirklichen Ursprungslandprinzip. Ein Beispiel, wie dieses aussehen könnte, stammt von Krause-Junk. Nach seinem Vorschlag würde der Importeur im kommerziellen innergemeinschaftlichen Handel nicht die in Rechnung gestellte Mehrwertsteuer als Vorsteuer abziehen, sondern jene fiktive Mehrwertsteuer, die er schulden würde, wenn er aus dem Inland beliefert worden wäre. Die *fiktive Vorsteuer* ergibt sich dabei durch Multiplikation von $\theta/(1+\theta)$ mit dem Bruttorechnungspreis[312].

Beispiel: Ein deutscher Unternehmer empfängt Lieferungen aus Deutschland ($\theta = 19\,\%$) und aus Dänemark ($\theta^* = 25\,\%$). Bei angenommenen Nettopreisen von jeweils 100 Euro betragen die Bruttorechnungspreise 119 bzw. 125 Euro. Durch Multiplikation mit 0,19/1,19 ergeben sich hieraus abziehbare Vorsteuern von 19,00 bzw. 19,96 Euro.

Der fiktive Vorsteuerabzug bewirkt eine Gleichstellung von Konsumgüterbranche und Zwischenproduktbranche in jedem Mitgliedstaat. Um dies zu sehen, sei daran erinnert, daß sich die Nettopreise der Konsumgüter unter dem Ursprungslandprinzip wie $p_c/p_c^* = (1+\theta^*)/(1+\theta)$ verhalten. Beim fiktiven Vorsteuerabzug zahlen inländische Unternehmer für inländische Zwischenprodukte den Preis p_z (nach Vorsteuerabzug) und für ausländische Zwischenprodukte den Preis $(1+\theta^*)/(1+\theta)\,p_z^*$, wie man durch Abzug der fiktiven Vorsteuer vom Bruttopreis $(1+\theta^*)\,p_z^*$ leicht erkennt. Folglich gilt für die Nettopreise der Zwischenprodukte die Relation $p_z/p_z^* = (1+\theta^*)/(1+\theta)$. Weil diese mit dem Preisverhältnis der Konsumgüter übereinstimmt, ist die Effizienzbedingung (182) erfüllt.

Im System des fiktiven Vorsteuerabzugs belastet die Mehrwertsteuer eines Hochsteuerlands also nicht einseitig die Konsumgüter, sondern auch die Zwischenprodukte, so daß beide Branchen die Steuer auf die inländischen Faktoren rückwälzen können und keine Verzerrungen auftreten. Im Nebeneffekt wird die Gefahr bewußter *Steuerexporte*, die bei Anwendung des Binnenmarktprinzips besteht, gebannt, so daß kein Verrechnungssystem errichtet werden muß. Der fiktive Vorsteuerabzug ist auch praktikabel, weil die Vorsteuer durch Anwendung des in jedem Mitgliedstaat einheitlichen Multiplikators $\theta/(1+\theta)$ auf den Bruttorechnungsbetrag ermittelt wird. Auf Seiten des Lieferers besteht kein Unterschied in der Behandlung von Lieferungen an andere Inländer und Lieferungen ins übrige Gemeinschaftsgebiet.

Ein Problem des Ursprungslandprinzips mit fiktivem Vorsteuerabzug besteht allerdings darin, daß im Verhältnis zum Drittlandsgebiet weiterhin das Bestimmungslandprinzip gilt; im Zusammenhang hiermit spricht man von einem *eingeschränkten Ursprungslandprinzip* (*restricted origin principle*)[313]. Unternehmer aus Hochsteuerländern könnten den fiktiven Vorsteuerabzug deshalb umgehen, indem sie das übrige Gemeinschaftsgebiet durch Zwischenexport über das Dritt-

---

312 Krause-Junk (Fußnote 310), insbes. S. 147. Eine andere Möglichkeit wäre der Übergang vom *Vorsteuerabzug* zum *Vorumsatzabzug* (siehe § 26).

313 Shibata, H. (1967) The Theory of Economic Unions. In: Shoup, C. S. (Hrsg.) *Fiscal Harmonization in Common Markets, Vol. 1: Theory*. New York: Columbia.

landsgebiet beliefern. Ein Lösungsvorschlag ist der Übergang zu einem *asymmetrischen eingeschränkten Ursprungslandprinzip*. Hierbei wenden die EU-Mitgliedstaaten das Ursprungslandprinzip auch auf Ausfuhren in das Drittlandsgebiet an, während Drittstaaten weiterhin nach dem Bestimmungsland besteuern. Ausfuhren in das Drittlandsgebiet werden folglich doppelt besteuert, während Einfuhren aus dem Drittlandsgebiet steuerfrei bleiben. Was auf den ersten Blick wie ein seltsamer Anti-Merkantilismus anmutet, entpuppt sich bei näherem Zusehen als wiederum äquivalent zum Bestimmungslandprinzip und Ursprungslandprinzip, weil auch in diesem Fall das oben erörterte Wechselkursargument bzw. dessen realwirtschaftliches Pendant greift[314].

§ 59 Internationale Unternehmensbesteuerung

Das Thema „internationale Unternehmensbesteuerung" gilt mit Recht als besonders schwierig und kann hier nicht annähernd ausführlich behandelt werden. Gleichwohl lassen sich viele Ergebnisse des vorigen und dieses Kapitels zu einem recht geschlossenen Bild kombinieren. Während bisher hauptsächlich Privatpersonen betrachtet wurden, die in einem Staat (Wohnsitzstaat) wohnen und aus einem anderen Staat (Quellenstaat) Einkünfte beziehen, geht es jetzt um die grenzüberschreitende Einkunftserzielung von Unternehmen.

Am einfachsten liegen die Dinge bei Unternehmen, die in *beiden* Staaten nach dem Mitunternehmerkonzept besteuert werden. Dies ist regelmäßig (aber nicht immer) bei Personengesellschaften mit ausländischer Betriebsstätte der Fall. Abb. 40 verdeutlicht die Besteuerung einer inländischen Personengesellschaft mit ausländischer Betriebsstätte, wobei unterstellt wird, daß das Inland Sitzstaat des Unternehmens und zugleich Wohnsitzstaat aller Mitunternehmer ist.

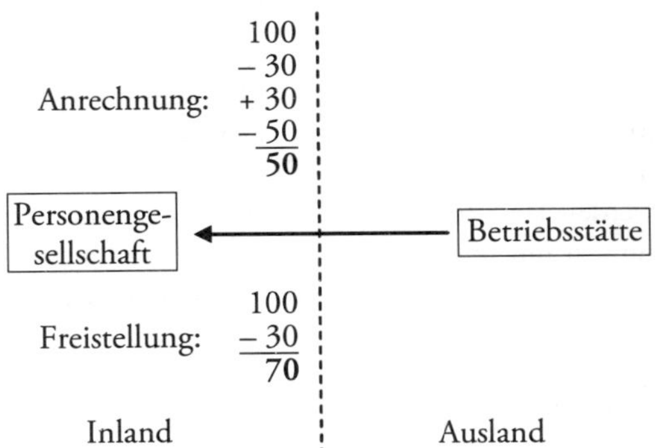

Abb. 40: Personengesellschaft mit ausländischer Betriebsstätte

314 Lockwood, B., D. de Meza und G. Myles (1994) The Equivalence between the Destination and Non-reciprocal Restricted Origin Tax Regimes. *Scandinavian Journal of Economics* **96**, S. 311–328. Genser, B. (1996) A Generalized Equivalence Property of Mixed International VAT Regimes. *Scandinavian Journal of Economics* **98**, S. 253–262.

Der Abbildung liegt die Annahme zugrunde, daß die ausländische Betriebsstätte einen Gewinn von 100 Euro erwirtschaftet, den das Ausland im Rahmen der dortigen beschränkten Steuerpflicht mit 30 % besteuert, während die Gesellschafter im Inland einem Steuersatz von 50 % unterliegen. Der ausländische Gewinn wird den inländischen Gesellschaftern zugerechnet, und zwar ohne Rücksicht darauf, ob er repatriiert wird oder im Ausland verbleibt, denn in beiden Fällen gehört er zum Welteinkommen der Gesellschafter. Ist die Betriebsstätte in einem DBA-Staat belegen, sind die Gewinneinkünfte nach deutschem Recht im Inland freigestellt, so daß ein Nettobetrag von 70 Euro verbleibt. Im Nicht-DBA-Fall wird die ausländische Steuer (30 Euro) den Nettoeinkünften (70 Euro) hinzugerechnet. Das Bruttoeinkommen (100 Euro) wird mit 50 Euro belastet und die ausländische Steuer nach § 34c EStG angerechnet, so daß im Inland nur noch 20 Euro zu zahlen sind.

Folglich ist die Steuerbelastung der Gesellschafter bei Anwendung der Anrechnungsmethode unabhängig vom Belegenheitsort der Betriebsstätte, nämlich gleich 50 Euro. Nur in diesem Fall bleibt die Entscheidung der Gesellschafter, im Inland oder im Ausland zu produzieren, unverzerrt. Dies gilt allgemein, sofern der ausländische Steuersatz den inländischen nicht übersteigt; andernfalls entsteht ein Anrechnungsüberhang. Weil die meisten Staaten zumindest im Rahmen der dortigen beschränkten Steuerpflicht mäßig besteuern und die deutschen Steuersätze immer noch relativ hoch liegen, ist diese Voraussetzung meist erfüllt. Die Freistellungsmethode schafft hingegen einen steuerlichen Anreiz zur Verlagerung der Betriebsstätte ins Ausland. Unabhängig von der Methode zur Vermeidung der Doppelbesteuerung besteht ein solcher Anreiz auch, wenn die deutsche Gewerbesteuer nicht vollständig auf die Einkommensteuer der Gesellschafter angerechnet wird: Anders als inländische Gewinne sind Gewinne ausländischer Betriebsstätten nämlich durch § 9 Nr. 3 GewStG von der Gewerbesteuer befreit.

Die Besteuerung nach dem Mitunternehmerkonzept hat bei Anwendung der Anrechnungsmethode auch im internationalen Zusammenhang bestechende Neutralitätseigenschaften, weil die ausländischen Einkünfte nach *inländischem Recht* ermittelt werden (Fußnote 291). Deshalb beeinflussen etwa ausländische Sonderabschreibungen nur die im Ausland zu zahlende Quellensteuer; hinsichtlich der von den Gesellschaftern insgesamt zu zahlenden Steuer laufen sie ins Leere.

Das hiermit gezeichnete Bild ändert sich zunächst kaum, wenn es sich bei der inländischen Gesellschaft um eine Kapitalgesellschaft statt einer Personengesellschaft handelt: Im Nicht-DBA-Fall unterliegen die Einkünfte der ausländischen Betriebsstätte der inländischen Kapitalgesellschaft einer der Körperschaftsteuer vergleichbaren ausländischen Steuer, die nach § 26 Abs. 1 KStG auf die inländische Körperschaftsteuer angerechnet wird. Im DBA-Fall sind die ausländischen Einkünfte der Kapitalgesellschaft von inländischer Körperschaftsteuer befreit. Zumindest auf Ebene der Gesellschaft besteht damit eine weitgehende Analogie zur Personengesellschaft; aus Sicht der Anteilseigner ist dies wegen des Trennungsprinzips freilich anders.

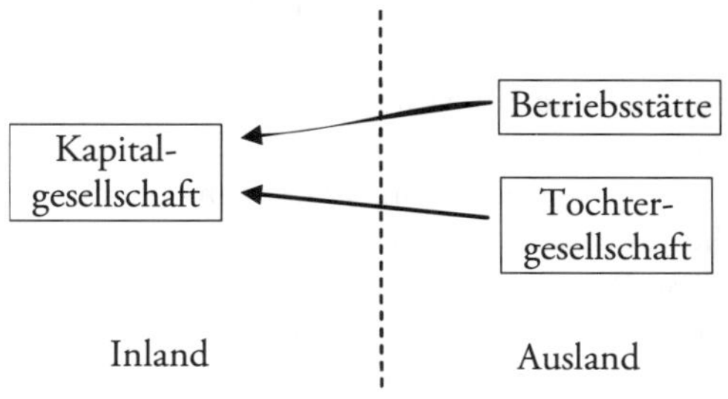

Abb. 41: Betriebsstätte versus Tochtergesellschaft

Durch den neuen § 8b KStG ändert sich das Bild wesentlich, wenn die Kapitalgesellschaft ihre ausländische Betriebsstätte in eine eigenständige Kapitalgesellschaft (Tochtergesellschaft) umwandelt (Abb. 41). Während der frühere § 8b KStG eine punktuelle Begünstigung von Veräußerungsgewinnen aus ausländischen Anteilsverkäufen vorsah, die viel Kritik auf sich gezogen hatte[315], enthält die Vorschrift nunmehr eine *unilaterale* Freistellung aller Dividendeneinkünfte, die eine Kapitalgesellschaft von ihren Inlands- oder Auslandstöchtern erzielt, sowie der beim Verkauf von Tochterunternehmen entstehenden Veräußerungsgewinne. Das Wort „unilateral" wurde kursiv gesetzt, weil die Freistellungsmethode zuvor nur im Verhältnis zu befreundeten DBA-Staaten angewandt wurde, bei denen unterstellt werden kann, daß sie erstens ausreichend besteuern und zweitens auch in anderer Form (Informationsaustausch) mit Deutschland kooperieren.

Die stärkste Wirkung entfaltet § 8b KStG, wenn die inländische Muttergesellschaft beim Verkauf ihrer Auslandstochter einen Gewinn erzielt, der auf stillen Reserven der Tochter beruht: Im Ausland wurden die stillen Reserven definitorisch nicht besteuert. Der Veräußerungsgewinn darf nach internationalen Gepflogenheiten (Art. 13 Abs. 5 OECD-MA) nicht im Ausland besteuert werden, sondern nur in Deutschland. In Deutschland bleibt er aber durch § 8b KStG steuerfrei, wodurch mindestens vorübergehend weiße Einkünfte entstehen. Das Ausland kann den Veräußerungsgewinn nur in zwei Ausnahmefällen besteuern, nämlich dann, wenn das Vermögen der veräußerten Gesellschaft zu mehr als der Hälfte aus dort belegenem Grundvermögen stammt (Art. 13 Abs. 4 OECD-MA) oder wenn das DBA eine *subject to tax clause* enthält.

Man mußte kein Prophet sein, um zu ahnen, daß sich § 8b KStG in Zukunft zu einer Schlüsselnorm für internationale Steuersparmodelle entwickeln würde: Eine inländische Kapitalgesellschaft kann ihre Kapitalkosten der Selbstfinanzierung mindern, indem sie Gewinne real oder finanziell in niedriger besteuerte

315 Vgl. etwa Wissenschaftlicher Beirat beim Bundesministerium der Finanzen (1999) *Reform der internationalen Kapitaleinkommensbesteuerung*. Bonn: Stollfuß, S. 44, 65 und 109.

ausländische Tochtergesellschaften verlagert und dort thesauriert. Aus Sicht der Anteilseigner fallen die Kapitalkosten der Selbstfinanzierung von $(1-\tau)/(1-\tau^c)\,r$ auf $(1-\tau)/(1-\tau^*)\,r$, mit τ^* als ausländischem Körperschaftsteuersatz. Weil die Gesamtbelastung des thesaurierten Gewinns in Deutschland unter Berücksichtigung von Gewerbesteuer und Solidaritätszuschlag rund 40 % beträgt, aber z. B. im Vereinigten Königreich nur 30 %, sinken die Kapitalkosten der Selbstfinanzierung von 83 % auf 71 % des Marktzinses, wenn eine deutsche Kapitalgesellschaft ihre britische Auslandstochter als Sparbüchse benutzt. Vermutlich dachte der Gesetzgeber, diese Wirkung sei vernachlässigbar, weil der deutsche Körperschaftsteuersatz nur 25 % beträgt, aber es sollte klar sein, daß jedes einigermaßen gescheite Unternehmen mit der relevanten Gesamtbelastung von 40 % rechnet, die neben der Körperschaftsteuer auch die Gewerbesteuer und den Solidaritätszuschlag umfaßt. Vor allem die Gewerbesteuer bietet Kapitalgesellschaften einen massiven Anreiz zur Verlagerung von Investitionen und Arbeitsplätzen ins Ausland, weil sie eine Sondersteuer auf inländische Geschäftstätigkeit ist.

Schließlich sei der Fall einer natürlichen Person oder Personengesellschaft betrachtet, die eine Beteiligung an einer ausländischen Kapitalgesellschaft hält. Die Kapitalgesellschaft zahlt im Ausland eine der Körperschaftsteuer entsprechende Steuer und schüttet die der inländischen Einkommensteuer unterliegende Dividende aus. Im Vergleich zur ausländischen Betriebsstätte erscheint diese Konstruktion zunächst unvorteilhaft, weil gewöhnlich nur *gleichartige* Steuern grenzüberschreitend angerechnet werden, also Einkommensteuer auf Einkommensteuer, Körperschaftsteuer auf Körperschaftsteuer, aber nicht Körperschaftsteuer auf Einkommensteuer. Damit kommt es zu einer wirtschaftlichen Doppelbesteuerung, die auch nicht per Freistellung verhindert wird, weil ausländische Dividendeneinkünfte natürlicher Personen nicht freigestellt werden (Art. 10 OECD-MA).

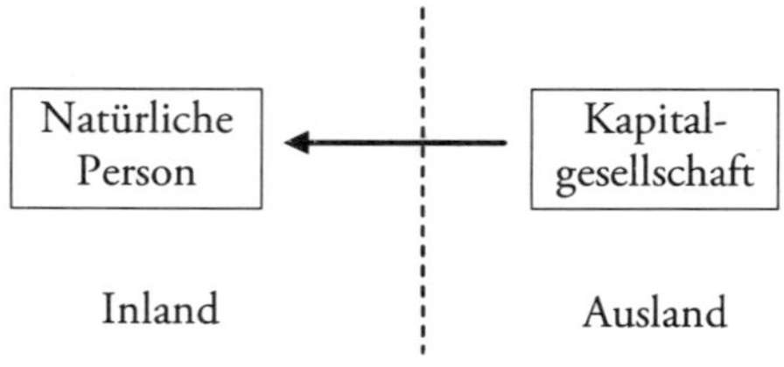

Abb. 42: Ausländischer Anteilsbesitz einer natürlichen Person

Allerdings unterliegen die Auslandsdividenden seit der Steuerreform 2000 nur zur Hälfte der deutschen Einkommensteuer, weil sie in das Halbeinkünfteverfahren einbezogen wurden. Die Abschirmwirkung niedrig besteuerter ausländischer Kapitalgesellschaften ist damit attraktiv wie nie zuvor. Formel (157) auf Seite 260 eignet sich bestens zu einer näheren Analyse *passiver Konstruktionen*, wenn man dort τ^c als ausländischen Körperschaftsteuersatz interpretiert. Der Ausdruck „passive Konstruktion" meint, daß ein steuerpflichtiger Inländer nicht unternehmerisch tätig wird, sondern die ausländische Kapitalgesellschaft bloß als

Hülle für seine private Ersparnis benutzt. Man setzt in der Formel $r^s = r$, weil die Rendite durch das äußere Rechtskleid nicht betroffen wird, und erhält als abhängige Variable die Zahl der Jahre (n), die der Steuerpflichtige warten muß, damit die Sache vorteilhaft ist.

Derartige Berechnungen wurden erstmals vom Wissenschaftlichen Beirat beim Bundesministerium der Finanzen angestellt[316]. Ausgehend vom Rechtszustand vor 2001 urteilte der Beirat, daß die skizzierte Gestaltung nur bei sehr langen Amortisationszeiträumen lohne; realistische Beispiele ergaben Zeiträume zwischen 10 und 80 Jahren. Das Halbeinkünfteverfahren hat die Lage wesentlich verändert. Der Vorteil passiver Konstruktionen nimmt zwar weiterhin bei wachsendem Zeithorizont zu, doch sind diese Gestaltungen bei einem ausländischen Steuersatz von 25 %, der keine Folgen nach Außensteuergesetz hat, schon im ersten Jahr profitabel.

Beispiel: Legt der Steuerpflichtige 100 Euro für ein Jahr zum Zinssatz von 6 % am Kapitalmarkt an, kommt er bei 50 % persönlichem Steuersatz auf ein Endkapital von 103 Euro. Beim Kauf von Anteilen an einer ausländischen Kapitalgesellschaft behält ein mit 25 % besteuernder ausländischer Staat 1,50 Euro Körperschaftsteuer ein. Die Nettodividende von 4,50 Euro wird im Inland mit 25 % (1,13 Euro) besteuert. Das verbleibende Endkapital 103,37 Euro ist höher als bei der Kapitalmarktanlage.

Mit dem Halbeinkünfteverfahren hat der Gesetzgeber eine Pandorabüchse geöffnet, die er mit den Mitteln des Außensteuergesetzes kaum wird schließen können. Als Begründung für die hälftige Besteuerung der Auslandsdividenden wurde das Ziel einer „Gleichbehandlung" ausländischer und inländischer Aktien genannt. Dabei hat man übersehen, daß nur Gleiches steuerlich gleich behandelt werden sollte: Weil Deutschland keine Kontrolle über die ausländischen Körperschaftsteuersätze hat, schießt diese Art Gleichbehandlung ebenso wie die unilaterale Freistellung übers Ziel hinaus.

Der Ersatz des körperschaftsteuerlichen Vollanrechnungsverfahrens durch das Halbeinkünfteverfahren sollte das deutsche Steuersystem „europatauglich" machen und Zusatzlasten beseitigen, die auf der Nichtanrechnung ausländischer Körperschaftsteuer beruhen. Kaum jemals wurde eine weitreichende Reform mit einer so abwegigen Begründung durchgeführt: Zwar erzeugte das frühere Körperschaftsteuersystem einen *Klienteleffekt*, indem natürliche Personen nur inländische Körperschaftsteuer auf ihre Einkommensteuer anrechnen konnten und deshalb Inlandsaktien gegenüber Auslandsaktien bevorzugten. Wurzel dieses Problems war aber nicht das körperschaftsteuerliche Anrechnungsverfahren, sondern die *Verschiedenheit* der europäischen Steuersysteme[317]. Die Vorstellung,

316 Wissenschaftlicher Beirat beim Bundesministerium der Finanzen (Fußnote 315), S. 42 f.

317 Dies betonte der Wissenschaftliche Beirat beim Bundesministerium der Finanzen (Fußnote 315) und forderte, diese Probleme „sollten nicht unilateral gelöst werden" (S. 54). Statt dessen schlug er ein europäisches Körperschaftsteuersystem vor; siehe hierzu auch Homburg (Fußnote 259).

europaweite Neutralität nicht durch europäische Schritte, sondern durch bloß nationale, unilaterale Maßnahmen herstellen zu können, zeugt von mangelndem Sachverstand oder von Hybris.

§ 60 Der Europäische Gerichtshof und das Steuerrecht

Leser, die bis hierher vorgedrungen sind, haben einen weiten Gedankenbogen verfolgt. Er spannte sich von historischen Steuerideen über technische Fragen und Wirkungsanalysen bis hin zu den später hervorgehobenen fundamentalen Informationsproblemen, die allen populistischen „Einfachsteuern" entgegenstehen. Ein zusätzliches Problem des Steuergesetzgebers, das bisher nur am Rande erwähnt wurde, wurzelt in Vorgaben des Europarechts, dessen wachsender Einfluß vor allem auf die Unternehmensbesteuerung und die internationale Besteuerung bisher nicht thematisiert werden konnte, weil dieser Gegenstand einiges Vorwissen verlangt[318]. Dies ist nun nachzuholen, weil das Europarecht neben dem Verfassungsrecht und den Informationsproblemen eine weitere Nebenbedingung für den Steuergesetzgeber bildet, dessen Optimierungsbemühungen zunehmend schwieriger werden.

Wie im vorletzten Paragraphen geschildert, enthält der Vertrag zur Gründung der Europäischen Gemeinschaft in Art. 93 EG einen ausdrücklichen Harmonisierungsauftrag für die indirekten Steuern. Für die direkten Steuern gibt es keine Parallelvorschrift, weshalb die Primärzuständigkeit auf diesem Gebiet bei den einzelnen Mitgliedstaaten liegt[319]. Allerdings haben die Mitgliedstaaten ihre Befugnis zur direkten Besteuerung unter Beachtung des Gemeinschaftsrechts auszuüben. Sie müssen sich jeder offenen oder versteckten Diskriminierung aufgrund der Staatsangehörigkeit enthalten (Art. 12 EG) und Rücksicht auf die fünf *Grundfreiheiten* nehmen, die jede grenzüberschreitende wirtschaftliche Tätigkeit durch Diskriminierungs- und Beschränkungsverbote schützen. Bei den Grundfreiheiten handelt es sich um folgende:

Freiheit des Warenverkehrs (Art. 23 EG): Innerhalb des Gemeinschaftsgebiets sind Zölle und Abgaben gleicher Wirkung verboten.

Arbeitnehmerfreizügigkeit (Art. 39 EG): Hiernach können sich die Angehörigkeiten der Mitgliedstaaten im gesamten Gemeinschaftsgebiet frei bewegen, um dort eine Beschäftigung auszuüben.

Niederlassungsfreiheit (Art. 43 EG): Beschränkungen der Aufnahme und Ausübung selbständiger oder unternehmerischer Tätigkeiten von Angehörigen der Mitgliedstaaten sind innerhalb des Gemeinschaftsgebiets untersagt.

---

318 Einführend: Weber-Grellet, H. (2005) *Europäisches Steuerrecht*. München: Beck.

319 Die Generalklausel des Art. 94 EG ermöglicht zwar auch eine Rechtssetzung der Gemeinschaft auf dem Gebiet der direkten Steuern, doch wird diese Kompetenz durch das Subsidiaritätsprinzip (Art. 5 EG) beschränkt und verlangt Einstimmigkeit im Rat.

Dienstleistungsfreiheit (Art. 49 EG): Angehörige der Mitgliedstaaten dürfen gewerbliche, kaufmännische, handwerkliche und freiberufliche Dienstleistungen im gesamten Gemeinschaftsgebiet erbringen.

Kapitalverkehrsfreiheit (Art. 56 EG): Beschränkungen des Kapitalverkehrs sind verboten. Diese Grundfreiheit ist einerseits enger als die übrigen, weil sie nach Art. 58 EG unter dem ausdrücklichen Vorbehalt der Steuerautonomie steht, andererseits weiter, weil sie nicht nur innerhalb des Gemeinschaftsgebiets gilt, sondern auch im Verhältnis zu Drittstaaten[320].

Mit der Steuerautonomie hüben und den Grundfreiheiten drüben enthält der Vertrag eine innere Spannung, denn schon in § 53 wurde klar, daß eine allseitige Gleichbehandlung grenzüberschreitender Sachverhalte vollständig harmonisierte Steuern voraussetzt. Die Auflösung dieser Spannung obliegt dem Europäischen Gerichtshof (kurz: Gerichtshof), der laut Art. 234 EG über die Auslegung des Gemeinschaftsrechts entscheidet. Ist vor einem nationalen Gericht die Vereinbarkeit einer Norm mit Gemeinschaftsrecht fraglich (*Ausgangsverfahren*), kann das Gericht die Sache dem Gerichtshof vorlegen; ein letztinstanzliches nationales Gericht wie der Bundesfinanzhof muß vorlegen. Der Gerichtshof beantwortet die vorgelegte Frage im Wege einer *Vorabentscheidung*, die das nationale Gericht bindet. Eine vom Gerichtshof verworfene nationale Rechtsnorm ist infolge des Anwendungsvorrangs des Gemeinschaftsrechts unanwendbar, und zwar *ex tunc*.

Bis zum Jahre 1986 fällte der Gerichtshof auf dem Gebiet der direkten Steuern kein einziges Urteil[321]. Seither hat er diese Zurückhaltung schrittweise aufgegeben und legt auch in Steuersachen einen scharfen Maßstab an die Beachtung der Grundfreiheiten an. Einzelstaatliche Beschränkungen und Behinderungen der Grundfreiheiten sind nur zulässig, wenn sie i) in nichtdiskriminierender Weise angewandt werden, ii) zwingenden Gründen des Allgemeininteresses entsprechen, iii) zur Erreichung des verfolgten Ziels geeignet sind und iv) nicht über das hinausgehen, was zur Erreichung des Ziels erforderlich ist[322]. Demgegenüber stellen weder das Interesse eines Mitgliedstaates an der Sicherung seines Steueraufkommens noch Fragen der Praktikabilität ausreichende Rechtfertigungsgründe für eine Beschränkung oder Behinderung der Grundfreiheiten dar; Diskriminierungen sind unter keinen Umständen gerechtfertigt. Der Gerichtshof erkennt aber *Mißbrauchsvorschriften* an, ebenso den in Art. 3 des Vertrags über die Europäische Union (EUV) normierten Grundsatz der *Kohärenz*: Dieser gebietet einen Gleichklang der Maßnahmen der Gemeinschaft nach außen und innen. Angewandt auf die Steuerpolitik verlangt das Kohärenzprinzip, zusammengehörende Regelungen nicht isoliert, sondern in ihrem Zusammenhang zu beurteilen. Ein

---

320 Schön, W. (2005) Der Kapitalverkehr mit Drittstaaten und das internationale Steuerrecht. In: Gocke, R, D. Gosch und M. Lang (Hrsg.) *Körperschaftsteuer, Internationales Steuerrecht, Doppelbesteuerung*. München: Beck.

321 Urteil vom 28. Januar 1986, Rs. 270/83 (*avoir fiscal*), verfügbar unter *curia.eu.int*. Die Artikelnummern folgen der durch den Vertrag von Amsterdam konsolidierten Fassung, auch wenn einige Urteile noch auf der Numerierung des früheren EGV beruhen.

322 Urteil vom 9. März 1999, Rs. C-212/97 (*Centros*), Tz. 34.

scheinbarer Eingriff in die Grundfreiheiten kann nach dem Grundsatz der Kohärenz gerechtfertigt sein, wenn eine steuerliche Belastung dem Ausgleich einer vorigen Steuervergünstigung für denselben Steuerpflichtigen dient.

Zur Vermittlung der Grundlinien dieser Rechtsprechung reichen Hinweise auf die Kohärenz oder andere Axiome nicht aus, zumal der Gerichtshof eher eklektisch vorgeht als axiomatisch. Lehrreicher und interessanter ist es, fünf vielbeachtete Präzedenzurteile zu mustern. Dabei wird jeweils der Sachverhalt samt Plädoyers beschrieben, anschließend das Urteil und die daraus gezogenen steuerpolitischen Konsequenzen.

1. Schumacker (Arbeitnehmerfreizügigkeit)

Sachverhalt und Plädoyers[323]: Im Ausgangsverfahren klagte der belgische Staatsangehörige Roland Schumacker, der mit Frau und Kindern in Belgien wohnte, gegen das Finanzamt Köln-Altstadt. Schumacker hatte vorübergehend eine Anstellung in Köln gefunden; in dieser Zeit war er in Belgien unbeschränkt und in Deutschland beschränkt steuerpflichtig. Nach dem DBA-Belgien besaß Deutschland das Recht zur Besteuerung der inländischen Einkünfte aus nichtselbständiger Arbeit und Belgien das Recht zur Besteuerung der übrigen Einkünfte; solche Einkünfte gab es aber nicht, weil die Familie vermögenslos und die Ehefrau arbeitslos war. Der Streit entzündete sich daran, daß beschränkt steuerpflichtige Arbeitnehmer gemäß § 39d EStG ungeachtet ihres Familienstandes in Steuerklasse I eingereiht und nicht veranlagt werden, ihnen das Ehegattensplitting also versagt bleibt. Vor dem Gerichtshof argumentierte Deutschland, es sei Sache des Wohnsitzlands, familienbezogene Steuererleichterungen zu gewähren. Belgien gewährte diese aber nicht, weil die Familie Schumacker dort überhaupt keine Steuern zahlte. Weiterhin machten die deutschen Vertreter geltend, die Berücksichtigung ausländischer Sachverhalte wie des Familienstandes sei verwaltungstechnisch schwierig, mußten sich aber entgegenhalten lassen, daß niederländische Grenzgänger, anders als Grenzgänger aus Belgien, auf Grundlage eines Zusatzprotokolls zum DBA-Niederlande mit deutschen Arbeitnehmern gleichstellt wurden, sofern mindestens 90 % ihrer Gesamteinkünfte aus Deutschland stammten.

Entscheidung: Nach Ansicht des Gerichtshofs verbietet Art. 39 EG einem Mitgliedstaat, Arbeitnehmer aus anderen Staaten, die in dem Mitgliedstaat in Ausübung ihres Rechts auf Freizügigkeit einer Beschäftigung nachgehen, steuerlich schlechter zu behandeln als eigene Staatsangehörige, die sich in einer vergleichbaren Lage befinden. Vielmehr dürfen die Mitgliedstaaten das Gemeinschaftsrecht bei der Ausübung ihrer Befugnis zur Besteuerung nicht außer Acht lassen, obwohl die direkten Steuern nicht unmittelbar in die Zuständigkeit der Gemeinschaft fallen.

Konsequenz: Im Anschluß an das Urteil fügte Deutschland die sogenannte fiktive unbeschränkte Einkommensteuerpflicht in das Einkommensteuergesetz ein (§ 1

323 Urteil vom 14. Februar 1995, Rs. C-279/93 (*Schumacker*).

Abs. 3 und § 1a EStG). Hiernach werden beschränkt Steuerpflichtige und ihre Familien, deren Einkünfte zu mindestens 90 % der deutschen Einkommensteuer unterliegen und die nur geringe ausländische Einkünfte beziehen, auf Antrag wie unbeschränkt Steuerpflichtige behandelt.

2. Eurowings (Dienstleistungsfreiheit)

Sachverhalt und Plädoyers[324]: Die Eurowings Luftverkehrs AG führte in Europa Linien- und Charterflüge durch. Hierzu mietete sie ein Flugzeug von einer irischen Kapitalgesellschaft mit Sitz in Shannon. Das beklagte Finanzamt Dortmund-Unna rechnete gemäß § 8 Nr. 7 GewStG die Hälfte der Mietzahlung dem Gewerbeertrag hinzu. Stein des Anstoßes war Satz 2 dieser Norm, wonach die Hinzurechnung unterbleibt, wenn der Vermieter zur Gewerbesteuer herangezogen wird. Der Zweck dieser Vorschrift besteht in der Verhütung einer Doppelbelastung mit Gewerbesteuer, weil die Mieteinnahmen bei einem inländischen gewerblichen Vermieter grundsätzlich gewerbesteuerpflichtig sind. Die irische Vermieterin unterlag nicht der Gewerbesteuer, weil es eine solche Steuer in Irland nicht gibt. In der Verhandlung machten die deutschen Vertreter deutlich, daß die Miete auch dann dem Gewerbeertrag des Mieters hälftig hinzugerechnet würde, wenn der inländische Vermieter aus irgendwelchen Gründen nicht gewerbesteuerpflichtig sei. Auch müsse die geringere ertragsteuerliche Belastung eines irischen Vermieters im Vergleich zu einem deutschen Vermieter berücksichtigt werden. Auf der anderen Seite vermuteten sowohl das Finanzgericht als auch der Bundesfinanzhof einen Verstoß gegen die Dienstleistungsfreiheit nach Art. 49 EG.

Entscheidung: Der Gerichtshof befand, der geschilderten Hinzurechnung stehe Art. 49 EG entgegen. Es handele sich um eine die Dienstleistungsfreiheit beeinträchtigende versteckte Diskriminierung. Die relativ geringe irische Gesamtsteuerbelastung des Vermieters gebe Deutschland nicht das Recht zur Erhebung einer „kompensatorischen" Abgabe, weil damit der Binnenmarkt in seinen Grundlagen beeinträchtigt werde.

Konsequenz: Bisher wurde der Gesetzeswortlaut nicht angepaßt. Als Notbehelf ordnet ein gleichlautender Ländererlaß die Steueraussetzung in ähnlich gelagerten Fällen an. Bezogen auf nicht gewerbesteuerpflichtige Vermieter, etwa Privatpersonen, kommt es damit zu einer *Inländerdiskriminierung*, weil die Miete dem Gewerbeertrag hinzugerechnet wird, wenn der Vermieter im Inland ansässig ist, aber nicht, wenn er im übrigen Gemeinschaftsgebiet ansässig ist. Der Rechtsprechung zufolge kann eine Inländerdiskriminierung, die Ausländer gegenüber Inländern in Vorteil setzt, zulässig sein.

---

324 Urteil vom 26. Oktober 1999, Rs. C-294/97 (*Eurowings*).

3. Lankhorst-Hohorst (Niederlassungsfreiheit)

Sachverhalt und Plädoyers[325]: Klägerin im Ausgangsverfahren war die in Rheine ansässige Lankhorst-Hohorst GmbH. Sie befand sich mittelbar im Alleineigentum der niederländischen Lankhorst Taselaar BV. Im Jahre 1996 gewährte die BV der GmbH ein Darlehen mit variablem Zinssatz von 4,5 %. Das Finanzamt Steinfurt wertete die Zinsen als verdeckte Gewinnausschüttung im Sinne § 8a KStG. Diese Vorschrift zur sogenannten *Gesellschafter-Fremdfinanzierung* soll verhindern, daß ausländische Gesellschafter die Gewinne inländischer Kapitalgesellschaften als Darlehenszinsen steuerfrei aus Deutschland herausziehen. Solche Gestaltungen sind bei einem geringen ausländischen Steuersatz vorteilhaft, weil die Zinsen den in Deutschland anfallenden Gewinn als Betriebsausgabe mindern. § 8a KStG ordnet eine Umqualifizierung der Zinsen in Gewinne an, wenn die Darlehensvergabe nicht dem Fremdvergleich standhält. Genau diesen Fall sah das deutsche Finanzamt als gegeben an, weil die GmbH überschuldet war und von einem Dritten schwerlich ein Darlehen zu 4,5 % Zinsen erhalten hätte, überdies ohne Sicherheiten und versehen mit einer Patronatserklärung. Demgegenüber argumentierten die Kläger, in der Darlehensvergabe hätte keine mißbräuchliche Steuerumgehung gelegen, sondern der Versuch, die notleidende GmbH zu retten. Während es den Klägern vor allem um Darlegung des Fremdvergleichs ging, erkannte das Finanzgericht Münster einen möglichen Verstoß gegen die Niederlassungsfreiheit nach Art. 43 EG, weil § 8a KStG auf ausländische Gesellschafter abzielte. Für inländische Gesellschafter hatte der Gesetzgeber kein Regelungsbedürfnis gesehen, weil die Darlehenszinsen – wenn nicht bei der Gesellschaft, so doch – bei den Gesellschaftern der deutschen Steuer unterlagen. Die Vertreter Deutschlands und anderer Mitgliedstaaten rechtfertigten die attakkierte Regelung mit der Notwendigkeit, Steuerumgehungen zu bekämpfen, durch die Gewinne im Wege der Unterkapitalisierung abgezogen werden.

Entscheidung: Der Gerichtshof erkannte in § 8a KStG eine versteckte Diskriminierung, weil sich diese Vorschrift vorrangig gegen ausländische Gesellschafter richte. Eine steuerliche Behandlung, die davon abhänge, ob die Gesellschafterin ihren Sitz im Ausland oder im Inland habe, sei als Beschränkung der Niederlassungsfreiheit grundsätzlich durch Art. 43 EG untersagt. Die Beschränkung sei auch nicht gerechtfertigt, weil Steuermindereinnahmen nach ständiger Rechtsprechung keinen zwingenden Grund des Allgemeininteresses darstellten. Abgehen davon greife der Hinweis auf Umgehungen nicht durch, weil § 8a KStG nicht nur reine Steuersparmodelle treffe, sondern alle Fälle der Gesellschafter-Fremdfinanzierung. Im vorgelegten Sachverhalt sei kein Mißbrauch ersichtlich, weil die GmbH in den fraglichen Jahren stets Verluste erwirtschaftete, die die gezahlten Zinsen weit überstiegen.

Konsequenz: Im Nachgang zu diesem Urteil hat der deutsche Gesetzgeber § 8a KStG nicht aufgehoben, sondern auf Inlandsfälle erweitert. Im Inlandsfall wird das deutsche Steueraufkommen durch Unterkapitalisierung nicht beeinträchtigt,

325 Urteil vom 12. Dezember 2002, Rs. C-324/00 (*Lankhorst-Hohorst*).

so daß die Regelung weitgehend leerläuft. Der Zweck der Erweiterung ihres Anwendungsbereich liegt allein darin, den Vorwurf der Gemeinschaftsrechtswidrigkeit auszuräumen. Unter den Voraussetzungen des § 8a KStG werden Zinsen nunmehr ungeachtet des Sitzes der Gesellschafter in Gewinne umqualifiziert; die frühere Diskriminierung ist damit aufgehoben.

4. de Lasteyrie du Saillant (Niederlassungsfreiheit)

Sachverhalt und Plädoyers[326]: Hughes de Lasteyrie du Saillant hatte im Jahre 1998 seinen Wohnsitz von Frankreich nach Belgien verlegt. Zu diesem Zeitpunkt hielt er Gesellschaftsanteile im Sinne des Art. 167bis des französischen *Code général des impôts*, CGI. Nach dieser Vorschrift, die der deutschen Wegszugsbesteuerung gemäß § 6 AStG entspricht, wurde eine Gewinnrealisation für den Fall fingiert, daß ein Steuerpflichtiger, der Gesellschaftsanteile mit noch nicht realisierter Wertsteigerung besitzt, seinen Wohnsitz ins Ausland verlegt. Dem Gesetz folgend entstand der Steueranspruch im Zeitpunkt des Wegzugs, doch konnte die Steuer gegen Sicherheitsleistung gestundet werden. Der Conseil d'État bezweifelte, ob das Verlangen nach Sicherheitsleistung im Einklang mit der Niederlassungsfreiheit nach Art. 43 EG stehe und legte die Sache dem Gerichtshof vor. Im dortigen Verfahren, dem mehrere Regierungen beitraten, brachten Deutschland und die Niederlande vor, daß die Niederlassungsfreiheit mangels selbständiger Tätigkeit des Herrn de Lasteyrie du Saillant überhaupt nicht berührt sei. Zudem diene die Wegzugsbesteuerung der Kohärenz des Steuersystems, weil dabei stille Reserven besteuert würden, die vorher nicht besteuert worden waren und nach Wegzug nicht mehr besteuert werden könnten, weil das Besteuerungsrecht für Veräußerungsgewinne dem neuen Wohnsitzstaat zustehe. Der Kläger, Portugal und die Kommission sahen in der Wegzugsbesteuerung hingegen eine typische Beschränkung beim Verlassen des Landes. Diese Beschränkung stelle Steuerpflichtige, die Frankreich verließen, schlechter als solche, die dort blieben, und sei insofern diskriminierend. Die französische Regierung konzentrierte ihre Ausführungen auf mögliche Rechtfertigungen einer Beschränkung. Weil die Vorschrift der Steuerflucht vorbeugen und Mißbrauch verhüten solle, liege darin kein Verstoß gegen Gemeinschaftsrecht. Artikel 167bis CGI sei nämlich eingeführt worden, weil bestimmte Steuerpflichtige ihren Wohnsitz vorübergehend ins Ausland verlegt hätten, um die Gewinne dort zu realisieren und der französischen Veräußerungsgewinnsteuer zu entgehen. Ohne die angegriffene Vorschrift und die Sicherheitsleistung könne nicht wirksam besteuert werden. Zudem sei die Vorschrift verhältnismäßig, weil die Besteuerung der fiktiven Realisation auf einen Zeitraum von fünf Jahren ab Wegzug begrenzt sei. Dem französischen Standpunkt, die Wegzugsbesteuerung sei aus Gründen des Allgemeininteresses gerechtfertigt und im Hinblick auf den verfolgten Zweck verhältnismäßig, schlossen sich Deutschland, Dänemark und die Niederlande an.

326 Urteil vom 11. März 2004, Rs. C-9/02 (*de Lasteyrie du Saillant*).

Entscheidung: In seinem Urteil bekräftigte der Gerichtshof zunächst den hohen Stellenwert der Niederlassungsfreiheit nach Art. 43 EG, die auch geringfügigen Beschränkungen entgegenstehe. Das Argument, Art. 43 EG sei nicht einschlägig, weil de Lasteyrie du Saillant kein Unternehmen betreibe, verwarf der Gerichtshof mit dem Hinweis, für eine solche Tatsachenfrage sei nicht er, sondern das vorlegende Gericht zuständig. Insgesamt stehe die Niederlassungsfreiheit einer Regelung wie in Art. 167bis CGI entgegen. Die Wegzugsbesteuerung sei nicht angesichts der durch DBA vorgegebenen Aufteilung der Besteuerungsrechte angezeigt. Sie sei auch nicht zur Wahrung der Kohärenz des französischen Steuersystems erforderlich, weil Art. 167bis CGI nach Angaben der französischen Regierung nicht dem Kohärenzziel diene, sondern der Verhütung von Umgehungen. Zur Mißbrauchsbekämpfung sei die Regel wiederum nicht erforderlich, weil Frankreich auch eine nachträgliche Veräußerungsgewinnbesteuerung im Fall kurzfristiger Rückkehr weggezogener Steuerpflichtiger einführen könne. Somit verstoße die französische Wegzugsbesteuerung gegen Gemeinschaftsrecht.

Konsequenz: Dieses weitreichende Urteil betrifft nicht nur § 6 AStG, sondern die gesamte Dogmatik der persönlichen und sachlichen Steuerentstrickung. Bisher hat Deutschland nur im Erlaßwege reagiert. Eine dauerhafte Lösung könnte im Verzicht auf jede Form der Steuerentstrickung bestehen, aber auch darin, inländische Umzüge als Ersatzrealisationstatbestände zu werten. Beide Alternativen sind durchaus dramatisch: Im ersten Fall verzichtet Deutschland auf sein Recht, stille Reserven zu besteuern, die unter deutscher Steuerhoheit gebildet wurden, im zweiten werden mobile Steuerpflichtige bei reinen Inlandsumzügen mit Steuern auf nicht realisierte Gewinne behelligt.

5. Manninen (Kapitalverkehrsfreiheit)

Sachverhalt und Plädoyers[327]: Im Ausgangsverfahren klagte der finnische Staatsbürger Petri Manninen gegen das Körperschaftsteuersystem seines Landes. Dieses gewährte finnischen Steuerpflichtigen, die Dividenden finnischer Kapitalgesellschaften bezogen, eine Steuergutschrift in Höhe von 29/71 der Dividende. Durch die Gutschrift wurde die Vorbelastung der Dividende mit Körperschaftsteuer (29 %) aufgehoben und blieb die Dividende beim Empfänger effektiv steuerfrei, weil der auf Dividenden anzuwendende Einkommensteuersatz ebenfalls 29 % betrug. Manninen indes besaß Aktien einer schwedischen Gesellschaft, für deren Dividenden er keine vergleichbare Steuergutschrift erhielt. Auf Grundlage des nordischen DBA rechnete Finnland lediglich die in Schweden gezahlte Kapitalertragsteuer auf Manninens Einkommensteuer an. Das finnische Oberste Verwaltungsgericht legte dem Gerichtshof die Frage vor, ob einem solchen Körperschaftsteuersystem die Kapitalverkehrsfreiheit nach Art. 56 EG entgegenstehe. Die Regierungsvertreter Finnlands, Frankreichs und des Vereinigten Königreichs verneinten dies, weil die Kapitalverkehrsfreiheit durch Art. 58

327 Urteil vom 7. September 2004, Rs. C-319/02 (*Manninen*).

Abs. 1 EG ausdrücklich eingeschränkt sei. Nach dieser Vorschrift berührt die Kapitalverkehrsfreiheit nicht das Recht der Mitgliedstaaten, „die einschlägigen Vorschriften ihres Steuerrechts anzuwenden, die Steuerpflichtige mit unterschiedlichem Wohnort oder Kapitalanlageort unterschiedlich behandeln". Zudem sei eine Erweiterung der Steuergutschrift auf Auslandsdividenden unpraktikabel.

Entscheidung: Die angegriffene Regelung hält finnische Steuerpflichtige davon ab, Aktien ausländischer Gesellschaften zu erwerben, und hindert ausländische Gesellschaften, finnische Steuerpflichtige als Anleger zu gewinnen. Hierin bestand Einigkeit, weshalb sich der eigentliche Streit auf Art. 58 Abs. 1 EG konzentrierte. Der Gerichtshof meinte, die dort konzedierte Einschränkung der Kapitalverkehrsfreiheit sei erstens als Ausnahmebestimmung eng auszulegen und werde zweitens durch Art. 58 Art. 3 EG begrenzt, wonach die in Art. 58 Abs. 1 EG genannten Maßnahmen weder willkürlich diskriminieren noch eine verschleierte Beschränkung des Kapitalverkehrs darstellen dürften. Darüber hinaus maß der Gerichtshof dem Argument, die Gewährung von Steuergutschriften für Auslandsdividenden sei unpraktikabel, keine Bedeutung bei, denn „Schwierigkeiten bei der Ermittlung der tatsächlich entrichteten Steuer können auf alle Fälle kein Hemmnis für den freien Kapitalverkehr rechtfertigen" (Tz. 54). Folglich verstoße das finnische Anrechnungsverfahren gegen Gemeinschaftsrecht.

Konsequenz: Das Urteil beinhaltet einen faktischen Zwang zur Abschaffung der körperschaftsteuerlichen Anrechnungsverfahren. Deutschland war hiervon nicht unmittelbar betroffen, weil es sein körperschaftsteuerliches Anrechnungsverfahren schon 2001 in vorauseilendem Gehorsam beseitigt hatte. Um vor dem Gerichtshof zu bestehen, müßte ein Mitgliedstaat, der am Anrechnungsverfahren festhält, bei jeder Veranlagung die Vorbelastung mit ausländischer Körperschaftsteuer feststellen. Hierzu benötigte er nicht nur den ausländischen Körperschaftsteuersatz, sondern auch die nach inländischem Recht ermittelte ausländische Bemessungsgrundlage, weil es auf die effektive Belastung ankommt. Wegen der Vielzahl inländischer Anleger und ausländischer Kapitalgesellschaften und mangels Zugriffs der inländischen Verwaltung auf die Buchhaltung ausländischer Kapitalgesellschaften ist dies ein Ding der Unmöglichkeit. Insofern besiegelte der Gerichtshof den Tod der körperschaftsteuerlichen Anrechnungsverfahren.

* * *

Insgesamt hinterläßt die Steuerrechtsprechung des Gerichtshofs einen zwiespältigen Eindruck. Manche Urteile, wie in der Rechtssache Schumacker, kann man gut nachvollziehen, weil das Ausgangsverfahren deutscher Dickfelligkeit zuzuschreiben war. Das abwegige Vorbringen der deutschen Regierung, man könne belgischen Grenzpendlern unmöglich jene Erleichterungen gewähren, die niederländischen Grenzpendlern bereits gewährt wurden, hat Deutschland international blamiert.

Andere Urteile, zuvorderst de Lasteyrie du Saillant, sind bedauerlich. Wenn es je einen Anlaß gab, dem viel zitierten, aber wenig effektiven, Grundsatz der Kohärenz zu praktischer Bedeutung zu verhelfen, dann diesen: Stille Reserven beim Wegzug entspringen einer vorigen Minderbesteuerung, die wiederum regelmäßig auf dem Realisationsprinzip beruht, einer Vereinfachungszwecknorm. Dem Wohnsitzstaat entgehen durch die Bildung stiller Reserven Steuereinnahmen, auf die er nach dem Wegzug keinen Anspruch mehr hat. Durch die faktische Untersagung der Wegzugsbesteuerung hat der Gerichtshof jenen Steuerpflichtigen, die es sich leisten können, die Möglichkeit eröffnet, vorübergehend in eine Steueroase zu ziehen, ihre Gewinne dort zu realisieren und hernach ins angenehme Vaterland zurückzukehren. Daß de Lasteyrie du Saillant kein Unternehmer und die Niederlassungsfreiheit nach § 43 EG in seinem Fall gar nicht berührt war, stört da nur noch am Rande.

Eine rigide Rechtsprechung nach dem Motto *in dubio pro libertate et contra fiscum* ist schwer durchzuhalten, und inzwischen zeichnet sich eine gewisse Korrektur ab. Dies mag dem zunehmend kritischen Echo im Schrifttum geschuldet sein, vielleicht auch dem Umstand, daß die österreichische Ratspräsidentschaft Anfang 2006 öffentlich über Vertragsänderungen nachdachte, um die Kompetenzen des Gerichtshofs zu beschneiden. Letztlich wird der Gerichtshof die Wertentscheidung der Mitgliedstaaten akzeptieren müssen, die der Gemeinschaft mit Art. 93 EG eine ausdrückliche Harmonisierungskompetenz für die indirekten Steuern zubilligten, ihr aber eine entsprechende Kompetenz für die direkten Steuern versagten. Einer schleichenden Harmonisierung der direkten Steuern durch Rechtsfortbildung statt Rechtsauslegung werden sich die Mitgliedstaaten als Finanziers der Gemeinschaft wohl widersetzen, und ohne ihre Zuweisungen an die Gemeinschaft wäre letztlich auch für den Gerichtshof selbst kein Geld mehr da.

Um fair zu bleiben, sei folgendes angemerkt: Erstens hat sich der Gerichtshof nicht nur allgemein, sondern auch auf steuerlichem Gebiet um das Abschneiden alter nationaler Zöpfe verdient gemacht und einen wichtigen Beitrag zur europäischen Integration geleistet. Zweitens tragen die nationalen Gerichte eine bisher kaum beleuchtete Mitschuld an der beschriebenen Entwicklung, indem sie – als die eigentlichen steuerlichen Fachgerichte – in ihren Vorlagen eine Gemeinschaftsrechtswidrigkeit oft geradezu insinuierten. Der Rubikon wurde schon mit *Eurowings* überflogen, einem logisch nicht nachvollziehbaren Verdikt, das der Bundesfinanzhof eilfertig vorbuchstabiert hatte[328]. Drittens haben auch die Vertreter der Mitgliedstaaten bei der Verteidigung berechtigter Regelungen nicht immer gut ausgesehen, wenn sie, statt abgestimmt vorzugehen, ihre Argumente wechselseitig ins Zwielicht rückten. Und schließlich hätte die im Vertrag angelegte Spannung zwischen Steuerautonomie und Grundfreiheiten ohnehin von den Mitgliedstaaten als Setzern des Gemeinschaftsrechts aufgelöst werden

---

328 Beschluß des Bundesfinanzhofs vom 30. Dezember 1996, Az. I B 61/96.

müssen; statt dessen kippten sie dem Gerichtshof einen unausgegorenen politischen Kompromiß vor die Tür.

§ 61 Resümee

In diesem Kapitel wurde geschildert, welche Schwierigkeiten bei der Besteuerung grenzüberschreitender Sachverhalte entstehen. Es zeigte sich, daß das Postulat nationaler Steuerautonomie, wenn man es Verlangen nach einer *individuellen Steuerrechtsordnung* und einem *eigenen Steueraufkommen* versteht, zusätzliche Zielkonflikte der Besteuerung schafft und neuartige Ausweichmöglichkeiten eröffnet, die in der geschlossenen Volkswirtschaft nicht auftreten. Die Lösung dieser Probleme erfordert auf beiden Seiten viel Phantasie, und schon allein deswegen erscheint das Gebiet der internationalen Besteuerung so undurchsichtig. Auf der anderen Seite stellte sich heraus, daß die volkstümliche Grundhaltung zur internationalen Besteuerung auf stark übertriebenen und dramatisierten Ansichten über deren Eigenarten beruht. Öffentlichkeit und Politik betrachten die Globalisierung häufig als Vehikel einer Steuerhinterziehung im großen Stil und ebenso als Ursache zerstörerischer Steuerkonkurrenz der Nationalstaaten, die dem Wohlfahrtsstaat letztlich den Garaus machen wird. Beide Einschätzungen sind unzutreffend, weil sie die Möglichkeiten der Steuergläubiger unterschätzen.

Was die *Steuerhinterziehung* angeht, muß bedacht werden, daß grenzüberschreitende Einkunftserzielung hauptsächlich eine Angelegenheit hierauf spezialisierter Unternehmen ist, die im Gegensatz zu Privatpersonen extern und intern geprüft werden und denen Betrugshandlungen schon deshalb schwerfallen, weil es hierbei zahlreiche Mitwisser gibt. Wer meint, ein Vorstandsvorsitzender könne seinem Chefbuchhalter einfach Anweisung zur Verheimlichung ausländischer Einkünfte erteilen, versteht wenig von der Wirtschaftspraxis. Einige spektakuläre Hinterziehungsfälle im Privatbereich haben zwar gezeigt, daß Einzelpersonen die Hinterziehung verhältnismäßig leichter fällt, aber doch auch, wie weit die Arme der Steuergläubiger letztlich reichen. Schon der Blick in ein beliebiges Steuerumgehungs-Sachbuch[329] sollte jedermann überzeugen, daß internationale Steuerhinterziehung kostspielig und riskant ist. Inländische Hinterziehung ist billiger und quantitativ bedeutender.

Ähnlich übertrieben erscheint die These *zerstörerischer Steuerkonkurrenz* zwischen den Staaten der Welt. Diese Auffassung wird auch von Teilen der Wissenschaft vertreten und gibt Anlaß zur Forderung nach internationalen Steuerkartellen. Ist die derzeit bei 50 % liegende Staatsquote Deutschlands in irgend einer Weise mit dieser düsteren Skizze vereinbar? Kann das Ausbluten des Wohlfahrtsstaates und die notorische „Leere" der öffentlichen Kassen erst mittels einer Staatsquote von 80 % gestoppt werden? In Wahrheit erzwingt die Globalisierung keinen Steuerwettlauf gegen Null; ihre Wirkung besteht eher darin, daß Hochsteuerstaaten

329 Vgl. etwa Winteler, E.-U. und R. Seidl (1995) *Steueroasen*. Wiesbaden: Gabler.

ihren Bürgern entsprechende Leistungen anbieten müssen, um Abwanderungen zu verhindern. Die hiermit verbundene Zügelung der Leviathane stellt aus Sicht der Steuerpflichtigen einen Vorteil dar, der nicht leichtfertig verspielt werden sollte[330]. Als Problem verbleibt die mögliche Tendenz einiger gut verdienender Individuen, sich der sozialstaatlichen Umverteilung durch Flucht aus der unbeschränkten Steuerpflicht zu entziehen. Jedoch sind die Kosten des Wohnsitzwechsels, vor allem die damit verbundene Aufgabe persönlicher Bindungen, so hoch, daß diese Reaktion nur eine geringe Rolle spielt.

Die Kardinalfrage der internationalen Steuerpolitik – Wettbewerb oder Harmonisierung? – ist falsch gestellt, wenn Harmonisierung eine Angleichung der Steuersätze auf vermutlich hohem Niveau bedeuten soll. Eine Steuersatzangleichung trägt zur Lösung der Kollisionsprobleme nichts bei. Vernünftiger erscheint das Konzept einer *Kooperation* durch Abschluß von DBA und Ausbau des Informationsaustauschs, verbunden mit einer klugen internationalen Steuerpolitik nach angelsächsischem Vorbild. Wer natürlich, wie die Bundesrepublik Deutschland, gewerbliche ausländische Einkünfte freistellt, darf sich nicht beklagen, wenn viele Unternehmen legal keine Steuern zahlen.

Auch die Position, eine Steuerharmonisierung sei zur Vermeidung internationaler Hinterziehung nötig, ist nicht schlüssig, weil Hinterziehung niemals durch übereinstimmende Steuersätze, sondern nur durch verstärkte *Tatsachenaufhellung* bekämpft werden kann. Der Anreiz, Bargeld nach Luxemburg zu schaffen, besteht auch im Fall identischer Steuersysteme, wenn ausländische Einkünfte im Gegensatz zu inländischen Einkünften verheimlicht werden können; die Harmonisierung nutzt hier überhaupt nichts. *Umgekehrt* wird ein Schuh daraus, nämlich durch die Verbindung der Anrechnungsmethode mit einem geregelten Informationsaustausch bei weiterhin bestehender nationaler Steuerautonomie. Hierzu bedarf es weder einer neuen europäischen Superbehörde noch einer auf direkte Steuern erweiterten Zuständigkeit der Europäischen Union; ein Kontrollmitteilungssystem, wie es mit der Europäischen Zinsrichtlinie geschaffen wurde, reicht völlig aus. Die größte Herausforderung bei den direkten Steuern beruht nicht auf inhärenten Problemen, sondern auf der zu weit gehenden Rechtsprechung des Europäischen Gerichtshofs.

Auch im Hinblick auf die indirekten Steuern ist die europäische Lage verfahren[331]. Hier gibt es mit dem Bestimmungslandprinzip ein probates Konzept, das aber nur bei Bestehen physischer Grenzkontrollen funktioniert. Die Abschaffung der Grenzkontrollen erfordert den Übergang zum Ursprungslandprinzip, nicht ein Mischsystem nach dem Muster des Binnenmarktprinzips. Unternehmen und Juristen halten das Ursprungslandprinzip aber für wettbewerbsverzerrend, und auch die Ausgestaltung dieses Systems ist noch unklar. Vermutlich wird die

330 Mit ähnlicher Zielrichtung argumentiert Herzig, N. (1996) Besteuerung der Unternehmen in Europa. Harmonisierung im Wettbewerb der Systeme. In: Lehner, M. (Hrsg.) *Steuerrecht im Europäischen Binnenmarkt.* Köln: Schmidt.

331 Dziadkowski, D. (1997) Das endgültige Mehrwertsteuersystem im Binnenmarkt – eine Utopie? *Steuer und Wirtschaft*, S. 147–156.

Übergangsregelung noch lange bestehen bleiben und schließlich in eine Angleichung der Steuersätze einmünden. Das Niveau der harmonisierten Steuersätze wird wahrscheinlich nicht am unteren Rand der dann bestehenden Bandbreite liegen.

Literaturverzeichnis

Ahlheim, M. und M. Rose (1992) *Messung individueller Wohlfahrt.* 2. Auflage Berlin usw.: Springer.

Aquin, Th. v. (1953) *Summa Theologica.* Deutsch-lateinische Ausgabe Bd. 1. Heidelberg usw.: Gemeinschaftsverlag Kerle und Pustet.

Atkinson, A. (1977) Optimal Taxation and the Direct versus Indirect Tax Controversy. *Canadian Journal of Economics* **10**, S. 590 – 606.

Atkinson, A. B. und J. E. Stiglitz (1972) The Structure of Indirect Taxation and Economic Efficiency. *Journal of Public Economics* **1**, S. 97 – 119.

Auerbach, A. J. (1985) The Theory of Excess Burden and Optimal Taxation. In: Auerbach, A. J. und M. Feldstein (Hrsg.) *Handbook of Public Economics, Vol. I.* Amsterdam usw.: North-Holland.

Auerbach, A. J. und J. R. Hines (2002) Taxation and Economic Efficiency. In: Auerbach, A. J. und M. Feldstein (Hrsg.) *Handbook of Public Economics, Vol. III.* Amsterdam usw.: Elsevier.

Bacchetta, P. und M. P. Espinosa (2000) Exchange-of-Information Clauses in International Tax Treaties. *International Tax and Public Finance* 7, S. 275 – 293.

Ballard, C. L., J. K. Shoven und J. B. Whalley (1985) General Equilibrium Computations of the Marginal Welfare Costs of Taxes in the United States. *American Economic Review* **75**, S. 128 – 138.

Ballard, C. L., J. K. Scholz und J. B. Shoven (1987) The Value Added Tax: A General Equilibrium Look at Its Efficiency and Incidence. In: Feldstein, M. (Hrsg.) *The Effects of Taxation on Capital Accumulation.* Chicago usw.: University of Chicago Press.

Bauer, E.-R. (1988) *Was kostet die Steuererhebung?* Göttingen: Vandenhoeck & Ruprecht.

Baumol, W. J. und D. F. Bradford (1970) Optimal Departures from Marginal Cost Pricing. *American Economic Review* **60**, S. 265 – 283.

Becker, E. (1928) *Die Reichsabgabenordnung.* 6. Auflage Berlin: Heymann.

Bernheim, B. D., A. Shleifer und L. H. Summers (1985) The Strategic Bequest Motive. *Journal of Political Economy* **93**, S. 1045 – 1076.

Bertsekas, D. (1999) *Nonlinear Programming.* Belmont: Athena Scientific.

Bewley, T. F. (1981) A Critique of Tiebout's Theory of Local Public Expenditures. *Econometrica* **49**, S. 713 – 740.

Bilsdorfer, P. und R. Weyand (2004) *Die Informationsquellen und -wege der Finanzverwaltung.* 6. Auflage Berlin: E. Schmidt.

Biehl, D. (1969) *Ausfuhrland-Prinzip, Einfuhrland-Prinzip und Gemeinsamer-Markt-Prinzip.* Köln: Heymanns.

Birk, D. (2005) *Steuerrecht.* 8. Auflage Heidelberg: C. F. Müller.

Bond, E. und L. Samuelson (1989) Strategic Behaviour and the Rules for International Taxation of Capital. *Economic Journal* **99**, S. 1099 – 1111.

Bös, D. und B. Genser (1977) Steuertariflehre. In: *Handwörterbuch der Wirtschaftswissenschaften*. Stuttgart: Fischer.

Bös, D. und G. Tillmann (1984) Neid und progressive Besteuerung. In: Bös, D., M. Rose und C. Seidl (Hrsg.) *Beiträge zur neueren Steuertheorie*. Berlin usw.: Springer.

Boskin, M. (1975) Efficiency Aspects of the Differential Tax Treatment of Market and Household Economic Activity. *Journal of Public Economics* **4**, S. 1 – 25.

Boss, A. und A. Rosenschon (1998) *Subventionen in Deutschland*. Kieler Diskussionsbeiträge **320**. Kiel: Institut für Weltwirtschaft.

Bovenberg, A. L. (1999) Green Tax Reforms and the Double Dividend: An Updated Reader's Guide. *International Tax and Public Finance* **6**, S. 421 – 443.

Bovenberg, A. L. und R. A. de Mooij (1994) Environmental Levies and Distortionary Taxation. *American Economic Review* **84**, S. 1085 – 1089.

Bradford, D. F. (1986) *Untangling the Income Tax*. Cambridge: Harvard University Press.

Bräuer, K. (1923) Steuertarife. In: *Handwörterbuch der Staatswissenschaften*. 4. Auflage Jena: Fischer.

Braudel, F. (1986) *Sozialgeschichte des 15.–18. Jahrhunderts – Der Handel*. München: Kindler .

Brown, E. C. (1948) Business-Income Taxation and Investment Incentives. In: Metzler, L. A. u. a. (Hrsg.) *Income, Employment and Public Policy*. New York: W. W. Norton.

Buchholz, W. und W. F. Richter (1993) Tax Deductibility of Economic Depreciation to Ensure Invariant Valuation: The Johansson-Samuelson Theorem Reconsidered. In: Diewert, E., K. Spremann und F. Stehling (Hrsg.) *Mathematical Modelling in Economics*. Berlin usw: Springer.

Bundesministerium der Finanzen (1994) Hrsg.: *Ausarbeitung der endgültigen Regelung für die Umsatzbesteuerung des innergemeinschaftlichen Waren- und Dienstleistungsverkehrs und für ein funktionsfähiges Clearing-Verfahren*. Schriftenreihe des Bundesministeriums der Finanzen **52**. Bonn: Stollfuß.

Bundesministerium der Finanzen (2006) *Finanzbericht 2006*. Köln: Bundesanzeiger Verlagsgesellschaft.

Bundesregierung (2003) *Neunzehnter Subventionsbericht*. Bundestagsdrucksache 15/**1635** vom 1. Oktober 2003.

Butler, D., A. Adonis und T. Travers (1994) *Failure in British Government: The Politics of the Poll Tax*. Oxford: Oxford University Press.

Canard, N. F. (1801) *Principes d'Économie Politique*. Paris.

Cnossen, S. (1998) Global Trends and Issues in Value Added Taxation. *International Tax and Public Finance* **5**, S. 399 – 428.

Coase, R. H. (1937) The Nature of the Firm. *Economica* **4**, S. 386 – 405.

Corlett, W. J. und D. C. Hague (1953) Complementarity and the Excess Burden of Taxation. *Review of Economic Studies* **21**, S. 21 – 30.

Cox, W. M., D. M. Gould und R. J. Ruffin (1998) Income Taxes as Reciprocal Tariffs. *Economic Review of the Federal Reserve Bank of Dallas*, No. 3, S. 1 – 9.

Damaschke, A. (1922) *Die Bodenreform. Grundsätzliches und Geschichtliches zur Erkenntnis und Überwindung der sozialen Not.* 19. Auflage Jena: Fischer.

Deaton, A. (1987) Econometric Issues for Tax Design in Developing Countries. In: Newbery, D. M. und N. H. Stern (Hrsg.) *The Theory of Taxation for Developing Countries.* New York: Oxford University Press.

Debatin, H. (1983) Probleme der internationalen Doppelbesteuerung. In: Neumark, F. (Hrsg.) *Handbuch der Finanzwissenschaft Band IV.* 3. Auflage Tübingen: Mohr, S. 274.

Deutscher Juristentag (1988) *Verhandlungen des Siebenundfünfzigsten Deutschen Juristentages*, Bd. II Sitzungsbericht N, München.

Diamond, P. A. (1970) Incidence of an Interest Income Tax. *Journal of Economic Theory* **2**, S. 211 – 224.

Diamond, P. A. und J. A. Mirrlees (1971) Optimal Taxation and Public Production I: Production Efficiency. *American Economic Review* **61**, S. 8 – 27.

Diamond, P. A. und J. A. Mirrlees (1971) Optimal Taxation and Public Production II: Tax Rules. *American Economic Review* **61**, S. 261-278.

Dupuit, A. (1844) De la mesure de l' utilité des travaux publics. *Annales des ponts et chaussées.* Englischer Wiederabdruck in: Arrow, K. J. und T. Scitovsky (1969, Hrsg.) *Readings in Welfare Economics.* Homewood: Irwin.

Dziadkowski, D. (1985) Plädoyer für einen transparenten und realitätsbezogenen („bürgernahen“) Einkommensteuertarif. *Betriebs-Berater*, Beilage **9**.

Dziadkowski, D. (1997) Das endgültige Mehrwertsteuersystem im Binnenmarkt – eine Utopie? *Steuer und Wirtschaft*, S. 147 – 156.

Eaton, J. und H. S. Rosen (1980) Labor Supply, Uncertainty, and Efficient Taxation. *Journal of Public Economics* **14**, S. 365 – 374.

Eichhorn, W., H. Funke und W. F. Richter (1984) Tax Progression and Inequality of Income Distribution. *Journal of Mathematical Economics* **13**, S. 127 – 131.

Elschen, R. (1991) Entscheidungsneutralität, Allokationseffizienz und Besteuerung nach der Leistungsfähigkeit – Gibt es ein gemeinsames Fundament der Steuerwissenschaften? *Steuer und Wirtschaft*, S. 99 – 115.

Engels, W. und W. Stützel (1968) *Teilhabersteuer. Ein Beitrag zur Vermögenspolitik, zur Verbesserung der Kapitalstruktur und zur Vereinfachung des Steuerrechts.* 2. Auflage Frankfurt: Knapp.

Fama, E. F. (1980) Agency Problems and the Theory of the Firm. *Journal of Political Economy* **88**, S. 288 – 307.

Feldstein, M. (1977) The Surprising Incidence of a Tax on Pure Rent: A New Answer to an Old Question. *Journal of Political Economy* **85**, S. 349 – 360.

Feldstein, M. (1978) The Welfare Cost of Capital Income Taxation. *Journal of Political Economy* **86**, S. 29 – 51.

Fraser, J. M. (1986) The Marriage Tax. *Management Science* **32**, S. 831 – 840.
Frenkel, J. A., A. Razin und E. Sadka (1991) *International Taxation in an Integrated World.* Cambridge usw.: MIT Press.
Friedman, M. (1953) The Methodology of Positive Economics. In: Friedman, M. (Hrsg.) *Essays in Positive Economics.* Chicago: Chicago University Press.
Fritzsche, B. et al. (2003) *Empirische Analyse der effektiven Inzidenz des deutschen Steuersystems.* Essen: RWI.
Frotscher, G. (2005) *Internationales Steuerrecht.* 2. Auflage München: Beck.
Gale, D. and H. Nikaido (1965) The Jacobian and Global Univalence of Mappings. *Mathematische Annalen* **159**, S. 81 – 93.
Genser, B. (1996) A Generalized Equivalence Property of Mixed International VAT Regimes. *Scandinavian Journal of Economics* **98**, S. 253 – 262.
George, H. (1880) *Progress and Poverty.* Nachdruck New York 1954: Schalkenbach Foundation.
Gerloff, W. (1948) *Die öffentliche Finanzwirtschaft Band I.* Frankfurt a. M.: Vittorio Klostermann.
Gerloff, W. (1950) *Die öffentliche Finanzwirtschaft Band II.* 2. Auflage Frankfurt a. M.: Vittorio Klostermann.
Gibbons (1956) Tax Effects of Basing International Business Abroad. *Harvard Law Review* **69**, S. 1206 ff.
Gillis, M., C. S. Shoup und G. P. Sicat (1990) *Value Added Taxation in Developing Countries.* Washington: The World Bank.
Giovannini, A. (1990) International Capital Mobility and Capital-Income Taxation. *European Economic Review* **34**, S. 480 – 488.
Giovannini, A. und J. R. Hines jr. (1992) Capital Flight and Tax Competition: Are There Viable Solutions to Both Problems? In: Giovannini, A. und G. Meyer (Hrsg.) *European Financial Integration.* Cambridge: Cambridge University Press.
Gordon, R. H. (1986) Taxation of Investment and Savings in a World Economy. *American Economic Review* **76**, S. 1086 – 1102.
Gordon, R. H. (1992) Can Capital Income Taxes Survive in Open Economies? *Journal of Finance* **42**, S. 1159 – 1180.
Gottfried, P. und W. Wiegard (1991) Exemption versus Zero Rating. *Journal of Public Economics* **46**, S. 307 – 328.
Goulder, L. H. (1995) Environmental Taxation and the Double Dividend: A Reader's Guide. *International Tax and Public Finance* **2**, S. 157 – 183.
Groves, H. M. (1974) *Tax Philosophers.* Madison: University of Wisconsin Press.
Guth, F. (1869) *Die Lehre vom Einkommen in dessen Gesammtzweigen.* Prag: Friedrich Tempsky, S. 12.
Hackmann, J. (1979) *Die Besteuerung des Lebenseinkommens.* Tübingen: Mohr.
Haig, R. M. (1921) The Concept of Income. In: Haig, R. M. (Hrsg.) *The Federal Income Tax.* New York.
Haller, H. (1981) *Die Steuern.* 3. Auflage Tübingen: Mohr.

Hansen, S. B. (1983) *The Politics of Taxation. Revenue without Representation.* New York: Praeger Publishers.

Hansmeyer, K.-H. (1980) Steuern auf spezielle Güter. In: Neumark, F. (Hrsg.) *Handbuch der Finanzwissenschaft Band II.* 3. Auflage Tübingen: Mohr.

Harberger, A. (1964) Taxation, Resource Allocation and Welfare. In: Due, J. (Hrsg.) *The Role of Direct and Indirect Taxes in the Federal Revenue System.* Princeton: Princeton University Press.

Harberger, A. C. (1962) The Incidence of the Corporation Income Tax. *Journal of Political Economy* **70**, S. 215 – 240.

Harsanyi, J. C. (1955) Cardinal Welfare, Individualistic Ethics, and Interpersonal Comparisons of Utility. *Journal of Political Economy* **63**, S. 309 – 321.

Herzig, N. (1996) Besteuerung der Unternehmen in Europa. Harmonisierung im Wettbewerb der Systeme. In: Lehner, M. (Hrsg.) *Steuerrecht im Europäischen Binnenmarkt.* Köln: Schmidt.

Hildenbrand, W. (1983) On the „Law of Demand". *Econometrica* **51**, S. 997 – 1019.

Hinterberger, F., K. Müller und H.-G. Petersen (1987) „Gerechte" Tariftypen bei alternativen Opfertheorien und Nutzenfunktionen. *Finanzarchiv N. F.* **45**, S. 45 – 69.

Hobbes, T. (1651) *Leviathan.* Baltimore: Penguin Classics.

Homburg, St. (1995) Progressionsvorbehalt und Grundentlastung. *Betriebs-Berater*, **50**, S. 849 – 850.

Homburg, St. (1999) Competition and Co-ordination in International Capital Income Taxation. *FinanzArchiv* **56**, S. 1 – 17.

Homburg, St. (2000) Das einkommensteuerliche Ehegattensplitting. *Steuer und Wirtschaft*, S. 261 – 268.

Homburg, St. (2000) Perspektiven der internationalen Unternehmensbesteuerung. In: Andel, N. (Hrsg.) *Probleme der Besteuerung III.* Schriftenreihe des Vereins für Socialpolitik N. F., Band 259/III. Berlin: Duncker & Humblot.

Homburg, St. (2001) The Optimal Income Tax: Restatement and Extensions. *FinanzArchiv* **58**, S. 363 – 395.

Homburg, St. (2001) Die Unternehmenssteuerreform 2001 aus Sicht der Wissenschaft. *Die Steuerberatung* **44**, S. 8 – 16.

Homburg, St. (2002) Kommunalzuschlag statt Gewerbesteuer. *Betriebs-Berater* **57**, S. I.

Homburg, St. (2003) An Axiomatic Proof of Mirrlees' Formula. *Public Finance / Finances Publiques* **53**, S. 285 – 295.

Homburg, St. (2005) Die Steuerreformvorschläge der Stiftung Marktwirtschaft. *Betriebs-Berater* **44**, S. 2382 – 2386.

Homburg, St. (2006) A New Approach to Optimal Commodity Taxation. *FinanzArchiv* **62**.

Homburg, St. und A. Bolik (2005) Auswirkungen des Kirchhofschen EStGB insbesondere auf die Unternehmensbesteuerung. *Betriebs-Berater* **43**, S. 2330 – 2335.

Homburg, St. und R. M. Theisen (2000) Steuersenkungsgesetz: Das gefangene Eigenkapital. *Der Betrieb* **53**, S. 1930 – 1931.

Inama-Sternegg, K. Th. (1865) Der Accisenstreit deutscher Finanztheoretiker im 17. und 18. Jahrhundert. *Zeitschrift für die gesamte Staatswissenschaft* **21**, S. 515 – 545.

Jacobs, O. H. (2002) *Internationale Unternehmensbesteuerung*. 5. Auflage München: Beck.

Jakobsson, U. (1974) On the Measurement of the Degree of Progression. *Journal of Public Economics* **5**, S. 161 – 168.

Jarrass, H. D. und B. Pieroth (1997) *Grundgesetz für die Bundesrepublik Deutschland. Kommentar*, 4. Auflage München: Beck.

Johansson, S.-E. (1961) *Skatt – Investering – Värdering*. Stockholm: Norstedt & Söner.

Kaplow, L. und S. Shavell (2001) Any Non-welfarist Method of Policy Assessment Violates the Pareto Principle. *Journal of Political Economy* **109**, S. 281 – 286.

Katzenelsohn, P. (1913) *Zur Entwicklungsgeschichte der Finanzen Rußlands*. Berlin.

Kay, J. A. (1980) The Deadweight Loss from a Tax System. *Journal of Public Economics* **13**, S. 111 – 120.

Keen, M. und D. Wildasin (2004) Pareto-Efficient International Taxation. *American Economic Review* **94**, S. 259 – 275.

Keller, T. (1968) Merkliche oder unmerkliche Steuern? *Finanzarchiv N. F.* **27**, S. 110 – 120.

King, M. A. (1974) Taxation and the Cost of Capital. *Review of Economic Studies* **41**, S. 21 – 35.

King, M. A. und D. Fullerton (1984) *The Taxation of Income from Capital. A Comparative Study of the United States, the United Kingdom, Sweden, and West Germany*. Chicago: University of Chicago Press.

Kitterer, W. (1981) *Belastungswirkungen der Umsatzsteuer*. Tübingen: Institut für Angewandte Wirtschaftsforschung.

Klein, F. und G. Orlopp (1995) *Abgabenordnung*. 5. Auflage München: Beck

Kleven, H. J., W. F. Richter und P. B. Sorensen (2000) Optimal Taxation with Household Production. *Oxford Economic Papers* **52**, S. 584 – 594.

Knobbe-Keuk, B. (1993) *Bilanz- und Unternehmenssteuerrecht*. 9. Auflage Köln: Schmidt.

König, R. (1997) Ungelöste Probleme einer investitionsneutralen Besteuerung. *Zeitschrift für betriebswirtschaftliche Forschung* **49**, S. 42 – 63.

Körner, J. (1983) Probleme der Steuerschätzung. In: Hansmeyer, K.-H. (Hrsg.) *Staatsfinanzierung im Wandel*. Berlin: Duncker & Humblot.

Kotlikoff, L. J. und L. H. Summers (1987) Tax Incidence. In: Auerbach, A. J. und M. Feldstein (Hrsg.) *Handbook of Public Economics, Vol. II*. Amsterdam usw.: North-Holland.

Kotlikoff, L. J. und A. Spivak (1981) The Family as an Incomplete Annuities Market. *Journal of Political Economy* **89**, S. 372–391.

Krabbe, H. (1994) Das neue OECD-Musterabkommen und die deutsche Abkommenspolitik. In: Herzig, N. (Hrsg.) *Steuerberater-Jahrbuch 1993/94*. Köln: Schmidt.

Krause-Junk, G. (1992) Die europäische Mehrwertsteuer und das Ursprungslandprinzip. *Finanzarchiv N. F.* **50**, S. 141–153.

Krause-Junk, G. und M. von Oehsen (1994) Tarifmanipulation und Splitting-Vorteil. *Wirtschaftsdienst* **74**, S. 122–126.

Kronberger Kreis (2000) *Abgeltungsteuer bei Kapitaleinkommen*. Bad Homburg: Frankfurter Institut.

Lassalle, F. (1872) *Die indirekte Steuer und die Lage der arbeitenden Klassen. Eine Vertheidigungsrede vor dem K. Kammergericht zu Berlin*. Chicago: Charles Ahrens.

Lehner, M. (1982) *Möglichkeiten zur Verbesserung des Verständigungsverfahrens auf der Grundlage des EWG-Vertrages*. München: Beck.

Leu, R. E. und T. Schaub (1983) Does Smoking Increase Medical Care Expenditure? *Social Sciences and Medicine* **17**, S. 1907–1914.

Littmann, K. (1970) Ein Valet dem Leistungsfähigkeitsprinzip. In: Haller, H. et al. (Hrsg.) *Theorie und Praxis des finanzpolitischen Interventionismus*. Tübingen: Mohr.

Lockwood, B., D. de Meza und G. D. Myles (1994) When are Origin and Destination Regimes Equivalent? *International Tax and Public Finance* **1**, S. 5–24.

Lockwood, B., D. de Meza und G. Myles (1994) The Equivalence between the Destination and Non-reciprocal Restricted Origin Tax Regimes. *Scandinavian Journal of Economics* **96**, S. 311–328.

Lotz, W. (1931) *Finanzwissenschaft*. 2. Auflage Tübingen: Mohr.

Luhmer, A. (1985) Zur Logik des Teilwerts. *Zeitschrift für betriebswirtschaftliche Forschung* **37**, S. 1051–1069.

MacDougall, G. D. A. (1960) The Benefits and Costs of Private Investment From Abroad: A Theoretical Approach. *Economic Record* **36**, S. 13–35.

Maiterth, R. und C. Sureth (2005) Wiedereinführung der Vermögensteuer als Mindeststeuer in Deutschland – Unlösbare Probleme bei der Bewertung von Grundbesitz und Unternehmen. *Steuer und Betrieb*, S. 70–79.

Mann, F. K. (1929) *Deutsche Finanzwirtschaft*. Jena: Fischer.

Mann, F. K. (1959) *Finanztheorie und Finanzsoziologie*. Göttingen: Vandenhoeck und Ruprecht.

Meade Commitee (1978) *The Structure and Reform of Direct Taxation*. London: Institute for Fiscal Studies.

Mellwig, W. (1980) Sensitivitätsanalyse des Steuereinflusses in der Investitionsplanung. *Zeitschrift für betriebswirtschaftliche Forschung* **32**, S. 16–39.

Mill, J. St. (1848) *Principles of Political Economy*. Zitiert nach dem Nachdruck 1987 Fairfield: Augustus M. Kelley Publishers.

Mintz, J. und H. Tulkens (1996) Optimality Properties of Alternative Systems of Taxation of Foreign Capital Income. *Journal of Public Economics* **60**, S. 373–399.

Mirrlees, J. A. (1971) An Exploration in the Theory of Optimum Income Taxation. *Review of Economic Studies* **38**, S. 175–208.

Mirrlees, J. A. (1986) The Theory of Optimal Taxation. In: Arrow, K. J. und M. D. Intriligator (Hrsg.) *Handbook of Mathematical Economics, Vol. III.* Amsterdam: Elsevier Science Publishers (North-Holland).

Modigliani, F. und M. H. Miller (1958) The Cost of Capital, Corporation Finance, and the Theory of Investment. *American Economic Review* **48**, S. 261–297.

Möhring, H. (1992) Geld zum Kampf gegen Ungläubige. In: U. Schultz (Hrsg.) *Mit dem Zehnten fing es an.* 3. Auflage München: Beck.

Mun, T. (1664) *England's Treasure by Forraign Trade.* Zitiert nach der Faksimile-Ausgabe Düsseldorf 1989: Verlag Wirtschaft und Finanzen.

Munk, K. J. (1978) Optimal Taxation and Pure Profit. *Scandinavian Journal of Economics* **80**, S. 1–19.

Musgrave, R. A. (1991) Zur Wahl der „richtigen" Steuerbemessungsgrundlage – Eine historische Betrachtung. In: Rose, M. (Hrsg.) *Konsumorientierte Neuordnung des Steuersystems.* Berlin usw.: Springer.

Musgrave, R. A., P. B. Musgrave und L. Kullmer (1993) *Die öffentlichen Finanzen in Theorie und Praxis Band 2.* 5. Auflage Tübingen: Mohr.

Musgrave, R. A. und T. Thin (1948) Income Tax Progression, 1929–1948. *Journal of Political Economy* **56**, S. 498–514.

Myles, G. (1996) Imperfect Competition and the Optimal Combination of *ad valorem* and Specific Taxation. *International Tax and Public Finance* **3**, S. 29–44.

Myles, G. D. (2000) On the Optimal Marginal Rate of Income Tax. *Economics Letters* **66**, S. 113-119.

Neumark, F. (1947) *Theorie und Praxis der modernen Einkommensbesteuerung.* Bern: Francke.

Neumark, F. (1970) *Grundsätze gerechter und ökonomisch rationaler Steuerpolitik.* Tübingen: Mohr.

Newbery, D. M. (1986) On the Desirability of Input Taxes. *Economics Letters* **20**, S. 267–270.

Ng, Y.-K. (1981) Welfarism: A Defence against Sen's Attack. *Economic Journal* **91**, S. 527–530.

Nöhrbaß, K.-H. und M. Raab (1990) Quellensteuer und Kapitalmarkt. *Finanzarchiv N. F.* **48**, S. 179–193.

Oberhauser, A. (1995) Deutsches Steuersystem und Steuergerechtigkeit. In: Rauscher, A. (Hrsg.) *Steuergerechtigkeit.* Köln: Bachem.

Ohne Verfasser (2006) *Wichtige Steuergesetze mit Durchführungsverordnungen.* 54. Auflage Herne und Berlin: Verlag Neue Wirtschaftsbriefe.

Orth, E. (1992) Vom Königsschatz und Kataster. In: Schultz, U. (Hrsg.) *Mit dem Zehnten fing es an*. 3. Auflage München: Beck.

Pausch, A. (1992) *Persönlichkeiten der Steuerkultur*. Herne, Berlin: Verlag Neue Wirtschaftsbriefe.

Pausch, A. und J. Pausch (1990) *Kleine Weltgeschichte der Steuerberatung*. Köln: Schmidt.

Peffekoven, R. (1983) Probleme der internationalen Finanzordnung. In: Neumark, F. (Hrsg.) *Handbuch der Finanzwissenschaft Band IV*. 3. Auflage Tübingen: Mohr.

Peffekoven, R. (1994) *Die Finanzen der Europäischen Union*. Mannheim usw.: B. I. Taschenbuchverlag, S. 50 – 55.

Pfähler, W. und P. Lambert (1992) Die Messung von Progressionswirkungen. *Finanzarchiv N. F.* **49**, S. 281 – 374.

Pigou, A. C. (1920) *The Economics of Welfare*. New York: Macmillan.

Pohmer, D. (1988) Einige Bemerkungen zu Inhalt und Bedeutung des Leistungsfähigkeitsprinzips. *Finanzarchiv N. F.* **46**, S. 135 – 153.

Ramsey, F. P. (1927) A Contribution to the Theory of Taxation. *Economic Journal* **37**, S. 47 – 61.

Raponi, D. (1995) Recent Developments in the Field of Indirect Taxation. *EC Tax Review*, S. 105 – 108.

Rappen, H. (1989) Vollzugskosten der Steuererhebung und der Gewährung öffentlicher Transfers. *RWI-Mitteilungen* **40**, S. 221 – 246.

Rawls, J. (1971) *A Theory of Justice*. Cambridge: Harvard University Press.

Razin, A. und E. Sadka (1991) *International Tax Competition and Gains from Tax Harmonization*. Economics Letters **37**, S. 69 – 76.

Ricardo, D. (1817) *Principles of Political Economy and Taxation*. Zitiert nach der deutschen Übersetzung Stuttgart 1972: Fischer.

Richter, W. F. (1983) From Ability to Pay to Concepts of Equal Sacrifice. *Journal of Public Economics* **20**, S. 211 – 229.

Richter, W. F. (1984) Steuertarifliche Entlastung beim Ehegattensplitting. *Wirtschaftswissenschaftliches Studium* **13**, S. 8 – 12.

Richter, W. F. (1995) Zur Grenzbelastung nach dem Einkommensteuertarif 1996. *Betriebs-Berater* **50**, S. 282 – 283.

Richter, W. F. (2005) Efficiency Effects of Tax Deductions for Work-Related Expenses. *International Tax and Public Finance* (im Druck).

Richter, W. F. und W. Wiegard (1993) Zwanzig Jahre „Neue Finanzwissenschaft“. Teil II: Steuern und Staatsverschuldung. *Zeitschrift für Wirtschafts- und Sozialwissenschaften* **113**, S. 337 – 400.

Rose, M. (1990) The Superiority of a Consumption-Based Tax System. In: Rose, M. (Hrsg.) *Heidelberg Congress of Taxing Consumption*. Berlin usw.: Springer.

Ruppe, H. G. (1995) „Unechte“ Umsatzsteuerbefreiungen. In: Lang, J. (Hrsg.) *Die Steuerrechtsordnung in der Diskussion*. Köln: Schmidt.

Rheinisch-Westfälisches Institut für Wirtschaftsforschung (2003) *Arbeitsbericht 2002*. Essen: RWI.

Samuelson, P. A. (1951) Theory of Optimal Taxation. Unpublished Memorandum for the U. S. Treasury. Published 1986 in: *Journal of Public Economics* **30**, S. 137 – 143.

Samuelson, P. A. (1964) Tax Deductibility of Economic Depreciation to Insure Invariant Valuations. *Journal of Political Economy* **72**, S. 604 – 606.

Sandmo, A. (1974) A Note on the Structure of Optimal Taxation. *American Economic Review* **64**, S. 701-706.

Sandmo, A. (1985) The Effects of Taxation on Savings and Risk Taking. In: Auerbach, A. J. und M. Feldstein (Hrsg.) *Handbook of Public Economics, Vol. I*. Amsterdam usw.: North-Holland, S. 293.

Sandmo, A. (1990) Tax Distortions and Household Production. *Oxford Economic Papers* **42**, S. 78 – 90.

Schäfer, A. E. H. (1996) Ausgewählte Probleme des internationalen Schachtelprivilegs. In: Vogel, K. (Hrsg.) *Freistellung im internationalen Steuerrecht*. München: Beck.

Schäffle, A. (1880) *Die Grundsätze der Steuerpolitik*. Tübingen: Lauppsche Buchhandlung.

Schanz, G. (1896) Der Einkommensbegriff und die Einkommensteuergesetze. *Finanzarchiv* **13**, S. 1 – 87.

Schaumburg, H. (1993) *Internationales Steuerrecht*. Köln: Schmidt.

Schmidt, K. (1980) Grundprobleme der Besteuerung. In: Neumark, F. (Hrsg.) *Handbuch der Finanzwissenschaft Band II*. 3. Auflage Tübingen: Mohr.

Schmölders, G. (1955) *Zur Begriffsbestimmung der Verbrauchsteuern*. Berlin: Duncker & Humblot.

Schmölders, G. und K.-H. Hansmeyer (1980) *Allgemeine Steuerlehre*. 5. Auflage Berlin: Duncker & Humblot.

Schneider, D. (1969) Korrekturen zum Einfluß der Besteuerung auf die Investitionen. *Zeitschrift für betriebswirtschaftliche Forschung* **21**, S. 297 – 325.

Schneider, D. (1992) *Investition, Finanzierung und Besteuerung*. 7. Auflage Wiesbaden: Gabler.

Schneider, D. (1994) *Grundzüge der Unternehmensbesteuerung*. 6. Auflage Wiesbaden: Gabler.

Schomburg, W. (1992) *Lexikon der deutschen Steuer- und Zollgeschichte*. München: Beck.

Schön, W. (2002) Vermeidbare und unvermeidbare Hindernisse der Steuervereinfachung. *Steuer und Wirtschaft*, S. 23 – 35.

Schön, W. (2005) Der Kapitalverkehr mit Drittstaaten und das internationale Steuerrecht. In: Gocke, R, D. Gosch und M. Lang (Hrsg.) *Körperschaftsteuer, Internationales Steuerrecht, Doppelbesteuerung*. München: Beck

Schreiber, U. (1987) *Rechtsformabhängige Unternehmensbesteuerung?* Köln: Deubner.

Schreiber, U. (1992) Die Besteuerung internationaler Kapitaleinkommen. *Die Betriebswirtschaft* **52**, S. 829 – 850.

Schreiber, U. und C. Spengel (2006) Allgemeine Unternehmenssteuer und Duale Einkommensteuer. *Betriebswirtschaftliche Forschung und Praxis* **58**, S. 275 – 288.

Schultz, U. (1992) Hrsg.: *Mit dem Zehnten fing es an.* 3. Auflage München: Beck.

Schumpeter, J. A. (1918) Die Krise des Steuerstaates. *Zeitfragen aus dem Gebiet der Soziologie* 4. Zitiert nach dem Wiederabdruck in: Schumpeter, J. A. (1953) *Aufsätze zur Soziologie.* Tübingen: Mohr.

Seidl, C. (1994) Measurement of Tax Progression with Nonconstant Income Distributions. In: Eichhorn, W. (Hrsg.) *Models and Measurement of Welfare and Inequality.* Berlin usw.: Springer.

Seidman, L. S. (1990) Is a Consumption Tax Equivalent to a Wage Tax? *Public Finance Quarterly* **18**, S. 65 – 76.

Seligman, E. R. A. (1927) *Die Lehre von der Steuerüberwälzung.* Jena: Fischer.

Sen, A. K. (1979) Personal Utilities and Public Judgements: Or What's Wrong with Welfare Economics? *Economic Journal* **89**, S. 537 – 558.

Sen, A. K. (1970) *Collective Choice and Social Welfare.* San Francisco usw.: Holden-Day (3. Auflage 1984 Amsterdam: North-Holland).

Shannon, H. A. (1987) *Die Doppelbesteuerungsabkommen der USA.* München: Beck.

Shibata, H. (1967) The Theory of Economic Unions. In: Shoup, C. S. (Hrsg.) *Fiscal Harmonization in Common Markets, Vol. 1: Theory.* New York: Columbia.

Siemens, C. F. v. (1921) *Veredelte Umsatzsteuer.* Siemensstadt: Selbstverlag.

Sigloch, J. (2000) Unternehmenssteuerreform 2001 – Darstellung und Analyse. *Steuer und Wirtschaft*, S. 160 – 176.

Sinn, H.-W. (1985) *Kapitaleinkommensbesteuerung.* Tübingen: Mohr.

Sinn, H.-W. (1990) Tax Harmonization and Tax Competition in Europe. *European Economic Review* **34**, S. 489 – 504.

Sinn, H.-W. (1991) Taxation and the Cost of Capital: The „Old" View, the „New" View, and Another View. In: Bradford, D. (Hrsg.) *Tax Policy and the Economy.* Cambridge: MIT Press.

Sinn, H.-W. (2003) Hände weg von der Entfernungs-Pauschale, *Süddeutsche Zeitung* vom 25. August 2003, S. 20.

Slemrod, J. (1990) Optimal Taxation and Optimal Tax Systems. *Journal of Economic Perspectives* **4**, S. 157 – 178.

Slemrod, J. und N. Sorum (1984) The Compliance Cost of the U. S. Individual Income Tax System. *National Tax Journal* **37**, S. 461 – 474.

Smith, A. (1776) *An Inquiry into the Nature and Causes of the Wealth of Nations.* Zitiert nach der deutschen Übersetzung der 5. Auflage München 1974: Deutscher Taschenbuchverlag und Beck.

Sorensen, P. B. (1995) Changing Views of the Corporate Income Tax. *National Tax Journal* **47**, S. 279 – 294.

Spengel, C. (2003) *Internationale Unternehmensbesteuerung in der Europäischen Union.* Düsseldorf: IDW.

Stark, O. (1995) *Altruism and Beyond.* Cambridge: Cambridge University Press.

Steiner, J. (1983) Ertragssteuern in der Investitionsplanung. *Zeitschrift für betriebswirtschaftliche Forschung* **35**, S. 280–291.

Steuerreformkommission (1971) *Gutachten der Steuerreformkommission.* BMF-Schriftenreihe **17**. Bonn: Stollfuß.

Stiglitz, J. E. (1973) Taxation, Corporate Financial Policy, and the Cost of Capital. *Journal of Public Economics* **2**, S. 1–34.

Tanzi, V. (1995) *Taxation in an Integrated World.* Washington, D.C.: Brookings.

Taussig, F. W. (1920) *Principles of Economics.* 2. Auflage New York usw.: Macmillan.

Teutophilus, C. (1685) *Entdeckte Goldgrube in der Accise.* Zerbst: Ernst Bezeln.

Theile, C. (1995) *Wettbewerbsneutralität der harmonisierten Umsatzsteuer. Theoretischer Anspruch und praktische Umsetzung.* Köln: Schmidt.

Timm, H. (1984) Entwicklungslinien in Theorie und Praxis der Erbschaftsbesteuerung während der letzten hundert Jahre. *Finanzarchiv N. F.* **42**, S. 553–576.

Tipke, K. (1989) Der Arbeitslohnerlaß. *Steuer und Wirtschaft*, S. 199–200.

Tipke, K. (1993) *Die Steuerrechtsordnung.* 3 Bände Köln: Schmidt.

Tipke, K. und J. Lang (2005) *Steuerrecht.* 18. Auflage Köln: Schmidt.

Tuomala, M. (1990) *Optimal Income Tax and Redistribution.* Oxford: Clarendon Press.

Uhlig, H. und N. Yanagawa (1996) Increasing the Capital Income Tax may Lead to Faster Growth. *European Economic Review* **40**, S. 1521–1540.

United Nations (1980) *United Nations Model Double Taxation Convention Between Developed and Developing Countries.* UN Documentation ST/ESA/102.

Veblen, T. B. (1912) *The Theory of the Leisure Class.* New York usw.: Macmillan.

Vickrey, W. (1939) Averaging of Income for Income Tax Purposes. *Journal of Political Economy* **47**, S. 379–397.

Vogel, H. A. (1980) Steuertechnik und Steuerverwaltung. In: Neumark, F. (Hrsg.) *Handbuch der Finanzwissenschaft Band II.* 3. Auflage Tübingen: Mohr.

Vogel, K. (1981) *Steueroasen und Außensteuergesetze.* München: Beck.

Vogel, K. (1985) Hrsg.: *Steuern auf ausländische Einkünfte.* München: Beck.

Vogel, K. (1986) Rechtfertigung der Steuern: Eine vergessene Vorfrage. *Der Staat.*

Vogel, K. (1995) Zur Auslegung des Artikels 106 Grundgesetz. In: Lang, J. (Hrsg.) *Die Steuerrechtsordnung in der Diskussion.* Köln: Schmidt.

Vogel, K. (1996) Wesen und Wirkung der Freistellung. In: Vogel, K. (Hrsg.) *Freistellung im internationalen Steuerrecht.* München: Beck.

Vogel, K. (2003) *Doppelbesteuerungsabkommen.* 4. Auflage München: Beck.

Wagner, F. W. (1989) Die zeitliche Erfassung steuerlicher Leistungsfähigkeit. In: Hax, H., W. Kern und H. H. Schröder (Hsrg.) *Zeitaspekte in betriebswirtschaftlicher Theorie und Praxis*. Stuttgart.

Wagner, F. W. (2000) Unternehmenssteuerreform und Corporate Governance. *Steuer und Wirtschaft*, S. 109–120.

Wagner, F. W. (2006) Was bedeutet Steuervereinfachung wirklich? *Perspektiven der Wirtschaftspolitik* 7, S. 19–33.

Wagner, F. W. (2006) Was bedeutet und wozu dient Rechtsformneutralität der Unternehmensbesteuerung? *Steuer und Wirtschaft*, S. 101–114.

Wagner, F. W., E. Wenger und St. Höflacher (1986) *Zero-Bonds*. Wiesbaden: Gabler.

Walter, W. (1996) *Gewöhnliche Differentialgleichungen*. 6. Auflage Berlin usw.: Springer.

Webber, C. und A. Wildavsky (1986) *A History of Taxation and Expenditure in the Western World*. New York: Simon and Schuster.

Weber-Grellet, H. (2005) *Europäisches Steuerrecht*. München: Beck.

Wenger, E. (1983) Gleichmäßigkeit der Besteuerung von Arbeits- und Vermögenseinkünften. *Finanzarchiv N. F.* 41, S. 207–252.

Wiegard, W. (1984) Merkliche versus unmerkliche Steuern – Eine Bestandsaufnahme. In: Bös, D., M. Rose und C. Seidl (Hrsg.) *Beiträge zur neueren Steuertheorie*. Berlin usw.: Springer.

Wildasin, D. E. (1984) On Public Good Provision with Distortionary Taxation. *Economic Inquiry* 22, S. 227–243.

Winteler, E.-U. und R. Seidl (1995) *Steueroasen*. Wiesbaden: Gabler.

Wissenschaftlicher Beirat beim Bundesministerium der Finanzen (1997) *Umweltsteuern aus finanzwissenschaftlicher Sicht*. Bonn: Stollfuß.

Wissenschaftlicher Beirat beim Bundesministerium der Finanzen (1999) *Reform der internationalen Kapitaleinkommensbesteuerung*. Bonn: Stollfuß.

Wrede, M. (2000) Tax Deductibility of Commuting Expenses and Leisure: On the Tax Treatment of Time-Saving Expenditure. *FinanzArchiv* 57, S. 216–224.

Zimmermann, H. (1993) Versuch zur Klassifizierung der unternehmensbezogenen Steuern in finanzwissenschaftlicher Sicht. *Steuer und Wirtschaft*, S. 231–236.

Stichwortverzeichnis

L

M

N

O

P

Q

R

T

Z